元代专门史六种

元代文化史

陈高华 张帆 刘晓 著

中国社会科学出版社

图书在版编目(CIP)数据

元代文化史/陈高华，张帆，刘晓著．—北京：中国社会科学出版社，2020.10（2021.12重印）

（元代专门史六种）

ISBN 978-7-5203-4642-9

Ⅰ.①元… Ⅱ.①陈…②张…③刘… Ⅲ.①文化史—研究—中国—元代 Ⅳ.①K247.03

中国版本图书馆 CIP 数据核字（2019）第 124392 号

出 版 人	赵剑英
责任编辑	耿晓明
责任校对	郝阳洋
责任印制	李寡寡
出　　版	中国社会科学出版社
社　　址	北京鼓楼西大街甲158号
邮　　编	100720
网　　址	http://www.csspw.cn
发 行 部	010-84083685
门 市 部	010-84029450
经　　销	新华书店及其他书店
印　　刷	北京明恒达印务有限公司
装　　订	廊坊市广阳区广增装订厂
版　　次	2020年10月第1版
印　　次	2021年12月第2次印刷
开　　本	710×1000 1/16
印　　张	35.5
插　　页	2
字　　数	611千字
定　　价	156.00元

凡购买中国社会科学出版社图书，如有质量问题请与本社营销中心联系调换
电话：010-84083683

版权所有　侵权必究

读史治史六十年

（代序）

一

我出生在浙江温岭一个教师家庭，初中、高中是在上海复兴中学、新沪中学度过的。1955 年 9 月，我考入北京大学历史系。当时反胡风斗争和"肃反"运动已经过去，学校教学秩序比较稳定，强调学生以学习为主。1956 年中央提出"向科学进军"，更增加了学习的气氛。但是这种情况没有持续多久，1957 年春天开始"大鸣大放"，接着便是"反右派斗争"，继之而来的是"双反"运动，拔白旗插红旗，批判资产阶级教育思想，基本上是停课进行的。1958 年夏天，北大历史系三、四年级的学生和部分教师，分赴各地，参加国家民委主持的三种丛书（民族史、民族志、民族地方自治概况）编写工作，我被分配到新疆调查组，调查编写哈萨克族社会历史。一年左右的时间，跑遍了新疆北部广大地区。1959 年夏天，回到学校。这时"大跃进"的热潮已经退去，学校重新安排课程，争取在我们毕业以前多补一些课，同时要求学生自行选择"专门化"。我选择的是中国古代史，以为可以定下心来读点书了。同学们都很努力，都希望在离校前多学一些知识。当时系里开设了不少课程，给我留下深刻印象的一门课是"中国古代史史料学"，由擅长各时期历史的教授分段讲授，如翦伯赞讲秦汉史史料，邓广铭讲宋史史料，邵循正讲元史史料等。80 年代前期，我和陈智超同志邀集历史所部分研究人员编写《中国古代史史料学》，成为大学历史教材，即由于当年听课的启发，感觉这门课对于初学者具有特殊的重要性。

但是好景不长，1959 年秋天，又开始了"反右倾"斗争，继之而来的是学习《列宁主义万岁》三篇文章，与苏修论战，其间还有批判马寅初人口论，学校里正常的教学秩序再一次被打乱，毕业论文的写作不再提起，取而代之的是集体编书，当时认为这是防止知识分子修正主义化的重要途径。开始是各专门化选择一个项目，后来觉得这样还不够革命，于是整个年级一百来人齐上阵，共编一部书，题目叫做《马克思主义史学在中国的发展》。大家热情很高，日夜奋战，数易其稿，但最后是不了了之，成了一堆废纸。

回顾一下大学五年的历程，留下了颇多的遗憾。五年的时间，大部分是在政治运动和民族调查中度过的，书读得很少，教学计划中的不少课程没有学过。名义上是大学毕业生，实际上是不合格的。当然，应该看到，这一段大学生活，也是有收获的。从学校设置的政治理论课程和政治运动中，我和同学们对于马克思主义的理论，有了初步的认识，这在以后工作中，一直发挥着重要的作用。而参加少数民族社会历史调查，更使我大开眼界，对于民族问题在现实生活和历史上的重要性，开始有所了解。从此以后，我对民族问题以及民族史研究，一直有浓厚的兴趣。此外，尽管运动频繁，与老师接触不多，但北大特有的学术气氛，仍可以从他们的课堂讲授和零星接触中有所感受。学术气氛的熏陶对于初学者是至关紧要的，往往能在不知不觉中影响他们以后的道路。从北大老师们的身上，我懵懂地领会到治学的艰辛和乐趣，从内心滋长了从事研究工作的强烈愿望。

毕业后，我分配到哲学社会科学学部历史研究所工作。哲学社会科学学部是中国科学院下属的几个学部之一，中国社会科学院的前身，在"文化大革命"中以简称"学部"闻名遐迩。我到历史所的时间是1960年9月，当时历史所同样大兴集体编书之风，新来者也立即被卷入这一热潮之中。历史所最重要的集体科研项目是郭沫若先生主编的《中国史稿》，动员了所内的主要力量，还有外单位的同志。力量不可谓不强，进展却相当缓慢。1961年以后，国民经济遇到困难，进行调整，科研工作也采取了相应的措施，领导向年轻人提出了打基础的要求。对于我这样在大学期间没有认真受过训练的人来说，打基础当然特别重要。但是，如何才能打好基础，却是心中无数。可幸的是，历史所有一批学识渊博的前辈学者，又有不少奋发向上的青年伙伴，他们给了我种种教导、启发和帮助，使我能较快地走上独立从事研究的道路。

我初到历史所时，所领导曾向我征求个人意愿。我因大学四年级参加过民族调查，遂对民族历史产生兴趣，听说历史所设有民族史组，便报名参加。历史所为什么会设立民族史组呢？原来，1955年前后，中、苏、蒙三国协议共同编写《蒙古通史》，中方出席会议的代表是翁独健、韩儒林、邵循正三位先生。会议决定，由中方组织力量，整理有关汉文资料。历史所设立民族史组便是为了承担这一任务，翁独健先生则被指定为民族史组的负责人。1959年以后，中苏关系恶化，共同编书的计划作废，但民族史组却一直保存了下来。翁先生是我国著名蒙古史学者，早年毕业于燕京大学，后来到美国和法国留学，新中国成立后曾任北京市教育局局长，后任中央民族学院历史系主任，兼任历史研究所研究员。虽然社会工作繁忙，翁先生很重视年轻人的培养，他经常到组里来，有时还找我们这些年轻人到家里谈话，循循善诱，指导制订研究计划，讲述历史研究的方法。正是在翁先生的启迪下，我用了两三年时间，比较系统地阅读了元代的各种文献，对前人的研究成果有了一定的了解，同时开始了整理资料和专题研究的训练。

翁先生特别重视资料工作，他认为资料工作是研究工作的基础，只有学会资料的搜集、整理，才能做好研究工作。而资料的搜集应力求彻底、穷尽，即使不可能真正做到，也要以此为目标。对于资料，要认真加以整理，严格分辨原始资料和转手资料。对于研究工作，翁先生强调在了解前人研究基础上认真选题，立论必须言之有据，切忌空泛，论文写作应该交代以往研究情况及文献出处，等等。后来才知道，这些都是外国大学历史系一门课"史学方法"的基本内容，但是院系调整以后我国历史系都没有这门课。实际上，"史学方法"就是讲史学研究的一些基本训练，当时的年轻人缺乏的就是基本训练，翁先生为我们补上了这门课。他的指点，使我少走了许多弯路。

在翁先生的具体指导下，我和杨讷等同志一起编纂元代农民战争的资料，同时着手做一些专题研究。我们努力按照翁先生的意见全面系统搜集资料，多方扩大资料的范围，于是有许多新的发现。特别是地方志和金石志中大量有关农民战争的记载，是前人所未曾利用过的。这为我们研究农民战争打下了很好的基础。我写的几篇元末农民战争的论文，对地主阶级的动向、农民起义的口号加以讨论，提出了不同于前人的一些看法。在这些论文中，我力求用历史唯物主义理论对各种资料进行分析，比起以前的同一领域研究，有所进展，因而也得到了学术界的重视。翁先生又要求我们，在农民战争之外，另择一题目做研究。杨讷同志选择元代村社，我则选择元代盐政。杨讷同志的《元代村社研究》完成以后，发表在《历史研究》上，迄今仍是这一问题的权威之作。我选择盐政，是因在辑集元末农民战争资料时，发现淮东张士诚、浙东方国珍起事，均与盐政有关。只有弄清元代盐政，才能更深刻地认识元末农民起义发生的原因。在研究元代盐政时，我严格按照翁先生讲述的治学方法进行，首先查阅以往研究成果，其次全面系统搜集资料，然后对资料进行分析，拟出写作大纲，最后按科学规范写出论文。《元代盐政及其社会影响》一文，先后三易其稿，翁先生和组内同志提出过很多宝贵意见。这篇论文的完成，可以说使我得到一次严格的科学训练。

以上一些工作，是在1961—1963年进行的。从1964年起，我接连参加劳动锻炼（在山东龙口）和农村"四清"（在山东海阳，北京房山），一直到"文化大革命"爆发，才回到历史所。

二

"文化大革命"爆发后，研究工作完全停顿。"文化大革命"后期，逐渐有所松动，大家半公开或不公开地恢复了部分研究工作。揪出"四人帮"，十一届三中全会的召开，改革开放方针的确定，使整个社会面貌发生了巨大的改变，历史研究也呈现出前所未有的繁荣局面。

20世纪70年代中期到80年代前期，我参加《中国史稿》的编写工作，负责元代部分。在准备写作时发现，元代经济史的研究是我国学术界的薄弱环节，除了蒙思明先生关于元代社会阶级关系的研究之外，其他几乎可以说是一片空白。日本学术界在这方面有相当可观的成绩，但也有许多不能令人满意之处。过去的通史著作，述及元代社会经济时，不是一笔带过，就是引用一些史料，草草了事。经济是基础，如果对一个时代的经济状况不能正确地说明，便无法对该时代的政治、文化作出合理阐述。正是基于这样的认识，我便集中精力对元代经济史的一些重要问题作一些探索。

众所周知，《元史·食货志》和其他正史的《食货志》一样，是研究元代经济史的基本资料。历来涉及元代经济者，无不以《元史·食货志》为据。但是，试以《元史·食货志》和其他正史中的《食货志》相比较，便会发现其中颇有不同。其他正史的《食货志》大体都是"史官"将各种资料融会贯通以后执笔成文的，而《元史·食货志》则是将元朝官修政书《经世大典》《六条政类》中有关篇章加以删削而成的。一方面，应该看到，《元史·食货志》保存了元朝政书若干篇章的本来面目，从史源学的角度来说，有很高的价值。另一方面，这种编纂方式，也造成明显的弱点，具体来说是：（1）政书中没有的篇章，《元史·食货志》中也没有。例如一般正史《食货志》中放在首位的"版籍"（"户口"）、"田制"，《元史·食货志》就没有。赋役中的役法，是封建国家加在编户齐民身上的沉重负担，历代相承，元代亦不例外，但是《元史·食货志》却缺乏记载。（2）对政书的记载删削不当，以致无法理解或引起误解。例如，元朝在农村立社，《元史·食货志》记此事，说："其合为社者，仍择数社之中，立社长官司长以教督农民为事。"到底是谁"教督农民"，是不清楚的。《经世大典》此篇原文已佚，幸好元代法律文书《通制条格》《元典章》中保存有关法令的原文，作："选立社长，官司并不得将社长差占别管余事，专一照管教劝本社之人。"显然，《元史》编者在删削时，多留了"官司长"三个字，以致文意不通。

有鉴于以上情况，我的元代经济史研究，可以说分两个方面：一个方面是探索《元史·食货志》中缺乏记载的重大问题，例如户籍和役法，先后写出了元代户等、军户、站户以及役法研究等论文。另一方面是以《元史·食货志》中有关记载为基础，认真考辨、补充，这方面的作品有税粮制度、和雇和买、海外贸易等。我还对元代城市史做过一些研究，先后完成《元大都》和《元上都》（与史卫民合作）两书，城市经济的论述，在两书中占有很大的比重。《元大都》一书译成日文后在日本出版，国内还出版了蒙文译本，近年又出了英文译本。

参加《中国史稿》的编写，使我感到对有元一代史事的了解很不全面，需要补课，于是便在力所能及的范围内，对元史的各个领域，选择一些专题，作多方面的探索。其中一项是元代画家资料的辑录。本来，绘画史的研究，属于美术史范畴，是专门之学。我对绘画史完全是个外行，在阅读众多有关元代绘画史的研究作品之后，深感元代绘画在中国绘画史上占有承前启后的重要地位，也是元代文化中引人注目的组成部分。同时又感觉到，以往的研究者，由于专业的局限，在资料的利用上，往往是不全面的，有的还有错误。于是不揣冒昧，着手进行这方面的工作。力求穷尽，仍是我辑录元代画家资料的指导方针，同时努力区别原始资料和转手资料。最后完成的《元代画家史料》一书，引用的文献达170余种，其中有不少是前人所未利用过的。我以这些资料为依据，结合自己对元朝社会历史的了解，给每个画家写了简单的介绍，其中对元代绘画史研究中一些常见的观点，提出自己的看法。例如，以往研究中，不少人认为，生长于马上的蒙古君王不喜欢汉族传统绘画，废除了宋代的画院，影响了画家的出路。我则认为，在元代，有相当多的君主、贵族喜欢绘画，因而某些人便以此作为进入仕途的捷径。又如，有些研究者认为，元代不少名画家采取与元朝不合作的态度，寄情山水，作画表达自己这种感情。我则认为，元代著名画家中的多数人或是元朝的官员，或是元朝的臣民，真正反对元朝的只是少数，因此大多数以山水为题材的作品很难说蕴藏有什么政治倾向、不满情绪。我的这些看法基于我对元代士人动向的基本估计。在我看来，元朝统一以后，大多数士人已经接受了元朝统治的事实，不满者有之，反抗者很少。元朝中期以后，绝大多数士人已视元朝为合法的统治了。对于古代绘画的研究，我觉得应把它看成社会意识形态的一个组成部分，必然受各个时代政治、经济条件的制约，也就是说，不了解一个时代的政治、经济，就很难对该时代的意识形态（包括绘画在内）作出适当的实事求是的分析。

1976年"文化大革命"结束新时代开始时，我已年近四十。1988年是我"知天命"之年。在这十余年间我有不少社会工作，但仍争取时间努力著述。元史是我研究的重点，有如上述。1987年我将此前自己所写的元史研究论文、札记辑成一书，名为《元史研究论稿》，由中华书局出版。除了元史研究以外，这一时期我还做了一些其他方面的研究工作。

一是海外交通史研究。20世纪70年代泉州湾古代沉船的发现，激起了学术界研究中国古代海外交通的热潮。围绕这一主题，我作了一些探索，写出几篇论文。例如，印度马八儿人孛哈里的研究。日本学者桑原骘藏的《蒲寿庚考》，是论述中国海外交通的权威著作。书中根据韩国史籍《东国通鉴》，讲述了马八儿王子孛哈里的事迹。马八儿是当时印度南部的一个国家，马八儿王子孛哈里侨居中国泉州，元帝赐高丽女子蔡氏与他为妻，这起跨国婚姻把印度、中国、朝鲜半岛联系了起来，是饶有传奇色彩的故事。桑原以为孛哈里可能是波斯湾怯失（Kish）岛人，是波斯伊儿汗合赞的使者。我根据元人刘敏中《不阿里神道碑》（《中庵集》卷4）、《元史》马八儿等国传等有关记载指出，孛哈里即不阿里，是马八儿国的宰相，因国内矛盾，投奔元朝，忽必烈将宫中高丽女子蔡氏许配与他，从此，在泉州定居。后来，他因蔡氏之故，曾派人向高丽国王献礼品。这样，孛哈里其人其事，都在中国文献中得到证实，并且纠正了桑原氏的错误。在中外关系史的研究中，文献资料的发掘，是至关紧要的。一定意义上可以说，没有新资料的发现，中外关系史的研究，就难以有大的进步。这是我在研究实践中深深体会到的。我还和其他同志一起写作了《宋元时期的海外贸易》（陈高华、吴泰）和《海上丝绸之路》（陈高华、吴泰、郭松义）两书。中国海外交通史一直是我关注的领域，我努力为这个学科的发展做出一点贡献。

二是继续画家史料的整理，先后编写出版了《宋辽金画家史料》（1984年出版）和《隋唐画家史料》（1987年出版）两书。编纂的原则、体例和《元代画家史料》完全相同，力求穷尽原始文献，并将一个时代的绘画同该时代的政治、经济密切联系起来加以考察。这几种《史料》常为画史研究者征引。国家文物鉴定委员会主任委员傅熹年先生认为书画鉴定要重视题跋、题画诗等文献资料："陈高华先生撰《隋唐画家史料》《宋辽金画家史料》《元代画家史料》，搜集了大量的这方面的资料，对我们了解这方面材料有很大的帮助。"（《中国书画鉴定与研究·傅熹年卷》，故宫出版社2014年版，第24页）原来曾打算进一步扩大范围，编著明代的画家史料，但由于各种原因，这项工作只开了个头，没有进行下去。

三是中亚史的研究。我在大学学习期间曾到新疆参加民族调查一年，对中亚的历史产生了浓厚的兴趣，20世纪80年代又曾参加联合国教科文组织主持的《中亚文明史》编委会，兴趣和工作需要促使我关注中亚史的研究。根据自己的条件，我先后编成《元代维吾尔哈剌鲁资料辑录》和《明代哈密吐鲁番资料辑录》两书。两书所辑录的资料，相当多是新的发现，很有价值。元、明两代西域史研究常苦于汉文资料的不足，这两本书可以说有填补空白的意义。在浩如烟海的元、明两代文献中寻觅西域史料，有大海捞针的感觉，每有所得，常为之狂喜。至今思之，仍觉欣然。在搜集整理元、明两代西域史料的基础上，我写了几篇有关的论文。

四是和陈智超同志一起，邀请历史所的一部分研究人员，共同撰写《中国古代史史料学》（1984）。此书被不少大学历史系列为参考教材，有一定的影响。

在古籍整理方面，我也做了一些工作，有《人海诗区》《滋溪文稿》等。

三

20世纪80年代末期起，也就是在50岁以后，我的研究范围有所调整，仍以元史为研究重点，但对其他领域已很少涉及。十余年间，我致力于元代专门史的写作，和史卫民同志合作，先后撰写出版了《中国政治制度通史·

元代卷》（1996）、《中国经济通史·元代经济卷》（2000）和《中国风俗通史·元代卷》（2001）三部著作，还写了一些论文。

《中国政治制度通史》是中国社科院政治学所白钢同志主持的国家社科基金重点项目成果。"元代卷"的绪论和投下分封、监察、司法、人事管理等章由我执笔。元代政治制度，已往的研究成果颇多，我们必须在前人研究的基础上，有所进步。原来史卫民同志在这方面有较多的积累，而我对元代政治制度则没有多少研究，承担这一工作后内心颇为不安，只能努力探索，力求有所突破。1992年，我应聘为日本京都大学人文科学研究所外国人研究员，根据所方的要求，我承担"中国近世（元明时代）政治与社会之研究"，需要在应聘期间（半年）交出一篇论文。这个课题和元代政治制度史的写作任务是基本一致的。我利用这一机会认真读书，了解日本史学界的研究动态，写出了《元代的审判程序和审判机构》这篇近5万字的长文，发表在该所刊物《东方学报》上。这一段经历对《中国政治通史·元代卷》的完成起到了很好的作用。

20世纪80年代后期，历史研究所和其他科研单位一起，承担了国家社科基金项目《中国古代经济史》，我负责元代卷。为了完成这一任务，我感到自己还要对经济史研究中的一些薄弱环节努力探索，为此先后写出元代商税、酒税、水利、土地登记等一系列论文。土地登记和土地籍册，是封建时代土地制度的重要组成部分。自汉迄唐，政府最看重的是户籍的编制，土地只是作为附带项目登记在户籍册中，当时的户籍具有地籍和税册的作用。宋代以后，私有土地日益发达，地籍逐渐取得了和户籍平行的地位。严格说来，宋、元是这种变化的过渡时期，元代的户籍登记，包括土地在内。但与此同时，开端于南宋的多种土地籍册，在江南一些地区普遍建立起来。历来研究中国土地制度史者，注意到了唐、宋之际的这一变化，但是对于元代的情况，却往往略而不谈。我的有关论文，回答了这一问题，同时也说明元代江南的土地制度，是前代的延续，并未因改朝换代有大的变化。此外，新发现的资料，促使我对南方的税粮制度重新进行论证，提出一些新的看法，如江南民田税粮数额的估计，便修正了我过去的论断。

20世纪80年代中期起，社会生活史的研究，逐渐在我国学术界兴盛起来。人们的社会生活，诸如衣食住行、生老病死等，与一个时代的政治、经济、文化有着极其密切的关系，而在新中国成立以后很长一段时间内，社会生活史的研究遭到冷落，元代社会生活史的研究，更可以说是一片空白。我想在这方面作一些努力。最初引起我注意的是刘子健先生关于马球的论述。刘先生是美籍华人，长期从事宋史研究，卓有成就。马球是中国古代盛行的一种体育运动，在唐代曾风行一时。唐代以后的马球状况，历来不为人们所注意。刘先生论文的题目是《南宋中叶马球衰落和文化的变迁》，把马球的盛衰和文化变迁联系起来，企图"说明中国传统社会，怎样受君主制度的影响，忽略了体育"。我觉得刘先生的出发点是很好的，但他认为元代马球"反倒消失"则是不对的。元朝蒙古君主"以马上得天下"，他们怎会废除马球这种马上运动呢？而且，不少记载也可以证明元代马球仍是流行的，只是刘先生不曾注意罢了。不仅如此，至少在明代前期马球仍是存在的，甚至在宫廷中流行。在此以后，我用较多的精力注意元代饮食史，先后对元代的酒、茶、舍里别等有所论述。在探讨元代饮食时，一是注意饮食与当时中外、国内各民族文化交流的关系，例如蒸馏酒的出现、葡萄酒的流行和舍里别的传入等；二是确定元代饮食在中国古代饮食文化发展过程中的地位。徐海荣、徐吉军同志主编的多卷本《中国饮食史》中"元代的饮食"，便由我执笔（约10万字）。20世纪末，上海文艺出版社邀请我和徐吉军同志主编多卷本《中国风俗通史》，其中元代卷由我和史卫民同志撰写。除了原有的一些成果以外，我还对元代巫术、东岳崇拜、天妃崇拜、禳灾习俗、称谓习俗等诸多问题加以研究，陆续写成论文，这些问题大多前人未曾触及，从而使该书内容比较充实。（今辑为《元代风俗史话》）

除了以上三部元代专门史著作及有关论文的写作外，这十余年间我还和陈尚胜同志合作，撰写出版了《中国海外交通史》（1997）。此书延续了以往的研究，对中国古代海外交通的发生、发展和演变作了简要的系统的叙述。

进入21世纪，我已步入花甲之岁，新世纪开端这十几年的工作主要是集中于元代文化史、妇女史、佛教史、法律文献等的研究。新中国成立前的历史著作在谈到元代文化时，基本都持否定的态度，认为元代除杂剧、散曲外，没有什么可取的文化。直到20世纪50年代这种看法仍很流行。这种观点后来逐渐得到修正，但仍缺乏认真梳理元代文化的著作。我与张帆、刘晓两位年轻同志合作出版的《元代文化史》，可以说在一定程度上弥补了这方面的缺憾。妇女史研究近几十年方兴未艾，但还存在不少薄弱环节，也有不少问题的讨论有待深入。我与其他同志共同主编出版了《中国妇女通史》10卷，其中的"元代卷"由我本人执笔，涉及元代妇女的政治生活、日常生活、文化生活、宗教信仰、服饰等方方面面。元代是中国佛教史发展的一个重要阶段,我早年曾发表过一些这方面的文章,近年来因单位课题研究需要,我又开始关注这方面的研究,发表了一些论文。我对法律文献的关注,主要是《元典章》。我主持的《元典章》读书班从20世纪末开始,持续了十几年,参加者有历史所和北京大学的研究人员、教师和研究生,还有国外的研究生和进修教师。《元典章》是一部元代法律文书的汇编,内容涉及元代社会生活各个方面,对研究元史乃至中国古代社会,都具有很高的价值。但此书文字大多用当时的公文体,不易阅读;特别是,其中有不少所谓"硬译文体"(将蒙语直译成汉语)书写的公文,更难理解。我们用集体的力量,先对此书的"户部"加以整理,以后再扩展到其余部分。2011年出版了此书点校本,先后获得古籍优秀图书奖和中国出版政府奖。我希望通过《元典章》的整理,激发年轻学者的研究兴趣,同时对自己也有所促进。元代后期法典《至正条格》残卷在韩国庆州被发现后,很快也引起我的极大兴趣,发表了一些这方面的文章。

四

20世纪中国的元史研究,经过几代人的不懈努力,到现在已粗具规模。开创这门学科的是中国史学界的几位大师:王国维、陈垣、陈寅恪诸先生,继之而起的是翁独健、韩儒林、邵循正、蒙思明、吴晗诸先生,四五十年代有杨志玖、蔡美彪诸先生。60年代以后成长起来的中青年学者,大多是翁、韩、邵、蒙、杨、蔡诸先生的门下。20世纪上半期,元史被认为是冷僻的学问,研究者甚少,作品寥寥。到八九十年代,随着中青年学者的成长,我国的元史研究已面目一新,足以与其他断代史、专门史研究并驾齐驱了。前辈学者说过,元史是"不中不西之学"。从20世纪初以来,元史研究便是一门国际性的学问。过去我们的研究落后,不受重视,现在在国际学术活动中有自己的独立的声音,足以引起他人注意了。

我所做的一些元史研究工作,都是在师友们教导、关心、帮助、鞭策下进行的,由于原来基础较差,加上主观努力不够,成绩有限,常感惭愧。至于史学的其他领域,如中亚史、绘画史等,虽曾涉猎,成绩更少。回顾自己走过的道路,如果说有什么经验体会的话,那就是:(1)必须高度重视资料的搜集和整理。"史料即史学"是不对的,但是史学研究必须以史料为基础,离开史料就无所谓史学。对于史料，必须力求全面、系统地掌握，既要熟悉已知的史料，还要下大力气去发掘未知的新史料。很多老问题的解决和新问题的提出，都有赖于对已知史料的重新认识和新史料的发现。我的每一篇论文都力求有不同于前人的新史料，有些论文的写作，即得益于新史料的发现。在史料上要有所突破，始终是我在研究工作中的座右铭。（2）必须坚持以历史唯物主义为指导。马克思主义历史唯物主义关于经济基础与上层建筑、生产力与生产关系、阶级与阶级斗争的理论，对于历史研究，具有极其重要的意义。迄今为止，没有任何一种其他学说可以取代历史唯物主义理论。我自己的研究工作，从一开始关于农民战争的探讨，到近年的法制史研究，都力求用历史唯物主义来分析各种历史现象，以后仍将继续这样做。（3）必须努力学习其他相关学科的理论、方法。学科之间相互渗透，已成为当前科学发展的趋势。历史学以人类社会历史为研究对象，从经济基础到上层建筑，无所不包，更需要了解其他学科的理论、方法以及研究成果，才能把自身的研究，推向前进。我在研究工作过程中，经常遇到一些问题，迫使自己进行各种学科理论、方法的补课，深深感到这种补课的重要性。由于种种原因，我的补课缺乏系统性，起的作用也不够理想。衷心希望年轻的研究者重视这一问题，不断开阔眼界，不断改正思维方式，只有这样，研究工作才能出现新的飞跃。

研究历史虽然辛苦，但乐趣无穷。搜集资料、写文章的乐趣在于获得新的发现、新的体会，这也是我今天依然坚持研究的动力。现在客观条件比过去好多了，年轻人只要努力肯定会一代比一代强。六十年的学术经历使我相信，我国的元史和整个中国史研究，在 21 世纪一定会取得更为辉煌的成就。

陈高华
2011 年首发于中国社会科学网
2016 年春修订

目 录

绪 论 ………………………………………………………………… (1)
    第一节 元代文化史的范围 ………………………………………… (1)
    第二节 元代社会和元代文化 ……………………………………… (3)
    第三节 元代文化的发展阶段 ……………………………………… (5)

第一编 蒙古前四汗时期（1206—1259）

第一章 天崩地解的时代 ……………………………………………… (15)
    第一节 大蒙古国在"汉地"的统治 ……………………………… (15)
    第二节 "汉地"的汉人世侯 ……………………………………… (21)
    第三节 "汉地"的士人心态 ……………………………………… (27)

第二章 各种宗教的流行 ……………………………………………… (34)
    第一节 全真的兴盛 ………………………………………………… (34)
    第二节 太一与大道的发展 ………………………………………… (42)
    第三节 "汉地"佛教各宗派 ……………………………………… (48)
    第四节 藏传佛教和蒙古宫廷 ……………………………………… (60)
    第五节 佛道之争 …………………………………………………… (66)
    第六节 蒙古的萨满教 ……………………………………………… (71)

第三章 复苏中的教育和哲学 ………………………………………… (77)
    第一节 "汉地"教育的复苏 ……………………………………… (77)
    第二节 理学的北传 ………………………………………………… (83)

第三节　东平学术 ………………………………………………… (88)

第四章　文艺和史学的面貌 …………………………………………… (94)
　　　第一节　金遗民诗和新西域诗《萨斯迦格言》 ………………… (94)
　　　第二节　杂剧的兴起 …………………………………………… (105)
　　　第三节　金朝史的修撰和《蒙古秘史》 ……………………… (111)
　　　第四节　西域和蒙古行纪 ……………………………………… (117)

第二编　世祖、成宗、武宗时期（1260—1313）

第一章　大一统 ………………………………………………………… (125)
　　　第一节　忽必烈推行汉法 ……………………………………… (125)
　　　第二节　全国的统一 …………………………………………… (131)
　　　第三节　忽必烈的文化政策 …………………………………… (138)

第二章　多种宗教的兴盛 ……………………………………………… (147)
　　　第一节　藏传佛教的鼎盛 ……………………………………… (147)
　　　第二节　佛道论争的结局 ……………………………………… (153)
　　　第三节　北方道教的重振 ……………………………………… (158)
　　　第四节　江南道教各派的状况 ………………………………… (163)
　　　第五节　玄教的异军突起 ……………………………………… (168)

第三章　教育体系的形成和理学的盛行 ……………………………… (175)
　　　第一节　国学的建立 …………………………………………… (175)
　　　第二节　地方儒学的普及 ……………………………………… (182)
　　　第三节　蒙古字学、医学和阴阳学 …………………………… (188)
　　　第四节　理学家与教育家：许衡、刘因和吴澄 ……………… (197)

第四章　丰富多彩的文学艺术 ………………………………………… (212)
　　　第一节　南北文坛 ……………………………………………… (212)
　　　第二节　杂剧的兴盛 …………………………………………… (224)
　　　第三节　散曲名家 ……………………………………………… (230)

第四节　绘画、书法和雕塑的成就…………………………（236）
　　第五节　宫廷和民间乐舞……………………………………（247）

第五章　遗民史学和地理学的成就……………………………（259）
　　第一节　遗民史学：胡三省与马端临………………………（259）
　　第二节　《元一统志》的编纂和河源考察……………………（265）
　　第三节　海外记事：《真腊风土记》和《大德南海志》………（273）

第三编　仁宗至顺帝时期（1314—1368）

第一章　从动荡到崩溃……………………………………………（279）
　　第一节　不断更迭的帝位……………………………………（279）
　　第二节　农民战争和元朝的灭亡……………………………（284）
　　第三节　元末士人的动向……………………………………（289）

第二章　后期诸帝与文化…………………………………………（298）
　　第一节　经筵制度的设立……………………………………（298）
　　第二节　后期诸帝与文学艺术………………………………（306）
　　第三节　科举取士制的确立…………………………………（317）

第三章　多种宗教的发展…………………………………………（327）
　　第一节　藏传佛教和佛教其他宗派的活动…………………（327）
　　第二节　佛教与中外文化交流………………………………（333）
　　第三节　佛教异端：白莲教与白云宗………………………（339）
　　第四节　南北道教的演进……………………………………（347）
　　第五节　基督教的传播………………………………………（352）
　　第六节　伊斯兰教的活动……………………………………（359）
　　第七节　摩尼教和印度教……………………………………（363）

第四章　教育的进步和理学的统治地位…………………………（370）
　　第一节　国学和地方学校的发展……………………………（370）
　　第二节　书院的繁荣…………………………………………（382）

第三节　程朱理学统治地位的确立 …………………………… （389）
　　第四节　陆学和调和朱陆之风 ………………………………… （400）

第五章　文学艺术的演变 ……………………………………… （412）
　　第一节　诗文风格的变化 ……………………………………… （412）
　　第二节　杂剧南下和南戏兴起 ………………………………… （424）
　　第三节　散曲新声《录鬼簿》和《青楼集》 ………………… （430）
　　第四节　说话和话本 …………………………………………… （435）
　　第五节　书画艺术的兴盛 ……………………………………… （440）

第六章　史学和地理学的进步 ………………………………… （453）
　　第一节　宋、辽、金三史的修纂 ……………………………… （453）
　　第二节　本朝史的修纂和藏族史籍《红史》 ………………… （462）
　　第三节　地图学的成就　行纪与方志 ………………………… （473）

第四编　文化载体：语言文字和书籍

第一章　语言文字的多样性 …………………………………… （485）
　　第一节　多种语言文字的使用和翻译 ………………………… （485）
　　第二节　八思巴字的创制和使用 ……………………………… （491）
　　第三节　汉语中的蒙语词汇和蒙语硬译文体 ………………… （497）
　　第四节　白话文和简体字 ……………………………………… （503）

第二章　书籍出版与收藏 ……………………………………… （509）
　　第一节　元人著作概况 ………………………………………… （509）
　　第二节　书籍出版的多种渠道 ………………………………… （516）
　　第三节　佛教大藏经的刊造 …………………………………… （526）
　　第四节　书籍收藏的四种类型 ………………………………… （532）

参考文献 ………………………………………………………… （539）

后　　记 ………………………………………………………… （550）

绪　　论

第一节　元代文化史的范围

"大元"（简称"元"）作为国号，是公元1271年确定的。在此以前，这个政权称为"大蒙古国"或"大朝"。1206年成吉思汗建国，蒙语称为Yeke Mongghol Ulus，"大蒙古国"是蒙文国号的直译，"大朝"则是其简译。大蒙古国的第五代大汗忽必烈附会"汉法"，建号改元，他在至元八年（1271）颁布的《建国号诏》中说："可建国号曰大元，盖取《易经》乾元之义。"在古代经典《易经》中，"元"的本义为大，因此"元朝"就是"大朝"，不过是用儒家经典对原有国号加以改造而已。[①] 当然，采用儒家经典语言作为国号，意味着国家性质的重大改变，但元朝是大蒙古国的继续，这是无可置疑的。大蒙古国前四汗的历史，是元朝历史的组成部分。也就是说，元朝这个概念，可以有两种理解，一种指1271年以"元"为国号起到1368年灭亡为止，前人有"元朝享国不及百年"之说，即指此而言；另一种指成吉思汗1206年建国到1368年灭亡为止。本书所论述的元朝，取后一种。事实上，明人编纂《元史》，便是从太祖亦即成吉思汗开始的。

忽必烈以前，大蒙古国先后有4位大汗，即成吉思汗、窝阔台汗、贵由汗和蒙哥汗，后来分别被尊称为太祖、太宗、定宗、宪宗。他们统治的时间从1206年到1259年。忽必烈被尊称为世祖，世祖忽必烈之后，到元朝灭亡，先后共有9位皇帝，他们是：成宗铁穆耳、武宗海山、仁宗爱育黎拔力八达、英宗硕德八剌、泰定帝也孙铁木儿、文宗图帖睦尔、明宗和世㻋、宁

[①] 萧启庆：《说"大朝"：元朝建号前蒙古的汉文国号》，《蒙元史新研》，允晨文化实业股份有限公司1994年版，第25—46页。

宗懿璘质班、顺帝妥懽帖睦尔。从忽必烈算起，10 位皇帝统治的时间始于 1260 年，终于 1368 年。如上所述，元朝的历史，始于 1206 年，终于 1368 年，共 14 帝，延续了 162 年。元代文化史所要研讨的，就是这一段时期内发生的各种文化现象的历史。

对于文化，迄今学术界有种种不同的理解。一般认为，文化有广义、狭义之分。广义的文化，指人类创造的精神财富和物质财富的总和，狭义的文化，指人类创造的各种精神财富。我们认为，真正意义上的文化，应属于上层建筑的意识形态范畴，主要包括哲学、史学、地理学（人文地理学）、文学艺术、宗教等。也就是说，主要指精神财富而言。我们研讨的元代文化，就是这个时代各族人民创造的种种精神财富，以及与之相适应的制度和机构。语言文字和书籍，是文化的重要载体，亦应是文化史研讨时不可缺少的内容。至于物质财富，大多与经济生活有密切联系，应是经济史和科技史研究的范围。

对于元代文化，历来评价不一。在相当长的时间内，除了元曲之外（这得力于王国维先生的研究），元代社会黑暗、元代文化"衰敝"的看法，是颇为流行的。元朝君主多不习汉文化，元朝儒生地位极其低下，甚至有"九儒十丐"之说，这是得出上述看法的重要论据。20 世纪下半期以来，随着中外学术界有关研究的不断深入，现在完全可以说，元代是继唐、宋之后我国文化的又一个高潮时期。在元代，文化的多数领域都有很好的成就，有些甚至超越了前代。元代杂剧是中国古代文艺的一座高峰，毋庸多说。随着多达六十卷的《全元文》（北京师范大学古籍所主编）问世和《全元诗》（中国社会科学院文学所主编）编纂工作的完成，有元一代诗文数量远远超出以前的估计，而且其中不乏上乘之作，别具特色。以史学论，《蒙古秘史》是我国第一部少数民族用自己文字撰写的历史著作，意义重大，体裁新颖，在世界史学发展史上亦有其独特的地位。以地理学论，众多域外行纪的出现，具有重要学术价值；元代学者接受外来的影响，已把眼光投向域外的世界，绘制出包括中亚、西南亚，以及非洲、欧洲等地区在内的地图，其意义更不待言；如此等等。至于元朝君主多不习汉文化和元朝儒生地位极其低下之类的说法，则是片面的、不准确的。元代文化是中国古代文化发展过程中一个重要的具有特色的环节，然而迄今为止还没有全面论述有元一代文化的著作，这不能不令人感到遗憾。本书旨在前人研究的基础之上，结合自己的探索心得，试图对有元一代的文化作出比较全面的系统的说明。元代文化史是一个广阔的领域，有待深入的问题很多，限于学力，我们的说明只能是初步的，衷心希望得到指正。

第二节　元代社会和元代文化

　　元代社会，总的来说，其经济、政治和文化生活，都是前代的延续。从经济生活来说，封建的土地所有制以及建立在这种所有制基础上的阶级关系，仍占主导地位。从政治生活来说，中央集权的官僚制度，占有统治地位。从文化生活来说，儒家学说仍是思想的主流。但是，元代社会也有很多不同于前代的地方，元朝实现了中国历史上前所未有的统一，元朝文化政策具有两重性，元朝多种宗教盛行，元朝南北地域存在差异，这些都对元代的文化产生深刻的影响。

　　元朝实现了中国历史上前所未有的统一，结束了长达数百年的南北分裂局面，并使许多边疆地区归属中央政权管辖之下。这是元朝历史不同于前代的特点。在宋与辽、金先后对峙的时代，南北双方隔阂很深，彼此设置种种障碍，文化的交流只是偶然的、个别的。例如南方盛行理学，而在金朝统治下的北方，对此有兴趣者为数寥寥，不受重视。蒙古（元）军南下，理学北上，逐渐成为全国思想界的主流。在元朝统一以后，南北人物彼此往还，互相切磋，无论文学艺术创作，或是学术研究，都起了极其有益的作用。南北的绘画、书法，原来风格不同，统一以后互相影响，有更大的成就；杂剧南移，推动了南方戏剧的发展；如此等等。《大一统志》的编纂，是南北各族学者共同努力的结果，而大统一的局面则是此书能够编成的前提。许多作家能够游历南北名山大川，了解风土人情，开阔了视野，得以写出美好的诗文。而边疆地区归附元朝以后，和中原地区关系日益紧密，中原传统文化远播边疆各地，边疆各族的文化也相继传入中原，产生了程度不等的影响，使中原文化更加丰富多彩。一大批蒙古人和西北各族成员来到中原，接受中原传统文化，并在文学艺术和学术上有所发明创造。以中原传统文化为主的多民族文化共同发展，形成元代文化一大特色，这正是大统一的结果，是前代所未有的。

　　元朝在文化上实行两重性的政策。一方面，为了巩固自身的统治，元朝统治者推行"汉法"即中原传统的各种制度，尊崇孔子和儒术，兴办儒学，中期以后还推行科举取士制度。过去有元代人分十等、九儒十丐之说，其实这是误传。元朝将全国居民按职业和民族分成各种户，称为诸色户计，儒户是其中之一。按照国家的政策，儒户的主要义务是有人上学读书，却可以免当杂泛差役，地位与僧、道户相近。元朝没有十等户的区分，当然也不存在九儒十丐的问题。从政策规定来说，儒户（元朝士人[①]，多数属于儒户，亦有一部分属于其他各种户）和军户、站户、民户等相比，是受优待的。但另一方面，元朝推行民族压迫和民族歧视的政策，集中表现为四等人制，即将全国居民分为蒙古、色目、汉人、南人四个等级，予以不同的待遇。蒙古、色目享受种种特权，汉人、南人则处处受歧视，尤以南人为甚。在仕途上，蒙古、色目人占据高位，汉人、南人除极少数之外只能屈居下僚，升迁无门；就法制而言，处处维护蒙古、色目人的利益，汉人、南人的权益得不到保护，有时连人身和财产的安全都受到侵犯；就文化而言，在学校教育、科举考试、语言文字的使用等方面，民族歧视也都有明显的表现。儒户应受优待，而元朝政府中当政的蒙古、色目官员，很多人对中原传统文化怀有成见，由此对儒户心存轻视甚至敌意，强迫他们和民户一样承当杂泛差役和各种苛捐杂税。因此，儒户的实际处境，远逊于同时代的僧、道户，和以前各朝士人享受的优遇，更难以相提并论。

可以看到，这个时代的思想文化领域，呈现复杂、矛盾的态势。总的来说，怀念故国的遗民思想，随着金、宋的灭亡，在北方和南方都出现过，但延续时间不长。由于元朝统治的巩固，加上尊孔和推崇儒术政策的推行，大多数汉人、南人中的士人，很快便认同元朝的统治，纷纷谋求入仕，歌功颂德的诗文随处可见。然而，严酷的民族压迫和民族歧视的现实，不能不激发他们中很多人对社会的强烈不满，在诗文中有的呼吁抗议，有的则趋于消极避世。还有一些士人转而在通俗文艺创作中寻求安身立命之地，他们的加盟导致了杂剧、小说的繁荣。

蒙古族原来信奉萨满教，这是原始的万物有灵信仰。成吉思汗建国后向外发展，接触到多种宗教。大蒙古国的诸汗，认识到宗教有利于统治的巩固，对各种能为自己"告天祝寿"的宗教原则上都是保护和支持的，当然有时也根据需要和爱好而有轻重之分。忽必烈登上统治宝座后，继续采取保护、支持各种宗教的政策，但在佛、道之争中明显倾向佛教，特别尊奉藏传佛教。元朝以后诸帝，对宗教的态度都沿袭忽必烈的政策，没有大的改变。

[①] 我们用"士人"的概念，泛指有文化的读书人。

作为意识形态的宗教，是文化的一个重要组成部分。有元一代，宗教在社会各阶层的精神生活中占有头等重要的地位。多种宗教并存，各种庙宇林立，多种多样的宗教活动连年不绝，声势之盛为前代所未有，成为这一时代文化生活中的一大景观。这一时期，宗教对文化的其他领域有很大的影响，特别是哲学、诗歌、散文、戏曲、绘画等，最为明显。

宋、金对峙时期，南方文化明显比北方有更大的成就。元朝统一以后，南、北经济有很大的差异，以浙西（今江苏南部和浙江北部）为中心的江浙行省，是全国最富庶的地区。原有文化传统的不同，加上经济生活的差异，使有元一代南北文化有很大差别。南方特别是以浙西为中心的江浙地区，是人文荟萃之地，多种文化形式都有发展。而北方除大都之外，相对来说比较停滞，元朝南北文化的发展不平衡，对以后的中国文化产生了深远影响。

元代文化还有一个特点，那便是俗文化的发达。俗文化是相对于雅文化而言的，俗、雅之别，主要在于所使用语言文字的差别和面向对象的不同。俗文化主要使用白话文或浅近的语体文，面向下层人众，以及对中原传统文化不太了解的蒙古、色目人。雅文化则使用传统的文言文，主要面向各族士人。俗文化的出现，可以追溯到唐朝，宋朝已颇有影响，其表现形式有话本小说、民间说唱伎艺等。到了元朝，俗文化发展成一种潮流，不仅话本小说、民间说唱伎艺有所发展，杂剧、南戏和散曲，有些完全可以归入俗文化范畴，有些则介乎雅、俗之间。此外，还出现了用白话文或语体文写作的通俗史书，以及经典的"直解"等。元代俗文化的兴盛，在中国古代文化发展史上是具有重要意义的现象。原因主要有二：一是宋代以来城市经济的发展，城市商人和手工业者对文化的需求；二是入居中原的蒙古、色目人希望了解中原传统文化，而传统的雅文化使他们望而生畏，俗文化易于理解，符合他们的需要。也就是说，俗文化在元代的兴盛，也有着深刻的社会背景。

文化是社会的上层建筑。元代社会的这些特点，在文化上必然有所表现。这些表现实际上也正是元代文化不同于前代之处。

第三节　元代文化的发展阶段

一个时代的文化是该时代政治、经济的反映。社会的变迁，特别是政治生活的发展变化，必然会对文化产生巨大影响。要想正确了解一个时代的文化发展，必须和该时代社会、政治生活的变化联系起来考察。以往断代文化史的撰写，一般采取首先通论时代背景，然后按各领域（如文学、哲学、美术等）分别论述的办法。这种体例的优点是每个具体领域的论述比较周密，缺点是难以处理好该时代社会、政治生活发展变化与各个具体文化领域之间的关系。本书有鉴于此，将元代文化史按社会、政治生活的变化分为三个阶段。每个阶段先分析社会、政治生活的特点，然后对各个文化领域的状况加以说明。

第一阶段：蒙古前四汗时期（1206—1259）。

蒙古族生活在北方草原，从事游牧生活。蒙古族原来没有文字，主要信奉萨满教，也有一部分信奉景教（基督教的一支），宗教是他们精神生活的主要内容。成吉思汗在建国前夕灭乃蛮部，俘获畏兀（今维吾尔族的祖先）人塔塔统阿，命他用畏兀字母书写蒙古语，从而创立了畏兀体蒙文，这是蒙古族发展过程中的一件大事。成吉思汗建立大蒙古国以后，向外扩张，接触到佛教、道教、伊斯兰教、基督教等多种宗教。蒙古统治者对于各种宗教原则上都采取兼收并蓄的态度，给予保护和支持。多种宗教的兴盛，是蒙古前四汗时期文化的一大特色。

原金朝统治下的北方农业地区，当时称为"汉地"。成吉思汗对金用兵，夺取了包括金中都（今北京）在内的大片土地，金朝被迫迁都南京（今河南开封）。窝阔台汗时期，蒙古灭金，实现了对"汉地"的统治。"汉地"历来占主导的是以儒学为核心的中原传统文化。成吉思汗接触过个别"汉地"士人，如契丹人耶律楚材，以及佛、道二教的代表人物，但中原传统文化在他的心目中是没有地位的。窝阔台汗曾接受耶律楚材的建议，采取过一些保护"汉地"文化的措施，如以考试方式确定儒户、立经籍所、封衍圣公等，但随着耶律楚材在政治上失势，这方面的措施没有再推行下去。此外，窝阔台汗还曾下令在燕京（今北京）兴办学校，培养翻译人才，此事指定全真教的道士负责。这是蒙古学校教育的滥觞。贵由汗在位时间很短，忙于统治集团内部的争斗。继起的蒙哥汗"自谓遵祖宗之法，不蹈袭他国所为"，"酷信巫觋卜筮之术"，对"汉地"的儒学没有兴趣。[1] 他曾问："儒者何如巫、医？"实际是认为儒者无用。[2] 在蒙古上层，这种想法是普遍存在的。"汉地"的道教、佛教，得到蒙古统治者的扶持，声势日盛。因为利益冲突，

---

[1] 《元史》卷3《宪宗纪》。
[2] 《元史》卷125《高智耀传》。

佛、道二教在蒙古统治者主持下举行了两次辩论，成为当时"汉地"思想文化领域的一件大事。另一方面，"汉地"的汉人世侯，如东平（今属山东）严氏、真定（今河北正定）史氏等，在自己管辖范围内做过一些招徕儒士文人、整治学校的举措，对于儒学的延续，起了有益的作用，当然规模是有限的。

从13世纪40年代起，蒙哥之弟忽必烈便开始招揽"四方文学之士，问以治道"。50年代初，蒙哥汗即位后，忽必烈受命管理"漠南汉地"，更加强了延揽"汉地"人才的工作。他多次表示尊重儒学的态度，采取了一些恢复地方学校的措施，因而赢得"汉地"士人的好感，向他献上了"儒教大宗师"的头衔，视他为儒教的保护人。与此同时，忽必烈对各种宗教同样采取"护持"的态度，也是在13世纪40年代，藏传佛教萨斯迦派领袖萨班到西凉（今甘肃武威）与蒙古宗王阔端会晤，导致吐蕃地区归附蒙古。50年代忽必烈出征云南回师途中，与萨班之侄八思巴相见，从此藏传佛教逐步传入中原地区。

在金朝统治下，士人们热衷于诗词歌赋，关心理学者极少。反之，理学在南宋统治地区得到很大发展，朱熹是南方理学的代表人物。窝阔台汗七年（1235）蒙古对南宋用兵，攻陷德安（今属湖北）等地，大肆俘掠。儒生赵复、砚坚等因此北上，赵复在燕京开办太极书院，砚坚等在各地教授学生，南方理学得以北传。许衡、姚枢等人都成了理学信徒，后来相继入忽必烈幕府。在诗文方面，一批金朝"遗民"的创作，成为文坛的主流。遗民文学的特点，不外是怀念故国，感怀身世，有的还对蒙金战争造成的灾难进行批判。元好问是他们中最有影响的代表。异军突起的是新西域诗，耶律楚材和丘处机以诗歌记述他们的西域见闻，为当时的文坛增添了光彩。一种新的艺术形式——杂剧开始成型，在城乡演出，杂剧作者以关汉卿、白朴为代表。在史学方面，金史特别是金朝亡国史的编纂成为一时风气，而多种蒙古和西域行记的出现，应视为这一时期文化的一个特点。《蒙古秘史》是用畏兀体蒙文写成的蒙古第一部史书，它的出现是中国史学的一件盛事，产生了深远的影响。

第二阶段：世祖、成宗、武宗时期（1260—1313）。

这一阶段有两件对文化有深远影响的大事。一件是忽必烈即位后，鼓吹"文治"，采用"汉法"，但同时又多方维持蒙古传统，于是形成了混杂中原传统政体和漠北旧俗的行政体制。另一件是元灭南宋，结束了长期的南北分裂，实现了空前规模的统一局面。忽必烈改国号为"大元"，元朝实际统治的范围、对象与前四汗时期有很大不同。前四汗时期的蒙古国，以漠北的哈剌和林（今蒙古国额尔德尼召南）为都城，除了蒙古本土之外，凡是蒙古人征服之地，都是大汗统治的疆土。忽必烈改国号以后的元朝，以大都（今北京）为都城，统治的范围主要是金、宋、大理、西夏的故土和吐蕃、畏兀儿地面，中亚及其以西广大地区，分别建立了察合台、窝阔台、钦察、伊利四大汗国，钦察汗国是成吉思汗长子术赤后人建立的，伊利汗国创立者则是蒙哥汗的另一个兄弟旭烈兀。四大汗国中的伊利汗国、钦察汗国与元朝保持着友好的关系，承认元朝的宗主地位，察合台和窝阔台两汗国的当政者则不时与元朝发生冲突。政治形势的变化使元朝的政治、经济以至文化政策都发生了变化。

儒学是"汉法"的思想基础，孔子是儒学的象征，推行"汉法"便要尊孔崇儒。忽必烈为了标榜"文治"，采取了若干尊孔和抬高儒学地位的措施，如在各地建立宣圣庙、恢复或新建各级地方官学、建立中央国子学、整顿和推行儒户制等。成宗铁穆耳下诏中外尊奉孔子，建立大都宣圣庙。武宗海山加封孔子为大成至圣文宣王，这是一个"阔得可怕的头衔"[1]，后代一直沿用。但是，无论忽必烈还是铁穆耳、海山，对孔子和儒学的尊重更多是表面的，实际上是有很大保留的，迟迟不肯实行科举制度，便反映出他们对儒学和儒生的真实态度。

在忽必烈时期，设置了若干与文化有关的机构。在中央设有翰林国史院、国子监与国子学、蒙古国子监与蒙古国子学、秘书监、兴文署等；其他如太史院、仪凤司、教坊司等，亦与文化有关；管理宗教则有宣政院、集贤院、崇福司、回回哈的司等。在地方则有儒学提举司和各级地方官学、蒙古提举学校官和各级蒙古字学，以及管理各种宗教的地方机构。这些机构的设置，大多沿袭前代，也有不少是元朝首创。这些机构在蒙古前四汗时期都是没有的。文化机构的设置，表明忽必烈认识到文化的重要性，这与前四汗大不相同。

这一阶段元朝统治者仍奉行对各种宗教都加扶持的政策，但其中又有区别。佛、道之争在忽必烈统治前期仍在继续，至元十七至十八年（1280—

---

[1] 鲁迅：《在现代中国的孔夫子》，《且介亭杂文二集》，人民文学出版社1973年版，第79—85页。

1281）间举行的第三次佛道辩论，仍以道教失败告终。终忽必烈之世，道教受到相当的压制，到元成宗上台后才有所改变，但地位一直在佛教之后。佛教、道教内部都有派系的斗争。忽必烈最尊崇的，是藏传佛教中萨斯迦派，其领袖八思巴被尊为帝师，以后萨斯迦派的领袖亦都享有同样的头衔。藏传佛教地位之显赫，声势之盛，是其他教派所无法比拟的。这一阶段，伊斯兰教和基督教在中原和江南亦有相当规模的传播。元朝的都城大都，南方的海港城市泉州，都是多种宗教并存之地，从而形成了多种文化相互辉映的局面。

元朝统一，版图内有多种民族，语言文字各不相同。前四汗时期，官方使用畏兀体蒙古字、汉字和"回回字"（波斯文）。忽必烈命八思巴创造"蒙古新字"（后称蒙古字，俗称八思巴字），实际上是一套字母体系，主要用来拼写蒙古语，也可以拼写汉语。重要的诏令文书都用八思巴字书写，其次才是汉字。此外，元朝通行的文字，还有畏兀体蒙古文、藏文、畏兀文（用畏兀字母书写畏兀语）、回回文字（波斯文）等。多种语言的流行以及多种文字的使用，带来翻译人才和翻译作品的兴旺发达，与之相应，还产生了一种奇特的翻译文体，即所谓蒙语硬译文体。

这一阶段北方理学的代表人物许衡、窦默等受到忽必烈的尊重，许衡及其弟子掌教国学，理学成为官方哲学。南方理学继续发展，代表人物是吴澄。在南方，史学继承前代的传统取得新的成就，胡三省的《通鉴音注》和马端临的《文献通考》是有代表性的作品，"遗民情结"在这些作品中都有所表现。元朝以官方力量编纂《大一统志》，用以表现大一统国家的空前规模。黄河河源的考察，《真腊风土记》和《大德南海志》的撰写，是地理学的成就。这些都与国家的统一有密切的关系。

这一阶段北方诗文（包括诗、词、散曲）名家有刘秉忠、刘因、卢挚、姚燧等。他们的作品大多已摆脱"遗民情结"的窠臼，题材比较广泛，风格多样。统一以后南方诗文名家有周密、方回、戴表元、汪元量、袁桷、赵孟頫等，南宋亡国在这些作者思想上打下深刻的烙印，故国之思时时可见。其中有些人出仕新朝，在作品中常流露出矛盾甚至痛苦。藏族作家萨班·贡噶坚赞的《萨斯迦格言》，另具特色，是诗坛的奇葩。

杂剧在这一阶段趋于成熟。杂剧创作的中心是大都，有影响的作者几乎都是四等人中的汉人。最著名的杂剧作家有王实甫、马致远等。这一阶段杂剧内容广阔，许多作品在不同程度上反映了当时复杂的社会矛盾，对不合理的社会制度和各种弊端进行揭露和批判。杂剧在城市、乡间广泛演出，成为当时最重要的一种娱乐形式。

前四汗时期，北方没有出现有成就的书画名家。这一阶段，北方名画家有高克恭、李衎、刘贯道等，南方名画家有钱选、龚开、赵孟𫖯、任仁发等。在书法艺术方面，北方最著名的是鲜于枢，南方有赵孟𫖯、邓文原等。南北统一带来南北书画艺术的广泛交流，赵孟𫖯、邓文原北上，高克恭、李衎、鲜于枢南下，以及他们之间的交往，对书画艺术的发展起了很好的推动作用。赵孟𫖯在书画和诗文众多领域中都有杰出的成就，是当时文坛和艺坛当之无愧的领袖人物，对后代也有很大的影响。

第三阶段：从仁宗即位到元朝灭亡（1314—1368）。

这一阶段元朝诸帝的中原传统文化修养有明显的提高，特别是仁宗爱育黎拔力八达、文宗图帖睦尔以及顺帝妥懽帖睦尔。从仁宗起，元朝在尊尚儒学方面有很大的进步，表现在：（1）在长期停顿以后重新确立了科举取士制。（2）由断断续续的儒臣进讲经史发展成固定的经筵进讲制度。（3）加大尊孔力度，宋、元二代理学家从祀孔子，对孔子父母以及儒家代表人物加以王、公封号。这些举措是以官方的名义确认理学为儒学正统，从而确立了其在思想文化领域的统治地位。这一阶段还建立了奎章阁学士院、艺文监等新的文化机构，奎章阁后改为宣文阁，艺文监改为崇文监。这些机构的设立，是统治者爱好中原传统文化的表现。

尽管如此，仁宗和以后诸帝对于各种宗教特别是藏传佛教的崇奉和爱好，仍然远大于儒学。元朝诸帝都耗费大量钱财兴建佛寺、道观，远非学校所能比拟；元仁宗时命各地立帝师八思巴寺，其规制要大过孔子庙，这件事很典型地说明了儒学和宗教在统治者心目中的不同地位。而且，在元朝上层蒙古、色目贵族官僚中间，一直存在反对、排挤中原传统文化的强大势力，科举取士名额有限，而且一度中断，便是这种势力作用的结果。

各种宗教在这一阶段都有所发展，其中佛教特别是藏传佛教声势远在其他宗教之上。道教正一派的分支玄教地位特殊，与宫廷关系密切。有名望的僧人、道士与文人交往成为一时风气。中国和日本、高丽之间僧人来往频繁。基督教、伊斯兰教的影响进一步扩大。基督教、伊斯兰教的传播是元代中外文化交流的重要组成部分。此外，摩尼教和印度教则只在较小范围内传播。

受科举取士制的刺激，学校教育有新的发展，地方官学遍及各地，不少边疆地区亦有设置。书院讲学在江南比较流行。科举制确立了程朱理学在思想文化领域的统治地位，但理学另一支陆学仍在某些地区存在，调和朱、陆的思想仍有相当的影响。

"宗唐复古"成为文坛的风气。诗歌散曲方面的代表人物，前有"四大家"（虞集、揭傒斯、杨载、范梈），后有杨维桢、张翥、王冕、张可久、睢景臣等。散文名家有虞集、欧阳玄、柳贯、许有壬等。南人占有多数。随着大批蒙古、色目人入居中原，他们中涌现出一批以汉文写作而卓有成就的文人，其中著名的有马祖常、萨都剌、贯云石、迺贤等。这一阶段，元朝由盛转衰，政治腐败，天灾频繁，经济凋敝，民不聊生，动乱接连发生，终于汇成绵延十余年之久的全国规模的农民战争。这一阶段前期的作家不乏歌颂元朝统治以及沉迷于风月的作品，后期的作者，面对社会巨大动荡的现实，很多人写下感事伤时之作，记述人民大众的苦难，使文坛风气为之一变。

全国统一后，不少杂剧作家和演员相继南下，在他们的影响下，南方也有一批剧作者和演员成长起来。到仁宗时，杂剧创作中心已从大都移到以杭州为中心的江浙一带。与此同时，杂剧创作也呈现出由盛而衰的趋势，数量减少，题材贫乏，缺乏生命力。南戏是从南宋后期起便在浙东一带流行的一个地方剧种，入元以后延续下来，杂剧南移对南戏的提高产生了积极的促进作用。元末高明创作《琵琶记》，标志着南戏进入一个新阶段。杂剧、南戏都在舞台上演出。在舞台上演出的还有傀儡戏和各种说唱伎艺，话本（讲史和小说）的创作和说唱伎艺有着密切的关系。

这一阶段之初，赵孟頫仍是艺坛的盟主，继起的知名画家大多是南人，除后代盛称的"四大家"（黄公望、倪瓒、王蒙、吴镇）外，还有唐棣、朱德润、王振鹏、柯九思、王冕等。著名书法家有嶨嶨、揭傒斯、杨维桢、周伯琦、郭畀等，亦以南人居多。不少人兼工书画诗文，追求"神似"和诗、书、画相结合的"文人画"成为画坛的主流。大体来说，元代画家可以分为文人画家和职业画家两大类，职业画家又可分为宫廷画家和民间职业画家（工）。当然，这个区分只是相对的。至于著名的书法家，主要是文人。

史学和地理学在这一阶段有很大成绩。经过长期的酝酿，顺帝时完成了宋、辽、金三史的修纂。历朝实录和《经世大典》等政书的编纂，为当代史积累了资料。苏天爵对文献的整理，对当代史有很大的贡献。吐蕃地区产生了藏族的一部重要史籍《红史》。朱思本绘制的《舆地图》在后代有深远的影响。李泽民的《声教广被图》中标明了非洲、欧洲的位置，这在中国地图发展史上还是第一次，有关资料应源自伊斯兰地理学。行记和方志类的作品亦有新的收获。

书籍是文化的载体。元人著作无论数量和质量都相当可观，不少作品具有很高的价值。和前代一样，元代书籍出版可分为官府刻书，书院、官学刻书，私宅刻书，民间书坊刻书和寺观刻书。其中书坊刻书的数量最多。就地区而言，南方的出版业远远超过北方，福建建阳有大量民间书坊，是当时全国的书籍出版中心。多种佛教大藏经和多种民族文字著作的出版，是元代出版业的特色。出版业的兴盛，从一个侧面反映出元代文化的繁荣。

第一编

蒙古前四汗时期(1206—1259)

第一章 天崩地解的时代

第一节 大蒙古国在"汉地"的统治

1206年，成吉思汗在统一蒙古诸部后，于斡难河畔召开忽里台，正式建立大蒙古国（也可·忙豁勒·兀鲁思）。大蒙古国建立时，金朝正迅速走向衰落。成吉思汗在经过充分准备后，于1211年春，亲统大军南下，对金发动战争。在蒙古大军的凌厉攻势面前，金军节节败退。野狐岭（今河北万全县西北）一战，金军遭到毁灭性打击，"死者蔽野塞川"，"精锐尽没于此"①。此后，蒙古军连年南下，深入金朝腹地。"河北郡县尽拔，唯中都、通、顺、真定、清、沃、大名、东平、德、邳、海州十一城不下。""凡破九十余郡，所过无不残灭。

图1-1-1 成吉思汗像

两河山东数千里，人民杀戮几尽，金帛、子女、牛羊马皆席卷而去，屋庐尽毁，城郭丘墟矣。"② 为躲避蒙古军再次南下，金朝被迫于1214年弃守中都（今北京），迁都南京（今河南开封），据守河南，以图自保，黄河以北则成为双方展开拉锯战的主战场。

蒙金战争初期，蒙古军虽一再攻城陷地，但主要目的在于掳掠破坏，

---

① 《圣武亲征录》。
② 《元史》卷1《太祖纪》；《建炎以来朝野杂记》卷19《鞑靼款塞》。

"所获城邑，即委而去之，未尝置兵戍守"①。黄河以北广大地区一时间群雄并起，多"如牛毛"②。当时，蒙古驻扎军队、真正实行有效控制的地方，实际上只有中都及其东、西、北面的部分地区。在中都，成吉思汗以札八儿火者为"黄河以北铁门以南天下都达鲁花赤"，与金降将石抹明安等共同镇守该地。石抹明安授太保、都元帅、燕京行省，死后，由其子咸得不继任。在北面，以吾也而任北京（今内蒙古宁城县西北大明城）权兵马都元帅，金降将乌古论寅答虎为北京留守。在西面，以刘伯林担任西京（今山西大同）留守、兵马副元帅。东面，以石抹也先为"御史大夫提控诸路元帅府事，辽水之西、滦水之东，悉以付之"。塔本则统辖平滦诸地，号行省、都元帅。此外，耶律秃花"拜太傅、总领也可那延、濮国公"，统率降蒙诸军，常驻宣德（今河北宣化）一带。③

1217年，成吉思汗决意西征后，封手下大将木华黎为"太师、国王、都行省承制行事"，赐以象征大汗权威的九旒大旗，常驻燕、云地区，负责全面经略中原。因手头兵力有限，木华黎对中原采取了间接统治的方式，凡各地武装势力归降者，即承制封官拜爵，授予当地的统治权。"既取中原，定四方，豪杰之来归者，或因其旧而命官，若行省、领省、大元帅、副元帅之属者也。或以上旨命之，或诸王大臣总兵政者承制以命之。若郡县兵民赋税之事，外诸侯亦得自辟用。盖随事创立，未有定制。"④ 木华黎麾下的兀鲁、忙兀、弘吉剌、亦乞列思、札剌亦儿等五部蒙古军，则抽调其精锐组成探马赤军，或用于机动作战，或用于戍守战略要地，对各处归降地区实施有效监控。此阶段，虽由于蒙古军队主力西调，双方战场呈胶着状态，但蒙军始终掌握着战争主动权。

1227年，成吉思汗于灭西夏前夕去世。两年后，窝阔台被推选为蒙古大汗。为适应灭金需要，窝阔台在即位当年，对中原各地汉军，按蒙古军队建制进行了改编，以刘黑马、史天泽、萧札剌为三万户，分统右路、中路与左路汉军。同时，"定诸路课税"，以耶律楚材全面负责中原地区的税收。太宗二年（1230）"冬十一月，始置十路征收课税使，以陈时可、赵昉使燕京，

---

① 《元史》卷8《世祖纪五》。
② 《重修北岳露台记》，《青崖集》卷3。
③ 可参见《元史》卷120《札八儿火者传》《吾也儿传》；卷124《塔本传》；卷149《刘伯林传》《耶律秃花传》；卷150《石抹明安传》《石抹也先传》等。
④ 《经世大典序录·官制》，《国朝文类》卷40。

刘中、刘桓使宣德，周立和、王贞使西京，吕振、刘子振使太原，杨简、高廷英使平阳（今山西临汾），王晋、贾从使真定（今河北正定），张瑜、王锐使东平，王德亨、侯显使北京，夹谷永、程泰使平州（今河北卢龙），田木西、李天翼使济南"①。征收课税所系仿照金朝转运司而建，"易司为所，黜使称长"②。管辖范围也大体按金朝的路来划分。以后随着征服地域的扩大，课税所的数目又有所增加。次年八月，"始立中书省，改侍从官名，以耶律楚材为中书令，粘合重山为左丞相，镇海为右丞相"③。中书省系由大汗怯薛组织中的必阇赤班子演化而来。"必阇赤，译言典书记者也"，主要负责"宣发号令，朝觐贡献及内外闻奏诸事"④。其中，由必阇赤耶律楚材、粘合重山"共理汉事"。必阇赤在当时的权力很大，"凡四方之事，或未有鞑主之命，而生杀予夺之权已移于弄印者之手"⑤。

图 1-1-2　窝阔台汗像

太宗三年（1231），蒙古统治者于官山确定了灭金战略，随后分三路南下，开始了最后灭亡金朝的战争。次年初，拖雷率领的右翼军，在成功假道宋境后，于三峰山歼灭金军主力。两年后，1234 年，蒙宋联军攻克蔡州（今河南汝南），金朝灭亡。

在大蒙古国时期，原金朝统治的地区习惯称为"汉地"。金朝灭亡后，大蒙古国开始着手建立统一管理"汉地"的行政机构。太宗六年（1234）七月，失吉忽突忽被任命为中州断事官（札鲁忽赤），"主治汉民"⑥。"断事

---

① 《元史》卷 2《太宗纪》。按，这份名单是否就是当年全部任命，尚属疑问。像李天翼，从现有材料来看，应是金亡以后才出任课税所官员的。可参见《送李辅之之官济南·序》，《遗山集》卷 37。
② 《耶律楚材改课税制》，《还山遗稿》卷上。
③ 《元史》卷 2《太宗纪》。
④ 彭大雅：《黑鞑事略》；《元史》卷 3《宪宗纪》。
⑤ 彭大雅：《黑鞑事略》。
⑥ 《圣武亲征录》。

官行治在燕,銮舆尚在和宁,中原数十百州之命系焉。"① 失吉忽突忽当政期间,大蒙古国在中原地区主要进行了"乙未户籍""丙申分封"与"画境之制"等项工作。所谓乙未户籍,就是在乙未年(1235)对中原户口进行大规模统计,到次年六月,共"得续户一百一十余万"②。所谓丙申分封,就是在乙未户籍的基础上,将所得中原民户在诸王、贵戚之间进行分配。在丙申年(1236)分封中,总共有76万多民户成为投下户,占乙未所籍民户总数的一半以上。在分封过程中,窝阔台本来还打算将民户所附土地也一并分封,因耶律楚材进谏,遂采取折中办法,各投下领主,只在分地设达鲁花赤监临,由朝廷统一置官征收赋税,按领主应得数额进行颁赐。其中,"每二户出丝一斤,以供官用;五户出丝一斤,以与所赐之家"③,此即所谓的"五户丝制"。在此前后,大蒙古国还在中原地区推行了"画境之制","析天下为十道,沿金旧制画界"④。试图对当时各地武装大小不一、犬牙交错的地盘作重新调整。在全国各地,大蒙古国普遍设立了达鲁花赤(监临官),位地方长官之上。地方长官,则路、府设总管,州、县设军民长官、次官等。十道建制虽不久即遭破坏,但达鲁花赤作为一项制度却保留下来,为以后的元朝所继承。

在推行政治、经济诸项举措的同时,大蒙古国治下的中原文化事业也初见成效。起初,蒙古统治者对以儒家学说为代表的中原文化认识比较粗浅,只是把它当作与佛、道一类的宗教来看待。随着对中原地区统治的深入,蒙古统治者逐步认识到儒家学说在治理国家方面的重要作用,陆续出台了一些扶植与保护儒学的措施。这主要表现在以下三个方面。

恢复衍圣公的传统地位 中国历代王朝出于尊崇儒学的需要,特别重视对孔子后裔的保护与优遇。早在围攻汴京期间,蒙古即向金朝索出孔子51代孙衍圣公孔元措等27家。⑤ 孔元措出城后,辗转回到曲阜(今属山东),受到当地汉人世侯严实的保护,受封衍圣公。在临济宗僧人海云印简、长春宫大师萧元素等人的积极活动下,乙未、壬子两次籍户中,衍圣公府与孔庙的特权都得到了确认,当时规定:孔子后人15户、颜回后人8户、孟子后

---

① 《萨法礼碑铭》,《石田集》卷14。
② 《元史》卷2《太宗纪》。
③ 《中书令耶律公神道碑》,《国朝文类》卷57。
④ 《畿辅通志》卷168《蔡国公神道碑》。
⑤ 《金史》卷17《哀宗纪上》。

人 2 户，再加上孔庙洒扫户 100 家，共 125 户免当全部赋役，不属州县管辖。诸路所收历日银，一半用来修缮当地孔庙，益都、东平历日银则全部用来修缮曲阜孔庙。① 在蒙古统治者的提倡下，各地遭到战火毁坏的孔庙也陆续开始重建，这无疑对日后中原地区儒学的复兴起到积极的推动作用。

建立文化教育机构 在窝阔台统治时期，各地学校的重建也初见成效。像燕京地区，"国初，燕京始平，宣抚王楫请以金枢密院为宣圣庙。太宗六年，设国子总教及提举官，命贵臣子弟入学受业"②。从蛇儿年（太宗五年，1233 年）六月初九日颁布的诏书来看，燕京国学的建立，主要是为了给大蒙古国培养翻译人才，"教汉儿田地里学语言文书去也"③。但这无疑也为蒙汉文化的交流提供了一次难得的机遇。到太宗八年（1236）六月，"耶律楚材请立编修所于燕京，经籍所于平阳，编集经史，召儒士梁陟充长官，以王万庆、赵著副之"④。这两个机构，尤其是平阳经籍所的建立，为当时书籍文化的传播，起到了很大作用。到太宗末年中书令杨惟中

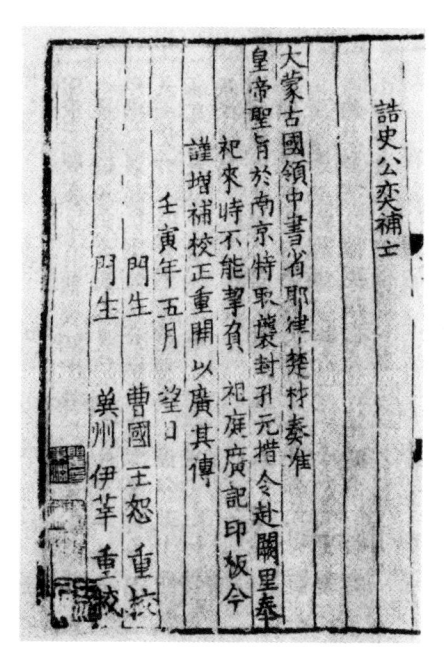

图 1-1-3 《祖庭广记》书影

当政期间，又在燕京成立太极书院，立周子祠，以赵复、王粹等人讲学。至此，理学思想也开始在北方迅速传播，"于是伊洛之学遍天下矣"⑤。

举行选拔儒生的考试 在耶律楚材等人的建议下，太宗九年（1237）八月，大蒙古国颁布了通过考试选拔儒生的诏令：

---

① 《孔氏祖庭广记》卷 5《历代崇重》，并参见蔡美彪编《元代白话碑集录》，第 42 页《1297 年曲阜文庙免差役赋税碑》（1297 年应为 1237 年），第 71 页《1314 年曲阜文庙免差役赋税碑》，科学出版社 1955 年版。
② 《元史》卷 81《选举志一·学校》。
③ 《析津志辑佚·学校》。
④ 《元史》卷 2《太宗纪》。
⑤ 《太极书院记》，《陵川集》卷 26。

自来精业儒人，二十年间学问方成。古昔张置学校，官为廪给，养育人才。今来名儒凋丧，文风不振。所据民间应有儒士，都收拾见数。若高业儒人，转相教授，攻习儒业，务要教育人材。其中选儒士，若有种田者，输纳地税；买卖者，出纳商税；开张门面营运者，依行例供出差发，除外，其余差发并行蠲免。此上委令断事官蒙格德依与山西东路征收课程所长官刘中，遍行诸路一同监视，仍将论及经义、词赋分为三科，作三日程试，专治一科为一经，或有能兼者（听），但不失文义者为中选。其中选儒人，与各处达噜噶齐、管民官一同商量公事勾当者。随后照依先降条理，开辟举场，精选入任，续听朝命。①

由于这次考试是在次年即戊戌年（1238）进行的，当时人们习惯把这次考试称为"戊戌试"或"戊戌选"。戊戌试并非传统意义上的科举考试，而是当时大蒙古国"汰三教"的重要一环，主要是为了确定当时儒、释、道三教的人数与待遇。其中，"僧道试经通者给牒受戒，许居寺观，儒人中选者，则复其家"②。戊戌试的举行，保护了一大批儒生。当时规定，即使"儒人被俘为奴者，亦令就试，其主匿弗遣者死"，而通过这次考试，儒生"免为奴者四之一"，整个考试则"得士凡四千三十人"③。这些中选的儒生，虽出来做官者寥寥无几，但生存环境毕竟比以前有了较大改善。元代儒户制度的确立，大体即发轫于此。

1251 年，蒙古统治阶层内部在经过一系列纷争后，推选蒙哥为新一任大汗，大汗的传承自此由窝阔台系转入拖雷系。蒙哥汗即位后，对中央与地方机构官员重新加以调整。以藩邸旧臣忙哥撒儿为大断事官，以孛鲁合为大必阇赤。设三大"行尚书省"机构于地方，其中，"以牙剌瓦赤、不只儿、斡鲁不、睹答儿等充燕京等处行尚书省事，赛典赤、匿笞马丁佐之"，具体负责管理中原汉地。④ 次年，大蒙古国在全国进行了第二次括户，因这一年为壬子年，史称"壬子户籍"。括户工作完成后，蒙古汗廷随后将所得民户在诸王、贵戚中间进行了重新分配。蒙哥在位期间，其弟忽必烈受到重用，

---

① 《庙学典礼》卷 1《选试儒生免差》；缺字据《元史》卷 81《选举志一·科目》补。
② 《中书令耶律公神道碑》，《国朝文类》卷 57。
③ 《元史》卷 146《耶律楚材传》。
④ 《元史》卷 3《宪宗纪》。

"尽属以漠南汉地军国庶事"①。在当政期间，忽必烈广招汉族儒士，不断充实自己的力量。在汉族谋臣的策划下，忽必烈先后奏请设立邢州安抚司、河南经略司与陕西宣抚司等，在中原地区尝试推行一些"汉法"改革，"选人以居职，颁俸以养廉，去污以清政，劝农桑以富民。不及三年，号称大治"②。不过，忽必烈的这些改革遭到朝中守旧官员的抵制，而蒙哥对忽必烈的羽翼渐丰也深感不安。1257年，蒙哥派阿蓝答儿、刘太平等赴陕西、河南等地钩考钱谷，"恣为威酷"③，大肆迫害幕府官员。在守旧派官员的巨大压力下，忽必烈被迫交出权力，改革措施也随之中止。两年后，蒙哥于四川征宋前线去世，忽必烈即位，正式建立元朝。④ 随着元朝统治重心转移到中原地区，"汉法"改革又一次提到日程上来。

图1-1-4 蒙古大汗及其后妃子女图
（拉施特《史集》插图）

第二节 "汉地"的汉人世侯

在大蒙古国统治期间，中原各地主要掌握在汉族地方武装势力——"世侯"的手中，前后长达半个多世纪，这些汉人世侯对华北地区的社会发展产生过非常重要的影响。

贞祐二年（1214）金室南迁后，"河北、河东、山东郡县尽废"⑤，金朝在黄河以北广大地区的统治呈土崩瓦解之势，出现权力真空状态。当时，

---

① 《元史》卷4《世祖纪一》。
② 《中书左丞姚文献公神道碑》，《牧庵集》卷15。
③ 《元朝名臣事略》卷11《枢密赵文正公》引《墓碑》。
④ 忽必烈正式定国号为大元是在1271年，但史学界一般以1260年忽必烈即位作为元朝建立的开始。
⑤ 《泽州长官段公墓碑铭》，《刘文靖公文集》卷20。

"河朔豪杰所在争起，倡纠义兵，完保其乡"。"河北桀黠，往往聚众自保，未有定属。"① 为了争取这些地方武装的支持，金朝采取了"牢笼用之""羁縻使之"的政策，② 对大小豪强一律加官晋爵，企图依靠他们的力量阻挡蒙古大军南下，并进而收复失地。其中，尤以兴定四年（1220）的"九公封建"最为典型。当年二月，金朝对九个势力较强大的地方武装实行裂土分封，规定他们"总帅本路兵马，署置官吏，征敛赋税，赏罚号令得以便宜行之"，享有较大的自主权。③ 与此同时，蒙古统治者对归降的武装势力也采取了类似的功赏原则，"国家当肇造，际所在豪杰应期效顺，俾世侯叠将，镇据一方，父死子继，兄没弟及，蹈故步而执成规，固自若也"④。在完成纳质、贡献、从征等义务后，归降者可在各自辖区内自由行使管辖权，集军、民大权于一身，世袭相传，专制一方。随着以后战局向着有利于蒙古一方发展，包括"九公封建"在内的地方武装势力，或在战争中灰飞烟灭，或投靠蒙古，成为依托于蒙古政权卵翼下的汉人世侯。金朝灭亡后，蒙古统治者依前金地方建制，于中原地区实行画境之制，在各地普遍设立达鲁花赤，位世侯之上，以加强对后者的控制。但世侯对此大都采取不合作态度，以致这些监临官多为"诸侯制之，一摇手不得专，特拥虚位而已"⑤。在大蒙古国统治时期，汉人世侯基本维持了原有地盘，"功成事定，剖符锡命，列为侯伯，连城数千，户数十万，租赋焉，生杀焉，一出于侯伯"。"藩方侯伯，牙错棋置，各土其地，各分其民，擅赋专杀，父死子没，今一再传，年皆未及四十，书传方略，时务情伪，莫不明练，而各握重兵，多者五七万，少者亦不下二三万。"⑥ 直到元朝建立后，随着李璮之乱失败，忽必烈实行军民分权、罢官员世袭、行迁转法等加强中央集权的措施，中国北方绵延半个世纪之久的汉人世侯势力才彻底被铲除。

蒙金战争衍生出的汉人世侯，本质上是雄霸一方的地方军阀，从长远眼光来看，他们的势力膨胀易成尾大不掉之势，不利于中央王朝集权体制的确

---

① 《磁州滏阳高氏坟道碑》，《牧庵集》卷25；《金史》卷100《完颜伯嘉传》。
② 《金史》卷107《高汝砺传》、卷118《苗道润传》。
③ 《金史》卷118《苗道润传》。
④ 《王公神道碑铭》，《秋涧集》卷57。
⑤ 《史天泽行状》，转引自孟繁峰《谈新发现的史氏残谱及史氏元代墓群（续）》，《文物春秋》1999年第4期。
⑥ 《庆博州赵总管致仕还乡八秩诗序》，《紫山集》卷8；《上宋主请区处书》，《陵川集》卷37。

立。不过，在当时的特殊历史环境下，汉人世侯的存在又有一定的合理性。蒙古统治者初入中原，并不懂得用汉法治理中原的必要性，有人甚至提出了"虽得汉人亦无所用，不若尽去之，使草木畅茂，以为牧地"的建议。① 同蒙古统治者相比，汉人世侯显然在统治中原方面更有经验，更懂得安定社会、发展生产与保护文化的重要性。实际上，汉人世侯对当时中原地区社会秩序的恢复与发展确实也起到了一定积极作用。影响较大者，像"开府忠武史公（史天泽）之于真定，鲁国武惠严公（严实）之于东平，蔡国武康张公（张柔）之于保定，地方两三千里，胜兵合数万，如异时齐、晋、燕、赵、吴、楚之国。竞收纳贤俊，以系民望，以为雄夸"②。以下着重对这三家汉人世侯的情况作一大致介绍。

真定史氏 史氏世为燕京永清（今属河北）土豪。祖上史伦，战乱期间，"乃建家塾，招徕学者，所藏活豪士甚众，以侠称于河朔"，死后，"河朔诸郡结清乐社四十余，社近千人，岁时像伦而祠之"③，成为地方上一大豪强。子成珪、孙秉直均继承家风，以豪侠著称。1213 年，木华黎南下略地，史秉直率数千人诣军门请降。木华黎以其长子史天倪为千户，而以秉直管领降人家属，又招抚 10 万余家，迁于北方。1220 年，金真定守将恒山公武仙投降蒙古，木华黎以史天倪为河北西路兵马都元帅，驻真定（今河北正定），武仙副之。从此，史氏开始与真定结缘，逐步向外扩充势力。1225 年，武仙发动叛乱，史天倪被杀，其弟史天泽（1202—1275）袭职后，在蒙古军队的帮助下，将武仙势力逐出真定，重新占有其地，以后又逐渐领有"全赵四十郡"之地，④ 发展为河北地区的强大世侯。窝阔台即位后，设汉军三万户，以史天泽为真定、河间、大名、东平、济南五路万户，负责统率中路汉军。蒙哥即位后，史天泽受赐卫州五城为分邑，是当时唯一一家享受裂土分封待遇的汉人世侯。元朝建立后，史天泽继续受到忽必烈的倚重，于中统二年（1261）拜中书右丞相，参与朝中军国大计，子侄多人享有兵权。不久，李璮之乱爆发，史天泽受命统率诸路军队进行镇压。叛乱平定后，史天泽上奏忽必烈："兵民之权，不可并于一门，行之请自臣家始。"史氏一家即日被解

---

① 《中书令耶律公神道碑》，《国朝文类》卷 57。
② 《故总管王公神道碑铭》，《青崖集》卷 5。
③ 《元史》卷 147《史天倪传》。
④ 《赵州创建史公祠堂碑铭》，《秋涧集》卷 55。

除兵权者达17人。① 至此，史氏家族逐步与真定脱离关系。

史天泽在据有真定等地期间，较为注意体察民情，休养生息。"必为察民情之所苦，留情体访。凡赋役偏而不均，狱讼冤而且滞者，无问巨细，一有之，即以为有害于政也，立与之均调而疏浚之。与民间无所求索，自贬威重，告语约束，必亲诣间阎，其一切兴除宽假之力，又有大过人者。"② 在此基础上，他相继采取了一些恢复社会发展的举措。"招集流散，存恤困穷，披荆棘，拾瓦砾，官府民居日益完葺，岁荒食艰，捐甘攻苦，与众共之。"结果不出数年，即取得显著效果，"民生完实，而兵力富强胜于他郡"③。对于流离失所的士人，史天泽也能广为延揽，以为己用。"当归德城溃，脱李大节于白刃，俾参幕谋，留务无巨细一以委之。参卿王昌龄代公治卫，亦以听其注措。其裨赞筹画，则王守道、纳合松年。四人推诚委寄，虽骨肉莫能间，故真定治效高视他郡，四方为之训。"迨金亡后，"名士多流寓失所，知公好贤乐善，偕来游依，若王滹南（王若虚）、元遗山（元好问）、李敬斋（李冶）、白枢判（白华）、曹南湖（曹居一）、刘房山（刘伯熙）、段继昌、徒单侍讲（徒单公履），公为料其生理，宾礼甚厚，暇则与之讲究经史，推明治道。其张颐斋（张德辉）、陈之纲、杨西庵（杨果）、孙议事、张条山，擢用荐达至光显云"④。受到礼遇的士人当中，还有一些颇有名气的元曲作家，元初真定杂剧的兴盛，应当说与史天泽所营造的良好氛围是分不开的。

东平严氏 东平严氏的开创者严实（1182—1240），泰安长清（今属山东）人，原为金东平行台部将，因行台听信谗言，疑其与宋交通，遂投降宋朝，任济南治中。此后，严实以青崖山为根据地，分兵四出，攻城略地，势力逐步发展壮大。在看到蒙古势力强大，南宋不足恃后，严实于1220年九月，"籍相、魏、磁、洺、恩、博、滑、浚等州户三十万"⑤，投降蒙古木华黎，受金紫光禄大夫、山东东西路行尚书省事，成为专制一方的世侯。1232年，三峰山之战结束后，严实被任命为东平路行军万户，下辖8个千户。在汉人世侯中，严氏所辖地域最广，全盛时"有全魏，有十分齐之三，

---

① 《元史》卷155《史天泽传》。
② 《赵州创建史公祠堂碑铭》，《秋涧集》卷55。
③ 《中书右丞相史公神道碑》，《国朝文类》卷58。
④ 《史忠武公家传》，《秋涧集》卷48。
⑤ 《元史》卷1《太祖纪》，卷119《木华黎传》。

鲁之九"①。画境后，地盘虽略有缩小，但仍"领州县五十四"②。1240年严实去世后，其子严忠济袭职，"开府布政，一法其父。养老尊贤，治为诸道第一。领兵略地淮、汉，偏裨部曲，戮力用命"③。在他当政期间，东平军事实力发展很快，起初统领17个千户，以后又扩充为3个万户，以致有人认为当时"诸侯惟严忠济强横难制"④。严氏势力的坐大，引起了蒙古统治者的高度警惕。元朝建立后，1261年5月，严忠济突遭忽必烈罢免，"仍敕式戒诸路官寮无是效焉"⑤。李璮之乱后，继任者严忠范于1265年被调离东平，严氏在东平长达半个世纪的统治彻底结束。

严氏父子当政期间，均以养士著称，"喜接寒素，士子有不远千里来见者"，"四方之士闻义而来依者，馆无虚日，故东平人物视他镇为多"⑥。在这些士人的辅佐下，严氏采取了多项恢复社会发展的措施，"辟四野，完保聚……贷通赋以宽流亡，假闲田以业单贫，节浮费以丰委积，抑游末以厚风俗"，使东平发展成为当时北方社会较为富庶安定的"乐土"⑦。社会秩序的相对稳定，为东平地区文化事业的繁荣创造了条件。像东平各地因战乱废弃的府学、州学与县学，在严氏统治期间相继恢复，为以后的元朝培养了大批人才。孔子后裔、儒家文化的代表衍圣公，也受到了严氏的特殊保护，"其衣食所须，舍馆之安，皆行台严相资给之。亲族三百指，坐享温饱，咸其所赐也。以至岁时之祭祀，宾客之往来，间里之庆吊，穷乏之赡济，莫不养庇而取足焉"⑧。前金的太常礼乐官、乐工人及其家属，在金朝灭亡前后被陆续转移到东平地区，"制冠冕、法服、钟磬、笋虡、仪物肆习"。1252年5月，这批太常礼乐人被蒙古统治者召赴日月山，在当年8月的祭天活动中派上了用场。⑨ 以后，这支乐队及其排演曲目又不断扩充，为以后元代宫廷乐舞的建立奠定了基础。在北方汉人世侯中，东平严氏在地方建设中所发挥的作用

---

① 《东平行台严公神道碑》，《遗山集》卷26。
② 《元史》卷58《地理志一》。
③ 《元史》卷148《严实传》。
④ 《中书左丞姚文献公神道碑》，《牧庵集》卷15。
⑤ 《中堂事记（中）》，《秋涧集》卷81。
⑥ 《故河南路课税所长官兼廉访使杨公神道之碑》，《遗山集》卷23；《元朝名臣事略》卷10《平章宋公》引《墓志》。
⑦ 《东平行台严公祠堂碑记》《东平行台严公神道碑》，《遗山集》卷26。
⑧ 《（民国）续修曲阜县志》卷8《大朝褒崇祖庙之记》。
⑨ 《元史》卷68《礼乐志二》。

非常突出，对元朝初年的文治也贡献不小。

保定张氏 保定张氏的开创者张柔（1190—1268），易州定兴（今属河北）人，原为金中都经略使苗道润部将，1218年降蒙后，以满城（今属河北）为根据地，向外拓展势力范围，1227年春，因满城地狭，又移镇保州（今河北保定），后升为顺天府。先为行军千户、保州等处都元帅，1232年率军从蒙古伐金，升为汉军万户。其统辖范围最盛时，"西尽常山，东出瀛博，南踰滹池，北负涿易，自为一道，统城三十，仍兼河南诸道"①。元朝建立后，张柔表请致仕，以第八子张弘略袭职。李璮之乱后，张弘略被解除职务，宿卫京师，由弟张弘范继任顺天路总管。不久，元朝行迁转法，张弘范调任大名路（治大名，今河北大名县东北），张氏最终离开保定的势力范围。

张柔在军事征伐之余，非常注重根据地的建设。早在满城时，他即曾"定列教条，劝民修治耒耜，树艺桑麻"，使"民始免饥寒之忧，而知有生之乐"。迁徙保州后，又致力于恢复当地的社会发展，"鸠工庀材，铲除荆棘，营立官府、仓库、庙学、市井、闾阎，不二三年间，遂熙熙然有太平州府气象"②。战乱中荒废已久的保州由此一跃而成为燕南一大都会，"有桑麻鱼盐之利，枣栗五谷之饶，金铁纤纩之产。河朔诸道车辙马足皆出其间，四方之珍充羡而货泉川流"③。对中原文化与士人的保护，张柔也贡献颇多。在率军入汴京时，他"于金帛一无所取，独入史馆取金《实录》并秘府图书，访求耆德及燕赵故族十余家卫送北归"④。《实录》后来在他致仕时呈献朝廷，成为以后修《金史》的重要来源。对于士人，张柔也颇为尊重，素以"喜收养士类"著称。⑤像蔡州陷落时，金状元王鹗被俘，将被杀。张柔闻其名，即遣人护送至保州。被他罗致身边的名士还有前金监察御史乐夔、进士敬铉等。当时，会聚保州的士人多由其副手贾辅负责接待，"皆厚为资给，尽礼延待，擢其英俊而加任使，其耆德则事之。由是四方贤士翕然来归，冠佩蔼然有平原稷下之盛"。延揽士人政策的实施，产生了良好的效果，故时人称赞保定地区"政化修明，人有生赖，既富而教，骎骎乎治平之世"⑥。

---

① 《顺天府孔子新庙碑》，《陵川集》卷34。
② 《畿辅通志》卷168《蔡国公神道碑》。
③ 《左副元帅祁阳贾侯神道碑铭》，《陵川集》卷35。
④ 《元史》卷147《张柔传》。
⑤ 《故总管王公神道碑铭》，《青崖集》卷5。
⑥ 《左副元帅祁阳贾侯神道碑铭》，《陵川集》卷35。

除去以上三家外，汉人世侯有名者尚有天成刘伯林父子、济南张宏、益都李全父子，中小世侯更有几十家。这些世侯的起家遭际各不相同，投降蒙古后，有不少人也使本辖区的社会经济与文化有所恢复。像济南（今属山东）张宏，"安集流亡，政尚仁厚，所部殷足，而境内以治"①。泽州（今山西晋城）段直，"凡泽之名士散在四方者，亦必百方招延，必至而后已。故不五六年，州之学徒通经预选者百廿有二人"②。当然，汉人世侯中骄横腐败者也大有人在，像东平严忠济在继承父业后，即"怠于政事"，以致"内外裘马相尚，饮宴无度，库藏空虚，百姓匮乏"③。河南道总管刘福统治当地二十余年，更是"贪淫暴戾"④。元朝建立后，忽必烈以李璮之乱为契机，开始加快北方统治的集权化进程，汉人世侯遂失去往日的权势，最终退出了历史舞台。

第三节 "汉地"的士人心态

蒙古南下前，中原地区受金朝统治长达百年，北面的燕云地区更先后受辽、金统治达三百年之久。在此背景下，中原地区的汉人多已适应在非汉族王朝统治下生活，"夷夏之防"几成陈迹，民族界限渐趋淡漠。在他们眼中，每一次外族入主中原仅代表王朝的又一次更替，自身并无多少种族存亡的危机感。金世宗曾对燕京一带的汉人作如是评价："燕人自古忠直者鲜，辽兵至则从辽，宋人至则从宋，本朝至则从本朝，其俗诡随，有自来矣！"⑤ 其实，不仅燕京一带的汉人如此，整个中原地区的汉人都有这种情况。与此相适应，中原汉人的精英阶层——士人的政治态度也变得越来越灵活，在士人看来，外族政权入主中原，只要能继承汉族王朝的典章制度，以"汉法"治理中原，就是中国的正统王朝，即所谓"夷而进于中国则中国之也"⑥。不过，中原士人虽早有此心理准备，可还是被蒙古南下后的残酷现实所震惊。兴起于漠北草原的蒙古统治者，初入中原之际，并不懂得儒学为何物，士人

---

① 《济南路大都督张公行状》，《国朝文类》卷50。
② 《泽州长官段公墓碑铭》，《刘文靖公文集》卷20。
③ 《元史》卷160《李昶传》。
④ 《故中书令江淮京湖南北等路宣抚大使杨公神道碑铭》，《陵川集》卷35。
⑤ 《金史》卷8《世宗纪下》。
⑥ 《正统八例·总序》，《国朝文类》卷32。按，此虽为金士人杨奂在赞成北魏为正统王朝时所提出的理论根据，但从他后来入仕蒙古政权的经历来看，其中也不无隐含对时局的看法。

与普通百姓一样成为蒙古军队杀戮与掳掠的对象,以至"名家右族走河南北,得脱性命草棘间率一二焉"①。以金承安五年(1200)经义科进士为例,是年共取33人,30岁以下的年轻人过半,而据该科状元李俊民回忆:"革命后,独与高平赵楠庭干二人在。"② 其中有许多人(如石抹世勋)是在战乱中丧生的。士人这种惶惶不安、朝不保夕的境地,一直持续到战争结束。

在早期降蒙的士人当中,耶律楚材可算得上其中的佼佼者。耶律楚材的身份有些特别,既出身金朝官宦之家(金尚书右丞耶律履之子),又为亡辽皇室后裔(辽东丹王八世孙),这使得他在降蒙时比一般人心理负担要小。可即便如此,他还是要跑到报恩寺万松行秀那里寻求一番思想解脱,"受显诀于万松,其法忘生死,外身世,毁誉不能动,哀乐不能入"③。觐见成吉思汗后,又以金朝臣子的口吻称:"臣父祖以来皆尝北面事之,既为臣子,岂敢复怀贰心,雠君父耶?"归顺蒙古后,耶律楚材主要靠占卜灵验赢得了蒙古统治者的信任,但他更以"治天下匠"自居,幻想某一天蒙古政权也能像金朝一样,步入中原王朝的发展轨迹。窝阔台即位后,耶律楚材受命负责中原地区的税收工作,他的愿望终于得到了实践的机会,于1230年奏请设立十路课税所,"设使副二员,皆以儒者为之。如燕京陈时可、宣德路刘中,皆天下之选。因时时进说周孔之教,且谓天下虽得之马上,不可以马上治"。这是大蒙古国首次任用一大批士人参与政权建设,故后人评价很高,认为:"国朝之用文臣,盖自公发之。"④ 以后,在他的主持下,大蒙古国又实行了多项汉法举措,其中有许多即与扶植儒学与保护士人有关。耶律楚材的个人经历及其"以儒治国"的政治主张,使得他备受中原士人瞩目,成为中原士人摆脱困境、拯救斯文的希望所在,当时许多士人汲

图1-1-5 耶律楚材像

---

① 《孙民先茔碑》,《巴西集》。
② 《题登科记后》,《庄靖集》卷8。按,赵楠后于壬寅年(1242)携家迁燕京,成为燕京儒人首领之一,《析津志辑佚》,第200页。
③ 《湛然居士文集》卷首行秀序。
④ 《中书令耶律公神道碑》,《国朝文类》卷57。

汲奔走于耶律楚材门下，即是出于这种考虑。元好问在 1233 年汴京解围后，曾给耶律楚材写过一封长信，信中的观点很能代表当时多数士人的态度，信的前面有一段话是这样写的：

> 夫天下大器，非一人之力可举，而国家所以成就人才者，亦非一日之事也。从古以来，士之有立于世，必借学校教育、父兄渊源、师友之讲习，三者备而后可。喻如修明堂总章，必得梗楠豫章、节目碌砢、万牛挽致之材，预为储蓄数十年之间，乃能备一旦之用。非若起寻丈之屋，欂栌椳楔，楹栧薨桷，杂出于榆柳槐柏，可以朝求而暮足也。

在信中，元好问开列了一份总共有 54 位士人的名单，希望耶律楚材能妥善加以保护，并指出：

> 百年以来，教育讲习非不至，而其所成就者无几。丧乱以来，三四十人而止矣。夫生之难，成之又难，乃今不死于兵，不死于寒饿，造物者挈而授之维新之朝，其亦有意乎？无意乎？诚以阁下之力，使脱指使之辱，息奔走之役，聚养之，分处之，学馆之，奉不必尽具，饘粥足以糊口，布絮足以蔽体，无甚大费。然施之诸家，固已骨而肉之矣。他日阁下求百执事之人，随左右而取之，衣冠礼乐，纪纲文章，尽在于是，将不能少助阁下萧、曹、丙、魏、房、杜、姚、宋之功乎？假而不为世用，此诸人者，可以立言，可以立节，不能泯泯默默，以与草木同腐，其所以报阁下终始生成之赐者，宜何如哉？阁下主盟吾道，且乐得贤才而教育之。一言之力，一引手之劳，宜不为诸生惜也。①

元好问的这番沉痛言论，是有感于时局而发的。作养人才，乃 "系斯文甚重" 的大事，绝非一朝一夕所能成功，而蒙金间长期的战争，使士人处境险恶，有斯文沦丧的危险。因此，战乱平息后的当务之急，就是保存这批读书人的种子，使他们免受饥寒交迫之苦。至于如何利用他们来为 "维新之朝" 服务，那还是以后的事情。耶律楚材虽与元好问有着同样的看法，认为："制器者必用良工，守成者必用儒臣，儒臣之事业非积数十年，殆未易

---

① 《寄中书耶律公书》，《遗山集》卷 39。

成也。"① 对奔走于其门下的士人，也着意加以笼络，勉励他们"建策龙庭莫惮劳"②。但当时的实际情况却是，蒙古统治者对儒学一时还很难认同，对士人在治理中原方面的长远价值，也缺乏清醒的认识。南宋使臣随员徐霆在1235—1236年间路过燕京时，曾见到过这样的凄惨景象：

> 有亡金之大夫混于杂役，堕于屠沽，去为黄冠，皆尚称旧官。王宣抚家有推车数人，呼运使，呼侍郎。长春宫多有亡金朝士，既免跋焦，免赋役，又得衣食，最令人惨伤也。③

徐霆提到的王宣抚即王檝，当时任"宣抚使兼行尚书六部事"，驻守燕京。④ 在早期降蒙的金朝官员中，王檝属于文化素养较高的一个，他对士人的态度尚且如此，其他官员自不必说了。燕京长春宫为全真教的总部所在地，自丘处机西觐成吉思汗后，全真教声势骤然显赫，成为蒙古统治者的新宠。许多流寓北方的士人，为了生计，不得不托庇于全真教，有的与全真教领袖深相结纳，有的则干脆出家为道士。至于那些以教书为生的士人，则与普通百姓一样，要"出银作差发"，当时的燕京教学行曾流传这样一首诗：

> 教学行中要纳银，生徒寥落太清贫。
> 金马玉堂卢景善，明月清风范子仁。
> 李舍才容讲德子，张斋恰受舞雩人。
> 相将共告胡丞相，免了之时捺杀因。⑤

1238年，在耶律楚材等人的建议下，大蒙古国于中原各地举行了选拔士人考试——"戊戌试"，许多沦为驱口（即奴隶）的士人借此摆脱了原来受奴役的身份，有个别中选者像杨奂、郭时中等甚而得以出来做官，但士人的任用政策总体上成效不大，以致后人对此评价说："国朝儒者，自戊戌试后，

---

① 《中书令耶律公神道碑》，《国朝文类》卷57。
② 《和薛正之见寄》，《湛然居士文集》卷5。
③ 彭大雅：《黑鞑事略》。
④ 《元史》卷153《王檝传》。
⑤ 彭大雅：《黑鞑事略》。

所在不务存恤，往往混为编氓。"① 与蒙古统治者的态度形成鲜明对比的是，统治各地的汉人世侯非常懂得保护与任用士人的重要性。早在汴京之围结束时，就有不少世侯竞相参与对士人的罗致，像保定张柔，"访求乡曲耆旧、望族十余家，若高户部夔、李都运特立、赵礼部三子贽、克刚、克基，杨翰林子恕、婿贾庭扬，护送北归"②。浑源（今属山西）孙威，"以浑源名族如御史雷氏、同知均州樊氏、张具瞻、马正卿、王仲贤、王禄、杨玉者数十家而出，且护而归之乡里"③。在此形势下，无所依靠的中原士人纷纷转投汉人世侯的门下，或在幕府中任职，或在当地著书育人，由此，以各地汉人世侯辖区为中心，涌现出一个个大小不等的士人群体。这种中原士人被汉人世侯所垄断的局面，直到忽必烈开邸金莲川后才有所改观。

在蒙古统治集团中，忽必烈是少有的一位具有雄才大略的宗王。从年青时代起，他就"思大有为于天下"④，认为要治理好中原，必须借鉴中原王朝以往的统治经验，于是"访问前代帝王事迹，闻唐文皇为秦王时，广延四方文学之士，讲论治道，终致太平，喜而慕焉"⑤。此后，忽必烈即开始着手招纳中原才俊的工作，并安排已在身边的士人赵璧"首下汉境征四方名士"⑥。"招纳儒士，扬谦问答，知草泽一士贤，飞书走币，犹恐失之。"⑦ 这种广泛罗致士人的举措很快就有了效果，王鹗、张德辉、魏璠、姚枢、窦默等一大批士人纷纷北上，或为忽必烈讲经论道，或担任幕府要职。这些士人在向忽必烈献计献策时，也多能引荐同类，从而使更多的士人加入这一行列。像张德辉在丁未年（1247）被召时，即"举魏璠、元好问、李冶等二十余人"，其年夏告还，又"荐白文举、郑显之、赵元德、李进之、高鸣、李槃、李涛等数人"⑧。魏璠北上后，也"举名士六十余人以对"⑨。随着忽必烈受命总漠南汉地事务，这一举措的步伐更为加快，在士人中的反响也越来

---

① 《南村辍耕录》卷2《高学士》。
② 《元朝名臣事略》卷6《万户张忠武王》引《墓志》。
③ 《彰德路总管浑源孙公先茔碑铭》，《刘文靖公文集》卷20。
④ 《元史》卷4《世祖纪一》。
⑤ 《元朝名臣事略》卷12《内翰王文康公》引《墓碑》。
⑥ 《中书平章政事赵公神道碑铭》，《西岩集》卷19。
⑦ 《上都孔子庙碑》，《至正集》卷44。
⑧ 《元朝名臣事略》卷10《宣慰张公》引《行状》。
⑨ 《元史》卷164《魏初传》。

越大,"爱民之誉,好贤之名,闻于天下,天下望之如旱之望雨"①。张德辉与元好问甚至在1252年尊忽必烈为"儒教大宗师"②,这一头衔用在对儒学仅有粗浅常识的忽必烈身上也许有些不伦不类,但从当时士人急于从蒙古统治者那里寻找保护与重用的心态考虑,却又显得合情合理。

这一时期的中原士人,虽不乏对金朝的怀念,以著史的形式表达故国之思,③但大都已能正视金朝灭亡的现实,以积极合作的姿态对待蒙古政权的统治,并为此作了不少舆论上的准备。像郝经即认为:"人之于世,治亦有用,乱亦有用。天生斯人,岂欲其治而安于享利,乱而安于避祸,治亦无用,乱亦无用,徒乐其生全其身而已乎?必有用也已。必有用,故亦必有为。必有为,故天下无不可为之世,亦无不可为之时。"④ 具体到当前时局,郝经也有自己的一套理论,认为破坏历史上治世的罪魁祸首正是中原人自己的王朝,即所谓"礼乐灭于秦,而中国亡于晋"。因而,他得出结论:

> 天无必与,惟善是与;民无必从,惟德之从。中国而既亡矣,岂必中国之人而后善治哉。圣人有云:夷而进于中国则中国之。苟有善者,与之可也,从之可也,何有于中国为夷?故符秦三十年而天下称治,元魏数世而四海几平;晋能取吴而不能速守,隋能混一而不能再世。以是知天之所与,不在于地而在于人,不在于人而在于道,不在于道而在于必行力为之而已矣。呜呼,后世有三代、二汉之地,有三代、二汉之民,而不能为元魏、符秦之治者,悲夫!⑤

照郝经的逻辑,蒙古人入主中原后,如能行中国之道,一样也可以达到"元魏、符秦之治"。也正是因为如此,他先是进入世侯张柔幕府,"以天下之至静,观天下之至动,必可行可用也而后起"。到忽必烈开设潜藩,广纳贤才之际,郝经认为"可行可用"的时机已到,即欣然就征,且"以为兵乱四十余年而孰能用士乎?今日能用士而能行中国之道,则中国之主也。士

---

① 《慎微》,《鲁斋遗书》卷7。
② 《元朝名臣事略》卷10《宣慰张公》引《行状》。
③ 像元好问著有《中州集》与《壬辰杂编》,刘祁著有《归潜志》,王鹗著有《汝南遗事》。
④ 《辨微论·厉志》,《陵川集》卷19。
⑤ 《辨微论·时务》,《陵川集》卷19。

于此时而不自用，则吾民将膏铁钺、粪土野，其无孑遗矣"①。郝经对待蒙古政权的这种心态，在士人中间应该说有一定的普遍性。要不然，就无法解释为什么忽必烈充实幕府人才时，会有那么多的士人乐于出来为之效命。

旧朝灭亡后，甘于隐居林泉，不愿为新朝服务的人习惯上被称作"遗民"。金朝灭亡后，确实也有不少隐居不出的士人，但为数不多。② 大多数人虽有故国之思，但并不反对新朝。在这方面，清人多有误解。像李俊民，清代《四库全书总目》将其列为金人，称他"抗志遁荒，于出处之际，能洁其身。集中于入元后只书甲子，隐然自比陶潜，故所作诗类多幽忧激烈之音，系念宗邦，寄怀深远"③。而实际上，李俊民曾在己未年（1259）受忽必烈礼聘，向使臣张易陈说"祯祥"，死后，"其言尽征"④。他赠给张易的诗至今尚存，其中不乏对蒙古统治者的歌功颂德，近人余嘉锡甚至称："观其《赠张仲一》诗，颂蒙古为清朝，祝其江山一统，而忘其为天兴之仇雠，甚至诋南宋为鲸鲵，恨华夏之不蚤灭，律以《春秋》之义，其能免于诛绝之罪乎？"⑤ 余嘉锡的评价虽有些偏颇，但他对李俊民的心理分析，却大致是不错的。至于《四库全书总目》所说"只书甲子"，是因金亡后，大蒙古国无年号，以干支纪年已成为当时通行做法，其中并不隐含什么政治态度问题，更何况李俊民所为文已多称蒙古为"大朝"。再如所谓的"河汾诸老"，《四库全书总目》称："诸老以金源遗逸，抗节林泉，均有渊明义熙之志，人品既高，故文章亦超然拔俗。"⑥ 而实际上，其中的陈赓、陈庚、段成己都曾接受过元朝的官爵，麻革、曹之谦等也有与蒙古统治者合作的记载。⑦ 因此，金朝灭亡后，士人中严格意义上的"遗民"实际上并不多见。

---

① 《与宋国两淮制置使书》，《陵川集》卷37。
② 像前金翰林侍讲张本，虽与当权者耶律楚材交友甚厚，却"胸中满贮齐夷薇"（《湛然居士文集》卷10《和黄山张敏之拟黄庭词韵》），尝仿庾信《哀江南赋》，作《哀九鼎赋》（《永乐大典》卷14381《寓庵稿·寄张敏之五绝》），寄托故国哀思。他虽然具备入仕蒙古政权的条件，却隐居长春宫达十余年，甘作金朝的遗民。
③ 《四库全书总目》卷166《集部一九·别集类一九·庄靖集》。
④ 《中堂事记上》，《秋涧集》卷82。
⑤ 《四库提要辨证》卷23《集部四·别集类一九·庄靖集》，中华书局标点本。
⑥ 《四库全书总目》卷188《集部四一·总集类三·河汾诸老诗集》。
⑦ 《故河东两路宣慰参议陈公墓碑》《故平阳路提举学校官陈先生墓碑》，《雪楼集》卷21；《河东段氏世德碑铭》，《二妙集》卷首；《张君墓碣铭》，《秋涧集》卷60。

第二章　各种宗教的流行

第一节　全真的兴盛

蒙古南下前，金朝统治下的中原地区先后出现过三支影响较大的新道教，其中尤以晚出的全真教势力最大。蒙古人主中原后，全真教又成为"汉地"最大的道教团体，对当时的社会产生过深远影响。

全真教的创建者王嚞（1113—1170），陕西咸阳人。原名中孚，字允卿。青年时代，王嚞曾醉心于功名科举。金天眷年间，易文习武，应武举，并改名德威，字世雄，以明其志。不过，事与愿违，"天遣文武之进，两无成焉"①。当时，金、宋两国正连年交兵，陕西先是属伪齐刘豫，刘豫被废后于1139年归宋，一年后又被金夺去。在战火纷飞、社会动荡的年月里，王嚞虽"慨然有拯天下志"，想有一番作为，但"天数夺其计，其徒壮士叛己"②，遂绝意尘世，以"王害风"自居。正隆四年（1159），在甘河镇际遇异人后，王嚞的思想发生了彻底转变，从此弃绝妻子，于南时村做穴居之，号"活死人墓"，开始苦心修炼。两年后，又转到刘蒋村筑庵修行。在此期间，王嚞虽招收了一些弟子，但并未造成太大的影响，遂于大定七年（1167）决意东行，到关内传教。

全真教的真正发展壮大，应当是王嚞在山东传教期间。在当地，他先后招收了丘处机（长春子）、刘处玄（长生子）、谭处端（长真子）、马钰（丹阳子）四大弟子，这就是全真教早期史料中常常提到的"丘刘谭马"。这四

---

① 《全真教祖碑》，《甘水仙源录》卷1。
② 《长春道院记》，《道家金石略》，第757页，文物出版社1988年版。王嚞乘时而起的企图，亦可见商挺诗《题甘河遇仙宫》（《甘水仙源录》卷10）："矫矫英雄姿，乘时或割据，妄迹复知非，收心活死墓。"

图 1-2-1　山西永乐宫王重阳故事壁画

大弟子，再加上王处一（玉阳子）、郝大通（广宁子）、孙不二（清净散人），被后世誉为"七真"。在度化马钰期间，王嚞曾把马钰为其所筑庵舍取名为"全真"，这大概是全真教称谓的最早起源。① 在传教过程中，王嚞顺应当时的形势，广泛宣传三教合一、性命双修的主张。"劝人诵《道德清净经》《般若心经》及《孝经》，云可以修证。"② "凡接人初机，必先使读《孝经》《道德经》，又教之以孝谨纯一，及其立说，多引六经为证据。其在文登、宁海、莱州，尝率其徒演法建会者凡五，皆所以明正心诚意、少思寡欲之理，不主一相、不居一教也。"③ 这五个群众性宗教团体全部被冠以"三教"的称谓，分别为三教七宝会（文登）、三教金莲会（宁海）、三教三光会（福山）、三教玉华会（登州）、三教平等会（莱州）。民间教团的建立，无疑为全真教的广泛传播起到了积极推动作用。

大定十年，王嚞率丘刘谭马四大弟子西游汴梁（今河南开封），不久，于当地去世。四大弟子行丧三年后，各言其志，开始到各地传教。以"七

---

① 《全真第二代丹阳抱一无为真人马宗师道行碑》，《道家金石略》，第639页。《至元辨伪录》卷3，则云王嚞"尝谓：禅僧达性而不明命，儒人谈命而不言性，余今兼而修之，故号全真。"
② 《全真教祖碑》，《道家金石略》，第452页。
③ 《终南山重阳祖师仙迹记》，《道家金石略》，第460页。

真"为骨干的全真教，在经过多年传教活动后，在各地陆续发展了不少信徒，势力不断壮大，引起了金朝政府的重视。金世宗在位时，曾于大定二十七年、二十八年（1187、1188）分别召见王处一与丘处机。章宗即位后，虽在明昌元年（1190）十一月，"尝惧有张角斗米之变，著令以止绝之"，但在有关官员的劝说下，很快就收回成命，使全真道"已绝而复存，稍微而更炽"①。承安二年（1197），王处一与刘处玄先后受章宗之邀，入京觐见。泰和元年、三年（1201、1203），王处一又两度被召，参加了为章宗祈嗣而举行的罗天大醮。在世宗、章宗两朝的礼遇下，全真教的身价开始大增，教团势力迅猛发展。"厥后学者遍天下，无虑数千万人，而习他教者为衰。"②

蒙金战争爆发后，全真教在各地的宫观虽遭到严重破坏，道众损失也不少，但丘处机与成吉思汗的会面，却使全真教捷足先登，成为北方宗教团体中最早受蒙古统治者青睐的一支，全真教也由此开始步入其鼎盛阶段。

丘处机（1148—1227），字通密，号长春子，登州栖霞（今属山东）人，为"七真"中年龄最小的一个。王重阳死后，他先后在陕西磻溪与龙门苦修13年，名声渐著，受到金世宗的多次召见。明昌二年（1191），返回栖霞老家，以太虚观为中心，开始在山东一带传教。在传教过程中，丘处机善于审时度势，注重在统治阶层中扩大自己的影响，由此，"达官贵人敬奉者日益多"。贞祐元年（1213）秋，山东大乱，在金驸马仆散安贞的请求下，丘处机出面招降登州、宁海一带的起义队伍，结果，"所至皆投戈拜命，二州遂定"③。丘处机在当地的巨大影响，引起了金、南宋与蒙古三方统治者的高度重视，他们竞相遣使来召。对时局洞若观火的丘处机，在权衡利弊后，认为金与南宋都不足恃，遂决定接受蒙古使臣刘仲禄的邀请，于1220年春，率门下弟子尹志平等18人，从莱州启程北上，两年后在大雪山见到了成吉思汗。

成吉思汗召见丘处机，本来是为了寻求长生不老之术，可丘处机却巧妙地利用蒙古人敬天的原始习尚，在阐述修身养性与治国保民的思想时，把敬天与全真内丹学说融会贯通到一起，这使成吉思汗大为信服，不仅尊称丘处机为"神仙"，而且在他返回中原时，还让他带回了蠲免全真教徒差税的圣

---

① 《紫微观记》，《遗山集》卷35。金朝禁罢全真之令，可见《金史》卷9《章宗纪一》。
② 《真常子李真人碑铭》，《甘水仙源录》卷4。
③ 《长春真人本行碑》，《甘水仙源录》卷2。

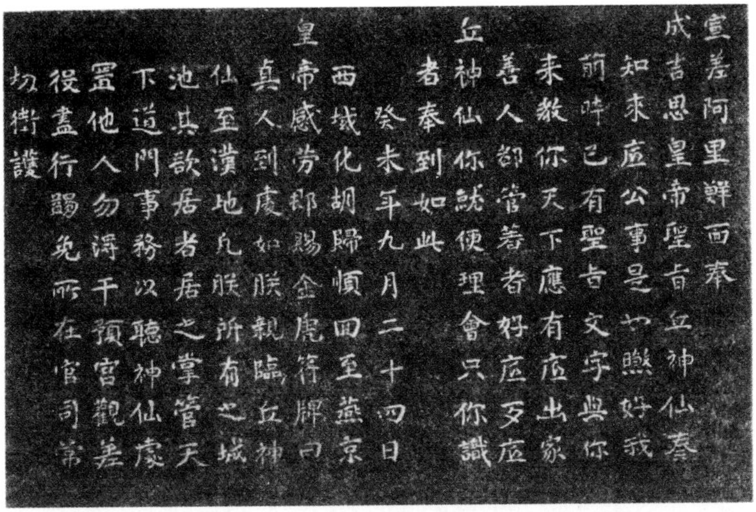

图 1-2-2 崂山太清宫成吉思汗圣旨碑

旨。回到中原后,丘处机凭借蒙古统治者的支持,以燕京长春宫为全真教总部——堂下,开始广泛发展会众,"乃建八会:曰平等,曰长春,曰灵宝,曰长生,曰明真,曰平安,曰消灾,曰万莲,会各有百人"①。"士庶之托迹,四方道侣之来归依者,不啻千数,宫中为之嗔咽。"② 此外,他还"遣人招求俘杀于战伐之际,或一戴黄冠而持其署牒,奴者必民,死赖以生者,无虑二三巨万人"③。于是,全真教在北方各地迅速传播开来,"由一以化百,由百以化千,由千以化万,虽十族之乡,百家之间,莫不有玄学以相师授"④。

1227 年 7 月丘处机去世后,由弟子尹志平接任教主,李志常则出任都道录兼领长春宫事,负责具体工作,"虽清和(尹志平)掌教,而朝觐往来必以公(李志常),故公为朝廷所知,而数数得旨,玺书所称曰'仙孔八合识',八合识译语,师也"⑤。后来,尹志平又辞去教主之位,以李志常接任。二人当政期间(1227—1256),全真教在蒙古统治者的支持下,在全国各地广设宫观,势力不断扩大。"通都大邑,道宫之琼楼玉宇,连甍接栋,

---

① 《全真第五代宗师长春演道主教真人内传》,《道家金石略》,第 636 页。
② 《大都清逸观碑》,《甘水仙源录》卷 10。
③ 《长春宫碑铭》,《国朝文类》卷 22。
④ 《顺德府通真观碑》,《甘水仙源录》卷 10。
⑤ 《甘水仙源录》卷 3《玄门掌教大宗师真常真人道行碑铭》。

相望于阛阓间。虽十家之邑，三户之聚，颐真进道之庐，无地无之。纶巾羽服，以道自名者，肩相摩，踵相接也。"① "东尽海，西迈蜀，南逾江汉，北际大漠，莫不家奉人敬，从风而靡，自昔道化之行，未有如是翕然之盛也。"② 据元好问估计，当时在中国北方，信奉全真者竟然达到居民总数的五分之一，③ 这种发展势头，即使通观整个中国宗教史，也可说是绝无仅有的。在甲寅年（1254）三月奉蒙哥汗之命举行的普天黄箓大醮中，中原各地所选全真高道云集燕京，以李志常为首，"金冠云服，星冠紫服，登坛禅者五千人，皆清高洁白，深通秘典，严持斋法有道之士"④。这次盛会无疑是当时全真教强大阵容的一次检阅。不过，物极必反，盛极必衰，随着时局的转变，以佛道大辩论为标志，全真教的鼎盛局面很快宣告结束。

图 1-2-3　今日白云观⑤

① 《创修栖云观记》，《（成化）山西通志》卷15。
② 《文仙谷纯阳洞演化庵记》，《古楼观集》卷中。
③ 《怀州清真观记》："今黄冠之人，十分天下之二。"《紫微观记》："今河朔之人，什二为所陷没。"并见《遗山集》卷35。
④ 《宫观碑志·敕建普天黄箓大醮碑》。
⑤ 原载《中国少数民族文化史图典·北方卷》下·叁，广西教育出版社1999年版，第87页。

在北方新兴起的道教派别中，全真教属于文化程度最高的一支。创始人王嚞早年曾习科举，几个弟子也大都具备一定的文化素质，即使年轻时"未尝读书"的丘处机，在王嚞的教导下，也是"自后日记千余字，亦善吟咏"①。因此，全真教中几乎每一位重要人物，"自重阳、丹阳、长春暨诸师，皆有文集传于世"②。除已散佚者外，今天从《正统道藏》中，仍可见到诸如王嚞《重阳全真集》、马钰《渐悟集》、刘处玄《仙乐集》、谭处端《水云集》、丘处机《磻溪集》、王处一《云光集》、郝大通《太古集》等一系列重要文集。这些文集中，既有他们宣扬全真教旨的喻世歌，也有不少与官僚士大夫的酬答之作。至于他们撰写的全真理论著作，保存下来的更是很多。蒙古南下后，许多前金士大夫为了自身生计，纷纷托庇于全真教，使全真教的整体文化素质得到进一步提高，在知识分子中间的影响力也越来越大。"自天兵南牧，大夫士衣冠之子孙陷于奴房者，不知其几千人，一入于道，为之主者，皆莫之谁何，而道之教益重。既占道家之籍，租庸调举不及其身，非有司所得拘，而道之教益盛。"③全真教的后起之辈像李志常、冯志亨、秦志安、李道谦等，都是早年业进士出身的儒生，而与全真教士来往密切者也多是当时名士，像马钰弟子于善庆，"在汴则尚书左丞张公行信、平章政事侯公挚、司谏许公古、礼部尚书杨公云翼、王府司马李守节、修撰雷渊、应奉翰林文字宋九嘉，在燕则陈漕长时可、吴大卿章、张侍读本，在关中则参省王辅臣、郎中邳邦用、讲议来献臣、同德寺丞杨天德、员外郎张徽、中书掾裴宪、经籍官孟攀鳞、署丞张琚，盖当世景慕者也"④。在这种良好文化氛围的熏染下，全真教徒的著述不仅比以前有大幅度增加，而且出现了专门记述本门派的历史著作，其中尤以李道谦在这方面的影响最大，由他所编纂的《终南山祖庭仙真内传》《七真年谱》《甘水仙源录》等，已成为今天研究全真教史不可多得的宝贵资料。

处于发展鼎盛时期的全真教，还重修过一部《道藏》，在中国道教发展史上留下了光辉的一页。此前，金朝曾编纂过《大金玄都宝藏》6455卷，经版藏于燕京天长观，但在泰和二年（1202），天长观遭火灾，经版被焚毁。蒙金战争爆发后，藏于各地的道藏，除管州（今山西静乐）外，也多

---

① 《全真教祖碑》，《道家金石略》，第451页。
② 同上书，第452页。
③ 《创修栖云观记》，《（成化）山西通志》卷15。
④ 《洞真真人于先生碑》，《还山遗稿》卷上。

在战火中灰飞烟灭。有鉴于此，早在丘处机在世时，即有意重修《道藏》，但因诸事烦冗，他无暇专注此事，遂把这一重任交给了弟子宋德方。丘处机去世后，宋德方于1237年开始这方面的筹备工作。他先是向蒙古统治者奏请，"合于诸路置局雕印《玄都宝藏》三洞四辅真经"，指出这些经文"具系历代帝王安镇国祚，保天长存者也"①。在当权者的支持下，宋德方相继在各地成立了专门机构，负责经文的收集、校勘与整理工作。这些机构主要分布在山西、陕西、河南三地。先是于晋（今山西临汾）、绛（今山西新绛）等地置4局，继而于秦中（今陕西西安一带）设9局，太原（今属山西）设7局，潞（今山西长治）、泽（今山西晋城）设2局，怀（今河南沁阳）、洛（今河南洛阳）设5局，总计27局，其中，以平阳玄都观为总局。负具体责任者为宋德方的弟子秦志安，参与校勘者为李志全、毛养素、何志渊等，而"役功者无虑三千人"。这次《道藏》修纂，系以管州所藏《大金玄都宝藏》为底本，又从各地搜集遗经，加以补缺、校勘、编辑而成。全部经文总共7800余卷，同原先的《大金玄都宝藏》相比，多出千余卷内容，增加的部分，仅据《通真子墓碣铭》，就有《金莲正宗记》《烟霞录》《绎仙》《婺仙》等，②由于这次修纂工作是由全真教主持的，不难推知，其中属于全真教的内容应当增加不少。在修纂工作结束后，宋德方"又厘为六局，以为印造之所"③。所用上品精洁复纸，均由济源、河中、终南祖庭三处负责制造供应。④《玄都宝藏》首次刊印了30部，以后各地附印者又陆续有百余家。经版先是存于平阳玄都观，宋德方去世后，又移贮于他生前所在的平阳永乐镇纯阳万寿宫。需要说明的是，中国历史上的历次《道藏》修纂，均为官府所为，此次全真教以道教一派力量独自承担此项工程，这在中国道教史上可以说是空前绝后的一次，充分显示出全真教在当时的强大实力。

在文化知识的传播方面，全真教也贡献颇多。本来，"全真之教，以识心见性为宗，损己利物为行，不资参学，不立文字"，但"自重阳王真人至李真常，凡三传，学者渐知读书，不以文字为障蔽"⑤。李志常在担任教主期

---

① 《济源十方龙祥万寿宫记》，《道家金石略》，第507页。
② 《遗山集》卷31。
③ 《玄都至道崇文明化真人道行之碑》，《道家金石略》，第613页。
④ 《济源十方龙祥万寿宫记》，《道家金石略》，第507页。
⑤ 《玄门掌教宗师诚明真人道行碑铭》，《甘水仙源录》卷5。

间，非常注重对本门道士的文化教育与理论培养，"将以斯道成就天下后进，故立玄学"①。在这方面，冯志亨是他的得力助手，"及将立玄学，公复以作成后进之心而赞助之，直至有成"②。当时，全真教在燕京设有"提举燕京玄学"，在长春宫设有"玄学讲经"③，专门为道士讲解全真教理论。有时，还聘请外地高道来京讲学，像史志经，"庚戌（1250），掌教李真人（李志常）屡以书请，辞不获已，来燕。玄学讲余，间受易老微旨"④。此外，李志常还广泛延揽士人进入长春宫，"时河南新附，士大夫之流于燕者，往往窜名道籍。公委曲招延，饭于斋堂，日数十人"⑤。这些士人平时也承担了向道士传授知识的责任。像以后的全真教主张志敬，即曾受李志常之命，向名诗人王粹学习，"恕斋王先生（王粹）以诗名当世，而清高绝俗，栖止道宫，真常（李志常）命师从之学"⑥。与他有着相似经历的还有申志贞，"时恕斋王先生、讷庵张内翰（张本）以宏才硕学，栖止道宫。公复于暇日就听讲论，由是德日进而名亦彰矣"⑦。宋德方在主持修成《道藏》后，也在宣传道教理论上花了一番工夫，"复恐学者乍见玄经广大，不知有一贯之实，或致望洋之叹，故每藏立一知道之士主师席，令讲演经中所载圣贤之所以为圣贤之事，庶使一一就博学详说之中，得反说约之妙，得悟同然之理"⑧。当时担任"三洞讲经师"的人，有据可考者即有秦志安、李志全、符志浩、何志渊、孙德彧等人。

蒙古入主中原初期，对儒学并不太重视，各地教育事业一度陷入凋零状态，而在恢复中原传统文化的过程中，全真教实际上起到了非常重要的作用。早在己丑年（1229），大概在参加大蒙古国选汗盛会期间，李志常即"见上（窝阔台）于乾楼辇，时方诏通经之士教太子，公进《易》《诗》《书》《道德》《孝经》，且具陈大义，上嘉之"⑨。这应该是蒙古统治者第一

---

① 《重修终南山上清太平宫记》，《道家金石略》，第520页。
② 《佐玄寂照大师冯公道行碑铭》，《甘水仙源录》卷6。
③ 《大朝故讲师李君墓志铭》《重修真常宫碑》《通真观碑》，《道家金石略》，第581、573、602页。
④ 《洞玄子史公道行录》，《甘水仙源录》卷8。
⑤ 《玄门掌教大宗师真常真人道行碑铭》，《甘水仙源录》卷3。
⑥ 《玄门掌教宗师诚明真人道行碑铭》，《甘水仙源录》卷5。
⑦ 《洞元虚静大师申公提点墓志铭》，《甘水仙源录》卷8。
⑧ 《玄都至道披云真人宋天师祠堂碑铭并引》，《道家金石略》，第547页。
⑨ 《玄门掌教大宗师真常真人道行碑铭》，《甘水仙源录》卷3。

次比较系统地接触中原传统文化，比起后来耶律楚材"召名儒梁陟、王万庆、赵著等，使直释九经，进讲东宫"①，要早了好几年。当时燕京的孔庙，在战火中已被焚毁，后由冯志亨"劝宣抚王公（王楫），改枢密院为宣圣庙，命弟子薛德琚修葺武庙而守祀之"②。大蒙古国在1233年于此建国学后，李志常遂荐冯志亨"佐其事，日就月将，而才艺有所称者"③。这样一来，燕京国学所设总教官三人中，除代表蒙古官方的杨惟中外，全真教实际上占据了两个位置，而学校所设四教读中，也有两位"通儒道人"④。由此不难看出，燕京国学实际上完全是在全真教的操纵下运转的。不仅燕京国学如此，就连传播理学思想的重镇——太极书院，极有可能也与全真教有关。因为太极书院教官赵复的副手王粹，本身就是以儒出家的全真道士，而元好问当时也把"太极书院"径称为"太极道院"⑤。如果再联想起太极书院的建立者杨惟中与全真教的密切关系，以及当时全真教对燕京教育机构的垄断地位，似乎有理由认为，太极书院也应当是在全真教参与或支持下才得以创办的。

第二节　太一与大道的发展

太一、大道与全真教一样，都是金代在北方兴起的新道教，二者成立时间虽早于全真教，但与蒙古统治者的接触较晚，规模与影响也远远小于后者。

一　太一教

太一教由卫州（今河南汲县）人萧抱珍（？—1166）创立于金天眷初，由于他在当时"传太一三元法箓之术，因名其教曰太一"⑥。在金元北方三

---

① 《元史》卷146《耶律楚材传》。
② 《佐玄寂照大师冯公道行碑铭》，《甘水仙源录》卷6。
③ 《玄门掌教大宗师真常真人道行碑铭》，《甘水仙源录》卷3。
④ 《析津志辑佚》，第197—199页。
⑤ 《中州集》卷7《王元粹》。无独有偶，当时的全真教士赵素亦"能以服膺儒教为业，发源语孟，渐于伊洛之学"，"以隐德见证，以隆儒兴学进言"，后于真定建"皇极道院"。《皇极道院铭》，《遗山集》卷38；《皇极道院记》，《陵川集》卷25。
⑥ 《元史》卷202《释老传》。王鹗《国朝重修太一广福万寿宫之碑》则云，太一教取名，"盖取元气浑沦，太级剖判，至理纯一之意也"。《道家金石略》，第845页。

大道教中，太一教为成立时间最早的一支。与其他两支教派截然不同的是，太一教从一开始就表现出浓郁的符箓道派色彩。"初，真人（萧抱珍）既得道，即以先圣所授秘箓济人，祈禳诃禁，罔不立验。"死后，又"尝留经箓三百余阶，内有秘章"①。有记载显示，太一教与传统符箓道派天师教有一定的渊源关系。像王鹗即指出："盖天师之教，爱清爱静，本出于老氏，而法之所寓，亦有天之所以生俞跗之意焉。自汉以来，虽绵绵不绝千五百岁，其间称闻人者盖寡矣。天恐其教之不洪，则不可以弘济，故生一悟真人（萧抱珍），至是道家之能事毕矣。"② 徒单公履亦称萧抱珍"远法汉仪，近追前代，上稽下考乃立教焉"③。其中的"汉仪"，显然就是指天师教。另据《（顺治）卫辉府志》卷一五《仙释》："萧抱珍，道成一悟，箓阐三元，创兴太一之门，密毗治化，潜卫邦家，虽汉张道陵、魏寇谦之，无以过也。"这表明前人也是把太一教与天师教看作同一类道门。在师承传授上，太一与天师教也有极其相近的地方。天师教传授维护一姓承袭，太一教教主一职虽不专在家族内传授，但"凡法嗣皆从萧氏，盖祖师之训也"④，也就是说，太一历代掌教，都须随始祖姓萧，这无疑也有模仿天师教的痕迹在内。不过，太一教在"以符箓济度世厄"的同时，⑤ 也比较注重内修功夫。像第三代掌教萧志冲"常静坐无为"，有人问此有何受用，则曰："静中自有所得，非语言可以形容。若无得者，虽片时不能安，况终身乎？"因此，时人称太一教为"本之以湛寂，而符箓为之辅，于以上格园穹，妥安玄象，度群生于厄苦，而为之津梁。迹其冲静玄虚，与夫祈禳祷祀者，并行而不悖"⑥。陈垣先生指出："太一特以符箓名，盖以老氏之学修身，以巫祝之术御世者也。"⑦ 此说可谓点出太一教教义的精髓。

太一教总部设在卫州太一万寿观，活动范围主要集中在今天的河北、河南、山东等地，在蒙古南下前，共经历了萧抱珍（？—1166）、萧道熙（1156—？）、萧志冲（1151—1216）三位教主。从成立伊始，太一教的发展

---

① 《国朝重修太一广福万寿宫之碑》《太一三代度师萧公墓表》，《滹南遗老集》卷42。
② 《国朝重修太一广福万寿宫之碑》，《道家金石略》，第846页。
③ 《太一二代度师赠嗣教重明真人萧公碑铭》，《道家金石略》，第843—845页。
④ 《太一三代度师萧公墓表》，《滹南遗老集》卷42。
⑤ 《太一三代度师先考王君墓表》，《秋涧集》卷61。
⑥ 《太一二代度师赠嗣教重明真人萧公碑铭》，《道家金石略》，第843—845页。
⑦ 陈垣：《南宋初河北新道教考·太一篇》。

即较为迅猛,"远迩向风,受箓为门徒者岁无虑千数"。而到二祖萧道熙时,已达到"门众万数"的规模。① 太一教在当地的影响,受到金朝统治者的重视,像始祖萧抱珍,"皇统八年(1148),熙宗闻其名,遣御带李琮驿召赴阙。悼后(熙宗皇后裴满氏)尤加礼敬,赏赉不訾"②。以后的二祖萧道熙、三祖萧志冲以及道士侯元仙等,在受召入京后,还受命主持金朝的皇家宫观——天长观(后改名为太极宫),从而使太一教成为当时道教各派中最受金朝宠遇的一支。甚至在取缔全真、五行、毗卢等宗教门派后,金朝对太一教也只是下令禁止"受箓私建庵室"而已,③ 受到的冲击非常有限。

蒙金战争爆发后,太一教势力受到了沉重打击,总部所在地卫州惨遭屠城浩劫。"国朝癸酉岁(1213),天兵北动,奄奠中夏。明年,分道而南,连亘河朔,卫乃被围。越三日,城破,以州旅拒不即下,悉驱民出泊近甸,无噍类殄殪……实贞祐二年(1214)春正月十有二日也。"④ 在数以万计的罹难者当中,太一道众或其信奉者肯定不少。当时,四祖萧辅道(1191—1252)已经接任掌教,在这次浩劫中"以智逸去",侥幸逃生。此后,萧辅道为避战火,辗转流寓河南柘城、河北赵州各地,其间曾多次返回卫州,为死难者掩埋尸骨,设醮祭奠,并重新修复了被战火焚毁的太一教总部——太一万寿观。

在金末极为复杂的政治形势下,四祖萧辅道善于审时度势,表现出一位宗教活动家应有的智慧。早在住持河南柘城延祥观期间,他即与围城的蒙古将领搭上关系,"以一言活万家于锋镝之下"⑤。后来,"自柘城北渡,应大将撒吉思请,主新卫昭顺圣后祠"⑥。1246 年,更受到蒙古宗王忽必烈及其母唆鲁禾帖尼的召见。"既至,上(忽必烈)询所以为治者,师以'爱民立制,润色鸿业,用隆至孝者'数事为对。上甚喜,锡以重宝,不受。曰:'真有道士也',赐号中和仁靖真人,冠帔尊崇之礼,前后有加。"⑦ 在临终之岁(1252),萧辅道又受忽必烈征召赴北,荐弟子萧居寿为继承人,得到

---

① 《太一二代度师先考韩君墓铭》,《秋涧集》卷 60;《太一三代度师萧公墓表》,《滹南遗老集》卷 42。
② 《国朝重修太一广福万寿宫之碑》。
③ 《金史》卷 9《章宗纪一》。
④ 《堆金冢记》,《秋涧集》卷 39。
⑤ 同上。
⑥ 《凝寂大师卫辉路道教都提点张公墓碣铭》,《秋涧集》卷 61。
⑦ 《清跸殿记》,《秋涧集》卷 38。按,唆鲁禾帖尼封萧辅道真人号的懿旨碑,见《道家金石略》,第 840—841 页。

忽必烈的认可。① 同年，忽必烈下旨追封太一始祖萧抱珍真人号，升太一万寿观为太一广福万寿宫。② 其年冬，萧辅道去世，萧居寿嗣为五祖。萧辅道生前，"有重名，所与游皆当时名士"，"人品峻洁，博学富才智，士论有山中宰相之目"③。他与忽必烈的个人关系，无疑为太一教日后在元初的发展奠定了坚实的基础。

二　大道教

大道教成立稍晚于太一，于金皇统年间（1141—1149），由沧州乐陵（今属山东）人刘德仁创立。刘德仁（1122—1180），"幼而颖悟，弱不好弄。年七岁，读《道经》，悟'虚其心，实其腹'之语，随割弃尘累，飘然为物外游。因抵淄川颜城瓮口鼓南，爱其山水，铲其荆棘，平其坳垤，乃建堂宇"。此后，刘德仁便立教戒九条，在黄河下游一带开始传教布道，"盖先是大道一宗，其所崇尚，不过河北有焉"④。

在金代三支新兴道教中，大道教也比较有特色，是一支以提倡伦理实践为主旨的民间宗教。刘德仁创教之初，即立教戒九条："一曰视物犹己，勿萌戕害凶嗔之心。二曰忠于君，孝于亲，诚于人，辞无绮语，口无恶声。三曰除邪淫，守清静。四曰远势利，安贱贫，力耕而食，量入为用。五曰毋事博弈，毋习盗窃。六曰毋饮酒茹荤，衣食取足，毋为骄盈。七曰虚心而弱志，和光而同尘。八曰毋恃强梁，谦尊而光。九曰知足不辱，知止不殆。"⑤ 这些戒条实际上都是一些洁身自好的伦理规范、处世规则。《元史·释老传》称"其教以苦节危行为要，而不妄取于人，不苟侈于己"，可谓点出大道教义的理论精髓。这种平实朴素的教义，颇能适应当时中下层社会的信仰需求，当然也有利于金朝统治者消弭日益紧张的民族矛盾与阶级矛盾。大定七年（1167），金朝正式邀请刘德仁入居中都天长观，赐号"东岳真人"⑥。得到官方承认后，大道教的传播更为畅通无阻。

大定十二年（1172）刘德仁去世后，弟子陈师正嗣任大道二祖。陈师正

---

① 《太一五祖演化贞常真人行状》，《秋涧集》卷47。
② 《太一广福万寿宫令旨碑》，《道家金石略》，第841页。
③ 《洺水李君墓表》，《刘文靖公文集》卷21；《大都宛平县京西乡创建太一集仙观记》，《秋涧集》卷40。
④ 《汴梁路许州长社县创建天宝宫碑》。
⑤ 《书刘真人事》，《宋文宪公全集》卷26。
⑥ 《重修隆阳宫碑》，《道家金石略》，第823页；《书刘真人事》，《宋文宪公全集》卷26。

出身贫寒，"既掌天权，弘宣祖道，度人罔极，设化无方，阐教一十五年，法寿莫得而识"。三祖张信真（1164—1218），青州乐安人，"禀质不凡，行法好古，敷宣圣教，克肖先师，处世五十五年，阐教二十五载"①。在大道教历任教主中，他大概是唯一一位文化程度较高者，"有诗文数百篇，号《玄真集》"②。继承他的四祖毛希琮，"见性聪达，罔愆成法，心厌尘世，不永斯年。掌教五星有奇，得年三十八岁"③。毛希琮担任教主期间，正值蒙古大举南下，金朝国势已日蹙之时，而大道教盛行的河北地区，又是双方激烈争夺的战场。在这种情况下，大道教的发展不可避免地受到负面影响。

大道教在经历了四祖后，内部开始发生分裂，出现了天宝宫（在燕京旧城春台坊）与玉虚观（在燕京旧城仙露坊）两大传承系统，由此也出现了两位并存的五祖。两位五祖——郦希成与李希安，都有得自四祖毛希琮亲传衣钵的记载。如郦希成，《重修隆阳宫碑》云："四祖师毛君（毛希琮），暑月病剧，速召而来燕。既承其法，拂袖有深山之隐，慕道之徒，翕然而从。"④李希安，据缪荃孙辑《顺天府志》卷8《玉虚观大道教祖师传授之碑》（节文）："四祖毛希琮号纯阳子，复得希夷之传。丁亥（1227）葺玉虚观以居之。戊子（1228）乃立李希安为五祖。"按，毛希琮、郦希成、李希安都属"希"字辈，是同辈师兄弟。有记载说"希琮能以柔而存"⑤，这一评价颇耐人寻味。很有可能在毛希琮生前，大道教内部就已出现分裂迹象了，而年轻的毛希琮无力控制局面，只好独善其身。此外，天宝宫一系的材料把五祖郦希成出任掌教的时间定在公元1222—1223年前后，⑥ 而据前面提到的《玉虚观大道教祖师传授之碑》，毛希琮实际上在1228年才去世。⑦ 也

---

① 《洛京緱山改建先天宫记》，《道家金石略》，第818页。
② 《书刘真人事》，《宋文宪公全集》卷26。
③ 《洛京緱山改建先天宫记》，《道家金石略》，第818页。
④ 《道家金石略》，第823页。
⑤ 《书刘真人事》，《宋文宪公全集》卷26。
⑥ 据《洛京緱山改建先天宫记》，四祖毛希琮"掌教五星有奇，得年三十八岁"，三祖张信真于1218年去世，由此向后推五年，郦希成出任掌教在1223年。据同文，五祖郦希成"阐教三十六年，享寿七十八岁"，六祖孙德福"敷化一十五年，享寿五十六岁，于至元癸酉四月廿二日以微疾而终"。至元癸酉为公元1273年，由此向前推五十一年，郦希成出任掌教在1222年。
⑦ 1227年长春真人丘处机去世时，毛希琮曾作诗讥讽云："一把形骸瘦骨头，长春一旦变为秋。和滩带屎亡圊厕，一道流来两道流。"（《至元辨伪录》卷3，大正新修大藏经本）对此，陈垣《南宋初河北新道教考》认为"轻薄殊不足信"，陈智超《金元真大道教史补》（《历史研究》1986年第6期）也认为："毛希琮比丘处机早卒四年，何能有诋毁丘死之语？"但据《玉虚观大道教祖师传授之碑》，毛希琮此时应当还健在。

就是说，天宝宫系虽然也承认这位"罔怼成法"的毛希琮为四祖，但并不承认他最后几年教主的合法性。

综合以上记载，我们有理由认为，大道教实际上是由毛希琮于1228年最终传给李希安的，即使天宝宫系材料所说属实，也只能说是毛希琮一度有过传位郦希成的念头，但因郦希成"拂袖有深山之隐"，并没有真正接任教主，此后仍由毛希琮主持大道教，直到公元1228年立李希安为接班人为止。现有材料表明，郦希成在出任五祖时也非一帆风顺，"五祖（郦希成）当教之日，值大元立国之初，法令未行，逆魔乱起，始终一十五载，遭逢十七大魔。以五祖道德崇高，威灵显赫，魔不胜道，寻乃自平"①。这无疑透露出双方在争夺大道教领导权时曾有过一番激烈的斗争。

大道教分裂的真正原因，很有可能与教旨分歧有关。如前所述，刘德仁所开创的大道教，教义朴素，并无符箓道派的痕迹。但三祖张信真，在从二祖陈师正学道后，又从燕京天长观问天师，授正一盟威秘箓，②从而使大道教开始带有符箓道派的色彩，这显然与刘德仁的创教宗旨背道而驰，造成道众信仰出现混乱。张信真去世后没过几年，教内分歧即表面化，并最终导致了大道教走向分裂。

蒙古入主中原后，对大道教两派均采取了扶植政策。从现有材料来看，与蒙古统治者最早发生接触的是玉虚观系五祖李希安，"岁在辛丑（1241），被征命，辞老不起，宪宗皇帝以法服赐之。乙卯年（1255），世祖皇帝在王邸，闻其道行，赐以真人之号"③。不过，天宝宫系在五祖郦希成的领导下，势力发展很快，"自戊戌（1238）以来，化因以洽，南通河岳，北及燕齐，立观度人，莫知其数"④。因而也受到了蒙古统治者的重视，于1254年赐号"太玄"，名其教为"真大道"⑤。对此，时人评价为"真人尊太玄之号，教

---

① 《洛京缑山改建先天宫记》，《道家金石略》，第818页。
② （嘉靖）《青州府志》卷16《仙释传》，《续文献通考》卷243《仙释考》。有不少学者认为天师是江西龙虎山张天师的专门称谓（实际上，天师也并非张天师的专利，像全真教的宋德方就被忽必烈封为天师），燕京天长观不应该有此称号的道士，故对此持保留态度。但即使天长观在金代未必有天师其人，也无法否认张信真习正一盟威秘箓的事实。
③ 《玉虚观大道教祖师传授之碑》，载缪荃孙缉《顺天府志》卷8。
④ 《洛京缑山改建先天宫记》，《道家金石略》，第818页。
⑤ 《书刘真人事》，《宋文宪公全集》卷26；《大元创建天宝宫碑》，载缪荃孙缉《顺天府志》卷7。

门得真假之分"①。由此看来,"真大道"的命名既是为了从玉虚观系统摆脱出来,"自为一枝,不属在前道教所掌"②,也有纯净大道思想理论,宣布自己为大道"正宗"的意味。入元后,大道教这两支系统均在不同程度上有所发展。

第三节 "汉地"佛教各宗派

大蒙古国统治时期汉地流行的佛教,基本上是唐宋以来流传下来的禅、教、律各派。禅宗历来有五家七宗之说,其中沩仰、法眼二宗早已绝传,云门宗在元代虽有传承,但已远不及北宋时的鼎盛局面,③ 只有曹洞宗与临济宗影响较大。教指华严、净土诸宗。律即律宗。三者当中,又以禅宗为主流。

一 曹洞宗

曹洞宗的代表人物万松行秀(1166—1246),俗姓蔡,河中府解川解县(今山西运城西南)人。15岁礼邢州净土寺赟公为师,"挑囊抵燕,历潭柘、庆寿,谒万寿,参胜默老人(圆光)。复出见雪岩满公(善满)于磁州大明,公知法器,留之二年,言相契,径付衣钵"。后回到净土寺,于寺旁筑"万松轩",因以自号。泰和六年(1206),应中都仰山栖隐禅寺请,迁栖隐寺。是年秋,金章宗秋狩于此,行秀以诗献,受到章宗褒奖。蒙古大军南下占领中都后,行秀因反对大头陀教,一度受到当权者的迫害,"至于坐狱"。昭雪后,"复主万寿。庚寅(1230),御赐佛牙一,仍敕万松老人焚香祝寿,重之不名也"。1232年,窝阔台南伐大军凯旋而归,又"率僧道朝行宫,奉旨蠲徭免役,天下赖之"。行秀精通百家之学,儒释兼备,辩才无碍,在士林中享有较高声誉。他一生著述丰富,"编《祖灯录》六十二卷,又《净土》《仰山》《洪济》《万寿》《从容》《请益》等录,及文集、偈、颂、《释氏新闻》《药师金轮》《观音道场》三本,《鸣道集辩》《〔宗〕说心经》《风

---

① 《洛京緱山改建先天宫记》,《道家金石略》,第818页。
② 《天宝宫碑》,《吴文正公集》卷26。
③ 目前所见元代云门宗僧人,以大圣安寺住持云山慧从最为重要,他在仁宗延祐六年(1319)二月,受封柠禄大夫、大司空,主领云门宗事。其事迹,可见《怀柔新县志》卷5《江螺山大明寺碑》;《元史》卷26《仁宗纪三》。

鸣》《禅悦》《法喜集》并行于世"①。其中,《从容录》即《评唱天童觉和尚颂古从容庵录》,系万松行秀为曹洞宗天童正觉和尚《颂古百则》所作之评唱。该书每则集公案与颂古为一,依克勤《碧严录》体例,每则之下分示众、列举公案、列举颂古、夹注和评唱五种内容。《从容录》与《碧严录》同为文字禅的典范之作,在当时影响很大。耶律楚材为其作序称:"其片言只字,咸有指归,结款出眼,高冠今古,是为万世之模楷,非师范人天、权衡造化者,孰能与于此哉!"② 给予了很高的评价。

万松及门弟子众多,分主万寿、少林、栖岩等曹洞大刹,其中影响较大者主要有雪庭福裕、华严至温、林泉从伦三人。

雪庭福裕(1203—1275),字好问,俗姓张,太原文水(今属山西)人。"九龄入学,日了千言,乡间曰'圣小儿'。"后遭战乱,道逢老比丘,至仙岩从古佛和尚出家。七年后至燕京,转投行秀为师,久蒙印可,列为曹洞宗第十六世,成为继行秀之后曹洞宗的主要传人。后来在万松行秀、海云印简等人的支持下,福裕入主少林,"属少林煨烬之余,蹛憩缑氏之永庆。已而兴仆起废,训走说法,施者如丘山,来者如归市。嵩阳诸刹,金碧一新,洛阳白马,经筵不辍,皆师力也"。从此,少林寺开始成为曹洞宗在北方传播的重镇,和林、燕蓟、长安、太原、洛阳等地均建有下院。"戊申(1248),定宗诏主和林兴国,未期月,宪宗召诣帐殿,奏对称旨,俾总领释教,授都僧省之符。"在当时的佛道大辩论中,福裕也扮演过非常重要的角色。忽必烈即位后,"命总教门事,赐号光宗正法"。皇庆元年(1312)赠司空、开府仪同三司,追封晋国公。福裕一生致力于弘扬曹洞宗

图1-2-4 万松老人塔③

---

① 《万松舍利塔铭》,《(嘉庆)邢台县志》卷7《仙释》。
② 《万松老人评唱天童觉和尚颂古从容庵录·序》,《湛然居士文集》卷8。
③ 原载《中国少数民族文化史图典·北方卷》下叁,广西教育出版社1999年版,第93页。

风,"三阅藏经而成诵,诱掖后学无倦色。通群书,善翰墨,吟咏提唱,普说几十万言,播在丛林"①。继其法嗣者主要有少室文泰、中林智泰、足庵净肃等。

华严至温(1217—1267),字其玉,号全一,俗姓郝,邢州(今河北邢台)人。幼聪敏异常,从净土院寂照弟子辨庵讷出家。1230年,从净土院住持无还富至燕京万寿寺,转投行秀门下。"师见万松,始以才气过人,稍不容于众。然而博记多闻,论辩无碍,百家诸子之言,多所涉猎。又善草书,有颠素之遗法。年才十有五,为万松侍者,凡万松偈颂法语,一闻辄了之,遂得法焉。"因幼与刘秉忠相友善,在其推荐下,得到忽必烈的召见。忽必烈征云南还,封为"佛国普安大禅师,总摄关西五路、河南南京等路、太原府路、邢洺磁怀孟等州僧尼之事,刻印以赐"。1258年,忽必烈于上都建大龙光华严寺,至温成为首任住持。"师既开山龙光,又作大都之资圣、真定之安国、汾阳之开化、彰德之光天、固安之兴化、三河之莲宫,余不能尽纪。"② 为曹洞宗在北方的另一重要传人。

图1-2-5 少林寺福裕骨塔

林泉从伦(1223—1281),曾继行秀先后主燕京万寿寺与报恩寺。至元九年(1272)受忽必烈召见,阐扬佛法,大蒙奖掖。至元十八年佛道大辩论结束后,从伦代表获胜的佛教一方,于燕京悯忠寺主持点火焚毁道藏,并作文以记其事。③ 在致力弘扬曹洞法门的同时,从伦还诠释了义青与子淳二禅师的《颂古百则》,著有《空古集》与《虚堂集》,二书与行秀《从容录》一样,对以后曹洞宗僧人诠释公案和颂古有着非常重要的影响。从伦弟子讷翁思慧,住持万寿寺期间,曾被仁宗封为"佛心宝印大禅师""领曹洞正宗"④。据此

---

① 《嵩山少林寺裕和尚碑》,《雪楼集》卷8。
② 《佛国普安大师塔铭》,《道园学古录》卷48。
③ 《至元辨伪录》卷5。
④ 《万寿长老佛心宝印大禅师生塔碑铭》,《待制集》卷12。

可知，大万寿寺在元代为官方确认的曹洞宗总部所在地。

出于行秀门下的俗家弟子李纯甫、耶律楚材在当时影响也很大。李纯甫为金末文坛奇才，曾著《鸣道集说》，弘扬佛教宗旨。耶律楚材则出身契丹皇室，燕京陷落后，受成吉思汗征召北上，成为大蒙古国前期政坛上的重要人物。当政期间，他提出了"以儒治国，以佛治心"的口号，大力宣扬佛教，推崇公案评唱，反对异端邪说，对当时中原佛教的传播起过一定的积极作用。

此外，还有一位诗僧性英，有可能也是曹洞宗僧人。性英，字粹中，号木庵。弱冠作举子，从外家辽东，后出家。贞祐南迁，居洛西之子盖，住龙门宝应、嵩山少林二十年。壬辰北渡后，又住燕京仰山栖隐寺。性英早年与元好问、辛愿、赵宜禄、刘昂霄等游，有《山堂夜岑寂》及《梅花》等篇传至汴梁，受到文坛盟主赵秉文等的极力推崇。[①] 名诗人元好问对其诗作也颇为称道，于己酉年（1249）为其诗集作序，并有"爱君《山堂》句，深靖如幽兰。爱君《梅花》咏，入手如弹丸。诗僧第一代，无愧百年间"的赞誉。[②] 死后，魏初为其塔作疏，亦称"木庵上人，百年耆旧，一代宗师。有承平恺悌之遗风，无蔬笋葛藤之习气。接迹于赵礼部、李屏山之后，定交于雷御史、元遗山之间。字如东晋而不凡，诗似晚唐而能雅"[③]。性英的社交领域颇为广泛，与大蒙古国的各级官僚、文人都有密切往来，可以说既是一位诗僧，也是一位社会活动家。

二 临济宗

临济宗的代表人物海云印简（1202—1257），俗姓宋，岚谷宁远（今山西五寨北）人。自幼出家，礼中观沼为师，后随师寓居岚州广惠寺，以赈济百姓，受金赐封"通玄广惠大师"之号。13岁时，蒙古大军破宁远，印简曾见到过成吉思汗。18岁时，木华黎率蒙古大军再破岚城，印简与师同被俘，受到史天泽等人的保护，后被木华黎分拨隶属成吉思汗。时成吉思汗正率蒙古大军西征，从薛灭思干（今乌兹别克斯坦共和国撒马尔罕）给木华黎下旨称："尔使人来说底老长老、小长老，实是告天的人，好与衣粮养活者。

---

① 《滏水集》卷4有《同英粹中赋梅》，当为和其《梅花》诗而作。
② 《木庵诗集·序》《寄英禅师师时住龙门宝应寺》，《遗山集》卷37、卷2，二者字句稍有出入。
③ 《木庵塔疏》，《青崖集》卷5。

教做头儿，多收拾那般人，在意告天。不拣阿谁，休欺负，交达里罕行者。"① "达里罕"，又作"答剌罕"，源自突厥语，有"得自由""自在"之意，在大蒙古国时期，获此殊荣者多为功臣勋戚。② 在被邀住兴安香泉院后，木华黎又"署中观慈云正觉大禅师，师寂照英悟大师，所需皆官给。小长老之名自此始"③。中观沼圆寂后，印简于1221年入燕京，依庆寿寺中和章为记室。出世住兴州仁智寺，"历燕之庆寿、竹林，易之兴国，兴安之永庆，昌平之开元，真定之临济，云中之龙宫、华严诸大刹，而主永庆者二，庆寿者三"④。晚年退居燕京普济寺（后忽必烈特改其名为海云禅寺）。有语录《杂毒海》，已失传。

印简虽在禅宗理论上无太多建树，可在政治方面却影响很大，受到蒙古统治者的多次褒奖。像窝阔台汗时期，"岁在辛卯（1231），合罕皇帝（窝阔台）闻师之名，特遣使臣阿先脱兀怜赐以'称心自在行'之诏。是年夏五月，皇太弟国王遣使以师为燕赵国太禅师"⑤。"丁酉（1237）正月，太祖皇帝二皇后以光天镇国大士号奉师。"窝阔台六皇后脱列哥那则赐以"佑圣安国大禅师"的封号。"丁未（1247），贵由皇帝即位，颁诏，命师统僧，赐白金万两⋯⋯辛亥（1251），蒙哥皇帝即位，颁降恩诏，顾遇优渥。命师复领天下僧事，蠲免差役，悉依旧制。"⑥印简圆寂后，被追封为"佛日圆明大宗师"。他与元朝建立者、时为藩王的忽必烈更是关系亲密，"裕皇始生，师摩顶训之名（按，即真金）⋯⋯至元四年（1267），城京都，有司定基，正直师塔，命迁三十步许环之"。延祐元年（1314），印简被加封为"光天普照佛日圆明海云佑圣国师"⑦。

印简在大蒙古国时期建树颇多。金朝灭亡后，"乙未（1235），朝廷差札忽笃侍读选试经僧道"，在乙未籍户时，大蒙古国本想通过考试沙汰僧道，以增加国库收入。在万松行秀等人的推举下，印简出面与蒙古当局协调此事，"由是虽考试亦无退落者"。后来，为防止人户逃散，蒙古政权又"欲

---

① 《佛祖历代通载》卷21。
② 韩儒林：《答剌罕》，《韩儒林文集》，南京大学出版社1991年版，第385—386页。
③ 《佛祖历代通载》卷21。
④ 《海云简和尚塔碑》，《雪楼集》卷6。
⑤ 《大蒙古国燕京大庆寿寺西堂海云大禅师碑》，见苏天钧《燕京双塔庆寿寺与海云和尚》，《北京文物与考古》第三辑。
⑥ 《佛祖历代通载》卷21。
⑦ 《海云简和尚塔碑》，《雪楼集》卷6。

印识人臂",印简向大断事官失吉忽秃忽力阻此事,"由是印臂之法遂止"①。更难为可贵的是,印简虽是僧人,却也提倡保护儒学,"凡与当世王侯论治民之道,必以儒教为先,其不偏泥如此"。而且,也正是由于他的建议,前金衍圣公孔元措"始复袭其爵,以继其事焉。师复以相传孔子之道颜子、孟子,今其孙俱存,及习周孔之业为儒者,亦皆使免其差役之赋"②。

印简门下知名弟子主要有可庵朗与赜庵儇等。可庵朗弟子子聪,即刘秉忠,深受忽必烈赏识,"久侍藩邸,积有岁年,参帷幄之密谋,定社稷之大计"③,入元后官拜光禄大夫、太保、参领中书省事,为元初颇有影响力的政治人物。赜庵儇弟子西云子安,"喜作诗,通书学,以无碍妙辩现当机应身"④。成宗时奉旨住大都大庆寿寺,"由是临济之道愈扩而大"。武宗即位,西云子安受赐"临济正宗之印",加荣禄大夫、大司空,"领临济一宗事"⑤。至此,印简一系在临济宗中的正统地位,得到朝廷的确认,大庆寿寺也成为元代北方临济宗的中心。以后继西云子安住持庆寿寺者,像北溪智延、鲁云行兴、秋亭洪亨、风岩显仪等,均受到朝廷的扶植,维持着本系统在临济宗的正统地位。⑥

三 华严宗

华严宗为佛教的一个重要派别,⑦ 因以《华严经》为主要经论根据而得名,在唐代中叶鼎盛一时。辽朝建立后,华严宗在燕云地区颇为兴盛。其中,燕京(今北京)的宝集寺为当时一个重要传播基地。金承安年间(1196—1200),志玄统领教门,"暨归国朝,行业高峻,王侯将相,争趋下风,世称长公。一传而为领释教都总统传戒三学都坛主行秀;再传而为领诸路释教都总统三学都坛主圆明;继以领释教都总统开内三学都坛主开府仪同

---

① 《佛祖历代通载》卷21。
② 《大蒙古国燕京大庆寿寺西堂海云大禅师碑》。
③ 《元史》卷157《刘秉忠传》。
④ 《庆寿东西二桥》,《秋涧集》卷34。
⑤ 《临济正宗文碑》,《松雪斋集》卷9;《大庆寿寺大藏经碑》,《雪楼集》卷18。
⑥ 《北溪延公塔铭》《鲁云兴公舍利塔铭》《亨公道行碑》,见《金华集》卷41、卷42,缪荃孙缉:《顺天府志》卷7《大庆寿寺》。
⑦ 元代华严宗,日本学者竺沙雅章多有研究,可参见氏著《宋元佛教文化研究》,汲古书院2000年版。另外,有关知拣一系,可参见黄春和《元代大圣寿万安寺知拣事迹考》,载《北京文博》2001年第4期。

三师光禄大夫大司徒邠国公知拣"①。

　　知拣（？—1312）曾受忽必烈延请访问佛法。"帝问拣坛主云：'何处为最上福田？'回奏云：'清凉。'帝云：'真佛境界。'乃建五大寺为世福田。"又，"帝问拣坛主：'何处有佛？'拣云：'我皇即是佛。'帝云：'朕如何是佛？'拣云：'杀活在于手，乾坤掌上平。'"② 知拣以其聪辩机警，获得了忽必烈的信任。至元二十二年（1285），忽必烈以知拣住持大圣寿万安寺（即白塔寺），妙文继领宝集寺。此后，又分别由德严与则堂仪公继之。"自拣、文二师分主大刹，若圣寿万安、天寿万宁、崇恩福元、天源延寿，泊覃怀之龙兴，以至海内十六名刹，何啻千百。"③ 上述寺院，大都为元朝皇家寺院，而且主要属藏传佛教系统，以华严宗僧人主持藏传佛教寺院，表明二者的关系非同一般。其实，华严宗与萨斯迦派在元代同属教门，教义也有不少相通之处，在当时汉地佛教各派中，华严宗与萨斯迦派的密切关系，确实也非其他门派可比。像至元二十二年至二十四年（1285—1287），参加汉藏佛经总目——《至元法宝勘同总录》编纂工作的15位汉地僧人中，属华严宗者即有不少。其中，"圣寿万安寺都总统佛觉普安大师沙门拣吉祥"即知拣。其他华严宗僧人受帝师、国师戒，冠以"吉祥"称号者更是很多。④ 知拣弟子中，德严一直担任大圣寿万安寺住持，曾参加延祐三年（1316）有关旃檀瑞像源流的讨论。⑤ 至顺二年（1331）九月，因御史台臣言其"盗公物，畜妻孥"，被免去司徒、坛主之职。但次年五月，即"复以司徒印给万安寺僧严吉祥"⑥。另一弟子德谦（1267—1317），姓杨氏，宁州定平人。幼从僧读佛书，后游学各地，从名僧问法。年未逾立，已有盛名于时。后至京师，受华严圆顿之宗于知拣门下，深受器重。元朝皇帝先后诏居天寿万宁、崇恩福元寺。"万宁成宗所创，崇恩武宗所创，两居大寺，前后一纪。道德简于宸衷，流声洋于海隅，未尝以宠遇显荣为之志而改其素。尝语人曰：毕衣之

---

　　① 《析津志辑佚》，第71页。竺沙雅章认为，其中的行秀（号万招）与曹洞宗的万松行秀非同一人。
　　② 《佛祖历代通载》卷22。
　　③ 《析津志辑佚》，第71页。
　　④ 按，吉祥与藏传佛教受戒的关系，可见《磁州嘉福寺贤公讲主碑》（《紫山大全集》卷17）："九年，圣旨集诸路僧受戒，僧司荐公，召入万寿大殿，赞颂称旨，蒙赐法衣一袭，受戒于国师，加号吉祥。"
　　⑤ 《旃檀佛像记》，《雪楼集》卷9。
　　⑥ 《元史》卷35、卷36《文宗纪四、五》。

士，抗尘世表，苟不愧于朝闻夕死可矣，尚何慕于外哉？"圆寂后，"皇太后锡镪五千缗赙葬，司备仪卫，集京畿诸寺幡盖鼓乐以送之。火后获舍利数十颗，其徒建塔于南城之南"①。

此外，出身女真纳合氏的行育（？—1293）也是当时华严宗的一位重要僧人，他早年"得度于宝应秀（行秀），受业于永安柔（善柔）"，后因参加佛道大辩论，受到忽必烈的赏识，"赐赤僧伽梨，加扶宗弘教大师之号……帝师拔思八甚器重之。一时贤贵如太保刘文贞公（刘秉忠）辈，皆引为友辅"②。南宋灭亡后，至元十四年（1277），行育与杨琏真加、加瓦八等藏传佛教僧人一同受命为江南释教总摄。③ 又受帝师命，重修洛阳白马寺，"大刹落成，师遽顺化……门弟子分舍利建塔，以冈之燕、云、奉圣、蔚、扬、安西诸处，皆有塔焉"④。传法弟子有文才、慧觉、法洪、慧印等。

四 律宗

律宗也是佛教的一个重要派别。辽道宗耶律洪基以金泥亲书《菩萨三聚戒本》，成为北方律宗历传之宝。蒙古大军南下时，《戒本》在前面提到的宝集寺志玄手中保存。癸卯岁（1243），蒙古政权召开圆戒大会，将《戒本》传于悯忠寺祥昺，祥昺复授大崇国寺隆安善选。善选一系后来受到蒙古宫廷扶植，成为元代北方律宗的重要派别。

善选（1175—1252），俗姓刘，香河（今属河北）会仙乡马家里人。早年于家乡隆安寺出家，礼真觉为师，习华严。后入燕京永庆寺，师正法藏大师。蒙古南下，善选转徙平滦，还燕后，受中书令耶律楚材、丞相厦里请，先后主燕京悯忠、崇国两寺，多次参与举办资戒大会，将《戒本》传宝集寺行秀，度弟子二百余人。"师示寂既久，行秀传《戒本》于崇国定志，志传昊天显净，净传崇国定演，演传原教法闻，俱戒行精严，人天师表。"⑤

善选圆寂后，弟子定志继主崇国寺，受封诸路释教都总统。迨第四代

---

① 《佛祖历代通载》卷22。
② 《龙川和尚舍利塔志》，《洛阳市志》卷15，中州古籍出版社1996年版。
③ 《元史》卷9《世祖纪六》：至元十四年二月丁亥，"诏以僧允吉祥、怜真加、加瓦并为江南总摄，掌释教。"其中，允吉祥即行育。另外，"怜真加、加瓦"，中华书局点校本没有断开，竺沙雅章文已指出。
④ 《龙川和尚舍利塔志》。
⑤ 《大元敕赐大崇国寺坛主空明圆证大法师隆安选公特赐澄慧国师传戒碑有序》，京都大学人文科学研究所拓片；并见《危太仆文续集》卷3。

住持定演，元世祖忽必烈于至元乙酉（1285，一说二十四年，即 1287 年）于大都城内赐地，另建崇国新寺，"凡为佛殿、经阁、云堂、方丈、香积、僧寮、儀屋等百有余楹，敕赐蓟州遵化县般若院为挟刹，资以水碾磨、田产有加"①。定演"乃与门人叶力兴建，化块砾为宝坊，幻蒿莱为金界，作大殿以像三圣，树高阁以庋藏经，丈室、廊庑、斋厨、僧舍悉皆完美，故崇国有南北寺焉"。从此，崇国北寺成为中心，定演则成为北寺的开山鼻祖。定演（1236—1309），俗姓王，世为燕京三河（今属河北）人。7 岁入大崇国寺，礼善选为师。善选圆寂后，赐号佛性圆融崇教大师，先后住持南北二寺。"时昊天宿德号雄辨大师（显净）授以道宗刺血金书戒本，于是祝发之徒以万计，咸稽首座下，尊礼师为羯磨首。岁以六月六日，用所得布施资饭僧五百众，诵诸大经，及于两寺舍长财，以修珍供。师自苾讲席，数蒙圣恩，尝赐白玉观音菩萨像，以彰殊渥。皇太后闻师道行，亦降旨以护其法。"②

定演以后，崇国南北两寺的传承如下：北寺：第 2 代雪岩、第 3 代诏岩伟公、第 4 代云岩如公、第 5 代休岩定公、第 6 代进公、第 7 代云庵聪公、第 8 代复岩增公、第 9 代孤峰学公、第 10 代云峰窨公。南寺：第 5 代雪岩、第 6 代念公、第 7 代慧公、第 8 代安公、第 9 代雲岩如公、第 10 代成公、第 11 代和公、第 12 代玉公楚山、第 13 代石岩聚公、第 14 代孤峰学公、第 15 代本无会公、第 16 代尧峰裕公。弟子担任各地寺院住持者，更是不计其数。在元朝政府的帮助下，大崇国寺规模不断扩大。"皇庆、延祐间，仁宗皇帝刺挠室利皇后赐钞三千余定，贸易民地，别建三门。寿元皇太后复赐钞五百定而经营焉。寺之伦序，十完六七。遴有德者陆续住持，而高建法幢，盖亦有年。"孤峰学公（即智学）任住持期间，"于疏漏而修者曰法堂、云堂、祖师伽蓝二堂，厨库、僧房、侍者、儀赁等房，计间五十余，于新创建者曰钟楼、法堂、东廊庑、南方丈等，计间亦五十余。皆为之鏊砌、圬墁、丹垩、松漆，轮焉奂焉，咸为一新"③。大崇国寺建筑更趋完善。善选后被元朝追封为澄慧国师，由元顺帝敕命参知政事危素撰文书丹，集贤大学士、滕国公张璲篆额，树碑于寺中。

---

① 《皇元大都崇国寺重新修建碑》，京都大学人文科学研究所拓片。
② 《大元大崇国寺佛性圆融崇教大师演公碑铭》，京都大学人文研究所藏石刻拓片；并见《松雪斋集》卷 9，文字有出入。
③ 《皇元大都崇国寺重新修建碑》。

五　大开元一宗

净土宗又称"莲宗",草创于东晋慧远,正式形成于唐初的善导。净土宗修习,以念佛行业为内因,弥陀愿力为外缘,内外相应,往生极乐净土。因其方法简便易行,极易传播,有着广泛的社会影响,很早就出现了禅净合流的趋势。蒙古统治者入主中原后,对净土宗多有扶持,其中尤以金末万安广恩开创的大开元一宗(简称一宗)影响最大。

万安广恩(1195—1243),俗姓贾,洺水(今河北威县北)张华里人。早年"从经城法云坚上人祝发,又从晖公受具戒,学禅临城山。阅数岁,游历诸方。还至枣强(今属河北),与大姓霍氏契,因结庵于其所居"①。在此期间,身边不断有灵异显现,开始引起世人注意。"同里武弁赵监军者,化而为善。临清大师路侯通请师建净土道场,师为作白莲花会,规模一以庐山远公为式。真定等处五路万户史侯天泽、安国军节度使赵侯伯元洎两郡僚佐具疏致之,构开元寺圆照塔,富以财、贫以力而助役于师者,骈肩接武。燕都大万寿寺开资戒大会,万招禅师行秀延师登坛说戒,大洒甘露,四众欢喜,得未曾有愿力之广也。"广恩到顺德(今河北邢台)开元寺的时间为1231年,这一年可视为大开元一宗的草创年代。他虽然早年出家参禅,但在禅净合流的时代,更注重的是宣传净土思想,鼓吹弥陀信仰:"显菩萨之权,念弥陀之号。"②"其感化方便,人叵具举,第以菩萨目之,以致远迩隆向,愿言依归。"③而他的著作《白莲集》,内容也是"大概以劝励风俗,由念佛三昧祈生安养为趋道之捷径"。

因顺德为忽必烈重臣刘秉忠的家乡,己酉岁(1249),在刘秉忠的疏通下,开元寺住持梅庵崇朗奉时为宗王的忽必烈为大功德主,开始与蒙古统治上层拉上关系。忽必烈下旨在开元寺为广恩建塔,"命断事官忽鲁脱化、宣差赵添喜率甲士千人营葬,奉御铁铸山署职为外护"。己未年(1259),忽必烈奉命总军南伐,又两幸其寺,拜访住持崇悟。"慰谕询访,闻师(即广恩)遗行,叹美再四。"忽必烈即位,元朝建立后,广恩一系法脉更加受到蒙古统治者的扶植与保护。开元寺得赐号"大开元",广恩塔赐号"普门",

---

① 《万安恩公塔记》,《(嘉庆)邢台县志》卷7《仙释》。
② 《顺德府大开元寺弘慈博化大士万安恩公碑》,《(民国)威县志》卷15。
③ 《顺德府大开元寺重建普门塔碑铭》,《秋涧集》卷67。

广恩赐号"弘慈博化大士",元初重臣刘秉忠、史天泽、答失蛮相继受命提调其宗。成宗即位,又规定大开元一宗"直隶宣政院,释教都总统所毋得管领"。

有元一代,大开元一宗"典司诸方及本宗者,几半天下"[1]。如彰德路(今河南安阳)兴阳院,即系大开元寺僧人普诱、普进于至元癸酉年(1273)所重建。《重修兴阳院碑》记载了重建经过,碑阴有"宣授彰德、卫辉、怀孟等路一宗僧录圆明大师通吉祥""净土院定慧大师权彰德、卫辉、怀孟等路一宗僧录司事灿吉祥"等人的题名,[2] 大开元一宗分院浚州(今河南浚县)大伾山天宁寺,其下又有支院"本山阳明洞丰泽院、在城慈济院、十里铺龙德院、白马县福圣院、开州长垣白莲庵"等。[3]

广恩以"广崇妙普、洪圣禧昌、继祖续宗、惠正惟方、圆明道德、寂静真常、了本心通、大觉慈光、法登无尽、亘古名扬"[4] 40字为其弟子排辈,宗师系谱共传19代,至"禧"字辈。[5] 其中可考者有第12代宗师损庵洪益(1263—1340)。洪益俗姓徐,随州应山人(今属湖北)。15岁出家,大德三年(1299)任宝林寺住持。"至大四年(1311),承诏迁主开元……师至未几,颓纲复振。主上闻之,深嘉乃绩。延祐丙辰(1316),特授中奉大夫,制加圆照普门广显大禅师,锡二品银章,赐金襕衣,命都摄宗门事……至顺庚午(1330),辞归故山。壬申(1332),诏复征还。元统甲戌(1334),力以疾辞退。"[6] 至元庚辰(1340),又出任嵩山少林寺住持,当年病卒。目前,我们可在多处文献找到洪益的题名,[7] 洪益为禅僧,从他的经历,也可看出大开元一宗后期禅净合流的趋势。

---

① 《顺德府大开元寺弘慈博化大士万安恩公碑》。
② 《安阳金石录》卷9。
③ 《佛门宗派图》,《濬县金石录》卷下。
④ 《顺德府大开元寺弘慈博化大士万安恩公碑》。按,据《濬县金石录》卷下《佛门宗派之碑》:"洪圣禧昌"作"洪胜禧昌","惠正惟方"作"慧镇维方",应以后者正确。
⑤ 据《(民国)威县志》卷15《宗教志》,19代传承分别为:"万安广恩、通慧崇润、梅庵崇朗、明空崇悟、百泉崇瑀、龙溪崇严、草堂广诠、清泉崇音、银山妙用、柏山妙生、静岩妙安、损庵洪益、翠峰普琳、寿峰普俊、无极洪缘、高峰普镇、藏峰胜悦、月照洪迈、月溪禧顺"。
⑥ 《损庵益公道行碑》,《湖北金石志》卷14。
⑦ 《善公行实之碑》的题名为:"中奉大夫、管领顺德大开元一宗诸路都宗摄、圆照普门广显大禅师益吉祥。"见《湖北金石志》卷14。《息庵禅师道行之碑》题名为:"中奉大夫、前管领大开元一宗都宗摄、圆照普门广显大禅师益吉祥。"见《洛阳名碑集释》,朝华出版社2003年版。

六　大头陀教（糠禅）

除传统佛教外，当时的中原地区还出现了许多被视为邪说的佛教派别，耶律楚材在《西游录序》中曾说："西域九十六种，此方毗卢、糠、瓢、白莲、香会之徒，释氏之邪也。"这些教派大多盛行于金代，其中的糠禅、瓢禅、毗卢，还一度遭到金朝禁止。[1] 除糠禅外，其他教派现在大都已无从稽考。

糠禅即大头陀教，为刘纸衣于金天会年间创设。该教一反禅宗专尚禅语的弊病，主修头陀苦行，清净寡欲，严守戒律，在平民阶层得到了广泛传播。纸衣和尚以下 10 代宗师，据阎复所撰胜因寺碑，分别为河涧铁华、兴济义希、双桧春、燕山永安、蓬莱志满、真教猛觉、临猗觉业、普化守戒、清安练性、白云妙一。[2] 到蒙古入主中原时，大头陀教势力已经很大，以当时的燕京而论，"市井工商之徒"，"信糠者"即已"十居四五"[3]。

由于与禅宗传统宗风格格不入，大头陀教受到来自禅宗正统宗派的非难。曹洞宗行秀《糠禅赋》、耶律楚材《辨邪论》以及北京某禅师（有可能是甘泉惠公）所撰《糠孽教民十无益论》，均是这方面的代表作。其中，尤以耶律楚材的批评最为激烈，认为"此曹毁像谤法，斥僧灭教，弃布施之方，杜忏悔之路，不救疾苦，败坏孝风，实伤教化之甚"[4]。不过，尽管如此，大头陀教在当时依然保持着强劲的发展势头，屡受蒙古统治阶层的保护与扶植。像元帅赵君瑞，即为糠禅信徒，撰《头陀赋》，弘扬其教。燕京行台刘敏，更在辛卯年（1231）迎请头陀女禅师寂照入京，尊奉为七祖、临猗大宗师。[5] 入元后，第 11 代宗师雪庵溥光更受到皇室礼遇，拜昭文馆大学士。雪庵溥光的文学修养很深，与文人墨客多有交往，"好吟咏，善真行草书，尤工大字，与赵文敏公孟𫖯名声相埒，一时宫殿城楼匾额皆出两人之手。亦善画山水，学关仝，墨竹学文湖州"[6]。在他当政期间，头陀教的势力

---

[1]《金史》卷 8《世宗纪下》，卷 9《章宗纪一》。
[2]《析津志辑佚》，第 74 页。
[3]《糠孽教民十无益论·序》，《湛然居士文集》卷 13。
[4]《寄赵元帅书》，《湛然居士文集》卷 8。
[5]《析津志辑佚》，第 86 页。按，原文为"以为□诸七祖、□猗大宗师，以宗门之"，故有的学者认为她很有可能就是头陀教七代宗师临猗觉业。见周良霄、顾菊英《元代史》，上海人民出版社 1993 年版，第 741 页。
[6]《元诗选》三集卷 4《李溥光雪庵集》。

进一步扩展到江南地区,① 发展臻于极盛。直到 12 代宗师空庵普照以后,②大头陀教的发展势头才开始逐步减弱。不过,直到至正十五年(1355),在山东仍可见到头陀教的踪迹,③ 此时距元朝灭亡已为时不远。

第四节 藏传佛教和蒙古宫廷

藏传佛教是佛教传入吐蕃地区后在当地发展起来的教派。9 世纪中叶,强大的吐蕃政权瓦解,此前遭到沉重打击的佛教势力开始逐渐走向复兴。复兴后的佛教,与吐蕃政权时期的佛教有很大不同,它大量融合了吐蕃地区原有的苯教因素,成为藏化了的佛教,故称藏传佛教,俗称喇嘛教。藏传佛教兴起后,由于渊源各异,传法不同,在漫长的历史发展过程中形成许多不同教派,其中影响较大者有宁玛派、噶当派、萨斯迦派、噶举派等,而从噶举派又分衍出"四大八小"等众多分支。④ 这些教派大多以始创寺院为中心,向四周逐步扩展势力范围。从形成伊始,它们即与吐蕃各地的割据势力有着千丝万缕的关系,形成教派势力与世俗势力的结合体,初步具备了"政教合一"的形式。这些割据势力之间,不断发生对立与冲突,这种局面,直到蒙古大军进入藏区后,才被打破。

蒙古与吐蕃地区的接触,早在成吉思汗时代就已经开始了。据《元史·太祖纪》,在 1227 年灭亡西夏期间,成吉思汗曾亲自率兵渡过黄河,攻积石州(今青海贵德西)、破洮(今甘肃临潭)、河州(今甘肃临夏)、西宁(今属青海)等地,进入甘青藏区。而据藏、蒙历史文献的记载,双方接触的时间还要更早。不过,在蒙古汗室成员中,第一个与当地上层正式建立联系的可信人物应为阔端。阔端为蒙古第二代大汗窝阔台的儿子,窝阔台在位期间,他被分封于河西地区,开府西凉(今甘肃武威)。1239 年,阔端派大将多达那波率军深入吐蕃乌思藏地区,摧毁了噶当派寺院热振寺与杰拉康寺,

---

① 《元典章》卷 33《礼部六·释道·头陀教·头陀禅师另管》。
② 《雪楼集》卷 15《李雪庵诗,序》。按,有关大头陀教传承,温玉成《金元糠禅述略》(《元史论丛》第五辑,中国社会科学出版社 1993 年版)只谈到 11 代宗师雪庵溥光为止。连立昌、王见川(《金元时期之"糠禅"初探》,《圆光佛学学报》1999 年第 3 期)虽涉及雪庵溥光以后宗师传承,但多不可靠。
③ 《元平昌寺地图记》,《益都金石记》卷 4。
④ "四大"指从噶举派中分出的噶玛、察巴、拔戎、帕竹四大支系,"八小"指从帕竹又分出的止贡、达垅、主巴、雅桑、绰浦、修赛、叶巴、玛仓八个分支。

杀死五百余名僧众。蒙古军队撤回后,多达那波向阔端详细汇报了乌思藏地区各派势力的情况,指出:"在边野的藏区,僧伽团体以甘丹派(即噶当派)为大;善顾情面以达隆法王为智;荣誉德望以枳空·敬安大师为尊;通晓佛法以萨斯迦·班抵达为精。"① 在权衡利弊后,阔端决定选择萨斯迦派的教主萨斯迦班智达·贡噶坚赞作为自己的代理人。从此,萨斯迦派从藏传佛教各派中脱颖而出,以后在元朝又发展成为吐蕃地区势力最为强大的教派。

萨斯迦,藏语意为白土,因该派主寺萨斯迦寺所在地(今西藏萨迦)土色灰白,故名。萨斯迦派的创始人贡却杰布,据说是吐蕃政权贵族款氏家族的后裔,原为宁玛派教徒,后从卓弥译师学"道果法",为卓弥五大弟子之首。1073年,他在萨斯迦地区建造萨斯迦寺,该年即被认为是萨斯迦派的始创之年。不过,萨斯迦派的真正兴旺发达,还是从其子贡噶宁布才开始的。贡噶宁布担任教主长达四十八年,他遍访名师,学习各种教法,又广收门徒,四处建寺传教,在他的领导下,萨斯迦派势力得到了迅猛发展。鉴于贡噶宁布为萨斯迦派做出的巨大贡献,教派中人尊称他为"萨钦"(意为萨斯迦派大师),名列"萨斯迦五祖"之首。贡噶宁布有子四人,其中幼子贝钦沃布的长子,即为前面提到的萨斯迦班智达·贡噶坚赞。

萨斯迦班智达·贡噶坚赞(1182—1251)为"萨斯迦五祖"中的四祖,原名贝丹敦珠,幼从伯父扎巴坚赞学法,从受近事戒,改名贡噶坚赞,后又拜入藏的印度那烂陀寺最后一代寺主释迦室利为师,学习佛教经论,受比丘戒。萨斯迦班智达年轻时云游各地,遍访名师,是当地一位颇有名望的高僧,由于学识渊博,通晓"大小五明",又被人尊称为"萨斯迦班智达"②。萨斯迦班智达一生著述丰富,涉及佛学、因明、声律、戏剧音律、诗歌诸多方面,为藏族文化的发展做出了杰出的贡献。他的著作被后人辑为《萨班全集》。

1216年,扎巴坚赞去世,萨斯迦班智达接任萨斯迦派教主。在他担任教主期间,萨斯迦派继续发展,已成为当地实力非常雄厚的割据势力,这无疑为以后萨斯迦派与蒙古统治者进行合作奠定了基础。阔端在确定萨斯迦班智达为自己的代理人后,于1244年8月正式向他发出邀请函,并捎去一份礼物。在信中,阔端这样写道:

---

① 第五世达赖喇嘛:《西藏王臣记》,郭和卿译,民族出版社1983年版,第88—89页。
② "班智达"为当时对精通"五明"的学者的称呼,"萨斯迦班智达"又简称"萨班"。

朕为报答父母及天地之恩，需要一位能指示道路取舍之喇嘛，在选择之时选中汝萨班，故望汝不辞路途艰难前来。若是汝以年迈（而推辞），那么，往昔佛陀为众生而舍身无数，此又如何？汝是否欲与汝所通晓之教法之誓愿相违？吾今已将各地大权在握，如果吾指挥大军（前来），伤害众生，汝岂不惧乎？故今汝体念佛教和众生，尽快前来！吾将令汝管领西方僧众。①

在信中，阔端对萨斯迦班智达发出诚挚邀请的同时，又以蒙古强大的武力相威胁，真可谓软硬兼施。面对如此严峻形势，63岁的萨斯迦班智达不顾自己年老体衰，带着两个侄子——10岁的八思巴与6岁的恰那多吉——长途跋涉，于1246年8月抵达西凉。当时，正值阔端参加推选贵由为蒙古大汗的忽里台大会，萨斯迦班智达一行遂留在西凉，等到次年初阔端返回后，双方始进行历史性的会晤。在具体商妥降服蒙古的各项条件后，萨斯迦班智达写了一封致乌思藏各地僧俗首领的公开信。在信中，萨斯迦班智达首先谈到了阔端对佛教的虔诚、蒙古政权的强大以及对归降者的优待政策，而后详细开列了他与阔端谈妥的归顺条件。大体说来，主要有以下几项：一，各地僧俗首领仍旧照常供职，由阔端委任萨斯迦派推荐之人为达鲁花赤；各地官员在处理政务时，应请示达鲁花赤，不得擅自行事。二，将各地官员姓名、部众数字、贡物数量编成籍册，缮写三份，一份呈送阔端，一份交付萨斯迦，一份各自长官收执。三，开列出一份进贡物品的详细清单，包括金银、珍珠、象牙以及其他一些土特产品。②

在萨斯迦班智达的带动下，吐蕃许多僧俗首领相继归附蒙古。此后，萨斯迦班智达一直滞留在凉州，住在阔端为他专门营建的幻化寺里，成为阔端供奉的上师。此前，阔端身边已有不少吐蕃僧人，但由于他们佛学素养不高，阔端在举行祈愿法会时，往往让也里可温与蒙古萨满教巫师居于上首。通过与萨斯迦班智达的接触，阔端对藏传佛教有了进一步认识，遂皈依藏传佛教，并下令今后的祈愿法会，由萨斯迦班智达居上首，并由吐蕃僧人首先祈愿。至于萨斯迦班智达的两个侄子，八思巴作为萨斯迦派的教主继承人，继续随从萨斯迦班智达学习佛法，恰那多吉则作为萨斯迦派的世俗继承者，

---

① 阿旺贡噶索南：《萨迦世系史》，陈庆英等译，西藏人民出版社2002年版，第77—78页。
② 《萨迦世系史》，第89—91页。

由蒙古统治者着重加以培养，习蒙古语，着蒙古服，并与蒙古汗室联姻，娶阔端之女为妻。阔端与萨斯迦班智达的合作，历史意义非常重大。作为蒙藏关系的开拓者，他们既为藏传佛教在蒙古社会的传播打下了坚实基础，也为吐蕃地区最终并入中国版图做出了不朽贡献，以后的元朝历代皇帝大都继承和发展了阔端的既定方略，利用萨斯迦派势力建立并巩固其对吐蕃地区的统治。

图 1-2-6　萨班前往凉州唐卡①

　　1248 年蒙古大汗贵由去世后，汗位继承问题再起纷争，以拖雷、术赤系诸王为一方，窝阔台、察合台系诸王为另一方，双方间展开了激烈的争夺。1251 年蒙哥的即位，标志着大汗的传承自此从窝阔台系转入拖雷系手中。蒙哥即位后，对反对他的窝阔台、察合台系诸王进行了残酷镇压，阔端尽管与蒙哥关系友好，未受较大株连，但势力也遭削弱，尤其是管理吐蕃地区的大权几乎被剥夺殆尽。在对全国各地实行括户后，蒙哥按蒙古旧有的分封习俗，把乌思藏地区在自己与同母兄弟间进行了重新分配："蒙哥汗管理止贡派，忽必烈管领察巴噶举，王子旭烈兀管理帕木竹巴派，王子阿里不哥管领

---

① 原载《八思巴画传》，西藏人民出版社、新世界出版社 1987 年版。

达陇噶举派。四位王子分别管辖各万户。"①萨斯迦派则仍归阔端系宗王管辖。这样一来，萨斯迦派原先独自与蒙古宗主接触的垄断局面被打破，其他各派僧俗首领不仅可以直接与蒙古宗主打交道，而且作为大汗拖雷系宗王的领属，在竞争中自然要比以阔端系为靠山的萨斯迦派更具有优势。与此同时，蒙哥即位的当年，汉地佛教临济宗禅僧海云印简受封为国师，"掌释教事"②，汉地佛教在蒙古宫廷暂时居于领先地位。继任国师那摩尽管为迦叶弥儿（今克什米尔）人，所传应为藏传佛教，③但显然与萨斯迦派没有什么关系。大蒙古国政治形势的错综复杂与风云突变，使萨斯迦派昔日的特殊地位发生了严重动摇，随时有被其他教派取而代之的可能。

就在蒙哥汗即位的当年，萨斯迦班智达与阔端在西凉相继谢世，八思巴成为萨斯迦派的新一任教主。八思巴（1235—1280），为"萨斯迦五祖"中的五祖，萨斯迦班智达弟桑察索南坚赞之子，本名罗追坚赞。自幼聪颖，"生七岁，诵经数十万言，能约通其大义，国人号之圣童，故名曰八思巴。少长，学富五明，故又称曰班弥怛"⑤。"秘密伽陀一二千言，过目成诵。七岁演法，辩博纵横，犹不自足，复遍咨名宿，句玄索隐，尽通三藏。"⑥接任教主后，八思巴虽仍是阔端系宗王供奉的上师，但实际上已在密切注意形势的变化，思想上也已做好随时转向拖雷系的准备。

蒙哥即位后，其弟忽必烈受命总领漠南汉地军国事务，开始与吐蕃发生接触。

图1-2-7 八思巴玉像④

---

① 大司徒·绛求坚赞：《朗氏家族史》，赞拉·阿旺、余万治译，西藏人民出版社1988年版，第75页。
② 《元史》卷3《宪宗纪》。
③ 《元史》卷125《铁哥传》。
④ 原载《宝藏》第三册，朝华出版社2000年版，第4页。
⑤ 《元史》卷202《释老传》。
⑥ 《佛祖历代通载》卷21引王磐《发思巴行状》。

据藏文史料记载，忽必烈率军抵达六盘山一带，准备绕道大理进攻南宋时，曾专门派人邀请八思巴与其会晤。八思巴沉着冷静的态度与广博的学识，给忽必烈留下了极好的印象。在赠给与其同来的阔端之子蒙哥都蒙古马军100之后，忽必烈把八思巴留了下来，礼为上师。[1] 以后，八思巴又亲自给忽必烈与王妃察必授喜金刚灌顶，双方约定："听法及人少之时，上师可以坐上座，当王子、驸马、官员、臣民聚会时，慈不能镇服，由汗王坐上座。吐蕃之事悉听上师之教，不请于上师绝不下诏。其余大小事务因上师心慈，如误为别人求情，恐不能镇国，故上师不得讲论及求情。"[2] 这一约定，既给八思巴以极高的礼遇，又充分考虑到了忽必烈的权威，实际上成为以后元朝帝师制度与治藏方略的雏形。此外，在1258年蒙古宫廷主持的佛道第一次大辩论中，年轻的八思巴充分展示了其博学与雄辩的口才，为世人瞩目。"戊午（1258），师（八思巴）20岁，释道订正化胡经，宪宗皇帝诏师剖析是非，道不能答，自弃其学。"[3] "（八思巴）前往王宫奉行佛法之时，见有信奉太上老君之教、修习神仙之道士多人，沉溺邪见，害己害人。于是，遵照皇帝之命，八思巴与多年修习道教的道士辩论，折服了所有的道士，使他们出家为僧，持佛教正见。"[4]

就在八思巴与忽必烈往来的前后，噶玛噶举派的噶玛拔希（1204—1283）也受到忽必烈的接见，一度成为八思巴最强有力的竞争对手。不过，老于世故、首鼠两端的噶玛拔希并不愿意追随当时身份只是宗王的忽必烈，而是继续北上云游。在昔剌斡耳朵，噶玛拔希觐见了蒙哥与阿里不哥，受赐金缘黑帽与金印，从而开始了噶玛噶举派黑帽系活佛的传承。在以后忽必烈与阿里不哥争夺汗位的纷争中，噶玛拔希错误地估计了形势，站到阿里不哥一边，又一次失去了良机。等到阿里不哥失败，处境尴尬的噶玛拔希遂为自己的判断失误付出了代价，被忽必烈流放到边远地区，以后噶玛拔希虽获释，但噶玛噶举派却永远失去了与萨斯迦派抗衡的机会。

八思巴与忽必烈的合作，在元朝历史上产生了深远影响，如果说萨斯迦班智达与阔端的合作为蒙藏历史关系的良好开端的话，八思巴与忽必烈的合作则奠定了这一关系的坚实基础，从此，藏传佛教成为元朝统治者所信奉的

---

[1] 蔡巴·贡噶多吉：《红史》，陈庆英、周润年译，西藏人民出版社1988年版，第43页。
[2] 《萨迦世系史》，第103页。
[3] 《佛祖历代通载》卷21引王磐《发思巴行状》。
[4] 《萨迦世系史》，第116—117页。

国教，在元代政治历史舞台上发挥越来越重要的作用。

第五节 佛道之争

蒙元时期的佛道之争，由来已久。自丘处机西行觐见成吉思汗后，全真道在中原的势力越来越大，不仅许多传统道观纷纷改宗全真，就连儒学孔庙、佛教寺院被全真教徒占去者也为数不少，这势必引起其他教派的忌妒与仇视。这种现象，在1227年丘处机去世不久即已初露端倪。当年，曹洞宗行秀弟子耶律楚材在燕京刊行《西游录》一书，列举了丘处机十大罪状，公开对全真教加以指责：

> 初进见，诏询其甲子，伪云不知。安有明哲之士不知甲子者乎？此其一也。对上以徽宗梦游神霄之事，此其二也。自谓出神入梦，为彼宗之极理。此其三也。又云圣贤提真性遨游异域，自爱梦境。此其四也。不识鲁直赞意。此其五也。西穷昧谷，梵僧或修善之士皆免赋役。丘公之燕，独请蠋道人差役，言不及僧。上虽许免役，仍令诏出之后，不得再度。渠辄违诏，广度徒众。此其六也。又进表乞符印，自出师号，私给观额，古昔未有之事，辄欲施行。此其七也。又道徒以驰驿故，告给牌符。王道人者驱从数十人，悬牌驰骋于诸州，欲通管僧尼。丘公又欲追摄海山玄老，妄加毁坼。此其八也。又天城毁夫子庙为道观，及毁坼佛像，夺种田圃，改寺院为庵观者甚多。以景州毁像夺佛寺事致书从乐居士，润过饰非，天地所不容。此其九也。又顺世之际，据厕而终，其徒饰辞，以为祈福。此其十也。①

甚至连同为道教首领的大道四祖毛希琮，也借丘处机之死，发泄自己的不满情绪，作诗讥讽丘处机曰："一把形骸瘦骨头，长春一旦变为秋。和潍带屎亡圊厕，一道流来两道流。"② 不过，当时全真道正处于发展的巅峰，其他教派虽有所不满，可由于力量对比悬殊，还无法与之抗衡。这种局面，直到蒙哥汗即位后，才开始发生根本转变。

---

① 《西游录》卷下。
② 《至元辨伪录》卷3。

最早与全真教公开交锋的,大概是冠以"儒教"名义的士人群体。本来,这是一支最不受蒙古统治者青睐的社会群体,可自从雅好儒学的忽必烈受命主持漠南汉地事务,尤其是他在壬子年(1252)被张德辉与元好问奉为"儒教大宗师"后,局面逐渐发生改观。在有了强硬的靠山后,士人开始向全真教公开发难,1251年前后开始的燕京孔庙及赡学土地纷争,一直持续到1254年,结果,得到忽必烈全力支持的士人取得了最后胜利。[①] 据西方基督传教士鲁不鲁乞记载,在1254年夏,蒙古宫廷还组织过一次由基督教、伊斯兰教和道教三方共同参加的宗教辩论大会,结果也是以道教一方的失败而告终。[②] 不过,这些还只是局部的小规模冲突,全真教面临的更大危机还在后头,随着佛教势力的崛起,从1255年开始绵延近三十年之久的佛道之争,不仅使全真教元气大伤,甚至还波及了整个道教在元朝的地位。

佛教与全真教的正面冲突是以《老子化胡经》之争为导火索的。《老子化胡经》本为晋王浮所撰,历叙老子西行各国教化胡人之事。由于此书以佛祖释迦牟尼为老子化身,借以抬高道教,贬抑佛教,所以历来为佛教僧众所不容。全真教主李志常在《道藏》修成后,将根据《老子化胡经》思想绘制成的《老子八十一化胡图》在朝中广为散发,"乃使金坡王先生(王志坦)、道人温的罕广赍其本,遍散朝廷,近臣土鲁及乞台普华等并授其本"。这一行为,严重伤害了佛教徒的感情,使双方矛盾陡然激化。当时,曹洞宗行秀弟子福裕正受蒙古宫廷之邀于和林建寺,见到《老子八十一化胡图》刊本后,极为愤慨,遂委托学士安藏将刊本进呈蒙哥汗幼弟阿里不哥,控诉全真教的伪妄行为。在阿里不哥的支持下,乙卯年(1255)八月,蒙哥汗下令将福裕与李志常召至大安阁内,"共丞相钵剌海、亲王贵戚等,译语合剌合孙并学士安藏。帝御正座,对面穷考,按图征诘"。面对众口诘责,李志常只是唯唯诺诺,推说自己不知下情,不敢有所争辩。福裕则步步紧逼,又提出了全真教侵夺佛教寺产的问题,指出全真教"恃方凶愎,占夺佛寺,损毁佛像,打碎石塔。玉泉山白玉石观音像,先生打了,随处石幢,先生推倒。占植寺家园果梨栗水土田地,大略言之,知其名者可有五百余处。今对天子,悉要归还"。无奈之下,李志常被迫答应烧毁刊版、退还侵地。到当年

---

① 《析津志辑佚》,第199—200页。
② 《鲁不鲁乞东游记》,《出使蒙古记》吕浦汉译本,中国社会科学出版社1983年版,第211页。

九月二十九日，蒙哥汗遂正式下诏：

> 那摩大师、少林长老奏来，先生毁坏了释迦牟尼佛底经教，做出假经来有；毁坏了释迦牟尼佛底圣像，塑着老君来有；把释迦牟尼佛塑在老君下面坐有。共李真人一处对证问来。李真人道，我并不理会得来。今委布只儿众断事官，那造假经人及印板木，不拣是谁根的有呵，与对证过。若实新造此说谎经，分付那摩大师者。那造假经底先生，布只儿为头众断事官，一处当面对证，到时决断，罪过要轻重，那摩大师识者。又毁坏释迦佛像及观音像，改塑李老君底，却教那先生依前旧塑释迦观音之像。改塑功了，却分付与和尚每者。那坏佛的先生，依理要罪过者。断事官前立下证见，交那摩大师识者。若是和尚每坏了老子塑着佛像，亦依前体例要罪过者。

与此同时，对全真教侵夺的部分佛教寺产，蒙哥汗也作出相应处置："委付布只儿为头众断事官，随路合退先生住着寺院地面三十七处，并令分付释门。"至此，全真教在佛道首次交锋中败下阵来。不过，以后的局势表明，这次交锋仅仅拉开了双方激烈斗争的序幕。由于全真教不甘失败，对蒙古宫廷的处理采取了阳奉阴违、虚与周旋的态度，致使双方的矛盾愈演愈烈，大规模的交锋已在所难免。

乙卯年事件后，佛教在与全真教交涉退还侵地的过程中，不断遇到阻力。当时，为了争取蒙古宫廷的支持，全真教主李志常曾派道录樊志应北上觐见蒙哥汗，以"依着胡觐虎那演（即失吉忽突忽）抄数，已后不许改正"为理由，想要夺回应退还的37处寺院地产。可在没有得到蒙哥汗明确答复的情况下，樊志应即公然诈传圣旨，将合退寺产夺回。针对全真教的反扑，佛教徒也毫不示弱。1256年5月，那摩国师亲率福裕等一批僧众再赴和林（今蒙古国后杭爱省额尔德尼召北），于7月16日觐见蒙哥汗于昔剌行宫，准备与全真教展开新的论战。而李志常见形势于己不利，没有赴约，不久即染病身死。到次年8月，福裕等再赴朝廷申诉。结果，蒙哥汗一方面下旨重申乙卯年圣旨的有效性："道家前来做下八十一化图，破坏佛法，并余谤佛文字有底板木，烧毁了者。有塑着底，画着底，石头上刻着底，先生每不依旧时体例里底，并与坏了者，刷洗了者，磨了者。"同时又为避"强抑折伏"之嫌，下令由忽必烈负责在开平主持，佛道双方展开辩论。到1258年，佛道第一次大辩论终于正式开始了。

此次大辩论，参加者达七百余人，规模可谓空前。其中，佛教一方以福裕为首，参加者有"那摩国师、拔合斯八（八思巴）国师、西蕃国师、河西国僧、外五路僧、大理国僧、汉地中都圆福超长老、奉福亨长老、平滦路开觉迈长老、大名津长老、塔必小大师、提点苏摩室利、译言真定蒙古歹、北京询讲主、大名珪讲主、中都寿僧录、资福朗讲主、龙门育讲主、太保聪公（刘秉忠）等三百余僧"，包括了当时各地佛教界的知名人士，阵容强大。道教一方则以全真教主张志敬为首，计有"道士张真人、蛮子王先生、道录樊志应、道判魏志阳、讲师周志立等二百余人"，基本上为全真教徒。此外，儒士姚枢、窦默、廉希宪、张文谦，以及蒙速速、没鲁花赤等二百余人也列席了大会，他们的主要任务是充当"证义"。大会确定由佛道双方各出17人参加主辩，处罚办法为："僧家无据，留发戴冠，道士义负，剃头为释。"[1] 不过，这次貌似公允的辩论大会从一开始就出现了一边倒的趋势。一方面，佛教攻势咄咄逼人，并由忽必烈与姚枢站出来为其助阵。另一方面，全真教却像坐在被告席上一样，处处退缩，毫无招架之功。这种情况的出现，可能是记录此次辩论的《至元辨伪录》把全真教的辩驳意见删掉了，但也有可能是因为忽必烈完全偏袒佛教一方，使全真教徒不敢有所争辩。整个辩论一直持续到黄昏才告结束，结果不言而喻，佛教取得完全胜利，全真教参加主辩的樊志应等17名道士则在忽必烈使臣脱欢等的押送下，送到龙光寺削发为僧，其所穿星冠袍服也被挂在长竿上示众。[2]

佛道大辩论结束后，对全真教的清算即开始有条不紊地付诸实施，这主要表现在两个方面，一是全真教诽谤佛教文字等的销毁。当年七月十一日，忽必烈下达令旨：

> 依着蒙哥皇帝断来圣旨，先前少林长老告称，李真人（李志常）为头先生，雕造下说谎底文书《化胡经》《十异九迷论》《复淳化论》《明真辩伪论》《辩正谤道释经》《辟邪归正议》《八十一化图》上，钦奉圣旨倚付将来。俺每抱集至和尚、先生对面持论过，为先生每根脚说谎

---

[1] 《至元辨伪录》卷3、卷4。

[2] 《至元辨伪录》卷4、卷5。对樊志应等是否被削发为僧，陈垣在《南宋初河北新道教考》中曾有疑问。

上，将和尚指说出来底说谎《化胡经》众多文书并刻下板烧毁了者，这般断了也。恐别人搜刷不尽，却教张真人（张志敬）自行差人，各处追取上件经文板木，限两个月赴燕京聚集烧毁了者。及依着这说谎文书，转刻到碑幢并塑画壁上有底，省会随处先生就便磨坏了者，刮刷了者。先生不得隐藏者。若有隐藏的，或人告首出来，那先生有大罪过者。①

《至元辨伪录》卷二列有"钦奉圣旨禁断道藏伪经"书目，注有"见者便宜烧毁"字样，应即为此次所焚毁经书的目录：

《化胡经》（王浮撰）、《犹龙传》《太上实录》（宋谢守灏撰）、《圣纪经》《西升经》《出塞记》《帝王师录》《三破论》（齐人张融假托他姓）、《十异九迷论》（传奕李玄卿）、《明真辩伪论》（吴筠）、《十小论》（吴筠）、《钦道明证论》（唐员半千假托他姓）、《辅正除邪论》（吴筠）、《辟邪归正议》（杜庭）、《龁邪论》（梁旷）、《辩仙论》（梁旷）、《三光列记》《谤道释经》（破大藏经林灵素、杜光庭撰）、《五公问虚无经》《三教根源图》（大金天长观道士李大方述）、《道先生三清经》《九天经》《赤书经》《上清经》《赤书度命经》《十三虚无经》《藏天隐月经》《南斗经》《玉纬经》《灵宝二十四生经》《历代应现图》《历代帝王崇道记》《青阳宫记》《纪胜赋》《玄元内传》《楼观先生内传》《高上老子内传》《道佛先后论》《混元皇帝实录》。

待各地所征缴的伪经及印板齐集燕京后，蒙古政权在悯忠寺正殿之西南筑台，于1259年9月7日集中在城僧道官僚及士庶人等，由万寿谏和尚当众点火，全部予以焚毁。

二是全真教所占寺院地产的归还。据《至元辨伪录》卷4，佛道大辩论结束后，起初是规定将"所占寺宇山林水土四百八十二处，并令分付释家"，后来，福裕与僧众商议，以为："若尽要了，恐讥恃力，却回与二百八十处，但取讫二百二处。"此外，对此前樊志应诈传圣旨夺回的37处寺产，七月十一日的令旨也明确规定要再次归还僧众，二者相加，最后确定下来的实际退

---

① 《至元辨伪录》卷4。

还数目则为237所。①

应该说，全真教此次所遭打击绝非偶然。全真教在中原势力的不断扩大，实际上早已引起蒙古统治者的忧虑。有一件事足能说明这一问题。1241年正月，全真教主尹志平等在陕西祖庭主持祖师王嚞的会葬，"时陕右虽甫定，犹为边鄙重地，经理及会葬者，四方道俗云集，常数万人，物议恼恼不安，赖师道德素重，镇伏邪气，故得完其功"②。这件事情的原委，已不是非常清楚，可直到40年后，元朝在所发布的圣旨中，仍对此事耿耿于怀，认为全真教"前京兆府地面里王祖师庵头，聚著人众生歹心来"③。这表明，蒙古统治者对全真教已从先前的扶植政策转变为处处防范，时刻提防全真教威胁其在中原的统治。此外，蒙古统治者对佛教，尤其是对藏传佛教普遍开始产生信仰，也是全真教失败的一个重要原因。在大辩论前，蒙哥汗即已明确表示出倾向佛教的态度，认为："我国家依着佛力，光阐洪基，佛之圣旨，敢不随奉。而先生每见俺皇帝人家皈依佛法，起憎嫉心，横欲遮当佛之道子。这释道两路，各不相妨，只欲专擅自家，遏他门户，非通论也。今先生言道门最高，秀才人言儒门第一，迭屑人奉弥失诃，言得生天，达失蛮叫空，谢天赐与。细思根本，皆难与佛齐。"并举手喻之曰："譬如五指皆从掌出，佛门如掌，余皆如指。不观其本，各自夸炫，皆是群盲摸象之说也。"④忽必烈也有类似看法，指出："世人将孔、老与佛称为三圣，斯言妄矣。孔老之教，治世少用，不达性命，唯说现世，止可称为贤人；佛之垂范，穷尽死生善恶之本，深达幽明性命之道，千变万化，神圣无方，此真大圣人也。"⑤他们的态度实际上已经给大辩论定下了基调，决定了全真教惨败的命运。

第六节　蒙古的萨满教

萨满教（shamanism）为中国北方少数民族普遍流行的一种原始宗教，"萨满"一词的汉译称呼最早见于南宋徐梦莘所编《三朝北盟汇编》卷3：

---

① 《至元辨伪录》卷2；卷5引《圣旨焚毁诸路伪道藏经之碑》。
② 《玄门掌教清和妙道广化真人尹宗师碑铭》，《甘水仙源录》卷3。
③ 《至元辨伪录》卷6。
④ 《至元辨伪录》卷3。
⑤ 《至元辨伪录》卷2。

"珊蛮者，女真语巫妪也。"《新唐书》卷 217 则将黠戛斯人的巫师称为"甘"，此或系"萨满"的另一种译法。大蒙古国兴起以前，蒙古草原上的萨满信仰就已经非常流行，曾到过蒙古的西方传教士鲁不鲁乞记载说，当时蒙古草原"没有领袖，没有法律，而只有巫术和占卜，这些地区的人，对于巫术和占卜是极为重视的"①。古代蒙古人将男巫师称为"字额"（bo'e），汉译为"师公""师巫"，女巫师称为"亦都罕"（iduhan），汉译为"师婆""巫妪"，他们在当时被认为具备与神灵沟通的超自然能力，在蒙古人的日常生活乃至政治活动中一直发挥着重要作用。

萨满教的基本观念是相信万物有灵，认为天地、日月、雷电、山川、树木等都有神灵主宰，其中长生天（mongke tenggeri）是主宰宇宙一切万物的最高神灵，最受蒙古人敬畏。"其俗最敬天地，每事必称天。闻雷声则恐惧，不敢行师，曰：天叫也。"②"其常谈必曰：托着长生天底气力、皇帝底福荫。彼所欲为之事，则曰：天教恁地。人所已为之事，则曰：天识著。无一事不归之天。自鞑主至其民无不然。"③ 成吉思汗在其商队被花剌子模人杀害后，"独自登上一个山头，脱去帽子，以脸朝地，祈祷了三天三夜"④。可视为蒙古人对长生天祷告的一种表现形式。对其他神祇，蒙古人也普遍持崇敬心理。到过蒙古的西方传教士加宾尼记载说："他们尊敬和崇拜太阳、月亮、火、水和土地，把食物和饮料首先奉献给他们，特别是早晨在他们进饮食以前。""当天空出现新月，或月圆时，他们便着手去做他们愿意做的任何新的事情，因此他们称月亮为大皇帝，并向它下跪祈祷。"⑤ 这与南宋使臣彭大雅所称"其择日行事则视月盈亏以为进止（之前，下弦之后，皆其所忌），见新月必拜"是完全一致的。⑥ 火在蒙古萨满信仰中占有特殊的地位，"他们相信万事万物是被火所净化的。因此，当使者们或王公们或任何人来到他们那里时，无论是谁，都被强迫携带着他们带来的礼物在两堆火之间通过，以便加以净化，以免他们可能施行了巫术，或者带来了毒物或任何别的有害的东西"⑦。

---

① 《鲁不鲁乞东游记》，《出使蒙古记》，吕浦汉译本，第 40 页。
② 《蒙鞑备录·祭祀》。
③ 彭大雅：《黑鞑事略》。
④ ［波斯］志费尼：《世界征服者史》上册，何高济汉译本，内蒙古人民出版社 1981 年版，第 93 页。
⑤ 加宾尼：《蒙古史》，《出使蒙古记》，吕浦汉译本，第 11—12 页。
⑥ 彭大雅：《黑鞑事略》。
⑦ 加宾尼：《蒙古史》，《出使蒙古记》，吕浦汉译本，第 12—13 页。

对雷电,蒙古人也颇为敬畏,"每闻雷霆,必掩耳屈身至地,若惮避状"。而"遭雷与火者,尽弃其资畜而逃,必期年而后返"①。

在与神灵的沟通过程中,萨满教巫师所起的作用至关重要。波斯史学家志费尼曾向一些人打听过这方面的情况:"我们听说,鬼神从烟孔进入他们的营幕,跟他们交谈。可能妖精和他们某些人亲近,并且和他们有来往。就在他们用一种妖术满足他们的天生欲念时,他们的魔力达到其最强程度。"② 传教士鲁不鲁乞在这方面也有详细描述:"有一些占卜者也召唤魔鬼。他们在夜里把想向魔鬼求教的人集合在他们的帐幕里,并把煮熟了的肉放在帐幕中央。执行召唤任务的那个哈木开始念他的咒语,并且用手里拿着的鼓沉重地敲打着地面。最后,他开始狂怒,并把他自己绑起来。然后魔鬼在黑暗里来到了,于是给他肉吃,而他就给予各种回答。"③ 元人吴莱《北方巫者降神歌》形象地描绘了巫师的请神过程:"天深洞房月漆黑,巫女击鼓唱歌发。高梁铁镫悬半空,塞向墐户迹不通。酒肉滂沱静几席,筝琶朋摘凄霜风。暗中铿然那敢触,塞外袄神唤来速。陇坻水草肥马群,门巷光辉耀狼纛。举家侧耳听语言,出无入有凌昆仑。妖狐声音共叫啸,健鹘影势同飞翻。"④ 也正因为巫师有如此广泛神通,他们受到了蒙古社会各阶层的尊重,而这些人对蒙古社会政治的影响,早在成吉思汗兴起初期就已经开始了。波斯史学家志费尼记载说:

> 我从可靠的蒙古人那里听说,这时出现了一个人,他在那一带地区流行的严寒中,常赤身露体走进荒野和深山,回来称:"天神跟我谈过话,他说:'我已把整个地面赐给铁木真及其子孙,名他为成吉思汗,教他如此这般实施仁政。'"他们叫此人为帖卜腾格理,他说什么,成吉思汗就办什么。⑤

这个为成吉思汗大肆制造舆论的巫师名阔阔出,为晃豁坛部蒙力克的儿

---

① 彭大雅:《黑鞑事略》。
② [波斯]志费尼:《世界征服者史》上册,何高济汉译本,内蒙古人民出版社1981年版,第65页。
③ 《鲁不鲁乞东游记》,《出使蒙古记》,第320页。
④ 《渊颖集》卷2。
⑤ [波斯]志费尼:《世界征服者史》上册,何高济汉译本,第40页。

子。帖卜腾格理（teb-tenggeri），照多数学者的解释，有"真正天上的""极神圣的"之意，实际上为巫师的一种高规格称号。① 由于萨满教巫师在蒙古人心目中的地位非常神圣，阔阔出在当时的势力极大，甚至威胁到了成吉思汗的权威，最后终于被成吉思汗设计除掉。为了遮人耳目，成吉思汗把阔阔出之死说成长生天的旨意，声称："帖卜腾格理将我弟每打了，又无故谗潛的上头，天不爱他，连他身命都将去了。"② 所以说，阔阔出虽然死了，但萨满教巫师在蒙古社会中的作用并没有受到太大影响。"蒙古人尚无知识文化的时候，他们自古以来就相信这些珊蛮的话；即使如今，蒙古宗王依然听从他们的嘱咐和祝祷，倘若他们要干某件事，非得这些法师表示同意，否则他们不作出决定。"③ 当时，从大汗到普通民众，对巫师的话都奉命唯谨，像蒙哥汗即"酷信巫觋卜筮之术，凡行事必谨叩之，殆无虚日，终不自厌也"④。传教士鲁不鲁乞也有类似看法，认为："正如蒙哥汗所承认的，他们的占卜者是他们的教士，占卜者命令做的任何事情，统统立即执行，毫不迟延。"⑤ 从蒙古宫廷所发生的重大事件中，也时常可以看到萨满教巫师的影子。像成吉思汗第四子拖雷，即是因窝阔台借助巫师所言山川之神作祟，并喝下巫师念过咒语的符水而死的。⑥ 元朝建立后，萨满教虽然由于藏传佛教受到统治者的尊崇而有所削弱，但作为蒙古族一种固有的宗教信仰与社会习尚，其影响在当时仍广泛存在。元朝灭亡，蒙古统治者退出中原后，萨满教因在蒙古人当中拥有广泛的社会基础，很快又恢复了主导地位，这种局面一直持续到明代中后期藏传佛教再次传入蒙古。

萨满教在蒙古政治生活中的表现除了以上所述外，还有占卜、祭祀两个方面值得一提。

占卜在 13 世纪的蒙古社会相当普遍，东西方史料都有这方面的记载。宋人赵珙称，蒙古人"凡占卜吉凶进退杀伐，每用羊骨扇，以铁椎火椎之，

---

① 据《元史》卷 3《宪宗纪》，蒙哥初生时，"有黄忽答部知天象者，言帝后必大贵，故以蒙哥为名。蒙哥，华言长生也"。黄忽答部即晃豁坛部，此"知天象者"有的学者认为即阔阔出，而"知天象者"或即帖卜腾格里之汉译。见白寿彝主编《中国通史》第八卷《中国古代·元时期（上）》，上海人民出版社 1997 年版，第 638 页。
② 《蒙古秘史》卷 10，内蒙古人民出版社 1981 年版，第 246 页，校勘本。
③ 《世界征服者》上册，何高济汉译本，第 65 页。
④ 《元史》卷 3《宪宗纪》。
⑤ 《鲁不鲁乞东游记》，《出使蒙古记》，吕浦汉译本，第 216—217 页。
⑥ 《蒙古秘史》续集卷 2，第 272 页。

看其兆坼,以决大事,类龟卜也"①。彭大雅亦云:"其占筮则灼羊之枚子骨,验其文理之逆顺而辨其吉凶,天弃天予,一决于此,信之甚笃,谓之烧琵琶。事无纤粟不占,占不再四不已。"徐霆行至草地时,也看到"鞑主数次烧琵琶以卜使命去留,想是琵琶中当归,故得遣归。烧琵琶即钻龟也"②。传教士鲁不鲁乞对蒙哥汗时期蒙古人的占卜过程更有非常详细的描述。

> 这种占卜是按照下列方式进行的:当蒙哥汗想要做任何事情时,他就吩咐拿给他三块未曾烧过的羊肩胛骨。他拿着这些骨头,心里想着他想要知道做还是不做的那件事。然后他把这些骨头交给一个奴隶去烧,在蒙哥汗的帐幕附近,总是有两个小帐幕,骨头就是在这里面烧的。他们每天都在营地各处细心而努力地寻找这种骨头。这些骨头被烧黑时,它们就被拿回给蒙哥汗。于是他察看这些骨头受热后的裂纹是否呈纵的直线。如果是这样,他就可以做这件事。不过,如果骨头是横的裂开,或是裂成碎片,那么他就不可以做这件事。这些骨头本身,或是覆盖在骨头上的薄膜,经过火的烧烤,总是会裂开的。如果,在三块骨头中,有一块裂为直纹,那么他就做这件事。③

需要说明的是,占卜虽为蒙古萨满教的一种重要祭祷形式,但并非纯粹由萨满教巫师所垄断,上述鲁不鲁乞的记载表明,相当多的占卜活动在当时已开始由蒙古大汗亲自操作。随着蒙古征服地域的扩大,其他民族精通占卜者也纷纷加入这一行列中。像契丹人耶律楚材被征召北上后,即经常以汉民族的传统方法为蒙古大汗占卜,"每将出征,必令公(耶律楚材)预卜吉凶,上(成吉思汗)亦烧羊髀骨以符之"④。入元后,汉族传统的阴阳学开始进入蒙古宫廷,使蒙古宫廷的占卜活动更呈现复杂多样的趋势,这既体现了元代文化的多元化发展方向,也使得萨满教在占卜活动的影响无形中被削弱。

萨满教巫师因具备与神灵沟通的资格,在蒙古统治者的祭祀活动中一直占有重要地位。入元后,蒙古宫廷祭祀活动虽开始引进汉族礼仪,但通过蒙

---

① 赵珙:《蒙鞑备录·祭祀》。
② 彭大雅:《黑鞑事略》。
③ 《鲁不鲁乞东游记》,《出使蒙古记》,吕浦汉译本,第182—183页。
④ 《中书令耶律公神道碑》,《国朝文类》卷57。

古巫觋等的参与，一些与萨满有关的传统风俗依然保存下来，"其祖宗祭享之礼，割牲、奠马湩，以蒙古巫祝致辞，盖国俗也"①。如每年六月二十四日在上都举行的"洒马奶子"祭祀仪式。"命蒙古巫觋及蒙古、汉人秀才达官四员领其事，再拜告天，又呼太祖成吉思御名而祝之，曰：'托天皇帝福荫，年年祭赛者。'"每年九月内及十二月十六日以后于烧饭院举行的祭祀仪式，"命蒙古达官一员，偕蒙古巫觋，掘地为坎以燎肉，仍以酒醴、马湩杂烧之。巫觋以国语呼累朝御名而祭焉"。皇帝去世后，棺木起移，"前行，用蒙古巫媪一人，衣新衣，骑马，牵马一匹，以黄金饰鞍辔，笼以纳失失，谓之金灵马"。由蒙古巫觋参与的脱灾仪式，在宫廷礼仪活动中也屡见不鲜。像每年十二月下旬举行的"射草狗"仪式，"祭毕，帝后及太子嫔妃并射者，各解所服衣，俾蒙古巫觋祝赞之。祝赞毕，遂以与之，名曰脱灾。""每岁十二月十六日以后，选日，用白黑羊毛为线，帝后及太子，自顶至手足，皆用羊毛线缠系之，坐于寝殿。蒙古巫觋念咒语，奉银槽贮火，置米糠于其中，沃以酥油，以其烟熏帝之身，断所系毛线，纳诸槽内。又以红帛长数寸，帝手裂碎之，唾之者三，并投火中。即解所服衣帽付巫觋，谓之脱旧灾、迎新福云。"② 有意思的是，元代的萨满教活动还渗透进了汉族文化的印记。天历二年（1329）三月，元文宗命"明里董阿为蒙古巫觋立祠"③。至顺二年（1331）正月，又"封蒙古巫者所奉神为灵感昭应护国忠顺王，号其庙曰灵祐"④。本来，作为原始宗教形态的萨满教，是没有祠堂庙宇的，元朝不仅为萨满立庙，还按汉族传统礼仪，为萨满所奉神灵追加封号、庙额，这既显示出元朝皇帝对萨满教的重视，也表明蒙古的萨满崇拜已经与中原传统社会的诸神崇拜日趋融合了。

---

① 《元史》卷 74《祭祀志三·宗庙上》。
② 《元史》卷 77《祭祀志六·国俗旧礼》。
③ 《元史》卷 33《文宗纪二》。
④ 《元史》卷 35《文宗纪四》。

第三章 复苏中的教育和哲学

第一节 "汉地"教育的复苏

蒙古南下前，中国北方地区在金朝百年统治下，已形成一整套覆盖全国的教育网络，中央设国子监，下设国子学与太学，地方则有府学、节镇学、州学等各级组织。在此基础下，金朝的文化事业发展迅速，"文风振而人才辈出，治具张而纪纲不紊。有国虽余百年，典章文物，至比隆唐宋之盛"[①]。蒙金战争爆发后，以儒学为中心的中原传统文化遭到极大摧残，各地教育事业一度陷于停顿。

蒙古第二代大汗窝阔台即位后，在加紧灭金步伐的同时，陆续采取了一系列加强汉地治理的措施，而恢复文化教育事业与加强统治人才的培养，是其中一项非常重要的举措。早在壬午年（1222），蒙古驻燕京的地方官员即将金枢密院旧址改建成孔庙，此后燕京孔庙在很长一段时间内由全真道士冯志亨管理。[②] 太宗五年（1233）六月，窝阔台汗正式下诏，以燕京孔庙为国学，用燕京、真定历日银增建孔庙两庑及肄业之舍，由蒙古汗廷选派子弟18人，汉地官员选派22人，在这里"一同参学文书弓箭"。让蒙古、汉人子弟在一起学习，主要是为了让他们相互交流，更好地掌握对方的语言文字，"这孩儿每学得汉儿每言语文书会也，你每那孩儿亦学底蒙古言语弓箭也会也"。对学习的内容与责罚制度，诏书作出如下具体规定：

> 那孩儿每教的文书，不拣是何文书，教都学者。教学施行的文书，

[①] 《浑源刘氏世德碑铭》，《秋涧集》卷58。
[②] 《析津志辑佚》，第199页。

疾识字的文书者。教的时分，孩儿每根底休教阑当者。若识字呵，背识背写者。教参学底时分呵，自是不蒙古言语去底孩儿每，只教汉儿语言说话者。会汉儿言语呵，若不汉时言语里说话，却蒙古言语里说话，一番一简子打者，第二番打两简子者，第三番打第三简子者，第四番打四简子者，这言语我亲省会与来也者。

为了让这些人安心学习，诏书还为他们规定了优厚的生活待遇：

于新拜降户内，每人拨与使唤的小孩儿一个者。各人并教读人等，每人日支米面各一斤、肉一斤，本处官人每底孩儿不在此限。外据家粮，每人日支米一升。这必阇赤孩儿每，晚后与解渴酒四瓶。

学校里的 40 名生员，平时按蒙古军事单位编制，组建为四个牌子，由"陈时可提领选拣好秀才二名管勾，并见看守夫子庙道人冯志亨，及约量拣选好秀才二、通儒道人二名，分作四牌子教者"。陈时可为前金翰林学士，时任燕京课税所长官；冯志亨为前金太学生，是以儒出家的全真道士，二人都有较高的文化素养。到第二年二月，蒙古宫廷又正式确定了四教读与三位总教官的人选，"四教读者刘某、赵某，通事二人罗某、刘某。总教官三员，宣授蒙古必阇赤四牌子总冯志亨、宣授金牌提举国子学士中书杨惟中、御前宣国子学事仙孔八合识李志常"①。

从现有材料来看，燕京国学主要为蒙古政权的贵族子弟学校。对于它产生的历史背景，萧启庆先生认为："蒙汉二族菁英分子的有限度地涵化自窝阔台时代即已开始。灭金前后，大蒙古国对中原政策的重点正由征服转变为统治。这一过程之中，蒙古汗廷对训练少数蒙汉菁英熟谙对方语言文化以利统治的必要，已有体认。国子学遂应运而生。"② 大蒙古国创办这一学校的本意，主要是为了培养出一批统治中原急需的翻译速成人才。"虽汉儿文字难学有，那般有虽深细的文字不教呵，但是容易施行的文字学的会呵，不好那甚么？"同时让这些人熟悉一些实用技艺，"受学子弟员习汉人文书之外，兼

---

① 《析津志辑佚》，第 197—199 页。
② 《大蒙古国的国子学——兼论蒙汉菁英涵化的滥觞与儒道势力的消长》，《蒙元史新研》，第 93 页。

谙匠艺事，及药材所用、彩色所出、地理州郡所纪，下至酒醴曲糵水银之造、饮食烹饪之制，皆欲周览旁通"①。这一办学宗旨虽与传统儒学教育相去甚远，但由于学校的教读都是儒士或通儒的全真道士，在授课时，肯定会有意无意地向生员灌输一些儒家文化知识。此外，当时规定每个学员都配备伴读一人，总教官冯志亨"于名家子弟中，选性行温恭者如其数，为伴读，令读《孝经》《语》《孟》《中庸》《大学》等书，庶几各人于口传心受之间，而万善固有之地日益开明，能知治国平天下之道，本自正心诚意始"。结果，这些贵族子弟在耳濡目染下，"是后日就月将，果皆克自树立，不惟俱获重用，复以才德见称于士人"②。

大致在燕京国学创办后不久，中原各地的教育机构也开始出现复苏迹象，其中以官方附设于孔庙的学校——庙学的恢复与重建尤为明显。本来，蒙金战争期间，中原各地庙学遭受的破坏是很严重的，像泽州地区，"贞祐甲戌（1214）春，元兵上太行，烈焰所焚，荡然一空。丙子（1216），高凤议重加修葺，几完而又毁，惟大成殿仅存，为残民所庐，中外荒圮，鞠为园蔬矣"③。赵州地区，"自贞祐南渡，河朔丧乱者余二十年。赵为兵冲，焚毁尤甚，民居官寺，百不存一。学生三数辈逃难狼狈，不转徙山谷，则流离于道路。庙学之存亡，亦付之无可奈何而已"④。有感于此，早在癸巳年（1233），耶律楚材就曾"致书于诸道士大夫之居官守者，各使营葺宣父之故宫"⑤。在他的影响下，一些地方，像云内、邳州、太原、天山等地的孔庙开始陆续重建。⑥ 不过，庙学最终得以恢复，还应是耶律楚材死后才出现的，其中，忽必烈起了非常重要的作用。在与中原儒士的接触过程中，忽必烈曾不断听到有关尊儒兴学的意见。像丁未年（1247）张德辉在北上觐见忽必烈时，除阐述尊崇儒学的重要性外，还提到真定"庙学废于兵久矣"，要求忽

---

① 《日下旧闻考》卷67《官署》。
② 《冯公道行碑铭》，《甘水仙源录》卷6。据《日下旧闻考》卷67《官署》所引宋濂《潜溪集》，四教读培养出的弟子，蒙古必阇赤自扎古鲁真以下凡19人，汉人必阇赤自文宣奴以下凡28人。"其数比旧有所加者，续有慕效而来者耳。"
③ 《（成化）山西通志》卷203《重修庙学记》。
④ 《赵州学记》，《遗山集》卷32。
⑤ 《燕京大觉禅寺创建经藏记》，《湛然居士文集》卷13。
⑥ 《贾非雄修夫子庙疏》《邳州重修宣圣庙疏》《太原修孔子庙疏》《周敬之修夫子庙》，见《湛然居士文集》卷13、卷14。

必烈下旨加以修复。① 庚戌年（1250），姚枢应聘时，曾提到："修学校，崇经术，旌节孝，以为育人才、厚风俗、美教化之基。"② 忽必烈受命主漠南汉地事务后，幕僚刘秉忠又向他指出："古者庠序学校未尝废，今郡县虽有学，并非官置，宜从旧制，修建三学，设教授。开选择才，以经义为上，词赋论策次之……开设学校，宜择开国功臣子孙受教，选达才任用之。"③ 这些人的意见，因得到忽必烈的重视，在当时起到了良好效果。像张德辉衔命回真定后，"修理镇之学官，内外焕然一新。乃会生徒行祀礼，衣冠济济，有承平之旧。郡邑化之，文风翕然为振"。到1252年，他又正式受忽必烈委派，提举真定学校。④ 理学家许衡也在1254年受忽必烈之命担任京兆提学，在他的努力下，"郡县皆建学校，民大化之"⑤。正是在这种尊儒兴学的氛围下，中原各地的庙学开始陆续恢复起来。以下是这方面的一些情况。

燕京地区　前面提到，大蒙古国在燕京孔庙的基础上，创办了燕京国学。此后，"迄定宗朝（贵由）不辍"⑥。在此期间，燕京儒士为夺回燕京国学所在的孔庙及赡学土地，一直与全真教进行着激烈的斗争。忽必烈受命主持漠南汉地事务后，双方的较量开始朝着对儒士有利的方向发展。先是辛亥年（1251），由燕京行省断事官牙老瓦赤、塔剌浑主持，强迫冯志亨退出孔庙及赡学土地，断与燕京儒士主领。接着，壬子年（1252）三月、五月，忽必烈两次派人传旨，令牙老瓦赤等增修孔庙。到癸丑年（1253）六月，燕京路都总管赛典赤又奉忽必烈之命，出包银钞，将孔庙增修一新。甲寅年（1254），全真教为重新夺回孔庙及赡学土地，与儒士再起纷争。忽必烈则明显倒向儒士一方，公开对儒士宣称"已后我与你每做主"⑦。自此，燕京国学的性质发生了重大转变，"始正儒师，复官学，庙事孔子……作新士子"。入元后，"至元二十四年（1287），既城今都，立国子学，位于国左，又因故庙为京学"。原燕京国学遂在原有基础上改建为大兴府学。⑧

真定地区　真定庙学在战乱中被焚毁后，当地官府虽屡曾动议修复，但

---

① 《令旨重修真定庙学记》，《遗山集》卷32。
② 《姚文献公神道碑》，《国朝文类》卷60。
③ 《元史》卷157《刘秉忠传》。
④ 《元朝名臣事略》卷10《宣慰张公》引《行状》。
⑤ 《元史》卷158《许衡传》。
⑥ 《上都孔子庙碑》，《至正集》卷44。
⑦ 《析津志辑佚》，第199—200页。
⑧ 《大兴府学孔子庙碑》，《石田集》卷10。

都成效不大。真定总府参佐张德辉得到忽必烈襄赞后，始以全力整修庙学。当时，自世侯史天泽而下，"晓然知上意所向，罔不奔走从事，以赀以力，迭为欤助"。从己酉年（1249）二月开始动工，用了半年即告完成。元好问详载其兴修始末云："庀徒藏事，黾勉朝夕。罅漏者补之，邪倾者壮之，腐败者新之，漫漶者饰之。裁正方隅，崇峻堂陛。庙则为礼殿、为贤庑、为经籍祭器之库、为斋居之所、为牲荐之厨，而先圣先师七十子二十四大儒像设在焉。学则为师资讲授之堂，为诸生结课之室，为藏庋庖湢者次焉。高明坚整，营建合制，起敬起慕，于是乎在。乃八月落成。弦诵洋洋，日就问学。胄子渐礼让之训，人士修举选之业，文统绍开，天意为可见矣。"① 真定管辖下的赵州（今河北赵县）、元氏（今属河北）等地庙学，也在此前后相继得到恢复。②

东平地区 东平地区战前文化教育发达，故"东平郓学视他郡国为最盛，如是将百年，贞祐之兵始废焉"。严实当政期间，即曾有过恢复庙学的设想，"首以设学为事，行视故基，有兴复之渐"。宋子贞被任命为提举学校官，大概即为负责此事。严忠济继任行台后，开始全力修复东平庙学。"乃卜府东北隅爽垲之地，而增筑之。既以事闻之朝，庀徒藏事，工力偕作。首创礼殿，坚整高朗。视夫邦君之居，夫子正南面垂旒被衮，邹、兖两公及十哲列坐而侍，章施足征，像设如在。次为贤廊，七十子及二十四大儒绘象具焉。至于栖书之阁，笾豆之库、堂宇斋馆、庖湢庭庑，故事毕举而崇饰倍之……盖经始于壬子（1252）之六月，而落成于乙卯（1255）六月初五。"同其他地区的学校相比，东平庙学有两个重要特点，一是专门建有培养衍圣公族人的教舍："子弟秀民备举选而食廪饩者余六十人，在东序，隶教官梁栋；孔氏族姓之授章句者十有五人，在西序，隶教官王磐。"二是附设培养宫廷礼乐人才的机构："五十一代孙衍圣公元措，尝仕为太常卿，癸巳之变，失爵北归，寻被诏搜索礼器之散逸者，仍访太常所隶礼直官歌工之属，备钟磬之县，岁时阅习，以宿儒府参议宋子贞领之。"也正因此缘故，时人评价东平庙学"视他郡国为独异"③。在严氏父子的倡导下，东平下辖的博州（今山东聊城）、冠氏（今山东冠县）等地的庙学也相继得以重建。④

---

① 《令旨重修真定庙学记》，《遗山集》卷32。
② 《赵州学记》，《遗山集》卷32；《真定府元氏县重修庙学记》，《常山贞石志》卷16。
③ 《东平府新学记》，《遗山集》卷32。
④ 《博州重修学记》《代冠氏学生修庙学壁记》，《遗山集》卷32。

除了燕京、真定、东平三地外，其他地区庙学恢复者也有不少，像保定（今属河北）张柔在戊午年（1258）于城东南择新址重建庙学，"鸠工赋役，殿庑一新，讲肄之舍，庖藏之所，游息之地，以次具举，高广其旧，几于倍蓰。又为奎文楼于南，凿璧水于西"①。泽州（今山西晋城）段直亦专心致力于兴修庙学，"去瓦砾，剪榛薉，峻以环堵，废者起之，缺者补之，庙像之漫漶不鲜者饰之"。又"购求多方，私家所藏、麾下将佐及趋走吏所得，莫不出之，又于东莱宋披云处获三洞秘书，兼收并蓄，几万余卷……取附郭田千亩以给之，漳源郭资善暨从侄南士人王天与割己业助之……敦谕举子就两府试，预选者百二十有二人，朝廷命加精进以听擢用"②。可以说，庙学的恢复，成为当时北方教育复苏的一个重要标志。

最后简单谈一下当时北方的私学。同官办学校相比，北方各地私学的恢复要更早一些。战乱平息后，教授生徒成为不少经济落魄、政治失意的儒士的重要谋生手段。这些儒士在战乱中的遭遇经历各不相同，办学方式也多种多样，有的隐居乡里，教书育人，有的则受权贵之邀，担任私塾先生。前者像理学家窦默，本为广平肥乡（今属河北）人，先是因战乱逃到河南，金灭亡前夕，又逃到南宋辖境内的德安。1236年被蒙古大军裹胁北上后，"继还肥乡，以经术教授，由是知名"③。后者如易州（今河北易县）人敬铉，为金参知政事敬嗣晖之孙，元好问的同科进士，战乱后被燕京行省官员马月合乃收留，"授业馆下"④。这些人虽然在办学规模上小于官方学校，但在数量上却要远远大于后者，对当时北方教育的延续与文化的传播，做出过不可估量的贡献。实际上，元初北方理学的兴起即与当时的私学传授密切相关，至于以后的元朝名臣，也有不少是在私学的环境中培养出来的。如世祖朝平章政事赵璧，从名儒李微、兰光庭学；⑤ 成宗朝平章政事王庆端，则出名儒王若虚门下。⑥ 因此，在北方教育的复苏过程中，私学同官学一样，是其中不可或缺的一个环节。

---

① 《顺天府孔子新庙碑》，《陵川集》卷34。
② 《重修庙学记》，《（成化）山西通志》卷203。
③ 《元史》卷158《窦默传》。
④ 《元史》卷134《月合乃传》。
⑤ 《中书平章政事赵公神道碑铭》，《西岩集》卷19。
⑥ 《平章政事王公神道碑铭》，《（嘉靖）藁城县志》卷9。

第二节 理学的北传

理学的最早发祥地在北宋统治下的中原地区，金灭北宋后，随着宋室南迁与大批知识分子南下，江南地区逐渐发展成为新的理学重镇。金朝统治下的北方，则以苏学为最盛。当时科举取士，首重词赋，次及经义，经义之科，则以传统注疏为主。在此风影响下，北方士人对理学大都懵懂无知，"说经止传疏义，为文尽习律赋"，"士大夫往往局于此，不能多读书"①。不过，即便如此，理学的影响也并没有就此销声匿迹，残支余脉一直不绝如缕。像泽州（今山西晋城）地区曾是北宋理学家程颢生前为官之地，程学在这一带一直有着较为深厚的社会基础。元人刘因曾说："初，泽俗淳朴，民不知学，至宋治平中，明道程先生（程颢）为晋城三年，诸乡皆立校，暇时亲至，为正儿童所读书句读，择其秀异者，为置学舍、粮具而亲教之。去邑才十余年，服儒服者已数百人。由是尽宋与金，泽恒号称多士。"郝经亦称："宋儒程颢尝令晋城，以经旨授诸士子，故泽州之晋城、陵川、高平，往往以经学名家，虽事科举而六经传注皆能成诵，耕夫贩妇亦耻谣逐而道文理，遂与齐鲁共为礼义之俗而加厚焉。"② 这些以程学自相传授的世家，在陵川以郝氏最为有名，其后人郝经曾回忆说："盖陵川学者以郝氏称首，郝氏之学浚源趋本而张大之者自东轩（郝经曾叔祖郝震）始。""经之先世，高曾而上，亦及先生（程颢）之门，以为家学传六世，至经奉承绪余，弗敢失坠。"③ 到金泰和年间，晋城李俊民又以传授程学显名于世，"得先生（程颢）之传，又得邵氏皇极之学，廷试冠多士，退而不仕，教授乡曲，故先生之学复盛"④。除程学流传较广的泽州外，中原其他地区也有一些研习理学的学者，像盖州人（今辽宁盖县）王尊古，即"潜心伊洛之学，言论皆可纪述"，"好学守道，天下目为'辽东夫子'"⑤。平州（今河北卢龙）人王郁，"尝欲著书，推明孔氏之心学，又别言之、行之二者之不同，以去学者之弊。

---

① 《静修先生墓表》，《滋溪文稿》卷8；《归潜志》卷7。
② 《泽州长官段公墓碑铭》，《刘文靖公文集》卷20；《先曾叔大父东轩老人墓铭》，《陵川集》卷36。
③ 《先曾叔大父东轩老人墓铭》《宋两先生祠堂记》，《陵川集》卷36、卷27。
④ 《宋两先生祠堂记》，《陵川集》卷27。
⑤ 《王黄华墓碑》，《遗山集》卷16；《博州重修庙学碑》，《金文最》卷69。

其论经学，以为宋儒见解最高……亦欲著书，专与宋儒商订……尝欲为文，取韩、柳之辞，程、张之理，合而为一，方尽天下之妙"①。

就在中原地区理学发展衰而不绝的同时，南宋的理学著作也开始向北传播，元人许有壬尝回忆说："理学至宋始明，宋季得朱子而大明。前辈言，天限南北，时宋行人箧'四书'至金，一朝士得之，时出论说，闻者叹竦，谓其学问超诣，而是书实未睹也。"②许有壬所说"四书"，当指朱熹的《四书集注》。由于中都得到此书的馆伴使秘不示人，造成此书在当时流传不广。③金贞祐南迁后，学术思潮发生重大转折，不少南宋理学家著述"浸淫而北，赵承旨秉文、麻征君九畴始闻而知之，于是自称为道学门弟子"④。当时北传理学著作有广泛影响者，主要有《诸儒鸣道集》与《道学发源》二书。

《诸儒鸣道集》为宋儒所辑，收录了周敦颐《通书》，司马光《迂书》，张载《正蒙》《经学理窟》《横渠语录》，程颢、程颐《二程语录》，谢良佐《上蔡先生语录》，刘安世《元城先生语录》《谭录》《道护录》，江公望《心性说》，杨时《龟山语录》《安正忘荃集》，刘子翚《崇安圣传论》，张九成《横浦日新》等两宋重要理学著作。此书在北方的流传，使中原士人对两宋理学思想有了一个较为全面的了解，也在他们中间引起过一些争论。万松行秀弟子李纯甫著有《鸣道集说》一书，对其中排斥佛老的内容逐一加以辩驳，而且，还超出该书内容范围，摘引了吕祖谦、张栻、朱熹等理学家的观点加以批判。在序言中，李纯甫指出："浮屠氏之书从西方来，盖距中国数千万里，证之文字，诘曲侏儒重译而释之，至言妙理，与吾古圣人之心，魄然而合，顾其徒不能发明其旨趣耳。"在他看来，宋儒所阐明的理学思想，不仅不与佛书相悖，而且在许多方面与佛书正相契合，这实际上是剽窃了佛学思想的内容，由此，他得出了"大道将合"的结论。⑤李纯甫的这一近似异端的观点，激怒了不少中原士人，"大为诸儒所攻"⑥。相反，与李纯甫师出同门的耶律楚材则完全支持这种观点，态度甚至比李纯甫还要激烈：

---

① 《归潜志》卷3。
② 《性理一贯集·序》，《至正集》卷33。
③ 《雪斋书院记》，《圭塘小稿》卷6。
④ 《太极书院记》，《陵川集》卷26。
⑤ 《鸣道集说》卷首序。
⑥ 《归潜志》卷9。

江左道学，倡于伊川昆季，和之者十有余家，涉猎释老肤浅一二，著《鸣道集》，食我园椹，不见好音，窃香掩鼻于圣言，助长揠苗于圣典，饰游辞，称语录，毂禅惠如敬诚，诬谤圣人，聋瞽学者。噫！凭虚气，任私情，一赞一毁，独去独取，其如天下后世何！屏山衷衷，作《鸣道集说》，廓万世之见闻，正天下之性命。张无尽谓："大孔圣者，莫如庄周。"屏山扩充，渺无涯涘，岂直不叛于名教，其发挥孔圣幽隐不扬之道，将攀附游龙，骎骎乎吾佛所列五乘教中人天乘之俗谛疆隅矣！张无尽又谓："小孔圣者，莫如孔安国。"《鸣道》诸儒又自贬屈，附韩欧之隘党，其计孰愈乎尊孔圣与释老鼎峙耶！诸方宗匠偕引屏山为入幕之宾，《鸣道》诸儒钻仰藩垣，莫窥户牖，辄肆浮议，不亦僭乎！吾忝历宗门堂室之奥，恳为保证，固非师心昧诚之党。如谓不然，报惟向影耳。①

《道学发源》由金尚书省诸生傅起等刊行，以南宋理学家张九成的经解为主，并加入张载的《东铭》《西铭》及刘子翚的《圣传论》等理学文献。赵秉文、王若虚分别为该书撰写了引与后序。赵秉文高度评价了张九成等理学家的贡献，称："九成之解，足以起发人之善心，由之足以见圣人之蕴……愚谓虽圆顶黄冠，村夫野妇，犹宜家置一书……至于载之《东铭》《西铭》，子翚之《圣传论》，譬之户有南北东西，由之皆可以至于堂奥。"②王若虚则对宋理学的价值做出总体评价，指出：

自宋儒发扬秘奥，使千古之绝学一朝复续，开其致知格物之端，而力明乎天理人欲之辨，始于至粗，极于至精，皆前人之所未见，然后天下释然，知所适从，如权衡指南之可信，其有功于吾道岂浅浅哉。国家承平既久，特以经术取人，使得参稽众论之所长，以求夫义理之真，而不专于传疏，其所以开廓之者至矣！③

赵、王二人都是金末很有影响的文章大家，他们对理学的重视，无疑推

---

① 《屏山居士鸣道集·序》，《佛祖历代通载》卷20。
② 《道学发源·引》，《滏水集》卷15。
③ 《道学发源·后序》，《滹南遗老集》卷44。

动了北方士人研习理学的风气，扩大了理学在中原地区的影响。不过，在对理学进行探索与褒扬的同时，二人对宋理学家的一些缺陷也多有指摘。像赵秉文即对二程后学"以韩欧诸儒为不知道"的轻率态度表示不满，认为："宋儒多出新意，务抵斥，忠厚之气衰焉。"① 同赵秉文相比，王若虚的态度更为严厉，认为："宋儒之议论不为无功，而亦不能无罪焉。彼其推明心术之微，剖析义利之辨，斟酌时中之权，委曲疏通，多先儒之所未到，斯固有功矣。至于消息过深，揄扬过侈，以为句句必涵气象，而事事皆关造化，将以尊圣人而不免反累，名为排异端而实流入于其中，亦岂为无罪也哉？至于谢显道（良佐）、张子韶（九成）之徒，迂谈浮夸，往往令人发笑。"甚至对自己颇为称许的朱熹《论语集注》，王若虚的态度也有所保留，认为："晦庵删取众说，最号简当，然尚有不安及未尽者。"② 他们的这些观点，可视为当时重理学的北方士人对其既推崇又批评的代表性言论。

金朝灭亡后，随着蒙宋战争的大规模爆发与南北隔绝状态的被打破，南宋理学的北传，无论是在规模还是在影响方面，都远远超过了以往。1235年蒙古大军南下伐宋时，杨惟中担任军前行中书省事，姚枢则奉命于军中搜求儒、道、释、医、卜等各类人才。结果，凡"得名士数十人，收集伊洛诸书载送燕都"③。此次所得名士，包括了赵复、窦默、砚坚等一大批日后有影响的理学人物，为理学的进一步北传奠定了基础，时人郝经称："金源氏之亡，淮汉巴蜀相继破没，学士大夫与其书遍于中土，于是北方学者始得见而知之。""近岁以来，吴楚巴蜀之儒与其书浸淫而北，至于秦雍，复入于伊洛，泛入三晋齐鲁，遂至燕云辽海之间。"④ 即是有感于这一形势而言。自此，理学在北方的传播开始进入一个崭新阶段。

这一阶段的理学北传，以赵复的贡献最为突出。《元史》对他评价很高，甚至称："北方知有程朱之学，自复始。"在德安（今属江西）被俘后，赵复得到了姚枢的悉心照顾。"先是，南北道绝，载籍不相通。至是，复以所记程、朱所著诸经传注，尽录以付枢。"⑤ 在他的影响下，姚枢、杨惟中等人成为较早一批理学信徒。北上燕京后，赵复埋头致力于理学思想的传播，名

---

① 《性道教说》《中说类解引》，《滏水集》卷1、卷15。
② 《论语辨惑·序》，《滹南遗老集》卷3。
③ 《杨公神道碑铭》，《陵川集》卷35。
④ 《太极书院记》《与汉上赵先生论性书》，《陵川集》卷26、卷24。
⑤ 《元史》卷189《赵复传》。

气越来越大。"游其门者将百人,多达才其间。""燕之士大夫闻其议论证据,翕然尊师之,执经北面者二毛半焉。"① 到庚子(1240)、辛丑(1241)年间,杨惟中以中书令当国,遂"建太极书院于燕都,立祠于院,以祀周子,以二程、张、杨、游、朱六子配食,岁时释菜,尊为先师","刻《太极图》及通书《西铭》等于壁,请云梦赵复为师儒,右北平王粹佐之,选俊秀之有识度者为道学生"②。赵复在传播理学期间,"以周、程而后,其书广博,学者未能贯通,乃原羲、农、尧、舜所以继天立极,孔子、颜、孟所以垂世立教,周、程、张、朱氏所以发明绍续者,作《传道图》,而以书目条列于后;别著《伊洛发挥》,以标其宗旨。朱子门人,散在四方,则以见诸登载与得诸传闻者,共五十有三人,作《师友图》,以寓私淑之志。又取伊尹、颜渊言行,作《希贤录》,使学者知所向慕,然后求端用力之方备矣"③。此后,赵复离燕南下,在中原各地广为游历,并印《伊洛发挥》数百本随身携带,以为馈赠之物。④ 他的这次旅行,无疑使理学在北方的传播范围更为广阔。

在赵复影响下探究理学的姚枢,在此期间则退隐苏门(今河南辉县),"诛茅为堂城中,置私庙,奉祀四世,堂龛鲁司寇容,傍周、两程、张、邵、司马六君子像,读书其间,衣冠庄肃,以道学自鸣"。为了进一步传播理学思想,他还"自板《小学》《书》,《语》《孟或问》,《家礼》,俾杨中书板'四书',田和卿尚书板《声诗折衷》《易程传》《书蔡传》《春秋胡传》。又以《小学》书流布未广,教子弟杨古为沈氏活板,与《近思录》《东莱经史论说》诸书散之四方"⑤。当时,姚枢的朋友许衡正在附近教书,听说他得到赵复所传理学著述,即登门访求。"得伊川《易传》,晦庵《论、孟集注》,《中庸》《大学章句》《或问》《小学》等书,读之,深有默契于中,遂一一手写以还。"回来后,许衡将生徒召集在一起,对他们说:"昔所授受,殊孟浪也,今始闻进学之序。若必欲相从,当悉弃前日所学章句之习,从事于小学洒扫应对,以为进德之基,不然当求他师。"于是,"悉取向来简帙焚之,使无大小,皆自小学入。先生(许衡)亦旦夕精诵不辍,笃志力

---

① 《序江汉先生事实》,《牧庵集》卷4;《送赵仁甫·序》,《小亨集》卷6。
② 《周子祠堂碑》《太极书院记》,《陵川集》卷34、卷26。
③ 《元史》卷189《赵复传》。
④ 《送赵仁甫·序》,《小亨集》卷6。
⑤ 《中书左丞姚文献公神道碑》,《牧庵集》卷15。

行，以身先之，虽隆冬盛暑，不废也"①。在姚枢、许衡以及窦默等人的大力倡导下，卫辉一带研习理学蔚然成风，发展为理学传播的一个重要基地。入元后，三人相继入朝为官，受到忽必烈重用，其中许衡长期典领国子监，在蒙汉贵族子弟中培养出一大批理学信徒，理学最终被确定为官方正统学说，即与三人尤其是许衡的作用密不可分。

此外，与赵复一起北上的砚坚，也在传播理学方面作出过一定贡献。在经过一段颠沛流离的生活后，砚坚于1252年家真定、著儒籍，开始于当地教授生徒。"公（砚坚）通诸经，善讲说，士执经从而问疑者日盛。公告以圣贤之旨，谆切明白，不缴绕于章句……擢为本郡教授，凡十余年，循循为教，始终不倦，作成后进居多。"② 在砚坚传授的弟子当中，以刘因、滕安上最为有名，其中刘因更是元初与许衡齐名的理学大家。

第三节　东平学术

金朝灭亡后，理学思想虽然在北方得到进一步传播，但传统儒学在北方士人中的主流地位依然很牢固。在各地汉人世侯"竞收纳贤俊，以系民望，以为雄夸"③ 的政策吸引下，北方士人逐渐聚集于东平、真定、保定、京兆等几大地区，形成规模大小不等的地域性群体。在各地汉人世侯的支持与重用下，这批士人积极参与当地事务，或为整顿吏治、发展生产尽其所能，或为传道授业、培养后进尽心尽力。他们的活动，不仅为中原社会秩序的恢复与发展做出了重要贡献，而且对以后元初的政治格局与"汉法"改革也产生过深远影响，其中，尤以东平文人集团在这方面的作用最为显著。

在北方汉人世侯中，严氏父子治下的东平是当时管辖地域最为辽阔、社会秩序相对稳定的地区。严实自起家以来，就一直致力于当地社会秩序的恢复与发展。"始于披荆棘，扞豺虎，敝衣粝食，暴露风日。挈沟壑转徙之民而置之衽席之上，以劝耕稼，以丰委积。公帑所积，尽于交聘、燕享、祭祀、宾客之奉，而未尝私贮之。辟置俊良，汰逐贪墨，颐指所及，竭蹶奉命。不三四年，由武城而南，新泰而西，行于野，则知其为乐岁；出于途，

---

① 《考岁略》，《鲁斋遗书》卷13。
② 《元故国子司业砚公墓碑》，《滋溪文稿》卷7。
③ 《故总管王公神道碑铭》，《青崖集》卷5。

则知其为善俗；观于政，则知其为太平官府。"良好的生存环境，使得战乱中的大批难民接踵而至。"东州既为乐土，四外之人托公以为命者相踵也。公（严实）为之合散亡，业单贫，举丧葬，助婚嫁，多求而不靳，屡至而不厌，肉骨之赐，卵翼之惠，日积而月累之，盖有不可胜书者矣。"① 在涌入东平的难民当中，有不少人属于当时的中原名士，严氏父子非常留意对这些人的保护与重用，手下也不乏喜爱儒雅之人，有名者像赵天赐，"在军旅中，日以文史自随，延致名儒，考论今古，穷日夕不少厌，时或投壶雅咏，挥麈清坐，倡优杂戏不得至其前。又子弟之可教者，薄其徭役，使得肄业，而邑文人亦随而化之"。在他们的影响带动下，东平地区一时间出现了文化繁荣的局面，"将佐令长皆兴学养士，骎骎乎齐鲁礼义之旧"②。"若夫礼乐之器，文艺之学，人才所归，未有过于东鲁者矣。"③ 在此基础上，聚集于当地的文人群体不断发展壮大，逐渐形成以金源遗风为主要特征的士林学派——东平学派。

东平学派涌现出的代表人物，主要有宋子贞、刘肃、商挺、王磐、徐世隆、李昶、张昉、康晔、张澄、张特立、杜仁杰等，这些人中，有不少出身前金进士，或在前金担任过各种官职，而商挺、徐世隆、李昶、张澄、杜仁杰更被元好问开列在要求耶律楚材保护的中原士大夫名单中。④ 他们被严氏父子罗致到东平后，大都被安插在幕府中任职，或者在教育部门担当重任。其中，以宋子贞追随严氏较早，在诸人中资历最老。元人对他评价很高，认为："东平一道二十余万户，生口不啻百万，所以安居暇食，得享有生之乐者，公之功也。"除了参与行台决策外，在为严氏父子广纳贤才方面，宋子贞也尽心竭力，起到过非常重要的作用。"及士之流寓者，悉引见行台，周惠尤厚，荐名儒张特立、刘肃、李昶辈十余人，皆自羁旅拔之同行，与参谋议。四方闻义而来依者，馆无虚日，故东平人物视他镇为多。"⑤ 东平学派的形成，除了前面提到的当权者的政策导向外，宋子贞的努力应该说也是其中一个重要因素。东平学派在严氏父子统治期间及入元后的活动，大体说来主要有以下几个方面。

---

① 《东平行台严公神道碑》，《遗山集》卷26。
② 《千户赵侯神道碑铭》，《遗山集》卷29。
③ 《曹文贞公文集·序》，《道园学古录》卷31。
④ 《寄中书耶律公书》，《遗山集》卷39。
⑤ 《元朝名臣事略》卷10《平章宋公》引《墓志》。

第一，恢复社会秩序，推行汉法改革。严氏父子当政期间，行台幕职及地方各级官员中多有出身士人者，幕府中的重要职务——经历更是基本上由东平学派把持，有据可考者即有刘肃、李昶、商挺、徐世隆等多人。这批士人在任职期间，辅佐严氏父子实行过一系列整顿吏治、休养生息的举措，多有显著成绩。像宋子贞任右司郎中时，"行台所辖五十余城，仍有堡寨诸户，自守令以下，皆大偏小校，倔起田亩，不闲礼法，其从政官吏相与为囊橐以病民。是时，天下略定，庶事草创，征敛之繁，营屯之扰，法度未立，民不安生，公谓十羊九牧，民穷而无告，乃仿前代，设观察、采访之比，分三道按刷文检，均科赋税，纠举官吏，公居中主其事。于是初立程序，与为期会，黜私奖勤，视其后者而鞭之，吏民始知有官府之政、抚治之道焉"①。刘肃任经历时，"东平岁赋丁丝包银，而复输蛾茧十余万两、色绢万匹，民不堪重。公白武惠（严实）奏而罢之，诸路复绵绢自此始。漕渠决河间散水口，役夫万人，东平独膺十之四，主役者且筑且穴，工无已时。公白武惠曰：此我之剧疾也。数其慢不时塞。请于朝，即减其役，寻罢之。军储粮岁输新卫，东平水运万石至旧卫，改再辇而南五十里。公具图言于朝，乞立卫州仓，朝议从之"②。李昶任经历时，"东平大府，民繁事殷，公处赞画之任，图虑深远，未始依违苟从。平章宋公（宋子贞）时居幕长，议论率与公合。若府政得失，民生利病，屡为嗣公（严忠济）言之"③。徐世隆任经历时，"既正位幕长，军民之利害，公事之得失，知无不言，其所救正者非一"④。张昉"进幕职，时兵后，吏曹杂进，不习文法，东平辖郡邑五十四，民众事繁，簿书填委，漫无统纪。昉坐曹，躬阅案牍，左酬右答，咸得其当，事无留滞"⑤。东平士人在地方治理方面所取得的成就，引起了主持汉地事务的忽必烈的关注。不久，刘肃、商挺即被征召北上，分别派往王府封地邢州（今河北邢台）与京兆（今陕西西安）任职，徐世隆、宋子贞等人也先后受忽必烈礼聘，咨访治国之道。元朝建立后，诸事毕举，百废待兴，大批东平士人步入仕途，成为元初推行汉法改革的中坚力量。在中统元年（1260）五月所立10路宣抚司中，担任宣抚使、副者即有宋子贞、王磐、刘

---

① 《元朝名臣事略》卷10《平章宋公》引《神道碑》。
② 《元朝名臣事略》卷10《尚书刘文献公》引《墓碑》。
③ 《元朝名臣事略》卷12《尚书李公》引《墓碑》。
④ 《元朝名臣事略》卷12《太常徐公》引《墓志》。
⑤ 《元史》卷170《张昉传》。

肃、商挺、徐世隆等东平士子5人。中书省、部成立后，东平士人大多进入中央机构担任要职，像刘肃，"首拜右三部尚书，一时典宪，多出公手。寻有旨兼议中书省事"①。宋子贞继任右三部尚书后，"一时典章制度，多公裁定……拜平章政事，因陈切于时务者十三策，上皆嘉纳焉"②。李昶在担任吏部尚书期间，"格品条式选举礼文之事，多出公裁定"③。可以说，有元一代立国规模的奠定，与东平学派的积极参与是分不开的。

第二，发展文教事业，培养后备人才。宋子贞早在1226年被严实罗致幕府之初，即受命提举学校。严实去世后，宋子贞继续受严忠范礼遇，升任参议东平路事，兼提举太常礼乐。此后，他即以恢复东平府学为己任，"倡新庙学，敦命前进士康晔、王磐为教官，自先圣、颜、孟子孙至生徒几百人，咸继庖廪，俾肆艺业。春秋释奠，随季程式，必亲临之。齐鲁儒风，为之一变"④。在这方面做出重要贡献的士人还有商挺、徐世隆。商挺，"赞忠济大兴学校，聘康晔说《书》，李昶说《春秋》，李祯说《大学》，学生百余人，养之优厚，督于课试，后皆通显"⑤。徐世隆，"从臾之力居多。又岁署题考试，等其甲乙，屡入高选者擢用之。时自入学亲为诸生讲说，其课试之文有不中程者，辄自拟作与为楷式，一时后进业精而行成人才辈出焉"。后来又于中统三年以太常卿兼提举本路学校事。⑥ 在东平府学中居师席者，大都为饱学之士，像王磐，"师道尊严，望之若莫可梯接，及即之，温然和怿，随问随答，亹亹忘倦。其辞约，其义明。学者于句读抑扬之间，已得之矣。受业者常数十百人，往往为名士"⑦。元好问游历东平期间，也曾受邀于东平府学"校试其文"⑧。东平府学自恢复创办后，"四方来学者甚众"⑨，这既扩大了东平学派的传播与影响，也为以后的元朝培养了一大批后备人才。元朝建立后，"内外要职之人才，半出于东原府学之生徒"⑩，其中有名者有阎

---

① 《元朝名臣事略》卷10《尚书刘文献公》引《墓碑》。
② 《元朝名臣事略》卷10《平章宋公》引《墓志》。
③ 《元朝名臣事略》卷12《尚书李公》引《墓碑》。
④ 《元朝名臣事略》卷10《平章宋公》引《墓志》。
⑤ 《元朝名臣事略》卷11《参政商文定公》引《墓碑》。
⑥ 《元朝名臣事略》卷12《太常徐公》引《墓志》。
⑦ 《元朝名臣事略》卷12《内翰王文忠公》引《墓志》
⑧ 《元史》卷160《阎复传》。
⑨ 《元朝名臣事略》卷10《平章宋公》。
⑩ 《泗水县重建庙学记》，《紫山集》卷10。

复、徐琰、李谦、孟祺、王构、张孔孙、杨桓、李之绍、申屠致远、曹伯启、夹谷之奇、吴衍等多人，实际上，这些人在某种程度上也可视为东平学派在元代的延续。

第三，保存前金礼乐制度，奠定元朝礼制规模。汴京陷落后，金廷原有礼器、乐人散落中原各地，后由衍圣公孔元措上奏蒙古汗廷，陆续召集到东平，加以组织演练。此后，宋子贞、徐世隆等人一直参与这方面的事务。1252年，忽必烈下令"召太常礼乐人赴日月山"，徐世隆等率乐工五十余人北上朝觐。当忽必烈问到制作礼乐之始时，徐世隆对以"尧、舜之世，礼乐兴焉"，并当场进行了表演。结果，当年五月十一日，忽必烈即"用登歌乐祀昊天上帝于日月山"。这是蒙古政权首次使用汉族王朝宫廷礼乐进行祭祀活动，意义十分重大。此外，忽必烈还命宋子贞"兼领大乐礼官、乐工人等，常令肄习"①。元朝建立后，中统三年，严忠济上奏："太常登歌乐，向圣主观于日月山，既而发还，今十余年矣，乞增宫悬大乐、文武二舞，令旧工教习，以备大祀。"得到了忽必烈的批准，以徐世隆为太常卿，张孔孙为奉礼郎，专主其事。东平所存前金礼乐在登歌乐的基础上经不断充实完善后，成为元朝礼乐制度的重要组成部分。其他礼仪制度，像大都宗庙祭祀、朝会仪式等，也是经徐世隆的提议和参与后，才最终得以确立。②

文学创作方面，东平士人也很活跃，尤以散曲与杂剧的成绩最为突出。其中，参与散曲创作活动的东平士人主要有杜仁杰、商挺、徐琰、高文秀等。这些人当中，以杜仁杰的成就最高，作品脍炙人口，被元人誉为"凤池春色"③。此外，他对"勾栏"演出的生动描述，显示出东平地区的戏剧表演艺术已非常发达。④ 出身东平府学生员，素有"小汉卿"之称的高文秀，则一生致力于杂剧创作，见于著录的杂剧作品达三十二出。至于馆阁体文学——诏命典册的创作，东平士人近承金代遗风，在元初更是独树一帜。当时，"朝清望官，曰翰林，曰国子监，职诰令，授经籍，必遴选焉始命，独东平之士什居六、七"⑤。其中，翰林院为起草朝廷诏命典册的重要机构，宋子贞、王磐、李昶、徐世隆以及原东平府学生员出身的阎复、李谦、孟祺、

---

① 《元史》卷68《礼乐志二》。
② 《元朝名臣事略》卷12《太常徐公》引《墓志》；《元史》卷174《张孔孙传》。
③ 《太和正音谱》卷上。
④ 《［盘涉调·耍孩儿］庄家不识勾栏》，《重辑杜善夫集》，第66页。
⑤ 《送程士安官南康·序》，《清容居士集》卷24。

李之绍等人都曾在这一机构供职,承担了大量诏命典册的起草工作。徐世隆在任职期间,还曾"选前贤内外制可备馆阁用者凡百卷曰《瀛洲集》,至今用之"①,对元初馆阁体文学的创作产生过较大影响。

东平学派与北方新兴的理学派虽然以汉法治理中原的政治主张大致相同,并一同参与实施了元初的汉法改革,但东平学派所代表的毕竟是金源传统学术流派,在理论素养、学术风气等方面,与后者有着明显差异。理学派注重理论方面的深层次探讨,而"齐鲁之士踵金辞赋余习,以饰章绘句相高"②。两种学术风格的差异,不可避免地要产生一些摩擦。翰林侍讲徒单公履曾想说服忽必烈恢复以辞赋为主的科举考试,即遭到在朝理学派许衡、姚枢等人的联合抵制。徒单公履为贬低理学派,"知上于释崇教抑禅,乘是隙言,儒亦有是科,书生类教,道学类禅"。结果,双方为此还发生了庭辩。③徒单公履虽非东平士人,但显然代表了包括东平学派在内的金源传统学派的观点。当然,在东平学派中,也不难发现服膺理学思想的士人。王磐就对许衡非常尊重,"每相语,则曰:'先生神明也,磐老矣,徒增愧缩尔。'及先生讣音至,则曰:'设若朝廷赐谥先生,非文正不可。'"④ 王磐对理学的尊崇,虽受到徒单公履的讥诮,⑤ 但至死不改,"程朱性理之书,日夕玩味,手不释卷,老而弥笃。燕居则瞑目端坐,以义理养其心,世俗纷华略不寓目"⑥。随着理学被元朝确立为官方正统思想,两种学术风格间的差异逐渐得到弥合,分歧也不再发生。

---

① 《元朝名臣事略》卷12《太常徐公》引《墓志》。
② 《耶律文正公神道碑铭》,《滋溪文稿》卷8。
③ 《董文忠神道碑》,《牧庵集》卷15。
④ 《考岁略》,《鲁斋遗书》卷13。
⑤ 《玉堂嘉话四》:"鹿庵(王磐)与颙轩(徒单公履)论事,颙轩曰:'天下事亦有不可以理概知者。'鹿庵大为不然。徒单公曰:'谓如大城南柳树,若不亲睹,如何知东西几行?大小几株?'鹿庵为默然,一座大笑。"《秋涧集》卷96。
⑥ 《元朝名臣事略》卷12《内翰王文忠公》引《墓志》。

第四章 文艺和史学的面貌

第一节 金遗民诗和新西域诗《萨斯迦格言》

蒙古军攻陷汴京（今河南开封）后，元好问曾给当权的耶律楚材写过一封信，列出了当时有名望的士人名单，共54人，称他们为"天民之秀，有用于世者也……衣冠礼乐，尽在于是"，请求予以保护。①金朝灭亡以后，这批人除个别下落不明外，大部分劫后余生，习惯上称为"遗民"。他们中有的依附于"汉地"各自割据一方的诸侯，有的则退隐山林，也有一些人先后成为新政权的官员。这些"遗民"也就成为这一时期文坛比较有影响的人物。特定的历史条件和这批人的特殊经历，对文学创作有深刻的影响。国破家亡的黍离之感，身世飘零、苟全性命于乱世的忧伤，也就是通常所说的"遗民"情结，成为这一时期诗文作品的流行主题。

这一时期"汉地"文坛的领袖人物，是上面提到的元好问（1190—1257）。元好问，字裕之，太原忻州（今山西忻县）人。他的家世，可以追溯到北魏鲜卑族拓跋氏。自北魏孝文帝迁都洛阳，拓跋氏改姓为元。元好问生长在一个金朝官僚家庭中，青少年时代刻苦学习诗文。兴定五年（1221）考中进士，因科场纠纷不就选任；正大元年（1224）中博学鸿词科，被授权国史馆编修，先后为镇平（今属河南）县令、内乡（今属河南）县令、南阳（今属河南）县令。正大八年（1231）八月，到汴京任尚书省令史。这时蒙古已开始了灭金的军事行动。开兴元年（1232）正月，金军主力在钧州（今河南禹县）三峰山被蒙古军歼灭，汴京随即被围，天灾人祸，汴京城内粮尽援绝，出现了人吃人的惨象。同年年底，哀宗出逃，前往归德（今河南

---

① 《癸巳岁寄中书耶律公书》，《遗山集》卷39。

商丘）。汴京向蒙古投降。在这样的情况下元好问写了上述请求保护士人的信。四月底，元好问被押送北渡黄河，"羁管"于聊城（今属山东），生活艰苦。后来，得到东平万户严实及其部属的帮助，地位有所改善。严实是"汉地"最有势力的汉人世侯之一，在山东一带举足轻重，招徕不少士人入他的幕府，对于保存传统文化有所贡献。戊戌年（1238），元好问将家由山东迁回忻州，过着隐居著述的生活。此后应友人之邀或其他原因，曾多次出游，交往密切的主要是分散于各地的金朝遗民，但与新朝权贵亦有不少联系，其中有耶律楚材、耶律铸父子和汉人世侯张柔、严忠济（严实之子）等人。随着年龄的增长，他的社会声望越来越高。丁未年（1247），真定（今河北正定）名士张德辉应藩王忽必烈之邀北上，曾推荐一批"汉地"人才，其中元裕即元好问。① 壬子年（1252），元好问与张德辉一起"北觐"。这时忽必烈已受蒙哥汗之命管理"漠南汉地军国庶事"，营帐屯驻于桓（今内蒙古正蓝旗一带）、抚（今河北张北）之间。② 元好问和张德辉"请世祖为儒教大宗师，世祖悦而受之。因启：累朝有旨递蠲儒户兵赋，乞令有司遵行。从之，仍命德辉提调真定学校"③。元、张出面尊奉忽必烈为儒教大宗师这件事意味深长，实际上就是请求忽必烈做儒士的保护人，说明"汉地"的士人已在思想上认可蒙古国的统治。这一年元好问六十三岁。丁巳年（1257），元好问辞世，年六十八岁。其诗文编为《遗山先生文集》。④

元好问青年时代已以诗著称，"赵礼部见之，以为少陵以来，无此作也"⑤。"赵礼部"是金朝后期文坛领袖赵秉文。元好问经历了金朝亡国的过程，后来又被"羁管"山东，国破家亡之痛，形之于诗，使他的诗歌创作进入了一个新的境界。"其诗奇崛而绝雕刿，巧缛而谢绮丽，五言高古浓郁，七言乐府不用古题，特出新意。歌谣慷慨，挟幽、并之气。其长短句揄扬新声，以写恩怨者，又数百篇。"⑥ 他的诗词作品有五千余篇，创作之富，当时罕有，但现存仅千余篇。诸体皆备，慷慨沉郁，可以说是元好问诗词作品的特点。其中最脍炙人口的是抒发感慨丧乱、哀痛故国之情的作品。

---

① 张德辉：《纪行》，《秋涧集》卷100。
② 这就是忽必烈后来建造上都开平的地方。这一带盛产金莲花，故有金莲川之称。
③ 《元朝名臣事略》卷10《宣慰张公德辉》。
④ 常见为《四部丛刊》本影印明弘治本。近年出版的姚奠中主编的《遗山集》（山西人民出版社1990年版）收辑较为完备。
⑤ 《遗山先生墓铭》，《陵川集》卷35。
⑥ 《金史》卷126《文艺下·元好问》。

汴京陷落后，金朝后妃、皇族和百官先后被发送到城南青城，有的被杀死，有的转往各处，元好问也在其中。青城是金初大将粘罕驻军接受北宋徽宗、钦宗投降的地方，历史的重演，使元好问内心无限感慨，为此他写下一首著名的诗篇："塞外初捐宴赐金，当时南牧已骎骎。只知灞上真儿戏，谁谓神州遂陆沉。华表鹤来应有语，铜槃人去亦何心。兴亡谁识天公意，留著青城阅古今（原注：国初取宋，于青城受降）。"① 他认为是朝廷的腐败无能导致了国家的灭亡。当年历史的重演，使他不禁发问：这难道就是天意吗？

道旁僵卧满累囚，过去氊车似水流；
红粉哭随回鹘马，为谁一步一回头。

随营木佛贱于柴，大乐编钟满市排；
虏掠几何君莫问，大船浑载汴京来。

白骨纵横似乱麻，几年桑梓变龙沙；
只知河朔生灵尽，破屋疎烟却几家。②

这是元好问从青城北渡黄河时根据亲身见闻写下的诗。战争造成的遍地荒芜凄惨景象，蒙古军掳掠人口和各种物品的野蛮行径，都在诗中得到了表现。"雁雁相送过河来，人歌人哭雁声哀；雁到秋来却南去，南人北渡几时回。""太平婚嫁不离乡，楚楚儿郎小小娘，三百年来涵养出，却将沙漠换牛羊。"③ 无数善良的百姓成为蒙古军的驱口（奴隶），被赶往北方，这是十分悲惨的景象。他用当时流行的民歌形式，道出了自己无比沉痛的心情。

对于金朝的灭亡，元好问有无限的惋惜与怀念："神功圣德三千牍，大定明昌五十年；甲子两周今日尽，空将衰泪洒吴天。"④ "皇统贞元见题字，良辰美景记升平。何人解得登临意，灭没疏云雁一声。"⑤ 历史无情，一度辉煌的大金王朝终于没落了，诗人只能无奈问苍天。"历历兴亡败局棋，登临

---

① 《癸巳四月二十九日出京》，《遗山集》卷8。
② 《癸巳五月三日北渡三首》，《遗山集》卷12。
③ 《续小娘歌十首》，《遗山集》卷6。
④ 《甲午除夜》，《遗山集》卷8。
⑤ 《甲寅九日同临漳提领王明之……游龙泉寺》，《遗山集》卷10。

疑梦复疑非，断霞落日天无尽，老树遗台秋更悲。"① 沧海桑田，朝代兴亡，犹似一梦，只给诗人留下无限的悲思。清代著名学者赵翼说元好问："盖生长云、朔，其大禀本多英健豪杰之气，又值金源亡国，以宗社邱墟之感，发为慷慨悲歌有不求而自工者。此固地为之也，时为之也。""唐以来，律诗之可歌可泣者，少陵十数联外，绝无嗣响，遗山则往往有之……此等感时触事，声泪俱下，千载后犹使读者低徊不能置，盖事关家国，尤易感人。"② 以元好问和杜甫相提并论，说明元好问在中国诗歌史上有其特殊重要的地位。

元好问又是一位古文作家，现存各类文体作品二百余篇。"文宗韩、欧，正大明达而无奇纤晦涩之语。"③ 清代修《四库全书》评论《遗山集》："至古文绳尺严密，众体悉备，而碑版志铭诸作，尤为具有法度。"④ 他"以文章独步几三十年，铭天下功德者，尽趋其门"⑤。正因为如此，金元一代尤其是金蒙相争的史实，有许多在他的碑版志铭等作品中得以保存下来。

亡金遗民中以诗文著称的还有李俊民、段克己、段成己等。李俊民（1176—1260）是金朝的状元，但入仕不久便弃官家居，教授乡里。金朝南迁后他便隐居山林。"世祖在潜藩，以安车召之，延访无虚日。遽乞还山，世祖重违其意，遣中贵人护送之。"忽必烈对他的待遇，远在其他士人之上，甚至说过："求贤三十年，惟得窦汉卿及李俊民二人。"但是忽必烈看重的大概是因为他懂得"皇极数"，能预卜休咎之故。⑥ 李俊民的作品后来编成《庄靖集》。⑦ 其思想是矛盾的，虽不反对新朝，却又常常有故国之思。其诗歌如："万井中原半牛羊，纵横大剑与长枪"；"千村万落荒荆棘，何止山东二百州"⑧，流露出了国破家亡的悲痛。文章也有类似的表现，如在《泽州图记》中说，泽州（今山西晋城）六县，金代近6万户，到蒙古太宗七年（1235）只剩下973户。⑨ 用户口急剧削减的事实对蒙金战争表示了无言的谴责。清代《四库全书总目》，评议他的诗文时说："所作诗类多幽忧激烈之

---

① 《出都二首》，《遗山集》卷9。
② 《瓯北诗话》卷8。
③ 徐世隆：《〈遗山文集〉序》。
④ 《四库全书总目》卷166《集部·别集类十九·遗山集》。
⑤ 《遗山先生墓铭》，《陵川集》卷35。
⑥ 《元朝名臣事略》卷8《内翰窦文正公》。
⑦ 常见有《四库全书》本。
⑧ 《庄靖集》卷1。
⑨ 《庄靖集》卷8。

音，系念宗邦，寄怀深远，不徒以清新奇崛为工。文格冲澹和平，具有高致，亦复似其为人。虽博大不及元好问，抑亦其亚矣。"① 段克己与段成己是兄弟，稷山（今属山西）人，都是金朝的进士，金亡后隐居不仕。两人早有才名，金礼部尚书赵秉文称之为"二妙"，后人将他们的遗诗合编为《二妙集》。② 元代著名学者吴澄为此书所作序文中说，二段先生"心广而识超，气盛而才雄……于时干戈未息，杀气弥漫，贤者避世，苟得一罅隙地聊可娱生，则怡然自适，以毕余龄，几若淡然与世相忘者。然形之于言，间亦不能自禁。若曰'冤血流未尽，白骨如山丘'；若曰'四海疲攻战，何当洗甲兵'；则陶之达、杜之忧盖兼有之……后之善观者，犹可于此而察其衷焉"③。可见他们的诗歌以隐逸自适为主，但仍不免流露出哀痛故国的忧愤。吴澄文中提到的诗句，全篇是：

少年著意仿中秋，手卷珠帘上玉钩。明月欲上海波阔，瑞光万丈东南浮。楼高一望八千里，翠色一点认瀛州。桂华徘徊初泛滟，冷溢杯盘河汉流。一时宾客尽豪逸，拥鼻不作商声讴。无何陵谷忽迁变，杀气黯惨缠九州。生民冤血流未尽，白骨堆积如山丘。比来几见中秋月，悲风鬼哭声啾啾。遗黎纵复脱刀几，忧思离散谁与俦。回思少年事，刺促生百忧。良辰不可再，樽酒空相对。明月恨更多，故使浮云碍。照见古人多少愁，懒与今人照兴废。今人古人俱可怜，百年忽忽如流川。三军鞍马闲未得，镜中不觉摧朱颜。我欲排云叫阊阖，再拜玉皇香案前。不求羽化为飞仙，不愿双持将相权。愿天早赐太平福，年年人月长团圆。④

此诗作于"癸卯中秋"，即蒙古乃马真后摄政二年（1243）。距离金朝灭亡不到10年，"汉地"仍处于动荡不安的境地。诗人以战争前后中秋节的气氛作对比，控诉战争的残酷及其对百姓造成的苦难，最后表示了祈求太平的愿望。这首诗中流露出来的感情可以说反映了当时"遗民"诗人的共同呼声。

与元好问、李俊民、二段兄弟同时的"汉地"诗人还有麻革、张宇、陈

---

① 《四库全书总目》卷166《集部下·别集类一九·庄靖集》。
② 常见有《四库全书》本。
③ 《二妙集》卷首。
④ 段克己：《癸卯中秋之夕与诸君会饮山中感时怀旧情见乎词》。

庚、杜仁杰、刘祁、杜瑛等。他们的诗文都有一定的成就，主题亦与以上几位的作品相似。元成宗时，房祺将麻革等八人的作品编为《河汾诸老诗集》。《四库全书总目》称，"人各一卷，皆金之遗老从元好问游者"；"诸老以金源遗逸，抗节林泉，均有渊明、义熙之志。人品既高，故文章亦超然拔俗"①。但其他一些诗人的作品在艺术成就和社会影响上都难以和元、李、段相比。杜仁杰、刘祁、杜瑛等不在八人之列，亦各有作品传世。

金遗民诗人主要活跃于13世纪三四十年代，到50年代因年龄过大或疾病死亡大多已从诗坛淡出。一批新的诗人开始涌现。他们是在蒙古国统治下成长起来的。郝经是最突出的一个。郝经（1223—1275）字伯常，泽州陵川（今山西晋城）人。"家世业儒"，祖父郝天挺是元好问的老师。金亡时，郝经还未成年，全家迁居顺天（今河北保定），"家贫，昼则负薪米为养，暮则读书"，后"为守帅张柔、贾辅所知，延为上客"。元好问到顺天时，郝经执弟子礼，深得赏识。蒙哥汗六年（1256）应聘入忽必烈幕府，随军出征武昌。蒙哥汗在四川战死，忽必烈回师，在燕京称帝。遂以郝经为国信使，出使南宋，被南宋扣留十余年。元军大举攻宋时始得放还，不久去世。② 其诗文编为《陵川文集》。③

郝经"诗多奇崛"④，以歌行形式写作是他的诗作一大特色。"遗民"情结，在他的作品中仍有所流露。对于金朝，郝经是怀念和同情的，"天兴不是亡国主，不幸遭逢真可惜，十年嗣位称小康，若比先朝少遗失"。末代皇帝如此，追思金朝开国，"化行江汉服羌戎，百年以来夸俊功，参用辽宋为帝制，文采风流几学士"。但是，蒙古兴起，天命有归，"马上真人作天子"，而金朝在政治上种种失误，终于陷于亡国的境地。尽管如此，金哀宗在蔡州城破时与国俱亡，众多节义之士"死事死国，有古烈士之风"，仍使诗人为之感叹。在《戊午清明日大城南读金太祖睿德神功碑》《汝南行》《金源十节士歌》等篇中，"遗民"情结表现最为明显。上述后两篇歌行以及《三峰山行》《青城行》《照碧堂行》等篇，则用写实的手法，记述了金

---

① 《四库全书总目》卷188《集部·总集三·河汾诸老诗集》。
② 《元史》卷157《郝经传》。按，《传》中说："宪宗二年，世祖以皇弟开邸金莲川，召经，谘以治国安民之道。"这是不正确的。据郝经自己说，他是"乙卯十一月被旨北上，丙辰正月见于沙陀"。（《东师议》，《陵川集》卷32），"丙辰"是蒙哥汗六年（1256）。
③ 《北京图书馆古籍珍本丛刊》收入此书明正德刻本。
④ 《元史》卷157《郝经传》。

朝亡国的历史。① 后人评论："《陵川集》诗，叙金亡事最详。"② 即就这些作品而言。但郝经的作品，并不局限于怀恋故国。他的其他一些作品富有时代特色。如《沙陀行》记蒙古骑牧和狩猎，"以战为猎国俗然，况乃万里皆鞭笞。马多地广兵力劲，将士能将马为命。终身骑射不离鞍，辛苦生狞殆天性。每将饥渴勒柱横，一饱一肥无复病"。而在《高丽叹》中，作者对当时高丽的处境表示了极大的同情。高丽被蒙古"残灭虏掠五十年""尽将生口卖幽燕""罗列人肆真可怜"。《巴陵女子行》则记述南宋妇女为蒙古军所俘守节不屈事。这些都从一个侧面反映了当时的历史真实。郝经的作品，可以称为"诗史"，这在同时代诗歌作品中是不多见的。

蒙古灭金以后相当长一段时间内，"遗民"诗文是"汉地"文坛的主流，已见上述。但与此同时，还有一股不同于"遗民"诗文的新风，那便是以耶律楚材、丘处机为代表的新西域诗。蒙古西征，震动世界，不少中原士人随军西行，其中有些人用诗歌记下了自己的经历和见闻。在历史上，唐朝国势强盛，开边拓土，在文坛上出现过以西域为题材的诗歌，豪迈雄壮，在当时诗坛独树一帜。随着唐朝国势的衰落，西域诗销声匿迹。经历数百年以后，到了这一时期，才以新的面貌出现。

新西域诗的主要作者耶律楚材（1190—1244），字晋卿，号湛然居士。契丹族，辽朝开国皇帝耶律阿保机的后裔。他的父亲耶律履博学多才，在金朝历任礼部尚书、参知政事、尚书右丞等职。耶律楚材从小失去父亲，但他在文化氛围浓厚的家庭中成长，"博极群书，旁通天文、地理、律历、术数及释老、医卜之说"③。金章宗泰和六年（1206）出仕，历任省掾、开州同知、左右司员外郎。贞祐三年（1215）五月，蒙古军破中都（今北京），耶律楚材正在城中，从此他成为大蒙古国的臣民。戊寅年（1218），他应成吉思汗之召，前往漠北。次年（1219），追随成吉思汗西征，曾在寻思干（今乌兹别克斯坦撒马尔罕）、蒲华（今乌兹别克斯坦布哈拉）停留过。1224年东返。1226—1227年随军出征西夏。窝阔台汗即位后，耶律楚材受到信任，得以管理"汉地"赋税等事务。金朝灭亡后，耶律楚材为整顿"汉地"的社会秩序、恢复生产、保护士人和文化事业做了不少有益的工作，同时也因

---

① 分见《陵川集》卷10、卷11。
② 清顾嗣立语，见《元诗选》初集《乙集·陵川集》。
③ 《元史》卷146《耶律楚材传》。

此招来某些当权者的忌恨。窝阔台汗晚年，耶律楚材已逐渐失去信任，权力被剥夺。1241 年，窝阔台汗去世，皇后脱列哥那摄政，政治混乱，耶律楚材因心力交瘁于 1244 年郁郁死去。

耶律楚材勤于著述，他的诗文，主要见于《湛然居士文集》。[①] 其中诗歌占篇幅居多，共有六百多首。耶律楚材的诗歌"皆本色，惟意所如，不以研炼为工"[②]，"雄篇秀句，散落人间，为一代词臣倡始，非偶然也"[③]。他的诗歌创作在当时和有元一代都有一定的影响。他的传世作品还有《西游录》，将在后面加以叙述。

耶律楚材出身于契丹贵族家庭，曾在金朝为官，又为蒙古征召，成为新朝重臣。他深受儒家文化的熏陶，同时又是虔诚的佛教徒。他的特殊经历和文化修养使他思想上充满了矛盾。这在他的诗歌中得到了充分的反映。他为蒙古国的开疆拓土歌功颂德，"一圣扬天兵，万国皆来臣；治道尚玄默，政简民风纯"[④]。"勋业超秦汉，规模迈帝王……北漠绝穷域，西隅抵大泽。"[⑤]他注意到了战争带来的痛苦：蒙古攻金，"山西尽荆枳，河朔半豺狸。"[⑥] 蒙古西征，造成极大的破坏，"寂寞河中府，生民屡有灾，避兵开邃穴，防水筑高台"[⑦]。总的来说，前一方面是高扬的，而后一方面则是比较微弱的。他有宏大的政治抱负，希望在大变动的时代，为新朝创立制度，使儒家的政治理想得以实现："衣冠异域真余志，礼乐中原乃我荣。"[⑧]"贤臣圣主正时遭，建策龙庭莫惮劳……勉力自强宜不息，功名何啻泰山高。"[⑨] 但是，现实往往不尽如人意，因而他时有不满和牢骚。西征时他遭到冷落，未被重用，诗歌中经常流露失意的情绪："当年元拟得封侯，一误儒冠入士流……致主泽民元素忠，陈书自荐我无由。"[⑩]"致泽君民本不难，言轻无用愧偷安。十年潦倒功何在，三径荒凉盟已寒。"[⑪] 窝阔台汗即位，他的地位大有改变，情绪亦

---

① 比较通行的是中华书局 1986 年谢方点校本。
② 《四库全书总目提要》卷 166。
③ 《元诗选》初集乙集，《耶律楚材小传》。
④ 《和平阳王仲祥韵》，《湛然居士文集》卷 1。
⑤ 《和张敏之诗七十韵三首》，《湛然居士文集》卷 9。
⑥ 《怀古一百韵寄张敏之》，《湛然居士文集》卷 12。
⑦ 《西域河中十咏》，《湛然居士文集》卷 6。
⑧ 《和武川严亚之见寄五首》，《湛然居士文集》卷 4。
⑨ 《和薛正之见寄》，《湛然居士文集》卷 5。
⑩ 《感事四首》，《湛然居士文集》卷 5。
⑪ 《过云中和张仲先韵》，《湛然居士文集》卷 3。

为之一变:"自甘头戴白,误受诏批黄。我道将兴启,吾侪有激昂。厚颜悬相印,否德忝朝纲。佐主难及圣,为臣每愿良……九服无不轨,四海愿来王。兵革虽开创,诗书何可忘。"①"自愧才术草芥微,偶然千载遇明时。惟希一统皇家义,何暇重思晁氏危。仁义且图扶孔孟,纵横安肯效秦仪。行看尧舜泽天下,万国咸宁庶绩熙。"②他要以孔孟之学辅佐圣主,效法尧舜,统一天下,真可以说是雄心勃勃。但是,没有多久,便陷于多方面的排挤和倾轧之中,很快又感到世事不可为:"疲俗不禁新疾苦,滥官难抚旧疮痍。才微任重宜求退,自有当途国手医。""自愧无才术,忝位人臣极。未能扶颠危,虚名徒伴食。"③

随军西征时的作品是耶律楚材诗歌的一大特色。西征途中,他历经间居河(今蒙古克鲁伦河)、金山(今新疆阿尔泰山)、阴山(今新疆天山)等处,都是以往中原文人罕到的地方。他为这些高山大川的奇异景色所倾倒。间居河,"河冰春尽水无声,靠岸钩鱼羡击冰"④。金山,"金山前畔水西流,一片晴山万里秋"⑤。"阴山千里横东西""猿猱鸿鹄不能过",其雄伟瑰丽的景色给耶律楚材留下的印象最深:"山高四更才吐月,八月山峰半埋雪";"山南山北多幽绝,几派飞泉练千丈";"临高俯视千万仞,令人凛凛生恐惶";"横空千里雄西域,江左名山不足夸"⑥。蒙古军过阴山后攻下了花剌子模国的新都寻思干(今乌兹别克斯坦撒马尔罕)、蒲华(今乌兹别克斯坦布哈拉)等处,大军继续南下,耶律楚材则在寻思干,有时也到蒲华盘桓,他用心观察当地的风土人情,为此写下了大量诗篇,其中最著名的有《西域河中十咏》《赠蒲察元帅七首》《河中春游有感》等。⑦"葡萄架底葡萄酒,杷榄花前杷榄仁。""细切黄橙调蜜煎,重罗白饼糁糖霜。"这是记西域的物产。"冲风磨旧麦(西人作磨,风动机轴以磨麦),悬碓杵新粳(西人皆悬杵以舂)";"每春忘旧闰,随月出新年(西人不计闰,以十二月为岁)";"食饭秤斤卖,金银用麦分";"素袖佳人学汉舞,碧髯官妓拨胡琴"。这是记西域的风俗。"漱旱河为雨,无衣垅种羊";"六月常无雨,三冬却有雷";

---

① 《和李世荣韵》,《湛然居士文集》卷1。
② 《和杨居敬韵二首》,《湛然居士文集》卷2。
③ 《继宋德懋韵三首》《为子铸作诗三十韵》,《湛然居士文集》卷9、卷12。
④ 《过间居河四首》,《湛然居士文集》卷5。
⑤ 《过金山和人韵三绝》,《湛然居士文集》卷7。
⑥ 《过阴山和人韵》,《湛然居士文集》卷2。
⑦ 参见《湛然居士文集》卷6、卷5。

"春月花浑谢,冬天草再生"。这是记西域的生态环境。在返回东方以后,他还念念不忘这一段难得的生活经历,在《怀古韵一百韵寄张敏之》《赠高善长一百韵》等诗篇中加以记述。"一住十余年,物我皆相忘。"他对西域是十分留恋的。①

窝阔台汗前期,耶律楚材受到信任,参与朝政。他有几首关于围猎的诗,详细描写了蒙古统治者的围猎活动。"国朝大事,曰征伐,曰搜狩,曰宴飨,三者而已。"② 蒙古人将"搜狩"即大规模的围猎当作一种军事训练,视为国家的头等大事。蒙古大汗不时举行大规模的围猎,每次长达两三个月之久。耶律楚材作为宫廷近臣,尽管不善于骑射,亦能追随大汗参与这类活动。他对此有生动的描写:"湛然扈从狼山东,御闲天马如游龙。"③ "天皇冬狩如行兵,白旄一麾长围成。长围不知几千里,蛰龙震慄山神惊。长围布置如圆阵,万里云屯贯鱼进。千群野马杂山羊,赤熊白鹿奔青獐。壮士弯弓殒奇兽,更驱虎豹逐贪狼(御闲有驯豹,纵之以搏野兽)。"④ 每次围猎,都要以大汗下令将残余的动物放纵为结束,"翠华驻跸传丝纶,四开汤网无掩群"。这样做本意是使动物能继续繁殖,但耶律楚材则认为是大汗的恩德:"天子恩波沐禽兽,狼山草木咸忻忻。"⑤

耶律楚材的诗,语言本色,意趣自然。他记述西域的自然景色、风土人情,以及蒙古人的狩猎习俗,这样的题材,在以往的诗歌史上是极其罕见的。这些作品不仅具有独特的艺术价值,而且从一个侧面反映了当时蒙古族的生活方式和成吉思汗西征这样震动世界的历史事件,因而在某种程度上亦有诗史的意义,应该得到特别的重视。

另一位与西征有关的诗人是全真道的领袖丘处机。关于丘处机在全真教中的地位以及他和蒙古国的关系,本书前面的章节已有叙述。丘处机"善吟咏"⑥,他原来的诗词以描绘山川景物和抒发全真理念为主,可以称道的佳作不多。1219年他应成吉思汗之招,取道漠北,远赴中亚,1224年回到燕京。往返途中,他写下了大量诗篇。其中有些作品,着意描绘所见山川景物和民

---

① 《赠高善长一百韵》,《湛然居士文集》卷12。
② 《吕公神道碑》,《秋涧集》卷57。
③ 《扈从羽猎》,《湛然居士文集》卷10。
④ 《扈从冬狩》,《湛然居士文集》卷10。
⑤ 《狼山宥猎》,《湛然居士文集》卷10。
⑥ 丘处机西游诗篇,均见《长春真人西游记》。

俗风情，颇具特色。例如由金山（阿尔泰山）到阿里马（即阿力麻里，在今新疆霍城境内）后赋诗："金山东畔阴山西，千岩万壑攒深溪。溪边乱石当道卧，古今不许通轮蹄。前年军兴二太子，修道架桥彻溪水（三太子修金山，二太子修阴山）。今年吾道欲西行，车马喧阗复经此……参天松如笔管直，森森动有百余尺。万株相倚郁苍苍，一鸟不鸣空寂寂。羊肠孟门压太行，比斯大略犹寻常。双车上下苦顿颠，百骑前后多惊惶。天池海在山头上，百里镜空含万象。悬车束马西下山，四十八桥低万丈。河南海北山无穷，千变万化规模同。未若兹山太奇绝，磊落峭拔如神功。我来时当八九月，半山已上纯为雪。山前草木暖如春，山后衣衾冷如铁。"诗中描写今新疆果子沟（由准噶尔盆地进入伊犁河谷的主要通道）一带的自然景色，同时也记述了蒙古军西征的活动。二太子、三太子即成吉思汗之子察合台和窝阔台。诗中的"天池"即新疆的赛里木湖，"四十八桥"即察合台西征时所修栈道。"孟门"是太行山东部一处隘道，"羊肠孟门压太行"，极言其地势险峻，但在诗人看来，孟门与果子沟一带的形势相比，"大略犹寻常"，从而更衬托出后者奇绝，以及蒙古军事活动的惊人气势。经过阿里马，丘处机一行来到邪米思干（即耶律楚材笔下的寻思干），居住了相当长时间。他和原已在那里的耶律楚材交往颇多，相互赋诗唱和，不少诗篇记述了当地的风光，如："回纥邱墟万里疆，河中城大最为强。满城铜器如金器，一市戎装似道装。剪簇黄金为货赂，裁缝白氎作衣裳。灵瓜素棋非凡物，赤县何人构得尝。""外国深蕃事莫穷，阴阳气候特无从。才经四月阴魔尽（春冬霖雨，四月纯阳，绝无雨），却早弥天旱魃凶。浸润百川当九夏（以水溉田），摧残万草若三冬，我行往复三千里（三月去五月回），不见行人带雨容。"

丘处机诗篇中对西域风物的描写和耶律楚材的作品可以说交相辉映。和唐代的边塞诗相比，有更多更新的意境。特殊的历史环境为他们提供了特殊的创作题材，他们的诗篇是蒙古西征和中亚社会变迁的历史见证。他们两人创作的新西域诗，是蒙古国"汉地"诗坛上的珍品，在中国诗歌史上亦有其特殊的地位。

当时随蒙古军西征的"汉地"士人还有郑景贤（名师真）、王君玉等人。耶律楚材、丘处机在西域时常和他们赋诗唱和，郑、王等亦应有关于西域的诗作，可惜没有能保存下来。正因为如此，耶律楚材、丘处机的西域诗篇，更加可贵。

以上说的是"汉地"诗坛的情况。在西南吐蕃地区，13世纪上半期产生了一部很有特色的诗集《萨斯迦格言》（今译《萨迦格言》，以下简称《格言》），它的作者就是前面提到的藏传佛教萨斯迦派的领袖萨班·贡噶坚赞。《萨斯迦格言》共9章，457首。内容涉及许多方面。宣扬佛教治理国家和政教合一的观念，主张施仁政，轻徭薄赋，反对暴虐统治。谴责尔虞我诈、任人唯亲、自私自利等丑恶现象。赞美谦逊正直、好学不倦的优良品格，教导人们勤学求知，批评懒惰厌学。《格言》全部都采用4句7音节的结构形式，语言质朴简练，大量吸收民间的谚语、传说和故事，广泛使用比喻的手法，形象生动，寓意深刻。《格言》所阐述的哲理和伦理原则，对藏族的道德观念和伦理思想的形成有巨大的作用。作为一种独特的文学样式，《格言》对于后代藏族文学的发展，亦产生了深远的影响。《格言》早在15世纪已传入蒙古地区，译成蒙文，在蒙古族中流传。20世纪下半期有汉文译本问世。并已译成几种欧洲文字。《格言》应视为元代文学的一朵奇葩。

第二节　杂剧的兴起

中国古代文学的发展有雅、俗两条不同的线索，戏曲则是俗文学高度发展并与舞台表演艺术相结合的产物。在元代，首次出现了在全国范围内广泛流行、产生众多作家和作品、比较成熟的戏曲形式，这就是元杂剧。它是元代最具特色和创造性的文艺体裁，但因属于俗文学范围，在古代相对来说不受研究者的重视。王国维指出："凡一代有一代之文学。楚之骚，汉之赋，六代之骈语，唐之诗，宋之词，元之曲，皆所谓一代之文学，而后世莫能继焉者也。独元人之曲，为时既近，托体稍卑，故两朝史志与《四库》集部均不著于录，后世儒硕皆鄙弃不复道……遂使一代文献，郁埋沉晦者且数百年。"所谓元曲，在广义上包括杂剧、散曲两种形式，但多数时候主要指元杂剧，王国维采取的也是后一种用法，故而他接下来就说："往者读元人杂剧而善之，以为能道人情，状物态，词采俊拔，而出乎自然，盖古所未有，而后人所不能仿佛也。"[①]"杂剧"一称，起源甚早，晚唐文献中即已出现。宋、金两朝，也都有杂剧这一表演形式。元人为了与前代杂剧区别，又将元杂剧称为北杂剧或北曲杂剧。它的形成时间，恰在大蒙古国时期。此时元朝尚未建立，我们为使名正言顺，暂时也用北杂剧一称。

[①] 王国维：《宋元戏曲考·序》，《王国维戏曲论文集》，中国戏剧出版社1984年版，第3页。

北杂剧产生的渊源有二。首先是宋、金时期的杂剧。北宋杂剧源于唐代"参军戏",主要是一种滑稽表演,出于某种讽刺诙谐目的编造一个故事,由两名以上演员将它表演出来,形式上偏重念诵和对白,也夹杂着歌舞或杂技。南宋杂剧已有比较固定的角色和演出程序,角色包括末泥、引戏、副净、副末等,不过内容仍是"全以故事世务为滑稽,本是鉴戒,或隐为谏诤也"①。金代杂剧与宋大致近似,但又有一个流行名称称为"院本"。其含义,大体是指行院人(指演员——歌妓、乐人、伶人等)演出使用的脚本。元杂剧或北杂剧起于金末元初的北方,就是从院本中直接衍生出来的。故陶宗仪称"院本、杂剧,其实一也。国朝院本、杂剧,始厘而二之"②。关于由院本到杂剧变化的意义,元初人胡祗遹说:

> 乐音与政通,而伎剧亦随时所尚而变。近代教坊院本之外,再变而为杂剧。既谓之杂,上则朝廷君臣政治之得失,下则闾里市井父子兄弟夫妇朋友之厚薄,以至医药卜筮释道商贾之人情物理,殊方异域、风俗语言之不同,无一物不得其情,不穷其态。③

夏庭芝概括两者区别,谓"院本大率不过谑浪调笑,杂剧则不然",随即列举了"君臣""母子""夫妇""兄弟""朋友"等不同内容类型的一些杂剧名目,称其"皆可以厚人伦,美风化"④。王国维指出:"院本之制,较之杂剧简甚。"⑤ 孙楷第具体分析说:"金之院本即宋之杂剧,亦即唐之参军戏。其来历本至久远,然考其体不过滑稽小戏,以发科打诨为主,其剧情声音皆至简质。此等剧积久不变,自不能满足人对于艺术之要求。至金、元间适有杂剧发生,其事唱、做、白三者并重,而所重尤在曲……其剧情排场以及声容之妙,皆远非院本所能及。"⑥ 要言之,北杂剧对院本的发展,主要表现在增加篇幅,充实正面敷演的故事内容,将原来作为演出主要成分的滑稽、诙

---

① 灌圃耐得翁:《都城纪胜》"瓦舍众伎"条,收入《南宋古迹考(外四种)》,浙江人民出版社标点本。
② 《南村辍耕录》卷25《院本名目》。
③ 胡祗遹:《赠宋氏·序》,《紫山集》卷8。
④ 《青楼集志》,载中国戏曲研究院编《中国古典戏曲论著集成》第二册,中国戏剧出版社1959年版,第7页。
⑤ 王国维:《录曲余谈》,《王国维戏曲论文集》,第223页。
⑥ 孙楷第:《元曲新考·书会》,载氏著《沧州集》下册,中华书局1965年版。

谐内容削弱，使其成为主题剧情的附属，同时演唱的比重明显加大，念白和对话只居辅助地位。

在演唱方面，北杂剧与金代民间说唱艺术诸宫调和金末的新兴韵文体裁散曲有密切关系。宫调是古代乐曲在十二个半音基础上产生的十二种七声音阶，用以限定乐器的管色高低，从而表现出雄壮、凄婉、清新、缠绵等不同音乐风格。根据各种乐曲收尾处的宫调，即可将各种各样曲牌的乐曲区分出不同类型，凡结尾处宫调相同的曲牌，即为同一宫调之曲。金代的说唱艺术诸宫调，是用隶属于同一宫调、不同曲牌的两支以上曲子构成一套，然后用不同宫调的若干套"套曲"相连，演唱一个长篇故事，其中也加有念白和对话。这种艺术形式有较长的故事情节，有人物，有说唱，有伴奏，已与戏曲相当接近，但区别在于演唱者是以旁观身份叙述故事，并非亲身扮演角色进行戏曲表演。金末从民间歌曲演变而来的新兴韵文体裁散曲，也都根据某宫调某曲牌填写，多支同一宫调、不同曲牌的曲子成套写作，内容相连，称为"套数"。北杂剧吸取了诸宫调和散曲套数的配曲演唱形式，采用宫调相同的套曲组成演唱段落，使戏曲音乐更加规范化。套曲演唱与表演相结合，更有助于曲折、细腻地刻画人物和表达剧情。

宋杂剧、金院本、金诸宫调、金末散曲，这些艺术形式的发展，为北杂剧的形成奠定了基础。而金元之际、亦即大蒙古国统治时期的社会环境，则成为推动北杂剧定型和成熟的外部条件。

蒙古统治者在征服中原过程中，进行了残酷的屠杀和破坏。但他们十分重视各类技术人才，对汉地的歌舞艺术也比较喜爱。早在进入中原之初，每遇屠城，乐工与工匠、僧、道等均在保护之列。南宋使臣赵珙记述在蒙古军中见闻，提到"国王（按指蒙古大将木华黎）出师，亦以女乐随行，率十七八美女，极慧黠，多以十四弦弹大官乐等曲，拍手为节，甚低，其舞甚异"[1]。窝阔台汗灭金后伐南宋，还专门派人随军搜求"儒、道、释、医、卜、酒工、乐人"[2]。在这种情况下，投充乐工以自保乃至谋生是很多见的事。与此同时，广大士人仕途断绝，往往"混于杂役，堕于屠沽，去为黄冠"[3]，也有相当一部分人适应社会需要，投身于市井艺术创作。王国维分析

---

[1]《蒙鞑备录·燕聚舞乐》。
[2]《姚文献公神道碑》，《牧庵集》卷15。
[3] 彭大雅：《黑鞑事略》。

说："盖自唐宋以来，士之竞于科目者，已非一朝一夕之事。一旦废之，彼其才力无所用，而一于词曲发之。且金时科目之学，最为浅陋。此种人士一旦失所业，固不能为学术上之事，而高文典册又非其所素习也。适杂剧之新体出，遂多从事于此，而又有一二天才出于其间，充其才力，而元剧之作，遂为千古独绝之文字。"① 另外随着时间推移，蒙古统治者逐渐注意安定地方秩序，中原各地的汉人世侯、军阀，也大都在辖区内推行"保境安民"的政策。这都使得地方的经济、文化事业有所恢复。或经济虽未臻繁荣，而文化创作环境却相当自由。大蒙古国在汉地的主要统治中心，一为燕京，一为平阳（今山西临汾）。世侯的割据据点中，又以东平、真定搜罗人才最盛。北杂剧的早期作家，恰好大部分都活动于这四座城市，并不是偶然的。

　　北杂剧创作有比较固定的体制。绝大多数杂剧分为四折，亦偶有超出四折的，一折大体相当于现代戏剧的一幕。一折中又可以分几场，即表演环境可能更换，不止一个场景。一折的乐曲相当于一个散曲"套数"，用同一宫调的一组曲牌构成，少则数支，多则十余支，唱词一韵到底。在理论上，宫调总数包括十二种七声音阶，共84种，但杂剧中实际应用的仅有五宫四调，即仙吕宫、南吕宫、中吕宫、黄钟宫、正宫、大石调、双调、商调、越调九种，亦通称"北九宫"。剧首或两折之间，置有"楔子"，起开场或过场之用。剧本中详细注明唱、白、科三种演出内容。唱词是剧本的主体。白亦称宾白，包括两人以上对话和一人自言自语。科亦称介，指表情和动作，乃至武打。后世戏曲的唱、念、做、打四要素，北杂剧中已经齐备。角色分配方面，主要有四类：末、旦、净、杂。男主角称正末、女主角称正旦，其余男女重要角色有副末、外末、冲末、副旦、外旦、搽旦等不同称呼。净为喜剧角色或反面人物，多起插科打诨、滑稽调笑的作用。另外一些闲杂角色统称为杂。一出杂剧通常只能由正末或正旦一人主唱，正末唱的称"末本"，正旦唱的称"旦本"。主唱者以外，其余角色只有宾白、科介，无唱词。与宋杂剧、金院本、诸宫调等相比，北杂剧的体制更完善，内容更充实，舞台表演也有更规范的程式，王国维称自此"我中国之真戏曲出焉"，青木正儿也说它是"真正的戏剧"②。

---

　　① 《宋元戏曲考·元剧之时地》，《王国维戏曲论文集》，第67页。
　　② 《宋元戏曲考·元杂剧之渊源》，《王国维戏曲论文集》，第56页；[日]青木正儿：《元人杂剧概说》，隋树森汉译本，中国戏剧出版社1957年版，第2页。

北杂剧作家众多,但其具体生活年代往往难以考定。大蒙古国时期、亦即北杂剧兴起时期的作家,大多数活到了元朝前期;而元朝前期从事杂剧创作的作家,应当也有不少人是在大蒙古国时期开始创作的。著名作家中,大致可以肯定生活年代较早、辈分较高的,主要为关汉卿和白朴。《青楼集》郏经《序》云:

> 我皇元初并海宇,而金之遗民若杜散人、白兰谷、关已斋辈,皆不屑仕进,乃嘲风弄月,留连光景。①

杜散人即散曲作家杜仁杰,白兰谷即白朴,关已斋即关汉卿。三人中杜仁杰无杂剧创作,白、关二人则是杂剧大家。上引材料中,《青楼集·序》的一种版本并无"而金之遗民"五字,可能"遗民"身份不一定准确。杜仁杰大约生于12、13世纪之交,② 金亡时已成年,可算作金朝遗民。白朴生于金哀宗正大三年(1226)③,金朝灭亡时不到十岁,称"遗民"不尽合适。关汉卿生卒年不详,但根据他与杜、白二人并列,以及其他一些因素来看,他即使不是金朝遗民,至少也是与杜、白一样生于金末,由金入元。④ 著名杂剧作家可以肯定(或大体肯定)生在金朝的,除白、关之外暂时还很难找到其他人。

关汉卿生平史料寥寥,最早的记载见于元后期人钟嗣成《录鬼簿》:"关汉卿,大都人,太医院尹(一本作太医院户),号已斋叟。"由此许多学者认为关汉卿的籍贯在大都(今北京)。也有人根据一些晚出的史料,认为其籍贯为祁州伍仁村(今属河北安国)或解州(今山西运城),只不过后来生活在大都而已。太医院尹一词,引起不少争论,因为金、元两朝都无此职名。自蔡美彪发现《录鬼簿》别本作"太医院户"后,不少学者认为"尹"本应为"户"字,形近致误。元代户籍中有医户,以行医为业,受太医院管

---

① 关于《青楼集》的情况,见本书第三编第5章。
② 参见孔繁信《重辑杜善夫集》附录《元初著名曲家杜善夫生平行历考》,济南出版社1994年版。
③ 《天籁集》卷首王博文(子勉)《序》称白朴"甫七岁,遭壬辰之难"。壬辰前推七年为丙戌,即1226年。
④ 参见蔡美彪《关汉卿生平考略》,载南京大学历史系元史研究室编《元史论集》,人民出版社1984年版。

辖，可优免部分差役，关汉卿当即隶属于这类户籍。此说较为有据。① 熊梦祥《析津志》"名宦"门："关一斋，字汉卿，燕人。"② 由此可知汉卿是他的字，名不详，一斋当即别号已斋。关汉卿生活年代的下限，至少已到元世祖忽必烈至元中后期，因为他作有散曲《一枝花·杭州景》，表明他在元朝统一南方后，曾经到过杭州。又有学者根据他的另一首散曲《双调·大德歌》，论证他活到成宗大德年间。但也有人不同意，认为成宗时关汉卿已卒，《大德歌》的"大德"是泛称，与成宗大德年号仅是巧合而已。

关汉卿在杂剧发展史上地位非常重要。明初朱权《太和正音谱》卷上《古今群英乐府格势》称关汉卿"初为杂剧之始"，说明他很可能是北杂剧定型过程中的关键人物。《析津志辑佚》"名宦"门称他"生而倜傥，博学能文，滑稽多智，蕴藉风流，为一时之冠。是时文翰晦盲，不能独振，淹于词章久矣"。很显然，关汉卿就是在士人传统仕途堵塞的情况下，将其聪明才智投入戏曲创作，并取得了巨大成就。他不仅编写杂剧，而且还混迹梨园之中参加演出，"躬践排场，面敷粉墨，以为我家生活，偶倡优而不辞"③。元末贾仲明增补《录鬼簿》中，有挽关汉卿的《凌波仙》词，称颂他是"驱梨园领袖，总编修帅首，捻杂剧班头"。关汉卿创作的杂剧作品，就今所知有66种，尚存者18种（其中有一些是否确系他的作品还存在争议）。就内容而言，包括公案剧、爱情剧、历史剧、文人逸事剧等，题材广阔，内涵丰富，极大地开拓了杂剧的表现功能。其中公案剧《窦娥冤》《蝴蝶梦》《鲁斋郎》，爱情剧《救风尘》《调风月》《拜月亭》《望江

图1-4-1 《望江亭》图影

---

① 蔡美彪上揭文。最近又有学者结合关汉卿杂剧内容，进一步论证关氏本人对医学较为熟悉，而且元初确有不少杂剧作家出身于医生这一类"职业知识分子"。参见金文京《关汉卿身世考》，载北京师范大学古籍所编《元代文化研究》第一辑，北京师范大学出版社2001年版。

② 《析津志辑佚》，第147页。

③ 《元曲选·序二》。

亭》，历史剧《单刀会》尤其著名，这些剧目思想境界深刻、人物刻画生动、语言朴素自然，均是不可多得的杰作。王国维评论说："关汉卿一空倚傍，自铸伟词，而其言曲尽人情，字字本色，故当为元人第一。"[①]

白朴（1226—?），原名恒，字太素，一字仁甫，号兰谷，隩州（今山西河曲）人。父白华，金末进士。白朴出生于金末丧乱之中，幼年曾从著名文学家元好问学习，后随父流寓真定，依附于军阀史天泽。成年后出外漫游，并开始创作杂剧。元灭南宋后，白朴也到过江南，晚年徙居建康（今南京）。其子仕元为三品官，故白朴死后被追赠为嘉议大夫，掌礼仪院太卿。现知其创作杂剧16种，存者仅《梧桐雨》和《墙头马上》2种。前者以浓厚的抒情意味见长，后者以生动的戏剧冲突取胜，反映出作者驾驭和运用不同艺术风格的能力。

第三节　金朝史的修撰和《蒙古秘史》

蒙古灭金，不仅对社会经济造成极大的破坏，而且导致大量文化设施与资源的毁坏和散失。可幸的是，汴京城破时，顺天（今河北保定）汉军将领张柔"独入史馆，取金《实录》并秘府图书，访求耆德及燕、赵故族十余家，卫送北归"[②]。使得一部分珍贵的历史文献得以保存下来。金《实录》一直收藏在张柔家中，世祖中统初年"送史院"，后来成为修纂《金史》的重要依据。[③]

金朝灭亡以后，有些以"遗民"自居的士人，都致力于搜罗散失的文献，记述一代的史事，其中最为突出的是元好问、刘祁和王鹗。

元好问的生平，已见前述。元好问"每以著作自任，以金源氏有天下，典章法度，几及汉唐。国亡史兴，己所当为"。因为金《实录》"在顺天万户张公府，乃言于张公，使之闻奏，愿为撰述。奏可，方辟馆，为人所沮而止。先生曰：'不可遂令一代之美，泯而不闻。'乃为《中州集》百余卷，又为《金源君臣言行录》。往来四方，采摭遗逸，有所得辄以寸纸细字亲为记录，虽甚醉不忘。于是杂录近世事至百余万言，捆束委积，塞屋数楹，名

[①]　《宋元戏曲考·元剧之文章》，《王国维戏曲论文集》，第90页。
[②]　《元史》卷157《张柔传》。
[③]　《三史质疑》，《滋溪文稿》卷25。

之曰野史亭。书未就而卒"①。元好问原来想取得蒙古国的支持，由官方建立机构，以金《实录》为基础，撰修《金史》。但遭到反对，未能实现。于是就决心以一人之力，多方搜集各种资料，撰写各种有关金朝历史的著作。《中州集》是金人诗歌的选集，并为二百四十多名诗人立传。元好问《自题〈中州集〉后》："平世何曾有稗官，乱来史笔亦摧残。百年遗稿天留在，抱向空山掩泪看。"② 清楚地表明他编纂《中州集》志在修史的意图。后来元朝修《金史》的列传部分，从中采撷了大量资料。元代史学家苏天爵说："元好问为《中州集》小传，多庶官及文学隐逸之士，所以补史之缺遗。惜其尚多疏略。"③ 评价是比较恰当的。《中州集》以诗存史的方法，对后代有一定的影响。④《金源君臣言行录》顾名思义应是记录金朝皇帝和大臣的言行，如果说《中州集》小传涉及的大多是"庶官及文学隐逸之士"的话，那么，《言行录》所载应是金朝上层人物的资料，可惜的是此书未及刊行，早已散失。⑤ 此外，元好问还有《壬辰杂编》一书，已佚。但元朝末年修《金史》时，此书手稿尚存。"壬辰"即金哀宗天兴元年（1232）。元末史家认为此书"亦足补义宗一朝之事"⑥。"义宗"即金朝末代皇帝哀宗。除了这几种著作之外，元好问还为金末人物写下了大量碑传文字。"兵后，故老皆尽，好问蔚为一代宗工，四方碑板铭志，尽趣其门。"⑦ 元好问对此颇为热衷，因为在他看来，"夫文章天地之元气，无终绝之理。他日有以史学自任者出，诸公之事，未必不自予发之，故不敢以文不足起其事为之辞"⑧。显然，他撰写碑传文字主要不是为了应酬，而是看作积累历史资料的一个重要方法。事实上，他所撰写的碑传文字，不仅在元末编纂《金史》时起过作用，而且明初编纂的《元史》，也从其中吸收了不少资料。

元好问有编写金朝一代历史的计划。以上几种著作都是完成最终计划的准备工作。他在一封致友人的信中说："向前八月大葬之后，惟有《实录》

---

① 《遗山先生墓铭》，《陵川集》卷35。
② 《遗山集》卷13。
③ 《三史质疑》。
④ 明清之际钱谦益编：《列朝诗集》，即按《中州集》的体例。此后尚有朱彝尊的《明诗综》、顾嗣立的《元诗选》等。
⑤ 《三史质疑》。
⑥ 同上。
⑦ 《金史》卷126《文艺传·元好问》。
⑧ 《耶律公墓志铭》，《国朝文类》卷51。

一件，只消亲去顺天府一遭，破三数月功，披节每朝终始，及大政事、大善恶、系废兴存亡者为一书，大安及正大事则略补之。此书成，则溘死道边无恨矣。"①"大安""正大"分别是卫绍王和哀宗的年号。信中的"此书"，显然指包含"每朝终始"的金朝一代历史而言。从此信看来，元好问大概觉得资料准备工作已基本完成，只需对《实录》下一番功夫，便可进行"此书"的编写了。他把这一工作看成毕生的事业，只要"此书"能完成，纵然死亡也无所遗憾。这种献身精神是值得钦佩的。可惜的是他并没有能完成这一工作。

刘祁字京叔，浑源（今属山西）人。他的父亲官至御史大夫、应奉翰林文字。刘祁随父在汴京（今河南开封），结识了不少达官显宦、文人学士，对朝政颇有了解。蒙古围攻汴京时，刘祁是城中太学的学生，亲身经历了金朝汴京陷落的过程。汴京陷落后，刘祁回到家乡，过着"躬耕自给"的生活。戊戌年（1238）参加蒙古国举行的确定儒户的考试，"魁西京选"，被选充山西东路考试官。后来蒙古国征南行台粘合南合"闻其名，邀至相下，待以宾友，凡七年而没"②。"相"即今河南南阳。粘合南合之父粘合重山，出身金源贵族，"国初为质子，知金将亡，遂委质焉"。因而深得成吉思汗信任。窝阔台汗七年（1235），"从伐宋，诏军前行中书省事，许以便宜"。十年（1238），"诏其子江淮安抚使南合嗣行军前中书省事"③。"征南行台"即指此。可知刘祁在一度隐居以后，晚年仍依附于新朝权贵。

《归潜志》是刘祁回乡隐居时的作品，完成于"岁乙未"亦即1235年。他在此书的自序中写道："一旦遭值金亡，干戈流落，由魏过齐入燕，凡二千里，甲午岁复于乡，盖年三十二矣。因思向日二十余年间所见富贵权势之人，一时烜赫如火烈烈者，迨遭丧乱，皆烟销灰灭无余，而吾虽贫贱一布衣，犹得与妻子辈完归，是亦不幸之幸也……独念昔所与交游，皆一代伟人，人虽物故，其言论谈笑，想之犹在目，且其所闻所见可以劝戒规鉴者，不可使湮没无传。因暇日记忆，随得随书，题曰《归潜志》。'归潜'者，予所居之堂之名也。因名其书，以志岁月，异时作史，亦或有取焉。"④ 此书写作的目的、内容以及书名的由来，都说得很清楚。他要将自己亲身经历的

---

① 《与枢判白兄书》，《遗山集》卷39。
② 《浑源刘氏世德碑铭》，《秋涧集》卷58。
③ 《元史》卷146《粘合重山附子南合传》。
④ 《归潜志》卷首。

金朝亡国过程，记录下来，供后人修史时参考。

现存《归潜志》共14卷，以人物传记、逸闻轶事为主，也有关于朝廷政治举措以及社会风尚的记载。书中对很多问题不是纯客观的记录，而有自己的看法，特别是《辩亡》一文（卷12），详细分析了金朝灭亡的原因，这是难能可贵的。《录大梁事》《录崔立碑事》两文，记录了汴京城破前后崔立夺权的情况，更是难得的珍贵资料。元朝末年编纂《金史》，编纂者认为："刘京叔《归潜志》与元裕之《壬辰杂编》二书，虽微有异同，而金末丧乱之事犹有足征者焉。"① 事实上，《金史》不仅利用了《归潜志》的资料，如"《哀宗本纪》全以所言为据"②，而且吸取了作者对不少历史问题的见解，如对金代兵制弊端和近侍权重的批评等。清人作《四库全书总目提要》，称："谈金源遗事者，以此志与元好问《壬辰杂编》为最。《金史》亦并称之。《壬辰杂编》已佚，则此志尤足珍贵矣。"③《归潜志》的史学价值是公认的。

王鹗，字百一，曹州东明（今属山东）人。金哀宗正大元年（1224）状元。汴京被围，哀宗逃到蔡州（今河南汝南），王鹗亦在蔡州城中，并得到哀宗的信用。天兴二年（1233），蔡州为蒙、宋联军攻破，王鹗"将被杀，万户张柔闻其名，救之，辇归，馆于保州"。保州就是张柔的基地顺天（今河北保定），王鹗实际上成为张柔的幕僚。10年以后，忽必烈曾招王鹗到漠北，向他访求"齐家治国之道，古今事物之变"。即位后，任命他为翰林学士承旨。④

《汝南遗事》一书，分4卷。蔡州在隋唐时名汝南郡，此书记载哀宗在蔡州的活动，故以此为书名，起于天兴二年（1233）六月，终于天兴三年一月，城破前数日按日记载，"计一百七事"。王鹗对哀宗充满感情，在此书的"总论"中为之大唱赞歌。他认为在哀宗统治下"是致家余蓄积，户益丁黄，虽未治于太平，亦可谓小康小息者矣"。只是由于命运不佳，"属天开一统，地入大朝（指蒙古国），遂至灭亡，犹足称颂"。他说自己撰写此书的原因是："镂骨铭心，惧泯吾君之善。况承都元帅之命，且惟大中书之言，

---

① 《金史》卷115《完颜奴申传》。
② 《四库全书总目》卷141《子部·小说家类二》。严格来说，《归潜志》不应收在子部·小说家类，而应收在史部的别史类或杂史类。
③ 《四库全书总目》卷141《子部·小说家类二》。
④ 《元史》卷160《王鹗传》。

敢不追想前编，直书实事（某在蔡已有目录）。谨以亲所见闻，撰成《汝南遗事》四卷……庶几它日为史官采择。"一是为了哀宗的事迹不致泯没，二则因为都元帅（张柔）和大中书（耶律楚材）的鼓励。他在蔡州时已对当时的事件作了记录，在保州时正式撰成。所记都是"亲所见闻"，有很高的价值。元朝末年苏天爵以此书与元好问的《壬辰杂编》、杨奂的《天兴近鉴》并列，认为可以补义宗一朝之事。①

王鹗一直关注金朝史的修撰。受忽必烈征召到漠北，"屡以史事为言，尝举杨奂、元好问、李冶，宜令秉笔"。忽必烈即位后，特授为翰林学士承旨。王鹗"奏言：'自古帝王得失兴废，班班可考者，以有史在。我国家以威武定四方，天戈所临，罔不臣属，皆太祖庙谟雄断所致。若不乘时纪录，窃恐岁久渐至遗忘。《金实录》尚存，善政颇多；辽史散逸，尤为未备。宁可亡人之国，不可亡人之史。若史馆不立，后世亦不知有今日。'上甚重其言，命修国史，附修辽、金二史"。② 翰林国史院自此建立。这是中统二年（1261）七月的事。③ 元朝修本朝史和辽、金史从此始。王鹗提出了他自己拟订的金史编纂大纲，包括帝纪九、志书七、人物列传以及修金史的设想，认为"宜急不宜缓"④。他还努力搜集资料，为撰写金史作准备。"皇朝中统三年，翰林学士承旨王鹗有志论著，求大安、崇庆事不可得，采撷当时诏令，故金部令史窦祥年八十九，耳目聪明，能记忆旧事，从之得二十余条。司天提点张正之写灾异十六条，张承旨家手本载旧事五条，金礼部尚书杨云翼日录四十条，陈老日录三十条，藏在史馆。条件虽多，重复者三之二。"⑤ 这些资料如果不是王鹗用心搜集，很可能就泯灭了。可惜的是，由于种种原因，金史修纂在当时未能进行下去，但他的设想和搜集的资料到元朝后期修三史时都发挥了作用，例如《金史·卫绍王纪》便主要依靠上述他所搜集的资料（大安、崇庆是卫绍王的年号）。《金史》修成后，有关人员在《进金史表》中说："张柔归金史于其先，王鹗辑金史于其后。"两人对《金史》修撰有很大贡献。"归金史"指前面所说张柔将金《实录》送史院事，史院

---

① 《三史质疑》。
② 《元朝名臣事略》卷12《内翰王文康公》。
③ 《元史》卷4《世祖纪一》。王恽《中堂事记中》（《秋涧集》卷82）记立翰林国史院事较详，所记王鹗奏言，文字与《名臣事略》有所不同，可参看。
④ 《玉堂嘉话》，《秋涧集》卷100。
⑤ 《金史》卷13《卫绍王纪》。

即翰林国史院。"辑金史"指王鹗提出纂修《金史》的计划和收集史料的工作。确实，张柔和王鹗对于金史的修纂做出了特殊的贡献。

元好问曾想以个人之力修撰金朝一代的历史。随着时间的推移，人们开始认识到，要想完成这一巨大的工程，必须依靠官方的力量。而忽必烈对中原传统文化的关注，也使得人们对此抱有希望，这就是王鹗提出修史建议的原因。事实上，在王鹗建议以前，忽必烈的亲信幕僚刘秉忠已经提出，"国灭史存，古之常道，宜撰修金史，令一代君臣事业不坠于后世，甚有励也"①。可见这种想法在"汉地"士人中是很普遍的。

除了以上三人之外，杨奂作有《天兴近鉴》3卷。杨奂，字焕然，乾州奉天（今陕西乾县）人。金末试进士不中，教授乡里。金亡后，蒙古国举行甄别儒户的考试，"奂试东平，两中赋论第一"。耶律楚材任他为河南路征收课税的长官。"在官十年，乃请老于燕之行台。"乙卯年（1255）去世。②"天兴"是哀宗的年号，天兴二年蔡州破，金亡。《天兴近鉴》所记即金朝亡国之事。苏天爵以此书与《壬辰杂编》《汝南遗事》并列，可见其价值。可惜的是，此书元末尚存，后来散佚了。

这一时期，在蒙古族中间产生了一部极其重要的历史著作，那便是《蒙古秘史》。③ 此书是"鼠儿年七月""写毕"的，多数研究者认为，这个"鼠儿年"应是1240年（庚子），也就是窝阔台汗十二年。这时蒙古已完成灭金的战争，控制了北方农业区，第二次西征亦节节胜利，并开始了对南宋的战争。④ 此书的作者没有留下名字，但从书的内容看来，他显然对成吉思汗及其家族的情况十分熟悉。

传世的《蒙古秘史》有12卷本和15卷本之分，分卷虽然不同，但分节却是一致的，都是282节。此书记录了蒙古族的起源和发展的过程，重点是成吉思汗的历史，也涉及窝阔台汗即位后的部分活动。它详尽地叙述了蒙古族祖先的传说、12世纪后期至13世纪初期蒙古高原各部之间的纷争，成吉思汗在困境中崛起以及削平群雄、统一各部的艰难过程，统一以后对

---

① 《元史》卷157《刘秉忠传》。
② 《元史》卷153《杨奂传》。
③ 汉文译本题为《元朝秘史》，根据汉文音译的蒙古文（"忙豁仑纽察脱卜察安"）原意，应是《蒙古秘史》。汉文音译本应是明朝初年成书的。
④ "鼠儿年七月""写毕"见《蒙古秘史》最后一节。关于"鼠儿年"，众说纷纭，除1240年外，还有1252年、1264年等说，可参见余大钧《〈蒙古秘史〉成书年代考》，《中国史研究》1982年第1期。

外战争的辉煌业绩,窝阔台汗嗣位以后的作为。以蒙古人记蒙古事,真实生动,可以说是关于蒙古历史最早最可信的文献,具有特殊重要的价值。其中关于蒙古社会生活和蒙古人思想意识的刻画,对于了解历史上北方游牧文化,亦有典型的意义。

《蒙古秘史》用生动的语言,塑造了一批能反映当时历史风貌的人物形象,其中最突出的是蒙古族的领袖成吉思汗,其次有蒙古族的伟大女性阿阑豁阿、诃额仑,成吉思汗的对手札木合、王罕、塔阳罕等。这些人物都有鲜明的性格。书中的故事、格言,长期以来一直在蒙古族中流传。人

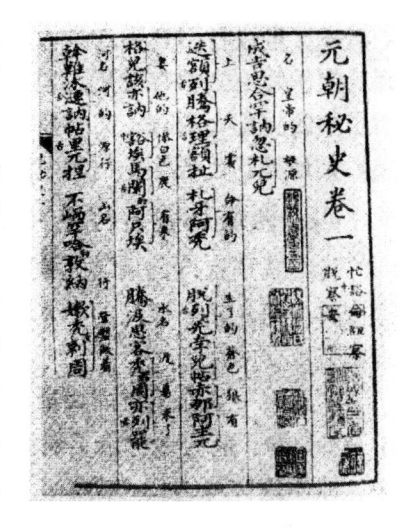

图1-4-2 《蒙古秘史》书影

们既把《蒙古秘史》视为历史著作,又看作一部风格独特的文学作品,有人称之为蒙古族的英雄史诗,对于以后的蒙古族史学和文学都有极其深刻的影响。

成吉思汗在攻打乃蛮部时,俘获了为乃蛮塔阳汗掌管印信的畏兀儿人塔塔统阿,塔塔统阿精通畏兀儿文字,成吉思汗便命他"教太子、诸王以畏兀字书国言"。也就是用畏兀儿字母书写蒙古语。① 这是蒙古文字的由来。一般认为,《蒙古秘史》是用蒙古畏兀儿字书写的。但是现在保存下来的只有汉字音译旁注本。20世纪以来,世界各国有不少学者从事复原翻译的研究,即以汉字音译为据,复原为蒙古畏兀儿文,再译成现代文字。并在此基础上,对书中的史实、语言、文学特色等进行多方面的探讨。《蒙古秘史》的研究,已成为一门专门的学问,被称为"秘史学"。

第四节 西域和蒙古行纪

行纪就是旅行记录。大蒙古国时期,出现了多种有关西域与蒙古的行纪,具有很高的学术价值,对于研究中亚和蒙古历史地理都有重要的意义。

本章第一节介绍了耶律楚材的西域诗篇。耶律楚材另有《西游录》2

---

① 《元史》卷124《塔塔统阿传》。

卷，简要地记录了他的西域行程。① 在《西游录》的序言中，耶律楚材写道："戊子，驰传来京，里人问异域事，虑烦应对，遂著《西游录》以见予志。"戊子是公元1228年。1224年成吉思汗班师东归，耶律楚材很快亦回来，并于丙戌（1226）年随成吉思汗出征西夏。丁亥（1227），蒙古灭西夏，成吉思汗病死。皇子拖雷监国。耶律楚材在"丁亥之冬，奉诏搜索经籍"，前来燕京，于戊子年抵达。② 很多人向他询问西域之行，他烦于应对，便写下了《西游录》，以书代言，因而留下了一份珍贵的文献。

《西游录》上卷千余字，记录作者自永安（燕京西郊，今北京香山一带）出发，到漠北成吉思汗营地，以及随后从军西征的情形。所记经历之地有金山（今阿尔泰山）、别石把（今新疆吉木萨尔）、和州（今新疆吐鲁番）、轮台（今新疆阜康）、五端（今新疆和田）、不剌（今新疆博乐）、阴山（今新疆境内天山）、园池（今新疆赛里木湖）、阿里马（即阿力马里，在今新疆霍城境内）、亦列河（今伊犁河）、虎思斡耳朵（今吉尔吉斯斯坦托克马克城东南）、塔剌思（今哈萨克斯坦江布尔）、苦盏（今塔吉克斯坦苦盏）、八普（今乌兹别克斯坦浩罕之东）、可卒（今乌兹别克斯坦纳曼干西北）、芭榄（今地待考）、讹打剌（在锡尔河东岸，阿里斯河与锡尔河合流处附近）、寻思干（今乌兹别克斯坦撒马尔罕）、蒲华（今乌兹别克斯坦布哈拉）、阿谋河（即阿姆河）、五里键（今乌兹别克斯坦乌尔根奇西北）、斑城（今阿富汗巴尔克）、抟城（今地待考）、黑色印度（今地待考）、可弗叉（即钦察，指阿姆河以北广大地区）等。除少数地方得自传闻外，多数地方作者都曾亲自经历过。他还曾在寻思干长期居留，因而介绍较详，近二百字，涉及寻思干位置、名称由来、物产、环境、居民习俗等诸多方面。对其他地方的介绍都比较简单，以位置、物产为主。在介绍讹打剌城时，特别指出，"此城渠酋曾杀大朝使命数人，贾人百数，尽有其财货。西伐之意始由此耳"。对于研究西征缘由有参考价值。《西游录》的记载，可和前面所说耶律楚材的西域诗相互参证。

《西游录》下卷字数多于上卷，主要内容是以主、客问答的形式，讲述丘处机西行的经过、在西域的活动，以及东归后压制佛教的情况。耶律楚材

---

① 此书足本藏日本宫内省图书寮，现在通行的是向达校注本，收入中华书局出版的《中外交通史籍丛刊》中。

② 《燕京崇寿禅院故圆通大师朗公碑铭》，《湛然居士文集》卷8。

是虔诚的佛教徒，他对丘处机凭借成吉思汗的名义壮大全真教声势并压制佛教的做法极为不满，从多方面加以揭露和批判。

丘处机的事迹，前面已经述及。丘处机东归后，1227年在燕京太极宫（今北京白云观）去世。其弟子李志常编写了《长春真人西游记》两卷，详细记录丘处机西行的经历，以及东归后的活动。[①] 李志常是丘处机西行随从弟子之一，深得其师赏识。但他从行到田镇海域，便奉命在当地建立道观，因此此后丘处机的西行经历，并非他亲身见闻，而应是得自丘本人及其他随行弟子口述。

按照《长春真人西游记》的叙述，辛巳年（1221）二月，丘处机一行自宣德州（今河北宣化）出发，度野狐岭（今河北张北境内），进入草原，"北顾但寒烟衰草，中原之风，自此隔绝矣"。历抚州（今内蒙古兴和）、盖里泊（今内蒙古太仆寺旗克勒湖）、鱼儿泊（今内蒙古达赉诺尔）、陆局河（今克鲁伦河）、曷剌肖城（今蒙古国乌里雅苏台）、田镇海城（今乌里雅苏台西北）、金山（今阿尔泰山）、阴山（今新疆境内天山）、鳖思马（即别石把）、昌八剌（今新疆昌吉境内）、天池（即赛里木湖）、阿里马、大石虎牙（即虎思斡耳朵）、赛蓝（今哈萨克斯坦奇姆肯特城东）、霍阐没辇（今锡尔河），到邪米思干（即寻思干），在邪米思干过冬。壬午年（1222）三月，经碣石城（今乌兹别克斯坦撒马尔罕以南）、阿母没辇（今阿姆河），四月到达成吉思汗的营地（兴都库什山北麓，在今阿富汗北部），与成吉思汗论道。随即返回邪米思干。七月，又经碣石、班里（今阿富汗马扎沙里夫附近）到成吉思汗的新营地，并随成吉思汗在九月回到邪米思干。十二月，东渡霍阐没辇（今锡尔河）。癸未年（1223）三月，辞别成吉思汗东返，经赛蓝、吹没辇（今楚河）、阿里马、天池、阴山、金山、田镇海城，越沙漠戈壁，六月到漠南丰州（今内蒙古呼和浩特东），七月至云中（今山西大同），八月回到宣德，九月到燕京。丘处机往返的路线和耶律楚材有所不同，但经过的山川城市则大体相同，只是到寻思干（邪米思干）以后，丘处机两次应召到成吉思汗的前方营地，经历的地方更多一些。两书的记载都很翔实，可以互为补充，而从《西游录》和《长春真人西游记》的文字来看，后者有关蒙古和西域各地风土人情、地理物产的记载，要比前者丰富得多，价值也更高。《长春真人西游记》中亦有一些得自传闻，丘处机一行并没有到过俺

[①] 常见有王国维《长春真人西游记校注》，收在《古行纪四种校录》内（见《王国维遗书》）。

俭州（今叶尼塞河上游），但在田镇海城时，曾听说："西北千余里俭俭州出良铁，多青鼠，亦收糜麦。汉匠千百人居之，织绫罗锦绮。"俭俭州地处僻远，即清代的唐努乌梁海，元代纳入版图，但文献中有关俭俭州的记载不多。《长春真人西游记》这条记载，虽非亲身经历，但肯定来自知情者的介绍，亦有重要价值。

辛亥年（1251），蒙哥汗即位，命其弟旭烈兀率军西征。这就是历史上有名的蒙古第三次西征。壬子年（1252），旭烈兀出发，经过六年时间，"拓疆几万里"。己未年（1259）正月，常德奉蒙哥汗之命，前往旭烈兀处。他从蒙古国都城和林出发，经昏木辇（今蒙古国布尔根河）、龙骨河（今新疆阿勒泰乌伦古河）、乞则里八寺（今新疆福海西北布伦托海）、业瞒城（在今新疆额敏境内）、孛罗城（即《西游录》的不剌）、阿里麻里（即《西游录》的阿里马）、赤木儿城（应在阿里麻里附近）、塔剌寺（今吉尔吉斯斯坦塔拉斯）、赛蓝城（哈萨克斯坦塔什干）、忽章河（今锡尔河）、寻思干（即《西游录》之寻思干）、暗不河（应作暗木河，即阿姆河）、里丑城（今土库曼斯坦列别帖克）、马兰城（今土库曼斯坦马里）、纳商城（今土库曼斯坦阿什哈巴德西）、扫儿城（待考）、木乃奚国（今伊朗北部）、担寒（今伊朗北部达姆甘）、阿剌丁城（在今伊朗北部阿莫勒附近）、祸咱答儿（今伊朗北部马赞达兰），直到报达（今伊拉克巴格达）。报达是黑衣大食（阿拔斯王朝）的都城，在1258年为蒙古军攻克。常德"往返凡一十四月"，回来已是庚辛年（1260）的夏天。东归后，他向浑源人刘郁讲述此行的见闻。中统四年（1263），刘郁对此作了记录，题为《西使记》，这篇行记收在元人王恽的《玉堂嘉话》内，得以保存下来。①

《西使记》全篇二千余字，前半按时间顺序记自和林到阿剌丁行程，显然是常德亲身经历。后半记乞石迷西（今克什米尔）、报达、天房（今沙特阿拉伯麦加）、密乞儿（今埃及）、富浪（欧洲）、先罗子（今伊朗设拉子）、印毒（今印度）等地情况。除报达外，其余各地的情况应得自传闻。《西使记》讲述所经自蒙古到寻思干各地的情况，比《长春真人西游记》简略，比起《西游录》来则要详细一些，可以相互参证。常德之行，距耶律楚材、丘处机西行约四十年，将三者比较，可以看出中亚地区在此期间发生的某些

---

① 见王恽《秋涧集》卷94，刘郁是前述《归潜志》作者刘祁的弟弟，忽必烈即位后，曾任监察御史。

变化。特别值得重视的是，常德的经历比前面两人更多、更远，有关的记载特别可贵，例如关于"报达国"以及旭烈兀西征的叙述。还有一些地区的情况介绍（如天房、富浪、密乞儿等），虽有不够准确之处，但大多有所本，提供了更远的阿拉伯半岛和欧洲、非洲的信息，亦有其不容忽视的价值。

8 世纪中叶以后，在很长一段时间内，中原的汉文文献中已经没有关于高昌（今新疆吐鲁番）、于阗（今新疆和田）以西地区的记载。13 世纪 20—60 年代上述几种行纪的相继出现，使中原居民对高昌、于阗以西广大地区的历史地理、风土人情有所了解，开阔了视野。它们对研究 13 世纪及其以前中亚、西南亚历史和蒙古历史具有重要参考价值。

以上三种都是西域行纪。此外还有张德辉的《纪行》，则是前往漠北蒙古的行纪。张德辉（1195—1274），冀宁交城（今山西交城）人。金朝末年为御史台掾。金亡后入真定万户史天泽幕府。丁未年（1247）夏应藩王忽必烈之聘到漠北，忽必烈向他征询治道，"游于王庭者凡十阅月"。戊申（1248）夏辞还。《纪行》便是此次行程的记录。① 此文前半记由镇阳（即真定）到燕京，由燕京度居庸关，出扼胡岭，进入草原。"由岭而上，则东北行，始见毳幅毡车，逐水草畜牧而已，非复中原之风土也。"经昌州（今内蒙古太仆寺旗西南）、鱼儿泊（今内蒙古达赉诺尔）、翕陆连河（今克鲁伦河）、浑独剌河（今蒙古国土剌河），到达大蒙古国都城和林（今蒙古国乌兰巴托西南额尔德尼召附近）。由和林西北行，经塌米河（今蒙古塔米尔河）、唐古河（今蒙古国哈绥河），便到达忽必烈"避夏之所"，即夏季帐殿所在地。后来随季节变化转徙各地。张德辉由燕京至和林的路线，就是元代有名的"帖里干道"，连接中原与漠北的"兀鲁思两道"之一。"帖里干"是蒙语"车"的音译。"兀鲁思"在蒙语中原意为"国家""人民"，"兀鲁思两道"是两条"官道"之一。② 《纪行》一文，对于研究 13 世纪中原与漠北的交通，具有重要价值，同时，其中有关所经之地风土人情、地貌特征的记述，亦大有助于了解当时蒙古的社会和自然状况。

总起来说，这一时期出现的以上四种西域、蒙古行纪，都具有重要的学术价值，是研究当时历史、地理和社会状况的珍贵文献。

---

① 《纪行》最早收在王恽《玉堂嘉话》，见《秋涧集》卷 100。姚从吾有《张德辉〈岭北纪行〉足本校注》，收入《台湾大学文史哲学报》第 11 期（1962 年）。

② 陈得芝：《元岭北行省诸驿道考》，载《元史及北方民族史研究集刊》第 1 期（1977 年）。

还有几种行纪,与蒙古国有关,但出于金、宋作者之手。它们的记载,可以和以上几种行纪相互参证。

成吉思汗第一次大规模对金用兵,金朝求和,蒙古暂时退兵。金宣宗为避蒙古兵锋,迁都汴京(今河南开封)。宣宗兴定四年(1220)七月,金朝遣礼部侍郎乌古孙仲端出使蒙古求和。于十二月初出发,行程万里到中亚觐见成吉思汗,但不得要领,于兴定五年十一月返回汴京,历时一年。复命之后,乌古孙仲端向刘祁(前述《归潜志》的作者)讲述所行的经历,刘祁记录下来,题为《北使记》,收于《归潜志》中。① 《北使记》全篇不过千字左右。所记比较简略,但关于有些民族的名称和情况的记载,为《长春真人西游记》《西游录》所无,可资考证。

蒙古攻金,金室南迁,"欲取偿于宋",双方又发生战争。南宋于是便采取联蒙攻金的方针,派遣使臣苟梦玉出使蒙古。嘉定十四年(1221)苟梦玉远赴中亚,见到成吉思汗,南归后作有《使北录》,可惜已佚。② 同年,南宋的淮东制置使贾涉派遣都统司计议官赵珙"往河北蒙古军前议事"。赵珙到当时已为蒙古占有的燕京,见到蒙古军统帅木华黎,将所了解的有关蒙古的情况,写成《蒙鞑备录》一书。③ 这是全面介绍蒙古情况的最早汉文文献。此后南宋与蒙古之间,时有使节往来。壬辰年(1232)至丙申年(1236)间,为了联合攻金,双方使节往来更加频繁,南宋使节都到"草地",觐见窝阔台汗。先后随同使节出访蒙古的彭大雅、徐霆,"归自草地"都曾"编叙其风土习俗",两人相遇,"各出所撰,以相参考,亦无大辽绝,"于是便将两者合编为一书,名为《黑鞑事略》。④ 此书根据作者亲身见闻,详细介绍蒙古的风土习俗、政治经济以及军事活动等多方面情况。王国维先生说:"蒙古开创时,史料最少。此书所贡献,当不在《秘史》《亲征录》之下也。"⑤ 由此亦可见此书的价值所在。

① 见《归潜志》卷13。王国维的《古行记四种校录》收有此文,见《王国维遗书》。
② 陈高华:《早期蒙宋关系和"端平入洛"之役》,《元史研究论稿》,中华书局1991年版,第203—230页。
③ 常见为王国维笺证本,收在《蒙古史料四种》内(《王国维遗书》本)。
④ 同上。
⑤ 彭大雅:《黑鞑事略》。

第二编

世祖、成宗、武宗时期
（1260—1313）

第一章 大一统

第一节 忽必烈推行汉法

1259年，大蒙古国大汗蒙哥在指挥攻宋作战时暴卒于四川前线。经过一番争夺，蒙哥汗的次弟忽必烈登上汗位。以忽必烈的即位为标志，蒙古政权的国家本位和统治政策都发生了重大变化，草原本位的大蒙古国开始转变为汉地本位的元王朝。

在同时期的蒙古上层贵族当中，忽必烈算得上是倾向于汉化的代表人物。他年轻时与汉族士大夫有较多接触，颇知前代中原王朝治乱兴衰之事。蒙哥即位之初，忽必烈受命统领漠南汉地军务，采纳汉人幕僚的建议，在邢州（今河北邢台）设安抚司，汴梁（今河南开封）设河南经略司，京兆（今陕西西安）设陕西安抚司，进行推行"汉法"的改革试点，"选人以居职，颁俸以养廉，去污以清政，劝农桑以富民"。结果"不及三年，号称大治"①。他在攻灭大理和征伐南宋的作战中，约束军队不使恣意杀戮，进一步提高了自己在中原的威望。蒙哥去世后，忽必烈从伐宋前线北返，驻扎于燕京附近。次年四月，他在藩府开平（今内蒙古正蓝旗东）召开忽里台大会，即位称汗。其同母幼弟、留守和林的阿里不哥稍后也在漠北即汗位，大蒙古国出现了一国两君的局面。经数年交战，阿里不哥实力不敌，一再受挫，被迫向忽必烈投降。这样忽必烈作为蒙古大汗的地位得到了最终确认。

自从1211年大举攻金以来，蒙古势力进入中原已近半个世纪。这半个世纪当中，蒙古对中原的统治是十分落后而混乱的。历任大汗都坚持实行草

---

① 《姚文献公神道碑》，《牧庵集》卷15。

原本位政策,"视居庸以北为内地"①,而将中原只看作大蒙古国的东南一隅,从未考虑过针对汉地的特殊状况,采用前代中原王朝的典章制度加以统治和管理。他们并不满足于按部就班、取民有度的正常剥削方式,总是竭泽而渔,百般敲诈,使汉地百姓处于水深火热之中,社会经济长期无法恢复。与其诸位前任相比,忽必烈受到过更多的汉文化熏陶,并且是以汉地的经济、军事力量为后盾夺得汗位,因此他即位后将统治重心放在汉地,改行"汉法"以治国。在由汉族儒臣代为起草的即位诏书中,忽必烈宣称:

图2-1-1 忽必烈像

> 朕惟祖宗肇造区宇,奄有四方,武功迭兴,文治多阙,五十余年于此矣。……求之今日,太祖嫡孙之中,先皇母弟之列,以贤以长,止予一人。……于是俯循舆情,勉登大宝。自惟寡昧,属时多艰,若涉渊冰,罔知攸济。爰当临御之始,宜新弘远之规。祖述变通,正在今日。务施实德,不尚虚文。虽承平未易遽臻,而饥渴所当先务。呜呼!历数攸归,钦应上天之命,勋亲斯托,敢忘烈祖之规?建极体元,与民更始。朕所不逮,更赖我远近宗族中外文武同心协力、献可替否之助也。诞告多方,体予至意!

稍后仿汉制定年号为"中统",复下诏曰:

> 祖宗以神武定四方,淳德御群下。朝廷草创,未遑润色之文;政事变通,渐有纲维之目。朕获缵旧服,载扩丕图,稽列圣之洪规,讲前代之定制。建元表岁,示人君万世之传;纪时书王,见天下一家之义。法《春秋》之正始,体大《易》之乾元。炳焕皇猷,权舆治道。……于戏!秉策握枢,必因时而建号;施仁发政,期与物以更新。敷宣恳恻之

---

① 《华严寺碑》,《清容居士集》卷25。

辞，表著忧劳之意。凡在臣庶，体予至怀！①

这两篇诏书放在其他时代可能平平无奇，但在13世纪中期的北中国却有着不容低估的宣传效应。此前蒙古从未专门面向汉地颁发过汉族传统的文言诏书。忽必烈登基伊始的这两次颁诏，无异向汉地百姓、特别是士大夫表明，他不再仅仅是蒙古大汗，同时也是中国新王朝的皇帝。诏书一再宣称"宜新弘远之规""祖述变通""与民更始""与物以更新"，则是重点强调了改行汉法、实施文治的政治方针。中原人民饱尝战乱之苦，渴望安定。在他们看来，"今日能用士，而能行中国之道，则中国之主也"②。忽必烈正是适应他们要求的新主人。

所谓推行汉法，用当时人的另外一个表述，就是"帝中国当行中国事"③，亦即有计划地吸收、采用前代中原王朝的一系列典章制度和统治经验。具体而言，忽必烈在位初期推行的"汉法"，主要包括以下五方面的内容。

建立年号、国号及有关礼仪制度　忽必烈即位之初，改变前代大汗不立年号的做法，定年号为"中统"。通常认为，它就是"中朝正统"的简称，表明了建立汉族模式王朝的基本方针。中统五年（1264）八月阿里不哥归降后，取《易经》"至哉坤元"之义，改年号为"至元"④。至元八年（1271）十一月，复取《易经》"大哉乾元"之义，定国号为"大元"。在此以前，蒙古国家没有类似于中原王朝的国号，自称"大蒙古国"，北方汉族文人则简称之为"大朝"⑤。元朝之名，至此正式确立。在此前后，忽必烈还下诏仿汉制设立太庙祭祀祖先，并制定供节日、庆典使用的朝仪。

定都汉地　忽必烈即汗位于开平，这是他的王府所在地。开平位于蒙古草原的南部边缘，北连朔漠，南接华北，实施对中原的控制比较便利，同时

---

① 《元史》卷4《世祖纪一》中统元年四月辛丑、五月丙戌。两篇诏书又见于《国朝文类》卷9和《元典章》卷1，文句稍有出入。
② 《与宋国两淮制置使书》，《陵川集》卷37。
③ 《元史》卷160《徐世隆传》。
④ 叶子奇：《草木子》卷3下《杂制篇》。从取"至哉坤元"之义定"至元"年号来看，取"大哉乾元"定"大元"国号的想法应该在同时或稍后即已产生了。为何拖到八年以后才正式颁布，原因尚不清楚。
⑤ 参见萧启庆《说"大朝"：元朝建号前蒙古的汉文国号——兼论蒙元国号的演变》，载氏著《蒙元史新研》，台北：允晨文化实业股份有限公司1994年版。

又能与漠北保持经常联系。中统四年，升开平府为上都。次年，又改燕京之名为中都，形成两都制的格局。燕京旧为辽朝南京、金朝中都，"龙蟠虎踞，形势雄伟，南控江淮，北连朔漠"，地理位置重要。因此早就有人对忽必烈建议说："天子必居中以受四方朝觐，大王果欲经营天下，驻跸之所，非燕不可。"[①] 随着对中原统治的稳定和深化，忽必烈将建都的侧重点更多地向燕京倾斜。至元三年年底，开始对燕京进行重建，具体方案是在燕京旧城址的东北旷野上建筑新城。新城规模庞大，呈矩形，南北较长。城墙夯土筑成，周长总计28600米，分设城门11座。城市布局取法于《周礼·考工记》中所称王都"左祖右社、面朝后市"的原则，规划整齐，井然有序，城门与宫殿也多从《易经》命名。皇城在全城南部稍偏西，其内又有宫城。至元九年，正式定新城之名为大都。新城建成后，旧城亦未废弃，仍作为大都的一部分。上都则退居陪都的地位，主要起着联络中原与漠北的纽带作用。元朝皇帝每年大部分时间居于大都，四月至八九月间赴上都避暑，其间各中央机构派少量官员扈从北上，大多数人仍在大都办公。而大蒙古国旧都和林，则已降为地方机构治所。

建立中央集权的中原模式官僚机构　大蒙古国时期，国家制度十分简略，在征服中原过程中曾根据具体情况沿用一些金朝旧制，但无一定之规。忽必烈即位后，在汉族儒臣的策划下，模仿金朝制度格局，逐步建立起一整套官僚机构。中央设中书省掌政事，为宰相机构，下辖吏、户、礼、兵、刑、工六部，处理具体行政事务。又设枢密院掌军事，御史台掌监察。地方上最初设立十道宣抚司，主持日常军民政务，下辖路、府、州、县，后来又出现行省的设置，并有提刑按察司（后改肃政廉访司）负责地方监察事务。忽必烈还采取了一些措施来强化中央集权的官僚制统治。首先是限制诸王勋贵的特权，禁止其越轨违制行为，如擅取官物、擅征赋役、擅招民户、擅用驿传等等。其次是解决汉人世侯割据的问题。中统三年（1262）山东军阀李璮发动叛乱，很快被镇压。忽必烈因势利导，在以后几年内，陆续颁布一系列规定：地方实行兵、民分治，罢世侯子弟为官者，停止世侯世袭，立官吏迁转法，定易将之制，使将不擅兵。这些措施从根本上结束了金末以来北方军阀割据的局面。

实行重农政策　大蒙古国时期，统治者对汉地农业的重要性认识很不

---

① 《元史》卷119《霸都鲁传》。

够，忽必烈却较早注意这一问题。他在藩府时就曾询问儒生张德辉："农家亦劳，何衣食之不赡？"① 即位后，在中央设立大司农司，专管劝导、督察农事，又将"户口增、田野辟"规定为考核官吏的首要标准。并且一再下诏，召集流亡，鼓励垦荒，发展屯田，兴修水利，禁止抑良为奴。至元七年，颁布立社法令，将以前农村中自发出现的社组织加以统一推广。以自然村为单位，原则上每五十家立为一社，由社众推举年高通晓农事、家有兼丁者担任社长，免除差役，专门负责劝农、组织农民协作互助，各社并设立义仓以备荒。元廷还汇集历代农学著作，删繁撮要，编成《农桑辑要》一书，颁行全国，用以指导农业生产。

尊崇儒学 大蒙古国时期，儒学不受重视，仅被作为一种准宗教加以优待，统治者对儒学作为治国工具的功能还没有明确认识。忽必烈在这方面也显示出超越同辈的识见。他在藩府时就与汉族儒士频繁接触，讲论治道，即位后，进一步推行尊崇儒学的措施。对此，我们在下文"忽必烈的文化政策"一节再作详细叙述。

忽必烈即位后推行的一系列"汉法"，奠定了汉式王朝的基本框架。蒙古游牧民族在征服中原后，必然要逐渐适应发展程度较高的汉族农业文明，这是历史的趋势。忽必烈的主要历史功绩，就在于能够顺应这一趋势，推动大蒙古国最终转变为元王朝。旧史家称颂他"用能以夏变夷，立经陈纪，所以为一代之治者，规模宏远矣"②，这个评价是基本符合事实的。

但同时也必须指出，忽必烈对"汉法"的推行并不彻底。蒙古贵族在新王朝的统治地位要依靠民族特权来保证和维护，而如果彻底推行汉法，就意味着取消这一类民族特权，这当然要为蒙古贵族所反对。因此，以忽必烈为代表的蒙古上层统治集团，在完成统治重心的转变、大体上接受了前代中原王朝的一套典章制度以后，迅速向保守的方面转化。随着政权设置的大体完备和仪文礼制的基本告成，推行、贯彻汉法的政治革新工作即渐趋停顿。若干事关政权进一步汉化的重大举措，如开科举、颁法典等，皆屡议屡辍，悬而不决。而大量不适应汉地状况、阻碍社会进步的蒙古旧制，因为牵涉贵族特权利益，都在"祖述"的幌子下被保存下来。与前代中原王朝相比，元王朝仍然带有相当明显的二元性特征，旧有的"草原本位"色彩并未完全褪

---

① 《元朝名臣事略》卷10《宣慰张公》。
② 《元史》卷17《世祖纪十四》卷末赞语。

去。直到元朝后期的蒙、汉文合璧碑铭中，汉文"大元"国号在蒙语中仍译作"称为大元的大蒙古国"或"大元大蒙古国"。元朝纪年方式汉、蒙并用，皇帝死后也同时有蒙、汉两种纪念性称号。如忽必烈按汉族传统的庙号、谥号为"世祖圣德神功文武皇帝"，而蒙古"国语"谥号则为"薛禅合罕"，意即贤明之大汗。这表明元朝的皇帝实际上在一身兼任两种角色，既是汉族臣民的皇帝，同时仍然是蒙古草原百姓的大汗。忽必烈以后的元成宗铁穆耳、元武宗海山，大体上都继承了忽必烈的二元性政策。

图 2-1-2 成宗像（左）、武宗像（右）

至元三年（1266），儒臣许衡上疏论述"立国规模"，特别谈到了汉法推行问题。此时忽必烈即位已经七年，汉式王朝的框架已初步奠定，但在许衡看来，这方面的工作还很不彻底，仍然是缺乏长远规划，"日计有余而岁计不足"，"无一定之论"。许衡指出：

国朝土宇旷远，诸民相杂，俗既不同，论难遽定。考之前代，北方奄有中夏，必行汉法，可以长久。故后魏、辽、金历年最多，其他不能实用汉法，皆乱亡相继，史册具在，昭昭可见也……国家仍处远漠，无事论此，必如今日形势，非用汉法不宜也。陆行资车，水行资舟，反之则必不能行。幽燕以北服食宜凉，蜀汉以南服食宜热，反之则必有变异。以是论之，国家当行汉法无疑也。然万世国俗，累朝勋贵，一旦驱之下从臣仆之谋，改就亡国之俗，其势有甚难者。苟非聪悟特达，晓知中原实历代帝王为治之地，则必咨嗟怨愤，喧哗其不可也。窃尝思之，寒之与暑固为不同，然寒之变暑也，始于微温，温而热，热而暑，积百有八十二日而寒气始尽。暑之变寒，其势亦然。山木之根，力可破石，是亦积之之验也。苟能渐之摩之，待以岁月，心坚而确，事易而常，未有不可变者。然事有大小，时有久近。期小事于远，则迁延虚旷而无功；期大事于近，则急迫仓惶而不达。此创业垂统也。以北方之俗改用中国之法，非三十年不可成功……此在陛下笃信而坚守之，不杂小人，不营小利，不责近效，不恤浮言，则天下之心庶几可得，而致治之功庶几可成也。①

这篇奏疏值得注意之处，不仅在于作者对当时的汉法推行工作评价不高，而且在于他对元朝汉化进程的估计颇为悲观，因此才特别强调循序而进、以求渐变。后来的历史发展，证明了许衡的看法有着相当准确的预见性。

第二节　全国的统一

忽必烈登上汗位以后，随着国家统治重心的南移，横跨欧亚的大蒙古国事实上趋于分裂。大汗汗廷以外，在东欧、西亚、中亚形成了相对独立的四大汗国——钦察、伊利、察合台、窝阔台汗国。以后大部分时间里，忽必烈及其子孙仍被尊为成吉思汗的正统继承人、"一切蒙古君主之主君"②，元王朝也在名义上被视为各汗国的宗主国。元代史料经常笼统地称四大汗国的统治者为"西北诸王"，把他们置于"宗藩"的地位。但各汗国毕竟走上了各自不同的发展道路，元王朝并不能对它们形成控制。不过失之东隅，收之桑榆，在蒙古世界帝国走向分裂的同时，元朝统治者却攻灭南宋，完成了重建中国大一统的历史任务。

蒙古对南宋的军事行动早已开始，但很长时间内一直将攻宋重点放在四川，南宋方面则利用四川多山的地形修筑城堡，顽强抵抗，使蒙古骑兵纵横驰骋的长处无法发挥，双方陷入僵持状态。忽必烈采纳南宋降将刘整的建议，选择长江中游的军事重镇襄阳作为攻宋突破口。至元五年（1268）

---

① 《时务五事》，《国朝文类》卷13。
② 《马可波罗行记》中册，冯承钧汉译本，上海商务印书馆1936年版，第288页。

到十年，元军采取持久战方针，屯田筑堡，长期围困襄阳，最终迫使南宋守将吕文焕力竭出降，在南宋的国防线上打开了缺口。至元十一年（1274），忽必烈委任伯颜为统帅，大举伐宋。元军沿汉水入长江，顺流而下。十二年，大败宋军于池州（今安徽贵池）下游的丁家洲，相继占领建康（今江苏南京）、镇江、常州等要地。十三年正月，元军会集临安城下。南宋太皇太后谢氏和恭帝赵㬎奉传国玺及降表降元。南宋大臣文天祥、陆秀夫等先后拥立赵㬎的两个幼弟：益王赵昰和广王赵昺，活动于福建、广东一带，图谋复宋。至元十六年（1279）二月，元军追击至崖山（今广东新会南），陆秀夫抱赵昺赴海自尽。文天祥被俘，后就义于大都。南宋残余力量完全被消灭。

　　元灭南宋之后，版图辽阔，超出汉、唐。为管理这样广袤的疆土，元朝逐渐建立了一套行省制度。因中央宰相机构为中书省，派高级官员外出镇遏方面，称"行中书省事"，简称行省。起初行省带有比较明显的中央派出机构色彩，至忽必烈后期已基本上转变为地方常设的最高行政机构，全国形成辽阳、甘肃、陕西、河南、江浙、江西、湖广、四川、云南九行省。后来又设立了岭北行省，共10个行省，皆"掌国庶务，统郡县，镇边鄙，与都省为表里……凡钱粮、兵甲、屯种、漕运，军国重事，无不领之"[1]。在邻近首都大都的今河北、山西、山东、内蒙古等地区，不设行省，由中书省直辖，称为"腹里"。元人评价说："国家置中书省以治内，分行省以治外，其官名品秩略同，所以达远迩、均劳逸，参错出入，而天下事方如指掌矣。"[2] 行省辖区广阔，权力集中，地方军、政、财权无所不统，与宋朝分割地方权力的制度明显有异。这种情况很大程度上源于元朝特殊的民族征服背景。中央只有加重行省权力，才能够及时并有效地镇压反抗行动，同时也能对分封在边疆地区的诸王贵族进行节制。行省官员中仅有主要长官能掌握军权，而这类职务通常不授予汉人，因此地方权重之弊可以通过民族防范、民族控制得到部分弥补。中央还通过监察等各种制度杠杆对行省进行遥控。在后来的历史发展中，元朝行省极少扮演体现地方独立性、代表地方利益的角色，相反主要起到了代表中央控制地方局势、搜刮财富的作用。

　　元朝大一统的成果，不仅表现为版图辽阔，而且表现为对边疆控制

---

[1]《元史》卷91《百官志七》。
[2]《江西行省平章政事伯撒里公惠政碑》，《道园学古录》卷34。

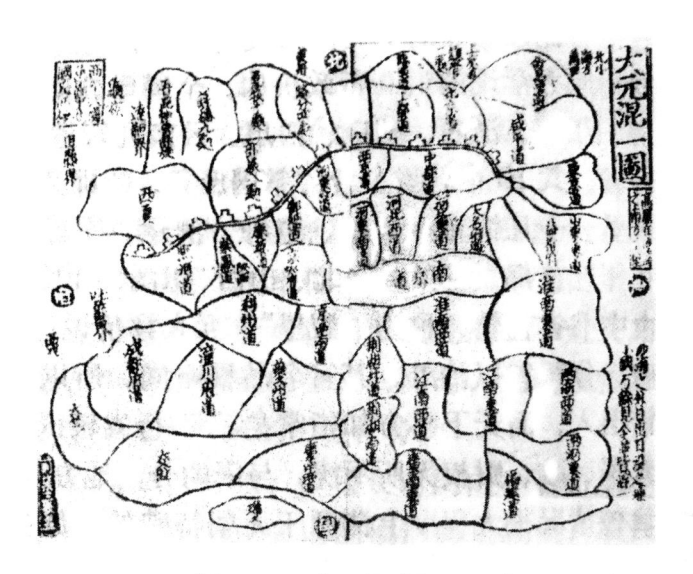

图 2-1-3 《大元混一图》（载《事林广记》至顺刊本）

的强化。很多过去大一统王朝的"羁縻之州"，到元朝"皆赋役之，比于内地"①。对漠北、东北、云南、吐蕃等边远地区，元朝都因地制宜地实施了有效的行政管理。漠北在忽必烈定都汉地以后失去了国家政治中心的地位，改设宣慰司都元帅府，后升为岭北行省。这一地区没有州、县建置，实际基层行政单位仍然是蒙古社会中传统的千户、百户组织。在民族复杂的东北地区，设立了辽阳行省，辖境东到大海，包括库页岛在内，东南与高丽接壤。云南地区早在至元十一年（1274）即设置行省，下辖37路、2府，多用土官任职，可世袭，犯罪也仅罚不废。吐蕃作为一个单独的大行政区，未设行省，由中央的宣政院直接统辖。元朝皇帝信奉吐蕃地区的藏传佛教，尊其中萨斯迦派领袖为帝师，因而由掌管全国佛教事务的宣政院兼领吐蕃之地。宣政院下属的地方行政机构分为三道，分别为吐蕃等处宣慰使司都元帅府（辖吐蕃东北地区）、吐蕃等路宣慰使司都元帅府（辖吐蕃东南地区）、乌思藏纳里速古鲁孙等三路宣慰使司都元帅府（辖吐蕃中西部、今前后藏和阿里地区）。官员皆由宣政院或帝师荐举，皇帝予以任命，低级地方官可由当地僧俗首领按本地习惯自相传袭。为加强统治，元廷还在吐蕃进行了清查户口、设置驿传等工作。

---

① 《元史》卷58《地理志一》。

为加强大一统国家的内部联系，保证中央对地方的有效控制，迅速传递信息，元朝在全国范围内建立了驿站和急递铺系统。驿站之"站"是蒙古语 Jam 的音译，即汉语"驿传"之意。在元朝它往往与"驿"合用，并渐渐取代后者，沿用至今。元朝以大都为中心修筑了四通八达的驿道，东连高丽，东北至奴儿干（今黑龙江口一带），北达吉利吉思，西通伊利、钦察两汗国，西南抵乌思藏（今前、后藏地区），南接安南（今越南北部）、缅国，范围之广，前所未有，做到了"人迹所及，皆置驿传，使驿往来，如行国中"[①]。全国共设有陆站、水站共约 1500 处，为各级政府因公差遣人员服务，提供交通工具、住所、饮食、薪炭等，也用来运输官府物资，是当时最便利的交通体系。服务人员从当地百姓中签发，单立户籍，称站户。急递铺是元代的官方邮递系统。每 10 里、15 里或 25 里设一铺，置铺兵五人，负责传递文书。传递速度规定为一昼夜 400 里，急件 500 里。

元朝前期，西北、东北的宗室诸王发动叛乱，对大一统的局面一度构成威胁。至元六年（1269）春，以海都为首的窝阔台、察合台后王大会于塔拉斯河上，划分各自在中亚地区的势力范围和财税收入，宣誓保持蒙古传统的游牧风俗、制度，并遣使质问忽必烈："本朝旧俗与汉法异，今留汉地，建都邑城廓，仪文制度遵用汉法，其故何如？"[②]表明了反对"汉法"、与元廷为敌的政治立场。此后海都等"西北叛王"与元朝军队在漠北西部和天山南北长期交战，互有胜负。至元二十四年（1287），东北宗王乃颜发动叛乱，忽必烈御驾亲征，将其讨平。忽必烈死后，海都等叛王领袖也相继死去，西北宗王与元廷议和，仍承认元朝皇帝作为全蒙古大汗的地位。除去前期宗王叛乱的因素外，元朝可以说是中国历史上极少见的没有外患的朝代。如时人所言，"圣朝之疆宇固如金瓯，平如衡权，三代以来，罕能同议"[③]。

大一统局面带来了农业生产的恢复和发展。北方农业在金元之际的战乱中受到了巨大破坏，随着忽必烈推行重农政策，渐有恢复。江南地区所受战争破坏相对较轻，因此南方农业恢复更快，在宋代基础上取得更进一步的成就。由来已久的南、北方经济差异，在元朝进一步加大。南方江浙、江西、湖广三行省的税粮总数占全国一半以上，其中仅江浙一省即超出全国的 1/3。

---

① 《元史》卷 63《地理志六》。
② 《元史》卷 125《高智耀传》。
③ 《历代名臣奏议》卷 235《征伐》引赵天麟奏议。

从户口变化看，中统三年（1262），北方地区户数为1476146，以每户五口计（下同），共700余万口，还不到金代人口数的1/6。即使考虑到蒙古统治下贵族、将帅大量隐占私属人口的因素，仍然明显可以看出战乱破坏的惨重。至元十三年平宋后，江南户口变化不大，得户9370472，加上两年前的北方户数1967898，共有户11338370，口5600余万。到忽必烈去世前的至元三十年（1293），全国见于统计的户数已达14002760，约7000万口。户口增长的趋势在元中期以下仍然保持，估计元朝最高人口数字在8000万到9000万之间，与宋金对峙时期的口数相去不远。

大一统局面大大加强了南方与北方的经济联系。元朝定都华北，"去江南极远，而百司庶府之繁，卫士编民之众，无不仰给于江南"①。而沟通南北的大运河，在宋金对峙时期已多处淤塞。至元二十六年（1289）到二十八年，元廷先后在山东开凿会通河，在大都近郊开凿通惠河，经重新疏凿，改变了运河过去迂回曲折的航线，河道基本取直，航程大为缩短，运粮船可以直接驶入大都积水潭（今北京北什刹海一带）停泊。"江淮、湖广、四川、海外诸番土贡、粮运、商旅懋迁，毕达京师"②。这条河道在明、清两代一直发挥着重要作用。此外，元朝还开创性地开辟了长途海运航线。每年二月由长江口之刘家港入海，自崇明东入黑水洋，取直线北行，绕胶东半岛入渤海，抵直沽。顺风时，十天即可驶完全程。海船在直沽交卸完毕，于五月返航，复运夏粮北上，八月再度回航。海运形成制度后，规模不断扩大，与运河共同成为元朝的重要经济命脉。据估计，在当时的南北交通运输线中，河漕比陆运的费用节省十之三四，海运则比陆运节省十之七八。

大一统局面下的商业贸易和城市经济也都有很大发展。元朝不行铜钱，而是在全国范围内将纸币作为主币发行，称为钞。这对商业发展较为有利。海外贸易继承了宋朝的成果，不仅活跃了国内市场，也给元朝政府带来了巨额收入。首都大都既是全国政治中心，也是北方最大的经济中心和商品集散地，"东至于海，西逾于昆仑，南极交广，北抵穷发，舟车所通，货宝毕来"③。南宋故都杭州基本保持了宋代旧貌，其繁华与大都比较有过之而无不及。意大利旅行家马可·波罗称其中有大市十所、小市无算，"贸易之巨，

---

① 《元海运志》。
② 《元朝名臣事略》卷2《丞相淮安忠武王》。
③ 《姚长者碑》，《雪楼集》卷7。

无人能言其数",并赞扬它为"世界最富丽名贵之城"①。随着运河的恢复和海运的开通,在其沿线又出现了一批新兴的工商业城市、城镇,其中主要有淮安、临清、济宁、松江、太仓、直沽等。在元朝政府设置市舶司的泉州、广州等沿海城市,其经济生活也非常活跃。

不过,尽管有上述成果,还是必须指出:大一统所带来的种种促进经济发展、文明进步的有利条件,在元朝并未得到充分的利用。汉法推行工作的停滞和蒙古旧制的大量保留,使统治集团与被统治地区的文化差异长期难以弥合。蒙古贵族一向视对外征服为天职,忽必烈平定南宋之后,受此传统的影响,未能偃兵息民,而是继续发动了大规模的对外扩张,先后对日本、安南、爪哇等国家和地区发起远征,超出了社会的承受能力,使经济恢复进程受到很大的影响。为解决军费和其他开支带来的财政问题,忽必烈先后任用阿合马、卢世荣、桑哥等人负责"理财",他们通过增加税课、官营牟利、滥印纸币、钩考理算等方法进行创收,所增收入基本上来自对社会的搜刮和巧取豪夺,也对社会经济造成了不小的破坏。而且作为北方民族统一王朝,元朝的统治带有很强的民族歧视与压迫色彩,形成了一套著名的民族等级制度——四等人制。

所谓四等人制,即元朝统治者按照被征服次序的先后,将全体百姓分为蒙古、色目、汉人、南人四等级,各有不同的地位和待遇。蒙古人作为元朝的"国族",也称"自家骨肉",是统治者依赖的基本力量。蒙古以外的西北、西域各族人,包括唐兀(即西夏)、汪古、回回、畏兀儿、哈剌鲁、钦察、吐蕃等,统称为色目人,系取"各色名目"之义。他们是蒙古统治者的主要助手。四等人中的"汉人"是一个狭义概念,主要指淮河以北原金朝统治区以及较早为蒙古征服的四川、云南地区的汉族人。另外长期以来居于北中国的契丹、女真人也包括在"汉人"之内,他们中的绝大多数在元朝已趋于汉化。南人则指最后被征服的原南宋统治区(元朝江浙、江西、湖广三行省)内的居民。

四等人制的形成有一个过程。忽必烈即位之初,汉族官僚在政权中不仅不受歧视,而且掌握着主要权力。中统三年李璮之乱后,忽必烈的重要谋士、元初制度主要创建者之一、中书平章政事王文统受牵连被处死,大大增加了忽必烈对汉人的疑忌,色目官僚集团乘机崛起。色目人大都有较高文化

---

① 《马可波罗行纪》中册,第571页。

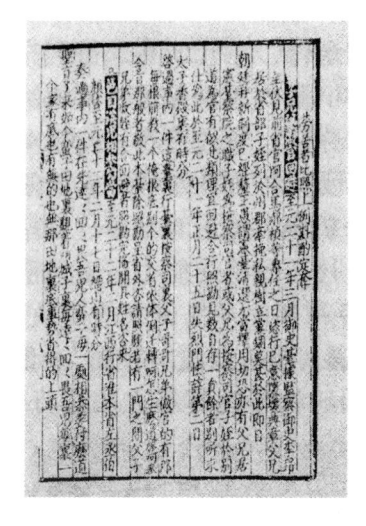

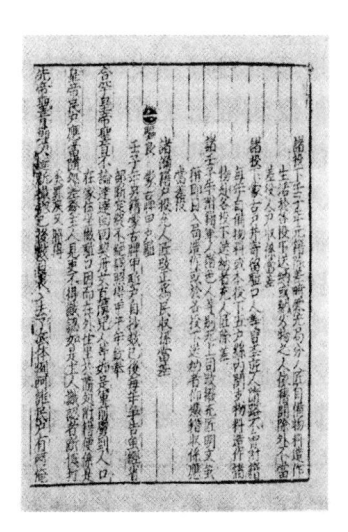

图 2-1-4 《元典章》书影

水平,长于经商理财,或擅长一些特殊技艺,而且远来中土,在汉地无势力基础,因而与蒙古统治者结合紧密,颇受倚重。至元二年(1265)二月,元廷规定:"以蒙古人充各路达鲁花赤,汉人充总管,回回人(即指色目人)充同知,永为定制。"[①] 在中央机构官员的任命上,经过一段时间的摸索与调整,也逐渐形成一套不成文的规定:以蒙古人为长,以下参用汉人和色目人。其基本精神,是在不能不使用汉人的情况下,另外委派色目人分任事权,进行牵制,并由蒙古人居高监视。平宋以后,忽必烈亦酌情起用南方降臣,其中一部分人因与北方官僚有矛盾,投靠色目权臣桑哥,并随桑哥的倒台而受到牵连,南士在仕途上也因而一蹶不振。这样到忽必烈在位末年,蒙古、色目、汉人、南人四等级序列已经形成,以后更进一步贯彻于具体政策规定,从而成为法定制度。

四等人制总的精神,首先是区分蒙古、色目人和汉族人(包括汉、南人)两大集团,保证蒙古贵族的统治地位。其次还有一层意义,即在被统治的汉族人民中制造分裂,将其分为汉人、南人两部分,从而便于蒙古统治者自上操纵、控制。江南地广人众,是元朝主要经济命脉所在和文化最发达的地区,而南人却居于四等人最底层,他们与北方汉人间自宋金对峙以来形成的畛域之见也因而不能泯灭。"南北之士,亦自町畦以相訾甚,若晋之与秦,

---

[①] 《元史》卷6《世祖纪三》。

不可与同中国"①。这对元和元以后中国政治的发展，都有很大的消极影响。

第三节　忽必烈的文化政策

忽必烈行"汉法"而建元朝。所谓"汉法"，指的是从前代中原王朝继承下来的一套典章制度和统治政策，在广义上也包含了蕴藏在制度和政策内部、以儒家文化为核心的传统意识形态。"汉法"的采用，使得元王朝在本质上有别于其前身——草原游牧政权大蒙古国，成为中国历代王朝中的一环。这也决定了忽必烈文化政策的基本方面与前代中原王朝一样，仍然要尊崇儒学。具体而言，忽必烈尊崇儒学的措施表现在以下一些方面。

擢用儒臣　忽必烈早在即位以前，即"思大有为于天下"②，延请、招纳一批中原士人充当幕僚，为日后夺取汗位、推行汉法打下了基础。一些儒生给忽必烈奉上"儒教大宗师"的称号，希望他充当儒家文化的保护人，他也欣然接受。这批"潜邸旧侣"，实际上成为元初国家制度的主要策划者。③《国朝文类》卷40《经世大典序录·礼典·进讲》云："世祖之在潜藩也，尽收亡金诸儒学士及一时豪杰知经术者而顾问焉，论定大业，厥有成宪。在位三十余年，凡大政令、大谋议，诸儒老人得以经术进言者，可考而知也。"忽必烈初即位时，宰相机构中书省的主要官员，以及地方"监司"长官十路宣抚使和副使，大部分都是汉族儒士。金朝经义进士王文统，"首擢"中书平章政事，"委以更张庶务……元之立国，其规模法度，世谓出于文统之功为多"④。金末状元王鹗，"首授翰林学士承旨，制诰典章，皆所裁定"，忽必烈对他"甚敬重，每见，以'状元'呼之"⑤。后来随着政局的变化，汉族儒臣逐渐从行政岗位上被排挤出来，但王鹗奏请设立的翰林国史院，却一直引致名儒，典修撰，备顾问，在元朝政府中发挥了点缀文治、调节社会关系的重要作用。⑥ 类似容纳较多儒士的中央机构，还有集贤院、国子监、太常礼仪院等。吴澄说："国有大政，进儒臣议之，此家法也。"苏天爵说：

---

① 《杨君显民诗集·序》，《青阳集》卷4。
② 《元史》卷4《世祖纪一》。
③ 参见萧启庆《忽必烈潜邸旧侣考》，载氏著《元代史新探》，台北新文丰出版公司1983年版。
④ 《元史》卷206《王文统传》。
⑤ 《元史》卷160《王鹗传》；《中堂事记下》，《秋涧集》卷82。
⑥ 参见张帆《元代翰林国史院与汉族儒士》，《北京大学学报》1988年第5期。

"我国家累圣相承，兴崇治化，凡议大政，皆命文学老臣共之。"① 都是指上述机构的儒臣而言。

学习儒家典籍 与擢用儒臣相联系，忽必烈对儒家典籍进行了初步的学习和了解。中统二年（1261）正月，王恽等奉命"图写历代君臣可法政要及古太子贤孝等事"备进讲。② 四年，忽必烈"问尧舜禹汤为君之道"，因命徐世隆、安藏释译《尚书》进读。③ 至元三年十二月，传谕儒臣："朕宜听何书，其议选来进。"商挺等乃纂《五经要语》二十八类以上。④ 至元五年十月六日又下旨："令自尧、舜、孔子以下，经史所载嘉言善政，明白直言，奏得来者。"⑤ 这种学习和了解虽然并不是十分深入，但仍比大蒙古国诸汗有了巨大进步，并且影响到以后的蒙古统治者。忽必烈的皇太子真金"每与诸王近臣习射之暇，辄讲论经典"，"尊师问道，日御经筵"⑥。真金之子、忽必烈死后嗣位的成宗铁穆耳，在"退朝之暇，优游燕间"，命韩公麟进读《资治通鉴》《大学衍义》，"从容咨询，朝夕无倦"⑦。即使是长期抚军漠北、汉化程度较低的武宗海山，也曾下诏刊印蒙古文《孝经》，谓"此乃孔子之微言，自王公达于庶民，皆当由是而行。其命中书省刻版模印，诸王而下皆赐之"⑧。宗室、外戚诸王的王府，均设置说书一职，"掌侍王游处，日诵古圣贤之训、祖宗之成法，谈说礼乐，规讽道义，陈古今兴衰之由、忠邪得失之迹，以朝夕左右王"⑨。成宗丞相、蒙古人哈剌哈孙"引儒生讨论坟典，至尧舜禹汤文武之为君，皋夔稷契伊傅周召之为臣，叹曰：'人生不知书可乎？'乃馆士教其子学"⑩。尽管从整体上来说，蒙古贵族的儒化倾向较之北魏、辽、金、清等北方民族王朝统治者更显迟滞，但他们对儒家典籍表现出一定的、即或是偶尔的兴趣，其积极意义也是不容否定的。

兴学校 经金末战乱，北方学校隳废，百不一存。忽必烈即位后，于中

---

① 《送卢廉使还朝为翰林学士·序》，《吴文正公集》卷14；《两汉诏令·序》，《滋溪文稿》卷6。
② 《中堂事记上》，《秋涧集》卷80。
③ 《元朝名臣事略》卷13《太常徐公》。
④ 《敕赐经筵题名碑》，《至正集》卷44；《元史》卷159《商挺传》。
⑤ 《奏议·至元五年十月六日》，《青崖集》卷4。
⑥ 《元史》卷115《裕宗传》；《追谥先太子册文》，《秋涧集》卷67。
⑦ 《太医院使韩公行状》，《滋溪文稿》卷22。
⑧ 《元史》卷22《武宗纪一》大德十一年八月辛亥。
⑨ 《送李思齐诗·序》，《傅与砺集》文集卷4。
⑩ 《丞相顺德忠献王碑》，《国朝文类》卷25。

统二年（1261）八月降诏，设立诸路提举学校官，秩从六品，选博学老儒充任。北方各地的官办儒学，渐次得以恢复。至元七年（1270），颁布立社法令，规定农村中五十家立为一社，互助劝农，同时每社均立社学，择通晓经书者为师，在农闲季节进行教学活动。平宋以后，南方原有的儒学、书院大部分都延续下来，而社学之制也在南方得到推广。在中央，至元八年正式设立了国子学，以理学名儒许衡为国子祭酒，选勋臣、官僚子弟入学，接受儒家教育。至元二十四年（1287），又设国子监，作为全国儒学教育的最高管理机构。关于国子学、地方儒学的发展情况，后文另作叙述。

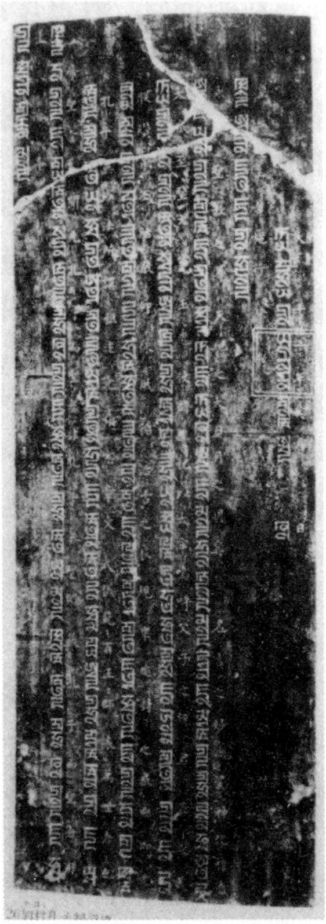

定儒户 元朝的户籍制度，除据资产定户等外，还按职业、信仰等因素将全体居民分为若干种，分别为国家承担不同义务，称诸色户计。儒生也被定为诸色户计中的"儒户"①。此前在大蒙古国，儒士被当作一种宗教徒，与僧、道等同受优待，单列户籍。忽必烈即位后，仍沿其制，通过考试、调查等办法定出大约十一万儒户，其中南方约十万，北方约一万。元朝的儒户和儒士在概念上不完全相同，一些儒户并非儒士而混迹其中，真正的读书人也未必全是儒户。但元廷对儒户的政策，却可以反映对儒士的政策。凡儒户必须隶属于某一儒学或书院，受当地儒学提举司管理。他们为国家承担的义务，就是遣至少一名子弟入学校读书，世习儒业。就待遇而言，入学读书者可享受官方提供的膳食，有的还有其他补助。其家庭承担的赋役，也比一般民户有所减轻。总体来说，儒户的设置和有关管理制度，反映出元廷对儒士的优待，因此有时会为其他户计作弊冒充，借以逃避赋役。而儒户如果不认真履行入学读书义务，也会受到除籍为民、"一体当差"的惩罚。

图2-1-5 元成宗崇奉孔子碑（八思巴文）

---

① 关于儒户，参见萧启庆《元代的儒户：儒士地位演进史上的一章》，载氏著《元代史新探》，台北新文丰出版公司1983年版。

尊孔 元朝统治者对孔子的崇奉，由忽必烈开其端，以后随着时间推移逐步升温。据载忽必烈"尝问孔子何如人"，有人回答说："是天的怯里马赤。"忽必烈"深善之"①。怯里马赤，蒙古语，意为翻译官。中统二年（1261）六月，忽必烈发布圣旨，要求各地对孔庙"岁时致祭"，"洒扫修洁"，"禁约诸官员使臣军马，无得于庙宇内安下，或聚集理问词讼及亵渎饮宴，管工匠官不得于其中营造，违者治罪"②。至元三十一年（1294）元成宗初即位，"诏中外崇奉孔子"，表示"孔子之道，垂宪万世，有国家者，所当崇奉"③。史称"自是天下郡邑庙学，无不完葺，释奠悉如旧仪"④。大德十一年（1307）元武宗即位，又加封孔子为"大成至圣文宣王"，诏称：

> 盖闻先孔子而圣者，非孔子无以明；后孔子而圣者，非孔子无以法。所谓祖述尧舜，宪章文武，仪范百王，师表万世者也。朕纂承丕绪，敬仰休风，循治古之良规，举追封之盛典。加号大成至圣文宣王，遣使阙里，祀以太牢。於戏！父子之亲，君臣之义，永惟圣教之尊；天地之大，日月之明，奚罄名言之妙？尚资神化，祚我皇元。⑤

后人评价说：此前"世尝知尊孔子矣，而皆未至也"，"大成之号，其所以致褒称之隆，蔑以尚矣"⑥。对孔子的父母、妻子、弟子等，后来也都加赠了种种称号。

另一方面，忽必烈及其继承人尽管实行了上述尊崇儒学的措施，但这些措施又往往带有很大的不彻底性和虚文色彩。来自北方草原的蒙古统治者，其经济形态、文化背景与汉族社会存在着相当大的差异，因此他们对儒家学说的概念、体系、思想方法并不能够真正理解，对儒学的尊崇在很多场合下是出于粉饰"文治"的实用主义需要。从其他一些角度来看，忽必烈的文化政策又体现出游牧民族王朝的特异性，与前后朝代有较大差别。

首先是崇奉佛、道二教，尤其是佞佛。蒙古人最早信仰带有原始巫术

---

① 《草木子》卷4下《杂俎篇》。
② 《庙学典礼》卷1《先圣庙岁时祭祀禁约骚扰安下》。
③ 《元史》卷18《成宗纪一》；《元典章》卷34《礼部四·学校一·儒学·崇奉儒教事理》。
④ 《元史》卷76《祭祀志五·郡县宣圣庙》。
⑤ 《加封孔子制》，《国朝文类》卷14。
⑥ 《元加孔子号诏碑》陈泌跋，《两浙金石志》卷14。

性质的萨满教，以"长生天"为主要崇拜对象，同时也相信万物有灵，并未发展成明显排他的一神独尊信仰。因此蒙古统治者在对外扩张过程中，对于新接触的各类宗教均能接受，相信它们都能够通过各自不同的途径与"长生天"沟通，采取了"三教九流，莫不尊奉"①的兼容并蓄政策。大蒙古国时期，道教、佛教势盛，儒学只是混迹于其间，作为一种"准宗教"勉强享受若干保护和优待。忽必烈建立元朝之后，虽然开始正式尊崇儒学，但佛、道二教的优遇地位并未因而下降，佛教，尤其是藏传佛教的势力且有继续上升。至元六年（1269），忽必烈加封藏传佛教萨斯迦派首领八思巴为帝师、大宝法王，赐玉印称"皇天之下，一人之上"（意为天下只有皇帝一人地位在他之上），并亲自从八思巴受戒。此后元朝诸帝都沿袭其例，信仰藏传佛教，从萨斯迦派僧侣中封授帝师。《元史》卷202《释老传》云："元兴，崇尚释氏，而帝师之盛，尤不可与古昔同语。"又具体描述说："百年之间，朝廷所以敬礼而尊信之者，无所不用其至。虽帝后妃主，皆因受戒而为之膜拜。正衙朝会，百官班列，而帝师亦或专席于坐隅。且每帝即位之始，降诏褒护，必敕章佩监络珠为字以赐，盖其重之如此。其未至而迎之，则中书大臣驰驿累百骑以往，所过供亿送迎……其弟子之号司空、司徒、国公，佩金玉印章者，前后相望。为其徒者，怙势恣睢，日新月盛，气焰熏灼，延于四方，为害不可胜言。"在儒士们笔下，忽必烈是一位礼贤崇儒的贤君；而据释念常所言，则"观《弘教集》载世祖皇帝实录百余篇，字字句句以弘教为己任……万几之暇不忘念佛念法念僧，敬非大圣慈念群生，特垂化迹，能如是邪？"②道教虽在与佛教争宠的斗争中落败，但正一、全真、真大、太一诸教派的宗教领袖依然享有很高地位，"号其人曰真人，给以印章，得行文书，视官府"③。相比之下，儒士代表人物受到的尊奉明显逊色。在社会上，僧侣、道士倚仗官府支持，霸占田产，隐匿人口，儒士如与之发生争执，往往处于下风。当然元廷对佛、道二教的尊崇并非有意排斥儒学，只是佛道"告天祈福"、念诵斋醮的迷信活动更适应蒙古统治者的胃口而已。萧启庆先生指出："元室对各民族的文化采取一视同仁的态度，对各种思想及宗教也不偏不倚，并予尊荣。儒家思想遂从'道'的地

---

① 《立袭封衍圣公事状》，《秋涧集》卷84。
② 《佛祖历代通载》卷22。
③ 《真大道教第八代崇玄广化真人岳公之碑》，《道园学古录》卷50。

位转变为'教'的一种。"① 这对已经习惯于"独尊"地位的儒士来说，颇难适应。故而有人发牢骚说："释氏掀天官府，道家随世功名，俗子执鞭亦贵，书生无用分明。"②

其次是用人政策重吏轻儒，在政治上并未充分向儒士阶层敞开仕途。忽必烈即位之初，一度重用儒臣，但儒臣的好运只是昙花一现。随着忽必烈的"潜邸旧侣"或老或卒，淡出政坛，儒臣基本上被排挤离开了重要的行政岗位，仅有少数人负责教育、著作、顾问以点缀"文治"而已。时人王恽对这一变化概括说：

> 国朝自中统元年已来，鸿儒硕德，济之为用者多矣。如张（文谦）、赵（璧）、姚（枢）、商（挺）、杨（果）、许（衡）、二王（鹗、磐）之伦，盖尝忝处朝端，谋王体而断国论矣。固虽圣神广运于上，至于弼谐赞翼，俾之休明贞一，诸人不无效焉。今则曰：彼无所用，不足以有为也。是岂智于中统之初，愚于至元之后哉？予故曰：士之贵贱，特系夫国之重轻，用与不用之间耳！③

元末人余阙也说：

> 我国初有金、宋，天下之人，惟才是用之，无所专主，然用儒者为居多也。自至元以下，始浸用吏。虽执政大臣，亦以吏为之。由是中州小民粗识字能治文书者，得入台阁，供笔札，累日积月，皆可以致通显。而中州之士见用者遂浸寡。④

忽必烈对儒臣的"重轻"和"用与不用"，由"用儒者为居多"到"浸用吏"的变化，直接原因是他在理财、征伐等问题上与儒臣产生了分歧，认为后者"不识事机"⑤，故而加以疏远。其深层原因，则在于蒙古统治者实用主义的统治意识。他们并未受到汉族社会崇奖士人、鄙视胥吏传统观念的影

---

① 前揭萧启庆文《元代的儒户》。
② 《自笑》，《湖山类稿》卷2；又见孔凡礼辑校《增订湖山类稿》。
③ 《儒用篇》，《秋涧集》卷46。
④ 《杨君显民诗集·序》，《青阳集》卷4。
⑤ 《元史》卷205《阿合马传》。

响，相反却认为官、吏之间"靡有轻贱贵重之殊，今之官即昔之吏，今之吏即昔之官"①。此前金朝已常用士人，甚至是进士担任吏职，如工作成绩出色，不难升任高官。元朝更进一步，选拔官员多取于吏，"天下之大，簿书期会之繁，因仍金旧，悉付以吏，任之既久，趋之者日益众"②。绝大部分士人要想入仕，必须以学生或教官身份转充吏职，与胥吏在同一起跑线上竞争，基本没有优势可言。儒臣们多次呼吁开设科举，为士人提供一条入仕捷径，然而都是"议者不一而罢"③。加上民族等级制度的推行，没有特殊出身背景的儒士"淡文章不到紫薇郎，小根脚难登白玉堂"④。这样，儒士阶层尽管并未受到刻意的歧视，但失去了传统的"读书做官"优先权，"或习刀笔以为吏胥，或执仆役以事官僚，或作技巧贩鬻以为工匠商贾"，以致"天下习儒者少"⑤。其社会地位也不免大受影响，"举世皆曰，儒者执一而不通，迂阔而寡要，于是士风大沮"⑥。甚至有"大元制典，人有十等……七匠八娼，九儒十丐……介乎娼之下、丐之上者，今之儒也"一类愤激的说法。⑦

再次，与上一点相联系，忽必烈对前代视为"方技""杂流"的各种专业技术及其人才予以较高地位，这也是与其他朝代很不相同的。此前蒙古的征服战争，铁骑所至，屠戮甚惨，但对医、卜、工匠等各类专业技术人才，通常都与宗教徒一样加以保护。在蒙古贵族眼里，这类"实用"型人才要比儒士更有价值。《元史》卷125《高智耀传》：

> 宪宗（蒙哥汗）即位，智耀入见……帝问："儒家何如巫、医？"对曰："儒以纲常治天下，岂方技所得比。"帝曰："善，前此未有以是告朕者。"

但实际上，即使到忽必烈建立元朝以后，重视"方技"的人才观念也并没有大的变化。忽必烈曾说："朕求贤三十年，惟得窦汉卿（默）及李俊民

---

① 《赠何仲德·序》，《吴文正公集》卷14。
② 《侍御史慕公墓志铭》，《至正集》卷59。
③ 《跋秋谷平章试院中所作诗》，《闲居丛稿》卷10。
④ 《水仙子·归兴》，《朝野新声太平乐府》卷2。
⑤ 《元史》卷81《选举志一·科目》。
⑥ 《故翰林学士紫山胡公祠堂记》，《秋涧集》卷40。
⑦ 《送方伯载归三山·序》，《叠山集》卷2。并参见《心史》卷下《大义略叙》。

二人。"① 于人才济济的"潜邸旧侣"中特别看重窦、李，是因为窦默通医而李俊民工术数，与他人相比皆有实用的一技之长。② 至元十三年（1276）江南初平，即下诏访求"前代圣贤之后，高尚僧、道、儒、医、卜筮，通晓天文历数，并山林隐逸名士"③，将医卜方技与"前代圣贤之后"并列征聘。时人记载："国家数路取人，阴阳、卜筮无不与，至则馆集贤而禀给之。"④ 这种不拘一格、重视专门技术的用人方针，致使在铨选上，"百家九流之人，亦杂出于其间……士之所以求进者，亦不专以儒术"⑤。《元史》卷203《方技传》序称："元有中土……以术数言事辄验，及以医著效，被光宠者甚众。""而以工艺贵显，亦附见焉。"通过医、卜、工匠一类"杂途"入仕，乃至位居高官，在元代颇不乏人。⑥ 关于医疗和术数，还在全国广设医学、阴阳学，进行专业教育。对此，后文还要述及。

最后还应当提到忽必烈及其继承者在文化政策方面的一个重要特点，那就是文化领域内的专制色彩相对来说不算突出，基本不以文字疑似之事治人重罪，较为宽容。《元典章》卷53《刑部十五·诉讼·折证·大名字折证的休提》："至元九年……中书省咨，木八剌脱因乃蒙古文字译该，不拣谁，自底勾当里争竞喝叫、折证钱债其间里，不拣甚么田地里，上位的大名字休提者。那般胡提着道的人，口里填土者。"这是有关避讳的规定。但此制似乎执行不严，很难找到因避讳不谨而获罪的案例。明人郎瑛《七修类稿》卷26《辩证类》"元朝讳谥"条则评论说："元主质而无文，讳多不忌，故君臣同名者众。后虽有讳法之禁，不过临文缺其点画……暗合于礼，足见嘉也。"有学者举出不少元诗当中语及"虏""胡""腥膻"等字词，以及体现"颂汉""怀宋"心理的作品，并未遭到查禁问罪，"说明了有元一代，在思想文化领域中，在对文人写作上，是宽容放任的"⑦。元杂剧中常见指斥时政

---

① 《元史》卷158《窦默传》。
② 参见陈高华《论窦默》，《中国史研究》1995年第2期。
③ 《元典章》卷2《圣政一·举贤才》。
④ 《鲁叔宁古村易说·序》，《西岩集》卷13。
⑤ 《送强仲贤之京师·序》，《存复斋集》卷4。
⑥ 高伟对元朝以医入仕的现象进行了研究。参见氏著《元代医家入仕现象初探》，《兰州大学学报》1994年第4期；《元朝君主对医家的网罗及其影响》，《兰州大学学报》1999年第4期。凭借卜筮术数、营造工艺等特长仕至高位者也很多，散见元代碑传。
⑦ 周湘瑞、韦庆缘：《从元诗例证看元代宽容现象》，《社会科学研究》1994年第6期。参见杨镰《元诗史》，人民文学出版社2003年版，第9—14页。

的内容，语词切直，较少避忌，也说明相同的问题。总的来说，蒙古统治者长期保持着"质而无文"、粗犷豁达的游牧民族性格，对汉族士人虽未予重用，但也不从思想和言论上挑剔、敏感、吹毛求疵。明人祝廷心总结说："元氏之全有中国者九十有二年，不以政柄属诸士，而亦不以法度訧之。故士之仕者，苟循理自守，则可以致名位而无患祸。"[①] 这应当说是元朝值得肯定的地方。

---

① 《药房居士集·序》，《皇明文衡》卷40。

第二章　多种宗教的兴盛

第一节　藏传佛教的鼎盛

中统元年（1260），忽必烈即位，年仅28岁的八思巴被"尊为国师，授以玉印，任中原法主，统天下教门"[1]。国师称号，源于印度，至少从魏晋南北朝起，就已为中原王朝所采用。元僧法洪称："古之君天下者皆有师，惟其道之所存，不以类也。故赵以图澄（即佛图澄，下同）为师，秦以罗什（即鸠摩罗什）为师。夫二君之师其人也，以其知足以图国，言足以兴邦，德足以范世，道足以参天地、赞化育，故尊而事之，非以方伎而然也。"[2] 以后历代王朝大都沿袭了这一制度。蒙古兴起前，统治中原地区的金朝也设有国师。《大金国志》卷36《浮图》谓："国师者，在京之老尊宿也，威仪如王者师，帝有时而拜，服真红袈裟，升堂问话讲经，与南朝等。"蒙古入主中原后，蒙哥汗曾先后礼聘海云、那摩为国师，总领全国佛教事务。八思巴被封为国师，实际上也是沿袭了这一成例。只不过随着藏传佛教的兴盛与元朝对吐蕃地区统治的加强，国师的权限已不再仅限于先前的宗教领域，在世俗方面的影响力也越来越大。至元七年（1270），

大元帝师印

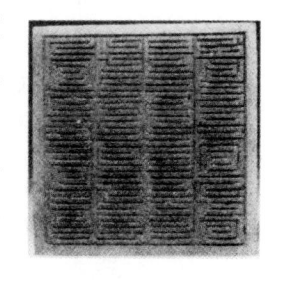

大元帝师印
图2-2-1

---

[1]　《佛祖历代通载》卷21引王磐《发思八行状》。
[2]　《佛祖历代通载》卷21引法洪《帝师殿碑记》。

在进呈"蒙古新字"后，八思巴又被元朝晋升为帝师，"升号帝师大宝法王，更赐玉印，统领诸国释教"①。此事也见于藏文史料："八思巴到达朝廷后，在他36岁的阳铁马年（1270），当皇帝再次请求八思巴传授灌顶之时，改西夏甲郭王的玉印为六棱玉印，连同诏书一并赐给，封八思巴为'普天之下、大地之上、西天佛子、化身佛陀、创制文字、辅治国政、五明班智达八思巴帝师。"② 帝师称号，源于西夏，多由吐蕃僧人担任，是一种比国师地位更为高的僧职。③ 忽必烈以八思巴为帝师，很有可能借鉴了西夏的做法，只不过在新的历史时期，又赋予其许多新的内容，从而形成元代特有的帝师制度。八思巴死后，元朝赠予他长达38字的封号："皇天之下一人之上开教宣文辅治大圣至德普觉真智佑国如意大宝法王西天佛子大元帝师"④。并规定以后的历代帝师，均从萨斯迦派款氏或其弟子中遴选。有元一代历任帝师的选任，基本上遵循了这一规则。

在元代，帝师作为皇帝精神上的导师，首要职责是向皇帝传授佛法，为皇室祈祷福寿，保佑元朝国运昌盛。早在与忽必烈结识初期，八思巴就曾多次为忽必烈与察必皇后授戒。以后，元朝历代皇帝受帝师佛戒，逐渐形成定制。"累朝皇帝，先受佛戒九次，方正大宝，而近侍陪位者，必九人或七人，译语谓之暖答世，此国俗也。"⑤ 为元朝宫廷讲授佛法，也是帝师的一项重要职责。八思巴曾多次为元朝皇室成员讲授佛经，他给忽必烈太子真金讲经的内容，还被编为《彰所知论》，译成汉语，明令收入《大藏经》在全国通行。在八思巴的影响下，蒙古宫廷的佛教气氛日渐浓厚。像忽必烈本人即身体力行，"万机之暇，自奉施食，持数珠而课颂"。并公开宣称："朕以本觉无二真心，治天下国家，如观海东青取天鹅，心无二故。"⑥ 在这一期间，祈祷国运的佛事法会也逐渐多了起来。像八思巴在世时，中统三年（1262）十一月，"敕圣安寺作佛顶金轮会"，十二月，"作佛事于昊天寺七昼夜，赐银万五千两"。至元元年（1264）四月，"东平、太原、平阳旱，分遣西僧祈雨"⑦。六年"十二月，命国师僧荐佛事于太庙七昼夜，始造木质金表牌位

---

① 《佛祖历代通载》卷21引王磐《发思八行状》。
② 《萨迦世系史》，第140—141页。
③ 参见史金波《西夏佛教史略》，宁夏人民出版社1988年版，第137—142页。
④ 《山居新语》卷4；《南村辍耕录》卷12《帝师》；《书史会要》卷7等。
⑤ 《南村辍耕录》卷2《受佛戒》。
⑥ 《佛祖历代通载》卷22。
⑦ 《元史》卷5《世祖纪二》。

十有六，设大榻金椅奉安祐室前，为太庙荐佛事之始"①。这样的佛事活动，在世祖至元末有 102 种，而到成宗大德年间，更达到五百余种，其中有名者：

> 有曰镇雷阿蓝纳四，华言庆赞也。有曰亦思满蓝，华言药师坛也。有曰搠思串卜，华言护城也。有曰朵儿禅，华言大施食也。有曰多儿只列朵四，华言美妙金刚回遮施食也。有曰察儿哥朵四，华言回遮也。有曰笼哥儿，华言风轮也。有曰咱朵四，华言作施食也。有曰出朵儿，华言出水济六道也。有曰党剌朵四，华言回遮施食也。有曰典朵儿，华言常川施食也。有曰坐静，有曰鲁朝，华言狮子吼道场也。有曰黑牙蛮答哥，华言黑狱帝主也。有曰搠思江朵儿麻，华言护法神施食也。有曰赤思古林搠，华言自受主戒也。有曰镇雷坐静，有曰吃剌察坐静，华言秘密坐静也。有曰斟惹，华言文殊菩萨也。有曰古林朵四，华言至尊大黑神回遮施食也。有曰歇白咱剌，华言大喜乐也。有曰必思禅，华言无量寿也。有曰睹思哥儿，华言白伞盖咒也。有曰收札沙剌，华言五护陀罗尼经也。有曰阿昔答萨哈昔里，华言八千颂般若经也。有曰撒思纳屯，华言大理天神咒也。有曰阔儿鲁弗卜屯，华言大轮金刚咒也。有曰且八迷屯，华言无量寿经也。有曰亦思罗八，华言最胜王经也。有曰撒思纳屯，华言护神咒也。有曰南占屯，华言坏相金刚也。有曰卜鲁八，华言咒法也。又有作察察者，以泥作小浮屠也。又有作答儿刚者，或一所二所以至七所；作察察者，或十万二十万以至三十万。又尝造浮屠二百一十有六，实以七宝珠玉，半置海畔，半置水中，以镇海灾。②

帝师制度创立初期，正值元朝初建，北方战争连绵不断，统治根基未稳之际。当时的忽必烈，亟须一种宗教信仰作为精神支柱，借此宣扬其统治的正统地位。这一使命，适时地落到了八思巴的肩上。在佛事活动中，他不失时机地以藏传佛教理论为工具，为元朝统治的神圣与合法性张目。"（至元）四年，世祖皇帝用帝师巴言，置白伞盖于御座之上，以镇邦国。仍置金轮于崇天门之右，铁柱高数丈，以铁絙四系之，以表金转轮王统制天下，皆从帝

---

① 《元史》卷 74《祭祀志三·宗庙上》。
② 《元史》卷 202《释老传》。

师之请也。"① 所谓白伞盖，就是"于大明殿御座上置一白伞盖，顶用素缎，泥金书梵字于其上，谓镇伏邪魔获安国刹"②。蒙古"国俗尚白，以白为吉"③，白色伞盖，显然与蒙古习俗相符。此外，有的学者指出："白伞盖在汉藏佛教经典中都有记载，汉地佛教称之为白伞盖佛顶，《大日经》说释迦牟尼顶上化现作轮王形，是如来众相之顶，以白净大慈悲覆盖法界。又说该佛像为黄色，持莲花，上有白伞盖，号为异相金刚，还有白伞盖顶尊所说之陀罗尼，名为白伞盖神咒。藏传佛教则说白伞盖为千头千手佛母，藏文大藏经中也有佛顶大白伞盖陀罗尼。"④ 所谓金轮，象征忽必烈是转轮王的化身，这与八思巴《彰所知论》中将成吉思汗家族誉为"转大力法轮之王"相符。后来，八思巴弟子阿尼哥"为七宝镔铁法轮，车驾行幸，用以前导"⑤，"立法轮竿于大内万寿山"⑥，显然也出于同一用意。由于这些构思非常有利于神化元朝的统治，受到了元朝统治者的高度重视，为此，他们以正月十五日为大都城迎白伞盖游皇城的法定活动日（六月巡幸上都期间，举行另一次）。

岁正月十五日，宣政院同中书省奏，请先期中书奉旨移文枢密院，八卫拨伞鼓手一百二十人，殿后军甲马五百人，抬舁监坛汉关羽神轿军及杂用五百人。宣政院所辖官寺三百六十所，掌供应佛像、坛面、幢幡、宝盖、车鼓、头旗三百六十坛，每坛擎执抬舁二十六人，钹鼓僧一十二人。大都路掌供各色金门大社一百二十队，教坊司云和署掌大乐鼓、板杖鼓、筚篥、龙笛、琵琶、筝、蓁七色，凡四百人。兴和署掌伎女杂扮队戏一百五十人，祥和署掌杂把戏男女一百五十人，仪凤司掌汉人、回回、河西三色细乐，每色各三队，凡三百二十四人。凡执役者，皆官给铠甲袍服器仗，俱以鲜丽整齐为尚，珠玉金绣，装束奇巧，首尾排列三十余里。都城士女，间阎聚观。礼部官点视诸色队仗，刑部官巡绰喧闹，枢密院官分守城门，而中书省官一员总督视之。先二日，于西镇国寺迎太子游四门，舁高塑像，具仪仗入城。十四日，帝师率梵僧五

---

① 《析津志辑佚·岁纪》。
② 《元史》卷77《祭祀志七》"国俗旧礼"条。
③ 《中书令耶律公神道碑》，《国朝文类》卷57。
④ 陈庆英：《元朝帝师八思巴》，中国藏学出版社1992年版，第158页。
⑤ 《元史》卷203《阿尼哥传》。
⑥ 《元史》卷13《世祖纪十》。

百人，于大明殿内建佛事。至十五日，恭请伞盖于御座，奉置宝舆，诸仪卫队仗列于殿前，诸色社直暨诸坛面列于崇天门外，迎引出宫。至庆寿寺，具素食，食罢起行，从西宫门外垣海子南岸，入厚载红门，由东华门过延春门而西。帝及后妃公主，于玉德殿门外，搭金脊吾殿彩楼而观览焉。及诸队仗社直送金伞还宫，复恭置御榻上。帝师僧众作佛事，至十六日罢散。岁以为常，谓之游皇城。①

图 2-2-2　藏传佛教金刚手菩萨像（杭州飞来峰）

这样的活动，在当时还有很多，像元人虞集即记载说："国家岁以二月八日迎佛于城西高良河，京府尽出富民，珠玉奇玩、狗马器服、俳优优杂、子女百戏，眩鬻以为乐。禁卒外卫中宫贵人大家，设幕以观，庐帐蔽野，诸王近侍贵臣，宝饰异服驰骏盛气以相先后。国家一日之费巨万，而民间之费称之。"② 这种迎佛像的活动，在金海陵王时期曾被禁止，③ 但蒙古南下占领中都后，已然恢复。像己丑年（1229）二月八日，在当时的燕京城，"四众

---

① 《元史》卷 77《祭祀志七·国俗旧礼》。
② 《赵公神道碑》，《道园学古录》卷 42。
③ 《金史》卷 5《海陵王纪》：正隆元年（1156）十一月"癸巳，禁二月八日迎佛"。

奉迎释迦遗像行城，欢声沸沸"①。入元以后，这更成为蒙古宫廷举行的法定节日。藏传佛教的不少佛事活动，已深入民间，发展成为全民性的节日。

藏传佛教密宗的护法神摩诃葛剌，也在此前后被引进元朝宫廷。"摩诃葛剌神，汉言大黑神也。"在藏传佛教经典中，被认为是大自在天的化身，或认为是大日如来降服恶魔时呈现的愤怒相。元人张昱曾描绘其狰狞形象云："北方九眼大黑杀，幻影梵名麻纥剌。头戴骷髅踏魔女，用人以祭惑中华。"②据说，早在忽必烈即位前，八思巴就曾奉献过一尊金身摩诃葛剌像，将其供奉于五台山佛寺中。后来，他又向忽必烈举荐弟子胆巴做法事，大力宣扬摩诃葛剌神的威力。从此以后，摩诃葛剌神就被奉为元朝的护国神，一直在宫殿中奉祀。③元人柳贯称："初，太祖皇帝肇基龙朔，至于世祖皇帝，绥华纠戎，卒成伐功，常隆事摩诃噶剌神，以其为国护赖，故又号大护神，列诸大祠，祷辄响应……然则大黑者于方为北，于行为水，凝为精气，降为明灵，以翼相我国家亿万斯年之兴运，若商之辰星，晋之参星，耿耿祉哉，焉可诬也。"④柳贯把摩诃葛剌神信仰与汉族的五行学说牵强附会到一起，固然不可信，但摩诃葛剌神在元人心目中的崇高地位，由此也可见一斑。

作为全国佛教界领袖，帝师在制定国家宗教政策、处理佛教事务、治理吐蕃地区等方面也发挥着重要的影响，这一影响主要是通过参与宣政院的管理活动来体现的。

早在至元初年，元朝即"立总制院，而领之以国师"⑤。在帝师领导下的总制院，主要"掌浮图氏之教，兼治吐蕃之事"⑥，也就是说，它既是全国佛教最高领导机构，同时也是管理吐蕃地区的行政机构。后来，到至元二十五年（1288），元朝以"唐制吐蕃来朝见于宣政殿之故"，将总制院更名宣政院，⑦但这仅仅是名称上的改变，机构的实际权限并没有发生变化。在元代，宣政院秩从一品，与中书省、御史台、枢密院并立，自成系统。掌管宣政院使，居首者由中央任命，"位居第二者，必以僧人为之，出帝师所辟

---

① 《释奠》，《湛然居士文集》卷3。
② 《辇下曲》，《辽金元宫词》，北京古籍出版社1988年版。
③ 可参见《大元画塑记》，《山居新语》卷1，《南村辍耕录》卷2《受佛戒》。
④ 《护国寺碑》，《待制集》卷9。
⑤ 《元史》卷87《百官志三》。
⑥ 《元史》卷205《桑哥传》。
⑦ 《元史》卷87《百官志三》。

举"。"其用人则自为选。其为选则军民通摄,僧俗并用。"① 当时全国内地的路府州县,分别设有僧录司、僧正司、都纲司等各级僧众管理机构,这些机构均属宣政院下的诸路释教总统所管辖。在江南,元朝先是设江淮释教都总摄所(后升为总统所)等机构,后又长期设立行宣政院于杭州,专门管理江南地区的僧众。至于吐蕃地区,帝师的作用则远远超出了宗教范围,在世俗方面也有很大的发言权。"元起朔方,固已崇尚释教。及得西域,世祖以其地广而险远,民犷而好斗,思有以因其俗而柔其人,乃郡县土番之地,设官分职,而领之于帝师。"当时的吐蕃地区分为三个宣慰司都元帅府辖区,其"帅臣以下,亦必僧俗并用,而军民通摄。于是帝师之命,与诏敕并行于西土"②。通过帝师在当地的宗教影响,元朝政府很巧妙地加强了对吐蕃地区的治理。

第二节　佛道论争的结局

佛道第一次大辩论,虽然佛教取得胜利,全真教的发展势头受到一定遏制,但双方的较量并没有就此结束。1260 年元朝建立后,忽必烈又陆续推行了一些崇道措施,至元二年(1265),令全真教主张志敬"就长春宫建设金箓大醮三千六百分位",举行大规模的祈福活动。③ 至元六年(1269),又应张志敬之请,追封全真教崇奉的东华教主王玄甫为"东华紫府少阳帝君",钟离权、吕洞宾、刘海蟾、王重阳为"真君",王重阳七大弟子为"真人"④。全真教其他一些领袖人物,也在此前后被陆续追加了"真人"封号。这表明,全真教的影响又有所恢复。不过,到张志敬死后,王志坦、祁志诚担任教主期间,已较少有这方面的记载。至元十二年(1275)七月,王磐应邀为长春宫别院真常观做记,对当时的全真教有过这样一番评价:

今也掌玄教者,盖与古人不相侔矣。居京师住持皇家香火焚修,宫观徒众千百,崇墉华栋,连亘街衢。京师居人数十万户,斋醮祈祷之事,日来而无穷。通显士大夫洎豪家富室,庆吊问遗,往来之礼,水流

---

① 《元史》卷 202《释老传》、卷 87《百官志三》。
② 《元史》卷 202《释老传》。
③ 《诚明真人道行碑铭》,《道家金石略》,第 601 页。
④ 《崇道诏书碑》,《道家金石略》,第 592 页。

而不尽，而又天下州郡黄冠羽士之流，岁时参请堂下者，踵相接而未尝绝也。小阙其礼则疵衅生，一不副其所望，则怨怼作，道宫虽名为闲静清高之地，而实与一繁剧大官府无异焉。……若夫计地产之肥饶，校栋宇之多寡，如豪家大族增置财产，以厚自封殖而务致富强，则非贤者之用心也。予故表而出之。①

王磐的议论肯定是有感而发，而且他当时官居翰林学士，观点是否透露出朝廷对全真教的看法，也很值得玩味。其实，自佛道第一次大辩论后，全真教一直都没有甘心失败，对当年蒙哥下令焚毁《道藏》伪经刻板、归还237处寺院的处理结果，也一直采取敷衍了事、一拖再拖的态度。"那回与来的寺院内，一半不曾回付，已回付的再争有。更说谎捏合来底经文每、印板每，一半不曾烧了。三教也不依在前体例安直者。"在佛教徒的一再要求下，至元十七年（1280）二月二十五日，忽必烈再次下诏，重申当年蒙哥所颁圣旨的有效性："依在前断定底，不曾回付来底寺院并属寺家底田地水土，一处回付与；将说谎捏合来底经文并印板，不曾烧毁了底，交毁坏了者；更将三教依在前体例。俺底这圣旨这般宣谕了，别了在前断定言语，寺院并田地水土，不肯回与相争底人每，有罪过者。"慑于朝廷压力，一些全真道观，像蔚州灵仙县的飞泉观，被迫交出吐退文状，改正为寺。② 而全真教总部——长春宫，却没有善罢甘休，且终因采取过激手段，酿成与奉福寺的激烈冲突。这一事件，成为佛道第二次大辩论的导火索。

奉福寺位于燕京旧城右街，历史最早可追溯到北魏孝文帝时期。③ 奉福寺与长春宫，积怨已久，早在乙卯年佛道首次交锋后不久，那摩国师即因全真教侵占奉福寺地产不还，派少林长老福裕等人向时为藩王的忽必烈告状。结果，当时的全真教"权教"张志敬被忽必烈手下打得头破血流。④ 佛道第一次大辩论后，因长春宫所占奉福寺虚皇大阁被判令归还金灯长老，双方仇怨更为加深。⑤ 至元十七年（1280）四月，奉福寺因追索被长春宫提点甘志

---

① 《甘水仙源录》卷9《创建真常观记》。
② 《玉泉寺圣旨碑》，《道家金石略》，第630—631页。
③ 《元一统志》卷1。
④ 《至元辨伪录》卷3。据《甘水仙源录》卷5《玄门嗣法掌教宗师诚明张真人道行碑铭》，张志敬自甲寅年（1254）起为提点教门事，"权教"盖即指此。
⑤ 《至元辨伪录》卷4。

泉占据的吉祥院，与全真教再起争执。结果，甘志泉等人先是率领约五百名道士手持棍棒，将奉福寺和尚痛打一顿。然后又自焚廪舍，唆使一个名叫马戒显的小和尚，诬告说是奉福寺僧录广渊指使他所为。随后，长春宫知宫王志真等具状上告广渊，声称此次纵火造成长春宫仓库、房舍，及所盛放的米粮三千九百余石等物均被焚毁。案发后，忽必烈极为重视，委派以枢密副使孛罗为首的一大批高官组成审判团，专门审理此案。在查清事实真相后，忽必烈于当年六月二十二日发布圣旨，严惩全真道涉案人员：提点甘志泉、知宫王志真被处死，提点蔡志祥被割去耳鼻，另有六名道士被判流放边远地区，仍征其所声言米物，如其数归僧众。为了警告全真道，忽必烈还下令将甘志泉的首级悬挂在长春宫门首的杆子上，并将案件处理结果刻在石碑上，晓示众人。[①]

此次案件审理完后不久，佛教僧众趁机上告皇太子真金，要求彻底焚毁道教伪经。次年九月，都功德司官员脱因小演赤等遂上奏忽必烈：“往年所焚道家伪经板本化图，多隐匿未毁。其道藏诸书类，皆诋毁释教，剽窃佛语，宜加甄别。”“随路先生每将合毁底经文并印板，至今藏着，却不曾毁了，更保定、真定、太原、平阳、河中府、王祖师庵头关西等处有《道藏》经板。”[②] 于是，忽必烈指派枢密副使孛罗、前中书左丞张文谦、秘书监焦友直、释教总统合台萨哩、太常卿于都忽思、中书省客省使都鲁以及翰林院等众多官员，会同在京僧录司教禅诸僧，一同到全真道长春宫参证《道藏》诸书真伪，由此，佛道历史上的第二次大辩论开始了。

同第一次大辩论相比，此次大辩论主要有两点不同。一是道教一方阵营的参加者，除了全真教主祁志诚外，又加上了大道教的两个支派——真大道教主李德和（天宝宫系）与正一大道教主杜福春（玉虚观系），以及来自新征服的南方地区的道教领袖——龙虎山天师张宗演，这从表面上看好像是道教阵营实力得到了增强，实际上却是佛教徒将打击面又扩大了。二是所谓的辩论内容，已经不再是佛道双方孰优孰劣，而是集中讨论《道藏》中哪些是伪经，应当予以焚毁的问题。在当时佛教完全占上风的形势下，道教一方自然不敢有所辩驳，而参加讨论的朝廷官员也秉承忽必烈旨意，完全倒向了佛教一方。结果，经检阅《道藏》后，众人一致得出的结论为：“惟《道》

[①] 《至元辨伪录》卷5。
[②] 《至元辨伪录》卷2，卷5《圣旨焚毁诸路伪道藏之碑》。

《德》二篇为老子所著，余悉汉张道陵，后魏寇谦之，唐吴筠、杜光庭，宋王钦若辈撰造演说，凿空架虚，罔有根据，诋毁释教以妄自尊崇，复爱慕其言而窃为己有，假阴阳术数以示其奥，袭诸子医药以夸其博。往往改易名号，传注讹舛，失其本真。又所载符咒，妄谓佩之令人商贾倍利，子嗣蕃息，伉俪谐和如鸳鸯之有偶，将以媒淫乱而规财贿。至有教人非妄，佩符在臂，则男为君相，女为后妃，入水不溺，入火不焚，刀剑不能伤害之语。其伪妄驳杂如此。留之徒以诳惑愚俗。自《道德经》外，宜悉焚去。"对这一结论，忽必烈自然感到满意，为了使道众以后不再对此有异议，他又宣布："道家经文，传讹踵谬非一日矣。若遽焚之，其徒未必心服。彼言水火不能焚溺，可姑以是端试之，俟其不验，焚之未晚也。"祁志诚等人自然不敢拿身家性命开玩笑，遂一同表示："此皆诞妄之说，臣等入火，必为灰烬，实不敢试，但乞焚去《道藏》，庶几洗雪臣等。"① 于是，忽必烈召集百官于悯忠寺，由报恩寺长老林泉从伦点火，将《道藏》伪经付之一炬，同时下诏各地：

> 除老子《道德经》外，随路但有《道藏》说谎经文并印板，尽宜焚去。又据祁真人、李真人、杜真人等奏告，据《道藏》经内，除老子《道德经》外，俱系后人捏合不实文字，情愿尽行烧毁了，俺也干净。准奏。今后先生每依着老子《道德经》里行者，如有爱佛经底，做和尚去者，若不为僧道，娶妻为民者。除《道德经》外，说谎做来底《道藏》经文并印板尽行烧毁了者。今差诸路释教泉总统、中书省客省使都鲁前去。圣旨到日，不以是何官吏、先生、道姑、秀才、军民人匠鹰房打捕诸色人等，应有收藏道家一切经文本处，达鲁花赤、管民官添气力，用心拘刷见数，分付与差去官眼同焚毁。更观院里画着底、石碑上镌着底《八十一化图》，尽行除毁了者。自宣谕已后，如有随处隐匿道家一切说谎捏合、毁谤释教、偷窃佛言、窥图财利、诱说妻女，如此诳惑百姓符咒文字，及道家大小诸般经文，若所在官司不添气力拘刷，与隐藏之人一体要罪过者。外民间诸子医药等文书自有板本，不在禁限。②

---

① 《至元辨伪录》卷5《圣旨焚毁诸路伪道藏之碑》。
② 《至元辨伪录》卷2。

佛道第二次大辩论对道教的打击是非常沉重的。本来，第一次佛道大辩论只规定焚毁《道藏》中涉及谤讪佛教的45部经书，而此次打击面却波及《道德经》之外的所有道教经典，对道教经书而言，不啻为一场空前浩劫。有材料显示，玄教领袖张留孙曾找到太子真金从中斡旋，让忽必烈放宽禁毁尺度。忽必烈随后召集翰林、集贤院官聚议，"议定上章祠祭等仪注论行于世"，"而醮祈禁祝亦不废"①。可即便如此，许多道教经书仍然在焚经事件后湮没无闻，就此失传。明刊《正统道藏》卷数有5305卷，比《元藏》卷数反倒少了2500卷，究其原因，即与至元十八年（1281）《道藏》所经这场劫难有密切联系。

伴随着焚经事件，佛教向道教展开的大规模收复"失地"运动，"至元间，释氏豪横，改宫观为寺，削道士为髡"②。有些宫观是在第一次佛道大辩论中就已经输给佛教，而道教仍占据不还的。像大都路蓟州遵化县（今属河北）般若院，"元系先生占住二百三十七处数内寺院"，直到至元二十一年（1284）才由总制院使桑哥等奏请忽必烈，拨给崇国寺为下院。③ 可更有相当数量的宫观是原来就为道教所有，此次却被佛教趁机强占。其中，以江淮释教都总摄杨琏真加在江南的表现尤剧。张伯淳在《辩伪录·序》中曾对他的行为大加称颂，称："当是时也，江南释教都总统永福杨大师琏真加大弘圣化，自至元二十二春，至二十四春，凡三载，恢复佛寺三十余所，如四圣观者，昔孤山寺也，道士胡提点等舍邪归正、罢道为僧者，奚啻七八百人。"而当时的实际情况却是，杨琏真加在江南依仗权势，无恶不作，"凡唐宋所额宫观，稍似丰厚者，以己力经为佛寺，梵其士，金其像，火其额，不下千百所。尝又罗煅入罪，僇道士凡三四人。由是此流背玄门、趋金教者甚众"④。江南有些道教名观，像杭州（今属浙江）太一宫、四圣观、龙翔宫，绍兴鸿禧观等，历史悠久，"皆亡宋以前先贤名迹江山形胜之地，远者百年。一旦皆被僧人强行抵赖，或称先系寺基，或云僧人置到，不经官府陈理，一旦使力，逐出业主，将应有财赋、钱粮等物据为己有。既得之后，不为修理

---

① 《玄教大宗师张公家传》，《清容居士集》卷34；《张宗师墓志铭》，《道园学古录》卷50。《翰林承旨王公（王构）请谥状》（《清容居士集》卷32）亦云："世祖诏大臣议《道藏》可焚弃者，公与议，完救之。"
② 《南村辍耕录》卷13《发墓》。
③ 《崇国寺圣旨碑》，《道家金石略》，第1114—1115页。
④ 《延祐四明志》卷18《释道考·道隆观记》。

爱护，拆毁圣像，喂养头匹，宰杀猪羊，恣行蹂践"①。以后，杨琏真加虽然受到惩处，但"前所额宫观归其教者才一二耳"②。

佛道之争从1255年《老子化胡经》之争开始，一直持续到至元十八年（1281）元朝下令全面焚毁《道藏》结束，其间经历了近三十年的风风雨雨。其演变过程充分表明，蒙古政权的宗教政策，已经从早期的尊崇道教转变为崇佛抑道。从此，佛教尤其是藏传佛教，备受蒙古统治者青睐，成为元朝的国教，而以全真教为代表的道教势力，则举步维艰，处处受到限制，进入发展的低谷时期。道教的这种艰难处境，直到元成宗即位以后，才得到明显改善。

第三节 北方道教的重振

经过佛道两次大辩论后，北方道教地位直线下滑，后来，在张留孙等人的努力下，忽必烈对道教的态度又一度有所缓和，下令"江之北南，道流儒宿，众择之。凡金箓科范不涉释言者，在斯听为"。不过，由于当时权臣桑哥为佛教信徒，极力从中作梗，这一弛禁令当时仅在京师地区开读，"京师而外未白也"③。直到成宗即位，对道教的禁令才完全放开。此后，北方道教各派陆续恢复原有活动，步入正常的发展轨道。

一 全真教

在佛道大辩论中，全真教为佛教徒重点打击的对象，因而受到的冲击最大。在此期间，全真教共经历了张志敬、王志坦、祁志诚三任教主，他们除了受命参加一些皇家醮事与祭祀活动外，几乎对全真教的发展没有太大作为，在政治上的影响也日益衰微。成宗即位后，道教完全解禁，张志敬遂趁机奏请于长春宫立碑，得到成宗批准，并下旨以翰林学士姚燧撰文。在碑文中，姚燧对成宗恢复道教的举措大加吹捧："矧即位逾月，为坛寿宁宫，凡日月列星风雨雷电百神之亲上，山川社稷林薮走飞诸祇之亲下，莫不奏假赤章以祗致之。十一月与改元端月，财九阅月，实三为坛。其后坛之延春阁，

---

① 《庙学典礼》卷3《郭签省咨复杨总摄元占学院产业》。
② 《延祐四明志》卷18《释道考·道隆观记》。
③ 《长春宫碑》，《牧庵集》卷11。

天步一再亲以庡止……吾以为经厄之余，丘氏之学熄矣，陛下嘘而然之，俾屯者以亨，塞者以通，梗其道者除之，取其业者还之。丛是数美于仙之身，又冠之以宝冠，荐之以玉珪，被之以锦衣，皆前嗣教者所无。"① 这通碑文，可以说是全真教全面复苏的一个重要标志。

张志仙之后，全真教教主传承不详。武宗即位后，随着苗道一接任教主，全真教又一次走向兴盛，并一直持续到元末而不衰。苗道一（1264—1335后）本为济源龙翔宫道士，后投靠祁志诚，成为其门下弟子。以后，他凭借其师与汪古部驸马高唐王术忽难建立起来的良好关系，在蒙古统治集团上层广泛活动，并结识了时为藩王、抚军漠北的武宗。武宗与他"言諏有合，虚席咨问，所策应验如响，以为神"，"恃其谋以为进退，故鸾辂南驾，入承大统"②。武宗即位后，苗道一于至大元年（1308）七月被封为"玄门演道大宗师、管领诸路道教、商议集贤院道教事"，成为全真教新一任教主。苗道一的头衔，尤其是集贤院的兼职，在此之前唯有玄教首领及个别龙虎山正一天师才有，这表明全真教此时已开始恢复昔日的显赫地位。而从制书称"事朕北藩，其言应而如响；逮予南面，乃功成而不居"来看，③ 苗道一之所以能当上全真教主，应与他以潜邸侍从拥戴武宗有功有关。到至大三年二月，在苗道一的请求下，武宗又对全真道祖师的北五祖由真君加封帝君；北七真由真人加封真君，尹志平、李志常、宋德方由真人加封大真人，随丘处机西觐成吉思汗的其他弟子封为真人。④ 全真教的地位得到了进一步巩固。

武宗时期的全真教虽然由复苏再次走向兴盛，但同大蒙古国时期相比，仍不可同日而语。如果说，全真教前期的兴盛主要表现为宗教思想文化的繁荣的话，那么，全真教此次的复兴，则更多地表现为政治地位的提高。而且，一个值得注意的现象是，入元后，蒙古统治者对全真教主的人事干预开始逐渐加强。此前，全真教主的继承人选，一般由本教派自行确定，像尹志平、李志常的当选，皆是如此，自张志敬开始，这种情况开始发生微妙变化。张志敬本人的当选，是李志常向蒙古统治者力荐的结果。⑤ 以后的教主，

---

① 《长春宫碑》，《牧庵集》卷11。
② 《（乾隆）济源县志》卷11《人物·仙释》；《苗公道行碑》，《道家金石略》，第786—787页。
③ 《永乐宫圣旨碑》，《道家金石略》，第727页。
④ 《道家金石略》，第729—732页。
⑤ 《真常真人道行碑铭》，《甘水仙源录》卷3。

则必须经过元朝政府的承认，甚至直接由朝廷委派。这样一来，先前丘处机龙门派弟子对教主的垄断局面开始被打破，其他门派的弟子也得以凭借与蒙古统治者的各种关系，问鼎教主宝座。像宋德方弟子祁志诚，即是因为与安童过从甚密，"故丞相亦不久在相位，而真人由丞相得封号矣"[①]。苗道一当选教主，更是完全由于推戴武宗有功，政治分赃而得。在这种情形下，全真教越来越趋于"官府化"，教主地位虽然显赫，实际上等同政府机构的官僚，精神与物质生活完全蜕化，已无复出家人的本来面目。

二　大道（真大道与正一大道）

大道教的天宝宫与玉虚观两大传承系统，入元后均有不同程度的发展。以下为两大传承系统在元代的发展情况。

天宝宫真大道在经五祖郦希成后，"其教日盛，风行四方，学者响应"[②]。入元后，传六祖孙德福、七祖李德和。"六祖得法之后，德感宸旒，名闻朝野，君王眷顾，卿相主持，秉统辖诸路之权，受通玄真人之号，嗣承宗教，转见辉光。敷化一十五年，享年五十六岁，于至元癸酉四月廿二日以微疾而终。""七祖得法之后，宣授统辖诸路，赐颐真体道真人名号。"[③] 李德和在参加至元十八年（1281）佛道第二次大辩论后，于第二年十月将教事传与岳德文，是为八祖。岳德文担任教主期间，继续受到蒙古统治者的扶植，于至元二十一年"宣授崇玄广化真人，掌教宗师，统辖诸路真大道教事，又赐玺书褒护之"，而"诸王邸各以其章致书，为崇教礼助者，多至五十余通"。在他当政期间，真大道势力所及，"西出关陇，至于蜀，东望齐鲁，至于海滨，南极江淮之表，皆有奉其教戒者……而真人（岳德文）时常使人行江南录奉其教者，已三千余人，庵观四百，其他可概知矣"[④]。显然，在佛道大辩论后不长一段时间，真大道即已恢复了以前的影响，并又继续有所发展。

大德三年（1299）岳德文去世后，真大道内部教主传承又出现波折。本来，岳德文生前曾将教事传付张清志，可历时未久，张清志即大概由于教内纷争而自行隐退。此后，真大道进入了所谓"二赵一郑（赵某、赵德松、郑

[①]《白云观记》，《道园学古录》卷46。
[②]《大元创建天宝宫碑》，载缪荃孙辑《顺天府志》卷7。
[③]《洛京缑山改建先天宫记》，《道家金石略》，第818页。
[④]《真大道教第八代崇玄广化真人岳公之碑》，《道园学古录》卷50。

进元）摄掌教事"的时代，三位教主在短短的"五年之间，相继殒灭"①。在此情形下，隐遁在外的张清志复出，成为真大道的九祖。② 担任教主后，张清志做的头一件事就是废除教内刑罚，"自是众安害息，五年宿弊，一旦悉除"③。他历仕成、武、仁、英、泰定五朝，虽深受历朝皇帝尊崇，可一直以朴素自律，清高自许，这在当时颇为士人称道。虞集即称其"深居寡出，人或不识其面……贵人达官来见，率告病伏卧内，虽有金玉重币之献，漠如也。或拜伏户下良久，自牖间得一语而去，已为幸甚过望。至于道德忠正缙绅先生，则纳屐杖策往见，不以为难。时人高其风，至画其图以相传"④。文中所说"道德忠正缙绅先生"，当指吴澄，二人交往莫逆，时人曾绘《吴张高风图》，对二人的君子风范大加颂扬。⑤ 张清志后，真大道教主又传"体道葆和妙应真人郦宗师"⑥，迟至顺帝元统三年（1335），我们仍可见到元朝皇帝颁发给真大道宫观的圣旨。⑦ 这表明，真大道一直到元朝末年依然存在。

同天宝宫系相比，玉虚观系的发展情况则并不是非常明朗。五祖李希安在入元后，于中统二年（1261）受命掌管大道教。至元三年（1266）去世后，由刘有明继为六祖，"是年冬，玺书授崇玄体道普惠真人"⑧。而至少从至元十二年起，杜福春已接替刘有明为七祖，受封"宣授掌管诸路正一大道七祖圆明玄悟真人"，⑨ 这表明，在继天宝宫系改名为"真大道"后，玉虚观系也改名为"正一大道"，"正一"一名显然取自《正一盟威秘录》。至此，玉虚观系无论是从教义还是名称，都完成了向符箓道派的转变。杜福春后来曾与真大道七祖李德和一起参加至元十八年（1281）的佛道大辩论，此后事迹不明，教主传承也无从考证。不过，直到泰定元年（1324），我们依然能见到"正一大道真人刘尚平"与其他符箓道派（玄教、太一教）首领

---

① 《天宝宫碑》，《吴文正公集》卷26。《尧帝延寿宫真大道真人道行碑记》，《道家金石略》，第834页。
② 有的材料像《天宝宫明真广德大师道行碑》把张清志算作十二祖，是把"二赵一郑"计算在内。
③ 《天宝宫碑》，《吴文正公集》卷26。
④ 《真大道教第八代崇玄广化真人岳公之碑》，《道园学古录》卷50。
⑤ 《吴张高风图·序》，《道园学古录》卷6。
⑥ 《艺文志·天庆观碑》卷10，《嘉靖隆庆志》。
⑦ 《辉州颐真宫碑》，《道家金石略》，第835页。
⑧ 《玉虚观大道教祖师传授之碑》，载缪荃孙辑《顺天府志》卷8。
⑨ 《代祀济渎投龙简记》，《北京图书馆藏历代石刻拓本汇编》第64册。

一起在大都崇真万寿宫参加周天大醮的记载。① 由此看来，玉虚观系已经完全与符箓道派合流，它最后融入正一教的可能性极大。

三 太一教

太一教没有参与两次佛道大辩论，且受命主持皇家禋祀太一六丁之神，因而在佛道之争期间所受冲击较小。五祖萧居寿（原姓李）接替萧辅道为教主后，受到忽必烈礼遇。他先是在中统元年（1260）九月受封"太一演化贞常真人"，而后又在至元十一年（1274）奉特旨将太一祖观迁到京师，于两京设太一广福万寿宫，"中建斋坛，继太保刘秉忠禋六丁神将"②。至元十三年，又受赐"太一掌教宗师"之印。在他的请求下，太一教前四祖均被追赠封号，弟子受封者也有不少。对元代政治，萧居寿也颇能发挥一定影响，"十六年十月辛丑，月直元辰，敕居寿祠醮，奏赤章于天，凡五昼夜。事毕，居寿请间曰：'皇太子春秋鼎盛，宜参预国政。'且又因典瑞董文忠以为言。世祖喜曰：'行将及之。'其后诏太子参决朝政庶事，皆先启后闻者，盖居寿为之先也"③。元人王恽对萧居寿评价很高，称"师丰仪修伟，清修有操行，谦虚笃实，不事表襮，混然与物无忤，而胸中风鉴殊皓皓也。与人交，诚款有蕴藉，所谈率以忠信孝慈为行身之本，未尝露香火余习。生平问学，不斯须离，如饥渴之于饮食。其易传、皇极、三式等书，皆通究其理。晚节德量弘衍博大，不可涯涘，宜其为圣皇挹真风，属秘祀，留宿宫禁，参预庭议。师素以忧深思远，理或未畅，形于颜色，故因方便而需德泽之庞，即询访而裨时政之阙，横覆道荫，成敷锡之美者多矣。惟其玄默不出，叵得而详。论者谓师虽方外士，其至诚上感，盖有君臣庆会之契，古人称上士学道，辅世主以洽好生之德，师其有焉"④。

至元十七年（1280）七月萧居寿去世后，萧全祐（原姓李）接任教主，是为太一六祖。次年正月，元朝政府即下令"以六祖李全祐嗣五祖萧居寿祭斗"⑤。可见，此时的太一教依然延续了此前主持皇家祭祀的角色。在"继

---

① 《周天大醮投龙简记》，《道家金石略》，第 863 页。
② 《太一五祖演化贞常真人行状》，《秋涧集》卷 47；又见《元史》卷 202《释老传》。
③ 《元史》卷 202《释老传》。
④ 《太一五祖演化贞常真人行状》，《秋涧集》卷 47。
⑤ 《元史》卷 11《世祖纪八》。

奉祀事"后，萧全祐"操履贞固，精严祭醮，至蒙两宫眷顾"①，继续受到元朝政府的宠信。与此同时，南宋灭亡后，江南地区与太一教相近的天师教也开始进入蒙古宫廷，其支脉玄教发展尤其迅猛，太一教逐渐出现了与其合流的趋势。这方面的突出表现就是，此前禋祀太一六丁之神的太一道士，已为正一道士所代替。② 我们目前所能见到的最后一位太一教主为七祖萧天祐（原姓蔡），他先后参加过延祐二年（1315）与泰定元年的金箓大醮，③ 与玄教领袖吴全节及文人虞集、马祖常等均有交往。④ 大概在萧天祐之后，太一教逐渐在组织上与正一教或玄教融合。

第四节　江南道教各派的状况

元朝灭亡南宋后，原南宋统治下的江南道教，成为元代道教的重要组成部分。江南道教以符箓道派发展最盛，其中，在传统的"三山符箓"（信州龙虎山、建康三茅山、临江阁皂山）中，龙虎宗与元朝统治者的关系最密切，势力也最大。茅山宗与阁皂宗虽代有传人，但已渐趋衰微。其他符箓道派像净明、神霄、清微、东华、天心等也有活动见于记载。

一　三山符箓——龙虎宗、茅山宗与阁皂宗

在传统三山符箓中，以龙虎宗天师与蒙古统治者的接触最早。早在1259年，时为宗王的忽必烈南下伐宋时，即曾派北方正一道士王一清潜往龙虎山，与第35代天师张可大秘密会晤，张可大在会见来使时，曾预言忽必烈"后二十年天下当混一"⑤。元朝平定江南时，张可大已死，次子张宗演继为第36代天师。在忽必烈的邀请下，张宗演于至元十三年（1276）率徒众北觐。次年，"赐号演道灵应冲和真人，给二品印，命主江南道教事。得自给

---

① 《太一集仙观记》，《秋涧集》卷40。
② 《送郭真人还玉笥山·序》，《危太仆集》卷8。
③ 《大元投奠龙简之记》《周天大醮投龙简记》，《道家金石略》，第862—863页。
④ 《次韵伯庸尚书春暮游七祖真人庵兼吴宗师》，《道园学古录》卷3。
⑤ 《元史》卷202《释老传》。按，王一清为北方正一道传人，曾在1256年开平城建成时，受忽必烈之命"作醮五昼夜"（《创建开平府祭告济渎记》，《道家金石略》，第865页）。1259年，忽必烈率军南下，王一清随行。除了到龙虎山外，他还曾到鄂州晓谕南宋守将，结果被"守臣执而杀之"（《宿州与宋国三省枢密院书》，《陵川集》卷37），后被追封为"洞渊普济广德真人"（《大上清正一宫圣旨碑》，《道家金石略》，第855—856页）。

牒度人为道士。路设道录司，州设道正司，县设威仪司，皆属焉。诏谕江南复宫观赋役。即京城创崇真万寿宫，敕弟子张留孙主之。后复两召至阙，礼遇有加"①。从此，元朝正式确立了龙虎宗在江南道教各派中的领导地位。至元十八年（1281）佛道大辩论后，全真道的势力一蹶不振，而龙虎宗则由于属符箓道派，与元朝统治者的萨满信仰颇有相通之处，受到的冲击较少。张宗演留在京师的弟子张留孙一系，更由于接近宫廷，累受元朝皇帝的宠信，以后逐渐自成系统，发展为龙虎宗的一大支派——玄教。至元十八年张宗演去世后，其子张与棣、张与材相继接任第37代和第38代天师，例封真人，管领江南诸道教事。大德八年（1304），张与材加授"正一教主，主领三山符箓"。至大初，又加封大真人，授金紫光禄大夫、留国公。② 在此期间，龙虎宗天师曾多次奉元朝皇帝之命，举行醮事活动。作为江南道教首领，江南道教各派事务，诸如宫观之赐额、道官之任命、封号之赐予等，也都由龙虎宗天师及其下设的江南诸路道教所管辖。③ 在此情形下，龙虎宗在江南的势力甚嚣尘上，大德年间，郑介夫曾描绘龙虎宗在江南地区的跋扈时说："张天师纵情姬爱，广置田庄，招揽权势，凌官府，乃江南一大豪霸也。"④

  茅山宗在元军平江南时，正值第42代宗师翟志颖去世，许道杞（1236—1291）继任第43代宗师，"时值兵革之余，岁旱饥疫，淮邦惟甚。时省治在维扬，省臣避堂，请师至祷，雨足而疾已，遂给驿敦送于朝。世祖以臂疾召见大都香殿，令试以法，愈。复命祈雪止风，皆奇验。赐宝冠法服，降玺书大护其教，佩印南还，三茅山悉统之"⑤。次年二月，忽必烈又召请其师前38代宗师蒋宗瑛入朝，多加褒奖。⑥ 至元二十八年（1291）许道杞去世后，王道孟（1242—1314）接任44代宗师。在任期间，"大德二年，淮南蝗，本道宣慰使礼请君至江都醮而禳焉……如是连日，蝗不为灾。先是旱，祷而雨……由是制授养素通真明教真人"⑦。至大四年（1311），因年

---

  ① 《汉天师世家》卷3。
  ② 同上。
  ③ 有关龙虎宗天师及江南诸路道教所参与江南道教管理的具体情况，可参见《承天观公据》与《灵应观甲乙住持札付碑》，《道家金石略》，第875—878、938—941页。
  ④ 《历代名臣奏议》卷67《治道》。
  ⑤ 《茅山志》卷12。另见《元史》卷11《世祖纪八》：至元十七年（1280）十二月，"以三茅山上清四十三代宗师许道杞祈祷有验，命别主道教"。
  ⑥ 《元史》卷11《世祖纪八》，诏书见《茅山志》卷4。
  ⑦ 《茅山志》卷27《华阳道院碑铭》。

老，命入室弟子刘大彬袭其教。

茅山宗原长期以茅山为活动中心，但从元初起，苏杭一带名道辈出，影响反而超过茅山，其中以杜道坚最为有名。杜道坚（1237—1318），字处逸，号南谷子，当涂（今属安徽）人。先后师事石山耿先生、茅山蒋宗瑛等，南宋度宗曾赐号"辅教大师"。元兵平江南期间，"真人（杜道坚）冒矢石，叩军门，见太傅淮安忠武王（伯颜）于故都，披胆陈辞，为民请命。王与语大悦，恨见之晚，军麾为之敛兵，民社因之安堵"。后受召觐见忽必烈于上都，"寻有诏，特委驰驿江南，搜访遗逸。真人退而上疏，言求贤养贤用贤之道，上嘉纳焉"。寻住持杭州宗阳宫。大德七年授杭州路道录、教门高士。又受玄教大宗师张留孙请，住持杭州四圣延祥观。"皇庆改元（1312），宣授隆道冲真崇正真人，依旧住持杭州宗阳宫，兼湖州计筹山升玄报德观、白石通玄观等事。"① 著《道德玄经原旨》《玄经原旨发挥》《关尹阐玄》《文子赞义》等书，力主调和儒道。

阁皂宗在三山符箓中虽影响最小，但入元后，仍有活动见于记载。元猪儿年圣旨曾提到"临江路阁皂山有的万寿崇真宫葛仙翁八景玄坛里住持李宗师，每年正月十五日一番做好事行法箓有来"，后经玄教宗师张留孙奏请，"只依着在先体例里做好事行法箓者，其间不拣是谁，休倚气力沮坏者"②。后来，元朝又加封万寿崇真宫住持46代传箓嗣教宗师杨伯晋（可能为李宗师的继任者）为太玄崇德翊教真人，并升万寿崇真宫为大崇真万寿宫。③

二　其他符箓道派

除了传统三山符箓外，从三山符箓中分衍出的其他道派——净明、神霄、清微、东华、天心等，在元代也都有不同程度的发展。

由许逊崇拜而发展起来的净明道，主要流行于江西南昌一带。虽自南宋初周真公创教，传弟子何守证、方文后，净明道传嗣即已湮没无闻，但民间流行的净明忠孝信仰却没有就此衰竭。南宋灭亡后，净明道的圣地玉隆万寿

---

① 《隆道冲真崇正真人杜公碑》，《松雪斋集》卷9。
② 《元典章》卷33《礼部六·释道·道教·阁皂山行法箓》。按，此圣旨于猪儿年七月十七日写于昔博赤八剌哈孙（察罕脑儿附近），从张留孙封玄教宗师到《元典章》成书，其间共有三个猪儿年，分别为至元二十五年（1288）、大德三年（1299）与大德四年（1311）。此处所指猪儿年为何年，待考。
③ 《临江路阁皂山万寿崇真宫住持46代传箓嗣教宗师杨伯晋升为太玄崇德翊教真人诏》《阁皂山万寿崇真宫加大崇真万寿宫诏》，《清容居士集》卷37、卷35。

宫受到元朝保护。"至元丙子（1276），宋社既屋，有司上江南名山仙迹之宜祠者于礼部，玉隆与居其一，故凡主是宫，率被受玺书。"① 到至元末，刘玉对净明教义重新加以阐释，恢复教团组织，净明道又开始活跃起来。刘玉（1257—1308），字颐真，号玉真子，鄱阳石门（今江西鄱阳）人。从至元二十九年到元贞三年（1292—1297），他一直在江西南昌西山一带"开阐大教，诱诲后学"，使净明道组织得以恢复重建。经刘玉重新阐释的教义，"其说以本心净明为要，而制行必以忠孝为贵而已"②。因此，从刘玉开始，净明道更具有世俗化特点，带有较强烈的理学气息，这在当时的道教诸派中非常罕见。对净明道的核心教义"净明忠孝"，刘玉的解释是"净明只是正心诚意，忠孝只是扶植纲常"。在他看来，所谓"净"，为"不染物"；"明"，即"不触物"。至于忠与孝，刘玉抬高到一个更高的层面加以解释，认为："忠者，忠于君也，心君为万神之主宰，一念欺君，即忠也。""人子事其亲，自谓能竭其力者，未也。须是一念之孝，能致心中印可，则天心亦印可矣。如此，方可谓之孝道格天。"③ 针对这种境界，刘玉提出了3个互相衔接的修炼阶段："始于忠孝立本，中于去欲正心，终于直至净明。"④ 他的这些思想，经弟子传播，在元代产生了较大影响。

神霄派在元代的主要传人为莫月鼎，有关他的名、字、籍贯与生卒年，各种记载互有歧异。大致说来，莫月鼎原名应为起炎，月鼎为其字或号，湖州吴兴人，生于南宋理宗宝庆年间，约在世祖至元末卒。出身官宦，初入四川青城山丈人观，从徐无极学五雷法，后从南丰邹铁壁得王文卿斩勘雷书，"于是月鼎召雷雨，破鬼魅，动与天合，虽嬉笑怒骂，皆若有神物从之者"。宝祐六年（1258），浙东大旱，马廷鸾方守绍兴，请莫月鼎立坛祷雨，大雨倾注。理宗闻之，赐诗一章，称之为神仙。入元后，至元二十六年（1289），忽必烈遣御史中丞崔彧于江南访求异人，征召于上都。忽必烈令其演示雷法，"即取胡桃掷地，雷应声而发，震撼殿庭，帝为之改容。复命诸雨，雨立至如绍兴"。忽必烈大悦，厚赐之，寻有旨俾掌道教事，以老辞，遂给驿南返。此后，莫月鼎纵酒江湖，放浪形骸，"阳狂避世，不妄与人接。然颇闵疾疢者，有来告急，或以蟹中黄箓符与之，或摘草木叶嘘气授之，无不立

---

① 《玉隆万寿宫兴修记》，《待制集》卷14。
② 《黄中黄墓志铭》，《道园学古录》卷50。
③ 《玉真先生语录》内集。
④ 《玉真先生语录》别集。

愈者，故咸以真官称。真官，谓其能主地上鬼神。其灵异之迹，士大夫多言之，不能尽载"。其所受王文卿秘籍，唯王继华、潘无涯得其传，"继华授张善渊，善渊授步宗浩，宗浩授周玄真，皆能狎雷致雨云，而玄真尤号伟特"①。此外，莫月鼎徒裔中，知名者尚有金善信、王惟一等。除莫月鼎外，神霄派其他支系在元代也有活动。据《历世真仙体道通鉴续编·莫月鼎传》，与莫月鼎同师邹铁壁者，尚有同郡西野沈震雷真人，"自侍宸王真君（王文卿）演道以来，惟真人（莫月鼎）与西野沈真人二派支流衍迤，盛于西江，昌于东吴"。此外，自王文卿而下，神霄派另有一支谱系，"得其传者，则新城高子羽，授之临江徐次举，以次至金溪聂天锡，其后得其传而最显者曰临川谭悟真云。人不敢称其名，但谓之谭五雷"。入元后，谭悟真"犹在，浮沉人间，隐显莫测"。传庐陵罗虚舟，"罗之弟子虽多，而自以为得之者，惟萧主簿雨轩，其后则有周司令立礼两人而已"。周立礼传其子，萧雨轩则传胡道玄，人称"神霄野客"，"年二十余，道行关陕荆襄江汉淮海闽浙之间。当己巳、庚午（1329、1330）之旱，旬日之中，郡县争致之。所历或一日或二日，嘻笑怒骂，雷雨随至，官吏畏而民爱之，环四五千里之间，所至无不应者。至于妖怪之作，劾治如法，人以为神"②。

清微派进入元代，值其第10代祖师黄舜申。黄舜申，号雷渊，俗名应炎，字晦伯，福建建宁人。少随父游宦广西，得危疾，清微第9代祖师南毕道以符水治之，并传以清微雷法。南宋理宗尝召见，御书"雷真人"四字以赐之。入元后，至元丙戌（1286），忽必烈召见于朝，未几乞还，制授"雷渊广福普化真人"③。清微派理论，与神霄派大体相同，以天人合一、内炼与外法相结合，而以内炼为行法基础。黄舜申所度弟子，分两支分传南北，其中弟子熊道辉，以福建建宁为中心传行于南；弟子张道贵以湖北武当山为中心传行于北。武当山为全真道南传的重要基地，清微派北传这支多由全真道士兼行，在当时颇为兴盛。

东华派在元代的主要传人为林灵真。林灵真（1239—1302），俗名伟夫，字君昭，号水南，人称"水南先生"，温州平阳（今属浙江）人。出身官宦世家，后弃儒学道，"乃绍开东华之教，蔚为一代真师。以度生济死为己任，

---

① 《元莫月鼎传碑》，《宋学士集》卷11。
② 《灵惠冲虚通妙真君王侍宸记》，《道园学古录》卷25。
③ 《历世真仙体道通鉴续编》卷5《黄雷渊》。

建普度大会者不一"①。至元二十八年至三十一年，第37代天师张与棣表其为温州路玄学讲师，继升本路道录，对灵宝济度斋仪作过整理，撰有《济度之书》《符章奥旨》，由第38代天师张与材下令刊行，以广其传。

天心派在元代的主要传人为雷时中。雷时中（1221—1295），字可权，号默庵，又号双桥老人。祖籍豫章（今江西南昌），后徙武昌金牛镇。其派"专以《度人经》为主"，又"及儒释二家，博采旁求，贯彻混融，归于一致"。其传"有弟子数千人，分东南、西蜀二派。首度卢、李二宗师及南康查泰宇，由是卢、李之道，行乎西蜀；泰宇之道，行乎东南，混元之教，大行于世。所著《心法序要》《道法直指》《原道歌》皆发扬混元道化之妙"②。此外，天心派在元代另有彭元泰传天心地司法，与雷时中一样重《度人经》，且重视"修炼大丹"。

第五节　玄教的异军突起

江南龙虎宗正一教第36代天师张宗演于至元十三年（1276）觐见忽必烈后，留下弟子张留孙为其在大都的常驻代表。此后，张留孙利用接近宫廷的便利条件，与元朝皇帝频繁接触，地位也随之日益显赫，于是，一个以他为中心的道教新派——玄教形成了。

张留孙（1248—1321），字师汉，信州贵溪（今属江西）人。幼从伯兄张闻诗学道龙虎山上清宫，受黄老之书及正一符箓、祠祭天地百神之法，后以所学游江淮间。至元十三年，元平江南后，张宗演受忽必烈征召北上，以其徒数十人从行，张留孙预其选。次年，张宗演南返龙虎山，张留孙则受命留侍忽必烈左右。"上时时召问，因及虚心正身崇俭爱民以保天下之说，深和上意。"一日，忽必烈在太子真金的陪同下祠祭于幄殿，忽风雨骤至，众人惊惧，不知所为，诏张留孙祷之，风雨立止。"裕宗（真金）在东宫，寝疾，上以为忧，诏公往护视，疾寻瘳，上悦。上幸日月山，昭睿顺圣皇后又寝疾，上命贵臣趣公祷祈以其法。中宫夜梦髯神绛衣朱毂行青草间，介士白兽拥导，以问公。公曰：'青草生意也，明疾以春愈。'果然。后从公求所祷神像礼之，见画者与梦契，益以为神。"

---

① 《灵宝领教济度金书·水南林先生传》。
② 《历世真仙体道通鉴续编》卷5《雷默庵》。

由于张留孙法术灵验，大为忽必烈赏识，地位也随之不断提高。"乃诏两都各建上帝祠宇，皆赐名曰崇真之宫（后升崇真万寿宫），并以居公，赐平江、嘉兴田若干顷，大都、昌平栗园若干亩给其用。"本来，忽必烈还想赐予张留孙"天师"的头衔，只是由于张留孙辞以自己非天师世嗣，方才作罢。于是，忽必烈"别诏尚方作玉具剑，刻文曰'大元皇帝赐张上卿'佩之"①。到至元十五年，又"加玄教宗师，授道教都提点，管领江北淮东、淮西、荆襄道教事，佩银印"。玄教之名，盖始于此。次年，又"奏复宫观，令自别为籍"②。因此，时人认为："东南道教之事，大体已定于开府之世。"③ 道教自至元十八年（1281）佛道大辩论惨败后，备受排挤，地位直线下滑。而张留孙则凭借自己的特殊身份，积极奔走于蒙古权贵中间，为复兴道教不遗余力。"初，集贤、翰林共一院，用公（张留孙）奏，始分翰林掌诏诰国史，集贤馆天下贤士以领道教，置道官及宫观主者，给印视五品，为其道者复徭役。或以道家书当焚，上既允其奏，裕宗以公言请曰：'黄老之言，治国家有不可废者。'上始悔悟，集儒臣论定当传者，俾天下复崇其教……上崩，成宗归自潜邸，隆福太后遣重臣从公郊迎。行至，公下马立道左，上令就骑，且语之曰：'卿家老君犹尔睡耶？'意谓焚经后道教中衰也。公对曰：'老君今当觉矣。'上悦。"④ 至此，道教又完全恢复了活动，而张留孙的头衔也继续层层加码。成宗元贞元年（1295），任同知集贤院道教事。大德三年（1299），加大宗师，别给银印，视二品。十年，制授上卿。武宗即位，加大真人、知集贤院事。至大二年（1309），领集贤院，位大学士上。是岁，再加特进。仁宗即位，皇庆元年（1312），赐号"辅成赞化"。二年，赐玄教大宗师印。延祐二年（1315），制授开府仪同三司，号加"保运"。至此，张留孙的头衔已累增为"开府仪同三司、特进、上卿、辅成赞化保运玄教大宗师、志道弘教冲玄仁靖大真人、知集贤院事、领诸路道教事"。其中，开府仪同三司为元代一品散官的最高品阶，即使蒙古勋贵生前获此殊荣者也为数不多，而张留孙更成为当时道教领袖中绝无仅有的一人，这在当时确实为"超越常伦"的恩典。⑤

---

① 《上卿真人张留孙碑》，《道家金石略》，第 910 页。
② 《玄教大宗师张公家传》，《清容居士集》卷 34。
③ 《河图仙坛之碑》，《道园学古录》卷 25。
④ 《上卿真人张留孙碑》，《道家金石略》，第 912 页。
⑤ 同上书，第 913 页。

张留孙所开创的玄教，完全是在元朝政府的一手扶植下形成的，政治因素要远远大于宗教因素。一般教派产生的轨迹，首先是从基层开始，在民间宣传教义，吸收信徒，发展组织，然后再由朝廷予以确认。而玄教却正好相反，先是由朝廷加以确认，然后自上而下，分派骨干力量，到各地吸收信徒，发展组织。玄教与龙虎宗天师教的关系也很特殊。一方面，玄教脱胎于龙虎宗，不仅在教义上与天师教毫无二致，而且首领与骨干也完全从龙虎山道士中选派。因此，就本质而言，玄教只是龙虎宗分衍出的一个支脉，"实一教而二名"①。可另一方面，玄教自身又有一定的独立性。本来，天师张宗演让张留孙留在京师，是想让他充当自己在京师的代理人，以便加强龙虎宗与元朝宫廷的联系。可张留孙因久侍宫闱，个人能力又强，赢得了皇帝的宠信，地位不断攀升，权势与地位反倒超过了天师，以致连"嗣汉天师之传，自宗演至于今凡四世，皆倚公论建矣"②。为了向世人昭示玄教的独立性，张留孙还为自己编制了一套师承谱系，"宗传之初，由袭明体素静正真人张思永始得道龙虎山中，再传为集虚演化抱式真人冯清一，三传为广玄乾化贞一真人冯士元，四传为象先抱一渊素真人陈琼山，五传为通真观妙玄应真人张闻诗，六传为毓真洞化静复真人李知泰，七传为宝慈昭德泰和真人胡如海，八传为葆光至德昌玄真人李宗老，大宗师实师之"③。这一谱系是否绝对可靠，还不敢完全肯定。但张留孙排出这样一个传承谱系，无非是想让世人知道，玄教虽与龙虎宗有渊源关系，但传授早已自成系统。张留孙死后，文宗天历二年（1329）被追封为"辅成赞化保运神德真君"④。真君为高于大真人的道教封号，除全真教七真获此殊荣外，一般只授给道教各派的创始人，张留孙得此封号，无疑表明元朝政府也把玄教当作一个独立的教派看待。

　　玄教在日后的发展中，制度不断完善，组织不断健全。历任教主，一般冠有"特进上卿、玄教大宗师、大真人、总摄江淮荆襄等处道教、知集贤院道教事"的头衔。教主继承人选，在前任教主生前就已确定，而且还有一个法定头衔"玄教嗣师"。新任教主在正式接班时，除了有皇帝下发的任命玺书外，还要有前任教主留下的印与宝剑，作为教内传承的信物。印为皇庆二年（1313）仁宗所赐，以玉制成，印文曰"玄教大宗师"，剑系至元十四年

---

① 《南宋初河北新道教考》，第139页。
② 《上卿真人张留孙碑》，《道家金石略》，第912页。
③ 《敕赐玄教宗传之碑》，《道家金石略》，第962页。
④ 《元史》卷33《文宗纪二》。

(1277) 世祖所赐，其上镂文曰"大元皇帝赐张上卿"。这种以印、剑为教主权力象征的做法，在龙虎宗、茅山宗等江南符箓道派中都能找到踪迹，很可能就是模仿后者而来，只不过玄教的这两件信物为元朝皇帝御赐，同龙虎宗、茅山宗相比，更具有权威性。玄教处理各地教内事务的机构为江淮荆襄等处道教总摄所，总摄由教主兼任，下设都提点一职（有时由"玄教嗣师"兼任），作为教主的助手，负具体责任。从这一机构的名称不难看出，玄教虽然总部设在北方，但管辖范围却主要在南方，而且与龙虎宗的势力范围有重合之处。因此，在处理具体事务时，总摄所经常需要同龙虎宗天师的道教所互相协调。① 总摄所之下设有各级管理机构，基层组织宫观，则设提点，分掌本宫观教务。在各地宫观中，以玄教总部所在地——大都崇真万寿宫最为重要，崇真万寿宫提点除处理总部日常事务外，未来教主往往也以此起家，历任江淮荆襄道教都提点、玄教嗣师，然后成为教主——玄教大宗师。此外，杭州所在之大开元宫为玄教另一重要基地，从仁宗延祐元年（1314）起，张留孙的弟子王寿衍、薛廷凤等相继被封为"真人、领杭州路道教诸宫观事、住持开元宫事"，坐镇于此。②

至治元年（1321）十二月张留孙去世后，众弟子依次传承，先后又经历了5任教主，依次分别为吴全节、夏文泳、张德隆、于有兴与董某。③ 其中尤以吴全节担任教主时间最长，达25年之久。在他在任期间，玄教不仅在政治地位上延续了以前的尊崇显贵，而且在思想方面更注重兼容并蓄，尤其是儒化的程度越来越深，玄教进入了其发展的繁荣期。直到元朝灭亡，玄教所依托的政治土壤不复存在，才又回到龙虎宗正一教的旗帜下。

玄教在兴盛期间的儒化主要表现在以下两个方面。

首先，玄教首领虽为出家人，但大都有强烈的入世意识，在政治上非常活跃，这在前两任教主身上表现尤为突出。张留孙历仕世祖、成宗、武宗、仁宗、英宗五朝"垂四十年"，"非有宿卫之劳，而常在帷幄；非有辅相之位，而常与国论"。利用与皇帝亲密接触的便利条件，他常常"陈说古今治

---

① 《承天观公据》《灵应观甲乙住持札付碑》，《道家金石略》，第875—878、938—941页。
② 《开元宫碑》，《道园学古录》卷47；《弘文辅道粹德真人王公碑》，《王忠文公集》卷16。
③ 董某向为道教史研究著作所忽略，仅见宋濂《刘真人传》（《宋文宪公全集》卷9）："至正间，玄教宗师董公上其事。"玄教自张留孙后历任教主，一般以其在众弟子中的排名次序递补。张留孙、夏文泳的弟子名单中，在于有兴之后，均有一人名董宇定，不知是否即为这里的"玄教宗师董公"（见《玄教大宗师张公家传》，《清容居士集》卷34；《玄教大宗师夏公神道碑》，《金华集》卷27）。

乱成败之理，多所裨益"。以至"天子卜相则问焉（如完泽，下同），名皇子则问焉（如武宗、仁宗），大臣进退则问焉"①。应当承认，像张留孙这样在政坛有如此影响力的道士，在有元一代还是不多见的。继任教主吴全节，"尤识为政大体，是以开府（张留孙）每与廷臣议论，及奏对上前，及于儒者之事，必曰：'臣留孙之弟子吴全节深知儒学，可备顾问。'是以武宗、仁宗之世，尝欲使返初服，而置诸辅弼焉"。他虽然最终没有还俗，可对政治的热衷却丝毫未减，甚至公开宣称："予平生以泯然无闻为深耻，每于国家政令之得失，人才之当否，生民之利害，吉凶之先征，苟有可言者，未尝敢以外臣自诡而不尽心焉。"俨然以国家栋梁之臣自居。在朝中，玄教首领广事交游，结交了一大批朋友。像张留孙，"至元、大德之间，重熙累洽，大臣故老，心腹之臣，莫不与开府有深契焉"。吴全节，"外庭之君子，巍冠褒衣以论唐虞之治，无南北皆主于公矣。若何公荣祖、张公思立、王公毅、高公昉、贾公钧、郝公景文、李公孟、赵公世延、曹公鼎新、敬公俨、王公约、王公士熙、韩公从益诸执政，多所谘访。阎公复、姚公燧、卢公挚、王公构、陈公俨、刘公敏中、高公克恭、程公钜夫、赵公孟頫、张公伯淳、郭公贯、元公明善、袁公桷、邓公文原、张公养浩、李公道源、商公琦、曹公元彬、王公都中诸君子雅相友善，交游之贤，盖不得尽纪也"。②夏文泳，"一时贤士大夫，馆阁名流，皆与为方外交"③。当朝中官员相互倾轧时，玄教首领往往能利用自己的影响，弥缝其间，为官员排忧解难。例如，"当至元末岁，成宗新嗣位，时宰不快于御史台，成宗是其言，让责中丞崔公彧"。张留孙即与崔彧同诣相府，为其说情。"又与同谒近臣，言：'御史台，世祖皇帝建立，专以惩奸慆势。尊则纲纪明，削之则台不能立矣。'近臣大惊，入言于上。明日大宴大明殿，谕崔曰：'台为朕耳目，朕曷不知，忧卿等不职，故告谕，宜勿惧，其尽心焉，朕行为汝增重矣。'"④"成宗既崩，仁宗皇帝在怀孟未至，而阎公（阎复）典诏令，有狂士危言诘阎公，事罔测。"吴全节即"力言诸李韩公孟，仁宗意解"。此外，玄教首领还经常受元朝皇帝委派，到各地搜访人才。像张留孙，忽必烈"即使近臣从公遍祠名山大

---

① 《张公神道碑铭》，《道园学古录》卷41。
② 《河图仙坛之碑》，《道园学古录》卷25。
③ 《夏公神道碑》，《金华集》卷27。
④ 《玄教大宗师张公家传》，《清容居士集》卷34。

川，访问遗逸……比还，所荐论，上皆以名召用"①。吴全节在大德九年，"奉旨搜贤，知叶玄文、邓牧心隐居余杭天柱山，即而征之，固辞不起"②。王寿衍先是在至元二十九年（1292），"奉诏访求江南遗逸，举永嘉徐似孙、金华周世昌，引见于香殿，奏对称旨"。又于延祐四年（1317），"复奉旨求东南贤良"。次年，"得永嘉戴侗《六书故》、鄱阳马端临《文献通考》二书，表上而颁行之"③。

其次，玄教道士多以儒学见长，以儒融道，是当时玄教道士的共同特点。像吴全节平日"博览群书，遍察群艺，而于道德性命之要粹如也。尝作枢环之堂，书先天诸图于壁，以玩心神明，有诗曰：'要知颜子如愚处，正是羲皇未画前'"。当时，元朝以程朱理学为官方正统学说，相比之下，陆氏心学则显得沉寂无闻。"至顺二年（1331），公进宋儒陆文安公九渊语录，世罕知陆氏之学，是以进之。"对于儒家忠孝之道，吴全节也能做到身体力行，"公之执亲丧也，自奔丧至家，水浆饘粥，仅足以延息。涕泗滂沱，继以血衄。丧葬之后，力之所得为者，无不尽力焉"④。连当时的著名理学家吴澄也不禁为之感叹曰："真人虽游方之外，而事亲之孝，儒家子有不能及。其事君也恭顺，其事师也无违礼，盖在三如一矣。"⑤也正因为吴全节儒化程度很深，时人多以儒士目之，吴澄称他"寄迹道家，游意儒术"⑥，许有壬则有"人以为仙，我以为儒"的评价。⑦ 继任教主夏文泳与他相似，"三教九流之书，无所不读，而深明于儒先理学之旨"⑧。其他玄教骨干也多儒学渊源较深，像张留孙的弟子陈义高在学道时，"与儒业有进"⑨。另两个弟子薛玄曦与何恩荣，前者"精于玄学，尤善为儒家者流之言"，后者则"延名儒淑其徒"⑩。在文学方面，玄教道士也不乏造诣颇深者。像吴全节即擅长作诗，"自幼至老，尤好以吟咏，皆出其天性之自然，而非有所勉强"⑪。所为诗文

---

① 《张宗师墓志铭》，《道园学古录》卷50。
② 《大涤洞天图记》卷首序。
③ 《弘文辅道粹德真人王公碑》，《王忠文公集》卷16。
④ 《河图仙坛之碑》，《道园学古录》卷25。
⑤ 《送吴真人·序》，《吴文正公集》卷14。
⑥ 《题吴真人封赠祖父诰词后》，《吴文正公集》卷29。
⑦ 《特进大宗师闲闲吴公挽诗·序》，《至正集》卷35。
⑧ 《夏公神道碑》，《金华集》卷27。
⑨ 《秋岩先生陈尊师墓志铭》，《养蒙集》卷4。
⑩ 《玄和明素葆真法师陈君碣》，《金华集》卷40。
⑪ 《河图仙坛之碑》，《道园学古录》卷25。

曰《看云录》，吴澄称赞"其诗如风雷振荡，如云霞绚烂，如精金良玉，如长江大河。盖其少也，尝从硕师，博综群籍，蚤已窥闯唐宋二三大诗人之门户"①。陈义高，"酒酣为诗文，意生语应，笔陈不能追，有谪仙、贺监风致，高古处可追陶、谢，类非烟火食语……夫遗文有《沙漠稿》《秋岩稿》《西游稿》《朔方稿》"②。今存《陈秋岩诗集》二卷。陈日心，"好为诗，情丽自然，有足传者"③。王寿衍，"其所为诗，闲远典雅，为世所传赏"④。薛玄曦，"善为文，而尤长于诗。……所著有《上清集》若干卷，《樵者问》一卷"⑤。

---

① 《吴闲闲宗师诗·序》，《吴文正公集》卷13。
② 《秋岩先生陈尊师墓志铭》，《养蒙集》卷4。
③ 《陈真人道行碑》，《道园学古录》卷50。
④ 《弘文辅道粹德真人王公碑》，《王忠文公集》卷16。
⑤ 《弘文裕德崇仁真人薛公碑》，《金华集》卷29。

第三章 教育体系的形成和理学的盛行

第一节 国学的建立

国学，全称国子学，是中国古代王朝中央官学的名称。在有些朝代，中央官学称为太学，或是国子学、太学并设。元朝不设太学，中央官学称为国子学，隶属于国家教育管理机构国子监。① 此后明、清两朝皆沿其制。

大蒙古国时期，虽在燕京设有国子学，但其性质并非严格意义上的中央官学。忽必烈建立元朝，改行汉法，按照汉族制度建立中央官学的任务方才提上日程。中统时期，儒臣宋子贞即提出"建国学教胄子"的建议。② 中统二年（1261）、至元四年（1267），两次颁布"以许衡为国子祭酒"的任命。③ 但此时国学尚未设立，祭酒徒有虚名。至元七年，大臣张文谦、窦默重提设立国子学的建议。窦默奏言："三代所以历数长久，风俗纯粹者，皆自设学养士所致。方今宜建学立师，博选贵族子弟以教之，以示风化之本。"于是忽必烈下令"立国子学，命许衡为祭酒，选朝右贵近子弟令教授之"④。至元八年三月，许衡正式出任集贤大学士、国子祭酒，又"增置司业、博士、助教各一员，选随朝百官近侍蒙古、汉人子孙及俊秀者充生徒"。学校校址，设在南城（金中都旧城）原金朝枢密院廨署。⑤ 这样作为元朝国家最高学府的国子学，在教官设置、招生对象、校舍地点等方面都有了明确规

---

① 关于元朝的国子监和国学，最新的研究成果为王建军《元代国子监研究》，澳亚周刊出版有限公司2003年版，可参阅。
② 《元史》卷159《宋子贞传》。
③ 《元史》卷4《世祖纪一》；卷6《世祖纪三》。
④ 《元史》卷157《张文谦传》；《元朝名臣事略》卷8《内翰窦文正公》；《便民三十五事·议复立国子学》，《秋涧集》卷90。
⑤ 《元史》卷7《世祖纪四》；《元朝名臣事略》卷8《左丞许文正公》。

定，规制初步具备。

许衡（1209—1281），怀州河内（今河南沁阳）人，字仲平，号鲁斋，是元代著名的理学家和教育家。早年以程朱理学教授门徒，声名渐著，被忽必烈辟为京兆（今陕西西安）教授。忽必烈即位后，许衡曾上奏疏《时务五事》论述推行汉法事宜，官至中书左丞。他鼓吹以儒家义理为核心的一套理想主义政治思想，在元初的历史环境下并未得到蒙古统治者的赏识，因此从政并不得意。忽必烈让他主管国学教育，教授蒙古贵族子弟，算是发挥了他的特长。许衡本人对这项工作也抱有很大热情，高兴地说："此吾事也。国人子大朴未散，视听专一，若置之善类中涵养数年，将必为国用。"① 国学初开之时，规模较小。第一批学生只有侍臣子弟十一人，年纪较长的四人由许衡辅导，年幼的七人由太子赞善王恂辅导。不久王恂随从皇太子真金抚军漠北，这些学生全部交给许衡。② 后来学生数量或许有所增加，但人数仍然是比较有限的。③

图2-3-1　许衡像

为教好这一小批贵族子弟（其中绝大部分是蒙古、色目人），许衡下了很大功夫，从外地将他的旧日弟子耶律有尚、姚燧等12人召入国学，担任"伴读"，亦即教学辅导工作。针对学生年纪较小、汉文化基础差的特点，教学内容比较浅显，先从朱熹所编《小学》入手，次及"四书"。教授之时，"章句不务多，唯恳款周折，若未甚领解，则引证设譬，必使通晓而后已"，并且让学生反思能否在现实生活中应用。教学之余，命蒙古学生年长者习学"受宣拜诏仪"和"释奠、冠礼"等重要礼仪，年幼者演习跪拜、揖让、进退、应对等日常生活仪节。又组织学生进行投壶、

---

① 《元史》卷158《许衡传》。
② 《元史》卷81《选举志一·学校》；《元朝名臣事略》卷9《太史王文肃公》。
③ 至元十年许衡请求辞职，翰林学士承旨王磐说："衡素廉介，意其所以求退者，得非生员数少，坐糜廪禄，有所不安耶？"可知此时国子学的学生仍然很少。见《元史》卷160《王磐传》。

习射等古礼中的竞技娱乐活动,负者罚读书若干遍。除伦理教育外,兼教算术、书法。取传说中唐尧至元朝初年共三千六百多年当中的历代世次、年数,编为一数,命学生记诵并加减。这样在学算术的同时,也掌握了一定的历史知识。书法方面,则以唐代颜真卿为法,重在端正庄敬。① 上述教学内容和方法,对初习汉文及儒学的蒙古、色目学生来说颇为适用,有利于他们改变草原旧习,较快地抓住中原儒家文化的要领,从而成长为合格的统治人才。在许衡"恩同父子、义若君臣"的教导熏陶下,这些学生"言谈举止,望而知其为先生(指许衡)弟子,卒皆为世用";"俱能通经达礼,彬彬然为文学之士,及其入仕,皆明敏通疏,果于从政"②。史籍所载后来仕至高位、成为元朝"名臣"的许衡弟子,有蒙古兀良哈氏不怜吉解,官至河南行省左丞相;蒙古克烈氏也先铁木儿,官至中书平章政事;蒙古蔑儿乞氏坚童,官至河南行省平章政事;康里人不忽木,官至中书平章政事;康里人秃忽鲁,官至枢密副使;等等。

  但国子学创建之后,发展并不顺利。忽必烈正在筹划平定南宋,一统天下,对文教事业不甚重视。许衡与当时得宠的理财权臣阿合马又有很深的矛盾。到至元十年(1273),国子学生的膳食津贴常被断绝,有人辍学而去,本来学生就很少的国子学面临窘境。许衡因而以老病和先人下葬为理由,辞职返乡。大臣刘秉忠、姚枢等请以太子赞善王恂主持国学教务,以保持许衡的办学"规模",同时"增置生员",忽必烈"并从之"③。但从其他史料来看,此后许衡的办学"规模"并未得到保持。12名伴读大都离开了国学,仅耶律有尚、白栋二人被任命为国子助教。④ 至元十三年(1276),国子学生不忽木、坚童等上疏建议兴学,称"学制未定,朋从数少,譬犹责嘉禾于数苗,求良骥于数马,臣等恐其不易得也"。他们请求"于大都弘阐国学,择蒙古人年十五以下、十岁以上质美者百人,百官子弟与凡民俊秀者百人,俾廪给各有定制",并且提出一套相应的分科分级教学方案,史称"书奏,帝览之喜"。但实际上,其建议并未得到采纳。十四年,不忽木等人被召至上都,"布官中书、宥密、宪台"。他们既然被任命了官职,自然也就离开了

---

① 以上均见《元朝名臣事略》卷8《左丞许文正公》。
② 《元朝名臣事略》卷8《左丞许文正公》;《便民三十五事·议复立国子学》,《秋涧集》卷90。
③ 《元史》卷8《世祖纪五》至元十年九月丙戌。
④ 《河南道劝农副使白公墓碣》,《牧庵集》卷26。

国学。① 教官当中，耶律有尚于至元十五年出任监察御史，王恂、白栋则随从皇太子真金左右，"朝夕不出东宫"②。此时的国子学，基本上已经停办，至少是名存实亡。因此王恽才有《议复立国子学》的奏章，称颂许衡教过的国子学生"扬历省台，蔚为国用，岂小补哉"，认为"宜复立国子学，以风励天下"③。

至元中期，史料中仍有国子学的记载，实则主要是指皇太子真金所办教育东宫侍卫子弟的学校。"国学"移到了东宫。《元史》卷115《裕宗传》："（至元）二十年春，辟刘因于保定，因以疾辞，固辞之，乃至，拜右赞善大夫。是时已立国子学，李栋、宋衟、李谦皆以东官僚友继典教事，至是命因专领之，而以衟等仍备咨访……会因复以疾乞去。二十二年，以长史耶律有尚为国子司业。"此事在《滋溪文稿》卷8《静修先生刘公墓表》（《元史》卷171《刘因传》略同）中，则记为"裕皇建学宫中，命赞善王公恂教近侍子弟，恂卒，继者难其人，乃以先生嗣其教事"。又《滋溪文稿》卷7《耶律文正公神道碑》：

> 初，裕皇设学于春坊，命赞善王公恂教养宫府侍卫之子孙，王公卒，征处士刘因教之。刘公归，至是命公教之。寻授奉训大夫、国子司业……裕皇时时召见，听诸生讲诵古训，履赐公帛，慰劳良厚。

在崇尚汉化的真金庇护之下，国学教育不绝如缕，勉强维持。在汉族儒士看来，这种状况是远远不能令人满意的。至元二十三年（1286）二月，集贤直学士程钜夫上奏说：

> 国家自中统建元以来，中外臣僚亦时闻表表伟杰者，皆自往时故老宿儒熏陶浸灌而然。历时既久，以次沦谢，迩来晨星寥寥，无几何矣。臣不知更十余年后人物，当何如其琐琐也。而主国论者恬不知怪，视学校为不急，谓诗书为无用，不知人才盛衰张本于此……京师首善之地，尤当兴建国学，选一时名流为国人矜式，优以饩廪，隆以礼貌，庶四方

---

① 《元史》卷130《不忽木传》，《元朝名臣事略》卷4《平章鲁国文贞公》。
② 《耶律文正公神道碑》，《滋溪文稿》卷7；《元史》卷115《裕宗传》。
③ 《便民三十五事·议复立国子学》，《秋涧集》卷90。

观感有所兴起。①

程钜夫是南宋降臣,在当时颇得忽必烈信任,降旨"那般行者",但一时并未落实。一年后,亦即至元二十四年二月,在另一名南士叶李请求下,忽必烈终于命令有关官员议定国学条例,闰二月正式颁行。② 元朝的国学教育,至此完全形成定制,东宫的"春坊学徒"也在国子司业耶律有尚带领下并入了新的国子学。③

至元二十四年闰二月颁行的国学条例,具体内容有以下几点。

第一,恢复、完善了国子学教官建置,并且在国子学上增设教学管理机构国子监。设国子祭酒一员,从三品;国子司业二员,正五品;国子监丞一员,正六品。以上为"(国子)监官",属教学管理人员。国子博士二员,正七品;国子助教四员,正八品。以上为"(国子)学官",具体负责教学工作。与官员品级相联系,国子监定秩从三品,国子学定秩从七品。④

第二,增加学生名额,预定学生名额200人,暂时先招收120人。其中正式学生100人,包括蒙古50人,色目及汉人50人,年龄均要求10岁以上。另有伴读20人,"公选通文学人充",年龄15岁以上。这样的办学规模与前代汉族王朝的中央官学还有不小的距离,但比许衡草创时期已经有了大幅度进步。

第三,学舍列入官府兴造计划,随后建造孔庙。暂时先拨官房一所,包括讲堂、学官厅、斋房、厨房、仓库房等房屋几十间。学生饮食、日用杂物、文具和学校教学经费、图书等,一律由官方支付。

第四,规定国子监的上级机构为集贤院。集贤院,秩从二品,长官为集贤大学士,以下为学士、直学士等官,至元二十二年(1285)从翰林国史院中分立,"掌提调学校,征求遗逸,召集贤良",以及道教、阴阳、占卜等事务。⑤

---

① 《庙学典礼》卷2《程学士奏重学校》,亦见《奏议存稿·学校》,《雪楼集》卷10。
② 《庙学典礼》卷2《左丞叶李奏立太学设提举司及路教迁转格例儒户免差》。参见《元史》卷14《世祖纪十一》至元二十四年闰二月辛未,卷81《选举志一·学校》。
③ 《耶律文正公神道碑》,《滋溪文稿》卷7。
④ 国子监、国子学的官员和机构品级,《元史》卷87《百官志三》;《元典章》卷7《吏部一·官制一·职品·内外文武职品》。
⑤ 《元史》卷87《百官志三》。有关集贤院的设立经过,参见《全公神道碑》,《松雪斋集》卷7。

有关国学教育形成定制以后的具体教学内容、方法，上述国学条例未予说明，见载于《元史·选举志一·学校》，应当也是在至元二十四年或稍后形成的。教学的主要内容为儒家经书，依先后次序，为《孝经》《小学》《论语》《孟子》《大学》《中庸》，然后是《诗经》《尚书》《礼记》《周礼》《春秋》《周易》。教学方法，先读后讲。读是断句诵读，辨明字词音、义；讲为阐述段落、篇章内容。均由博士、助教讲授，伴读传习。讲授次日，命学生抽签陈述读、讲过的内容，作为考核。其他教学、考核内容还包括作对联、诗文、经解、史评等，由博士出题，学生完成作业，助教初审，博士评定。

以上制度的形成，使元朝国学教育进入了稳定和正规化的状态。到成宗时期，国学教育又有新的发展。

一是兴建孔庙与新校舍。至元二十四年拨官房为国子学临时校舍，二十五年曾加修葺，① 但此后正式校舍和孔庙都迟迟未建。成宗大德三年（1299），经中书左丞相哈剌哈孙奏请，在大都城东崇仁门内开始兴建孔庙，由工部郎中贾驯主持工程。大德十年（1306），孔庙建成。随即又在孔庙以西营建国子学新校舍，到武宗至大元年（1308）建成。此前的临时校舍，就位于大都城内东部，② 新校舍很可能就是在临时校舍的基础上扩建的。③ 所以建孔庙历时七年有余，而新校舍两年多就建成了。孔庙占地半顷，国学新校舍的面积约相当于孔庙的五分之四，有房屋167间。时人记述说："不独圣师之宫巍然为天下之极，而首善之学亦伟然耸天下之望。远迩来观，靡不惊骇，叹羡其高壮宏敞。"④ 此后历明、清两朝，这里一直是孔庙和国子监所在地。

二是创办上都分学。元朝皇帝每年夏天巡幸上都，国子学中有的学生身份属于怯薛近侍，需要扈从前往，对学习造成影响。于是自大德六年起，经丞相哈剌哈孙提议，每年当皇帝北巡，国子监均分派若干教官随从，"分学于上都，以教诸生，仍铸印给之"。八年，因分学需要增加教官编制，增设

---

① 《元史》卷15《世祖纪十二》：至元二十五年十一月"丁亥……修国子监以居胄子"。
② 《元史·选举志一·学校》："〔至元〕二十四年……立国子学于国城之东。"《大兴府学孔子庙碑》（《石田集》卷10）："至元二十四年，既城今都，立国子学，位于国左。"
③ 清敕撰《续文献通考》卷47《学校考一》即认为："考诸纪序，则大德十年之所营，即至元二十五年所修之地而改葺之也。"
④ 《国子学先圣庙碑》，《国朝文类》卷19；《贾侯修庙学颂》，《国朝文类》卷18。

国子助教二员，创设国子学正二员、学录二员。①

三是扩充学生名额。《元史》卷21《成宗纪四》：大德八年"二月丙戌，增置国子生二百人"。这似乎表明增加了200个学生名额，但根据以后的史料来看并非如此，其含义当为"增至二百人"，即将学生名额增加到200人。至元二十四年国学条例即已规定学生定额200人，但当时只招收了120人。这次扩充只是增满当初的定额而已。

四是规定了国子学生出身任官的名额。至元二十四年国学条例规定："外处生员成材者，申国子监，若有茂异者，提举司申覆，集贤院闻奏，呈省区用。"② 地方学校生员学业优异者可以"呈省区用"，国子学生当然更会如此。不过因为监学初开，学生人数也不算多，其优异者标准如何评定，举用多少，大约都是临时决定，尚无一定之规。蒲道源称元初国学岁贡"不限其额"③，或即指此时的制度。至成宗大德后期，始对国学生员的"岁贡"名额作出规定。《元史·选举志一·学校》："成宗大德八年冬十二月，始定国子生蒙古、色目、汉人三岁各贡一人。十年冬闰十月，国子学定蒙古、色目、汉人生员二百人，三年各贡二人。"也就是说，国子学的二百名学生中，每三年可以有两名蒙古学生、两名色目学生、两名汉人学生毕业获得官职。实际上，国学中的高级贵族官僚子弟，时有"特起骤为大官者"，其入仕"常因其族，而不尽以诸生选"④。岁贡制度主要是针对中下级官僚的子弟，故名额不多。

成宗时期国学制度的上述变化，对于保证国学教育在世祖忽必烈时期的基础上顺利发展，具有重要意义。但另一方面，此时元朝鼎盛已过，衰象初显，国学教育也出现了形式化、有名无实等种种弊端。如时人郑介夫批评说：

> 京都立国子监，设生员，无非贵游子弟，群居终日，句读未通，已登仕版，欲冀成材，实不可得。若真欲取材于监中，岂二三十辈乳臭无知之子所能尽之耶？……所设伴读又不择人，重赂监官，剩出陪堂，便得入名，更不知所伴所读者何事，惟想望部领（令）史、儒学教授

---

① 《元史》卷164《尚野传》、卷87《百官志三》。
② 《庙学典礼》卷2《左丞叶李奏立太学设提举司及路教迁转格例儒户免差》。
③ 《国学策问》，《闲居丛稿》卷13。
④ 《送廉充赴浙西宪司照磨·序》，《道园学古录》卷5。

而已。①

其言或许不无过甚其词，但至少可以使我们对成宗朝国子学有更全面的认识。

第二节 地方儒学的普及

元朝地方学校的建设，早于中央官学。中统二年（1261），也就是忽必烈即位次年，翰林学士承旨王鹗奏请委任"博学老儒"提举各路学校，于是下诏设立"诸路提举学校官"，以王万庆、敬铉等三十人充任。诏称："诸路学校久废，无以作成人才，今拟选博学洽闻之士以教导之。凡诸生进修者，仍选高业儒生教授，严加训诲，务要成材，以备他日选擢之用。仍仰各路官司常加主领敦劝。"② 这份文件的意义，在于正式宣布恢复地方官学设置，并将发展教育明确规定为地方政府的一项职责。至元三年（1266），许衡上奏疏《时务五事》，其中一项专论"农桑学校"的重要性，称"能是二者，则万目皆举；不能是二者，它皆不可期也"。具体则建议"自上都、中都下及司县，皆设学校，使皇子以下、至于庶人之子弟，皆从事于学。日明父子君臣之大伦，自洒扫、应对，至于平天下之要道。十年已后，上知所以御下，下知所以事上，上下和睦，又非今日比矣"③。至元六年设立地方监察机构提刑按察司，其职责也包括了"勉励学校"。同时中书省发下文件，要求地方官每遇朔望，"率领僚属吏员，俱诣文庙烧香，礼毕，从学官、主善诣讲堂，同诸生并民家子弟愿从学者，讲议经史，更相授受"，希望"日就月将，教化可明，人才可冀"④。平宋以后，南宋的地方官学大多保留下来，毁于战乱的也逐渐重建。以后历朝皇帝即位，颁发诏书都要讲到保护学校、发展教育的问题。元朝疆域辽阔，很多前代王朝管辖所不及的边远地区，在元朝的统一兴学政策下都建立了官学，"于是遐陬绝漠，先王声教之所未暨者，皆有学焉"。加上官府和社会创办的书院、劝农机构大司农司主管的农闲学校社学，以及蒙古字学、医学、阴阳学等专科学校，元朝地方学校的总

---

① 《历代名臣奏议》卷67《治道》。
② 《元史》卷4《世祖纪一》；《中堂事记下》，《秋涧集》卷82。
③ 《时务五事》，《国朝文类》卷13。
④ 《庙学典礼》卷1《官吏诣庙学烧香讲书》。

体数量是相当大的。所以元朝官修政书《经世大典》自诩说："列圣相承，百年之间，幅员万里，黉舍相望，何其盛也！"①

元朝地方学校当中，最重要的是地方官办儒学。它与中央的国子学一起，构成了中国传统官方儒学教育当中的重要一环。中央教育机构集贤院和国子监，在管理国子学同时，也节制地方儒学教育，各行省均设有儒学提举司掌管地方儒学事务，秩从五品，②受集贤院和国子监的领导。元朝地方官办儒学的特色，在于其学生主要来自国家划定的一类特殊户籍——儒户。按照元朝制度，各类特殊户籍都要为国家承担某项特别义务，世代相袭，不得改易。儒户的义务，与僧、道之类职业宗教徒较为接近，"对国家仅奉行精神上的工作"③。具体言之，就是出一名子弟入学读书，其中主要是入官办儒学，也可入书院。作为履行特别义务的报偿，儒户可以在赋役上享受一定优待，免除部分赋税，差役在相当长时间里亦可优免。即是姚燧所云"圣元为制，凡士其名而儒其服，不粝之民而殊其籍，惟责田租商征，自外身庸户调皆复之，无有所与"④。与军户、站户等负担沉重人力和财力义务的特殊户籍相比，儒户的境遇是比较优越的。儒学生员还包括一些儒户以外的民间子弟，但他们入学必须经过考试，赋役优待也极为有限。⑤不过无论是否儒户，一旦入学，即可享受奖学金性质的廪给，主要用于解决本人膳食，有的地方兼可提供住宿及相应生活费用。

元朝的地方行政机构有路、府、州、县等不同层次，官办儒学相应的也有路学、府学、州学和县学，级别依次降低。作为高层军事机构，侍卫亲军诸卫也基本都设有儒学。⑥ 凡属官办儒学，都包括孔庙和学校两个组成部分，

---

① 《经世大典序录·礼典·学校》，《国朝文类》卷41。
② 《提举司厅壁题名序》（《待制集》卷17）："国朝稽古右文，制定官名，提举儒学乃得专署。初犹分领诸道，后唯行中书治所合置一司。虽视秩第五，而临据乎校庠序之上，曹务甚简，师资攸系。"
③ 萧启庆：《元代的儒户》。
④ 《襄阳庙学碑》，《国朝文类》卷19。
⑤ 《济南路文庙加封圣号记》（《中庵集》卷1）："国家以神武拯斯民，以人文弘治道，凡户以儒籍者世复其家，民之从学者复其身。"这里说的是元初制度。与儒户"世复其家"即全家免役相比，一般民户入学为生员的只能"复其身"，即不算在其家庭派役时的"丁产"状况之内。但南方按各户的税粮或土田数派役，个人"复其身"基本上是没有意义的。参见陈高华《元代的地方官学》，载中国元史研究会编《元史论丛》第五辑，中国社会科学出版社1993年版。
⑥ 《元史》卷86《百官志二》记述侍卫亲军诸卫员设置，绝大部分卫中都设有"儒学教授一员"。既设教授，事实上也必定有相应的学校。如武卫，即是"特立先圣孔子之庙，儒学在焉……特设儒学教授，以教士大夫子弟焉……独教授常在卫治教事"（《武卫新建先圣庙学碑》，《道园学古录》卷23）。其他卫的情况均当类似。

"由学尊庙，因庙表学"①，因此习惯上又将各级官办儒学统称为庙学。如《国朝文类》卷41《经世大典序录·礼典·宣圣庙》：

> 有国家者通祀仲尼于天下，其来尚矣。我国家定中国，庙祀如故而学隶焉。舟车所至，凡置郡县之地，无小大，莫不皆有庙学。

庙学中属于"庙"的建筑，主体为礼殿（或称大成殿），礼殿两侧有从祀廊庑，殿前一般有道路、泮水、仪门、棂星门等，有的孔庙另建有先贤祠、祭器库。属于"学"的建筑，主体为讲堂（通常称明伦堂或明德堂等）和书库（通常称尊经阁），另有生员斋舍、学官厅舍、仓库、厨房等。庙、学合一之制始于唐代，"天下郡县皆以上丁致祭，升降迎享，有似夫宗庙，而复琢范土木，象其神明"②。它使得祭祀活动成为学校的一项重要工作，具有宣传、熏陶、倡明教化的意义。虞集曾经就此总结说："夫庙无与于学也，然而道统之传在是矣。学于此者，诵其诗，读其书，习礼明乐于其间。诚其道也，不敢不俯焉以尽其力；非其道也，不敢杂然以妄用其心。圣贤去之千载，求诸仿佛之形容，以端其所向导焉。所系不已重乎！"③但另一方面，地方儒学教育的形式化倾向也由此产生。"有司修祀典勿敢阙，而教无其师，师非其人，则或有不暇计者"；"典学者以修造祠像为先务，而以教养次之"；"各处牧民之官竞以修建文庙为事，在于政绩固为可嘉，然考其师生教授之实，人才作养之功，百无一二，是务其外而遗其内也，是知其标而不知其本也"④。不少人认为这是"非礼""三代教育之实泯泯扫地"⑤的表现。

儒学学生人数多寡不一，少者十数、数十人，多者一二百人，通常视当地学校的经济状况而定。总体而言，江南儒学生员相对较多，北方较少，级别高的儒学生员相对较多，级别低的较少。日常教学活动，大致在世祖忽必烈末年到成宗前期形成了较为固定的制度。全体儒学生员，每月逢朔（初

---

① 《武昌路学记》，《国朝文类》卷29。
② 《献州交河县先圣庙碑》，《清容居士集》卷25。
③ 《新昌州重修儒学宣圣庙记》，《道园学古录》卷8。
④ 《舒城县学明伦堂记》，《道园学古录》卷30；《送长洲教谕·序》，《存复斋集》卷4；《奉使宣抚言地震九事》，《中庵集》卷15。
⑤ 《答吴宗师书》，《吴文正公集》卷7；《绛州曲沃县新修宣圣庙碑》，《秋涧集》卷53。

一)、望(十五)日齐集学校,拜谒孔子像,然后听教官讲解经书。如有事不能出席,必须事先请假。朔望以外,15—30岁的生员每天都要坐斋读书,习作经义、杂文、律诗等,教官每月考试计分,年终排定名次。排名在前者,次年正月经本路官员复试,取第一名申报上司,作为"岁贡"即毕业充任重要机构吏职的人选。30岁以上的生员不必天天坐斋。如非儒户,即可从事其他职业。如系儒户,仍需在家读书教学,不满50岁的还要定期向学校上交作业,每季度第一月作经赋,第二月作论,第三月作经疑和史评。这样"各务进德修业,以待选用",要是从事了与儒户身份不符的其他职业、活动,就可能受到"削籍为民,依例当差"的处罚。8—15岁的生员,则在儒学中的"小学"读书,先学朱熹《小学》,次及《孝经》《论语》《孟子》等经书,同时学习书法,以颜真卿的"颜体"为范本。根据现有史料,上述制度首先是在儒学教育最发达的江南推行的,① 其他地区的儒学教育或许没有江南那样复杂和严格,但基本内容应无大异。

就形式而言,元朝的儒学教育制度算得上比较完备,但它却存在一个严重的问题,那就是生员出路不畅。元朝用人重吏轻儒,且长时间不开科举。生员通过"岁贡"入仕,名额甚少,全国平均每年只有119.66人,② 况且并非直接任官,而是先充吏职,经过几十个月才有可能获得八、九品官职,道路可谓狭窄而崎岖。"岁贡"以外,另一条仕途是充任教官,但名额同样有限,而升迁更加艰难,对此,下文还要述及。《元史》卷81《选举志一·学校》云:"自京学及州县学以及书院,凡生徒之肄业于是者,守令举荐之,台宪考核之,或用为教官,或取为吏属,往往人才辈出矣。"事实上,儒学生员中由这两条途径"辈出"的人才只是极少数。如萧启庆所总结:"无论由吏进或以学官进,大多数的士人都必须永沉下僚,位居人下。"③ 这种情况极大地影响了儒学生员的学习积极性和学校教学质量。元成宗时郑介夫指出:唐宋时期"儒人未尝免差,而士风甚盛,人才甚广,无他,声名诱之于前,利禄引之于后也"。而元朝前期儒户不当差役,"亦未见有一人成材者"。因此他批评说:"若业儒而获用,则人自慕尚,虽当役不足以抑之。使业儒而无用,则人皆厌弃,虽免役亦不足以励之……尽优异之虚文,无激劝

---

① 以上内容见《庙学典礼》卷5《行台坐下宪司讲究学校便宜》《行省坐下监察御史申明学校规式》。
② 据萧启庆推算,见《元代的儒户》。
③ 萧启庆上揭文。

之良法，终何补于世用？"①

　　各级儒学所设教官，有教授、学正、学录、教谕等不同名目。元人同恕称："国家注意学校垂百年，凡以人才出治之本，莫此为急。近自京师，远虽荒裔，若路、若州、若县，曰教授，曰学正、学录、学谕。大小相维，彼此相资，莫不设官分职，俾修教事，以登济济多士之美。"②元初，教官设置比较混乱，南方尤甚。至元二十一年（1284），首先对腹里地区的教官设置进行了规范：路儒学设教授、学正、学录各一员，散府和上、中州儒学设教授一员，下州儒学设学正一员，县儒学设教谕一员。成宗大德五年（1301），又将这套设置原则推行于江南。③上述教官当中，只有教授是入流的品官，路教授从八品，散府、上中州教授正九品。学正、学录、教谕都没有品级。另外各级儒学中还均设直学一员，"掌管本学田产、屋宇、书籍、祭器、一切文簿并见在钱粮"④，也就是主管学校中教学以外的各种事务性工作。朱德润说：各级儒学既有教官之设，"主其金谷、簿书、期会之烦，又必设直学一人以司其出纳，所以尊师儒之严而不敢渎也。故居教官职者总识其大略，而直学事者实纂其详也"。直学"其职为尤劳"，而其工作却是"学校风化之原，礼乐所关"⑤。因此尽管直学地位比学录、教谕等更低，并不直接负责教学，但在广义上也可以划入教官的范畴。在许多地方，主要是南方的路、府、州学，教授、学正等官不一定承担全部教学事务，往往还要另聘训导。训导由教授等主管教官"自辟"，或提学官"以物论推择之"，"位若卑，而其人之德行文学，则主教者之副相也。主教其人或下之，非宜副相，实宾师已"。有的教授因而脱离了教学工作，"问教授所职何事，则曰：吾有政。问其政安在，则曰：稽钱谷也，缮治黉舍也"⑥。有的学校所聘训导非人，地方监察部门还曾专门颁发文件，要求"依例敦请年高道迈、文学优博之士，建充训导，教养人才"⑦。

　　下自直学、上到教授的儒学教官系列（训导不在其内），构成了元代士

---

① 《历代名臣奏议》卷67《治道》。
② 《送孔提举·序》，《榘庵集》卷2。
③ 《元典章》卷9《吏部三·官制三·教官·正录教谕直学》；《庙学典礼》卷6《山长改教授及正录教谕格例》。
④ 《庙学典礼》卷2《正录不与教官连署》。
⑤ 《送新安程伯义之吴江州直学·序》，《存复斋集》卷5。
⑥ 《送魏生德刚·序》，《东维子文集》卷2；《送陆教授·序》，《吴文正公集》卷19。
⑦ 《元典章》新集《礼部·儒教·学校·训导敦请年高学博之士》。

人一条重要的入仕途径。按制度，直学一般从学校的优秀生员中选拔，历任一考（30个月），可充学录或教谕。学录或教谕历任两考后，可以升任学正或书院山长。学正或书院山长历任一考，可补府、州学教授，成为入流的品官。府、州学教授历任一考，可升为路学教授。教官级别越高，名额越少，每升一级，都要经历激烈的竞争。"儒官赴选部，如水赴壑，员无穷而阙有限"，"阙有限而考有期，来日多而应日狭，不知岁月之坐困也。"①除少数幸运和有背景的人外，"自直学至教授，中间待试、听除、守缺、给由，所历月日，前后三十余年，比及入流，已及致仕"，"陷在选坑之中……往往待选至于老死而不获一命者有之，幸而不死得除一教授，耄且及之矣"②。即使做到教授，仍然是位卑禄薄，且无实权。要想在仕途上再有发展，还必须再经一番拼搏，设法转入行政系统任职，最后也不过终于州县卑秩而已。

地方儒学的办学经费，主要来自学田。忽必烈时期，北方儒学的学田配置并不普遍，许多学校经费窘迫，教育名不副实。胡祗遹曾作诗描述说："学校虽粗设，虚楹照空廊。朔望香火冷，老雨淋欹墙。教官窘生理，日求糊口粮。后学岂不繁？儒名行工商。"③ 南方儒学则基本上保有南宋时期的学田，经费得以保证。"宋平，凡江之南，财之储府库、赋之产山泽者，悉输京师，独遗贡庄学田，仍畀之学，俾资教育。"④ 以致当时南北方儒学教官待遇不同，北方教官很长一段时间内没有俸禄，只能靠学生缴纳的学费谋生，南方教官则由学田提供了相对稳定的收入。后来元廷一度将南方学田收归官有，到至元二十九年（1292）仍下诏"江南州县学田，其岁入听其自掌，春秋释奠外，以廪师生及士之无告者"⑤。至元三十一年，成宗即位，在即位诏书中要求"其无学田去处，量拨荒闲田土，给赡生徒"⑥。北方许多学校由此增添了学田。除南宋旧有和元朝官拨外，有的地方也有私人捐助学田，或学校筹资购置。各地儒学的学田数量多少不等，少者一二百亩，多者数千亩，还有个别达到数万亩的。学田的经营，基本上采取租佃方式，且大部分

---

① 《送白廷玉赴常州教授·序》，《养蒙集》卷2；《刘梅泉松江教授·序》，《松乡集》卷4。
② 《元典章》卷9《吏部三·官制三·教官·正录教谕直学》；《历代名臣奏议》卷67《治道》。
③ 《登历下文庙郁文堂》，《紫山集》卷1。
④ 《崇阳学记》，《牧庵集》卷5。
⑤ 《元史》卷17《世祖纪十四》至元二十九年正月甲辰。
⑥ 《元典章》卷2《圣政一·兴学校》。

收取定额地租。①

元朝的地方学校，除官办儒学外，还有书院、蒙古字学、医学、阴阳学和社学。书院及阴阳学等，将在下文叙述。社学是在乡村基层兴办的农闲学校。至元七年（1270），元廷颁布立社法令，农村中大致每五十家立为一社，作为生产互助和基层管理组织。收服江南后，又将社制推广到南方。立社条例中规定："每社设立学校一所，择通晓经书者为学师，于农隙时分各令子弟入学，先读《孝经》《小学》，次及《大学》《论》《孟》、经史，务要各知孝悌忠信，敦本抑末。"② 虽然规定教授儒家经史著作，实则教师"多系粗识文字之人"，主要只教一些浅显的识字课本。政府曾颁发文件，要求社学教师教学前先经州县儒学培训，保证教学内容以"圣经"为主，实际上未必真能做到。③《元史》卷14《世祖纪十一》记载：至元二十三年（1286）"大司农司上诸路学校凡二万一百六十六所"；卷15《世祖纪十二》：至元二十五年"大司农言……立学校二万四千四百余所"。这两万多所学校指的就是社学，因为立社及相关事宜是由大司农司负责的。数字虽然可观，但多少有虚报的成分在内。况且社学不像官办儒学有一套完整制度，没有经费保障，其教学活动弹性很大。成宗大德二年（1298）的一份公文，即已承认社学"废弃不行"④。

第三节 蒙古字学、医学和阴阳学

中国古代大多数王朝的官学教育是以儒学为主，间有其他专科教育，但并不普及。元朝的情况则有所区别，除儒学系统外，还另有三类广泛设置的官办专科学校：蒙古字学、医学和阴阳学。元人云："昔之为学也一，今之为学也增其三焉，曰蒙古字、曰医、曰阴阳。所肄之业虽不同，其于严师弟子之道以相授受，则亦未始不同也。"⑤ 也就是说，这些专科学校虽与儒学教学内容不同，但在教学制度、管理等方面，仍然有许多共同的地方。

---

① 参见孟繁清《元代的学田》，《北京大学学报》1981年第6期。
② 《元典章》卷23《户部九·农桑·立社·劝农立社事理》。
③ 《通制条格》卷5《学令·传习差误》。
④ 《元典章》卷23《户部九·农桑·立社·社长不管余事》。
⑤ 《至顺镇江志》卷11《学校》。

一 蒙古字学（附回回国子学）

蒙古字学是教习八思巴字的学校。八思巴字颁行于忽必烈至元六年（1269），始名为蒙古新字，后专名蒙古字。其创制经过和文字特征，详见后文。颁行八思巴字的当年，即在地方诸路建立蒙古字学，并由中书省议定其学制。至元七年，设立诸路蒙古字学教授。八年正月，在京师建立蒙古国子学，"教习诸生，于随朝蒙古、汉人百官及怯薛歹官员，选子弟俊秀者入学"①。在有关诏书中，同时对地方蒙古字学制度进行了补充规定。上路蒙古字学生员定额30人，下路25人，皆"与免一身差役"。蒙古字学校舍均由官府拨付。各地官员子弟以及当地居住的回回、畏吾儿、河西（即西夏）人等，愿学蒙古字者均可入学，不受定额限制。翰林院负责用蒙古字翻译《通鉴节要》，作为中央、地方蒙古字学的教材。蒙古字学生员学习两三年后，"选择俊秀，出试题策问，观其所对，精通者为中选，约量授以官职"②。至元十四年，又设立了蒙古国子监，统一管理蒙古国子学和诸路蒙古字学事务，受蒙古翰林院节制。

蒙古国子监、学设官原则与作为中央儒学的国子监、学相仿。监官起初仅设国子司业一员，后增设祭酒为长官，又设监丞主管杂务。祭酒一员，从三品；司业二员，正五品；监丞一员，正六品。学官有国子博士、助教、教授（教授一官为儒学国子学所无）等，起初共设五员，后定制博士二员，正七品；助教二员，教授二员，并正八品；学正二员，学录二员，为流外官。③两所国子监、学机构名相似，官名也大部分相同，极易混淆。忽必烈皇太子真金谕令太子中庶子伯必的儿子"入学"，伯必就将其子送到蒙古国子学学习。后来真金见到其子，"问读何书"，才发现与自己的原意不符，自己本来是想让他进入儒学国子学④。蒙古国子学的学生数目，开始未有明确规定，后来定为30人，成宗大德十年（1306）增为60人，武宗至大二年（1309）设伴读生员40人，共100人，其中蒙古50人，色目20人，汉人30人。但当时蒙古国子学内实际就学的学生远不止此数，达到二三百人。针对这种情况，仁宗延祐二年（1315）对学内生员进行了一次清理，于原有百人定额上

---

① 《元史》卷81《选举志一·学校》。
② 《元典章》卷31《礼部四·学校一·蒙古学·蒙古学校》。
③ 《元史》卷87《百官志三》。
④ 《元史》卷115《裕宗传》。

再增加50人，其中包括蒙古20人，汉人30人，总共为150人。这150人均为享受官给廪膳的正式生员。另外还有114名学生，都是庶民子弟，允许他们自费学习，称陪堂生。① 此后蒙古国子学生员数目，史料乏载，可能没有发生大的变化。

地方蒙古字学最初只设立于路一级，教官为教授。《元史·选举志一·学校》："至元十九年，定拟路府州设教授，以国字在诸字之右，府州教授一任，准从八品，再历路教授一任，准正八品，任回本等迁转。"据此，此时既有府、州蒙古字教授，则府、州中已有设立蒙古字学者。但府、州级广泛设立蒙古字学，应当是在成宗朝。王祎称："前元元贞初，以蒙古言语文字，天下或不能尽习，诏所在州郡并建学立师，贵游子弟及民间俊秀皆令肄业。"② 当时已有诏书，为地方儒学普遍配置学田。对于"与儒学一体教育生徒"的蒙古字学，也要求各地官府"钦依诏书事意"，从"无违碍荒闲地土"内拨给学田。大德五年（1301），蒙古翰林院官员议定府、州蒙古字学学生数目：散府20人，上、中州15人，下州10人。③ 路、府、州蒙古字学学官，除教授外，又增设学正一职。④ 在江南的江浙、江西、湖广三行省，专门设有蒙古提举学校官，秩从五品，置提举、同提举各一员，管理地方蒙古字学事务。⑤ 其他行省的蒙古字学，则直接由地方政府管理，监察部门监督。除路、府、州蒙古字学外，侍卫亲军诸卫、诸王投下、蒙古千户所中按制度也都设有蒙古字教授。⑥

有关蒙古字学学生的出路，《元史·选举志一·学校》记载说："上自国学，下及州县，学生员高等，从翰林考试，凡学官译史，取以充焉。"此处的"国学"是指蒙古国子学，"翰林"是指蒙古翰林院。"州县"笼统言之，所言不确，蒙古字学最低只设到州一级。据此可知出路主要有二：充任蒙古字学教官和充任译史。译史是政府机关中的文字翻译人员，有的时候也称为蒙古必阇赤，是元代一种重要的吏职。充任蒙古字学教官者，要想进入行政系统，也往往先是转充译史，然后出职入官。与儒学学生充任教官或岁贡充

---

① 《元史》卷81《选举志一·学校》。
② 《鲍信卿传》，《王忠文公集》卷21。
③ 《元典章》卷31《礼部四·学校一·蒙古学·蒙古生员学粮》《生徒数目》。
④ 《元史》卷18《成宗纪一》：元贞元年三月"增置蒙古学正，以各道肃政廉访司领之"。《选举志一·学校》："大德四年，添设（蒙古字学）学正一员。"
⑤ 《元史》卷91《百官志七》。
⑥ 《元史》卷86《百官志二》；《元典章》卷31《礼部四·学校一·蒙古学·蒙古学校》。

吏、渐次转为低级官员相比，蒙古字学学生的入仕模式大体一致。但实际上，蒙古字学学生与前者相比却有两点优势。一是蒙古字学无县学，府州学也并非完全普及，① 其学生总数远比儒学为少，而政府机关中译职人员的需要颇为广泛。二是译职人员在吏员群体中出职前途相对较为优越，通常能获得中品官位，并且居官时"其语言专长可能得到不少利便"②，在一些重要部门充任译职者"阶为卿相，班班可考"③。因此总的来说，蒙古字学学生的出路好于儒学学生。《国朝文类》卷40《经世大典序录·治典·入官》云："世祖皇帝置国字以通语言，其用人略如儒学之制而加达矣。"元末人徐一夔则直接说："元制，蒙古字学视儒学出身为优，器局疏通之士多由此进。"④

八思巴字虽可用于"拼写一切文字"，但首先是为蒙古人创制的，按理蒙古字学的首要教学对象应当是蒙古人。正因如此，蒙古国子学的正额生员按民族分配名额，分给蒙古人的最多。不过检阅史料，我们在蒙古字学学生中能找到的蒙古人却很少。这可能是由于以下原因：蒙古字学教学重在培养翻译人才，其中的优秀学生不但要懂蒙古语，还要至少精熟其他一种语言文字，这对蒙古人来说有一定难度。况且对于中上层的蒙古贵族、官员子弟来说，做官比较容易，不需要很辛苦地通过学习语言进入仕途。但对其他民族，情况就不一样了。色目诸族中，许多原来就有较高的文化水平，还往往有一定的语言天赋。元廷对他们学习八思巴字颇为鼓励，早在至元八年（1271）就规定："随处居住回回、畏吾、河西人等，愿学（八思巴字）者听，不在额设之数。"二十余年后发现，"蒙古文字，学的多是回回、畏兀儿人有"⑤。对汉族来说，进入蒙古字学学习更有吸引力，"人知国字之足以进身，而竞习之"⑥。而且很多人学习游刃有余，成为语文专家。《王忠文公集》卷17《鲍信卿传》：

---

① 如元朝中期，庆元路奉化州按制度设有蒙古学正一员，但"官虽设员，未曾建学"（《延祐四明志》卷13《学校考上》）。吴师道说："国家混同天下之文，肇建字书以顺言达事……爰命州郡建学立师，置弟子员，优其入仕之途，所以尊右奖宠之甚。然历数十年，远外之邦，学犹有未尽立者。"即使算不上"远外之邦"的婺源州，也是直到顺帝至元元年（1335）才建成蒙古字学（《婺源州蒙古字学记》，《礼部集》卷12）。

② 萧启庆：《元代的通事与译史》，载中国元史研究会编《元史论丛》第六辑。

③ 《兵部译史房题名记》，《樗隐集》卷1。

④ 《李君墓志铭》，《始丰稿》卷12。

⑤ 《元典章》卷31《礼部四·学校一·蒙古学·蒙古学校》；卷12《吏部六·吏制·译史通事·路译史出身》。

⑥ 《阎主簿孝行诗·序》，《安雅堂集》卷4。

> 鲍信卿者，讳完泽，其先汴人也……今为杭人。……前元元贞初，以蒙古言语文字，天下或不能尽习，诏所在州郡并建学立师，贵游子弟及民间俊秀皆令肄业。信卿受业其师萧氏，悉究其精奥。乃据撼史传中故事及时务切要者二百五十余条，译以为书，曰《都目》，反复应对，曲折论难，最为详密。又记其师所授之言为书，曰《贯通集》。又采精粹微妙之言，门分类别为书，曰《联珠集》。又取蒙古及畏兀儿问答比譬之言为书，曰《选玉集》。凡其音韵之所自出，字画之所由通，毫厘之间，具有分别。南北人为蒙古学，未有出信卿右者。

与此相联系，不少色目人和汉族人成为优秀的蒙古字学教官。如畏吾儿人文书奴，曾是八思巴造字时的助手，他的儿子野先后来长期主持蒙古国子学的教学工作。据《滋溪文稿》卷15《卫吾公神道碑》：

> 少敏悟，世其父业。年二十擢为国子教授，诸生翕然信服，不敢以少年易之。岁满乃迁助教，又迁博士。为博士凡三考，遂迁监丞，又拜司业，累官奉议大夫。……尝考古者圣贤行事及历代君臣善恶成败可监戒者，译以国言，传诸学徒。故诸生服公之训，人人卓然自奋，思立事功，非但诵习其空言而已。公又依仿成均之制，定为学规，下至米盐笔札，亦皆出纳有法。其所译润诸书，人争传之。学国言者，以得公师为荣。至大间，武宗皇帝亲择贵臣子孙数十人，俾从公游。仁宗皇帝方兴学校，眷公尤深，尝曰：此人极有学守，不可使离监学。公亦泊然守职，不变不退，盖自教授累至司业几三十年，未尝别迁他官。一时台阁名卿硕辅，往往皆其弟子。

八思巴字创立未久，许衡的弟子马充实即"旁曲通畅，单出杂比，会其指归，学者争诣门请业"，忽必烈亲自召见，任命为怀孟路蒙古字教授。南宋降臣、宗室赵与熹的儿子赵孟赘随父北上京师，"时新制蒙古文字颁行未久，鲜有能通之者。府君（赵孟赘）一见曰：此声音之学耳。试习之，辄精其艺。用荐者授温州路蒙古字学教授"①。罗常培、蔡美彪二先生曾列举元代的几种八思巴字书：《蒙古字韵》《蒙古字百家姓》《蒙古韵

---

① 《马公神道碑铭》，《清容居士集》卷27；《赵君墓志铭》，《金华集》卷36。

编》《华夏同音》。其中除《蒙古字百家姓》编者不详外，另外三书都是汉族人所作。① 这类书在元代可能为数不少。除上面引文中提到鲍信卿的几种著作外，还可以举出婺州人王伯达《皇朝字语观澜纲目》和广平人张大卿《国语类记》。② 它们在元代蒙古字学的教学当中，大约多少都能起到参考书的作用。

元代在大都还设有另外一种文字专科学校——回回国子学，但没有相应的地方学校建置。有关材料，主要见于《元史·选举志一·学校》："世祖至元二十六年夏五月，尚书省臣言：'亦思替非文字宜施于用，今翰林院益福的哈鲁丁能通其字学，乞授以学士之职，凡公卿大夫与夫富民之子，皆依汉人入学之制，日肄习之。'帝可其奏。是岁八月，始置回回国子学。至仁宗延祐元年四月，复置回回国子监官，以其文字便于关防取会数目，令依旧制，笃意领教……学之建置在于国都，凡百司庶府所设译史，皆从本学以取充焉。"可知回回国子学的教习内容是一种"便于关防取会数目"的"亦思替非文字"，其管理机构为回回国子监，体制与儒学国子监、学和蒙古国子监、学相似。教学目的，主要在于培养一些政府机构中的回回译史（亦称回回掾史）。③ 关于这种"亦思替非文字"，多数学者认为是波斯文，也可能专指波斯文中一套用于财务核算的特殊文字。④

图2-3-2 《蒙古字韵》书影

二 医学

与回回国子学相反，医学和阴阳学都设于地方，在中央并无"国子

---

① 罗常培、蔡美彪：《八思巴字与元代汉语（资料汇编）》，科学出版社1959年版，第15页。
② 《皇朝字语观澜纲目·序》，《松雪斋集》卷6；《国语类记·序》，《石田集》卷9。
③ 据萧启庆先生初步统计，元朝大约有二十个机构设有回回译史，共六十二人。当然由于资料限制，这个数字肯定是不完全的。见氏著《元代的通事与译史》。
④ 参见韩儒林《所谓"亦思替非文字"是什么文字》，载氏著《穹庐集》，上海人民出版社1982年版；[伊朗]穆札法尔·巴赫蒂亚尔《亦思替非考》，载叶奕良编《伊朗学在中国论文集》，北京大学出版社1993年版。

学"级别的专门学校。其中医学设立较早，设置也更广泛。中统三年（1262）太医院使王猷等奏："医学久废，后进无所师受。设或朝廷取要医人，切恐学不经师，深为利害。依旧来体例，就随路名医充教授职事，设立医学，训诲后进医生勾当。"忽必烈准奏，随即派人前往各路建立医学，由地方官府拨给校舍。①蒙古统治者一向重视实用型的技术人才，窝阔台汗时就"罗天下医……立太医院总其政"。一些地方也很早就设有医学教授。②中统三年则是将医学设置普遍推广到各路。太医院下设医学提举司，秩从五品，"掌考较诸路医生课义，试验太医教官，校勘名医撰述文字，辨验药材，训诲太医子弟，领各处医学"③。后来，路以下地方机构也相继设立医学。至元二十二年（1285）定医学教官设置，路置教授一员、州置学正一员、县置学谕一员，基本仿照地方儒学制度，唯教授品级稍低。④可知按规定，医学已设到县一级，与儒学相同，而比蒙古字学普及。程钜夫《雪楼集》卷13《永新州医学祭田记》云："国家仁民爱物，无所不用其极，天下郡县建医学、置官吏，与儒学等。"安熙《默庵集》卷4《医学谕诸生文》也说："至于我朝，上自京师，以至列郡州县，各设师弟子员，比于儒学，此盖列圣之所以惠活元元，泽被四海，于以广博施济众之仁也。"不过医学的学田不很普及，有的学校"师弟子之廪稍无所从出"⑤。除太医院直辖的医学提举司外，一些主要行省也设有医学提举司，主管当地医学教育。

元代医学均建有三皇庙。三皇是中国神话传说中的上古帝王，其名目众说不一。中古时代的人受《尚书》伪孔传序的影响，通常认为三皇是指伏羲、神农和黄帝。唐代始于京师立庙祭祀三皇，到元代，三皇获得了天下"通祀"的地位，并被定为医学的行业神，在各地医学立庙祭祀。就儒家士大夫角度来看，三皇是古代圣人，"非独有功于医也"⑥。之所以被蒙古

---

① 《元典章》卷32《礼部五·学校二·医学·设立医学》。
② 《大都三皇庙碑》，《至正集》卷44；《重修怀州三皇庙记》，《青崖集》卷3；《南京路医学教授李君墓志铭》，《牧庵集》卷29。
③ 《元史》卷88《百官志四》。参见高伟《元代太医院及医官制度》，《兰州大学学报》1994年第1期。
④ 《元典章》卷9《吏部三·官制三·医官·选医学教授》；卷7《吏部一·官制一·职品·内外文武职品》。
⑤ 《吉安路三皇庙田记》，《道园学古录》卷36。
⑥ 《岳州路三皇庙记》，《雪楼集》卷12。

统治者视为"医学之祖",大约是受中医药古籍《神农本草经》《黄帝内经》等书名及有关传说影响。① 忽必烈时期,各地已有不少医学建立三皇庙。成宗元贞元年(1295),"初命郡县通祀三皇,如宣圣释奠礼"。太医院定祭祀礼仪,分别为三皇安排了配享神祇,又以"姓名载于医书"的黄帝臣子俞跗等"十大名医"从祀,"视孔子十哲"。稍后太常寺臣提出反对,认为其制"非礼",但反对意见未获采纳。② 这样天下"通祀"三皇于医学的制度,一直实行到元朝灭亡,并且对以后的民间崇拜习俗产生了一定的影响。③

与其他朝代相比较,元代儒士不受朝廷重视,仕途不畅,改行习医者颇不乏人。如乐安人董起潜,出身于"宦家名族,前代以儒科仕者,不翅百数",适逢"宋亡科废",只好"舍儒而习医"④。而且在一些儒士甚至理学家看来,医是体现儒家伦理的"仁术","儒之道无所不通,医之道一伎尔,而于儒之道为近"⑤,也助长了社会上的习医之风。与此相关,医学的教学和考试,较早形成了一套相当严密的制度。医学与儒学一样,内部也分大、小学,学生必须"坐斋肄业"。若不坐斋,或虽坐斋而"训诲无法,课讲卤莽,虚应故事",教官和提调地方官都要罚俸。教学内容分十三科,后改十科,每科皆有专门的"所治经书篇、卷、方、论条目",定期从中出题考试。⑥ 成绩合格的医学生员,结业后即可获得在社会上的行医资格。欲为官者,还可参加专门的科举考试。其科举三年一试,先在各路举行府试,中试者可充任医学教官,随后在大都举行省试,中试者可充太医。仁宗初年,开设了针对儒士的科举,随即按相关制度对医学科举进行改革,地方考试亦称乡试,中央考试亦称会试。中试者分为三甲,第一甲充太医,第二甲充副提举,第三甲充教授。⑦

---

① 贝琼即认为:"三皇……领之于医,特主神农尝药之一事,理固有未尽者。"《释奠解》,《清江集》卷13。
② 《元史》卷76《祭祀志五·郡县三皇庙》;《增城三皇庙记》,《揭傒斯全集》文集卷5。
③ 参见顾颉刚、杨向奎《三皇考》,《顾颉刚古史论文集》第三册,中华书局1996年版。
④ 《赠董起潜·序》,《吴文正公集》卷15。
⑤ 《体仁堂记》,《云峰集》卷2;《赠医学吴教授序》,《吴文正公集》卷15。
⑥ 《元典章》卷32《礼部五·学校二·医学·医学官罚俸例》《医学科目》。
⑦ 《元典章》卷9《吏部三·官制三·医官·选医学教授》;卷32《礼部五·学校二·医学·试验医人》。

三　阴阳学

阴阳学主要教授以天文学知识和阴阳五行思想为基础的占卜、堪舆、择日之术。这类活动常为反抗、叛乱者所利用，历代统治者一般都对它们在民间的传播加以限制。元朝阴阳学的设立，很大程度上是为了对民间从事阴阳活动的人进行集中管理，同时从中选拔人才为国家服务。其设置起因是忽必烈在位后期的乃颜之乱。乃颜是东北宗王，他发动叛乱据称曾受到一名何姓阴阳家的鼓动。叛乱平定后，至元二十八年（1291）大臣提议："如今那般阴阳理会得人根底，驸马、大王根底不拣谁根底一迷地休交行。汉儿、蛮子田地里有理会得阴阳人的数目，各路里官人每好生的要了，秀才、大夫的体例里，每路分里委付教授好生教者。那里有好本事呵，每年省里呈了交来。这里来试了，理会底呵，司天台里也交道行者，不理会底，交回去。"此议获准。[①] 由此在各路设立阴阳学，后来又推广到府、州，教官有教授、学正、学录。[②] 成宗元贞元年（1295），议定选拔阴阳教授之法，"各路公选老成重厚、术艺精明、为众推服一名，于'三元'经书内出题"考试。所谓"三元"指婚元、宅元、茔元，亦即择日和相地之术，这是民间阴阳活动的基本内容。"三元"考试通过后，由集贤院任用[③]。集贤院是中央管理儒学、道教事务的最高机构，也统管地方的阴阳学事务。至少在一段时间里，行省等较为广泛的地区还设立过阴阳提领、提举等官职。[④]

阴阳学没有配套的庙祀制度，有些地方的阴阳学就与医学一样，以三皇作为行业神。如浙江海宁州的三皇庙，就是由医学正胡某、阴阳学正许某率领当地医户三十家、阴阳户三百家筹资建立的。购田若干亩作为"祭田"，应当也就是医学、阴阳学共有的学田。其《祭田记》还说："我朝言医及阴阳者，乃原其所自，推三皇以为先圣，天下郡邑咸得通祀焉。"又如镇江路阴阳学没有专门的房舍，"附于三皇庙"[⑤]。阴阳学学生的出路，优秀的可经考试到中央司天台工作，或充任阴阳学官。大多数则在社会上以阴阳术谋

---

① 《元典章》卷32《礼部五·学校二·阴阳学·阴阳法师》。
② 《延祐四明志》卷14《学校考下》。
③ 《元典章》卷9《吏部三·官制三·阴阳官·试选阴阳教授》。
④ 《阴阳提举焦君墓志铭》(《桼庵集》卷7)：元朝前期，"擢安西、延安、兴元、凤翔、巩昌等处阴阳都提领。由左山公（商挺）荐、安西王教，提举陕西、四川等处阴阳学。既罢提举，置教授员，敕授安西路阴阳教授"。
⑤ 《海宁州三皇庙祭田记》，《金华集》卷10；《至顺镇江志》卷11《学校》。

生，元人朱思本称："挟斯术艺游于通都大郡，下至闾阎田里，比比皆是也"，说的应当就是这部分人。①

第四节 理学家与教育家：许衡、刘因和吴澄

在元代的思想界、教育界，许衡、刘因和吴澄是影响最大的三位学者。清儒黄百家云："有元之学者，鲁斋（许衡）、静修（刘因）、草庐（吴澄）三人耳。"② 三人当中，许衡、刘因是北方人，吴澄则来自南方。许衡年龄较长，入元时已年过半百；刘因、吴澄年纪较轻，当元朝建立时不过十余岁。刘因短命，忽必烈在位时已卒；吴澄长寿，一直活到元朝末代皇帝元顺帝即位。三人相同之处，都尊奉程朱理学，著书授徒，对理学的传播、发展做出了重要贡献，在理学史和教育史上占有比较突出的地位。因此尽管吴澄的生平跨越了元朝前、后两期，我们还是在这里将他与前期的许衡、刘因一同叙述。至于元代前期理学传播、发展的概况，则一并放在下章"程朱理学统治地位的确立"一节中述及。

一 许衡

许衡（1209—1281）的生平履历，前文已有所述及。他的青少年时代是在金蒙之际的战乱中度过的，没有受过正规教育，只是自学了一些儒家经书和传注。后来接触到南宋传来的程朱理学著作，大为折服，遂尽弃旧日所学，专事程朱，并以之授徒，声名渐著。忽必烈为藩王时，开府汉地，广纳人才，许衡的好友姚枢、窦默较早被忽必烈招入藩邸。在他们推荐下，1254年，46岁的许衡被忽必烈征辟为京兆教授。忽必烈即位后，数次召见许衡，让他参议朝政，至元七年（1270）擢任中书左丞，官居宰辅。在左丞位一年，调任国子祭酒，主持新建立的国子学教学，直至至元十年（1273）辞官返乡。至元十三年到十七年，被召至大都参与历法制定工作，历成，复返乡，不久即去世。成宗大德元年（1297）追谥文正，武宗至大二年（1309）追封魏国公。仁宗皇庆二年（1313），获从祀孔庙。

---

① 《星命者说》，《贞一斋稿》杂著卷1。关于元代阴阳学，详情可参见叶新民《元代阴阳学初探》，载中国蒙古史学会编《蒙古史研究》第六辑，内蒙古大学出版社2000年版。
② 《宋元学案》卷91《静修学案》。

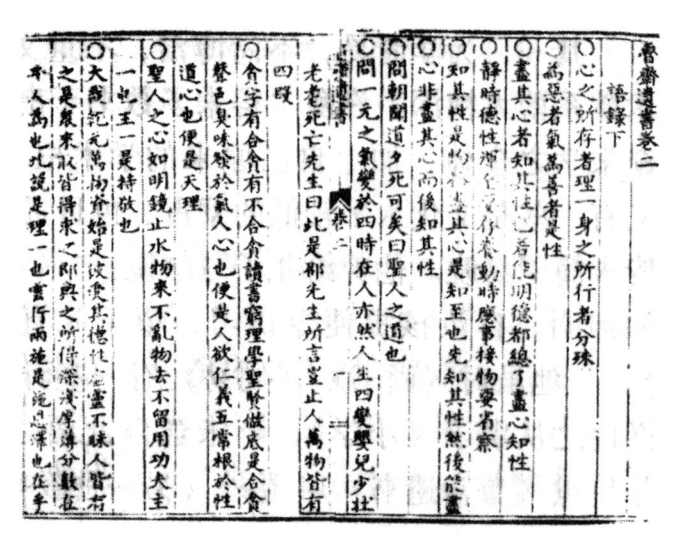

图 2-3-3 《鲁斋遗书》

许衡一生中最重要的活动，就是宣扬和传播程朱理学。"自得伊洛之学，冰释理顺，美如刍豢，尝谓'终夜以思，不知手之舞之、足之蹈之'"，其思想"一以朱子之言为师"①，罕有创新发明。"其为学也，以明体达用为主；其修己也，以存心养性为要；其事君也，以责难陈善为务；其教人也，以洒扫应对进退为始，精义入神为终。虽时尚枘凿，不少变其规矩也。""平生嗜朱子学不啻饥渴，凡指示学者，一以朱子为主。或质以他说，则曰：'贤且专主一家，则心不乱。'"② 具体而言，则有下面两方面的特点。

其一，为学简易，不尚博洽，不重文辞。朱熹著述繁富，学术体系博大精深。许衡"得朱子数书于南北未通之日"③，本未能窥朱学之全体，加上自己原来的学术根基不深，后来教授学生，又有一些是文化水平较低的蒙古、色目贵族子弟，因此述学教人，皆求简明易晓。他曾给儿子写信说："《小学》、'四书'，吾敬信如神明。自汝孩提便令讲习，望于此有成。他书虽不治，无憾也。"他虽对《尚书》《周易》有一些研究，"然每学者请问，则必使之从事于《小学》，卒未尝以此语之也"④。许衡著述不多，除传世

① 《考岁略》，《鲁斋遗书》卷13；《姚氏牧庵语》，《鲁斋遗书》卷14。
② 《许先生神道碑》，《圭斋集》卷9；《考岁略》，《鲁斋遗书》卷13。
③ 《送李扩·序》，《道园学古录》卷5。
④ 《与子师可书》，《鲁斋遗书》卷9；《考岁略》。

《鲁斋遗书》14卷外（另一种版本为《许文正公遗书》12卷），另仅《小学大义》《孟子标题》《读易私言》等数种，以及门人记录的《中庸说》《四箴说》。对于文章修辞，许衡尤以为无益，认为：

> 二程、朱子不说作文，但说明德新民。明明德是学问中大节目，此处明得三纲五常九法，立君臣父子，井然有条，此文之大者。细而至于衣服、饮食、起居、洒扫、应对，亦皆当于文理。今将一世精力专意于文，铺叙转换，极其工巧，则其于所当文者，阙漏多矣。今者能文之士，道尧舜周孔曾孟之言，如出诸其口。由之以责其实，则霄壤矣。①

他平时"颇病文籍之繁"，尝曰："圣人复出，必大芟而治之。"甚至平宋后见到朱熹的全部著作，"亦病其太多"②。

其二，特别崇尚"躬行践履"。朱熹论人格修养，强调"居敬""践履"。许衡对此大加发挥，认为：

> 凡为学之道，必须一言一句自求己事。如《六经》《语》《孟》中我所未能，当勉而行之；我所行不合于《六经》《语》《孟》中，便须改之。先务躬行，非止诵书作文而已。③

因此在国子学教学时，每讲一章必让学生反思："此章书义若推之自身、今日之事，有可用否？"意在"欲其践行而不贵徒说"。后人也推崇他"盖真知实践者也"④。南宋末年理学流弊，往往"身未必行，惟见笔舌华靡"，"徒有终身之议论，竟无一日之躬行"⑤。苏天爵评论说：朱熹死后，"大江之南儒者，讲明其说固不乏人，然而真知实践者亦不多见也"⑥。南宋降臣赵与㦗应征北上，"首言力行致知"，抨击"近世率清旷自高，言行若枘凿不相入，非儒先本旨"，与许衡一拍即合。以致许门弟子认为："伊洛源委，惟赵

---

① 《语录上》，《鲁斋遗书》卷1。
② 《许先生神道碑》；见《考岁略》。
③ 《鲁斋遗书》卷1《语录上》。
④ 耶律有尚：《国学事迹》，《鲁斋遗书》卷13；薛瑄：《薛文清公读书录》，《鲁斋遗书》卷14。
⑤ 《祭添差通判吕寺簿》《余姚县学讲义》，《黄氏日抄》卷95、卷82。
⑥ 《题晦庵先生行状后》，《滋溪文稿》卷28。

公为真似。"① 由此可见许衡对"躬行践履"的崇尚,就当时学术发展而言,有一定的必然性和积极作用。而且许衡论"行",虽以理学"克己""涵养"功夫为主,也间有一些更加务实的内容。例如他曾说:"为学者治生最为先务,苟生理不足,则于为学之道有所妨……治生者,农工商贾而已。士君子多以农务为生,商贾虽为逐末,亦有可为者。果处之不失义理,或以姑济一时,亦无不可。"② 这对理学僵化的义利观,多少也有所突破。

许衡对政治的态度是矛盾的,"君召辄往,进辄思退"③。他早年颇有抱负,"慨然以道为己任"。并对人说:"纲常不可一日而亡于天下,苟在上者无以任之,则在下之任也。"④ 曾作诗赠好友窦默云:"莫厌风沙老不禁,斯民久已渴商霖。愿推往古明伦学,用沃吾君济世心。甫治看将变长治,呻吟亦复化讴吟。千年际会真难得,好要先生着意深。"⑤ 用世之心跃然。但当自己被任命为京兆教授时,出于学者的矜持,却又百般推辞。⑥ 元朝建立后,许衡虽然几度出山,参与了一些制度创建工作,但总的来说对政局日感失望。在给窦默的一封辞荐信中,他悲观地写道:

> 治非一日之为也,其来有素矣。……究而言之,莫非命也。命之所在时也,时之所向势也。势不可为,时不可犯。……或者横加己意,欲先天而开之,拂时而举之,是揠苗也,是代大匠斫也。揠苗则害稼,代匠则伤手。是岂成己成物之道哉?……今先生直欲以助长之力,挤之伤手之地,是果相知者所为耶?⑦

实际上,忽必烈对许衡确实也不甚欣赏。他曾对许衡的学生不忽木说:"曩与许仲平论治,仲平不及汝远甚。先许仲平有隐于朕耶?抑汝之贤过于师耶?"⑧ 欧阳玄虽然吹嘘许衡与忽必烈的"君臣遇合之契",但也不得不承

---

① 《赵公行状》,《清容居士集》卷32。
② 《国学事迹》,《鲁斋遗书》卷13。
③ 《许先生神道碑》,《圭斋集》卷9。
④ 《元史》卷158《许衡传》。
⑤ 《赠窦先生行》,《鲁斋遗书》卷11。此诗写作年代不详,体会其文义,极有可能是作于1249年窦默初次被忽必烈召见之时。
⑥ 参阅《与子声义之》,《鲁斋遗书》卷9。
⑦ 《与窦先生》,《鲁斋遗书》卷9。此信年代亦不详,然首言"老病侵寻",可知写作较晚。
⑧ 《康里公碑》,《松雪斋集》卷7。

认:"方世祖急于亲贤,而先生笃于信已,以是终无枉尺直寻之意。"① 然而失之东隅,收之桑榆。许衡从政失意,倾力教学,却对推动理学传播、树立理学统治地位起到了重大作用。如虞集所云:"使国人(指蒙古人)知有圣贤之学,而朱子之书得行于斯世者,文正(许衡谥号)之功甚大也。"② 也正因如此,许衡的地位随着时间推移逐渐拔高,加官赠爵,从祀孔庙,被誉为元初"命世之大贤",是与"不世之君"忽必烈相配的"不世之臣"③。

许衡在思想领域获得的成功,很大程度上是因为他论学浅显,重视躬行,能够适应汉化粗浅的蒙古统治者的需要。元人对此早有定评。张养浩说:

> 我朝……圣圣相承,前后百有余年,魁人硕士裒然辈出,其传圣人道者,乃惟覃怀许衡氏寥焉一人,何邪?盖尝考夫许氏之学,其所拳拳者《小学》"四书",未尝以博洽称焉,未尝以能文辞称焉,未尝以多才艺称焉。其所守至简,其用力至省,而其究乃杰然复出一世之表,而从祀于圣人。何哉?盖彼所以剧且劳,卒不克蜕凡近者,从事于技也;此所以简且省,顾日跻高明者,从事于心也。心焉者,言行慥慥,不弛于冥,不侈于显,穷达祸福,一无所挠;技焉者,则忘已而役于物,外观若美,中实无所持。故儒有君子、有小人、有为己为人之不同者,此也。大哉我世祖之训士:"不务实学,惟虚文是徇,缓急其可倚?"呜呼,吾元所以享亿万世无疆之休者,其本于斯欤?
>
> 先正许衡在世祖朝,以为博学,则所业者不外《小学》"四书"。以为行不可,则所践履不过人伦日用。以为雄文大笔,则终身未尝略及世儒词章之习。然而所以获从祀圣人者,果何事耶?诸生试以此求之,则于国家立极化民之盛意,庶无负矣!④

但许衡学术的弊病也是明显的,那就是由于缺乏深度和创造性,"所见只具粗迹",尽管"一世靡然而从之",却"数传而易衰"⑤。乃至"功利进

---

① 《许先生神道碑》。
② 《送李扩·序》,《道园学古录》卷5。
③ 《许先生神道碑》。
④ 《棣州重修夫子庙记》《长山县庙学碑阴记》,《归田类稿》卷4。
⑤ 《宋元学案》卷91《静修学案》引黄百家语;卷90《鲁斋学案》引全祖望语。

取之士窃其绪余以干时，乐为简易之说者，而智不足以及其高明，姑窃其名以文其虚诞卤莽，而不可与入圣贤之域"[1]。元后期学者苏天爵《题鲁斋先生遗书后》[2]云：

> 而世不察，皆曰："言语文字末也，此不足治也。"曾不知千载而下，去圣益远，舍此吾何从而求哉？乃曰："吾惟躬行云尔。"呜呼，吾未闻学之不博而有以为致思之地者，吾未闻言之不文而可以传精微于久远者。鲁斋先生非笃学力行君子欤？平生盖未尝为言语文字者。今先生远矣，学者不可得而见矣，幸有遗书六卷者在，犹得见其仿佛焉。不然，百世之下，先生之学何自而见耶？

这篇许衡著作的跋，实际上却是对许衡"学之不博""言之不文"的婉转批评。

二　刘因

刘因（1249—1293），字梦吉，保定容城（今属河北）人。慕诸葛亮"静以修身"语，表其居曰"静修"，故学者称为静修先生。幼聪慧，过目成诵。获读宋朝理学家著述，乃弃训诂之学而事性理。家境贫寒，教授为生。性情狷介，不妄交接，官僚路过保定闻名来谒者，皆避而不见。至元十九年（1282）被荐于朝，授右赞善大夫，为皇太子真金属官，不久以母疾辞归。至元二十八年，元廷复以嘉议大夫、集贤学士来征，称病固辞不出。两年后病卒。有《静修先生文集》传世，并著有《四书集义精要》《小学四书语录》《易系辞说》。仁宗延祐中，追赠翰林学士，封容城郡公，谥文靖。

刘因一生隐居，年仅中寿，但声名甚盛，"元有国以来学者，言处士必宗容城刘静修先生"[3]。由于其教授、传播理学的业绩，在元代北方学者中得与许衡齐名，所谓"覃怀许文正公衡进而师于上，保定刘征君因退而师于下"。"文正公（衡）被遇世祖，征居相位，典教成均，而门人贵游往往仕

---

[1] 《南康路都昌县重修儒学记》，《道园学古录》卷36。
[2] 《滋溪文稿》卷28。
[3] 《安先生祠堂记》，《圭斋集》卷5。

至显官。文靖公（因）既出既归，学者多穷而在下，传其师说，私淑诸人。两公之门虽出处穷达有所不同，其明道术以正人心盖未始不一也。"① 不过另一方面，刘因的治学特征与许衡也有一些差异。

首先，许衡述学一主朱熹，刘因则在理学范围内兼采诸家，自有去取。他曾广泛阅览理学诸儒"周（敦颐）、程（颢、颐）、张（载）、邵（雍）、朱（熹）、吕（祖谦）"的著作，"一见能发其微"，并评论说："邵，至大也；周，至精也；程，至正也；朱子，极其大，尽其精，而贯之以正也"②。可见他的崇朱，具有综合比较、评判的基础。他的学术代表作《四书集义精要》30卷，"简严粹精"，对朱熹《集注》颇有发明。后人评为"芟削浮词，标举要领，使朱子之说不惑于多歧……去取分明，如别白黑。较徒博尊朱之名，不问已定未定之说，片言只字无不奉若球图者，固不同矣"③。就具体学术源流而言，苏天爵总结为"其学本诸周、程，而于邵子观物之说深有契焉"。明儒刘宗周指出"静修颇近乎康节（邵雍）"④。今人周良霄甚至认为："刘因本质上是派生于金代儒学而远承程、邵的理学别派，与许衡恪承朱学一派在许多见解上是不同的。"⑤ 元末人赵访云：

初，国家既收中原，许文正公首得宋大儒子朱子之书而尊信之。及事世祖皇帝，遂以其说教胄子，而后王降德之道复明。容城刘公又得以上求周、邵、程、张所尝论著，始超然有见于义理之当然、发于人心而不容已者。故其辨异端、辟邪说，皆真有所据，而非掇拾于前闻出处。进退之间，高风振于天下，而未尝决意于长往。则得之朱子者深矣。⑥

也就是说，由于刘因能够在朱学的基础上"上求周、邵、程、张"，因此才能"超然有见"，"真有所据"，"得之朱子者深"。这或许是比较客观的看法。袁桷也说："保定刘先生因，笃志独行，取文公书会粹而甄别之，其

---

① 《故平阳路提举学校官陈先生墓碑》，《雪楼集》卷21；《内丘林先生墓碣铭》，《滋溪文稿》卷14。
② 《元史》卷171《刘因传》。
③ 《四库全书总目》卷36《经部四·书类二》。
④ 《静修先生刘公墓表》，《滋溪文稿》卷8；《宋元学案》卷91《静修学案》引全祖望语。
⑤ 周良霄、顾菊英：《元代史》，上海人民出版社1993年版，第720页。
⑥ 《滋溪文稿·序》，《东山存稿》卷2。

文精而深，其识专以正。"① 含义大体相同。虞集则说："予观于国朝混一之初，北方之学者高明坚勇，孰有过于静修者哉？诚使天假之年，逊志以优入，不然使得亲炙朱子，以极其变化充扩之妙，则所以发挥斯文者，当不止是哉！"②

其次，刘因在重视《小学》、"四书"等理学入门之书的同时，也非常强调经书的学习，倡导由博返约。他指出：

> 世人往往以《语》《孟》为问学之始，而不知《语》《孟》，圣贤之成终者，所谓"博学而详说之，将以反说约"者也。圣贤以是为终，学者以是为始，未说圣贤之详，遽说圣贤之约，不亦背驰矣乎！所谓"颜状未离于婴孩，高谈已及于性命"者也。

对汉唐注疏之学，也不像其他理学家那样予以否定，而力主循序渐进，兼容并采：

> 《六经》自火于秦，传注于汉，疏释于唐，议论于宋，日起而日变。学者亦当知其先后，不以彼之言而变吾之良知也。近世学者往往舍传注疏释，便读诸儒之议论，盖不知议论之学自传注疏释出，特更作正大高明之论尔。传注疏释之于经，十得其六七。宋儒用力之勤，铲伪以真，补其三四而备之也。故必先传注而后疏释，疏释而后议论，始终原委，推索究竟，以己意体察为之权衡，折之于天理人情之至。

刘因对史学同样十分重视，主张"'六经'既治，《语》《孟》既精，而后学史"。并且提出"古无经、史之分"，经书实际上就是上古的史书。③ 这些方面，实可纠正许衡后学浅陋之弊。

再次，刘因并不轻视文辞，认为"诗文字画，今所谓艺，亦当致力，所以华国，所以治物，所以饰身，无不在也"。又云："学者苟能取诸家之长，贯而一之，以足乎己，而不蹈袭縻束，时出而时晦，以为有用之文，则可以

---

① 《真定安敬仲墓表》，《清容居士集》卷30。
② 《安敬仲文集·序》，《道园学古录》卷6。
③ 以上并见《叙学》，《刘文靖公文集》卷24。

经纬天地，辉光日月也。"① 他本人在文学上颇有成就，尤擅诗名。《四库全书》编者评价："其文遒健排奡，迥在许衡之上，而醇正乃不减于衡……其诗风格高迈而比兴深微，闯然升作者之堂，讲学诸儒未有能及之者。"② 刘因的私淑弟子安熙曾说："文以载道，辞不胜，不足以言理。"③ 这与许衡的思想显然也有差别。

对于刘因隐居不仕之举，历来评论很多。身后不久，即有国子助教吴明上书，称颂刘因"志趣高尚，有非时辈所敢望……非操守有素，能如是乎！"欧阳玄作画像吹捧他："于裕皇（指真金）之仁，而见不可留之四皓；以世祖之略，而遇不能致之两生。"张养浩挽诗则云："一生怀抱谁能识？他日休猜作逸民。"④ 刘因隐居不仕的"怀抱"究竟何所指？大体言之，是对元朝统治者的"开创规模"失望，观其"不足有为"，"睹时政之谬"，认为"不足为辅"⑤。从而毅然远避尘嚣，以保全自己和"道"的尊严。元人笔记记载：中统元年许衡应召赴都，途中曾与刘因会面。刘因问："公一聘而起，毋乃太速乎？"许衡回答："不如此则道不行。"后来刘因一再拒聘，就此向人解释说："不如此则道不尊。"⑥ 这段故事不尽真实，因为许衡年长刘因40岁，中统元年刘因年龄不过十几岁，二人不可能有上述对话。但它却反映了元人对许衡、刘因出处行藏不同选择的理解，也基本上可以解释刘因隐居不仕的思想动机。刘因文集中有一篇《退斋记》（《刘文靖公集》卷18），作于至元十三年（1276），尖锐地批评了一种只顾个人利益、进退无常的无原则行为。略云：

> 老氏其知道之体乎？道之体本静，出物而不出于物，制物而不为物所制，以一制万，变而不变者也。……彼老氏则实见夫此者，吾亦有取于老氏之见夫此也。虽然，惟其窃是以济其术而自利，则有以害夫吾之义也。……知洼必盈，于是乎洼。知弊必新，于是乎弊。知少必得，于是乎少。知朴素之可以文，于是乎为朴素。知溪谷之可以受，于是乎为

---

① 以上并见《叙学》，《刘文靖公文集》卷24。
② 《四库全书总目》卷166《集部·别集类一九》。
③ 《真定安敬仲墓表》，《清容居士集》卷30。
④ 《元朝名臣事略》卷15《静修刘先生》；《挽刘梦吉先生》，《归田类稿》卷17。
⑤ 《宋元学案》卷91《静修学案》引全祖望语。
⑥ 《南村辍耕录》卷2《征聘》。

溪谷。知瞰之势必污，盈之势必溢，锐之势必折，于是乎为婴儿，为处子，为昏闷晦寂。……置己于可以先、可以后、可以上、可以下、可以进退、可以左右之地，方始而逆其终，未入而图其出，据会而要其归，阅衅而收其利，而又使人不见其迹焉。……呜呼！挟是术以往，则莫不以一身之利害而节量天下之休戚，其终必至于误国而害民，然而特立于万物之表而不受其责焉。而彼方以孔孟之时义、程朱之名理自居不疑，而人亦莫知夺之也。

通常认为，这段文字影射的对象正是许衡。全祖望分析其含义说："由文靖之言观之，则知苟非行道之时，必不当出，亦不当择地而居之。盖立人之朝，即当行道，不仅以明道止。不能行道而思明道，不如居田间而明道之为愈也。斯其文靖之意，非后世之论也。然则文靖高矣。"① 全氏的分析是有道理的。既然认清形势不容"行道"，那就选择"居田间以明道"，这就是刘因隐居不仕的原因。当然刘因本人在至元十九年（1282）也一度错误估计形势，短暂出仕，但迅即悔悟："出处今误我，惜哉不早还！"②

三 吴澄

吴澄（1249—1333），字幼清，晚年改字伯清，抚州崇仁（今属江西）人，学者称草庐先生。南宋末年中科举乡贡，会试落第，授徒乡里。入元后继续隐居，虽两度应召北上，而未任官职。武宗至大元年（1308）60岁时，始应聘为国子监丞。后升国子司业，议教学与同僚意见不合，辞职返家。英宗至治三年（1323）召拜翰林学士，泰定帝开经筵，充经筵讲官，泰定二年（1325）辞官归。顺帝元统元年去世。追封临川郡公，谥文正。吴澄一生著述、讲学不辍，"出登朝署，退归于家，与郡邑之所经由，士大夫皆迎请执业。而四方之士不惮数千里，蹑屩负笈来学山中者，常不下千数百人"③。揭傒斯奉诏为其作神道碑，首称："皇元受命，天降真儒，北有许衡，南有吴澄，所以恢宏治道，润色鸿业，有以知斯文未丧、景运方兴也。"并比较二人不同说：许衡"居王畿之内，一时用事皆金遗老，得早以圣贤之学佐圣天

---

① 《宋元学案》卷91《静修学案》引全祖望语。
② 《四皓二首》，《刘文靖公文集》卷2。
③ 《元史》卷171《吴澄传》。

子开万世无穷之基，故其用也弘"；吴澄"僻在江南……虽事上之日晚，而得以圣贤之学为四方学者之依归，为圣天子致明道敷教之实，故其及也深"①。这代表了元朝官方对吴澄的评价，也反映出吴澄在有元一代思想学术界的崇高地位。

吴澄早年入抚州临汝书院学习，书院山长、徽州人程若庸是朱熹再传弟子饶鲁（号双峰）的门人，故吴澄在学术源流上可以算作朱熹的四传弟子。但他又曾师从于广信人程绍开，程绍开主张"合朱、陆两家之说"，被认为是"本为陆学而和合朱学者"②，因此吴澄与陆九渊也有一定的承继关系。吴澄少有大志，19岁即著文讨论"道统"。他借用《周易》中的"元、亨、利、贞"概念将道统分为上古、中古、近古三大时期，每时期同样分为元、亨、利、贞四阶段。其论近古道统云："近古之统，周子（敦颐）其元，程（颢、颐）、张（载）其亨也，朱子（熹）其利也，孰为今日之贞乎？未之有也。然则可以终无所归哉！"在与友人的信中也说："天生豪杰之士不数也……以绍朱子之统自任者，果有其人乎？"隐然以道统的继承者自居。又曾用诸葛亮的典故，自作楹联"抱膝《梁父吟》，浩歌《出师表》"，友人程钜夫因而题其居曰"草庐"，遂有草庐先生的别号。③值南宋灭亡，遂弃去事功之想，专意治学。至元二十三年（1286）程钜夫奉诏求贤江南，吴澄也被征至大都，以母老为由，拒不任职，翩然南归。途中作绝句25首，寄赠赵孟𫖯等仕元南士。其中有云：

    子房为韩心，孔明兴汉事。三代以后人，卓伟表万世。
    扬雄莽大夫，陶潜晋处士。男儿百岁中，盖棺事乃已。
    元后宅土中，神皇主天下。书传三千年，未有如此者。
    风前白浪恶，雨后黄流浑。公无渡河去，天未丧斯文！④

面对"书传三千年，未有如此者"的重大历史变局，吴澄仍然坚信"天未丧斯文"。不过，他不仅无法实现"子房为韩心，孔明兴汉事"，连

---

① 《吴公神道碑》，《吴文正公集》卷首。
② 《宋元学案》卷84《存斋晦静息庵学案》。
③ 《临川先生吴公行状》，《道园学古录》卷44。
④ 《感兴诗二十五首至元丁亥自京师回舟中寄子昂及在朝诸公》，《吴文正公集》卷45。

"陶潜晋处士"也未能效法,在"盖棺事乃已"之前,终于出仕。① 就"明道"的信念而言,比不上刘因坚决。钱穆评价"静修风节峻邈,似非草庐所及",但也指出吴澄尽管"屈仕",对元朝"意终不属","其与鲁斋(许衡)出处终是异趋"。劳延煊则说吴澄对元廷的态度是"若即若离"②。

吴澄的治学旨趣,与和他同岁的刘因较为近似。苏天爵为刘因所撰墓表称:"吴公(澄)于海内诸儒慎所许可,独知尊敬先生(刘因),岂其问学出处道同而志合欤?"③ 钱穆也指出:吴澄、刘因"论学要旨时有相合"④。在思想兼采宋儒、重视经书、不轻文辞等方面,二人的确颇为接近。但吴澄比刘因晚卒40年,早年学术基础和所处学术环境都明显优于刘因,故而学术成就又远在刘因之上。刘因基本没留下什么经学研究著作,吴澄治经学,则著述等身,成绩斐然。早年即对《周易》《诗经》《尚书》《春秋》《仪礼》《礼记》《大戴礼记》一一校定,元廷遣人誊写,用为国子学教材。武宗时,吴澄亲入国学执教,"旦秉烛堂上,诸生以次授业,昼退堂后寓舍,则执经者随而请问……因其才质之高下、闻见之浅深,而开导诱掖之,使其刻意研究,以究乎精微之蕴,反身克治,以践乎进修之实"⑤,一时大大提高了国子学的教学水平。晚年博采群书,撰成《五经纂言》,包括《易纂言》12卷、《易纂言外翼》8卷、《书纂言》4卷、《春秋纂言》12卷、《礼记纂言》36卷,又有《仪礼逸经传》2卷、《三礼考注》64卷。宋儒自朱熹之后,下功夫钻研经书的人很少。吴澄则能"研磨六经,疏涤百氏,纲明目张,如禹之治水","其于群经,悉厘正其错简,折衷其疑义,以发前儒所未发而集其成"⑥。被评为"有功经术,接武建阳(指朱熹)"⑦。特别是对《仪礼》的整理,编次篇章,厘定传注,完成了朱

---

① 吴澄曾作有《题宋列圣御容》(《吴文正公集》卷31),自称"遗民之子"。晚年又有诗云:"人海茫茫名利场,盛年快意一观光。顾予白发归来晚,羞过渊明五柳庄"(《予有集贤之命与修撰虞伯生俱乘驿而北于彭泽解后曹成之训导将观光上国为赋此》,《吴文正公集》卷45),对出仕亦有悔意。
② 钱穆:《吴草庐学述》,载氏著《中国学术思想史论丛(六)》,台北东大图书有限公司1978年版。劳延煊:《元初南方知识分子——诗中所反映出的片面》,《香港中文大学中国文化研究所学报》10卷上(1979年)。劳文对吴澄的政治态度有非常全面和透彻的分析。
③ 《静修先生刘公墓表》,《滋溪文稿》卷8。
④ 钱穆:《吴草庐学述》。
⑤ 《临川先生吴公行状》,《道园学古录》卷44。
⑥ 《吴公神道碑》,《吴文正公集》卷首;《赠陈伯柔·序》,《王忠文公集》卷5。
⑦ 《宋元学案》卷92《草庐学案》引黄百家语。

熹的未竟之业，在经学史上贡献很大。对《尚书》的研究，专取今文而不及古文，推动了《古文尚书》辨伪工作的发展。吴澄对经书以外的古籍，也多有研究。他曾说：

> 通天地人曰儒。一物不知，一事不能，耻也。洞观时变，不可无诸史；广求名理，不可无诸子；游戏词林，不可无诸集；旁通多知，亦不可无诸杂记录也。①

因此又曾校定《老子》《庄子》《太玄》以及郭璞《葬书》、邵雍《皇极经世书》等古籍。后人评价他"上焉天文，下焉地理，与夫九经之微辞奥义，以至诸子百家之言，罔不研究，真知实践，而各臻其极"②。

与刘因的理学博采诸家相比，吴澄"博采"倾向更为突出，一个重要表现就是力图调和朱、陆，取陆学以补朱学。他自己同朱熹一样博览群书，但对朱学后裔沉溺于言语训释、泛滥不得要领深表忧虑，因而对陆九渊的"尊德性""发明本心"之说非常推崇。虞集《吴澄行状》记载他的观点说："先生尝为学者言，朱子道问学工夫多，陆子静却以尊德性为主。问学不本于德性，则其弊偏于言语训释之末，果如陆子静所言矣。今学者当以尊德性为本，庶几得之。"《吴文正公集》卷10《象山先生语录·序》：

> 呜呼！道在天地间，今古如一，人人同得，智愚贤不肖无丰啬焉。能反之于身，则知天之所以与我者，我固有之，不待外求也，扩而充之，不行增益也。先生之教人盖以是，岂不至简、至易而切实哉！不求诸我之身，而求诸人之言，此先生之所深闵也。

由于类似言论，吴澄受到一些正统朱学学者的批评。在国子学即被斥为"陆学，非许氏（衡）尊信朱子之义"，因而辞职。③但实际上，说吴澄属

---

① 《题杨氏忠雅堂记后》，《吴文正公集》卷29。
② 韩阳：《吴文公集·序》，见四库全书本《吴文正公集》附录。
③ 虞集：《临川先生吴公行状》。实际上，吴澄被排挤出国子学，是因为他的教学难度较大，并且另提出一套与原有教法不合的教学计划。就国学教育而言，毋宁说许衡以来简易浅显的教学方法，倒更与陆学接近一些。所以虞集《行状》记述吴澄被扣上"陆学"帽子一事，嘲讽地说："然为之辞耳，初亦莫知朱、陆之为何如也。"

于陆学，是冤枉的。在吴澄看来，"心学"并非陆九渊的发明，而是古已有之的儒学精髓。"孔子教人，非不言心也，一时学者未可与言，而言有所未及尔。孟子传孔子之道，而患学者之失其本心也，于是始明指本心以教人……此陆子之学所从出也……以心而学，非特陆子为然。尧、舜、禹、汤、文、武、周、孔、颜、曾、思、孟，以逮邵、周、张、程诸子，盖莫不然。故独指陆子之学为本心之学者，非知圣人之道者也。"① 他曾经自称："澄也钻研于文义，毫分缕析……堕此窠臼之中垂四十年，而始觉其非。"赵汸说："临川吴公当弱冠时，即以斯道自任，据经析理，穷深极微，莫之能尚也。及乎壮岁，犹幡然以为非是。"② 可见吴澄倡言"尊德性"，是因为他已经有了"道问学"的深厚基础，要用"尊德性"来统领约束，纠偏补弊，并非不要"道问学"而直接"尊德性"。他理想中的修养方法，是兼取朱、陆之长，"内外合一"。对于朱、陆两派学者自立门墙，互相攻讦，尤不以为然。《吴文正公集》卷2《评郑夹漈〈通志〉答刘教谕》：

盖闻见虽得于外，而所闻所见之理则具于心。故外之物格，则内之知致，此儒者内外合一之学。固非如记诵之徒博览于外，而无得于内；亦非如释氏之徒专本于内，而无事于外也。今立真知、多知之目，而外闻见之知于德性之知，是欲矫记诵者务外之失，而不自知其流入于异端也。圣门一则曰多学，二则曰多学，鄙孤陋寡闻，而贤以多问寡，曷尝不欲多知哉？

同书卷15《送陈洪范·序》：

夫朱子之教人也，必先之读书讲学；陆子之教人也，必使之真知实践。读书讲学者，固以为真知实践之地；真知实践者，亦必自读书讲学而入。二师之为教，一也。而二家庸劣之门人，各立标榜，互相诋訾，

---

① 《仙城本心楼记》，《吴文正公集》卷26。在另一篇文章中他又强调，心学在北宋的周敦颐、二程处已具雏形，"心学之妙，自周子程子发其秘，学者始有所悟，以致其存своего之功。周子云'无欲故静'，程子云'有主则虚'，此二言者，万世心学之纲要也"。见《静虚精舍记》，《吴文正公集》卷24。

② 《尊德性道问学斋记》，《吴文正公集》卷22；《邵庵先生虞公行状》，《东山存稿》卷6。

至于今，学者犹惑。呜呼！甚矣，道之无传，而人之易惑难晓也。

总体而言，仍如全祖望所说："草庐之著书，则终近乎朱。"钱穆也评论吴澄"毕生为学，依然是朱子精神……贬朱学末流之失，而卒亦不归于陆学"①。

---

① 《宋元学案》卷92《草庐学案》；钱穆：《吴草庐学述》。

第四章　丰富多彩的文学艺术

第一节　南北文坛

元朝前期，南北由分裂重归一统。但就传统文学——诗文创作领域而言，南北文坛仍然在一段时间内保留着各自的发展趋势和风格特色，尚未完全融合。钱基博评论说："元能兼并金宋之土地，而未统一南北之文学。北方文学衍金之元好问一派，文宗韩（愈）以矫苏（轼），诗反黄（庭坚）以为唐……南士则承南宋，文格不变而诗格变，以唐矫宋，以晋参唐，意趣冲旷，语参游仙，一祛西江（指江西诗派）粗犷之弊，而趋于和雅。"[1] 大抵金朝和南宋的文坛，在创作风格上起初都继承北宋传统，尤其受到苏轼、黄庭坚的影响。此后各自发展、扬弃，从不同途径走向"宗唐得古"的复古之风，又为以后的统一和融合奠定了基础。

这一时期的北方作家，诗以刘因、刘秉忠、卢挚成绩较大，文以姚燧、元明善最为知名。

刘因在历史上首先是一位理学大儒，生平已见前述。与许多理学家不同，刘因不仅不轻视文学，而且相当擅长诗文创作。综合现存《静修先生文集》的各种不同版本，刘因诗作存世者在千首上下，这个数字在元代诗人当中是比较可观的。[2] 就质量而言，其作品在元代前期北方诗坛上也占有首屈一指的地位。现存两种重要的元人选元诗，傅习、孙存吾编《皇元风雅》和蒋易编《国朝风雅》，均以刘因的诗作开篇。刘因曾在诗中自负地总结自己的文学成就："远攀鲍谢驾，径入曹刘乡。诗探苏李髓，赋熏班马香。衙官

---

[1] 钱基博：《中国文学史》中册，中华书局1993年版，第757页。
[2] 参见杨镰《元诗史》，人民文学出版社2003年版，第277—283页。

宾屈宋，伯仲齿卢王。斯文元李徒，我当拜其旁。呼我刘昌谷（昌谷即唐朝著名诗人李贺），许我参翱翔。"又云："作诗者不能三百篇，则曹、刘、陶、谢，不能曹、刘、陶、谢，则李、杜、韩，不能李、杜、韩，则欧、苏、黄。"① 可见他在文学创作上有比较明显的复古和尊唐倾向，与金代诗坛宗苏、黄的风格已有差别。时人李谦则评价说："君之辞章，闲婉冲淡，清壮顿挫，理融而旨远，备作者之体，自当传之不朽。"② 作为一个思想家，刘因的诗作经常体现出对历史和人生的深沉思考，眼界开阔，富于沧桑之感。如七绝《宋理宗南楼风月横披二首》：

试听阴山敕勒歌，朔风悲壮动山河。南楼风月无多景，缓步微吟奈尔何？

物理兴衰不可常，每从气韵见文章。谁知万古中天月，只办南楼一夜凉。③

又如五古《经古城》，在感怀历史后这样收尾："薪人过我旁，一笑如相怜。指城前问予，考古今几年？沉思未能答，行歌入苍烟。"意境深远，颇有韵味。他在创作后期写了不少和陶诗，则又展现出恬淡的隐逸情怀。与诗相比，刘因作词不多，但也颇受好评，甚至被比拟为元代的苏轼。④

与"隐士诗人"刘因身份不同，刘秉忠和卢挚均在元朝前期仕至高位。刘秉忠（1216—1274），初名侃，字仲晦，号藏春散人，邢州（今属河北）人。一度出家为僧，法名子聪。博学多才艺，"于书无所不读……论天下事如指诸掌"，深受忽必烈信任，"参帷幄之密谋，定社稷之大计"，成为元初"成一代之宪"的开国元勋，官至太保、参领中书省事。"大元"国号，也是他制定的。另一方面，他长期"野服散号"，颇有出世倾向，"虽位极人臣，而斋居蔬食，终日澹然，不异平昔"，是一位神龙见首不见尾的神秘人物。又有诗名，"每以吟咏自适，其诗萧散闲淡，

---

① 《呈保定诸公》，《刘文靖公文集》卷1；《叙学》，《刘文靖公文集》卷24。
② 李谦：《静修集·序》，载《容城三贤集》本《静修集》附录。此处转引自商聚德《刘因评传》，南京大学出版社1996年版，第285页。
③ 《刘文靖公文集》卷13。
④ 词评家况周颐云："余遍阅元人词，最服膺刘文靖，以谓元之苏文忠可也……寓骚雅于冲夷，足浓郁于平淡，读之如饮醇醪，如鉴古锦，涵泳而玩索之，于性灵怀抱胥有裨益。"见氏著《蕙风词话》卷3第39节，人民文学出版社校订本。

类其为人"①。传世《藏春集》6卷，其中有诗四卷，词、曲一卷。另外《永乐大典》残卷中还保留了他的一些佚诗。②秉忠生逢乱世，在忽必烈幕府中随从征战，"鞍马几年南北路，关河千古短长亭"，"漠北云南空浪走，今春又负杏花天"③。但他的诗作却少见杀伐之音，而显得疏朗洒脱。"尺蠖微虫解屈伸，人生何用两眉颦"，"有所不行须自反，争如桃李待春风"④。这样的诗句平易自然，又隐含政治智慧。卢挚（约1242—1314），字处道，号疏斋，涿州人。仕世祖、成宗两朝，曾任廉访使、路总管、翰林学士承旨等要职。工文学，广交游，任官所至，与南北文人建立了广泛的联系。有《疏斋集》，已佚，今人辑得少量作品，厘为4卷。⑤卢挚的诗风以清丽自然见长。苏天爵云："我国家平定中国，士踵金、宋余习，文辞率粗豪衰苶，涿郡卢公始以清新飘逸为之倡。"⑥吴澄表扬卢挚"所作古诗，类皆魏晋清言"。程钜夫则说："疏翁意尚清拔，深造绝诣，荦荦不羁，故其匠旨辑辞，往往隔千载与古人相见。"⑦可见时人对卢挚作品的评价，也比较强调其复古的一面。刘秉忠、卢挚都有散曲传世，卢挚尤以散曲知名，后文另述。

姚燧、元明善是元朝前期北方的文章名家。姚燧（1238—1313），字端甫，号牧庵，祖籍营州柳城（今辽宁朝阳），出生于洛阳。他是元初名臣姚枢之侄，又从学于许衡，历任学校、监察等职务，武宗时官至翰林学士承旨。著有《牧庵文集》50卷，已佚，清修《四库全书》时从《永乐大典》中辑出《牧庵集》36卷。《元史·姚燧传》先赞扬他的学术"有得于许衡，由穷理致知，反躬实践，为世名儒"，又称颂他的文章"闳肆该洽，豪而不宕，刚而不厉，春容盛大有西汉风，宋末弊习为之一变。盖自延祐以前，文章大匠，莫能先之"。实际上，姚燧虽是许衡的学生，却无理学著作传世，在当时也基本未以理学见称，"文章大匠"才是他的主要身份。其文雄浑刚健，蔚有古风，在当时的文坛上独树一帜。柳贯云："公（姚

---

① 《元史》卷157《刘秉忠传》。徒单公履《刘秉忠墓志》说他"词章乐府，又皆脍炙人口"。见《藏春集》卷6，《四库全书》本。
② 参见杨镰《元诗史》，第257页。
③ 《江上寄别》，《藏春集》卷1；《寄友人四首》，《藏春集》卷2。
④ 《醒来》，《藏春集》卷1；《寄冯世昌三首》，《藏春集》卷2。
⑤ 李修生：《卢疏斋集辑存》，北京师范大学出版社1984年版。
⑥ 《书吴子高诗稿后》，《滋溪文稿》卷29。
⑦ 《盛子渊撷稿·序》，《吴文正公集》卷13；《卢疏斋江东稿·引》，《雪楼集》卷14。

燧）之文章，蔚为宗匠。典册之雅奥，诏令之深醇，固已抉去浮靡，一返古辙；而铭志箴颂之雄伟光洁，凡镂金刻石、昭德丽功者，又将等先秦两汉而上之，以闯夫作者之域。"张养浩说："盖常人之文多剽陈袭故，窘趣弗克振拔。惟公才驱气驾，纵横开阖，纪律惟意其大略，如古劲将率市人战，彼虽素不我习，一号令之，则鼓行六合，所向风从，无敌不北。虽路绝海岳，亦莫不迎锐而开，犹度平衍。视彼选兵而阵，择地而途，才一再敌辄衰焉且老者，相万矣。"① 姚燧的作品既以拟古、求变为基本风格，用典深奥，行文奇崛，往往流于艰险晦涩，以致"岂惟知之，读而能句、句而能得其意者，犹寡"②。为其文集作序的吴善，也委婉地说："公之文雄深雅赡，世罕有知焉。譬之太羹、玄酒，食而无味，然足以飨天。"③ 近人钱基博则不客气地批评他"有意立异，以为学韩（愈），不惮支离其辞，增减其字……以皇甫（湜）矜气夸调之生吞，兼有宋祁增字改语之活剥，刺口棘舌，风斯为下"④。不过尽管如此，姚燧在元朝后期仍然受到极大推崇。苏天爵编选《国朝文类》，姚燧入选文章之多，居于首位。吴善、张养浩所作《牧庵集·序》，都一致肯定"即我朝国初，最号多贤，而文章众称一代之宗工者，惟牧庵姚公一人耳"；"皇元宅天下百许年，倡明古文，才牧庵姚公一人而已"。

元明善（1269—1322），字复初，清河（今属河北）人。早年游学南方，曾从吴澄问学，英宗时官至翰林学士。有《清河集》，已佚，仅存辑本7卷（《藕香零拾》本）。元明善年辈较晚，生平跨越了元朝前、后两期，但元人著述一般将他与前期的姚燧并称。马祖常说："皇元隆平，宣布文化，姚燧、元明善裦然在廷，以文致位光显。""倡古学于当世，为一代之文宗者，柳城姚燧暨公（元明善）而已。"苏天爵则称："国家既一四海，文治日兴，柳城姚公、清河元公相继以古文倡，海内之士盖有闻风而作兴者。"⑤ 元人以元明善与姚燧相提并论，很大程度上是因为二人文风相近，视元明善为姚燧的继承人。据张养浩记载，仁宗即位之初，姚、元二人同在翰林国史

---

① 《谥议·姚燧谥文》，《待制集》卷8；《牧庵集·序》，《牧庵集》卷首。
② 《送畅纯甫·序》，《牧庵集》卷4。张养浩、苏天爵都不约而同地提到姚燧之文"读者或不能句"的特点，见《牧庵集·序》，《牧庵集》卷首；《谢公神道碑铭》，《滋溪文稿》卷13。
③ 《牧庵集·序》，《牧庵集》卷首。
④ 钱基博：《中国文学史》中册，第764—765页。
⑤ 《周刚善文集·序》《元明善神道碑》，《石田集》卷9、卷11；《书林彦栗文稿后》，《滋溪文稿》卷28。

院修《实录》,姚燧时任翰林学士承旨,为长官。明善"所述者,姚公略为窜易,他人则所留无几"。又记载姚燧的谈话称:"文有题者,吾能为之;无题者,复初亦能为。"因此总结说:"天开皇元,由无科举,士多专心古文,而牧庵姚公倡之,骎骎乎与韩柳抗衡矣。其踵牧庵而奋者,惟君一人。"① 史称元明善的文章"出入秦、汉间,晚益精诣",追求"若雷霆之震惊、鬼神之灵变"的境界。张养浩评论其文"凡有所著,若不经人道,然字字皆有根据。数组而戈矛森,乐悬而金石具,山拔而形势峭,斗揭而光芒寒"②。这的确与姚燧风格相似。可见姚、元二人并称,是有理由的。

除上述诸人之外,元代前期较有影响的北方诗文作家,还有王恽、胡祗遹、阎复、刘敏中、张养浩等。

在元朝前期的南方文坛,论及内容充实、深邃和具有时代风格,则应当首推南宋遗民文学。清初钱谦益概括说:

> 孟子曰:"诗亡然后《春秋》作。"《春秋》未作以前之诗,皆国史也。……驯至于少陵(即杜甫),而诗中之史大备,天下称之曰"诗史"。唐之诗入宋而衰,宋之亡也,其诗称盛。皋羽之恸西台,玉泉之悲竺国,水云之茗歌,《谷音》之越吟,如穷冬沍寒,风高气栗,悲噫怒号,万籁杂作。古今之诗莫变于此时,亦莫盛于此时。至今新史盛行,空坑、崖山之故事,与遗民旧老,灰飞烟灭。考诸当日之诗,则其人犹存,其事犹在,残篇啮翰,与金匮石室之书并悬日月。谓诗之不足以续史也,不亦诬乎?③

钱氏所言虽限于诗,但实可涵盖包括词、文在内的南宋遗民文学特征。

所谓遗民,本指身处易代之际、忠于旧朝、抗节不仕新朝的士人。而宋元鼎革与普通的改朝换代又有重大的不同。蒙古起自朔漠,一统天下,汉族王朝的血脉完全断绝,江南地区首次沦入北方游牧民族统治之下,沧桑巨变,自古所未有。与前代遗民相比,南宋遗民除了普通的故主之思外,更增添了坚贞的民族正气和炽热的爱国激情。较之前代遗民文学(包括金遗民文

---

① 《元公神道碑铭》,《归田类稿》卷10。
② 《元史》卷181《元明善传》;《元公神道碑铭》。
③ 《胡致果诗·序》,《牧斋有学集》卷18,上海古籍出版社点校本。

学),南宋遗民文学不仅哀痛情绪更加深切,而且具有一种激昂慷慨的"孤忠""大节"心声。南宋末年的卑弱萎靡、雕镂藻饰文风,在遗民中扫除殆尽。遗民方凤说:

> 今夫水,虽万折必东焉。鸟兽大者丧其群,过乡翔回焉,鸣号踯躅焉,小者至于燕雀,犹有啁噍之顷焉,由人心生也。使遭变而不悲《黍离》,居嫠而不念仪髦,望白云而不思亲,过州西门、闻山阳笛而不怀故,是无人心也,而尚复有诗哉?①

国破家亡、陵谷变迁的经历,使他们超越了嘲风弄月、无病呻吟的个人情感体验,开始用文笔抒发家国之痛,反思历史,表彰气节,贬抑势利,为宋代文坛谱写了一曲悲壮的尾声。

南宋遗民文学的成就以诗最盛。代表人物有谢枋得、郑思肖、谢翱、林景熙、汪元量等。

谢枋得(1226—1289),字君直,号叠山,信州弋阳(今属江西)人。宋理宗宝祐四年(1256)进士,宋末官至江西招谕使、知信州。抗战失败,家人多死难,枋得藏匿山谷,后卖卜谋生。至元二十三年(1286),南宋降臣程钜夫奉诏求贤江南,枋得名在荐中,坚辞不赴。二十五年,他又受到另一名降臣留梦炎的推荐,仍作书力拒,词旨激烈。福建行省参政魏天佑将他拘禁起来,强行押解北上。枋得宁死不屈,以绝食明志,次年卒于大都。当时元朝在江南的统治已经趋于稳定,不少南方士人屈从于元廷的威逼利诱,出山任职,谢枋得却不为所动,尝借梅自喻云"岁寒心肠如铁石,不与万物同摧残"②,节操耿耿,誓死殉国。其诗虽不工修饰,而正气磅礴,大义凛然。

郑思肖(1239—1316),字忆翁,号所南,福州连江(今属福建)人,宋末太学生。宋亡,流寓苏州佛寺,终身不娶,坐卧不向北。其名、字、号皆宋亡后新取,隐含故国之思。以画知名,尝自题所画菊:"宁可枝头抱香死,何曾吹落北风中!"③他曾将一些言辞激烈的反元怀宋诗文,编为《心

---

① 《仇仁父诗·序》,载方勇辑校《方凤集》,浙江古籍出版社1993年版,第64页。
② 《赠画梅吴雪坞》,《叠山集》卷5。
③ 《寒菊》,载陈福康辑校《郑思肖集》,上海古籍出版社1991年版,第290页。

史》，藏于苏州承天寺井中，直到明末才被人发现，流布于世。

谢翱（1249—1295），字皋羽，号晞发子，福州长溪（今福建霞浦）人，宋末举进士不第。文天祥起兵勤王，谢翱倾家资率乡兵参加，事败，流匿民间。文天祥就义于大都，谢翱与友人在富春江畔的西台吊祭，作《登西台恸哭记》述其事。《晞发集》卷7《哭所知》也是哀悼文天祥的作品：

  总戎临百粤，花鸟瘴江村。落日失沧海，塞风上蓟门。
  雨青余化血，林黑见归魂。欲哭山阳笛，邻人亦不存。

谢翱的不少诗作借用传统意象表达故国之思，悲凉哀婉，意境深远，达到很高的艺术水平。如《晞发集》卷6《效孟郊体七首》之四：

  落叶昔日雨，地上仅可数。
  今雨落叶处，可数还在树。
  不愁绕树飞，愁有空枝垂。
  天涯风雨心，杂佩光陆离。
  感此毕宇宙，涕零无所之。
  寒花飘夕晖，美人啼秋衣。
  不染根与发，良药空尔为！

由于谢翱在遗民中素有诗名，至元二十三年（1286）他受浦江人吴渭的聘请，与另两位遗民诗人方凤、吴思齐共同主办诗社"月泉吟社"，以"春日田园杂兴"为题，发起一次大规模的征诗活动，从江南各地征得诗作2735首，从中评出优秀作品280首，排定名次，各赠奖品。当时"南宋遗民故老，相与唱叹于荒江寂寞之滨，流风余韵，久而弗替，遂成风会"①，这次征诗活动就是一次遗民诗歌的大规模唱和。全祖望评价说："月泉吟社诸公，以东篱北窗之风抗节季宋，一时相与抚荣木而观流泉者，大率皆义熙人相尔汝，可谓壮哉！"②

林景熙（1242—1310），字德旸，号霁山，温州平阳（今属浙江）人。

---

① 《廿二史札记》卷30《元季风雅相尚》。
② 《跋月泉吟社后》，《鲒埼亭集》外编卷34。

宋末太学生，曾任泉州教授，宋亡不仕。至元二十一（1284）至二十二年，元江南释教总摄杨琏真加发掘会稽（今浙江绍兴）南宋诸帝后陵，以厌胜之术弹压江南反元斗争，并劫掠陵中珍宝。[①] 景熙与唐珏、王英孙、郑朴翁等人秘密收拾陵中遗骨，瘗葬于兰亭山南，并在坟上栽植冬青树作为标志。一时遗民诗文中提到冬青树，均以暗喻故国之思。如景熙《霁山集》卷2《酬谢皋父（翱）见寄》云：

　　入山采芝薇，豺虎据我丘，入海寻蓬莱，鲸鲵掀我舟。山海两有碍，独立凝远愁。美人渺天西，瑶音寄青羽。自言招客星，寒川钓烟雨。风雅一手提，学子屦满户。行行古台上，仰天哭所思。余哀散林木，此意谁能知？夜梦绕句越，落日冬青枝。

景熙论诗，慕杜甫、陆游，盖因爱国精神相激荡，引为同调。《霁山集》卷3《题陆放翁诗卷后》：

　　天宝诗人诗有史，杜鹃再拜泪如水。
　　龟堂一老旗鼓雄，劲气往往摩其垒。
　　轻裘骏马成都花，冰瓯雪碗建溪茶。
　　承平麾节半海寓，归来镜曲盟鸥沙。
　　诗墨淋漓不负酒，但恨未饮月氏首。
　　床头孤剑空有声，坐看中原落人手。
　　青山一发愁濛濛，干戈况满天南东。
　　来孙却见九州同，家祭如何告乃翁？

汪元量（1241—1317?），字大有，号水云，钱塘（今杭州）人，南宋末年宫廷琴师。宋亡，随太后、幼帝北迁，曾在元廷任职，当亦以琴艺供奉。[②] 至元二十五年（1288），自请出家为道士，因得南归。元量在南宋身份低微，本不厕于士大夫之列。虽滞留元廷，而心系故土，无时不以家国为

---

① 杨琏真加发陵时间，诸书记载不一，今从欧阳光说。参阅欧阳光《与元初遗民诗社有关的一次政治活动——六陵冬青之役考述》，收入氏著《宋元诗社研究丛稿》，广东高等教育出版社1996年版。

② 参见王国维《书宋旧宫人诗词湖山类稿水云集后》，《观堂集林》卷21，中华书局影印本。

念。身经乱离,"其亡国之戚,去国之苦,艰关愁叹之状,备见于诗,微而显,隐而彰,哀而不怨,欷歔而悲,甚于痛哭"①,其作品足当宋末"诗史"而无愧。其《醉歌》十首之五:"乱点连声杀六更,荧荧庭燎待天明。侍臣已写归降表,臣妾佥名谢道清。"通过直书南宋太皇太后谢氏名讳,极言宋廷降附时的屈辱情状。另一位遗民刘辰翁在诗后批注:"忍见,忍见!"②《湖山外稿·湖州歌九十八首》备记宋廷归降、北上、抵燕过程,多用白描,少发议论,而亡国之痛力透纸背。如前六首:

> 丙子正月十有三,挝鞞伐鼓下江南。
> 皋亭山上青烟起,宰执相看似醉酣。
> 万马如云在外间,玉阶仙仗罢趋班。
> 三宫北面议方定,遣使皋亭慰伯颜。
> 殿上群臣嘿不言,伯颜丞相趣降笺。
> 三宫共在珠帘下,万骑虬须绕殿前。
> 谢了天恩出内门,驾前喝道上将军。
> 白旄黄钺分行立,一点猩红是幼君。
> 一掬吴山在眼中,楼台叠叠间青红。
> 锦帆后夜烟江上,手抱琵琶忆故宫。
> 北望燕云不尽头,大江东去水悠悠。
> 夕阳一片寒鸦外,目断东南四百州。

时人周方比喻汪元量的诗是"再嫁妇人望故夫之陇,神销意在,而不敢出声哭也"。赵文则说:"读汪水云诗而不堕泪者,殆不名人矣。"③

词是文学史上最能代表宋代特色的文体。遗民中以词擅名者亦不乏人。刘辰翁(1232—1297),字会孟,号须溪,庐陵(今江西吉安)人,理宗景定三年(1262)进士。为江西诗派后劲,又以擅长评点前人诗文知名,被誉为"中国历史上第一个文学评点大师"④。其作品传世者,以词的成就最高,其中大部分作于宋亡以后,感怀时事,悼念故国,格调哀婉深沉。如《须溪

---

① 《书汪水云诗后》,载孔凡礼辑校《增订湖山类稿》,第188页。
② 《增订湖山类稿》,第14页。
③ 《书汪水云诗后》,《增订湖山类稿》,第186—187页。
④ 孙琴安:《中国评点文学史》,上海社会科学院出版社1999年版,第67—68页。

集》卷8《柳梢青·春感》：

> 铁马蒙毡，银花洒泪，春入愁城。笛里番腔，街头戏鼓，不是歌声。
> 那堪独坐青灯，想故国，高台月明。辇下风光，山中岁月，海上心情。

张炎（1248—？），字叔夏，号玉田，钱塘人，祖籍秦州成纪（今甘肃天水），南宋初年大将张俊六世孙。生于富贵之家，早年生活豪奢，宋亡后家道败落，流离江湖。他是宋元之际词坛上的重要人物，"所作往往苍凉激楚，即世抒情，备写其身世盛衰之感，非徒以剪红刻翠为工"①。如《山中白云词》卷1《高阳台·西湖春感》：

> 接叶巢莺，平波卷絮，断桥斜日归船。能几番游，看花又是明年。东风且伴蔷薇住，到蔷薇，春已堪怜。更凄然，万绿西泠，一抹荒烟。
> 当年燕子知何处？但苔深韦曲，草暗斜川。见说新愁，如今也到鸥边。无心再续笙歌梦，掩重门，浅醉闲眠。莫开帘，怕见飞花，怕听啼鹃。

另外，重要的遗民词家还有周密、王沂孙等。周密（1232—？），字公谨，号草窗，湖州（今属浙江）人。出生于官僚世家，以门荫入仕，宋亡隐居，致力著述，先后撰著《齐东野语》《癸辛杂识》《武林旧事》《浩然斋雅谈》等书，多记宋元之际史事。有《草窗词》传世。王沂孙，字圣与，号碧山，会稽（今浙江绍兴）人。早年事迹不详，元初曾任庆元路儒学正，有《碧山词》传世。二人词作，均善于使事用典，以寄托兴亡之感。在蕴含故国之思的同时，艺术上也都达到很高水平。

遗民诗词作家也有不少散文名作。如谢翱《晞发集》卷10《登西台恸哭记》哀悼文天祥死难，悲愤之情发自肺腑，感人至切。谢枋得《叠山集》卷1《上丞相留忠斋书》坚拒仕元，义正词严，掷地有声。在散文创作方面需要提到的还有邓牧。邓牧（1247—1306），字牧心，钱塘人，与谢翱、周

---

① 《四库全书总目》卷199《集部·词曲类二·山中白云词》。

密友善，著有诗文集《伯牙琴》。与其他遗民有所不同，邓牧在一些文章中，将普通的反元情绪和易代感慨上升到对整个君主专制制度的怀疑和批判。《伯牙琴·君道》云：

> 天生民而立之君，非为君也，奈何以四海之广足一夫之用邪？……彼所谓君者，非有四目两喙、鳞头而羽臂也，状貌咸与人同，则夫人固可为也……嘻，天下何常之有！败则盗贼，成则帝王。若刘汉中、李晋阳者，乱世则治主，治世则乱民也。有国有家，不思所以救之，智鄙相笼，强弱相侵，天下之乱，何时而已乎？

在邓牧看来，元朝灭宋也不过是"成王败寇"的又一次体现。他对历代统治者"智鄙相笼，强弱相侵"的闹剧表示了极大的厌弃，并且进而抨击君主专制体制的官僚机构，认为它们"号为理民"，其实却是"竭之而使危，夺之而使乱"，宁愿回到"废有司，去县令，使天下自为治乱安危"的无政府状态。[①] 可以说邓牧的文章是从一个独特角度表达了反元思想，而在对历史的反思上，显然又比其余遗民作家有着更深刻的认识。

在经历了宋元之际的历史动荡和重组之后，《黍离》《麦秀》之思，铜驼荆棘之哀，并不仅限于遗民，而是南方士人中相当普遍的情感。与抗节不仕的遗民相比，还有许多士人立场不够坚定，出山与元廷合作，成了变节的"贰臣"。人是复杂的，这些"贰臣"尽管为元朝效劳，却也有缅怀故国之情，形之于诗，不乏佳作。典型例子为赵孟頫。赵孟頫（1254—1322），字子昂，号松雪道人，湖州人，宋太祖子秦王赵德芳后裔，以荫补官。至元二十三年被程钜夫荐举入仕，拜兵部郎中，累官至翰林学士承旨，死后封魏国公。他可以说是元朝前期南方人士在元朝比较"显达"的代表人物。其《松雪斋集》卷4《岳鄂王墓》：

> 鄂王坟上草离离，秋日荒凉石兽危。
> 南渡君臣轻社稷，中原父老望旌旗。
> 英雄已死嗟何及，天下中分遂不支。
> 莫向西湖歌此曲，水光山色不胜悲！

---

① 《伯牙琴·吏道》，中华书局标点本。

身为南方士人，而且还是南宋宗室，出山仕元，心理压力也是巨大的。到了晚年，悔恨、自责的心情屡见于赵孟頫诗作。如《松雪斋集》卷2《罪出》云："在山为远志，出山为小草。古语已云然，见事苦不早……谁令堕尘网？宛转受缠绕。昔为水上鸥，今如笼中鸟。"他还曾自嘲："我生瘦软乏骏骨"，"一生事事总堪惭"①。这一类自悔自责诗句，同遗民文学中的自勉明志诗句一样，都从不同侧面反映了一代士人的生活悲剧。

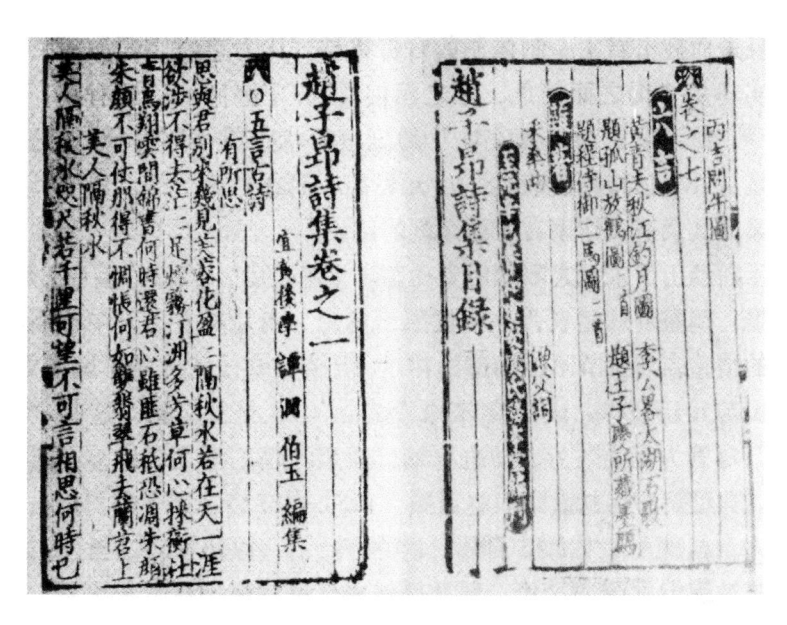

图2-4-1 元刊《赵子昂诗集》书影

其余重要的南方作家，还有方回、戴表元、程钜夫、袁桷、吴澄等人。方回（1227—1305），字万里，号虚谷，徽州歙县（今属安徽）人。宋末任严州知府，元军南下时率先迎降，得任建德路总管。人品卑污，在当时广受抨击。但他工于吟诗，其《桐江续集》所收入元后诗作，多达二千七百余首，作品之繁富，为当时南士之冠，其中也不乏反映社会现实的佳篇。② 戴表元（1244—1310），字帅初，庆元奉化（今属浙江）人。南宋进士，入元隐居，成宗时一度出任地方学官，有《剡源集》传世。诗文清新雅洁，被尊

---

① 《赠相者》《自警》，《松雪斋集》卷3、卷5。
② 参见杨镰《元诗史》，第357—360页。

为元初东南的"文章大家"①。方、戴二人在文学理论方面,也都有一定的建树。

第二节 杂剧的兴盛

元朝建立后,杂剧艺术开始进入兴盛期。宫廷中常有戏曲演出活动。礼部下设教坊司,掌管宫廷"承应乐人"事务,初秩从五品,一度升到正三品。②明初人朱有燉《元宫词百章》第二十二首:"初调音律是关卿,《伊尹扶汤》杂剧呈。传入禁垣官里悦,一时咸听唱新声。""关卿"即杂剧大家关汉卿,据说他的作品《伊尹扶汤》曾经是宫廷演出剧目,③不过此剧今已失传。孙楷第指出:元朝"禁中既尚杂剧,则教坊伶人之选试,剧本之编进,其事必稠叠。此于杂剧人才之培养及戏曲研究上,自当有种种裨益。且以宫廷习尚之故,而影响于臣民。则元杂剧之发展,亦未尝不藉政治之力"④。到元灭南宋,南北统一,"北方杂剧流入南徼,一时靡然向风"⑤。随着一大批著名杂剧作家和演员的南下,杂剧演出已由北方推广到江南各地。⑥

元朝城镇经济十分繁荣,宋金以来的娱乐场所"勾栏""瓦肆"更加活跃,戏曲演出是其中的重要内容。《青楼集》称元代"内而京师,外而郡邑,皆有所谓勾栏者,辟优萃而隶乐,观者挥金与之"。杜仁杰散曲套数《庄家不识勾栏》、无名氏杂剧《蓝采和》对城镇勾栏瓦肆演戏情况有生动的描述。先贴出写有主要演员姓名和演出剧目的广告,并有专人在门口招徕观众,观众付费后入场。勾栏之内,中央为戏台,四周是围成一圈的梯形座位,演出开始之前,不停地擂鼓筛锣,渲染气氛。北方的许多农村也有戏台,但不像城镇勾栏那样经常演出,一般只是在庙会、节日时才有演出活

---

① 《元史》卷190《戴表元传》。
② 《元史》卷85《百官志一》。
③ 杨维桢《宫词》亦云:"开国遗音乐府传,白翎飞上十三弦。大金优谏关卿在,《伊尹扶汤》进剧编。"见《铁崖古乐府》卷14。
④ 孙楷第:《元曲新考·书会》,载氏著《沧州集》下册,中华书局1965年版。
⑤ 徐渭:《南词叙录》,《中国古典戏曲论著集成》第三册,中国戏剧出版社1959年版,第239页。
⑥ 参见蔡美彪《南戏〈错立身〉之时代与北曲之南传》,载中国元史研究会编《元史论丛》第五辑,中国社会科学出版社1993年版。

动。这样的戏台，在山西地区还有多处残留遗迹。① 农村戏台演出，通常是临时从城里邀请专业戏班，但也常有村民自排自演。《元典章》卷 57《刑部十九·诸禁·杂禁·禁学散乐词传》：

> 至元十一年十月，中书兵刑部承奉中书省札付。据大司农司呈"河北河南道巡行劝农官申：顺天路束鹿县头店见人家内，聚约百人，自搬词传，动乐饮酒。为此，本县官司取讫社长田秀并田拗驴等各人招伏，不合纵令侄男等攒钱置面戏等物，量情断罪。外，本司看详：除系籍正色乐人外，其余农民市户良家子弟，若有不务本业、习学散乐、般说词话人等，并行禁约，是为长便。乞照详"事。都省准呈。除已札付大司农司禁约外，仰依上施行。

这是元初出于"劝农"考虑颁行的禁令，意在防止农民不务正业，影响生产，妨碍治安。但直到仁宗延祐年间，仍然在下令禁止民间"聚众唱词"，"聚众装扮，鸣锣击鼓"②。可见农村里自发的演出娱乐活动，在许多地方已相沿成风，故而屡禁难止。

杂剧的兴盛还表现在出现了许多优秀的职业演员。职业演员在元朝属于"系籍正色乐人"，法律身份为贱民，不得嫁娶良人，只能自相婚配。③ 夏庭芝《青楼集》记载了一百一十余名元代都市艺妓的事迹，其中有相当一部分是杂剧女演员。她们往往各有专长，如南春宴"长于驾头杂剧"，国玉第、平阳奴擅长"绿林杂剧"，李娇儿、张奔儿、荆坚坚擅长"花旦杂剧"，回回演员米里哈"专工贴旦杂剧"。有的还是多面手，如天然秀"闺怨杂剧为当时第一手，花旦、驾头亦臻其妙"，赵偏惜、朱锦绣、燕山秀"旦末双全"。演出剧目多的，如李芝秀"记杂剧三百余段"。元初名角珠帘秀，"杂剧为当今独步，驾头、花旦、软末泥等，悉造其妙"，后辈演员以"朱娘娘"称之。她与关汉卿等杂剧作家互有往来，又与王恽、卢挚、胡祗遹等官僚士大夫熟识。胡祗遹《紫山集》卷 8 有《朱氏诗卷·序》，就是专门为珠帘秀而作。文中对她的表演艺术称道不已：

---

① 参见冯俊杰编《山西戏曲碑刻辑考》卷 2、卷 3 所收蒙元时期诸碑，中华书局 2002 年版。
② 《元典章》卷 57《刑部十九·诸禁·禁聚众·住罢集场聚众等事》；新集《刑部·刑禁·禁聚众·禁治集场祈赛等罪》。
③ 参见《元典章》卷 18《户部四·婚姻·乐人婚·乐人嫁女体例·禁取乐人为妻》。

图2-4-2 《山西洪洞明应王殿元杂剧壁画》

　　学业专攻，积久而能，老于一艺，尚莫能精。以一女子，众艺兼并。危冠而道，圆颅而僧，褒衣而儒，武弁而兵。短袂则骏奔走，鱼笏则贵公卿。卜言祸福，医决死生。为母则慈贤，为妇则孝贞。媒妁则雍容巧辨，闺门则旖旎娉婷。九夷八蛮，百神万灵，五方之风俗，诸路之音声，往古之事迹，历代之典刑，下吏污浊，官长公清。谈百货则行商坐贾，勤四体则女织男耕。居家则父子慈孝，立朝则君臣圣明。离筵绮席，别院闲庭，鼓春风之瑟，弄明月之筝。寒素则荆钗裙布，富艳则金屋银屏。九流百伎，众美群英，外则曲尽其态，内则详悉其情。心得三昧，天然老成。见一时之教养，乐百年之升平。

　　《紫山集》同卷另有《送宋氏·序》，题赠对象也是一位演艺精绝的杂剧女演员，称她"以一女子而兼万人之所为，尤可以悦耳目而舒心思，岂前古女乐之所拟伦也"①。这些著名演员许多都有较高的文化素质。如《青楼集》中提到的梁园秀，不仅"歌舞谈谑，为当代称首"，而且"喜亲文墨，作字楷媚，间吟小诗亦佳，所制乐府……世所共唱之"；张玉莲"丝竹咸精，

---

① 有人认为这首序也是送给珠帘秀的，"宋氏"的"宋"字乃"朱"字形近致误。

蒲博尽解，笑谈亹亹，文雅彬彬，南北令词，即席成赋，审音知律，时无比焉"。《紫山集》卷8《优伶赵文益诗·序》云：

于斯时也，为优伶者亦难矣哉！然而世既好尚，超绝者自有人焉。赵氏一门昆季数人，有字文益者，颇喜读知古今，趋承士君子，故于所业耻踪尘烂，以新巧而易拙，出于众人之不意，世俗之所未尝见闻者，一时观听者多爱悦焉。遇名士则必求诗文字画，似于所学有所自得，已精而求其益精，终不敢自足骄其同辈。吁！如斯人者，伶人也，尚能进进而不已。

正因为有这种精益求精、进进不已的学习精神，才能够成为"观听者多爱悦"的名伶。他们为杂剧艺术的繁荣做出了巨大贡献。

杂剧作者更是名家辈出。元朝后期人钟嗣成作《录鬼簿》，载录了152位元曲作家（包括杂剧作家和散曲作家）名氏。其中"前辈已死名公才人，有所编传奇行于世者"56人，均是元代前期的杂剧名家（钟氏所谓"传奇"，即指元杂剧）。与散曲作家多与上层士大夫不同，杂剧作家除个别人外，均是"门第卑微，职位不振"[1]。他们大多结成专门的写作班子，称为"书会"。书会在宋代已经出现，是市井文人组织，"虽亦以较论文艺为宗旨，而讲求者为谈谐歌唱之词，与诗文社之专重古文学者异"。元朝杂剧兴起，"适有书会为编摩词曲之所，社家文人之嗜曲者，与俳优密切合作，为之撰曲，使舞台上常有新剧出现。舞台上新剧出现愈多，则愈引起观者之兴味。剧之按行者愈多，则作者兴味亦愈感无穷。如是杂剧因新剧本不断发生，而时时有其新生命；作者因导演之成功与戏场之需要，亦自然努力于新创作。元代戏曲之盛与剧本之多，其故当以此"。因此书会实际上成为"元杂剧之研究推行机关"，书会作家"以戏曲研究人而兼戏曲运动人"[2]。前文提到被称为"梨园领袖"的关汉卿，不但与艺人有密切交往，甚至还亲自参与演出，就是一位典型的书会作家。

---

[1] 钟嗣成：《录鬼簿·序》，《中国古典戏曲论著集成》第二册，第101页。王国维也说：元代"杂剧大家，如关（汉卿）、王（实甫）、马（致远）、郑（光祖）等，皆名位不著，在士人与倡优之间"。当时"戏曲之所以不得与于文学之末者，未始不由于此"。见氏著《录曲余谈》，《王国维戏曲论文集》，中国戏剧出版社1984年版，第225页。

[2] 孙楷第：《元曲新考·书会》。

钟嗣成所列举"前辈已死名公才人，有所编传奇行于世者"，约以关汉卿、白朴二人资格最老。白朴生于金末，与关汉卿大致相当。其余大都出生于大蒙古国时期，从事创作活动则基本上进入了元朝前期。代表性的作家有以下诸人。

马致远，以字行于世，名不详，晚号东篱。大都人，一说广平人。大约生于1250年前后，卒于1321年或1323年。① 年轻时热衷功名，然落魄不遇，仅担任过江浙行省务提举官，晚年退隐。有杂剧15种，今仅存7种。最著名的作品《汉宫秋》，以西汉昭君和亲故事为题材，在民族矛盾的背景下描写了汉元帝与王昭君的爱情悲剧，细节多为虚拟，但结构精巧，辞藻华美，叙事真切感人。《岳阳楼》《任风子》《陈抟高卧》《黄粱梦》（与人合撰）都属于"神仙道化剧"，宣扬寻仙访道，归隐林泉，曲折地反映了对社会现实的不满。《青衫泪》描写歌伎生活，《荐福碑》抒发下层士人怀才不遇的愤慨情绪。马致远的杂剧创作以抒情见长，具有鲜明的艺术感染力，曲词文采斐然，脍炙人口，历来深受推崇。元人将他尊为元曲"四大家"之一，与关汉卿、白朴以及元朝后期的郑光祖齐名。贾仲明增补《录鬼簿》挽词称誉他为"曲状元"。明人对他评价更高。朱权《太和正音谱》卷上《古今群英乐府格势》首评马致远，谓："马东篱之词如朝阳鸣凤，其词典雅清丽……有振鬣长鸣，万马齐喑之意，又若神凤飞鸣于九霄，岂可与凡鸟共语哉？宜列群英之上。"臧懋循编《元曲选》，也将《汉宫秋》置于首位。

王实甫，名德信，大都人，生平事迹不详，生活年代大致比关汉卿等稍晚。苏天爵《滋溪文稿》卷23《王公行状》记载元朝后期大臣王结的父亲名德信，任县官有政绩，擢拜陕西行御史台监察御史，因论事与上司不合，年四十余即弃官不仕。这位王德信是易州定兴（今属河北）人，他是否就是杂剧作家王实甫，学术界还有不同看法。王实甫有杂剧14种，今仅存《西厢记》《丽春堂》《破窑记》三种。《西厢记》是元杂剧中一部罕见的鸿篇巨制，它远远超越了四折一楔子的传统杂剧规制，共包括五本二十一折（有的版本作二十折）。在唱词安排上，也突破了只能由正旦或正末一人主唱的模式，在有些折出现数人并唱。有的学者认为，这些都表明《西厢记》是元杂剧发展到相当成熟阶段的产物，它的完成不可能太早，大约应在元朝中叶。《西厢记》取材于唐代元稹的传奇小说《会真记》，叙述张珙（字君瑞）和

---

① 参见冯沅君《古剧说汇》第70页的有关考证，作家出版社1957年版。

崔莺莺的恋爱故事。这一题材在金代已有董解元所作《西厢记诸宫调》，分十四宫调，一百九十三套组曲，长约五万言。王实甫进一步用相同题材撰写连本长篇杂剧，第一本《张君瑞闹道场》，第二本《崔莺莺夜听琴》，第三本《张君瑞害相思》，第四本《草桥店梦莺莺》，第五本《张君瑞庆团圆》。全剧以充足的篇幅描写复杂的情节变化和人物细腻的思想感情，从而展开多方面的戏剧冲突，结构紧凑，文字优美，人物形象更加丰满，艺术成就后来居上，成为中国文学史上的不朽名作。郑振铎评论说："元剧每以四折为限，多亦不过五折，即有二本，也只有八折。叙事每苦匆促，无蕴蓄回翔的余地，描写也苦于草率，不能尽量的展施作者的才情，布局也为了这，而少有曲折幽邃的局面。只有《西厢》，凭藉了传说的题材，与原有的描叙，却能以五剧共二十折的大篇幅，来写那末一个恋爱的喜剧。于是作者们便有了可以充分发展他们才情的机会。"①《西厢记》问世以后，深受读者喜爱，版本迭出，注家蜂起，仅弘治以后的明刊本就有六十余种，清刊本又有四十余种。故而清人李渔总结说："自有《西厢》以迄于今，四百余载，推《西厢》为填词第一者，不知几千万人。"②

杨显之，大都人。贾仲明增补《录鬼簿》挽词称他与关汉卿是"莫逆之交"，但可能年寿稍晚。已知著杂剧八种，仅《潇湘夜雨》《酷寒亭》两种传世。《潇湘夜雨》写婚变故事，曲词情景交融，颇具感染力。

纪君祥，大都人。作杂剧六种，今仅存《赵氏孤儿》一种。取材于春秋时期晋国贵族政治斗争，戏剧冲突尖锐，情节紧凑，扣人心弦，文字遒劲，凄恻动人。王国维评价这部作品与关汉卿《窦娥冤》在元杂剧中"最有悲剧之性质"，"即列之于世界大悲剧中，亦无愧色"③。此剧在元杂剧中较早被译为西方文字，曾在欧洲戏剧界产生重要影响。

高文秀，东平人。人称"小汉卿"。曾著杂剧36种，以历史题材和水浒题材杂剧最多，其中有八部均以水浒人物黑旋风李逵为主人公。今仅存5种，"黑旋风"杂剧仅有《双献功》一种，曲白俱佳，人物形象生动，不减于后世的长篇小说《水浒》。

李直夫，德兴府（今河北涿鹿）人，女真族，原姓蒲察，人称蒲察李

---

① 郑振铎：《插图本中国文学史》第三册，人民文学出版社1957年版，第650页。
② 李渔：《闲情偶寄》卷2《词曲部下·填词余论》，浙江古籍出版社点校本。
③ 《宋元戏曲考·元剧之文章》，《王国维戏曲论文集》，第85页。

五。官至湖南肃政廉访使，是元杂剧作家中政治地位较高的一人。作杂剧 12 种，今仅存《虎头牌》一种，是一部以金代女真军人生活为主题的喜剧，文字朴实，多用女真曲牌填写。

郑廷玉，彰德（今河南安阳）人。作杂剧 23 种，今存《楚昭王》《看钱奴》《后庭花》等六种。《楚昭王》是描写春秋楚国故事的历史剧，歌颂忠君观念。《看钱奴》宣扬宿命论和因果报应思想，反面人物刻画生动，颇具喜剧色彩。《后庭花》属公案戏，述包拯断案故事，是元代包公杂剧的一部代表作。

元朝前期其余重要杂剧作家，还有真定人李文蔚、尚仲贤、戴善夫，大都人张国宾、王仲文，平阳人石君宝、狄君厚、孔文卿，绛州（今山西新绛）人李潜夫，济南人武汉臣，东平人李好古，棣州（今山东惠民）人康进之；亳州（今属安徽）人孟汉卿等，均在杂剧创作领域取得了各自不同的成就，共同创造了元朝前期杂剧艺术的繁荣局面。元朝后期，杂剧作家和作品数量就相对减少了。

第三节　散曲名家

散曲是中国古代继诗、词之后出现的一种新兴韵文体裁，用于歌唱，在元朝通常称为"今乐府""大元乐府"。它起源于宋、金的市井小曲，也深受北方民族音乐的影响，在元前期进入繁荣阶段，由俗文学走向雅俗共赏，与杂剧并称为元曲或"北曲"，都是元朝具有代表性的文学形式。散曲与杂剧剧曲的曲牌基本相同，都按照金代以来北方流行的曲调进行填写。这些北方曲调，是杂糅了宋词、民间俚曲、北方民族乐曲等多种成分形成的，每个曲牌均隶属于某一宫调。在理论上，宫调有 84 种，但当时北曲中实际应用的只有一小部分。散曲所用，有六宫十一调。元人燕南芝庵《唱论》曾对这十七种宫调的乐音风格进行概括：

> 大凡声音，各应于律吕，分于六宫十一调，共计十七宫调。仙吕宫，唱清新绵邈。南吕宫，唱感叹伤悲。中吕宫，唱高下闪赚。黄钟宫，唱富贵缠绵。正宫，唱惆怅雄壮。道宫，唱飘逸清幽。大石（调），唱风流蕴藉。小石（调），唱旖旎妩媚。高平（调），唱条拗滉漾。般涉（调），唱拾掇坑堑。歇指（调），唱急并虚歇。商角（调），唱悲伤

宛转。双调，唱健捷激袅。商调，唱凄怆怨慕。角调，唱呜咽悠扬。宫调，唱典雅沉重。越调，唱陶写冷笑。"①

以上六宫十一调中，杂剧剧曲不用道宫、小石调、高平调、般涉调、歇指调、商角调、角调、宫调，仅用其余五宫四调，更加简明一些。可见散曲唱法，实可囊括杂剧剧曲的唱法。散曲有小令、套数两种形式。小令是用某种曲牌填写的单曲，又称"叶儿"；套数则是将不同曲牌而属于同一宫调的若干支小令首尾联缀成套，内容相对复杂，更明显地带有戏剧、说唱等文学形式的影响。而杂剧，实际上就是利用散曲套数形式叙写故事的歌剧，只不过在演唱之外，又有念白、动作而已。相比之下，散曲只是清唱。因此刘永济先生总结散曲的特征，称为"诗余之流衍，而戏曲之本基也"②。

从历史发展来看，中国古代的韵文文学由诗到词，由词到曲，有一定的必然性。明人王世贞云："曲者，词之变。自金、元入主中国，所用胡乐嘈杂凄紧，缓急之间词不能按，乃更为新声以媚之。"又从更大的历史范围论述说："三百篇亡，而后有骚、赋；骚、赋难入乐，而后有古乐府；古乐府不入俗，而后以唐绝句为乐府；绝句少宛转，而后有词；词不快北耳，而后有北曲。"③ 就同前代韵文体裁的关系而言，散曲与词最为接近，但也有一些明显的区别。

第一，散曲的句式长短和每句字数虽有定制，但长短句变化幅度更大，并且可以在基本句式的基础上使用衬字（主要为虚词），从而使得句型具有一定的伸缩性和灵活性，增强了表达能力。较之诗词严整、固定的句式，更加便于充分、自由地抒发感情。

第二，散曲在语言上较多地采用俗语、口语词汇，本色自然，更具语体化倾向。与诗词相比较，具有俚俗、尖新、诙谐的特色。王骥德云："吾谓诗不如词，词不如曲，故是渐近人情……诗与词不得以谐语方言入，而曲则惟吾意之欲至，口之欲宣，纵横出入，无可无不可也。故吾谓快人情者，要毋过于曲也。"④

第三，散曲用韵与诗词不同，所用是以金、元时期北方口语为基础的流

---

① 《南村辍耕录》卷27《燕南芝庵先生唱论》。
② 刘永济：《元人散曲选·序论》，上海古籍出版社1981年版。
③ 王世贞：《曲藻》，《中国古典戏曲论著集成》第四册，第25—27页。
④ 王骥德：《曲律·杂论》，《中国古典戏曲论著集成》第四册，第160页。

行音韵,传统的平、上、去、入四声当中,入声杂入平、上、去三声而消失,平声则又分为阴、阳两调。这样虽然仍有四个声调,但已不同于过去的"四声"。元代曲学家周德清著《中原音韵》,对北方地区音韵上述新的变化进行了总结,后来作散曲者皆以为准则。

第四,词通常分为上下两阕,散曲的基本单位只是一阕,但又可通过套数变为几阕、十几阕,长短变化幅度很大,表现力更加丰富。词可以在一首中换韵,但词韵平仄分押,且韵脚避同字。散曲则无论多长,都是一韵到底,平仄通协,韵脚不避同字,具有一泻无遗的气势,更能体现豪迈坦直的风格。

第五,散曲的对仗形式比诗词都更加丰富,除传统的两句对外,又有三句对、四句对、联珠对、隔句对等变化多端的对法,在参差不一的句法当中,时时又体现出齐整严密的特点。

由于散曲在格式、音律等方面有很严格的要求,难度不下于填词,而写长篇套数(包括杂剧剧曲),难度可能比填词更大。臧懋循《元曲选·序二》总结说:

> 诗变而词,词变而曲,其源本出于一,而变益下,工益难,何也?词本诗,而亦取材于诗,大都妙在夺胎而止矣。曲本词,而不尽取材焉。如六经语、子史语、二藏语、稗官野史语,无所不供其采掇,而要归断章取义,雅俗兼收,串合无痕,乃悦人耳。此则情词稳称之难。宇内贵贱妍媸、幽明离合之故,奚啻千百其状,而填(曲)词者必须人习其方言,事肖其本色,境无旁溢,语无外假。此则关目紧凑之难。北曲有十七宫调,而南止九宫,已少其半。至于一曲中有突增数十句者,一句中有衬贴数十字者,尤南所绝无,而北曲多以是见才。自非精审于字之阴阳、韵之平仄,鲜不劣调。而况以吴侬强效伧父喉吻,焉得不正河汉?此则音律谐叶之难。

但另一方面,散曲的特色又在于"从极严密之矩矱中,寓极自由之杼柚","无不可出口之词,无不可下笔之字","宫谱声谱之限制虽严,而行文遣词之变化无限"①。故而才能风行一代,涌现出大批的名家名作。

---

① 刘永济:《元人散曲选·序论》。

近人隋树森编《全元散曲》，辑录元代 200 余名散曲作家的小令 3850 余首，450 余套。与杂剧作家相比，散曲作家的分布层面更为广泛，既包括社会下层的杂剧作者、书会才人、教坊倡优，也不乏社会上层的达官显宦。他们的作品风格各异，流派繁多，历来有多种分类方法，就最基本的作品特色而言，大体可分为豪放、清丽两派。不过这种分类只是约略言之，有些作品尚可以端谨、诙谐单立一格，而许多作家则难以简单归入某派。从时间上看，元朝前期的散曲创作，大都带有刚从民歌俚曲脱胎出来的明显印迹，更多地呈现出民间文艺的朴素质直特点，与后期作品趋于追求形式美、规范化和诗词化有一定的区别。①

最早的散曲作家是由金入元的一代。金末文豪元好问即曾创作散曲，《全元散曲》将他列为第一位散曲作家，共收小令九首，残套数一首。这一代作家中成就最大的是杜仁杰，其余重要作家还包括刘秉忠、杨果、商挺等。

杜仁杰，原名之元，字善夫，济南长清人，金朝遗民，以性格诙谐著称。他所作散曲今仅存小令一首、套数三首、残套数二首。作品虽不多，但却颇具特色。套曲《般涉调·耍孩儿·庄家不识勾栏》描述一个庄农秋收后进城看戏的情景，通过庄农眼中所见，真实地再现了金末元初勾栏演戏时广告宣传、场座、戏台、道具、乐队、化妆、角色等种种细节，是研究古代戏曲史的重要资料。作品抓住了庄农没见过世面的特点，以夸张笔法描写主人公初入勾栏的新鲜、好奇感受，颇具幽默效果，是元散曲中滑稽、诙谐、嘲谑风格的代表作。另一首套曲《般涉调·耍孩儿·喻情》写一位被遗弃女子的心情，大量运用歇后语、双关语、方言成语，也充分发挥出散曲谐、俗的特点。

刘秉忠生平已见前述，其传世《藏春集》中词、曲合为一卷，有散曲小令 12 首。杨果（1197—1269），字正卿，号西庵，祁州蒲阴（今河北安国）人。金末进士，元初曾任参知政事、怀孟路总管。存小令 11 首，套数 5 首。商挺（1209—1289），字孟卿，号左山，曹州济阴（今属山东）人，元初官至枢密副使。存小令 19 首。上述几人都是有身份的高级官僚，其作品在吸取民歌时调的基础上，也保持了一定的典雅特征。他们的创作推动了散曲在上层士大夫圈子中的流行。

---

① 参见邓绍基主编《元代文学史》，人民文学出版社 1991 年版，第 311—315 页。

年辈稍晚的前期散曲作家，以杂剧三大作家关汉卿、白朴、马致远创作成绩最为突出，其余重要作者还有卢挚、姚燧、冯子振、王和卿、白贲等。

关汉卿的散曲见于《全元散曲》者，有小令57首，套数13首，残套数2首。内容大体包括三类，一是描写男女恋情和离愁别恨，二是感物抒情，三是描绘自然景物。他的散曲风格多样，有的清新、细腻，意境含蓄，有的则豪迈泼辣，感情直露奔放。套曲《南吕·一枝花·不伏老》，塑造"浪子"形象，是元散曲中豪放一派的杰作，语句自然流畅，洒脱不羁。另两套《南吕·一枝花·杭州景》《南吕·一枝花·赠珠帘秀》则以语言华美、风格温润明丽见长。在写作形式方面，关汉卿注重追求文字机趣，擅长使用各种修辞格，都对以后的散曲作家有所影响。

白朴散曲今存小令37首，套数4首。内容上也可分作三类，即叹世、写景和咏唱恋情。其叹世作品，文字较为率真，多抒发避世超俗、安贫乐道、明哲保身、与世无争一类思想，曲折地反映出对现实的不满。写景和咏唱恋情之作，则大多富于文采。如套数《仙吕·点绛唇》《双调·乔木查·对景》，文辞优美，情景交融，都具有很强的艺术感染力。

马致远是传世作品最多的元代散曲作家之一，现存130余首，题材广泛，内容丰富，在提高散曲意境、开拓散曲境界方面做出了重要贡献。作品风格以豪放为主而兼有清逸，颇似宋词中的苏轼。写景状物有疏淡清旷之美，咏史叹世具慷慨悲凉之致。其著名套曲《双调·夜行船·秋思》抒发归隐情怀，意境高远，音律工稳，语句自然流畅，历来受到曲评家的高度推崇。元人周德清评论说："此方是乐府，不重韵，无衬字，韵险，语俊，谚曰'百中无一'，余曰'万中无一'……无一字不妥，后辈学去！"① 小令《越调·天净沙·秋思》更是脍炙人口的名篇：

  枯藤老树昏鸦，小桥流水人家，古道西风瘦马。夕阳西下，断肠人在天涯。

王国维评为"寥寥数语，深得唐人绝句妙境，有元一代词家，皆不能办此也"②。《太和正音谱》等书尊马致远为元曲第一大家，很大程度上是从散

---

① 周德清：《中原音韵》，《中国古典戏曲论著集成》第一册，第253—254页。
② 王国维：《人间词话》第六十三节，人民文学出版社点校本。

曲角度出发的。后人则说:"在杂剧里,他(指马致远)虽与关汉卿、王实甫、白朴称四大家,但在散曲里,他实足以领袖群伦而为元人第一……他不仅是元散曲第一,也是散曲史上坐'第一把交椅'的。"①

卢挚、姚燧、冯子振是元朝前期散曲作家中上层士大夫的代表,卢姚二人以诗文知名,兼擅散曲。卢挚的散曲作品保留下来的也很多,约达百首左右。内容以怀古题材为多,也有不少描写田园风光、抒发隐居思想的作品,基本风格属于清丽派。元中期人贯云石比喻卢挚的散曲"媚妩如仙女寻春,自然笑傲"②。姚燧的散曲今存小令29首,套数1首。他在作古文之余,以散曲自咏为乐,不拘一格,时有恬淡、婉约、浪漫之作,与其严肃深奥的古文迥然异趣。冯子振(1257—1337?),字海粟,号怪怪道人,攸州(今湖南攸县)人,曾官集贤待制。宋濂说他"以博学英词名于时,当其酒酣气豪,横厉奋发,一挥万余言,少亦不下数千,真一世之雄哉!"③ 存散曲小令44首,风格豪放,才情毕露。

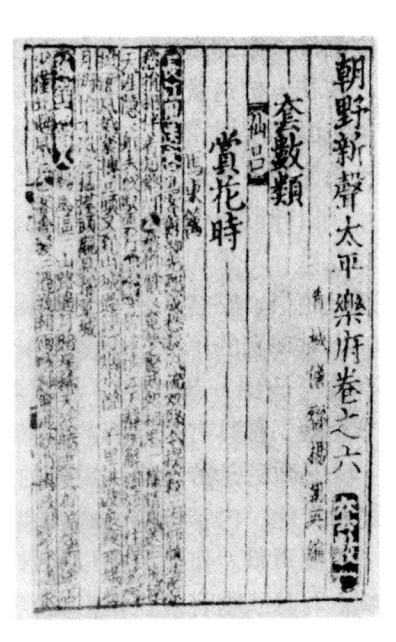

图2-4-3 《朝野新声太平乐府》书影

王和卿、白贲则属于下层士人。王和卿,大名人,与关汉卿为好友,比关早卒。存散曲小令21首,套数1首,残套数2首。作品诙谐佻达,富于机趣,更多地带有民歌俗谣的色彩。白贲,号无咎,钱塘人,宋遗民白珽之子。元英宗时为温州路平阳州教授,后任南安路总管府经历,存散曲小令2首,套数3首,残套数1首。与前述作家相比,白贲年辈较晚,传世作品也不多。但他在元朝前期却创作过一首流传极广的名作《正宫·鹦鹉曲》:

侬家鹦鹉洲边住,是个不识字渔父。浪花中一叶扁舟,睡煞江南烟

---

① 梁乙真:《元明散曲小史》,商务印书馆1934年版,第116—117页。
② 《阳春白雪·序》,《新校九卷本阳春白雪》卷首,中华书局点校本。
③ 《题冯子振居庸赋后》,《宋文宪公全集》卷13。

雨。觉来时满眼青山，抖擞绿蓑归去。算从前错怨天公，甚也有安排我处。

作品熔铸唐人张志和《渔歌子》诗意，意境高远疏阔，又切合散曲体裁，音律精妥，浑然天成。《太和正音谱》卷上《古今群英乐府格势》评价白贲的曲作"如太华孤峰，孑然独立，岿然挺出，若孤峰之插晴昊，使人莫不仰视也"。

第四节　绘画、书法和雕塑的成就

大蒙古国前四汗时期，"汉地"经济凋敝，文化衰落，绘画、书法、雕塑等视觉艺术没有出现有成就的作者和有较大影响的作品。从忽必烈时代开始，特别是元朝统一以后，发生了明显的变化。绘画、书法艺术得到蓬勃的发展，雕塑艺术亦有令人瞩目的成就，都在中国文化史上写下了重要的篇章。

大体说来，元代绘画艺术的发展，可以分为两个阶段。世祖、成宗、武宗为前一阶段，仁宗以后为后一阶段，"前期奠定基础，后期发展壮大"[1]。书法和雕塑艺术大体也是这样。前期的名画家，有赵孟頫、高克恭、钱选、李衎、龚开、任仁发、刘贯道、李肖岩、何澄等人，书法家有赵孟頫、邓文原、鲜于枢等，雕塑名家则有阿尼哥、刘元等。

前期绘画中成就最大的是赵孟頫，关于他的生平前面已作过介绍。赵孟頫在绘画上博采众长，自成一家，"他人画山水、竹石、人马、花鸟，优于此或劣于彼。公悉造其微，穷其天趣，至得意处，不减古人"[2]。在山水、鞍马、古木竹石、人物、花鸟等众多方面都有精品问世。山水有《鹊华秋色图》（台北故宫博物院藏）、《水村图》（北京故宫博物院藏）等。鞍马有《秋郊饮马图》（北京故宫博物院藏）等。古木林石有《秀石疏林图》（北京故宫博物院藏）等。人物有《红衣罗汉图》（辽宁省博物馆藏）。花鸟有《幽篁戴胜图》（北京故宫博物院藏）。在绘画的多种门类中都有杰出成就，这在中国绘画史上可以说是前无古人后无来者的一代宗师。赵孟頫的绘画强

---

[1]　傅熹年：《元代的绘画艺术》，《傅熹年书画鉴定集》，河南美术出版社1999年版。
[2]　《赵公行状》，《松雪斋集》附录。

调作画要有"古意","不求形似"。这都是针对南宋院体画的弊病而发的,在当时产生了深远的影响,使画坛风气为之一变。

这一时期绘画各门类中,以山水画成就最大。山水画的名家,除赵孟頫外,要数钱选和高克恭成就突出。钱选字舜举,号玉潭,生卒年不可考。他和赵孟頫同乡(吴兴人),又是好友,但是两人处世态度大不相同。赵孟頫出仕新朝,成为显贵,钱选则"励志耻作黄金奴"[1],甘心"隐于绘画以终其身"[2]。与赵孟頫一样,他在绘画艺术上亦有多方面的成就,山水、人物、花鸟、鞍马,无一不精。"精巧工致"是钱选画作的特点。[3] 他的山水画传世的有《浮玉山居图》(上海博物馆藏)、《山居图》(北京故宫博物院藏)。高克恭(1248—1310),字彦敬,房山(今属北京)人。他是"西域人"的后裔,元代的"西域"含义广泛,包括中亚及其以西广大地区。有的记载说他是"回纥长髯客"[4]。元代的"回纥"与"回回"同义,他的祖先应是阿拉伯人或波斯人。高克恭的祖父已与汉人通婚,父亲对于儒家经典和理学都有研究。高克恭在父亲影响下,熟悉儒家经典。至元十二年(1275)入仕,由吏而官,终于刑部尚书和大名路总管(均为正三品)。总的来说,仕途是比较顺利的。"及卒之日,家无余货",以廉洁见称。他"好作墨竹,妙处不减文湖州。画山水,初学米氏父子,后乃用李成、董元、巨然法,造诣精绝"[5]。传世作品有《云横秀岭图》(台北故宫博物院藏)、《墨竹坡石图》(北京故宫博物院藏)等。元末名画家倪瓒说:"本朝画山林木石"画家中,他最佩服的有四人,第一便是"高尚书之气韵闲逸",并列的三人是赵孟頫、黄公望和王蒙。[6] 由此可见他在元代画坛的地位。

木石梅兰一类绘画题材,自宋代起为文人所爱,日趋兴盛。进入元代,仍是画家喜爱的题材。从现存记载可知,赵孟頫有不少以"竹石""幽兰修竹""墨竹"为题的作品。[7] 其中有些流传至今。他的妻子管道升(1262—1319),字仲姬,"能书,善画墨竹、梅、兰"[8]。有《墨竹卷》传世(北京

---

[1] 《题钱舜举画〈梨花〉》,《草堂雅集》卷1。
[2] 《为秋棠题钱舜举所画〈吴兴山水图〉》,《所安遗集》。
[3] 《书钱舜举画后》,《覆瓿集》卷6。
[4] 《题高彦敬尚书〈房山图〉》,《存复斋集》卷10。
[5] 《高公行状》,《巴西集》。
[6] 《题黄子久画》,《清閟阁集》卷9。
[7] 参见陈高华《元代画家史料·赵孟頫篇》,上海人民美术出版社1980年版。
[8] 《图绘宝鉴》卷5《元朝》。

故宫博物院藏)。这一时期享有盛名的画竹大家是李衎。李衎(1244—1320),字仲宾,号息斋道人,大都(今北京)人。"少孤贫",二十余岁在太常寺充当吏员。元朝前期不行科举,汉人入仕,主要通过由吏而官的途径。李衎便由吏员逐步高升,多次出任地方官,曾奉命出使交趾(今越南北部)。以荣禄大夫(从一品)致仕。① 元代画家中官员颇多,但品阶如此之高者仅有李衎与赵孟頫二人。李衎善画竹石枯槎,"始学王澹游,后学文湖州,著色者师李颇,驰誉当世"②。王澹游是金代画家王庭筠子王曼庆(又作万庆),文湖州是北宋画家文同,李颇是唐代画家,三人都是画竹名家。李衎的传世作品有《双钩竹图》(北京故宫博物院藏)、《四清图》(北京故宫博物院和美国纳尔逊博物馆分藏)等。李衎著有《竹谱详录》一书,讲述他学习画竹的经过和心得;还收集了各种竹的资料(形状、产地、特点等),供创作之用。③ 这是一本很有特色的著作。山水画名家高克恭亦喜画竹石,曾画竹自题云:"子昂写竹,神而不似,仲宾写竹,似而不神。其神而似者,吾之两此君也。"④ 这段话表达了他的自负,同时也说明当时画竹存在不同的流派。画兰名家首推郑思肖(1241—1318)。思肖字所南,福州(今属福建)人,做过南宋的太学生。元军南下时,"扣阙上疏",要求抗战。⑤入元后,"变今名"(思肖即思赵),隐吴下,所居萧然。坐必南向,遇岁时伏腊,辄野哭,南向拜而返,人莫测焉。⑥ "平日喜画兰,疏花简叶,不求甚工。其所自赋诗以题兰,皆险异诡特,盖所以输写其愤懑云。"⑦ 郑思肖以宋遗民自居,其诗文充满故国之思和对新朝的不满,在画兰时也曲折表达了出来。传世作品有《墨兰》卷数种及《墨竹》卷(如图2-4-4)。

画马在唐、宋时都出现过名家,如唐代的曹霸、韩干,宋代的李公麟等。元朝的画马名家,首推赵孟頫(如图2-4-5),他自称:"幼好画马,每得片纸,必画而后弃去。"⑧ 对于画马下过苦功,颇为自负。"友人郭祐之尝赠余诗云:世人但解比龙眠,那知已出曹、韩上,曹、韩固是过许,使龙

---

① 《李文简公神道碑》,《滋溪文稿》卷10。
② 《图绘宝鉴》卷5。
③ 此书有《知不足斋丛书》本。
④ 《高尚书墨竹为何生性题》,《梧溪集》卷5。
⑤ 《南村辍耕录》卷20《狷洁》。
⑥ 《题宋太学郑上舍〈墨兰〉》,《梧溪集》卷1。
⑦ 《遂昌山樵杂录》。
⑧ 《题赵子昂〈马图〉后》,《宋文宪公全集》卷3。

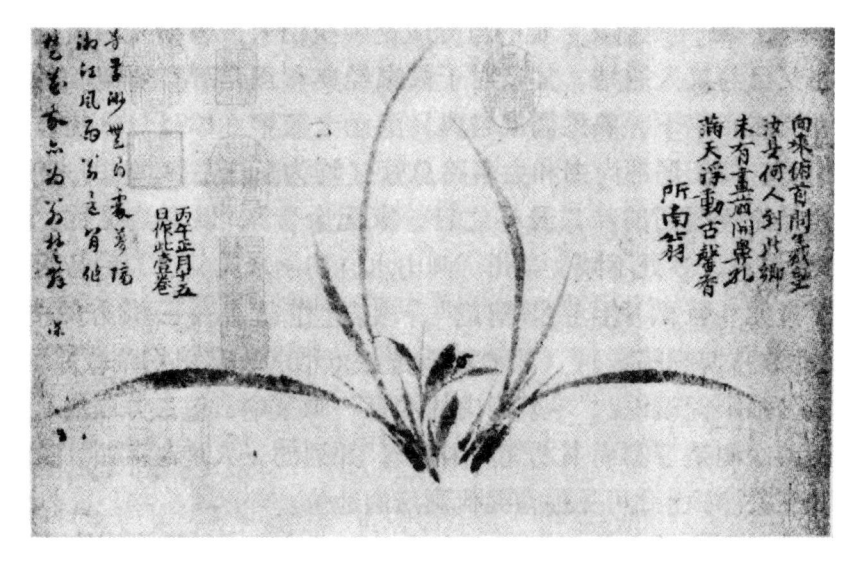

图 2-4-4 郑思肖《兰》

图 2-4-5 赵孟頫《人马图》

眠无恙,当与之并驱耳。"① "龙眠"即李公麟。赵孟頫传世画马作品数种,

---

① 《南村辍耕录》卷7《赵魏公书画》。

表现马的各种姿态，神形兼得。另一位画马名家任仁发（1254—1327），字子明，号月山，松江（今属上海）人。家在海滨，以"弋水禽野雉为业"。任仁发却能"负笈力学"。南宋未曾参加地方科举考试。元平南宋后，任仁发得到江浙行省平章游显的赏识，选充宣慰司吏员，后升海道副千户、千户，又任都水监丞、嘉兴路同知、中尚院判官、都水少监、崇明知州、都水庸田使司副使，以宣慰使司副使（正四品）致仕。① 任仁发是杰出的水利专家，在绘画方面也有很高的成就，擅长鞍马。同时代高丽名士李齐贤说："月山用笔逼龙眠。"② 元末有人说："月山道人画唐马，笔力岂在吴兴下。"③ "吴兴"指赵孟頫，可知在元代赵、任二人已以画马齐名。任仁发传世作品有《出圉图》《二马图》（北京故宫博物院藏）等。赵孟頫和任仁发是中国古代最后的画马名家，在他们以后"画史上就很少有以画马擅名的了"④。

龚开（1221—1307?），字圣与，号翠岩，淮阴（今江苏淮阴）人。龚开在南宋末年曾任两淮制置司监当官，参加过抗元的斗争。南宋灭亡后，往来于杭州、平江（今江苏苏州）等地，以卖画维持生计。龚开"作隶字极古，画山水师二米，画人马师曹霸，描法甚粗。尤善作墨鬼钟馗等画，怪怪奇奇，自出一家"⑤。作品中以鞍马和钟馗最得好评。传世作品有《瘦马图》等。龚开作画，"卷后必题诗或赞跋，皆新奇。尝自画《瘦马》，题诗曰：'一从云雾降天阙，空进先朝十二闲；今日有谁怜骏骨，夕阳沙岸影如山。'此诗脍炙人口，真有盛唐风致。"⑥ 在诗、书、画结合方面，可以说开风气之先。

花鸟画在唐、宋都很流行，到了元代，相对来说比较衰落。这一时期的花鸟画家以钱选最有名。"其折枝啼鸟，翠袖天寒，别有一种娇态，又非他人所能及者。"⑦ 传世有《八花图》（北京故宫博物院藏）、《白莲花图》（山东朱檀墓出土，山东省博物馆藏），前者精工细密，后者粗放简逸，风格有很大的差别，反映出他在花鸟画创作中既有对传统的继承，又有新的探索。画马名家任仁发亦画花鸟，传世作品有《秋水凫鹭图》（上海博物馆藏）。杭州画家陈琳，字仲美，"其先本画院待诏。琳能师古，凡山水、花草、禽

---

① 《谒浙东宣慰副使致仕任公及其子台州判官墓》，《梧溪集》卷6。
② 《奇参政宅月山〈双马〉手卷》，《益斋乱稿》卷4。
③ 《家翁命题任月山〈五马图〉》，《玉山璞稿·至正甲午》。
④ 前引《元代的绘画艺术》。
⑤ 《图绘宝鉴》卷5《元朝》。
⑥ 《画鉴》。
⑦ 朱同：《书钱舜举画后》。

鸟，皆称其妙"。他作画得到赵孟𫖯的指点。"多所资益，故画不俗。宋南渡二百年，工人无此手也。"①传世唯一作品《水凫小景》（台北故宫博物院藏），赵孟𫖯称赞："陈仲美戏作此图，近世画人皆不及也。"

人物画又可分道释、人物故事、肖像三门类，因为贴近生活，历来在绘画中占有重要地位。赵孟𫖯对人物画亦有贡献。他的《红衣罗汉图》（辽宁省博物馆藏）是自己观察天竺僧神态并参以古法的杰作。他的画马作品如《人马图》《人骑图》《秋郊饮马图》中都有人物形象，显示了他在这方面的深厚功力。钱选多作人物故事画，传世有《紫桑翁像》《兰亭观鹅图》等。任仁发有《张果见明皇图》（北京故宫博物院藏）。他们的这些绘画都是上乘之作。

人物画得到元朝皇帝的青睐。不少人物画家特别是肖像画作者因此博得官职，"待诏掖廷"。至元十五年（1278）十一月，忽必烈命承旨和礼霍孙写太祖御容。十六年二月，复命写太上皇御容，与太宗旧御容，俱置翰林院，院官春秋致祭。②"太祖"即成吉思汗，"太上皇"即忽必烈之父拖雷，"御容"就是肖像画。蒙古人原来没有绘像祭祀的习惯。这种做法应是受中原传统文化的影响。历来论者常以为这两种"御容"是和礼霍孙所绘，其实不然。据时人王恽在"戊子"（至元二十五年）所记，"近年画师覃人孙某奉诏追写太祖圣武皇帝与睿宗景襄皇帝御容，及奉进，上顾其惟肖，至泣下沾衿，宣赐甚渥。孙归，及家而没"③。"戊子年"与至元十五年相去不远，和"近年"相合。这是一。"追写"的是太祖、睿宗（即"太上皇"拖雷）"御容"，又相合。这是二。而且，画先帝"御容"，这是很神圣的大事，忽必烈对"孙某"的画显然是肯定的，因此也就排除了和礼霍孙另有所作的可能性。翰林院供奉的太祖、太上皇"御容"应是画师"覃人孙某"的作品，和礼霍孙只是负责此项工作而已。但是这位画师因去世过早，赏赐之外，没有能博得一官半职，连名字也没有流传下来。

和"孙某"同时的另一位画家刘贯道要幸运得多。刘贯道，中山（今河北定县）人。至元十六年他"写裕宗御容称旨，补御衣局使"④。"裕宗"即忽必烈之子真金，当时已受封为皇太子。可知宫廷中不仅为已故皇帝追画

---

① 《画鉴》。
② 《元史》卷75《祭祀志四》。
③ 《杂著》，《秋涧集》卷44。
④ 《图绘宝鉴》卷5《元朝》。

肖像，也为活着的太子画肖像。至元十七年，刘贯道为忽必烈作《出猎图》，描绘忽必烈及其侍从在野外狩猎的情景，工笔重彩，是以忽必烈为中心的写实性的群体人物画。刘贯道还有《消夏图》（美国纳尔逊博物馆藏），描写文人闲适生活。形象生动传神，笔法豪劲熟练。据记载，刘贯道"工画道释人物鸟兽花竹……亦善山水"[1]。《消夏图》以人物为主，配置花竹、山水、器用，《出猎图》在人物之外，有鞍马、走兽，反映了刘贯道的多方面才能。

知名的人物画家还有李肖岩和何澄。"海内画手如云起，写真近说中山李。"[2] 李肖岩和刘贯道一样都是中山人。至迟在武宗海山时代已入京师，"豪家贵人争识之。随求随貌皆入妙，耸动跃喜或嗟咨"[3]。他主要从事肖像画，后来李肖岩进入秘书监任职，为宫廷服务。何澄（1223—?），大都人，"澄之画得自天性，世祖时已有名，被征待诏披垣。至大初，兴圣宫成，皇太后旨总绘事，迁太中大夫、秘书监，致仕"[4]。何澄在绘画上也是一个多面手，宫廷作画应以山水、龙凤为主，他必然在这两方面有所成就。他还能画马，作界画。而传世作品《归庄图》（吉林省博物馆藏）则是人物故事画，以山水作为背景，人物穿插其间，犹如一幅连环画。他的作品见于记载的还有《陶母剪发图》《泣麟图》《四皓图》等，[5] 也都是人物故事图画，可见这是他的专长。李肖岩和何澄的艺术活动，延续时间较长，在叙述仁宗以后绘画时还会提到。

元代还出现了一种与人物肖像画有密切关系的工艺美术，称为"织御容"。忽必烈喜爱来自尼波罗（今尼泊尔）国的艺术家阿尼哥，他是帝师八思巴的弟子，"善画、塑，及铸金为像"。阿尼哥在建筑、雕塑等方面都有辉煌的成就（见下）。忽必烈去世，阿尼哥"追写世祖、顺圣二御容，织帧奉安于仁王万安之别殿"。后来又奉成宗之命，"织成裕宗、裕圣二御容，奉安于万安寺之左殿"[6]。先由阿尼哥绘成帝、后肖像，然后在他指导下，由工人据画织锦，"织以成像，宛然如生，有非彩色涂抹所能及者"。自阿尼哥"织御容"，每代皇帝都要下令织造前代帝后"御容"，并在一些大佛寺开辟

---

[1] 《图绘宝鉴》卷5《元朝》。
[2] 《赠李肖岩》，《雪楼集》卷29。
[3] 《赠中山画工李肖岩》，《中庵集》卷21。
[4] 《题何澄界画三首》，《雪楼集》卷9。
[5] 参见《元代画家史料·何澄篇》。
[6] 《凉国敏慧公神道碑》，《雪楼集》卷8。

专门的殿宇供奉，这些殿宇称为"神御殿"，又称"影堂"①。应该指出，宋朝已有神御殿，"以奉安先朝之御容"。原来在寺、观内，后移入宫中。② 元代的神御殿，显然是沿袭前朝的制度，但用"织御容"取代绘画的"御容"。现存元代历朝帝、后像多幅（台北故宫博物院藏），很可能就是"织御容"的画稿。③

前期书坛亦以赵孟頫的成就最高。"精篆、隶、小楷、行、草书，惟其意所欲为，皆能伯仲古人。"④ 和绘画创作一样，赵孟頫在书法上亦提倡复古，强调以"古法"为准则，具体来说，便是追踪晋人，以二王（王羲之、王献之）为楷模。在学习"二王"书法的同时，他还兼采各家之长，融会贯通，自成一体。赵孟頫传世墨迹很多，以行书、楷书、草书为主，代表作有《胆巴碑》（北京故宫博物院藏）、《闲居赋》（台北故宫博物院藏）（如图2-4-6)、《洛神赋》（北京故宫博物院藏）、《千字文》（上海博物馆藏）等。赵孟頫的书风，不仅在元代风靡一时，对明、清两代书坛也有深远的影响。

图2-4-6 赵孟頫《闲居赋》

---

① 《元史》卷75《祭祀志四·神御殿》。
② 《宋史》卷109《礼部十二·神御殿》。
③ 尚刚：《蒙元御容》，《故宫博物院院刊》2004年第3期。
④ 《赵文敏公神道碑》，《圭斋集》卷9。

这一时期知名的书法家还有鲜于枢、邓文原等。鲜于枢（1257—1302）字伯机，祖籍范阳（即大都，今北京）。以吏起家，历任两浙转运司、江浙行省、浙东宣慰司的首领官（经历、都事）以太常寺典簿致仕。① 鲜于枢在书法上与赵孟頫齐名，主张师法魏、晋、唐诸名家。"面带河朔伟气，每酒酣骜放，吟诗作字，奇态横生。善行、草，赵文敏极推重之。"② 传世作品有楷书《老子道德经》卷（北京故宫博物院藏）、草书《韩文公进学解》卷（北京市文物局藏）、草书《王安石杂诗》卷（辽宁省博物馆藏）（如图2-4-7）等。邓文原（1258—1328），字善之，祖籍绵州（今四川绵阳），其父避兵移居杭州，故为杭州人。由儒学正、儒学教授进擢应奉翰林文字（从七品）、翰林修撰（从六品）、江浙行省儒学提举（从五品）、翰林待制（正五品）、廉访司佥事（正五品）、集贤直学士（从四品）、国子祭酒（从三品）。曾多次主持科举考试，在当时士人中很有声望。邓文原"工于笔札，与赵魏公孟頫齐名"③。"行草书早法二王，后法李北海。"④ 但流传下来的作品不多，有章草书《急就章》卷（北京故宫博物院藏）、《题伯夷颂诗》（北京故宫博物院藏）。

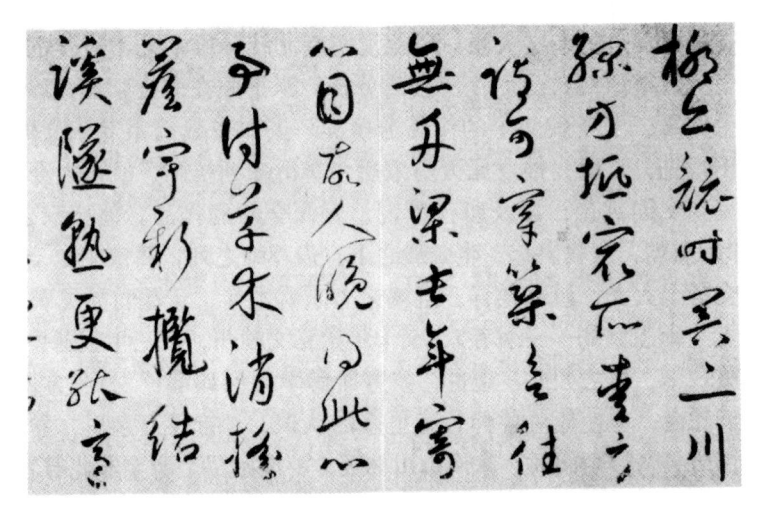

图2-4-7　鲜于枢书法《王安石杂诗》卷

---

① 太常寺管理宗庙社稷祭祀之事，后升为太常礼仪院。元朝制度，官吏分为官、首领官、吏员三等。首领官是吏员首领之意。典簿亦是首领官。
② 《书史会要》卷7。
③ 《邓公神道碑》，《金华集》卷26。
④ 《书史会要》卷7《元朝》。

上面列举的画家、书法家以地域来区分，生长在北方的有高克恭、李衎、刘贯道、李肖岩、何澄、鲜于枢等，生长在南方的有赵孟𫖯、钱选、任仁发、邓文原、龚开、郑思肖等。元朝的统一，使得长期不通声气的南北书画界有了开阔眼界和互相接触交流的可能。赵孟𫖯、邓文原等到北方做官，高克恭、李衎、鲜于枢等到江南任职，彼此声气相求，互相切磋，"异时论至元间中州人物极盛，由去金亡未远，而宋之故老遗民往往多在。方车书大同，弓旌四至，蔽遮江淮，无复限制，风流文献，盖交相景慕，惟恐不得一日睹也"[①]。其中如赵孟𫖯、高克恭、鲜于枢、邓文原等都结下了深厚的友谊。[②] 高克恭、赵孟𫖯曾共同创作。"不见湖州三百年，高公尚书生古燕。西湖醉归写古木，吴兴为补幽篁妍……赵公自是真天人，独与尚书情最亲。高怀古谊两相得，惨淡酬酢皆天真。"[③] 高克恭曾说："子昂写竹，神而不似；仲宾写竹，似而不神，其神而似者，吾之两此君也。"[④] 这段话道出了高克恭在艺术上的自负，同时也反映出南北画家之间存在互相切磋、彼此促进的亲密关系。最能说明南北统一推动艺术进步的例子，应数李衎对自己创作历程的分析。李衎原在北方学画，以金朝王庭筠、王曼庆父子的作品为榜样，虽知王庭筠宗北宋文同，但不得见，常以为恨。元灭南宋后，李衎来到杭州，经友人介绍才见到文同真迹，以及唐代萧悦、五代李颇的作品。他感叹道："幸际熙朝，文物兴起，生辇毂之下，齿荐绅之列，薄宦驱驰，辱遍交贤士大夫，讲闻稍详，且竭余力求购数年，于墨竹始见黄华老人（即王庭筠），又十年始见文湖州，又三年于画竹始见萧、李，得之如此其难也，彼穷居僻学当何如耶！"另一方面，来到江南，也使他对各种竹有更多的认识。"行役万余里，登会稽，历吴楚，逾闽峤，东南山川林薮，游涉殆尽。所至非此君者，无以寓目，凡其族属支庶形色情状，生聚荣枯，老稚优劣，穷诹熟察，曾不一致。"江南之行，李衎得以观摩前人名作，并深入竹乡实地考察，两者结合，使他的创作迈上了新台阶。[⑤]

元朝画家就其身份而言，大致可以分为文人画家和职业画家两大类。所

---

① 《跋鲜于伯机与仇彦中小帖》，《待制集》卷18。
② 《夷门老人杜君行简墓碣铭》，《待制集》卷11。
③ 《南村辍耕录》卷26《诗画题三绝》；《题高彦敬尚书、赵子昂承旨共画一轴为户部杨侍郎作》，《道园学古录》卷2。诗中"湖州"指北宋画竹名家文同。
④ 《高尚书〈墨竹〉为何生性题》，《梧溪集》卷5。
⑤ 《竹谱详录》。

谓文人画家是指有一定传统文化修养、以绘画为业余爱好的画家,其中包括官僚和一般官吏,以及普通文人。如赵孟頫、李衎、高克恭、任仁发属于官僚阶层,鲜于枢是地位较低的首领官,龚开、钱选则是普通文人。职业画家常称为画师、画工。他们中有的以画艺得以在官府中任职,甚至得到皇帝的青睐,如何澄、刘贯道、李肖岩,但大多数则生活在民间。文人画家一般视绘画为业余爱好,一种文化修养,作为怡情养性和社会交往的方式,职业画家一般则缺乏足够的传统文化修养,只是以绘画为谋生的手段。当然,这并不是绝对的,文人画家中亦有因贫困而以卖画为生的,如龚开画马,"一持出,人辄以数十金易得之,藉是故不饥"①。文人画家与职业画家在创作上存在差异。文人画家的题材以山水、竹石梅兰为主,追求"神似"以及诗、书、画的统一,职业画家以人物(肖像画、释道人物画、故事画)为主,重写实。这种差别到下一阶段更为明显。这一时期著名的书画家都是文人。

与绘画艺术相近的雕塑艺术,在这一时期有突出的成就。其代表人物是上述尼波罗艺术家阿尼哥及其弟子刘元。阿尼哥经历世祖、成宗两朝,"授光禄大夫、大司徒,兼领将作院印,秩皆视丞相"。光禄大夫秩从一品与丞相等。他是以建筑和雕塑工艺上的成就而得以居如此高的职位的,这在中国历史上极其罕见。世祖、成宗两朝许多重要的建筑都由阿尼哥主持修成,"其生平所成,凡塔三,大寺九,祠祀二,道宫一"②。现存北京白塔寺的白塔,便是他的作品。这座白塔的形制,属于藏传佛教的"噶当觉顿"型。其特点是塔身低,相轮粗,华盖宽大,元朝时在中原颇为流行。③ 在雕塑方面,"凡两京(大都与上都)寺观之像,多出其手"④。除寺观塑像之外,"上都国学始成,像祀夫子、十哲",忽必烈亦命阿尼哥塑造。后来,大都国学文庙落成,"复命为之肖位,遵先猷也"⑤。阿尼哥造像,有的用金属"铸"成,有的则用泥塑,引进了称为"梵式"的藏传佛教式样,对中原传统的雕塑艺术有所推动。这一时期还有一位雕塑名家刘元。"至元七年,世祖皇帝始建大护国仁王寺,严梵天佛像,以开教于天下,求奇工为之。得刘正奉于

---

① 《沧海遗录·序》,《渊颖集》卷12。
② 《凉国敏慧公神道碑》,《雪楼集》卷8。
③ 宿白:《元代杭州的藏传密教及其有关遗迹》,《藏传佛教考古》,文物出版社1986年版,第365—387页。
④ 《元史》卷203《方技·阿尼哥》。
⑤ 《凉国敏慧公神道碑》,《雪楼集》卷8。

黄冠师。""刘正奉"即刘元，后受封为正奉大夫（从二品）、秘书监卿，故有此称。刘元原是道士，"先事青州把道录，传其艺非一。及被召，又从阿尼哥学西天梵相，神思妙合，遂为绝艺"。他既熟悉中原传统的雕塑艺术，又学习了阿尼哥带来的"梵式"造像技术，融会贯通，成为一代高手。"凡两都名刹有塑土，范金，抟换为佛者，一出正奉之手，天下无与比者。""抟换者，漫帛土偶上而髹之，已而去其土，髹帛俨然其象。昔人尝为之，至正奉尤极好。抟丸又曰脱活，京师人语如此。"①"髹"是把漆涂在器物上的意思。也就是说，先用土捏成人像，蒙上布帛，再在布帛上涂漆，然后将泥人去掉，塑像就成功了。刘元的艺术创作延续了四十余年，阿尼哥、刘元师徒二人，一个阶从一品，与宰相等；一个阶从二品。以工艺方面的成就能到这样高的地位，这在其他朝代是难以想象的，也可以说是元代一个特色。可惜的是，这两位雕塑大师的作品，现在都已看不到了。

第五节　宫廷和民间乐舞

生长于草原的蒙古人喜爱歌舞。蒙古人原来的歌舞和乐器，应是比较简单的，但是有关情况已难以查考。13世纪上半叶，在向外扩展过程中，蒙古人不断接触到其他民族的音乐舞蹈。耶律楚材追随成吉思汗西征，在河中（今哈萨克斯坦撒马尔罕）看到当地的歌舞："歌姝窈窕髯遮口，舞妓轻盈眼放光"，"异域丝簧无律吕，胡姬声调自宫商"。② 这些表演者和他们的伎艺显然都成为蒙古人的战利品。受命经略中原的蒙古大将木华黎"出师亦以女乐随行，率十七八美女，极慧黠，多以十四弦等弹大官乐等曲，拍手为节甚低。其舞甚异"。"我使人（南宋使臣）相辞之日，国王（即木华黎）戒伴使曰：'凡好城子多住几日，有好酒与吃，好茶饭与吃，好笛儿、鼓儿吹着打着。'"③ "十四弦"是中原的乐器，"大官乐"应是中原的乐曲，"拍手为节"则应是蒙古人的习惯，而在南宋使臣眼中"其舞甚异"无疑指的是蒙古人的舞蹈。"好笛儿、鼓儿吹着打着"，表明他对中原传统音乐的认同。13世纪中期前往蒙古草原的欧洲教士鲁不鲁乞报道说，他在蒙古人那里

---

① 《刘正奉塑记》，《道园学古录》卷7。按，刘元是阿尼哥的弟子，阿尼哥在世时，两都寺观塑像，应是他们师徒合作的成果。
② 《戏作二首》，《湛然居士文集》卷6。
③ 《蒙鞑备录》。

"看到过我们所不知道的许多其他乐器。当男主人开始喝饮料时,一个仆人高声喊道'哈!'乐师立即敲打他的乐器。当他们举行盛大宴会时,他们全都拍着手,并随着乐器的声音跳舞"。为了劝人喝饮料,他们就拿着酒杯"在他面前拍手和跳舞"①。鲁不鲁乞的叙述真实地反映了蒙古人对歌舞的爱好。他看到的许多与当时西方不同的乐器,应出自东方各民族。乐师也可能(甚至主要)是其他民族的成员。从以上这些记载,可以看出,其他民族的音乐舞蹈,已逐渐渗透到蒙古族文化生活之中。

窝阔台汗五年(1233)蒙古军包围汴京。"初,汴京未下,(耶律楚材)奏遣使入城,索取孔子五十一代孙、袭封衍圣公元措,令收拾散亡礼乐人等。"②这是耶律楚材为保护中原传统文化所做的一件大事。孔元措离开汴京回到山东,受东平军阀严实、严忠济父子的照顾。窝阔台汗十年(1238)十一月,孔元措正式向蒙古汗廷请求收集亡金乐官、乐工、礼册、乐器,汗廷降旨将"亡金知礼乐旧人"及其家属遣赴东平,"令元措领之,于本路课税所给其食"③。一批流落在燕京的原金朝乐官、乐工带着部分乐器来到东平。他们被安置在府学之中,由儒士宋子贞管理,继续肄习宫廷礼乐。④蒙哥汗时代,受命管理"漠南汉地"的宗王忽必烈对东平宫廷音乐表示了很大的兴趣,多次下令,命东平地方政府照顾乐工生活,同时要求乐工认真训练。这样,在多方努力下,这支宫廷音乐队伍在动荡不安的时代里得以保存下来。

《元史·礼乐志》记载说,"及宪宗始用登歌乐,祀天于日月山"。又说:"宪宗二年三月五日,命东平万户严忠济立局,制冠冕、法服、钟磬、笋簴、仪物肄习。五月十三日,召太常礼乐人赴日月山。八月七日,学士魏祥卿、徐世隆,郎中姚枢等,以乐工……五十余人,见于行宫……十一日,始用登歌乐祀昊天上帝于日月山。祭毕,命驿送乐工还东平。"⑤《元史·姚枢传》载,忽必烈称帝后,姚枢曾上奏:"(衍圣公)卒,其子与族人争求袭爵,讼之潜藩,帝时曰:'第往力学,俟有成德达才,我则官之。'又曲阜

---

① 《鲁不鲁乞东游记》,《出使蒙古记》,第115页。
② 《中书令耶律公神道碑》,《国朝文类》卷57。
③ 《元史》卷58《礼乐志二》。
④ 《元史》卷68《礼乐志二》;《赈恤乐户记》,《危太朴集》卷4;《元史》卷159《宋子贞传》;《东平府新学记》,《遗山集》卷32。
⑤ 《元史》卷67《礼乐志一》、卷68《礼乐志二》。

有太常雅乐,宪宗命东平守臣辇其歌工舞郎与乐色俎豆至日月山,帝亲临观,饬东平守臣员阙充补,无辍肄习。"① 据此,蒙哥汗关注东平宫廷音乐,并曾将乐队召到日月山,在祭祀昊天上帝仪式中演奏。但是,这一记载是可疑的,蒙哥汗是一个典型的草原君主,"自谓遵祖宗之法,不蹈袭他国所为"②。他身边的亲信大臣中,没有一个汉人,很难想象,他对中原传统音乐会有兴趣,事实上,对东平宫廷音乐发生兴趣的,不是"宪宗",而是世祖忽必烈。上述带领乐工去日月山的三人中,徐世隆是金朝进士,金亡,严实"招致东平幕府,俾掌书记"。"上在潜邸,独喜儒士……壬子岁,自漠北遣使来征公,见于日月山之帐殿……东平自武惠公时得亡金太常登歌乐,有旨取观,公典领以行。"中统三年,"总管严公奏:'太常登歌乐,向圣主观于日月山,既而发还,今十余年矣。'"③ "总管严公"指严实之子严忠济,而"在潜邸"的"上",指的是忽必烈,因而徐世隆是奉忽必烈之召率领东平队前往日月山的。三人中的另一人是忽必烈的谋士姚枢。上引《元史·姚枢传》依据的是姚燧所作《姚文献公神道碑》,而《神道碑》的记载是:中统二年(1261)姚枢上奏,"在太宗世,诏孔子五十一代孙元措仍袭封衍圣公。卒,其子与族争求嗣,为讼及潜藩。帝时曰:'第往力学,俟有成德达才,我则官之。'又闻曲阜有太常雅乐,命东平守臣,辇其歌工舞郎,与乐色俎豆、祭服,至日月山。帝亲临观,饬东平守臣,员阙充补,无辍肄习"④。从这段记载中有两处"帝",很清楚都是指忽必烈。从上文来看,"命东平守臣"的显然也是忽必烈,《元史·姚枢传》改为"宪宗",这显然是不对的。《元史·礼乐志》的记载也是不准确的。忽必烈身为漠北蒙古宗王,但早就向往中原传统文化,东平一些有名望的士人都在他罗致之列,他对东平的宫廷乐队表示关心是合乎情理的。

制礼作乐,是中原传统文化的重要内容之一。中国古代的宫廷乐舞,历来分为"雅乐"和"燕乐"。"雅乐"是正乐,雅正之乐,起于先秦,使用钟、磬、鼓、瑟、箫等传统乐器,专门在郊庙祭祀时演奏。旨在营造庄严肃穆的气氛。"雅乐"历代相传,乐器和乐曲都很少变化。"燕乐"是宴会时

---

① 《元史》卷158《姚枢传》。
② 《元史》卷3《宪宗纪》。
③ 《元朝名臣事略》卷12《太常徐公》载《墓志》。《元史》卷160《徐世隆传》载召见徐世隆事略同,但未载中统三年严忠济奏。
④ 《国朝文类》卷60。

演奏的音乐，旨在制造热烈欢快的气氛，"燕乐"的乐器和乐曲各个朝代都有变化，大多吸收当代的民间音乐和其他民族的音乐改造而成。忽必烈即位后，积极推行"汉法"，也按前代的传统，设置由雅乐和燕乐组成的宫廷乐舞。"国家乐歌，雄伟宏大，足以见兴王之盛焉。郊社宗庙，孔子之庙，先农之坛，用古乐。朝会燕飨，用燕乐。于是古今之音备矣。"① "大抵其于祭祀，率用雅乐，朝会飨燕，则用燕乐，盖雅俗兼用者也。"② 雅乐即古乐，燕乐即俗乐。

元朝设太常礼仪院，"掌大礼乐、祭享宗庙社稷、封赠谥号等事"。太常礼仪院下有大乐署，中统五年设置，秩从六品，"掌管礼生、乐工四百七十九户"③。大乐署的乐工队伍是以东平乐工为基础建立起来的，分成登歌、宫县二个乐队。"凡乐，郊社、宗庙则用宫县，工三百有一人；社稷，则用登歌，工五十有一人。"④ 登歌乐队在堂上表演，宫县乐队规模较大，在堂下表演。登歌、宫县使用的乐器是古老的钟、磬、琴、瑟、箫、笛、埙、鼓等，但两者各种乐器多寡不同，宫县有大量钟、磬而登歌很少，宫县有多种鼓而登歌没有。两者演奏的都是传统的乐曲，但填上新词。乐队中以乐工（演奏者）为主，还有歌工、舞人，表演的舞蹈称为"文武二舞"，交替演出。⑤ 北宋宫廷乐队已有登歌、宫县，以及文武舞队。"金初得宋，始有金石之乐"，在此基础建立了宫廷乐队，亦分登歌、宫县，以及文武二舞。⑥ 收拾亡金残余礼乐人建立起来的东平乐队，原来人数有限，只能组成登歌乐。忽必烈即位后扩大，到至元三年（1266），"宫县、登歌乐，文武二舞咸备"。后来不断添置乐器。南宋灭亡后，"亡宋雅乐器"运到大都，归大乐署掌管使用。⑦ 大乐署系统乐工、歌工、舞人表演的登歌、宫县和文武二舞，属于"雅乐"。

在中书礼部内，设有仪凤司和教坊司，则属于"燕乐"系统。中统元年（1260）十二月，"立仙音院，复改为玉宸院，括乐工，立仪凤司"。按，玉宸院是仪凤司的前身，这条记载说同时设立玉宸院和仪凤司，大概有不准确

---

① 《经世大典序录·礼典》，《国朝文类》卷41。
② 《元史》卷67《礼乐志一·序》。
③ 《元史》卷88《百官志四》。
④ 《元史》卷71《礼乐志五》。
⑤ 同上。
⑥ 《金史》卷39《乐志上》。
⑦ 《元史》卷68《礼乐志二》。

之处，但这个机构设置于中统初年应无问题。① 仪凤司"秩正四品，掌乐工供奉祭飨之事"。下有云和署，"掌乐工调音律及部籍更番之事"；安和署，"职掌与云和同"；常和署，"管领回回乐人"；天乐署，"管领河西乐人"。教坊司"秩从五品，掌承应乐人及管领兴和等署五百户，中统二年始置"。下有兴和署、祥和署和广乐库。② 大都每年二月十五日举行"游皇城"仪式，"与众生祓除不祥，导迎福祉"。游行队伍中，"教坊司云和署掌大乐，鼓、板杖鼓、筚篥、龙笛、琵琶、筝、蓁七色，凡四百人。兴和署掌妓女杂扮队戏一百五十人，祥和署掌杂把戏男女一百五十人，仪凤司掌汉人、回回、河西三色细乐，每色各三队，凡三百二十四人"③。以上两种记载中云和署隶属关系说法有别，这可能是因为云和署一度并入教坊司所致。④ 元代有人说："云和署隶仪凤司，掌天下乐工。""仪凤司天下乐工隶焉。"又说："兴和署乃教坊司属，掌天下优人。"⑤ 不少记载把各类演员泛称为"乐工""优人"，但严格来说，"乐工"与"优人"是不同的，也就是说，仪凤司下属都是演奏各种乐器的"乐工"，而教坊司下属则是表演各种伎艺的"优人"。从上面的记载看来，兴和署"掌妓女杂扮队戏"应是管理杂剧表演和歌舞的演员，祥和署"掌杂把戏"应是管理"百戏"亦即各种杂技的演员。至元十一年（1274），"增选乐工八百人，隶教坊司"⑥。这里所说"乐工"应是泛指的，可知教坊司的成员必在 800 人以上。至元二十二年正月，"徙江南乐工八百家于京师"⑦。这里的"乐工"也是泛指原南宋宫廷乐队的成员，迁到京师以后，应是分别用来补充大乐署和仪凤司、教坊司的。以此估计，教坊司所属"优人"，应不下千人。

元朝宫廷"宴乐之器"有兴隆笙、琵琶、筝、火不思、胡琴、方响、龙笛、头管、笙、箜篌、云璈、箫、戏竹、鼓、杖鼓、札鼓、和鼓、蓁、羌笛、拍板、水盏等。⑧ 上述"游皇城"时教坊司参加游行的大乐"七色"，

---

① 《元史》卷4《世祖纪一》。《元史》卷85《百官志一》载，至元八年立玉宸院，二十年改置仪凤司。
② 《元史》卷85《百官志一》。
③ 《元史》卷77《祭祀志六》。
④ 《元史》卷14《世祖纪十一》。
⑤ 《滦京杂咏》卷上、下。
⑥ 《元史》卷8《世祖纪五》。
⑦ 《元史》卷13《世祖纪十》。
⑧ 《元史》卷71《礼乐志五·宴乐之器》。

有六种都在"宴乐之器"行列,另一种筚篥很可能漏载。这些"宴乐之器"与"雅乐"的乐器有很大的区别。仪凤司和教坊司乐工演奏的乐曲与表演的舞蹈也与大乐署的"雅乐"系统有所不同。上面说过,"雅乐"有文武二舞,而由仪凤司、教坊司表演的舞蹈则有乐音王队(元旦用之)、寿星队(天寿节用之)、礼乐队(朝会用之)以及说法队,后者应是举行宗教活动时用的。演奏的乐曲有"万年欢""长春柳""吉利牙""山荆子带袄神急""新水令""水仙子""青山口""金字西番经",歌唱的乐曲有"新水令""沽美酒""太平令""水仙子"等,其中"长春柳""新水令""水仙子""沽美酒""太平令"几种乐曲反复使用,这些都是宋元时期民间流行的曲牌。①

众所周知,唐代的"燕乐"中有大量非中原的音乐成分,如高昌乐、龟兹乐、高丽乐等。随着时间的流迁,这些非中原的音乐成分已逐渐与中原原有的音乐成分融为一体。元朝是统一多民族国家,这一时期中外经济文化交流频繁,元朝的"燕乐"中也包含有新的非中原音乐成分。仪凤司所属有汉人、河西、回回三色细乐,汉人指中原传统音乐,河西指原西夏的音乐,回回则是伊斯兰各民族的音乐。西夏是党项人建立的国家,1227年为蒙古所灭。《元史·礼乐志》载,"太祖征用旧乐于西夏";又说:"太祖初年,以河西高智耀言,征用西夏旧乐。"② 按,高智耀系西夏进士,西夏亡后隐居,窝阔台汗、蒙哥汗均曾召见,但未出仕。忽必烈即位后,受到重用。因此,接受高智耀建议征用西夏旧乐的不可能是成吉思汗,而应是忽必烈。管理河西乐人的天乐署,"至元十七年始置"③。此时高智耀早已去世。蒙古西征时,已接触到回回音乐,见上引耶律楚材诗句。仪凤司属下回回乐队的来源,则无记载可考。管理回回乐人的常和署,"皇庆元年始置"④。很可能是从内迁的回回人中征召的。似可认为,河西旧乐、回回乐舞传入宫廷较早,但正式设置机构则都过了一段时间。参加"游皇城"的汉人、河西、回回三色细乐,每色各三队,共324人,则河西、回回乐队各有108人,规模是相当可观的,而仪凤司属下的回回、西夏乐工,应不止此数。上述说法队演出时,奏"金字西番经之曲",显然是来自吐蕃藏传佛教的乐曲。"燕乐"中

---

① 《元史》卷71《礼乐志五·乐队》。
② 《元史》卷67《礼乐志一》、卷68《礼乐志二》。
③ 《元史》卷85《百官志一》。
④ 同上。

亦有蒙古族乐曲，最有名的是《白翎雀》。"白翎雀者，国朝教坊大曲也。"这首乐曲表现草原中白翎雀的神态，据说是忽必烈"命伶人硕德闾"制作的。① 元代中期，诗人杨允孚在上都听到琵琶新曲《海青拿天鹅》。② 元朝皇帝每年春天要到大都近郊柳林畋猎，放海东青（一种鹰的名称）抓捕天鹅，此曲表现的即这一内容，无疑亦应是仪凤司或教坊司的作品。明初朱有燉描述元宫廷生活，大宴会时"珍羞络绎进行厨"，"殿前百戏皆呈应，先向春风舞鹧鸪"③。

在"燕乐"的"宴乐之器"中，有几件外来的乐器。一是兴隆笙，"中统间，回回国所进"④。实际上是欧洲的管风琴，经过伊斯兰国家的中介，传入中国。这种乐器起源于古希腊，中世纪在基督教修道院中普遍使用，其声音雄伟洪亮，令人有庄严肃穆之感。元代传入中国以后，"凡大朝会，则列诸轩陛之间，与众乐并奏。每用乐工二人，一以按管，一以鼓鞴，以达气出声，以叶众音，而乐之奏成矣。其制之宏巨，历古所无"⑤。又有火不思与胡琴，火不思是一种弹拨乐器，四弦，长颈，原是中亚和西南亚流行的乐器。它是元代传入中原的，也有人认为可能更早一些，但只有到元代才在中原流行开来。胡琴，"制如火不思，卷颈龙首，二弦，用弓捩之。弓之弦以马尾"⑥。胡琴以"胡"为名，可知一定源自北方民族或境外，但详情已不可考。⑦ 元代的记载说："达达乐器，如筝、秦、琵琶、胡琴、浑不似之类。"⑧ "达达"即蒙古，浑不似即火不思的异译。可知当时胡琴、火不思（浑不似）主要用来演奏蒙古音乐，回回音乐亦应使用这些乐器。"二弦声里实清商，只许知音仔细详。阿忽令教诸伎唱，北来腔调莫相忘。""二弦"即胡琴，"北来腔调"显然指蒙古或回回音乐而言，这首宫词表现的正是胡琴用于蒙古或回回音乐的演奏。⑨

大乐署的乐工（宫县、登歌及文武二舞）用于太庙和社稷、郊坛（昊

---

① 《南村辍耕录》卷20《白翎雀》。
② 《滦京杂咏》。
③ 《元宫词一百首》，《辽金元宫词》，北京古籍出版社1988年版。
④ 《元史》卷71《礼乐志五》。
⑤ 《兴龙笙颂》，《王忠文公集》卷15。
⑥ 《元史》卷71《礼乐志五·宴乐之器》。
⑦ "胡琴"在宋代已有记载，《宋会要辑稿·刑法二》。
⑧ 《南村辍耕录》卷28《乐曲》。
⑨ 《元宫词一百首》。

天上帝)、先农坛祭祀,大都和曲阜宣圣庙释奠行礼,亦可用登歌乐。后来,各路、府宣圣庙亦允许置"雅乐,选择习古乐师教肄生徒,以供春秋祭祀",宣圣庙用的"雅乐",即是登歌乐。① 仪凤司和教坊司的乐工,主要用于朝廷重大仪式(元旦、皇帝生辰、册立皇后皇太子等)、宴会和皇帝出巡时的仪仗、"游皇城"等活动。至元六年(1269)初起朝仪,以刘秉忠等主其事。先组织部分人员肄习朝仪,"百日而毕";刘秉忠认为:"无乐以相须,则礼不备。"于是又"搜访旧教坊乐工,得杖鼓色杨皓、笛色曹楫、前行色刘进、教师郑忠,依律运谱,被诸乐歌。六月而成,音声克谐"②。自此,每当举行重大仪式(如元旦朝会、皇帝即位、天寿节、册立皇后皇太子、进太皇太后皇太后册宝等)时,"设仪仗于崇天门外……教坊陈乐廷中,于是皇帝乘辇出房,升御座,谒者传警,鸡人报时,诸王后妃皇子公主以次奉贺,通事舍人引百官班入,丞相进酒,教坊作乐,成礼而退"③。"进发册宝导从"队伍中,有云和乐一部,安和乐一部,分别是由仪凤司下云和、安和两署的乐工组成。④ 举行宫廷宴会时,"教坊美女必花冠锦绣以备供奉"⑤。特别是在上都举行的接连三日的诈马宴,"诸坊奏大乐,陈百戏"。大乐和百戏的表演者就是仪凤司和教坊司的乐工和优人。⑥ 皇帝的卤簿中有云和乐、安和乐、天乐,云和乐后部四组乐队,分别由云和署、安和署和天乐署的官员率领。⑦ 皇帝每年都往上都(在今内蒙古正蓝旗境内)避暑,随行的队伍中有仪凤司和教坊司的乐工和优人,抵达上都御天门时,"俱下马徒行,独至尊骑马直入,前有教坊舞女引导,且歌且舞,舞出'天下太平'字样,至玉阶乃止"⑧。仪凤司和教坊司的乐工和优人要参加大都的"游皇城"活动,已见上述。

教坊司的乐工、优人随时还要应召到宫廷中,为皇帝、皇族作各种表

---

① 《元史》卷68《礼乐志二》。
② 《元史》卷67《礼乐志一》。
③ 《赵公行状》,《滋溪文稿》卷22。
④ 《元史》卷67《礼乐志一》、卷80《舆服志三》。
⑤ 《滦京杂咏》卷上。
⑥ 《诈马行》,《近光集》卷1。"诈马"是波斯语 Jsmah 的音译,义为衣。与会者每日要穿一色衣服,故以为名。见韩儒林《诈马宴新探》,《穹庐集》,上海人民出版社1982年版,第247—253页。
⑦ 《元史》卷79《舆服志二》。按,卤簿中没有常和乐(回回乐),可能因常和署成立较晚之故。
⑧ 《滦京杂咏》卷上。

演。"开国遗音乐府传,白翎飞上十三弦,大金优谏关卿在,伊尹扶汤进剧篇。"①"初调音律是关卿,伊尹扶汤杂剧呈,传入禁垣宫里悦,一时咸听唱新声。""尸谏灵公演传奇,一朝传到九重知,奉宣赍与中书省,诸路都教唱此词。"②《伊尹扶汤》《尸谏灵公》都是杂剧名,"关卿"一般认为即元代大剧作家关汉卿。这些诗篇说明元朝宫廷中曾演出综合音乐、舞蹈、演唱等多种表演形式于一体的杂剧,而表演者非教坊优人莫属。元朝后期,教坊歌妓顺时秀,"性资聪敏,色艺超绝",在京师享有盛名。③"教坊女乐顺时秀,岂独歌传天下名。意态由来看不足,揭帘半面已倾城。"④"文皇在御升平日,上苑宸游驾频出。仗中乐部五千人,能唱新声谁第一?燕国佳人号顺时,姿容歌舞总能奇。中官奉旨时宣唤,立马门前催画眉。建章宫里长生殿,芍药初开敕张宴。龙笙奏罢凤弦停,共听娇喉一莺啭。"⑤"文皇"指元文宗。顺时秀的弟子陈氏、宜时秀,也都是教坊优人,有名于时,也在宫廷中表演。⑥总的来说,仪凤司和教坊司承担的工作比大乐署要重得多,也就是说,"燕乐"的实际地位和影响都比"雅乐"大得多。

金朝设大乐署从六品,元朝大乐署也是从六品。金朝的教坊正五品,元朝仪凤司和教坊司的品阶屡次变迁,仪凤司品秩先后不同,最高为从二品,最低为正四品;教坊司的品秩亦不断变化,曾高至三品,最低为从五品。也就是说,仪凤司、教坊司的品级要比大乐署高,这实际上反映出"燕乐"和"雅乐"两者地位的差别。

上面对元朝宫廷的乐舞作了简要的叙述。宫廷之外,元朝的贵族、官僚中的很多人对于音乐歌舞也是颇为热衷的,他们举行宴会时,通常都有乐工奏乐,有时还伴以歌舞。民间类书《事林广记》载,"凡大宴席茶饭……祗应乐人分列左右"。同书有《宴会图》,身穿蒙古服饰的官员在堂上饮酒,祗应乐人在堂下右侧,分别击鼓、吹笛、拍板。同书还有《蹴鞠图》,三人踢球,旁有持各种器物的侍者三人,又有乐工三人,击鼓、拍板、吹笛。⑦

---

① 《宫词十二首》,《铁崖先生古乐府》卷14。
② 《元宫词一百首》。
③ 《南村辍耕录》卷19《妓聪敏》。
④ 《辇下曲》,《张光弼诗集》卷3。
⑤ 《听教坊旧妓郭芳卿弟子陈氏歌》,《高青丘集》卷8。
⑥ 陈氏见《听教坊旧妓郭芳卿弟子陈氏歌》;宜时秀见《听老京妓宜时秀歌慢曲》,《眉庵集》卷2。
⑦ 《事林广记》(至顺本)前集卷11《仪礼类》,续集卷7《文艺类》。

14世纪中叶高丽的汉语教科书《朴通事》，开头第一段就记"官人们"在花园举行赏花宴席的情况。除了准备各种食品之外，还派人"叫教坊司数个乐工和做院本诸般杂技的来"。吃酒时节"弹的们动乐器，叫将唱的根前前来，着他唱"。宴席散时要为"官人们""把上马杯儿"，同时"唱达达曲儿，吹笛儿着"①。就是民间的豪富之家宴请宾客时，亦常以乐舞助兴，昆山（今属江苏）顾德辉便是一个例子。② 元代诗、词、散曲中以"歌者""歌姬""舞女""弹唱佳人""琵琶妓"等歌舞表演者为题材者甚多，这些作品大多作于酒席宴会上。

近年发现的元墓壁画，也有不少乐舞的场面。内蒙古三眼井元代墓葬壁画《出猎归来图》（如图2-4-8）中，五人迎接出猎归来的主人，前二人献酒，后三人分别击鼓、吹笛、拍板。③ 陕西蒲城墓壁画《宴归图》，为迎接主人或来访者，一人弹火不思，一人拍手击掌，一人手舞足蹈。④ 辽宁凌源富家屯元墓壁画，在主人身后，有一人怀抱乐器弹奏。⑤ 这些墓葬的壁画所反映的应是蒙古、色目贵族官僚的生活面貌。由以上的各种记载和图像可以想见音乐歌舞在元代贵族官僚的日常生活中占有相当重要的地位。

图2-4-8　三眼井壁画《出猎归来图》（摹本）⑥

---

① 《朴通事谚解》卷上。
② 《玉山逸稿》卷2、卷3各篇。
③ 项春松、王建国：《内蒙昭盟赤峰三眼井元代壁画墓》，《文物》1982年第1期。
④ 呼林贵等：《蒲城发现的元墓壁画及其对文物鉴定的意义》，《文博》1998年第5期。
⑤ 辽宁省博物馆、凌源县文化馆：《凌源富家屯元墓》，《文物》1985年第6期。
⑥ 原载《追寻逝去的音乐踪迹》，东方出版社1999年版，第292页。

上面提到曲阜和各地宣圣庙（孔庙）亦用雅乐，即登歌乐。其实这有一个变化的过程。原来各地的儒学在祭孔时"多用俗乐"，杭州路儒学教授倪渊"访得故太常乐工二人，俾以雅乐教诸生。胄监闻之，因招致两乐工为国子乐师。今诸郡备金石之乐，实自公创之"①。所谓"故太常乐工"即原南宋的宫廷乐工。官府主持的某些祭祀仪式，亦有歌舞。太仓（在今江苏昆山）是元朝海运的始发地，当地有天妃宫，每年都要举行盛大的仪式，由地方长官主持，"合乐曲，列舞队"；"丝声在弦，金石间奏，咽轧箫管，繁吹入云。舞既歌阕，冷风肃然"②。这类歌舞的内容不详。杂剧、南戏在民间广泛演出，其中都有大量的音乐、舞蹈成分。民间祭祀鬼神的活动，常由巫觋表演歌舞。陈州（今河南淮阳）"俗尚鬼，当岁时之隙，往往斩羊豕为牲，使巫觋歌舞以乐鬼。比屋相仿，以为不若是则厉气将作"③。这是比较原始的歌舞形态，但在当时农村中显然仍是相当流行的。

宫廷之外各种场合中表演乐舞伎艺的艺人，身份是比较复杂的。一类是教坊司、仪凤司管辖的乐人，在为宫廷服务之余可以应贵族、官僚之召到宴会上表演，得到相应的报酬。由上述《朴通事》的记载可以想见这种现象一定相当普遍。一类是贵族、官僚的私属，有的即是奴婢，有的应与雇工相近。他们一般根据主人的命令在家庭宴会上演出。上述几处墓葬壁画表现的应该都属于此类。另一类是专业的戏剧和说唱伎艺演员。他们除了本身的专业演出之外，还会应召到宴会或其他场合表演。还有一类是妓女，除出卖肉体外，还随时应召表演歌舞。应该指出的是，论者常常把教坊司管辖下的乐人与妓女混同，视为官妓，其实是不对的。教坊司属下的乐人就整体而言是以乐舞为宫廷服务的特殊人户，与妓女有严格的区别，当然其中有些人可能有出卖色相之举，但不能因此与娼妓等同起来。名著《青楼集》，记录元代歌舞戏曲女性演员 117 人，男性演员 35 人。有的论者把这些女性演员概称之为"妓女"④，应该说是很不合适的。《青楼集》中的演员有相当多是教坊乐人，如上面提到的顺时秀。又如玉莲儿"尝得侍于英庙"，"英庙"即元英宗，玉莲儿无疑亦是教坊中人。此外有不少应是戏剧团体中的职业演员。《青楼集》记载有不少夫妻均为演员（夫为乐工、末尼），元朝规定："是承

---

① 《倪公墓志铭》，《金华集》卷32。
② 《天妃庙迎送神曲》，《江苏通志稿·金石》卷21。《重修路漕天妃宫碑》，《侨吴集》卷11。
③ 《李府君墓铭》，《宋文宪公全集》卷5。
④ 王宁：《宋元乐妓与戏剧》，中国戏剧出版社2003年版，第150、299页。

应乐人呵，一般骨头成亲，乐人内匹配者。"① 也就是说，这种情况可能双方都是教坊司的乐人，也可能是专业团的演员。如果说这样的女性都是妓女，那是太不合情理了。

　　在宴会或日常生活中演奏、歌唱的乐曲可分两大类，一类是中原和江南传统的乐曲，其中可以填词歌唱的乐曲称为散曲。散曲是在民歌基础上发展起来的，曲调多种多样。散曲的词便是文学作品，在本书其他章节已有介绍。另一类是蒙古族和其他民族的乐曲。元末陶宗仪说，"达达"乐曲"与汉人曲调不同"，流行的有哈八儿图等"大曲"十六种，哈儿火失哈赤等"小曲"八种，此外还有"回回曲"三种。② 陶宗仪是浙东人，后来一直生活在浙西，可见江南已有蒙古与回回乐曲流传，北方一定更普遍。在"大曲"中有一种名"畏兀儿"，显然原是畏兀儿人的乐曲，说明当时的"达达"乐曲实际上含有其他民族的成分。上面提到，宫廷燕乐中有西夏细乐，它在民间亦应流传，可惜没有记载保留下来。无论宫廷或民间，都呈现出多种民族音乐舞蹈争相斗妍的景象，为元代文化增添了光彩。

---

① 《通制条格》卷3《户令》。
② 《南村辍耕录》卷28《乐曲》。

第五章　遗民史学和地理学的成就

第一节　遗民史学：胡三省与马端临

中国古代史学的发展，到宋代出现一个高峰，元代则呈现衰落趋势。但在元代前期，两位由宋入元的遗民学者胡三省和马端临，却在史学领域取得了重要成就。二人入元后生活了相当长时间，主要著作的完成也是在元代，但从家庭背景、个人经历、学术渊源等因素来看，或许将他们称作宋代史学的殿军更为合适。

胡三省（1230—1302），字景参，一字身之，号梅磵，台州宁海（今属浙江）人。宋理宗宝祐四年（1256）进士，历任县尉、县丞、知县等职。度宗咸淳十年（1274）充主管沿江制置使机宜文字，上《江东十鉴》于宰相贾似道陈述政见，未获采纳。时元军已占领襄阳，南宋灭亡几成定局，乃间道避归乡里。三省精于史学，立志为编年体史学巨著《资治通鉴》作注。早年仿北朝陆德明《经典释文》体例，著《资治通鉴广注》97卷、《论》10篇，但书稿在宋末战乱中全部遗失。入元，隐居不仕，复购他本《通鉴》重新作注，将司马光《通鉴考异》及自己所作注释全部散入《通鉴》正文之中，亲手抄录，虽严寒盛暑不辍。另作《通鉴释文辨误》12卷，纠正宋人史炤《通鉴释文》一书疏谬，并阐发注书原则。有文集《竹素园稿》，今已失传。

马端临（1254—1323），字贵与，饶州乐平（今属江西）人，宋度宗时右丞相马廷鸾之子。少以荫补官，又中漕试（由转运使主持、针对在朝官员亲属的科举考试）第一。廷鸾与权臣贾似道不合，辞职归里，端临亦回家侍父，未继续任官。宋亡，降臣留梦炎仕元为吏部尚书，欲荐端临出仕，端临以父疾坚辞。父卒，乃出为学官，曾任慈湖书院、柯山书院山长，台州路教授。著《文献通考》348卷，阐述自上古至宋历代典章制度的发展演变线索。另著有《大学集传》《多识录》《义根守墨》等书。除《文献通考》外，余书均已亡佚。

胡三省、马端临的生平和学术，有不少共同之处。首先，二人均为南宋遗民，入元不仕，穷半生之力各自完成一部史学巨著。马端临晚年虽出任学官，但从事的是文化工作，与担任行政职务性质不同，于遗民身份并无大碍。① 其次，二人虽有名著，生平事迹皆湮没不彰。《宋史》《元史》均未为二人立传。《光绪宁海县志》卷20《艺文》，始收录胡三省之子胡幼文为他写的《墓碑》。《宋元学案》卷89《介轩学案》为马端临立了一个简单的附传，《顺治乐平县志》也有有关端临生平的零星材料。柯劭忞《新元史》卷234为二人作合传，也很简短。再次，二人治学，皆有家庭背景。胡三省之父胡钥"笃史学"，患病后仍然"读史不暂置"。三省正是在父亲的一再勉励下，立下注释《资治通鉴》的宏愿。② 马端临之父马廷鸾以博学著称，著有《读史旬编》80卷（已佚），述历代制度沿革。端临著《文献通考》，显然受到了父亲的影响。《通考》中多次引用马廷鸾的见解，皆以"先公曰"标出。最后，二人的著作均带有为宋代有关研究进行总结的性质。在胡三省以前，宋人已有多家《通鉴》注，但水平都不高。胡注一出，诸家注尽废。另外与胡三省大致同时的名儒王应麟，亦有《通鉴答问》5卷、《通鉴地理通释》14卷，然规模远不能与胡注相比。自唐朝杜佑作《通典》，开创典制体通史体裁后，宋人续补《通典》或受杜氏影响撰述同类著作者颇不乏人，如宋白有《续通典》，郑樵有《通志·二十略》，吕祖谦有《历代制度详说》。魏了翁亦尝作《国朝（宋）通典》，然未能成书。至马端临《文献通考》，才真正成为一部集大成的作品。总体言之，胡三省、马端临实可称为宋代史学的殿军。就史学发展角度来看，宋代史学前有欧阳修、司马光，中有李焘、徐梦莘、郑樵、袁枢、李心传，后有胡三省、马端临，共同构成了中国史学史上一个辉煌的繁荣时期。

胡三省《资治通鉴注》，或称《资治通鉴音注》，并非单独刊行，而是与《通鉴》正文合刻。自问世以来，历代刊刻《通鉴》，必附胡注，胡注已

---

① 参见周祖谟《宋亡后仕元之儒学教授》，《辅仁学志》14卷第1—2期（1946年）；又收入《周祖谟语言文史论集》，浙江古籍出版社1988年版。

② 《新注资治通鉴·序》，《国朝文类》卷32。

成为读《通鉴》者不可缺少的辅助材料。《资治通鉴》一书，"网罗宏富，体大思精，为前古之所未有，而名物训诂，浩博奥衍，亦非浅学所能通"①。其记事自战国至五代，长达一千三百余年。战国、秦汉和三国部分，尚有古人所作《前四史》注可供参考。晋至五代正史，虽有一些注释行世，但大都简略不足观，胡三省对《通鉴》这一部分的注释，基本上是另起炉灶。而且他注释的内容，包罗范围很广。大致有以下方面。

1. 音读。对一些生僻字，用反切法注出读音。古今读音有变化者，必注明其故。有时还根据需要，注出某些方音。

2. 官制。凡书中新出现的官名，通常都注出其职掌、品秩、设立时间等。

3. 古代名物。对一些当时人已不熟悉的古代名物进行解释。如古代冠服，注明其颜色、式样、长短等。一些科技成果，如浑仪、司南、记里鼓车、木牛流马之类，亦注明其形制、用途。

4. 地理。对古地名注出其建置沿革、地名变化。所注不仅限于州县以上的大地名，对一些小地名如村庄、河道、桥梁、渡口等，也尽其所知加以注释。

5. 事件、人物前后照应。《通鉴》是编年体，一些跨时段的事件、大问题和一些重要的历史人物，往往分散记载，读者不易究其全貌。胡注在这些地方，通常都注明某事为此后某事张本，某人某事见此前某卷某年，某字号即此前某卷某人等等，前后照应，在一定程度上弥补了《通鉴》作为编年体史书在体裁方面的缺陷。

6. 改正错误。胡三省对自己所发现《通鉴》记事中的一些疏误，用注释方式指出，并引用相关材料进行考订。这些地方，实际上成为司马光《通鉴考异》的补充。陈垣指出：胡三省"精校勘学，其注《通鉴》，名音注，实校注也"②。

7. 事件补充解释。对《通鉴》中提到一些重要问题，而记载过于简略的，补充材料，作进一步的说明。如《通鉴》卷71魏明帝太和四年条中，吴国卫温、诸葛直航海至"夷洲"（今台湾）事，胡注征引《后汉书·东夷传》及沈莹《临海水土志》，对"夷洲"的地理、风俗等情况详加注释。又

---

① 《四库全书总目》卷47《史部·编年类·资治通鉴》。
② 陈垣：《通鉴胡注表微》，中华书局1962年版，第37页。

如卷187唐高祖武德二年"定租庸调法"条，胡注详细解释了租庸调法的基本内容，并指出它作为赋税制度的特点是"以人丁为本"。这些都对读者大有裨益。

8. 历史评论。胡注以材料训释为主，发议论不多。但有时也对历史事件、人物进行评论，往往是结合现实，有感而发，语句虽不多，却常有画龙点睛之笔。

胡三省《通鉴注》虽散在《通鉴》之中，不为专书，但综合来看，其本身也完全称得上是一部体大思精的史学名著。清四库馆臣评为"深得注书之体"，"足为千古注书之法"[①]。它的价值主要表现在以下几方面。

1. 贯通古今，考证精详。这主要表现在音读、官制、名物、地理等方面的注释当中，每注一事，皆能阐明古今沿革，使人一目了然。胡注对地理的注释，尤其受人称道。据初步统计，胡注中注释的地名有六千余个，每注少则数语，多则上千字，有些地名反复出现，则多次注释，总共约达70万字。[②] 往往博考群籍，参酌印证，审慎严谨，随事随时考其离合、建置、沿革，驳正前人或以甲代疆域解释乙代史事的疏谬，并且注意到了文化地理、经济地理、军事地理等诸多方面的问题，充分展示了注者的学术功底。

2. 拾遗补缺，保存材料。《通鉴》偏重政治史，对典章制度、经济、文化往往语焉不详。胡注在这些方面，往往续作解释补充，对《通鉴》内容的缺憾之处颇有弥补。胡注旁征博引，保存了不少已经散佚的材料，对后人进行古籍整理、辑佚很有帮助。如他多次征引的宋白《续通典》，今已亡佚，有关内容仅见于《通鉴注》。又如所引王存《元丰九域志》、王象之《舆地广记》，所用版本与后来传世者不同，很多地方可资校勘。

3. 前后照应，便利阅读。对此上文已述。

4. 史论结合，借古喻今。上文已经提到，胡注中评论语并不多，每有评论，通常都是有感而发。而其所感触，又主要是宋元鼎革的亡国之痛。从这个角度说，《通鉴注》并不是一部纯学术著作，而体现了作者对现实生活的感受和总结，"深尝忧患，愤嫉国亡，犹念念然欲藉此以求理乱兴衰之故"，不少地方表达出炽热的民族感情和爱国思想，"悲怆愤悁之情，固有难以言

---

① 《四库全书总目》卷47《史部·编年类·资治通鉴》《资治通鉴释文辨误》。
② 参见冯惠民等编《通鉴地理注词典·前言》，齐鲁书社1986年版。

谕者"①，充分打上了遗民史学的时代烙印。如注文中提到宋朝，每称"我朝""本朝""我宋"。遇到历史上汉族政权被北方民族灭亡，也总是一再慨叹，咨嗟不已。仅因注文分散，致使其微言大义长期湮没，不为世人所知。直到1945年，近代史学家陈垣著成《通鉴胡注表微》，才第一次系统地总结了胡三省的"生平抱负及治学精神"，使后人了解到《通鉴》胡注"不徒考据而已"②。

《文献通考》是到元代为止规模最大的一部典制体通史。马端临在自序中详述了编纂此书的动机。他指出：司马光《资治通鉴》作为一部通史，详于理乱兴衰，而略于典章经制。但就历史发展而言，"理乱兴衰，不相因者也"，历代兴亡都有各自具体的历史背景，不尽相同；而"典章经制，实相因者也"，制度上的承继关系要更为明显。杜佑《通典》首创典制通史体裁，内容仅止于唐朝中叶。杜著虽然"纲领宏大，考订该洽"，但也存在一些缺点，体例上分类不细，内容编排不尽恰当，天文、五行、艺文、帝系、分封等重要内容，尽数遗漏，"未为集著述之大成也"③。因此他决定不仅仅续补《通典》，而是在吸收《通典》内容的基础上重编一部自上古到南宋的典制通史。《文献通考》全书348卷，共分24门。不仅涵盖时限比《通典》长，分类比《通典》细，而且增立了一些《通典》遗漏的重要典制项目。《田赋考》7卷，《钱币考》2卷，《户口考》2卷，《职役考》2卷，《征榷考》6卷，《市籴考》2卷，《土贡考》1卷，《国用考》5卷，均属于《通典》中《食货典》范围，《通考》则分立为8门。《选举考》12卷，《学校考》7卷，属于《通典》中《选举典》范围。《郊社考》23卷，《宗庙考》15卷，《王礼考》22卷，属于《通典》中《礼典》范围。《职官考》21卷，《乐考》21卷，与《通典》中《职官典》《乐典》名目相同。《刑考》12卷，相当于《通典》中《刑法典》；《舆地考》9卷，相当于《通典》中《州郡典》；《四夷考》25卷，相当于《通典》中《边防典》。上述内容，唐中叶以前基本改编《通典》内容，唐后期及宋代（到南宋宁宗为止）是马端临新撰。《经籍考》76卷，《帝系考》10卷，《封建考》18卷，《象纬考》17卷，《物异考》20卷，内容为《通典》所无，全部为马端临新撰。《兵

---

① 周祖谟：《胡三省生卒行历考》，《周祖谟语言文史论集》。
② 《通鉴胡注表微》，第1页。
③ 《文献通考·序》，《国朝文类》卷32。

考》13卷，与《通典》中《兵典》名同实异，后者所述为历代征伐之事，属战争史范围，而前者则是真正的军事制度史，也完全是马端临新撰。清四库馆臣评论《文献通考》"虽稍逊《通典》之简严，而详赡实为过之"[1]。又有学者认为："可以说《通典》一书的精华，已包含在《文献通考》中了。今天如果单就考证宋以前历代制度的便利起见，但凭《文献通考》，已够统括一切。"[2]

《文献通考》的优点和价值，学者论述甚多，概括言之，大约有下面四点。

1. 材料丰富，分类详细，从许多方面对古代历史、社会进行了深入的专题研究。专题研究本是典制通史的特点，《通典》已开其端，但《通考》分类更加具体，研究更加细密，在每个门类里穷本溯源，贯穿排比，形成一部专门史。如《钱币考》相当于一部古代货币史，《学校考》相当于一部古代学校教育史，《经籍考》著录古代文献约五千种，分门别类，校雠源流，是一部具有很高学术价值的目录学专著。

2. 注重动态考察，强调"会通"，力求探索历代制度的变通张弛之故。古代许多制度变化，如果仅就一时来看，往往难以明其所以然，也看不出变化的意义所在，但如果置于较长的时段之中考察，则往往可以发现其背后的重要历史线索。马端临在这方面每有创见。例如对于古代赋税制度由以丁为本到以地为本的变化、货币发展阶段及纸币出现的意义、选官制度变化反映出的中央集权趋势、兵制上征兵变为募兵的原因等重要问题，都有非常精辟的论述。现代一些学者提出"唐宋变革论"，其中很多观点在《文献通考》中已有阐发。

3. 详今略古，记载宋代典制尤为详备，对于宋史研究具有重要意义。马端临出生于南宋官僚家庭，对朝廷典章制度比较熟悉，又博览宋代史籍，别择去取，对纷繁复杂的宋代典制进行了极有价值的清理。元末修《宋史》，"志"的部分基本是抄袭、缩写《文献通考》。

4. 体例谨严，条理清晰，便于阅读。马端临自述其编纂方法云：

> 凡叙事，则本之经、史，而参之以历代《会要》以及百家传记之

---

[1] 《四库全书总目》卷81《史部·政书类一·文献通考》。
[2] 张舜徽：《中国古代史籍举要》，湖北人民出版社1980年版，第133页。

书，信而有证者从之，乖异传疑者不录，所谓文也。凡论事，则先取当时臣僚之奏疏，次及近代诸儒之评论，以至名流之燕谈、稗官之纪录，凡一话一言可以订典故之得失、证史传之是非者，则采而录之，所谓献也。其载诸史传之纪录而可疑、稽诸儒先之论辩而未当者，研精覃思，悠然有得，则窃著己意，附其后焉。命其书曰《文献通考》。①

《文献通考》的编纂，大体包括文、献、考三个层次。每门开端，首有小序，简明扼要地概述本门基本内容。以下正文，凡属于"叙事"的资料，谓之"文"，为全书骨干。凡属于"论事"的资料，从奏疏到评论，谓之"献"，列于"文"后，排版低一格。凡自己的研究心得、考订按语，是所谓"考"，列于"献"后，排版再低一格。全书卷帙虽然庞大，但编纂得法，提纲挈领，使人一目了然。在中国古代历史编纂学的发展史上，《文献通考》也做出了重要的贡献。

《文献通考》当中，也有一些借古喻今、针对现实进行发挥的地方。但与胡三省《通鉴注》相比，所占比重较小，且更显含蓄、委婉。其原因之一，大约是同样作为遗民，马端临比胡三省小二十多岁，宋亡时还比较年轻，亡国之痛的感受不如胡三省深切。当然，也可能与个人性格的差异有关。

第二节 《元一统志》的编纂和河源考察

至元二十二年（1285）七月，忽必烈"敕秘书监修《地理志》"②。从而开始了一项大规模的文化工程，其成果便是后来成书的《大元大一统志》。

修《地理志》一事本来出于秘书监的倡议。"至元二十三年岁丙戌，江南平而四海一者十年矣，集贤大学士、中奉大夫、行秘书监事札玛哩丁言：方今尺地一民，尽入版籍，宜为书以明一统。世皇嘉纳，命札玛哩丁泊奉直大夫、秘书少监虞应龙等搜集为志。"③札玛哩丁是清人对札马剌丁一名的改译。此事实际上发生在至元二十二年（1285），但正式启动则自二十三年始。

---

① 《文献通考·序》，《国朝文类》卷32。
② 《元史》卷13《世祖纪十》。
③ 《大一统志·序》，《至正集》卷35。

元朝在忽必烈时代实现了全国空前规模的统一。"我元四极之远，载籍之所未闻，振古之所未属者，莫不涣其群而混于一。则是古之一统皆名浮于实，而我则实协于名矣。"① 编纂反映统一后国家疆域面貌的著作，也就是"为书以明一统"，可以显示元朝超越前代的丰功伟绩，有助于统治的巩固，所以这一建议立即为忽必烈所接受，很快便付诸实施。

编纂全国的和地区性的志书，是中国的一项文化传统，唐、宋两朝在这方面做了很多有价值的工作。地理志书所载疆域山川、风土人情，历来都视为各级政府施政的重要参考资料。元朝统一以后，政府收集到的前代遗留下来的"郡邑图志，俱各不完"，而且入元以后"随路京府州县多有更改"。在《地理志》工程实施之前，掌管"山川险易之图"的兵部，② 已经上报中书省，"移咨各省"，由兵部"开坐沿革等事"，"遍行取勘"。秘书监修地理志的建议，实际上也反映了这一要求。③

这一工程的负责人是札马剌丁（又作札马鲁丁），回回人。他是以"星学者"即天文学家身份来到中国的，④ 至元四年（1267）"造西域仪象"七件，⑤ 并撰《万年历》，为中国引进了伊斯兰天文学。至元八年元朝设回回司天台，以札马剌丁为提点，秩从五品。至元十年任秘书监，从三品。提出修《地理志》时仍居此职。至元二十三年至二十四年间升集贤大学士、中奉大夫、行秘书监事，秩从二品，仍具体负责《地理志》的修纂。至元二十三年，忽必烈还曾任命另一位集贤大学士阿儿浑撒里（一译阿鲁浑萨理）与札马剌丁"一处商量""地理图本"。阿儿浑撒里是畏兀人，曾受业于帝师八思巴，懂多种语言，又习汉文书，"通诸经史百家，若阴阳、历数、图纬、方技之说，靡不精诣"⑥。是当时罕见的兼习多种文化的知识分子，深为忽必烈所器重。但是，没有多久，阿儿浑撒里调任尚书省右丞，这是一个重要的行政职务，便辞去了负责修《志》的工作。实际负责修《志》的仍是札马剌丁。

札马剌丁是回回人，长于天文历法，熟悉伊斯兰文化，但他毕竟"华言

---

① 《秘书监志》卷4《纂修》。
② 《元史》卷85《百官志一》。
③ 《秘书监志》卷4《纂修》。
④ 《元史》卷90《百官志六》"回回司天监"条。
⑤ 《元史》卷48《天文志一》"西域仪象"条。
⑥ 《全公神道碑铭》，《松雪斋集》卷7。

未通",对中原传统文化的了解有限,因而在修志工作开始后,秘书监便上奏忽必烈,要求征调陈俨、虞应龙、萧斟(字维斗)三人参加修志工作:"有一个孔夫子的孩儿每根底教的陈俨小名,又有一个蛮子田地里有的秀才虞应龙,又京兆府根底一个秀才萧维斗,这地理的勾当好理会的有。那的每根底教将来呵,怎生?"忽必烈便下旨:"教来者。再用着的蛮子、汉儿秀才每有呵,阿儿浑撒里理会的有,恁一处索者。"意思是同意调三人来参加工作,如有其他合适的汉人、南人知识分子,也可由阿儿浑撒里作主调来。至元二十三年二月"丙寅,以编地理书,召曲阜教授陈俨、京兆萧斟、蜀人虞应龙,唯应龙赴京师"[①]。陈俨当时是曲阜儒学教授,萧斟是关中著名学者,当时在家聚徒讲学,他们两人都没有应聘。虞应龙原是南宋官员,入元以后一直从事地理志书的编纂,他自称:"数年用工,将古今书史传记所载天下地理建置郡县沿革事迹源泉山川人物及圣贤赋咏等分类编述,自成一书……名其书曰《统同志》。上以发扬圣朝混一海宇之盛。"接到征调的命令,他便在至元二十四年(1287)年初北上,参加编书工作。至元二十七年,提升为秘书少监,秩正五品。在编《志》的工作班子中,他的地位仅次于札马剌丁,汉文资料的编纂,他无疑是实际负责者。编《志》的工作班子,最多时共有"编写秀才"10名(包括虞应龙),另有"抄写"若干人。这个编写班子称为著作局。

编《志》的基本原则是"稽考古来图书,凭准今日事迹,一一重加编类"。具体步骤是,先由中书省发文,要"随处城子里头有的地里图子文字每收拾将来者",这些"地里图子文字"主要指各地按中书省兵部统一要求编写的《图册》。然后由"编写秀才""将省部发到随路文册与古书相参,依式类成荒稿","本监官再行研究参照",最后由"博学洽闻者儒宿德润色,删定成书"。中书省曾"摘委令翰林院赵学士、兵部赵郎中""赴监详定",赵学士是南宋进士赵与𤏕,赵郎中即赵孟𫖯,两人都是当时很有声望的知识分子,但后来两人都没有参加这一工作。《志》书有统一的体例,以路为单位,下分建置沿革、亲管坊郭乡镇、本路及各县至大都上都里至、名山大川、土产、风俗形势、古迹、寺观祠庙、宦迹、人物。各地上交的《图册》亦须照此编写。[②]

[①] 《元史》卷14《世祖纪十一》。
[②] 《秘书监志》卷4《纂修》。

这部《志》书的编纂有两个值得注意的特点。

一是涵盖的范围。唐、宋两朝编纂的志书，其涵盖的范围限于两朝管辖的疆域以内。札马剌丁和阿儿浑撒里两人在至元二十三年三月一次上奏时说："在先汉儿田地些小有来，那地里的文字册子四五十册有来。如今日头出来处、日头没处都是咱这每的，有的图子有也者，那远的他每怎生般理会的？回回图子我根底有，都总占做一个图子呵，怎生？"忽必烈批准这一建议："那般者。"这就是说，要将"回回图子"纳入《志》书的"图子"内，"总做一个图子"。至元二十四年二月，秘书监具呈中书省，要求行文索取"福建道遍海行船回回每有知海道回回文剌那麻"①。"剌那麻"是波斯语 rahnama 的音译，意为指南，用于航海中即为航海指南或海道图之意。② 当时阿拉伯人、波斯人从事海道贸易的很多，有丰富的海上活动经验。秘书省索取"剌那麻"，目的是编《志》。联系上面所说的"回回图子"，可知元朝编纂的《志》书，除了"汉儿地面"之外，还包括"回回地面"，这是原来的计划，最后成书时如何，因为《一统志》已大部散失，难以做出明确的判断。但是，一般认为，元《经世大典》西北地图应出于《一统志》，如此说确实，则《志》书中肯定有"回回地面"的内容。

另一是图与文的关系。修《志》之始，便称为"地理图子"，或"地理图本"，也就是说图占有很重要的地位。至元二十四年二月，中书省工部还专门为秘书监发送"彩画地理图本画匠二名"，供修《志》之用。后来明确，"每路卷首必用地理小图"，指定专人负责。大德七年（1303）五月，《志》书纂修完成进呈，同年闰五月中书省兵部的一件文书中提到，建康路明道书院山长俞庸"博通地理"，"即今兵部见奉中书省州（判？）送，行移秘书监纂录天下地理总图，若令本人分画纂录彩画完备，实有可观"。同时还有人推荐"鄂州路儒学教授方平彩画地理总图"，于是命他们"一同彩画施行"③。由此看来，七年五月进呈《志》书时，地图的绘制工作仍在继续，并未完成。综上所述，可知《志》书每路都有地理小图，另有"地理总图"，这些图都是"彩画"的。后来《经世大典》的西北地图（见本书第三编第六章），应是"地理小图"之一。

---

① 《秘书监志》卷4《纂修》。
② 陈得芝：《元代海外交通的发展与明初郑和下西洋》，《蒙元史研究丛稿》，人民出版社2005年版，第422页。
③ 《秘书监志》卷4《纂修》。

至元三十一年（1294），除辽阳、云南、甘肃三处边远省份外，编《志》的工作已大体完成，共成书 450 册，定名为《至元大一统志》。此后数年，云南、辽阳、甘肃等处的图志陆续送到，经过加工，收入《大一统志》。大德五年（1301）全书文字稿完成，总计六百册，1300 卷，书名改为《大一统志》。之所以去掉"至元"二字，大概是因为成书已在大德年间。大德七年五月，全书进呈。成宗下诏："于秘府如法收藏，仍赐赍撰集人等者。"此时札马剌丁已不见于记载（可能已去世），进呈时由集贤大学士卜兰禧和昭文馆大学士、秘书监岳铉领衔。卜兰禧是蒙语 Buransi 的音译，元代以此为名者甚多（不兰奚、孛兰奚、卜兰奚等，均为一名异译），但此集贤大学士卜兰禧事迹不可考。岳铉字周臣，燕（今北京）人。出身于天文世家，长期任司天台提点。成宗即位后"授昭文馆大学士、中奉大夫、知秘书监。……（大德）七年，监修地理书《大一统志》"①。说明是临时受命负责这一工作的，卜兰禧的情况应该也是一样。也就是说，两人原来与《志》没有什么关系。此书长期保存在秘书监中，一般人很难看到。现在所知，只有地理学家朱思本曾经查阅过。顺帝至正六年（1346）十二月，"中书右丞相伯勒齐尔布哈（原作别儿怯不花，此为清人妄改）率省臣奏：是书国用尤切，恐久湮失，请刻印以永于世。制可"②。次年二月，顺帝命许有壬为此书作序，并于杭州刻板印刷。但入明以后，已经散佚，只有残本传世。赵万里先生将传世残本与群书所引《一统志》片段，辑成一书，1965 年由中华书局出版。

《大一统志》在后代被称为《元一统志》，它是中国历史上首次以"一统"命名的志书，充分反映了元朝所开创的规模空前的统一多民族国家的特色，对后代有很大的影响。明、清两代都以它为蓝本，修《一统志》，说明"一统"观念已深入人心，这在中国地理学的发展史上是值得大书特书的。它的编纂体例总结吸收了前代同类志书的优点，其内容"最称繁博"③《大一统志》所征引的资料，"凡大江以南各行省，大半取于《舆地纪胜》和宋、元旧志，北方等省，则取材于《元和郡县图志》《太平寰宇记》和金、元旧志居多。今宋、元旧志，十亡八九，金志全佚，而《元和郡县图志》

---

① 《岳铉字周臣第二行状》，《侨吴集》卷 12。
② 《大一统志·序》，《至正集》卷 35。
③ 《四库全书总目》卷 68《史部·地理类一·明一统志》。

《太平寰宇记》《舆地纪胜》等书,今传本俱有缺页缺卷,正赖此书得以订补。此书存,则无数宋、金、元旧志俱随之而存,此书亡,则宋、金、元旧志亦随之而亡。此书学术上之重要性,于此可见一斑"[①]。这是一个方面。另一方面,此书还大量利用了各地为编《志》准备的资料,凡书中称为《图册》《本路图册》者均是。在一些缺乏前代资料的地区(如辽阳、云南)更是如此。这些新搜集的资料,对于了解元代的社会状况,具有很高的价值。后一方面比前一方面,更为重要,这从现存的残本和片段中也是可以看出来的。

图 2-5-1 《元一统志》书影

忽必烈时代还有一件与地理学有关的大事,那便是黄河源的勘探。秦、汉时期,甚至更早,人们认为黄河出于积石(今青海东南积石山),[②] 还有

[①] 赵万里:《元一统志前言》,载《元一统志》卷首。
[②] 北宋《佛祖统纪》中的《汉西域诸国图》仍以积石山为黄河源,见《中国古代地图集(战国—元)》图153,文物出版社1990年版。

一种说法，认为蒲昌海（今新疆罗布泊）之水潜行地下，南出于积石，因而河源可追溯到昆仑。① 唐朝与吐蕃、吐谷浑交往颇多，吐蕃即今西藏及其周围地区，吐谷浑在今青海，当时的记载提到，黄河河源在星宿川、柏海。② 星宿川即今星宿海，柏海即今扎陵湖，与星宿海相通。12世纪30年代制作的《华夷图》，将河源绘在离积石山以西很远的地方，应是注意到了唐朝的有关记载。③ 到了元代，随着大统一局面的出现，河源问题再一次引起了人们的重视。最初有意于河源勘探的是大科学家郭守敬。至元元年（1264），郭守敬奉命"行视西夏河渠，俾具图来上"④。西夏指以中兴（今宁夏银川）为中心的西夏国故地，郭守敬奉命勘查当地的水利灌溉状况，准备进行修治。为了弄清黄河的面貌，郭守敬计划逆流而上，寻找黄河的源头。这在当时无疑是大胆的行动。这一计划显然未能实现，否则就不会有后来的勘察。尽管如此，敢于提出这样的设想，就足以看出这位大科学家探索未知的勇气，值得大书特书。

至元十七年是南宋灭亡的第二年，忽必烈下诏派遣女真人都实为招讨使，勘探河源。诏书中说："黄河之入中国，夏后氏导之，知自积石矣，汉、唐所不能悉其源。今为吾地，朕欲极其源之所出。营一城，俾番贾互市，规置航传，凡物贡水行达京师，古无有也。朕为之，以永后来无穷之益。"可见，忽必烈决定勘探河源，主要还是为了加强中央和西部吐蕃地区的联系，建立水道交通线。这在当时条件下是一个大胆的设想，充分显示了忽必烈的宏大气魄。都实奉命以后，在这一年的四月到达河州（今甘肃临夏）。由此向西，经"四阅月，约四五千里，始抵河源"。"河源在土蕃朵甘思西鄙，有泉百余泓，或泉或潦，水沮洳散涣，方可七八十里，且泥淖弱，不胜人迹，逼观弗克。旁履高山，下视灿若列星，以故名火敦恼儿。火敦，译言星宿也。群流奔凑，近五七里，汇二巨泽，名阿剌恼儿。"⑤ "火敦恼儿"即星宿海，这个名字一直沿用到现在。名为"阿剌恼儿"的"二巨泽"就是今天的扎陵湖和鄂陵湖。都实一行详细记录了自河源起多条河流汇集成黄河以

---

① 蒲昌海由塔里木河东注而成，塔里木河源自葱岭，当时把葱岭与昆仑山混为一谈，故有此说。
② 《新唐书》卷123《吐谷浑传》。
③ 《中国古代地图集（战国—元）》图62。
④ 《元史》卷5《世祖纪二》。
⑤ 《南村辍耕录》卷22《黄河源》。

及黄河形成后流经的地面，还记录了这些地面的各种自然景观，其中说道："自发源至汉地，南北涧溪，细流旁贯，莫知纪极。山皆草山、石山，至积石，方林木畅茂。"这次勘探，肯定了星宿海是河源所在，并对黄河上游的地理形势作了相当细致的记述，是很有意义的科学考察活动。可惜的是，都实报告的原文没有流传下来。忽必烈接到都实报告后十分高兴，要都实负责在黄河源头建城，"工师悉资内地，造航为艘六十"。后因权臣桑哥反对而中止。都实的兄弟阔阔出参加了这次勘探。延祐二年（1315）阔阔出向潘昂霄讲述了勘探的经过。身为翰林侍读学士的潘昂霄怀着极大的兴趣记录了下来，题为《河源志》。又过了十余年，潘昂霄之子潘诩任嘉定州（今属江苏）同知，准备将《河源志》刊行，为此请著名画家、诗人柯九思作序。元末陶宗仪作《辍耕录》，将《河源志》全文和柯九思序都收入书中。《辍耕录》中还载有一幅《黄河源》地图，应出于都实的报告。这是一幅比较完整的河源地区图和黄河上游水系图，其绘制方法对后代同类作品有很大影响。明初修《元史》，在《地理志》后面有河源附录，收入了《河源志》的主要内容。

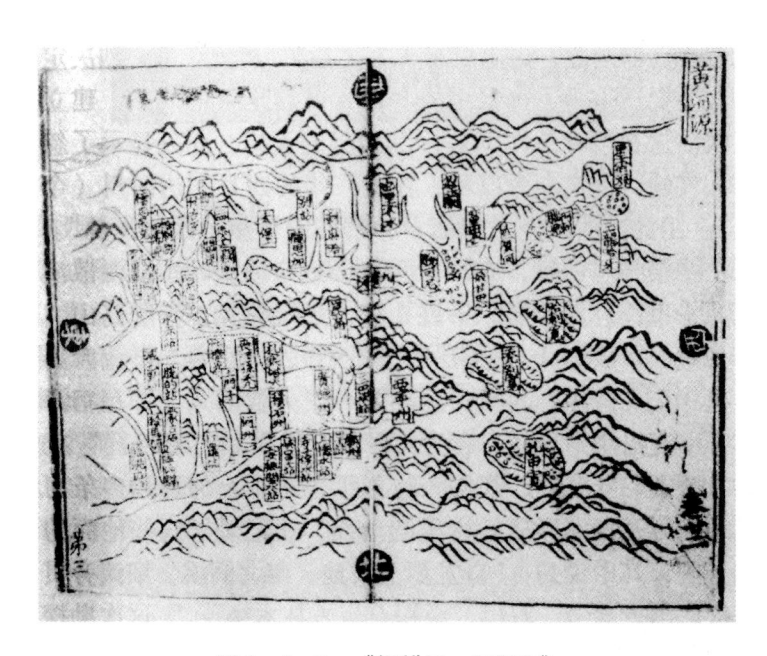

图 2-5-2 《辍耕录·河源图》

除了记述都实一行勘探的《河源志》之外，元代著名地理学家朱思本（关于他的事迹见本书第三编第六章）还曾从"帝师所藏梵字图书"中发现有关河源的记载。"帝师"是元朝皇帝赐给藏传佛教萨斯迦派领袖的称号，"梵字图书"应是用梵文或古藏文撰写的文献。朱思本在"梵字图书"中发现有关河源的记载，并将其译成汉文，内容与潘昂霄的记载互有详略。应该指出的是，朱思本是否认识梵文或古藏文，已无记载可考。即使认识，要从众多的梵文或古藏文文献中发现河源的记载，亦非易事，应该是藏传佛教僧人应朱思本的请求向他提供的，可惜这种"梵字图书"的名字没有保存下来。关于河源所在，朱思本的译文中说："河源在中州西南，直四川马湖蛮部之正西三千余里，云南丽江宣抚司之西北一千五百余里，帝师撒思加地之西南二千余里。水从地涌出如井。其井百余，东北流百余里，汇为大泽，曰火敦恼儿。"① 这是说在火敦恼儿（星宿海）之上还有一条河，这条河是河源所在。后代继续对黄河进行考察，证实火敦恼儿之上有三条河，其中卡日曲河是黄河之源。由此可见"梵文图书"中有关河源的记载有其特殊的价值。对于河源以下多条河流合并成黄河以及黄河流经地面的记述，朱思本译文亦有不少可以补充《河源志》的地方。明初修《元史》，在《地理志》的《河源附录》中，以朱思本译文为《河源志》作注，互相参证。

第三节　海外记事：《真腊风土记》和《大德南海志》

大蒙古国时期，随着蒙古向外扩展，出现了若干种与中亚、蒙古有关的行记，已见前述。元灭南宋、统一全国以后，海外交通在前代的基础上进一步得到发展，关于海外地区的知识也有所进步。产生于这一时期的《真腊风土记》和《大德南海志》，便是两种与海外交通有关的著作。

真腊就是现在的柬埔寨。公元10—13世纪，真腊是东南亚的一个重要国家。当时真腊国都是吴哥城，因此亦称为柬埔寨历史上的吴哥时代。元朝灭南宋后，积极开展与东南亚地区诸国的联系，真腊便是其中之一。元贞元年（1295）成宗"遣使招喻"真腊，使节一行在次年二月从明州（今浙江宁波）出发，先到温州（今属浙江）。二月二十日"自温州港口开洋，三月

---

① 《元史》卷63《地理志六·河源附录》。

十五日抵占城（今越南南部）。中途逆风不利，秋七月始至，遂得臣服"①。也就是说，使团到达以后，真腊表示愿意进贡，与元朝建立政治上的联系。使团在真腊停留将近一年，于大德元年（1297）六月回舟，八月十二日到达明州（今浙江宁波），结束旅行。这次访问在《元史》和其他史籍中都没有记载，使节的名字亦不可考，幸好随行人员中有一位温州人周达观，他在回国以后，将此行见闻写成一书，名为《真腊风土记》，流传于世，才使这次使节之行，不致湮没。

《真腊风土记》一书前有"总叙"，正文共40则，分别是："城郭、宫室、服饰、官属、三教、人物、产妇、室女、奴婢、语言、野人、文字、正朔时序、争讼、病癞、死亡、耕种、山川、出产、贸易、欲得唐货、草木、飞鸟、走兽、蔬菜、鱼龙、酝酿、盐醋酱麯、蚕桑、器用、车轿、舟楫、属郡、村落、取胆、异事、澡浴、流寓、军马、国主出入。"涉及真腊的政治、经济、社会风俗、语言文字等各个方面，以及中国与真腊的交流。全文约8500字。周达观观察细致，叙事准确。此书是现存的同时人所写的吴哥文化极盛时代的唯一记载，非常珍贵。即使在柬埔寨本国文献中，也找不到类似的记载。近代对吴哥城遗址的考查，充分证明了此书叙事的可信。可以认为，周达观是真实、全面记录吴哥文明的第一人，《真腊风土记》是研究吴哥文明和这一时期中柬关系的最重要的资料。在中国古代的行记中，如此详细介绍海外一个国家的情况，是不多见的。此书有多种版本，从19世纪起，先后译成法、英、日多种文字。我国亦有数种整理本，其中影响较大的是夏鼐的校注本（中华书局1980年版）。

方志的修撰是中国的一种优秀文化传统，宋朝修志之风颇盛，流传至今尚有二十余种。元朝统一以后，为修《一统志》，各省均编撰图志，已见前述。但是这些图志，似均未单独成书，这是很大的损失。在世祖至武宗时期，正式成书而且流传至今的方志，只有《至元嘉禾志》《大德昌国州志》《大德南海志》等数种。其中《大德南海志》最有价值。这是现存的广州最早的方志，陈大震等编纂，成书于成宗大德八年（1304）。全书20卷，现仅存5卷。从残存的部分来看，包含有许多元代广州社会生活的珍贵资料。特别是卷7《物产、舶货》是元代广州海外交通的重要文献。《舶货》部分的前言中说："广为蕃舶凑集之所，宝货丛聚，实为外府。岛夷诸国，名不可

---

① 《真腊风土记·总序》。

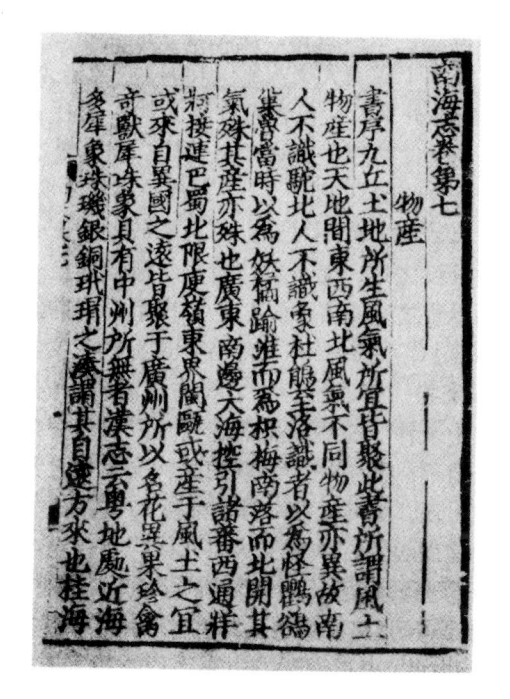

图 2-5-3 《大德南海志》书影

殚，前志所载者四十余。圣朝奄有四海，尽日出日没之地，无不奉珍效贡，稽颡称臣……其来者视昔有加焉，而珍货之盛亦倍于前志之所书者。""前志"指南宋时纂修的《南海志》，今已失传。《舶货》部分的正文开列了 8 类进口的货物，即宝物、布匹、香货、药物、诸木、皮货、牛蹄角、杂物，共计七十余种。这些物品应是当时广州从海外输入的主要货物，但不是全部。其中绝大多数在宋代文献中已经著录过，但也有一些首次出现，如乌爹泥（即孩儿茶），这是一种药材，元代常用来醒酒。这份舶货名单对于认识元代广州以至当时全国的海外贸易，都有重要的价值。在各类舶货后面，还附有"诸蕃国"名，这里所谓"蕃国"，专指通过海道与广州有来往的海外国家和地区。这些"蕃国"由近而远，由东而西，排列有序，共有 143 处。其中有不少是前代文献中没有出现过的。特别值得注意的是，其中有"大东洋""小东洋""小西洋"等地域名称。中国早期文献中，通常将大陆以南海域称为南海，随着航海事业的开展，对海外世界的认识不断深化，大概在南宋时，开始出现"西洋"一名，与之相应，显然还应有"东洋"之称。而在《大德南海志》中则对东、西洋作了"大""小"的进一步区分，可以推知还应有"大西洋"之称。从有关地名的排列顺序可知，东、西洋大体是以加里曼丹岛西岸至巽他海峡（在爪哇岛与苏门答腊岛之间）为分界线，以东为东洋，以西为西洋。加里曼丹岛北部至菲律宾群岛一带为小东洋，加里曼丹岛南部、爪哇岛、苏拉威西岛、帝汶岛、马鲁古群岛一带为大东洋。西洋则以马六甲海峡为分界线，马来半岛、苏门答腊岛一带为小西洋，印度洋地区及其以西则为大西洋。东、西洋名称的出现，特别是地域范围的明确划分，说明海外地理知识在这一时期有很大的进步。东、西洋的名称在明、清两代有关文献中一直沿用，但其所指地域则有所变化。

元刻《大德南海志》残本保存在北京国家图书馆。广东人民出版社在1991年出版了《元大德南海志残本》（附辑佚）。

第三编

仁宗至顺帝时期(1314—1368)

第一章　从动荡到崩溃

第一节　不断更迭的帝位

元朝从1260年世祖忽必烈即位，到1368年顺帝退出大都北逃，历时109年，共传十帝。十帝当中，只有首尾二帝在位时间较长，忽必烈在位35年，顺帝（到退出大都时为止）在位36年。其余八个皇帝，累计在位时间不过39年，可见帝位更迭是相当频繁的。与前期相比较，帝位更迭频繁的问题在元朝后期表现尤为突出，甚至发展为政变、凶杀、内战，大大加速了元朝衰亡的进程。

帝位频繁更迭的主要原因，除了皇帝短命早死外，还导源于蒙古的忽里台选汗传统。忽里台是蒙古语"聚会"之意，在蒙元时期专指拥立大汗（皇帝）、决定对外征伐等大事的诸王贵族大会，体现了蒙古建国前氏族军事民主制的残余。忽里台选君之制固然有利于推举出最有才能和威望的最高统治者，但毕竟为汗室成员争夺汗位的行动提供了意识形态依据和事实上的可能，孕育着内讧和分裂的危险因素。大蒙古国历代大汗登位，都经过忽里台会议的推举，其间风波不断，乃至出现汗位空悬数年的现象。忽必烈推行汉法，企图确立汉族社会的嫡长子继承制，立其子真金为皇太子。但真金早卒，遂又将皇太子印授予真金第三子铁穆耳、也就是后来的成宗。忽必烈死后，成宗遇到了长兄甘麻剌的竞争，经过忽里台大会上的激烈争执，拥戴成宗一方力量较强，成宗始得顺利即位。大德十一年（1307）春成宗卒，太子德寿早死，皇后卜鲁罕企图援立成宗的堂兄弟安西王阿难答，而中书右丞相哈剌哈孙则与成宗之侄、真金次子答剌麻八剌的次子爱育黎拔力八达合谋发动政变，拥立爱育黎拔力八达的长兄海山，是为元武宗。如果说成宗即位虽有争执、而总体上尚属正常的话，武宗即位则是由皇族、大臣共同策划的一次不折不扣的暴力夺位。但由于武宗具有皇室近属身份,而且在政变后召集忽里台会议确认了夺位的既成事实,故而在蒙古贵族眼中,这次即位仍然具有合法性。类似的帝位更迭故事,在元朝后期又多次上演。

武宗即位之初,感谢其弟爱育黎拔力八达夺位之功,将他立为皇太子,[①]相约兄终弟及,叔侄相承,以后再将皇位返还武宗一系。这种安排对以后的政局埋下了不小的隐患。至大四年(1311),武宗死,爱育黎拔力八达即位,是为元仁宗。按照事先的约定,他应当立武宗的长子和世㻋为皇位继承人。但时易事移,重握大权的仁宗,不肯再将胜利果实从自己一系轻易让出。延祐二年(1315)十一月,仁宗封和世㻋为周王。三年三月,下令让他出居云南;十月,正式立自己的儿子硕德八剌为皇太子。和世㻋不甘心失败,赴云南途中行至陕西,在一批武宗旧臣的拥戴下发动兵变,进攻潼关,并东渡黄河,袭破河中府(治今山西永济县蒲州镇)。不久叛军内部发生分裂,自相残杀,元廷又调集优势兵力加以围剿,叛军遂告溃散。和世㻋被迫远走阿尔泰山以西,依察合台诸侯王而居。此事史称"关陕之变",它开创了元朝帝位争夺演变为内战的先例。

延祐七年,仁宗去世,硕德八剌即位,是为元英宗。英宗年轻气盛,任用同样年轻的一位勋臣后裔拜住为丞相,推行汉化改革,包括按汉制在太庙行亲享之礼、编纂法令文书类编《大元通制》等。他们还致力于整顿吏治,清算以已故权臣铁木迭儿为首的腐朽势力。铁木迭儿余党、御史大夫铁失等人渐不自安,希望借拥立新君来摆脱困境。至治三年(1323)八月,当英宗由上都南返大都、途中驻跸于上都以南三十里的南坡时,铁失等人发动政变,率军队闯入行帐,杀害了英宗和拜住。史称这次事件为"南坡之变"。铁失计划拥立的新君,是正在镇守漠北的晋王也孙铁木儿,他是成宗长兄甘麻剌之子。后者一直在侦伺朝廷情况、觊觎皇位,与铁失事先已有勾结,在这次宫廷政变中也并非完全被动的角色。南坡之变固然有权力斗争的因素,同时也反映了蒙古统治集团内部汉化和反汉化两派的激烈冲突。也孙铁木儿实际上是保守草原游牧贵族集团利益的代表。九月,也孙铁木儿接受忽里台会议推戴,即位于漠北,随后南下大都。因他于次年改元泰定,所以史书中称他为泰定帝。

[①] 元朝所立皇储,无论具体身份如何,一律称为皇太子,而无皇太弟、皇太孙等称。这可能是因为蒙古统治者不谙汉语,错误地将"皇太子"一词当作了不可拆卸的皇储固定专用词。

泰定帝在位五年，"能知守祖宗之法以行，天下无事，号称治平"①。但在他身后爆发了更严重的帝位争夺。致和元年（1328）七月，泰定帝在上都去世。八月，留守大都的签书枢密院事燕铁木儿利用手中掌握的兵权发动政变。燕铁木儿是钦察人，其父床兀儿曾长期随武宗在漠北作战，他本人也很早就受到武宗提拔。由于上述关系，燕铁木儿在泰定帝去世前就密谋拥立武宗后人。武宗有两位嫡子，长子和世㻋被仁宗封为周王，在"关陕之变"后逃往西北。次子图帖睦尔当时封怀王，居于江陵（今属湖北）。燕铁木儿发动政变后，封府库，收符印，遣使急迎图帖睦尔。另一位武宗旧臣、蒙古蔑儿乞人伯颜正担任河南行省平章政事，他保证了河南行省站在燕铁木儿一方，并亲自护送图帖睦尔进入大都。九月，图帖睦尔在大都即帝位，是为元文宗。文宗改元天历，所以史称这次政变为"天历之变"。与文宗即位同时，泰定帝的左丞相倒剌沙在上都拥立了年幼的皇太子阿剌吉八。于是这次皇位争夺造成了两都的对峙，并进而演化为大规模的内战。在战斗中，大都方面因为拥有全国主要行省的支持，可以调动较雄厚的人力、物力资源，故而渐占优势。十月，大都军队包围上都，倒剌沙出降被杀，阿剌吉八不知所终。两都之战遂告结束。

文宗在局势初步稳定后，也仿照当年仁宗的做法，派使节到西北恭请其兄和世㻋，声称要把夺来的皇位转让给他，和世㻋随即南下。天历二年（1329）正月，和世㻋在漠北即帝位，是为元明宗，文宗被立为皇太子。事情的开端似乎是大德十一年历史的重演，但结局却迥然不同。文宗的让位只是故作姿态，他和燕铁木儿都不甘心放弃已经到手的胜利果实。于是一个新的谋杀计划诞生了。八月，文宗和燕铁木儿北迎明宗，相会于旺忽察都之地（今河北张北北）。欢宴数日之后，明宗"暴崩"，文宗"名正言顺"地重登帝位。②但在两都对峙当中站在上都一方的陕西、四川两行省尚未臣服。陕西官员一再涂毁文宗所下诏书，扣留其使者，并发兵三路，攻入河南、山西。四川行省平章政事囊加台则自称镇西王，私署官属，烧绝栈道，与文宗

① 《元史》卷30《泰定帝纪二》赞语。
② 明宗死因虽未公开，时人已知是文宗及其亲信谋害。萨都剌《雁门集》卷2《记事》咏其事谓"周氏君臣空守信，汉家兄弟不相容"，"天上武皇亦洒泪，世间骨肉可相逢"？顺帝于后至元六年（1340）六月丙申，"诏撤文宗（太庙）庙主"，直斥其谋杀明宗，见《元史》卷40《顺帝纪三》。高丽人李穑《牧隐稿》文稿卷17《海平君谥忠简尹公墓志铭》则直接记载燕铁木儿进毒酒毒死明宗。参阅陈得芝为魏志江《辽金与高丽关系考》所作《序》，天马图书有限公司2001年版。

对抗。这样内战不仅发生在两都地区,实际上已波及中原和西南。直到天历二年四月,经过文宗一方软硬兼施的努力,方迫使上述地区臣服。但时隔不久,原来依附上都的诸王秃坚又在云南发动叛乱。他自称云南王,纠合当地有野心的少数民族土官,抗拒朝命,攻掠州县。元廷调集数省军队,才于至顺三年(1332)将叛军最后讨平。

文宗在位时,曾立自己的长子阿剌忒纳答剌为皇太子。但仅仅过了一个多月,皇太子即生病夭亡。此事引发了文宗的迷信心理,以至于他在至顺三年八月去世前夕下遗诏立明宗之子为嗣。文宗驾崩,皇后卜答失里与大臣拥立明宗次子、年仅七岁的懿璘质班为帝,但他也一月即卒,庙号宁宗。于是明宗的长子妥懽帖睦尔被从广西迎接到大都,在次年即位。这就是元朝的末代皇帝元顺帝。顺帝的即位标志着此前激烈的皇位争夺告一段落。但在频繁的内讧中,元朝统治集团的力量已经大大削弱了。

帝位不断更迭还给元朝政治带来了其他一些消极影响。首先是权臣专政现象日益严重。由于分封制的发达,元朝的贵族政治主要表现为家臣政治,执政大臣基本出自怯薛,君臣关系当中具有一种自草原时代继承而来的私人隶属色彩。而忽必烈以后的元朝诸帝绝大多数权力欲不强,满足于深居宫中、垂拱而治,习惯于对相当其"家臣"的朝廷高官放手使用、不加疑忌。但在频繁的帝位更迭中,一些大臣居功自重,权力过度膨胀,对国家政治体制的正常运作造成了危害。仁宗、英宗两朝官拜右丞相的铁木迭儿,倚仗皇太后答己的宠幸,又有拥戴英宗立储、即位之功,

图 3-1-1 文宗像

专权跋扈,朝野侧目,"卖官鬻狱,威福己出,一令发口,上下股栗,稍不附己,其祸立至"[①]。后来英宗也被他的余党发动南坡之变刺死。"天历之变"以后,政变的主谋燕铁木儿更是大权独揽。文宗为酬答其襄助夺位之功,拜他为中书右丞相,并特意罢左丞相不置,使他独为丞相,一切政务悉

---

① 《元史》卷175《张珪传》。

听其总裁。此外还加给他太师、答剌罕（蒙古传统荣誉官号，有"得自由""自在"之意，可享受多种特权）的荣誉头衔，并封太平王。燕铁木儿"礼绝百僚，威焰赫赫，宗戚诸王无敢以为言者"，"挟震主之威，肆意无忌"，娶泰定帝皇后为夫人，前后尚宗室之女达四十人之多。他的儿子唐其势甚至说"天下本我家天下也"①。燕铁木儿除兼任多项要职外，还亲统左、右钦察等若干支侍卫亲军，可谓如虎添翼。大臣阔彻伯、脱脱木儿等憎恶燕铁木儿权势之重，企图搞掉他，却被后者手下的钦察兵一网打尽。文宗、宁宗相继去世，顺帝被接到大都，但因燕铁木儿有追悔之意，顺帝"久不得立……迁延者数月，国事皆决于燕铁木儿，奏文宗后而行之"②。一直拖到燕铁木儿死后，顺帝才正式即位。

顺帝在位前期，朝廷大权实际上掌握在权臣伯颜手中。伯颜是"天历之变"的第二号功臣，在文宗朝的地位仅次于燕铁木儿。顺帝即位后，燕铁木儿已死，伯颜升任右丞相，晋封秦王。不久燕铁木儿之子、左丞相唐其势嫉伯颜权重，发动政变企图夺回权力，被伯颜镇压。此后顺帝也不再设左丞相，由伯颜独秉国钧。元朝权臣专权的状况，在伯颜当权时期发展到了顶点。（后）至元五年（1339），顺帝将伯颜的官衔改为大丞相，加号"元德上辅"，这在元朝是没有先例的。伯颜的兼职一再增加，累计头衔竟然达到246字。他"自领诸卫精兵……导从之盛，填溢街衢，而帝侧仪卫反落落如晨星。势焰熏灼，天下人惟知有伯颜而已"③。他为了巩固自己的权威，采取顺我者昌、逆我者亡的做法，特别着重打击不附己的宗室诸王，擅杀剡王彻彻秃，矫旨贬黜宣让王帖木儿不花、威顺王宽彻普化。时人诗云："九重深拱方无为，天下万事由太师（指伯颜）……龙虎大符擅天宠，振古权臣无若斯。"④伯颜权势的恶性膨胀，实际上已对皇权构成了威胁。（后）至元六年，顺帝与伯颜之侄、御史大夫脱脱合谋，趁伯颜侍太子出猎之际，发动政变，草诏数伯颜罪状，将他贬往广东安置。伯颜于南行途中在江西驿舍病死。

帝位不断更迭的另外一个消极影响，就是引发"滥赐"现象，并因而加剧了元朝的财政危机。对宗亲贵族不断进行赏赐是大蒙古国以来的传统，而这类赏赐在元朝后期恶性发展，主要形式由较为固定的"岁赐"转向更为随

---

① 《元史》卷138《燕铁木儿传》。
② 《元史》卷38《顺帝纪一》。
③ 《元史》卷138《伯颜传》。
④ 《哀太师》，《纯白斋类稿》卷6。

意的临时赏赐。在频繁而激烈的帝位争夺中，即位的皇帝为酬谢支持者、安抚反对者，都要大行赏赐，称为"朝会赐赉"，其数额之巨，远远超出平时固定的岁赐。如武宗即位时在和林、上都两次聚会诸王驸马，赐赉亦重复进行，结果"以朝会应赐者为钞总三百五十万锭，已给者百七十万，未给犹百八十万，两都所储已虚"①。文宗即位后对贵族功臣屡行赏赉，在至顺二年（1331）四月的一次赏赐中即用去金2400两，银15600两，金腰带91副，币帛1300余匹。元朝的财政支出制度混乱，缺乏章法，表现出比较明显的盲目性、随意性。滥赐尤其是元朝后期财政中的一大痼疾。加上佛事、军费、官俸、赈济等其余大宗支出，使得元朝后期一直未能摆脱财政危机的困扰，卒致崩溃。

第二节　农民战争和元朝的灭亡

与汉、唐、明、清等大一统王朝相比，元朝的寿命不算长久。前后代大一统王朝在统一后，往往都经历一个上升阶段，鼎盛时期持续较长，被史家誉为"盛世"。而在元朝，这样一个较长时间的"盛世"可以说并不存在。况且其他大一统王朝都是在内忧外患交织的情况下走向灭亡的，元朝则基本没有强大的外患，只在前期与西北察合台、窝阔台两汗国进行了一段时间的战争，到元朝中期战事已完全平息。可以说元朝短命而亡，主要亡于内部的统治危机。具体而言，除去上节提到的帝位争夺和财政问题外，还有一个重要表现就是政治腐败。

政治腐败本来是历代王朝的通病，但元朝这方面问题出现得相当早。忽必烈在位时期，阿合马、桑哥以"理财"之能柄政，排斥异己，任用私人，官吏专事搜刮，贿赂盛行。成宗即位以后，标榜"守成"，但在"守成"的幌子下，君臣不思进取，也使忽必烈后期的政治弊端无法得到治理，腐败风气日趋严重。腐败风气较早出现并深化的原因，一是官员素质低下，二是法制不够健全。元朝的官员构成与其他朝代相比有很大差别，"凡入官者，首以宿卫近侍，次以吏业循资"②，怯薛（宿卫）和吏员是最主要的两条入仕渠道。由此二途出身的官员有一个大体共同的特点，即缺乏正统儒家思想的

---

① 《元史》卷22《武宗纪一》大德十一年八月甲午。
② 《送强仲贤之京师序》，《存复斋集》卷4。

熏陶，缺乏巩固统治的长远目光，文化素质较低，社会责任感、道义感较弱，却只知刻薄百姓、营私聚敛。"进身之初，不辨贤愚，不问齿德，夤缘势援，互相梯引，有力者趋前，无力者居后……苟图俸考，争先品级，以之临政，憕无所知"①；"一旦得用，如猛虎之脱栅，饥鹰之掣构"②。官员质量虽然低下，数量却在持续膨胀。新机构不断创设，旧机构也一再升高品级，"官冗于上，吏肆于下，言事者屡疏论列，而朝廷讫莫正之"③。另外，元朝法制建设较差，尤其是对官吏犯罪的惩罚规定很不完备，往往法无专条，或者是笼统地泛言"禁止""罪之"。有些问题虽有明文规定，但执行起来也常大打折扣，随意性很强。凡此种种，都使元朝中后期的腐败现象渐成积重难返之势。元朝重吏轻儒的用人方针，与前后朝代明显有异，从根本上说是蒙古统治者特殊统治意识渗透的结果，是他们对汉族典章制度认识不深、汉化不彻底的产物。而政治腐败的速度则因此大为加剧。元末人总结说："不用真儒以治天下，八十余年，一旦祸起，皆由小吏用事……坏天下国家者，吏人之罪也。"④

  仁宗以下，频繁出现权臣专权局面，这些权臣大都是腐败现象的代表人物。他们为巩固、提高自己的权威，结党营私，卖官鬻爵，本人则大肆贪赃收贿，生活奢侈腐朽。铁木迭儿"私家之富，又在阿合马、桑哥之上"，燕铁木儿"一宴或宰十三马"⑤。在这样的大气候下，"风俗大坏，居官者习于贪，无异盗贼，己不以为耻，人亦不以为怪。其间颇能自守者，千、百不一、二焉"⑥。到顺帝时期，地方官吏贪污，问人讨钱，各有名目。初次接见下属要收"拜见钱"，逢年过节要收"追节钱"，利用具体职权收费叫作"常例钱"，处理诉讼受贿叫作"公事钱"，甚至还有没有任何借口、强行索取的"撒花钱（撒花，波斯语，意为礼物）"。当时"上下贿赂，公行如市"，地方监察官员至州县巡视，"各带库子检钞称银，殆同市道"⑦。当时为惩治腐败，派遣中央高级官员出外"奉使宣抚"，问民疾苦，但这些人在地方恃权勒索，实际上又为百姓增添一重灾祸。民间流传歌谣讽刺说："九

---

① 《历代名臣奏议》卷67《治道》引郑介夫奏议。
② 《送陈子嘉序》，《危太朴集》卷6。
③ 《元史》卷85《百官志一》。
④ 《至正直记》卷3《世祖一统》。
⑤ 《元史》卷205《铁木迭儿传》、卷138《燕铁木儿传》。
⑥ 《赠史敏中侍亲还家序》，《吴文正公集》卷14。
⑦ 《草木子》卷4下《杂俎篇》。

重丹诏颁恩至，万两黄金奉使回"；"奉使来时惊天动地，奉使去时乌天黑地，官吏都欢天喜地，百姓却啼天哭地"①。从中央到地方，大小贪官污吏成为一丘之貉，政治的颓势已难挽回。

　　元朝后期，社会上始终孕育着动荡不安的因素，下层人民起事绵延不断，愈演愈烈。泰定帝时，息州（今河南息县）人赵丑厮、郭菩萨倡言"弥勒佛当有天下"，策划起事，事发后元廷十分恐慌，派出中央大宗正府、刑部、枢密院、御史台官员与行省共鞫其案。②顺帝（后）至元三年，广东增城县民朱光卿起事，建"大金国"，建元赤符。同时在汝宁府信阳州（今河南罗山）则有棒胡起事。次年江西袁州（今宜春）民彭莹玉、周子旺以白莲教组织起义，周子旺自称周王。（后）至元五年，河南行省掾史范孟纠集党羽，冒充朝廷使者，矫诏杀死行省主要官员，随后自称河南都元帅，拘收大小衙门印章，封锁黄河渡口，调兵守城，凡五日而败。频繁的地方动乱更加深了以权臣伯颜为首的蒙古保守贵族对汉人的仇视情绪。在伯颜主持下，元廷重申汉、南、高丽人不得持有兵器的禁令，凡有马者皆拘入官，禁汉、南人习学蒙古文字，又专门要求朝中汉官讨论对汉族起事者的"诛捕之法"③。据称伯颜甚至向顺帝提出了尽杀张、王、刘、李、赵五姓汉人的建议。伯颜倒台后，脱脱继任相位，纠除若干弊政，时称"更化"，稍显复兴之迹象。但从整体来看，元朝统治的颓势已无法挽回。上层统治集团倾轧剧烈，很难集中力量从事政治革新。地方政治腐败、军备废弛的现象则一如既往。至正四年（1344），益都盐徒郭火你赤聚众称兵，转战山东、河北，攻打城邑，释放囚徒，如入无人之境。又有起义者36人聚集于江南茅山道宫，三省元军上万人不能剿捕，反为所败，"从此天下之人，视官军为无用"④。下层社会的武装反抗此起彼伏，遍布全国，预示着大规模动乱即将到来。

　　长期积累的财政危机，已渐成积重难返之势。元廷无计可施，不得不于至正十年宣布变更钞法。此次更钞之议由左司都事武祺、吏部尚书偰哲笃提出，他们的方案是印造新的中统交钞（又称至正中统交钞），同时铸造至正铜钱，钱钞兼行，新钞一贯权铜钱一千文，准至元钞二贯，新旧钞、新钱及历代钱通用。新钞法的原则是以交钞为母、铜钱为子，意在放手印行新钞，

---

① 《南村辍耕录》卷19《阑驾上书》。
② 《元史》卷29《泰定帝纪一》泰定二年六月丁酉。
③ 《元史》卷39《顺帝纪二》（后）至元三年五月戊申。
④ 《南村辍耕录》卷28《花山贼》。

以虚代实，借以掠夺民间财富。这一建议得到丞相脱脱支持，在百官讨论时"众人皆唯唯，不敢出一语"，只有儒臣吕思诚表示反对，认为此举将使民间"藏其实而弃其虚"，从而导致纸币制度瓦解。[①] 最后在脱脱主持下终于定议，吕思诚受到处分，新钞遂行。实则果如吕思诚所料，新钞大量发行造成了货币流通的极度混乱，钞币信用暴跌，百姓弃钞不用，视如废纸。"舟车装运，轴轳相接，交料之散满人间者，无处无之……京师料钞十锭，易斗粟不可得"，地方甚至"皆以物货相贸易"[②]。

在这段时间，自然灾害也更加严重。黄河一再决口，黄河南北大片州郡俱罹水患，"田莱尽荒，蒿藜没人，狐兔之迹满道"[③]。河患不仅加剧了社会动荡，而且威胁漕运和濒海盐场生产，直接影响到元朝财政收入。于是元廷采纳都漕运使贾鲁的建议，准备对黄河进行比较彻底的修治。当时元廷内部对治河方案有种种不同意见，贾鲁主张"疏塞并举，挽河东行，使复故道"[④]，这一计划的工程十分艰巨，超出了其时社会的承受能力，故而颇受反对。但贾鲁认为"役不大兴，害不能已"[⑤]，经反复辩论，他的意见终被脱脱采纳。至正十一年（1351）四月，诏命贾鲁为总治河防使，发民工15万、戍卒2万人治河。工程持续数月，至十一月完工，河归故道。这次工程就治河本身而言是成功的，但大河南北的百姓经连年水旱灾荒，已不聊生，元廷在此时大举征发民工，督责严刻，死者枕藉，怨苦之声载道。民工成批聚集于工地，又为反抗活动的策划和宣传提供了便利条件。由于上述原因，这次治河工程遂与至正十年的变更钞法之举共同成为元末大起义的导火线。

元末大起义的主要组织、发动者是白莲教徒。白莲教本为佛教净土宗的一个支派，以普劝在家人斋戒念佛、死后同生净土为宗旨。因其教义浅显，修行简便，允许"在家出家"，故而在民间得到广泛传播，并且较多地被利用来组织民众起事。顺帝至正十一年的治河工程开工后，北方白莲教首领韩山童、刘福通等计划趁机发动起义。他们加紧宣传白莲教"明王出世""弥勒下生"的口号，并将一个独眼石人埋在治河工地上，同时散布谶语"石人一只眼，挑动黄河天下反"。河工挖出石人，递相传告，人心更加浮动。山

---

① 《元史》卷185《吕思诚传》。
② 《元史》卷97《食货志五·钞法》。
③ 《书合鲁易之作颍川老翁歌后》，《青阳集》卷8。
④ 《元史》卷187《贾鲁传》。
⑤ 《元史》卷186《成遵传》。

童自称宋徽宗八世孙,当为中国主,事未发而谋泄,被地方官府捕杀。刘福通仓促起兵,其众头裹红巾,故称红巾军(或红军),多为白莲教徒,烧香拜佛,故又称香军。他们以"贫极江南,富称塞北"的文告鼓动百姓,① 又打出旗号称"虎贲三千,直抵幽燕之地,龙飞九五,重开大宋之天"②,意在利用长期存在的民族矛盾号召、团结汉人,并直接提出了推翻元朝统治的政治目标。稍后徐寿辉据蕲水(今湖北浠水),郭子兴据濠州(今安徽凤阳东北),皆以白莲教聚众号召。又有方国珍据浙东,张士诚据淮东,但他们不属白莲教系统。至正十五年(1355),刘福通在亳州(今安徽亳县)拥立韩山童之子韩林儿为帝,又号"小明王",国号宋,建元"龙凤"。随后他们发动了三路北伐,一度势如破竹,后因兵力分散、后援不继而失败。与此同时,徐寿辉部将陈友谅杀寿辉自立为帝,国号大汉,占有长江中游大片地区。徐氏另一名部将明玉珍则进入四川,建立"大夏"政权。张士诚南下占领平江(今江苏苏州),接受元朝官号,实则仍自主一方,形同割据。

在群雄逐鹿的混乱局面中,朱元璋后来居上,最终获胜。朱元璋,濠州钟离(今安徽凤阳东北)人,出身贫苦,父母和长兄皆死于疾疫,曾为生活所迫出家为僧,游方乞讨。至正十二年(1352)投入濠州红巾军郭子兴部,以才干渐受子兴赏识,娶子兴养女马氏为妻。郭子兴卒后,朱元璋成为郭氏余部的统帅。他接受龙凤大宋政权的官号,渡长江向南发展,于至正十六年攻占江南重镇集庆(今江苏南京),被小明王韩林儿任命为江南行中书省平章政事、兼行枢密院同签,得自置官属。朱元璋以集庆作为中心根据地,更名应天府,并采纳儒士朱升"高筑墙、广积粮、缓称王"③ 之策,在加强政权建设、发展生产的同时,不急于自立旗号,仍长期遵用龙凤正朔。此时元朝在南方的统治已经趋于瓦解,虽有一些地方官仍效忠元廷,但基本上只限于自守。与朱元璋争衡的对手,主要是东面的张士诚和西面的陈友谅。至正二十三年,朱元璋与陈友谅大战于鄱阳湖,陈友谅中流矢死,余众大溃。此战确立了朱元璋在南方的霸主地位。至正二十四年,朱元璋称吴王。至正二十六年,暗害小明王韩林儿,停用龙凤年号。至正二十七,击败并俘虏张士诚,又迫降浙东沿海的方国珍,江南大局已定。

---

① 《草木子》卷3上《克谨篇》。
② 《南村辍耕录》卷27《旗联》。
③ 《明史》卷136《朱升传》。

这一年十月，朱元璋命徐达为征虏大将军，常遇春为副将军，率军二十五万，正式对元朝发起北伐。军行前发布北伐檄文，提出了"驱逐胡虏，恢复中华，立纲陈纪，救济斯民"的政治口号，同时又表示"如蒙古、色目，虽非华夏族类，然同生天地之间，有能知礼义、愿为臣民者，与中夏之人抚养无异"①。出兵不足两月，即已占领山东、河南。至正二十八年（1368）正月，朱元璋在应天府称帝，国号"大明"，建元洪武，是为明太祖。闰七月，明军直抵通州（今北京通县），元顺帝见大势已去，北奔上都。八月初二日，明军攻入大都，元亡。北逃的元顺帝及其子孙在此后一段时间里仍以大元之名号令部众，史称"北元"，但作为中国历代统一王朝之一的元朝，已被新兴的明王朝取而代之。

第三节　元末士人的动向

元末社会的动荡局面，自至正十一年（1351）白莲教徒首事，到至正二十八年明军进占大都，共延续18年。由北方游牧民族建立的元朝终被推翻，汉族王朝明朝取而代之。与普通的王朝嬗代不同，这次政权更迭具有一定的"民族革命"色彩，故而明太祖北伐檄文提出"驱逐胡虏，恢复中华"的口号。然而，另一方面，元朝毕竟是一个汉族模式王朝，且维持大一统局面七八十年，在时人眼里它仍然是中国历代正统王朝当中的一环。况且元末民众起义的深层原因，主要并不在于民族冲突，而在于统治腐败、贫富分化、剥削苛重、天灾人祸等社会矛盾，与其他朝代末年的社会动乱性质并无大异。②正因如此，元末士人的动向，也就与其他朝代末年社会动乱中士人的动向大体相同。其中绝大多数人对下层民众发起的反抗运动，都抱仇视和抵制的态度；对于元朝的腐败统治虽感痛惜甚至愤恨，但在思想感情上终不能轻易与之决裂。一些人从维护"纲常名教"的角度出发，拒绝与反元势力合作，甚至不惜为元朝殉节；一些人为形势所迫，暂时栖身于一些地方割据集团，而仍念念不忘元廷。即使是明朝开国的佐命文臣，加入新朝也多有不得已之处，并且始终对元朝怀有眷恋之情。这些思想和行为取向，出现于带有"民族革命"色彩的朝代更迭之际，还是颇堪玩味的。钱穆曾就此慨叹说：

---

① 《明太祖实录》卷21吴元年十月丙寅。
② 参见蒙思明《元代社会阶级制度》第216—226页的有关分析，中华书局1980年版。

> 胡元入主，最为中国史上惊心动魄一大变。元人用兵得国之残暴，其立制行政之多所剧变，而中国全境沦于异族统治之下，亦为前史所未遇。未及百年，乱者四起，明祖以平民崛起为天子，为汉高以下所仅有。读史者岂不曰驱除胡虏，重光中华，其在当时，上下欢欣鼓舞之情当如何？而夷考其实，当时群士大夫之心情，乃及一时从龙佐命诸名臣，其内心所蕴，乃有大不如后人读史者之所想象。
>
> 明祖开国，虽曰复汉唐之旧统，光华夏之文物，后人重其为民族革命，然在当时文学从龙诸臣，意想似殊不然。或则心存毂庭，或则意蔑新朝。虽经明祖多方敦迫，大率怯于进而勇于退，实乏同仇敌忾之忱，更无踊跃奋迅之致，一若不得已而有涘者。①

钱氏从现代民族国家观念的角度讨论元明鼎革，所言褊狭，不甚得当，但他所揭示的问题，确实触及了当时时代的脉搏，值得进行深入研究。

大抵中国古人论华夷之别，不重血统而重文化。罗泌《路史·国名纪》云："《春秋》用夏变（于）夷者夷之，夷而进至中国则中国之。"对国家的认识，也绝无现代的领土国家、民族国家观念，而是笼统的"天下国家"。在正常情况下，"天下国家"的基本格局是内华夏，外夷狄，华夏为主，夷狄宾服，天下有道，守在四夷，华、夷之间并没有严格的地理分界线。而特殊情况下，夷狄入主华夏，"进至中国"，只要采用"中国"的文化、制度，也不是不可以接受的。元初郝经为蒙古入主中原辩护说："今日能用士，而能行中国之道，则中国之主也。"② 就是这种观念的绝好例证。当然，元朝汉化迟滞，"行中国之道"不很彻底，但在时人看来，这基本上是量的问题，不是质的问题。中原士人固不待言，即使在从未被北方民族征服过的江南，尽管曾有不少遗民坚持民族气节、拒绝与元廷合作，然而随着时间推移，绝大部分士人还是认同了元朝统治，"由反元而变为拥元"③。加上传统忠君观念深入人心，君臣之义被视为"无所逃于天地之间"的人生基本伦理，在元

---

① 钱穆：《读明初开国诸臣诗文集》《读明初开国诸臣诗文集续篇》，均载氏著《中国学术思想史论丛（六）》，台北东大图书有限公司1978年版。
② 《与宋国两淮制置使书》，《陵川集》卷37。
③ 劳延煊语。参见氏著《元初南方知识分子——诗中所反映出的片面》，《香港中文大学中国文化研究所学报》10卷上（1979）。并参陈得芝《论宋元之际江南士人的思想和政治动向》，《南京大学学报》1997年第2期。

朝统治下生活、特别是出生于元朝的士人，也就视元朝统治为天经地义之事，华夷之辨渐渐被有意无意地淡化了。明初方孝孺总结说：

> 俗之相成，岁熏月染，使人化而不知。在宋之时，见胡服、闻胡语者，犹以为怪。主其帝而虏之，或羞称其事。至于元百年之间，四海之内，起居饮食，声音器用，皆化而同之。斯民长子育孙于其土地，习熟已久，以为当尔。昔既为其民矣，而斥之以为夷狄，岂不骇俗而惊世哉！①

元末的反元起义，在饱受儒家礼教熏陶的士人眼里，当然是"骇俗而惊世"的叛逆行为，何况许多起义者并没有明确将元朝斥为"夷狄"，对民族观念的利用并不充分。②

从元末整个社会来看，士人的经济生活条件并不处于社会底层，相当一部分人具有中上水平。蒙古统治者在政治上重吏轻儒，又有一套民族等级制度，士人特别是南方士人仕途不畅，很难施展"用世"的抱负，固毋庸讳言。然而，另一方面，元朝赋税不重，法网宽松，属于"中产阶级"的士人生活相对比较优裕而闲适，在经济最发达、士人比例最高的江南尤为如此。例如，元末昆山富豪顾瑛，在家乡斥资营建以"玉山草堂"为主的园林群体，日夜招引文士，饮酒赋诗，彼此唱和。根据他自己编纂的《玉山名胜集》，从至正八年（1348）到至正二十年，在其园林中举行的大小集会共五十余次，参与的士人至少达到一百四十余人。"这些集会在时间的延续性、地域的广袤性、文化的多层性、艺术的综合性以及审美的世俗性等方面都是空前的，历史上一些以风流文采为人称道的文人雅集……都无法比拟。"③ 管

---

① 《后正统论》，《逊志斋集》卷2。
② 元末起义的主要组织方式是利用民间宗教，号召社会下层反抗社会上层的统治。刘福通等首事者提出"贫极江南，富称塞北"和"龙飞九五，重开大宋之天"，夹杂了地域观念和政权观念，华夷之辨的民族观念不够突出。到朱元璋正式宣称"驱逐胡虏，恢复中华"时，元朝灭亡的大局早已决定了。
③ 陈建华：《元末东南沿海城市文化特征初探》，《复旦学报》1988年第1期。陈建华在文中总结说：元末东南地区"新的富豪阶层大都喜爱结交文士，推奖艺文。他们往往慷慨资助文学家、艺术家"。由于当地城市经济的发达，"文士们在满足富豪的文化需求的同时，也得到自己的衣食之源……当时一般市民的文化需求，亦有利于文士获得其生存的独立性"。参见赵翼《廿二史札记》卷30"元季风雅相尚"条。

中窥豹，可见当时江南士人生活之一斑。故而钱穆指出："元虽不贵士，然其时为士者之物业生活，则超出编户齐氓远甚……故元代之士，上不在廊庙台省，下不在闾间畎亩，而别自有其渊薮窟穴，可以藏身。""元廷虽不用士，而士生活之宽裕优游，从容风雅，上不在天，下不在地，而自有山林江湖可安，歌咏觞宴可逃，彼辈心理上之不愿骤见有动乱，亦宜然矣。"① 即使在一些经济不够发达的地区，士人的心态也是"终若依恋元廷，冀其犹有可为，而使我仍得苟安于乡里，犹可以讲学著书传道自尊"②。而发自社会底层的大规模反元起义，极大地冲击和毁坏了社会秩序，"焚荡城郭，杀掠士夫"③。起义者用作组织工具的民间宗教白莲教，又颇具异端色彩。士人对其采取抵制乃至仇视的态度，是毫不奇怪的。

元末人李士瞻说："本朝自立国以来，仁义忠孝之道陶濡百年，士大夫以名节自立者风满天下。兵兴十年余，仗节死义之人，固不为少。"④ 赵翼对《元史》中的材料进行统计，发现元朝"末年仗节死义者，乃多在进士出身之人"，慨叹"诸人可谓不负科名者哉！而国家设科取士，亦不徒矣"。他举出的"殉难"进士包括蒙古人泰不华、丑间、普颜不花、月鲁不花，色目人余阙、迈里古思，汉人李黼、李齐、郭嘉、王士元、赵琏、孙㩳，南人周镗、聂炳、刘耕孙、彭庭坚。⑤ 这份名单当然是很不完全的。仅列于《元史·忠义传》的殉难进士（不包括乡试中举而会试落第的"乡贡进士"），他就漏掉了石普、黄绍二人。实际上更值得注意的，是一些没有进士"科名"的殉难者，尤其是其中的南士。这些人对于我们讨论元末士人动向，或许更具研究价值。此处暂时举出一"官"一"民"两个典型人物：刘鹗和郑玉。

刘鹗（1290—1364），字楚奇，永丰（今属江西）人。少习举业，屡试不第。出游求官，被荐举为扬州儒学学录，由此入仕。虽有诗文名，颇得朝中翰苑名士赏识，但却长期沉滞于教官、掾吏身份，难获显达。曾有诗备述仕途辛酸：

---

① 钱穆：《读明初开国诸臣诗文集》。
② 钱穆：《读明初开国诸臣诗文集续篇》。
③ 《平吴录》。这句话是至正二十六年（1366）朱元璋讨伐张士诚榜谕中指斥元末红巾军的语句。
④ 《题王彦方小传后》，《经济文集》卷4。
⑤ 《廿二史札记》卷30"元末殉难者多进士"条。

归来乎！丈夫既不能如田千秋，一言悟主生封侯，又不能如主父偃，奏书直上黄金殿。君臣千载遇合难，饭牛长夜何漫漫。胡为久客众公间，进退俯仰多腼颜。归来乎！孟尝君，不可作，平原君，骨亦枯，买丝欲绣空模糊。迩来卿相不好儒，客且无履安得珠。虽云二子未尽道，尚能与客相倾倒。白玉楼空燕不飞，黄金台圮生秋草。归来乎！京师不可以久留。岁晚霜雪侵貂裘，山中风月如清流，醉余菊花簪满头。千秋奚足顾，主父焉能俦？归来乎！先人有书今尚存，青灯夜雨当细论。孰云落落苦难合，有志可致乎青云。他年岁君在癸酉，看花烂醉琼林酒。①

在朝中儒臣的勉励下，他总算没有"归来乎"。到至正十年（1350）六十岁时，做到了六品官翰林修撰。不久天下即乱。至正十二年，元廷"遴选守令"，刘鹗被"超试"三品官江州路（治今江西九江）总管。如果不是爆发动乱，作为一名年逾花甲的南儒，他断无"超试"路总管的机会。此后刘鹗历任广东廉访副使、广东宣慰使、江西行省参政，官位虽高，但一直身居动乱前线，栉风沐雨，备尝艰辛。其诗作对元末混乱局面有痛切的描述，痛惜、无奈、愤恨之情跃然纸上。《惟实集》卷四《感怀三首》：

一

丧乱八九年，乾坤日流血。
人心久不古，伦义悉磨灭。
豺虎在城市，生民半鱼鳖。
张弓不得射，令我重呜咽。
欲付之忘言，宁无愧司臬？

二

醉者常百千，醒者才一二。
苟或不自持，醒者亦复醉。
诸君愿正大，政好持善类。
庶几纲目张，或可起憔悴。
政事如修明，盗贼亦人尔！

---

① 《归来乎》，《惟实集》卷6。

> 无令贾长沙，痛哭至流泪。
>
> 三
>
> 丧乱靡有定，天下无全材。
> 苟不事淫酗，辄复多疑猜。
> 徒知尚权势，不恤治体乖。
> 生民化盗贼，田里多蒿莱，
> 狂澜亦既倒，纵挽不可回。
> 愿忍贾生泪，且进渊明杯。

但他对元朝的忠心是绝无动摇的：

> 世祖成宗德业深，百年培植士如林。
> 登车揽辔平生志，孝子忠臣万古心。
> 忧国忧君臣杜甫，无聊无赖只吟诗。
> 当时一片心如血，赢得千秋万古知。
> 监司待我真骨肉，我敬监司如父兄。
> 纵使监司如可负，敢欺明主负朝廷？①

至正二十四年，陈友谅部攻陷赣州，刘鹗被俘，绝食六日而卒。遗言谓其子："吾平生志在忠孝，不幸遇执，不能报国，死不瞑目！"又留遗书云："生为元朝臣，死作元朝鬼。忠节既无惭，清风自千古。"②

郑玉（1298—1358）③，字子美，号师山，歙县（今属安徽）人，以理学知名，我们在后面叙述思想史时还会提到他。与刘鹗一样，郑玉也是应举不第，科举之路没有走通。后来绝去仕进之意，隐居讲学，名声反而日显。至正十五年（1355）被元廷征聘为翰林待制，以布衣径擢五品。此时天下已乱，元廷此举，虽有"举遗逸"故事可循，但也明显带有笼络南方士人的用意。郑玉对于这一他人艳羡、视为难得的殊遇，坚辞不就。《师山集》卷1《让官表》云：

---

① 《寄士彦金宪十绝》《野史口号碑四十四首》，《惟实集》卷7。
② 《刘鹗墓志铭》，《惟实集》附录。
③ 关于郑玉的生卒年，参见韩志远《元代著名学者郑玉考》，《文史》第45辑。

臣窃惟迩年以来，士大夫贪得患失，尸位素餐，廉耻日丧，风俗日坏，养成今日之祸，以致盗贼蜂起，生民涂炭，以致陛下宵衣旰食，忧形辞色……今臣复蹈前辙，贪冒恩荣，不知退避，岂惟负陛下知人之明，抑亦有妨朝廷进贤之路，非臣所以报陛下，亦非陛下所以望于臣也……然酒与帛，天下所以奉陛下者，陛下得以私与人，臣不敢辞也。名与器，祖宗所以遗陛下，使与天下贤者共之，陛下不得私以与人，臣不敢受也。

他同时表明，不受官爵只是出于励名节、正风俗的考虑，并非拒绝与朝廷合作，因此提出"容臣以布衣赴阙，入觐清光，摅其一得之愚，以为涓埃之助，然后退处山林，咏歌尧舜，以乐太平"。使臣也对他的辞官要求"坚拒不允，必欲令自赴都陈恳，逼迫上道"。到达杭州，终因劳累患疾，无法航海北行，重返家中。① 郑玉虽未曾出仕，但一向倡言忠义，曾上书丞相，请求为南宋忠臣文天祥立庙，称"国家之事有本有末，国家之政有重有轻……何谓本，纲常是也，何谓重，忠义是也"②。既受元廷征聘，更坚定了"殉国"之心。朱元璋部进占徽州后，郑玉坚拒朱军出山合作的要求，谓"吾荷国厚恩，偷生苟容，何面目立于天地间耶？"绝食数日而死。给学生的遗书说："人言食人之食，则死其事，未食其食，奚死？然揆之吾心，未获所安。先哲论殷三仁胥获本心，士临事恶可不尽其本心哉？吾初欲慷慨杀身以敦风化，既不获遂志，今将从容就死以全节义耳。"给族孙郑忠的遗书，则特别强调自己的死"所以为天下立节义，为万世明纲常"，要求亲属不必"区区悲慕"③。

元末诸割据势力当中，张士诚据有苏、杭地区，此处经济富庶，士人最为集中。张士诚虽行割据之实，然于至正十七年即已受元官爵，奉元正朔，并重开海运，运粮接济元廷。他还大力招贤纳士，"欲以好士要誉，士有至者，不问贤不肖，辄重赠遗，舆马居室，无不充足"。于是士人纷纷往依，据称其幕府中"客之所聚者几七千人"④。其中如临川人饶介、临海人陈基、桐川人钱用壬，都是曾在元廷任职的名士，钱用壬还是至正十四年（1354）

---

① 《上汉儿执政书》，《师山集》卷1。
② 《上丞相书》，《师山集》遗文卷3。
③ 《师山先生郑公行状》，《环谷集》卷8；《与族孙忠》，《师山集》遗文卷3。
④ 《明太祖实录》卷25吴元年九月辛巳；《送王公人吴序》，《东维子文集》卷8。

进士南士第一名。又如著名诗人"吴中四杰"高启、杨基、张羽、徐贲，都曾托庇于张氏割据政权。张士诚招纳的这些士人，相当一部分是本来忠于元廷的。如元朝行枢密院判官迈里古思镇守绍兴，"士大夫咸声随影附，争游其门以自效"。迈里古思死后，所部士人大都投入张士诚麾下。① 浦江（今属浙江）人戴良，当朱元璋初定金华时被罗致入幕，不久即脱身逃走，依附于张士诚。另外，同样受元官爵而割据浙东沿海的方国珍、也"招延士大夫，折节好文，与中吴（指张士诚）争胜"②。江浙地区有名的士人，可以说大部分被张、方二人招纳。当然，也有不少人拒绝与割据势力合作。泰定四年（1327）进士、老资格的诸暨名士杨维桢，就坚辞张士诚征聘，隐居松江，饮酒赋诗而不出。至正十四年（1354）进士、平阳人陈高，初任庆元路录事，地处方国珍的势力范围。忽然辞官而去，"及方氏至，欲招至之而无从得矣"。他自号"不系舟渔者"，为躲避骚扰，"周流东西，所在常使人不知，所至未尝终月淹也"③。至正二十七年，朱元璋完全控制浙东，陈高遂抛妻弃子，南奔福建陈友定，又航海北行至中原，投奔元朝将领扩廓帖木儿，寻即去世。

一小部分元末士人参加了朱元璋部队，后来成为明朝的开国功臣。至正十五年朱元璋由淮西渡长江，取太平（今安徽当涂），当地儒士陶安、李习、潘庭坚等加入朱部。陶安、李习都是元朝乡贡进士，参加会试不第，授书院山长，仕途郁郁不得志。动乱爆发之初，陶安曾在文章中痛切批评元廷歧视南人的政策，认为这是致乱之由：

> 数十年来，南人不得仕省台院部，仅补远道宪史……向使累朝股肱耳目之臣祗率世祖旧章，南北人才视之无间，俾其君子汇进，小人爱戴，而致治之美垂衍无疆。夫何妄生区别于一统之朝，日益猜忌怀愤，诸人亦以摈弃不录，构衅引类，发于长淮数千里间，蔓延江左，干戈烂漫，亦有以致之也。④

出于对元廷的失望，陶安成为较早投身反元势力的士人之一。他劝说朱元璋

---

① 《送董郎中·序》，《九灵山房集》卷13。
② 《列朝诗集小传》甲前集《刘左司仁本》。
③ 《陈子上先生墓志铭》，《不系舟渔集》附录；《陈子上存稿·序》，《苏平仲集》卷5。
④ 《送许经历·序》，《陶学士集》卷14。

"不杀人，不掳掠，不烧房屋，首取金陵以图王业"[1]，为朱元璋事业的发展指出了正确方向。无独有偶，三年后朱军占领徽州，当地儒生朱升也向朱元璋提出了"高筑墙、广积粮、缓称王"[2]的战略原则。不过朱升并没有立即在朱元璋政权中任职。至正十九年（1359），朱元璋进占浙东的婺、衢、处三州，次年隆重征聘浙东名士刘基、宋濂、章溢、叶琛至应天府（今南京），称"我为天下屈四先生"[3]。此举对扩大朱元璋政权在士人阶层中的影响，意义十分重大。此前朱元璋搜罗到的士人，主要是一些乡里"遗贤"，声望远不及张士诚麾下的那些名士。虽企图争取名望较高的郑玉，但他拒不合作，以死明志。刘基等四人就不同了。刘基、宋濂二人在元末"起东南、负重名"，"学术醇深，文章古茂，同为一代宗工"[4]。刘基是元文宗至顺元年（1330）进士，他与章溢、叶琛都曾仕元为官，积极参与镇压反元起义，包括与朱元璋部对抗。宋濂虽未仕元，但也曾在至正九年（1340）被元廷征召为翰林国史院编修官，以亲老为由未就任。同样是以处士征为翰林，他比郑玉还要早五年。这"四先生"也的确为明朝的建立做出了重大贡献。不过，即使像刘基、宋濂这样的明朝开国儒臣，也仍然是"时时推尊胜国（指元朝）……时时怀想，若情所不能已"，"适逢明祖龙兴，因缘时会，殆非其夙所抱负"[5]。在元朝的仕宦和"名士"经历，还成为他们一个沉重的历史包袱，入明以后仕途坎坷，精神抑郁，皆与之有关。[6] 难怪钱穆将元明之际士人的恋元情结称为"是时代之风气，亦时代之心情也"[7]。

---

[1]《国初事迹》。
[2]《明史》卷136《朱升传》。
[3]《明史》卷128《章溢传》。
[4]《明史》卷128《宋濂传》，同卷卷末《传赞》。
[5] 钱穆语，见《读明初开国诸臣诗文集》。
[6] 参见杨讷《刘基事迹七考——兼析〈诚意伯刘公行状〉的撰写时间与作者》，载萧启庆编《蒙元的历史与文化：蒙元史学术研讨会论文集》上册，台北学生书局2001年版。
[7] 钱穆：《读明初开国诸臣诗文集》。

第二章　后期诸帝与文化

第一节　经筵制度的设立

经筵是中国古代皇帝为研读经史而特设的御前讲席。它萌芽于汉，发展于唐，到宋朝正式形成定制，并基本为元明清诸朝继承下来。① 作为一个受汉文化影响相对较弱的北方民族王朝，元朝亦曾开设经筵，并且形成一套相关制度，非常值得注意。

在泰定元年（1324）以前，元朝经筵尚处于胚胎阶段，未有定制。世祖、成宗都曾对儒家文化表现出学习兴趣，命人进讲儒学典籍，武宗也曾下诏刊印蒙古字《孝经》广赐诸王大臣。② 自仁宗即位起，元朝皇帝学习儒家文化的热情更有明显的提高。仁宗自幼生活在汉地，周围聚集了李孟、陈颢、王结等一批儒士，受到儒家思想熏陶较深。即位后，对经史学习非常重视，"凡耳目之娱、营缮之事秋毫不经于心，惟经籍史传日接于前"；"谓养性存心宜采于传记，而修身治国必取于礼经。监观历代之蓍龟，夷考前王之轨范"③。在位期间，儒臣先后译进《尚书》《通鉴》《贞观政要》《大学衍义》等书，散见于史籍记述。《秘书监志》卷3"分监"条，记载延祐二年（1314）仁宗巡幸上都时所携御览书籍如下：

《通鉴》一部　《播芳》一部　《太平御览》一部　《春秋》一部
《周礼》一部　《礼记》一部　《通典》一部　《尚书》一部

---

① 参见张帆《中国古代经筵初探》，《中国史研究》1991年第3期。
② 参见前文第二篇第一章第三节《忽必烈的文化政策》。
③ 欧阳玄：《对策二》，《圭斋集》卷12；袁桷：《进仁宗皇帝实录表》，《清容居士集》卷38。

同一条记成宗时所携书籍，仅《通鉴》《太平御览》《通典》《事类文集》《播芳》五种，而没有《尚书》《春秋》等经书。两相比较，仁宗对儒学的爱好是一目了然的。与此相联系，他对皇太子（英宗）的儒学教育也非常重视，曾下旨取《尚书》《大学衍义》《帝范》等书节译本送东宫阅读，①又聘名儒同恕等为东宫僚佐。不过尽管如此，在仁宗、英宗时期，经筵进讲也仍然尚未发展成正规的制度。

元朝经筵于泰定元年正式开设。《元史》卷29《泰定帝纪一》载：

（泰定元年二月）甲戌，江浙行省左丞赵简，请开经筵，及择师傅令太子及诸王大臣子孙受学。遂命平章政事张珪、翰林学士承旨忽都鲁都儿迷失、学士吴澄、集贤直学士邓文原，以《帝范》《资治通鉴》《大学衍义》《贞观政要》等书进讲，复敕右丞相也先帖木儿领之。②

时经筵初开，令大臣"会议进讲事宜条奏"，并"敕讲官赐坐"③。到泰定四年七月，进一步明确规定："经筵讲读官，非有代不得去职。"④ 这样，经筵的延续性就有了保证，说明进讲已经制度化。此后文宗、顺帝两朝，均继续开设经筵，只是具体制度小有变动。

元文宗四岁即从王士弘学习经史图书。⑤ 即位后于天历二年（1329）设奎章阁学士院，初秩正三品，后升正二品，"命儒臣进经史之书，考帝王之治"，"俾颂乎祖宗之成训，毋忘乎创业之艰难而守成之不易也，又俾陈夫内圣外王之道、兴亡得失之故，而以自儆焉"⑥。院官设"大学士五员，并知经筵事，侍书学士二员、承制学士二员、供奉学士二员，并兼经筵官；幕职置参书二员，典签二员，并兼经筵参赞官"⑦。可知在文宗一朝，奎章阁实际上成了专职经筵机构。

与文宗类似，顺帝也自幼受到汉文化熏陶。他童年时贬居广西静江府，

---

① 《秘书监志》卷5《秘书库》。参见《上储君书》，《栞庵集》卷4。
② 按中华书局校点本《元史》未在"经筵"二字下断开，而是断在"及择师傅"之后，今据文义改之。又这条记载中的右丞相也先帖木儿，应为左丞相倒剌沙之误。参见《元史本证》卷5。
③ 《临川吴文正公年谱》，《吴文正公集》卷首。
④ 《元史》卷30《泰定帝纪二》。
⑤ 《王可毅尚书历任记》，《蒲室集》卷10。
⑥ 《元史》卷88《百官志四》；《奎章阁记》，《道园学古录》卷22。
⑦ 《山居新语》。

曾在大图寺长老秋江辅导下学习《孝经》《论语》。① 即位后，"寻召奎章儒臣侍讲六经禁中"，可见基本沿袭了文宗朝的经筵旧规。② （后）至元四年（1338）李黼任监察御史，"言宜优经筵进讲之礼"③，此时经筵仍在举行。但到（后）至元末，随着顺帝对文宗弑兄夺位事件的清算，显赫一时的奎章阁已濒于废弃。萨都剌诗云："奎章三月文章静，花落春深锁阁门。玉座不移天步远，石碑空有御书存。"④ 在这种情况下，经筵进讲很难不受影响。至正元年（1341），也就是顺帝即位的第九年，诏改奎章阁为宣文阁，承担经筵进讲事务。汪克宽《环谷集》卷1《宣文阁赋》序云："皇帝九年，制作宣文阁于大明殿之西北。皇上万机之暇，御阁阅经史，以左右儒臣为经筵官，日侍讲读。"宣文阁不设学士，经筵讲官以他官兼任，经筵具体事务设检讨等职主掌。许有壬《至正集》卷44《敕赐经筵题名碑》有详细记载：

今上皇帝法圣祖之宏规，考近制而损益之，开宣文阁。选中书、枢密、御史台、翰林国史之臣以见职知兼经筵，丞相独署以领，重其事也。其下有兼经筵官、参赞官、译文官，率以中书翰林僚幕若阁属为之，而不常其员。又其下译史三人、检讨四人、书写五人、宣使四人。有公移，翰林国史知经筵者署之，奏为著令。

至正九年十月，又为皇太子爱猷识理达腊开设端本堂。"命（太傅右丞相）脱脱领端本堂事，司徒雅普化知端本堂事。端本堂虚中坐以俟至尊临幸，太子与师傅东西向坐授书，以下僚属以次列坐。"⑤ 太子谕德李好文汇集经史，编《端本堂经训要义》《历代帝王故事》《大宝录》《大宝龟鉴》等书进呈，供太子学习。⑥ 于是元朝东宫经筵也形成了定制。

---

① 《庚申外史》卷下。
② 《题松厅章疏后》，《滋溪文稿》卷28。根据某些史料，似乎顺帝直到至正元年才正式开设经筵。黄溍《金华集》卷26《揭傒斯神道碑》："至正元年，肇开经筵。"宋濂《御赐资治通鉴后题》（《宋文宪公全集》卷45）："元顺帝即位之九年……乃开宣文阁，设经筵，诏翰林儒臣分番进讲。"这大概是把设宣文阁一事当作了顺帝始开经筵的标志，并不确切。
③ 《李黼传》，《永乐大典》卷6697。
④ 《奎章阁感兴二首》之一，《雁门集》卷11。《雁门集》编者萨龙光系此诗于后至元六年。
⑤ 《元史》卷42《顺帝纪五》。
⑥ 《元史》卷183《李好文传》。又许有壬写过《端本堂讲议》一篇，是为太子讲《尚书》的讲稿。见《圭塘小稿》别集卷上。

有关元朝经筵制度的具体内容，受传世史料所限，许多细节之处已不甚清楚，只能予以粗略的勾勒。

进讲时间、地点：泰定以前，经筵未形成制度，进讲时间自然不固定。《元史》卷41《顺帝纪四》：至正三年"六月壬子，命经筵官月进讲者三"。然而泰定、文宗时期，情况似乎不是这样。泰定初开经筵，曾有"三日一进讲"的说法。① 文宗开奎章阁，"非有朝会、祠享、时巡之事，几无一日而不御于斯"②。柯九思《宫词十五首》之十注云："上日御奎章，报未时则还内殿矣。"③ 看来也不限于月讲三次。不过，月讲三次的制度最晚在顺帝即位之初即已确立，④ 至正三年六月不过是重申此制而已。按宋代经筵两天进讲一次。明代经筵虽是月讲三次，但其间有日讲，原则上每天都要举行。相比之下，元朝经筵进讲的间隔周期就要长得多。另一方面，宋明经筵每年遇寒暑都中辍一段时间，而元朝似无类似的规定。⑤

具体每次进讲时间的长短，大概也没有硬性制度。顺帝时乌古孙良桢批评经筵"数日一进讲，不逾数刻已罢"⑥，但也有进讲时间较长的时候。张以宁《翠屏集》卷2《和周子英进讲诗韵》："宣文阁下仗初移，讲彻鸡人报午时……儒臣有戒陈忠荩，圣主无为宝俭慈。"《口北三厅志》卷15《艺文四》载叶衡诗《上京杂咏六首》之一："水晶宫殿柳深迷，朝罢千官散马蹄。只有词臣留近侍，经筵长到日轮西。"看来这主要依赖皇帝临时兴致。

宋明诸朝经筵一般有较固定的地点，北宋在迩英阁，明代在文华殿。元朝则不然，大概只有文宗在大都时，主要于奎章阁听讲。顺帝虽开宣文阁，进讲却未必在此举行，读周伯琦《近光集》进讲诸诗即可知。据零散材料，大都进讲地点除奎章阁、宣文阁外，还有大明殿、明仁殿、咸宁殿、东便殿、流杯池亭诸处。上都则主要在洪禧殿、慈仁殿和水晶殿。

进讲官员：宋设侍讲、侍读、崇政殿说书为经筵讲官。金虽有翰林侍讲、侍读学士，却不掌经筵。这方面，元制明显接近金制。元朝翰林、集贤

---

① 《贺邓祭酒书》，《定宇集》卷10。
② 《奎章阁记》，《道园学古录》卷22。
③ 见《元诗选》三集戊集《丹丘生稿》。
④ 参见《章疏·经筵进讲赐坐》，《滋溪文稿》卷26；《宋公行状》，《燕石集》卷15。
⑤ 明清之际人孙承泽云："元人经筵仪节悉备，如以勋旧大臣知其事，及定期二八月，后累朝皆仍其制。"据此则元经筵寒暑亦辍讲。但我们在元朝史籍中找不到证明，故孙承泽之说未可靠。《春明梦余录》卷9《文华殿》。
⑥ 《元史》卷187《乌古孙良桢传》。

院都有侍讲、侍读学士，但其头衔上的"侍讲""侍读"，并没有什么实际意义。① 因此时人云："所谓经筵侍讲，与令翰林侍讲、侍读，名同而实异。"② 元朝后期虽然正式开设了经筵，但除文宗朝及顺帝初年的奎章阁官员外，一般也没有专职经筵官，而主要由省院台和翰林集贤官员兼职。比较而言，翰林国史院官员在其中地位最重要。虞集曾列举泰定元年至四年（1324—1327）历任经筵官 18 人，其中翰林国史院官员独占 11 人，仅有的两名连任 4 年者也都包括在内。③ 顺帝立宣文阁，进一步完善了经筵制度。但经筵官（包括参赞、译文官）仍由中书、翰林官员兼任。而且"惟居翰林者独主其文移出纳"，故时有"经筵亦归翰林"之说。④ 不过这次机构更动添设了检讨、书写、宣使、译史等专职属官 16 人，大大减轻了兼职经筵官的工作负担。其中检讨一职负责起草讲稿，尤为重要。⑤ 而在此之前，讲稿起草工作大都是由兼职经筵的翰林国史院官员完成的。⑥

　　进讲内容：元朝经筵进讲内容范围较广，可分五类叙述。

　　一是经书。南宋孝宗时规定：经筵进讲经书按重要性排列，以《易》《诗》《书》《春秋》《周礼》《礼记》为序。⑦ 元朝未见类似制度。而且受皇帝本人文化水平的限制，进讲内容中经书所占比例大大低于宋代。史料表明，元朝经书进讲较多者首推《尚书》，另外《易》《诗》等也曾进讲。真德秀《大学衍义》在元朝影响很大，成为经筵的一部主要教材。偶尔也临时编一些经书简本，如忽必烈时的《五经要语》。值得注意的是："四书"在元朝经筵进讲中尚未显示出特殊地位。这一点与明清有很大差别。⑧

　　二是史书。宋朝经筵进讲史书种类很多。仅据王应麟《玉海》卷 26

---

① 可举一例。文宗对奎章阁选官十分重视，"非尝任省台翰林及名进士，不得居是官"（揭傒斯《送张都事序》，《揭傒斯全集》文集卷 4）。但以皇后媵臣张住童等充集贤侍讲学士。见《元史》卷 33《文宗纪二》天历二年正月条，《满洲金石志》卷 4《张氏先茔之碑》。

② 《建言五事》，《国朝文类》卷 15。

③ 《书赵学士简经筵奏议后》，《道园学古录》卷 11。

④ 《敕赐经筵题名碑》，《至正集》卷 44；黄溍：《上都翰林国史院题名记》，《金华集》卷 8；《元史》卷 139《朵尔直班传》。

⑤ 参见《经筵录后序》，《王忠文公集》卷 6；《危素新墓碑铭》，《宋文宪公全集》卷 27。

⑥ 参见《揭傒斯神道碑》，《金华集》卷 26；《黄溍行状》，《宋文宪公全集》卷 41。

⑦ 《宋会要辑稿》崇儒 7 之 11。

⑧ 《春明梦余录》卷 9《文华殿》载：明朝经筵讲官二人，一讲"四书"，一讲经，"四书"列于经前。薛瑄《缉熙圣学疏》："伏望皇上……所诵之书先《大学》《论语》《孟子》《中庸》，兼讲《尚书》《春秋》。"清敕撰《词林典故》卷 3《职掌》也记载清朝有明确规定，进讲"先（四）书次经"。

"帝学"门所载，就有两《汉书》、两《唐书》以及《史记》《通鉴》《稽古录》《贞观政要》《陆宣公奏议》等。元朝经筵尤重讲史，以讲《通鉴》《贞观政要》《帝范》为最多。元初制度多以金为蓝本，故中书省官还曾专门编《大定政要》为忽必烈进读。① 总的来看，元朝经筵讲史的范围虽不及宋朝之广，但超过明朝。②

三是先朝圣训。经筵中进读先朝皇帝的"宝训""圣谕"在宋已有先例。元朝是一个重视祖先传统、成例的朝代，这种情况就更常见。泰定帝开经筵，专门命大臣编辑《帝训》、译《世祖圣训》备进讲。文宗也要求奎章阁学士们"日以祖宗明训、古昔治乱得失陈说于前，使朕乐于听闻"③，实际上讲经史时也往往要"参以祖宗故实"④，以增加皇帝听讲的积极性。

四是文学作品。宋代经筵曾以《文选》进读。辽圣宗"以契丹字译白居易《讽谏集》，召番臣等读之"⑤。元朝进讲内容有时也包括文学作品。据载文宗时"讲筵尝语及唐聂夷中诗"⑥。《元史》卷143《巎巎传》：巎巎在经筵，"若柳宗元《梓人传》、张商英《七臣论》，尤喜诵说"。

五是当代人著作。元朝经筵常以时人所著政论性或现实意义较强的作品进读，例如张养浩《经筵余旨》、张枢《续后汉书》、朵尔直班《治原通训》等。⑦ 顺帝时，经筵检讨危素上言请以时人萧文孙所著忠、孝二史备劝讲，⑧足见当代人著作可以充作经筵教材。

进讲方式：这是元朝经筵制度中最具特色的部分。赵汸《东山集》卷5《虞集行状》："国家经筵之制，凡经史中切于心德治道者，用国语汉文两进读。"所谓"国语汉文两进读"，亦即先以汉语讲授，再以蒙古语翻译。《元史》卷139《朵尔直班传》："康里巎巎以翰林学士承旨亦在经筵，在上（顺帝）前敷陈经义，朵尔直班则为翻译，曲尽其意，多所启沃。"与此相联系，

---

① 《中堂事记上》，《秋涧集》卷80；参见《大定治绩序》，《国朝文类》卷32。
② 据明人黄佐记载，明朝经筵讲史唯用朱熹《通鉴纲目》，后增《贞观政要》。见《翰林记》卷9《讲读合用书籍》。
③ 《元史》卷29《泰定帝纪一》泰定二年七月；卷30《泰定帝纪二》泰定三年七月；卷34《文宗纪三》至顺元年二月。
④ 《马祖常神道碑》，《至正集》卷46。
⑤ 《玉海》卷26《帝学》；《契丹国志》卷7《圣宗天辅皇帝》。
⑥ 《农田余话》卷下。
⑦ 参见《凯烈公神道碑》《张子长墓表》，《金华集》卷25、卷30；《元史》139《朵尔直班传》。
⑧ 参见《萧修撰传》，《危太朴集》续集卷8。

讲稿也同时有汉、蒙文两种本子。《至正集》卷44《敕赐经筵题名碑》："讲文附经为辞，若古疏义而敷绎之。继以国语译本，覆诵于后。"讲稿在讲毕后要进呈皇帝。《王忠文公集》卷3《经筵录后序》："故事，讲文月凡三进。每奏一篇，天子既以置诸左右。比三岁，又总每月所进为录以献，以备乙夜之览。"贡师泰《玩斋集》卷5《明仁殿进讲五首》之二："黄绫写本奏经筵，正是虞书第二篇。圣主从容听讲罢，许教留在御床边。"虞集曾抱怨说：用蒙古语翻译讲稿之时，"患夫陈圣学者未易于尽其要，指时务者尤难于极其情"①。其间甘苦，可谓一言难尽。在元朝皇帝中，文宗和顺帝的汉文功底是比较好的。但即使是他们在位期间，经筵进讲也仍然要通过翻译。实则这种翻译已没有多少实际意义，主要是一种按惯例必须举行的传统仪式。②《危太朴集》续集卷7《月鲁帖木儿行状》：在经筵"进读之际，引经授史，本于王道。且善国语，上嘉纳之"。在重"国语"的元朝，它实际上是统治者"蒙古至上主义"意识的具体表现。③

元朝经筵讲稿存者极少。《吴文正公集》卷44有《经筵讲议》两篇，是泰定帝初年吴澄进讲的讲稿。首篇讲《帝范·君德》，次篇讲《通鉴·汉纪》。都是先引汉文文言原文，然后用"蒙文直译体"（或称"蒙语硬译文体"）的汉文白话逐句解说。次篇末尾，还附有如下一段借题发挥性质的白话议论：

> 大概天地的心，只要生物。古来圣人为歹人曾用刑罚来，不是心里欢喜做来。孟子道不爱杀人的心斯似，前贤曾说这道理来。只有汉高祖省得这道理来，汉家子孙四百年做皇帝。我世祖皇帝不爱杀人的心，与天地一样广大。比似汉高祖不曾收服的国土，今都混一了。皇帝依着世祖皇帝行，可万万年太平也者！

另外贯云石于仁宗时进呈《孝经直解》，也是用白话解释原文。此书虽不一定是正式经筵讲稿，却与吴澄所进《讲议》有异曲同工之妙。详见后文第四编第一章第三节"汉语中的蒙语词汇和蒙语硬译文体"一节。

---

① 《虞集行状》，《东山存稿》卷6。
② 参见［日］吉川幸次郎《元代诸帝之文学》终章初稿，《吉川幸次郎全集》第15卷，日本东京昭和四十九年。
③ 参见［日］小林高四郎《元代社会文化变貌小考》，载氏著《蒙古史论考》，东京1983年。

泰定元年开设经筵一事，在当时的历史条件下具有某种偶然色彩。单就儒化程度来看，本来仁宗才是元朝诸帝中的翘楚。元人云"国家以神武不杀奄有四海，而典章文物至仁皇而大备"①。当时革除武宗弊政，开科用儒，"一时侍从言语之臣号称最盛"②，似乎正是开设经筵的大好时机。然而事实并非如此。究其原因，即在于条件不成熟。元王朝仍然是蒙古世界帝国的一部分，儒家思想尚未被统治集团完全确认为治国主导方针，蒙古、色目保守势力相当强大，皇帝又一直没有熟练掌握汉语——在这种状况下，将经筵进讲固定为制度的任务，显然还难以提上日程。其实儒士们

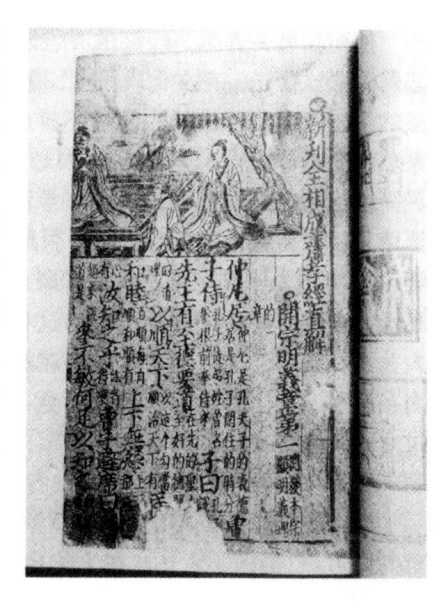

图3-2-1 《孝经直解》书影

对此也未必没有认识。仁宗时许约请开经筵，根本不敢要求像宋代那样两天一讲，而仅仅试探性地提出"半月一讲或一月一讲"③，可见只是抱着碰运气的态度，知其不可为而为之。泰定帝久居漠北，与儒士们原没有多少接触。即位时"从来者皆椎埋无知，犷悍豪横"④。他首开经筵，绝非因为对儒家思想有特殊的钟爱，而纯粹是出于现实政治上的考虑，是为了消除儒臣们的不信任情绪。这与迅速诛杀铁失逆党的措施，具有类似的意义。实际上在其他很多方面，泰定帝的政策都比仁宗、英宗时期倒退了。例如仁宗、英宗均曾对吏员出职最高品秩加以限制，泰定帝则一即位就"下诏万方，凡由吏出官者复旧制"⑤。总的来看，经筵的正式开设不过是泰定帝即位后所推行调和均衡政策的一部分，在当时带有一定的偶然性。

然而，另一方面，经筵的开设和延续，在偶然性中也包含着必然因素。首先，在文化政策上，蒙古统治者一向采取均衡态度，虽然主要信奉藏传佛

---

① 《书中书除目御书散官后》，《夷白斋稿》外集。
② 《张文忠公云庄家集序》，《礼部集》卷15。
③ 《建言五事》，《国朝文类》卷15。
④ 《宋公行状》，《燕石集》卷15。
⑤ 《左君墓碣铭》，《滋溪文稿》卷21。

教，但也不排斥其他宗教、学派。他们对儒家学说的具体观念、思想尽管未必赞同，可对其稳定社会秩序、巩固统治基础的作用则认识得非常清楚。明人张溥用尖刻的语气评论元朝"西域帝师横行天下，膜拜成风、淫污蔽路，谓元尚儒，徒虚语耳"①。实则在蒙古统治者眼里，尊佛与尚儒完全可以并行不悖。经筵的开设及其延续，与这种宽容、均衡的文化政策有很大关系。其次，尽管蒙古统治者在汉化道路上前进缓慢，曲折甚多，但受汉文化影响的总趋势毕竟不可挽回。日本学者田山茂通过对法典编纂、礼俗、官制几方面问题的研究指出：在元朝前半期（仁宗以前），蒙古至上主义在各项国策中占据支配地位；但到后半期（英宗以后），则显示出重蒙、重华两种倾向的抗争状态，难判优劣。② 美国学者达尔德斯则由另一角度得出了相近的结论。他认为：天历元年（1328）以前，内陆草原地区与各大汗国作为蒙古世界帝国的组成部分，一直是元朝中央政府制定国策时所必须考虑的重要因素。而到天历元年以后，随着上述地区与内地联系的削弱，统治者开始完全从中国的角度看问题，元朝政治乃趋向于儒家化。上面两位外国学者的研究结论，恰恰为我们解释了元朝经筵制度形成和完善的历史背景。

第二节　后期诸帝与文学艺术

清代著名学者赵翼说："元诸帝多不习汉文。"③ 这种说法影响很广，实际上是很片面的。元朝后期自仁宗起诸帝，除泰定帝外，都受过中原传统文化不同程度的熏陶，不仅认识汉字，而且对中原传统的文学艺术都有相当浓厚的兴趣。在这方面，与以前元朝诸帝有明显的区别。④

仁宗爱育黎拔力八达在成宗死后发动政变，夺得皇位。兄弟两人协商，兄海山为皇帝，弟爱育黎拔力八达为皇太子。元代后期名作家虞集说："昔我仁宗皇帝，天下太平，文物大备。自昔在东宫时，贤能材艺之士，固已尽在其左右。文章则有翰林学士清河元公复初，发扬蹈厉，藐视秦汉。书翰则

---

　　①《元史纪事本末》卷16《诸儒学问出处》张溥批语。
　　②［日］田山茂：《元朝中叶以后蒙古至上主义的消长》，《山下先生还历记念东洋史论集》，1938年。并参［日］安部健夫《大元通制解说》，《东方学报》第1卷，1931年。
　　③《廿二史札记》卷30。《廿二史札记校证》本，王树民校证，中华书局1984年版。
　　④ 日本吉川幸次郎教授较早注意到这个问题（见《吉川幸次郎全集》第15册），对此有很好的论述。

有翰林承旨吴兴赵公子昂,精审流丽,度越魏晋。前集贤侍读学士左山商公德符,以世家高材,游艺笔墨,偏妙山水,尤被眷遇。盖上于绘事天纵神识,是以一时名艺,莫不见知,而永嘉王振鹏其一人也。"① "元公复初"即元明善,"赵公子昂"即赵孟𫖯,"商公德符"即商琦。实际上爱育黎拔力八达为皇太子搜罗文学艺术之士为数甚多,以上三人只是其中比较杰出的代表。在搜罗人才的同时,他的一些举措也反映出对文学艺术的广泛兴趣。至大三年(1310),他曾命赵孟𫖯绘《嘉禾图》"藏诸秘书"②。同年,画家王振鹏作《龙池竞渡图》进呈。③ 他还"遣使四方,旁求经籍,识以玉刻印章,命近侍掌之"④。他收藏了为数相当可观的书画和各类书籍,但在登上帝位以后立即下令分散处理:"应有的图画并手卷都与哈海赤司徒者,其余的文书尽数交割与秘书监家好生收拾者,休教损坏了。"移交给秘书监的书籍共644部,6698册,数量相当可观。⑤ 图书、手卷亦应不在少数。

仁宗即位以后,对文学艺术之士颇加宠遇。他最看重赵孟𫖯。至元二十四年(1287),赵孟𫖯应忽必烈之召入朝,授奉训大夫,兵部郎中,阶从五品。武宗至大二年,升中顺大夫、泰州尹、阶正四品。二十余年升了三级,其不受重视是很明显的。爱育黎拔力八达在东宫时召他入京,拜翰林侍读学士。次年即位,升集贤侍讲学士、中奉大夫、阶从二品。这是罕见的越级提升,对于"南人",可称"异数"。延祐元年(1314)升集贤学士、资德大夫、阶正二品。延祐三年,进拜翰林学士承旨、荣禄大夫、阶从一品。六年之内,由正四品到从一品,升了五级。⑥ 元代文献中称赵孟𫖯"被遇五朝"或"荣际五朝"(世祖、成宗、武宗、仁宗、英宗),实际上他真正得到恩宠的,是在仁宗朝。仁宗看重赵孟𫖯,并不是因为他在政治上有多大用处,而是将他当作文学侍从,"优以礼貌,置之于馆阁之间,使之讨论古义,典司述,传之后世,亦足以增重国家"。仁宗曾历举赵孟𫖯的七大优点:一是"帝王苗裔",二是"状貌昳丽",三是"博学多闻知",四是"操履纯正",

---

① 《王知州墓志铭》,《道园学古录》卷19。
② 《元史》卷24《仁宗纪一》。
③ 同上。
④ 《故宫书画录》卷4。
⑤ 《秘书监志》卷5《秘书库》。此事发生在至大四年(1311)二月,即武宗去世的下一个月,仁宗正式即位在三月,此时仍称"皇太子"。他为什么采取这一举动,有待进一步研究。
⑥ 《赵公行状》,《松雪斋集》附录。

五是"文词高古",六是"书画绝伦",七是"旁通佛老之旨"①。虽是"帝王苗裔",但到仁宗时元朝统一已久,他在政治上实际已没有利用价值。"状貌昳丽"和"操履纯正",也都是表面文章。真正被看重的,是赵孟頫的"博学多闻知","文词高古"和"书画绝伦"。赵孟頫经常"奉敕"作文,其中以碑铭(人物、寺院)居多,有名的如《胆巴帝师碑》。其次则是书画题跋,如王羲之《快雪时晴帖》后有他"奉敕恭跋"②。爱育黎拔力八达对赵的书法特别欣赏,延祐三年三月,下旨"秘书监里有的书画,无签帖的,教赵子昂都写了者"。同年四月又有旨:"赵子昂每写来的《千字文》手卷十七卷,教秘书监里裱褙了,好生收拾者。"③ 这"十七卷"《千字文》中,有赵孟頫"书六体为六卷",赵孟頫夫人管道升书一卷,儿子赵雍一卷。④"赵体"在元代风行一时,固然由于其本身的成就,但仁宗的喜爱与提倡也是起作用的。管道升"尝画《墨竹》及《设色竹》图以进,亦蒙圣奖,赐内府上尊酒"⑤。赵孟頫亦应有"奉敕"或自行"进献"的绘画作品,但是在现存文献中缺乏记载。

为仁宗所赏识的还有以文章著称的元明善(1269—1322),大名清河(今属河北)人。他虽是北方人,但"弱冠游吴中,已名能文章"。先为学官,后为行枢密院、行台掾史,后为枢密院照磨、中书省左司掾。"仁宗居东宫,首擢为太子文学。"及即位,改翰林待制(正五品),升翰林直学士(从三品);皇庆二年(1313),升翰林侍讲学士、中奉大夫、阶从二品。以后职务屡有变迁,但品阶不变。英宗即位后,授翰林学士、资善大夫,阶正二品。⑥ 元明善原是行政机构的吏员、首领官,在仁宗时代,迅速提升,差不多可以和赵孟頫相提并论,其原因就是在于文章得到赏识。"明善早以文章自豪,出入秦、汉间"⑦,和姚燧并称为"一代之文宗"⑧。遗憾的是,他

---

① 《赵公行状》,《松雪斋集》附录。
② 同时"奉敕"为此帖作跋的还有著名书法家刘赓和首科右榜(蒙古、色目人)状元护都沓儿。见《故宫法书》第一辑,转引自《女藏家皇姐大长公主——元代皇室书画收藏史略》,载《故宫季刊》第13卷第1期。
③ 《秘书监志》卷6、卷5《秘书库》。
④ 《魏国夫人管氏墓志铭》,《松雪斋集》外集。
⑤ 同上。
⑥ 《元公神道碑》,《国朝文类》卷67。
⑦ 《元史》卷181《元明善传》。
⑧ 《元公神道碑》,《国朝文类》卷67。

的文集早已散佚，难以追寻他和仁宗之间的文字因缘。元明善之外，畏兀人贯云石（1286—1324）也因文采受到仁宗的青睐。贯云石号酸斋，原名小云石海涯，是忽必烈时代名臣阿里海牙的孙子，"初袭父爵，为两淮万户府达鲁花赤，镇永州"。后来将官职让给兄弟忽都海涯，"退与文士徜徉山水处，倡和终日，浩然忘归"。后从姚燧学，姚燧"见其古文峭厉有法，及歌行古乐府慷慨激烈，大奇其才"。仁宗在东宫时，姚燧"数荐之"。贯云石"进《孝经直解》，称旨"。于是被指定为仁宗之子英宗硕德八剌的说书秀才，"宿卫御位下"。"仁宗正位宸极，特旨拜翰林学士、中奉大夫、知制诰同修国史，阶从二品。"这也是破格提拔，贯云石自己说："昔贤辞尊居卑，今翰苑侍从之职，高于所让军资，人将谓我沽美誉而贪美官也"，因而不久便辞去。① 从赵孟頫、元明善、贯云石三人的遭遇，可以看出仁宗对文学之士是很重视的。举荐贯云石的姚燧，是元朝前朝的文章大家，已见前述。他也是仁宗网罗的对象："至大元年，仁宗居藩邸，开官师府。燧年已七十，遣正字吕洙，如汉征四皓故事，起燧为太子宾客。未几，除承旨学士，寻拜太子少傅，武宗面谕燧，燧拜辞……明年，授荣禄大夫、翰林学士承旨、知制诰兼修国史。"后辞职南归，病死。② 如果不是年迈病故，他在仁宗朝一定也会享受更多优遇的。

图 3-2-2 赵孟頫《快雪时晴帖跋》

虞集文中提到的商琦，字德符，是忽必烈时代名臣商挺的儿子。生卒年不详。大德八年（1304），"成宗召备宿卫"。仁宗在东宫，奏授集贤直学士。调大名路治中，不赴。皇庆元年，授集贤侍讲学士。延祐四年，升侍读官、通奉大夫，赐钞二万五千贯。泰定元年，迁秘书卿，病归，卒。③ 可知

---

① 《贯公神道碑》，《圭斋集》卷9。
② 《元史》卷174《姚燧传》。
③ 《元史》卷159《商挺附商琦传》。

商琦亦是仁宗为皇太子时搜罗的人物。集贤直学士，阶从三品。集贤侍讲学士，阶从二品，侍读同。商琦长于山水、墨竹，"山水师李营丘，得用墨法。墨竹自成一家，亦有妙处"①。他常奉诏作画，"集贤曾画嘉熙殿，敕赐黄金拜舞归"②。"商侯画山并画水，当今天下无双比。昔者累蒙天子知，昼日三接赐筐筥。"③ 可见他的画艺是很受仁宗欣赏的。虞集提到的另一位画家王振鹏，字朋梅，永嘉（今浙江温州人）。他以界画著名。界画是以楼台亭阁等建筑为主要内容的图画，须用界尺绘图，故有此称。"振鹏之学，妙在界画，运笔和墨，毫分缕析，左右高下，俯仰曲折，方园平直，曲尽其体，而神气飞动，不为法拘。尝为《大明宫图》以献，世称为绝。延祐中得官，稍迁秘书监典簿，得一遍观古图书，其识更进，盖仁宗意也。累官数迁，遂佩金符，拜千户，总海运于江阴、常熟之间焉。"④ 王振鹏应是一个职业画师，仁宗为皇太子时他进献《龙池竞渡图》，已见前述。仁宗特意安排他到贮存文物图书的秘书监任职，使他能有机会观摩前代名作，提高水平。这样做法是很不寻常的，足以说明仁宗对绘画的重视。

  还有不少画家也受到仁宗的青睐。前期名画家李衎长于画竹。仁宗即位后他在皇庆元年（1312）由常州路总管召入京师任吏部尚书（正三品）。次年"请致仕，上不允……超拜集贤大学士、荣禄大夫"⑤。阶从一品。"延祐甲寅"（元年，1314），李衎"奉诏写嘉熙殿壁"⑥。前面提到，商琦曾画嘉禧殿，显然李衎是与商琦同时奉命的。嘉禧（熙）殿是隆福宫（在宫城西部）的偏殿，"中设佛像，旁设御榻"⑦，应是皇帝休息的场所。李衎、商琦所作壁画题材无疑是山水、竹石。李衎之子李士行，字遵道（1282—1348），少年时代随父在江浙一带活动。"及见故国遗老，而吴兴赵公孟頫、渔阳鲜于公枢则又从学朝夕者也。"既有家学渊源，又得到赵孟頫、鲜于枢的指点，"故其歌诗字画，悉有前人风致"。"仁庙在位，崇尚艺文。近臣以君名荐，令人召之。君以所画《大明宫图》入见，上嘉其能，命中书与五品官，偕集

---

① 《图绘宝鉴》卷5。
② 《元诗选》三集卷5《题商寿岩画山水》。
③ 《商学士画山水歌》，《石田集》卷5。
④ 《王知州墓志铭》，《道园学古录》卷9。
⑤ 《李公神道碑》，《滋溪文稿》卷10。
⑥ 《题煜上人所藏息斋〈墨竹〉》，《道园学古录》卷28。
⑦ 《南村辍耕录》卷21《宫阙制度》。

第二章 后期诸帝与文化 311

贤侍读商公琦同在近列。"后官至黄岩知州。① 李遵道"画竹石得家传，而妙过之。尤善山水"②。而向仁宗进献的，则是《大明宫图》，应是界画作品。前面提到，王振鹏亦作《大明宫图》进献，两人同时以同一内容作图进献，应该不是巧合，或是仁宗命题之作，或是因为仁宗对界画情有独钟。③

用进画来谋取官职在仁宗朝已成为风气。除王振鹏、李士行外，忽必烈时代已"待诏掖垣"的名画师何澄在"致仕"后因进界画得升官阶，已见前述。延祐五年（1318），翰林编修曾巽申进《大驾卤簿图》，"传旨召入，偏阅其图，问人马物色甚悉，曰：'后当有用'。敕秘府藏之，而命斡赤丞相传旨，命巽初（巽申字巽初）为学士。巽初不敢当，力辞，遂循进奏为翰林应奉文字、知制诰兼国史院编修官"④。《大驾卤簿图》绘写的是北宋皇帝出行时的卤簿仪仗，分为"中道""外仗"等图，现存《大驾卤簿图·中道》卷（藏中国历史博物馆）。它"属于宫廷、官府绘画的一种体制，具有特殊风格，自有其独特的历史和艺术价值"⑤。曾巽申原是翰林编修，阶正八品，如升为"学士"则最低应为从三品。这样越级提拔，作为"南人"的曾巽申"不敢当"是完全可以理解的。翰林应奉文字阶从七品，正是编修"循进"的上一等级。还有前期著名画家任仁发之子任贤能，"大德、皇庆间入觐进画，赐金段、旨酒"⑥。

从以上所述，可知虞集说仁宗"于绘事天纵神识，一时名艺莫不见知"，虽有阿谀逢迎的成分，但确有一定根据。仁宗对绘画是很喜爱的，在他周围，有一批出色的画家。仁宗对书法有相当的修养，喜欢"亲洒御翰"，赏赐臣下，以"昭示龙光"⑦。长期追随的儒臣李孟号秋谷，仁宗下令"图其像，敕词臣为之赞，及御书'秋谷'二字，识以玺而赐之"⑧。至于他对"赵体"的爱好，前面已说过了。

---

① 《李遵道墓志铭》，《滋溪文稿》卷19。
② 《图绘宝鉴》卷5《元朝》。
③ 大明宫，唐朝宫名，又称东内。高宗以后，皇帝常居东内。
④ 《曾巽初墓志铭》，《道园学古录》卷19。
⑤ 傅熹年：《元代的绘画艺术》，《傅熹年书画鉴定集》，河南美术出版社1999年版，第184页。按，关于此图，陈鹏程《旧题〈大驾卤簿图书·中道〉研究》（《故宫博物院院刊》1996年第2期）有详细介绍，但以为是北宋作。参见余辉《元代宫廷绘画史及佳作考辨（续一）》，《故宫博物院院刊》2000年第3期。
⑥ 任贤能墓志拓片，见《上海市青浦县元代任氏墓葬记述》，《文物》1982年第7期。
⑦ 邓文原：《奉题延祐御翰》，《元诗选二集·素履斋稿》。
⑧ 《元史》卷175《李孟传》。

英宗硕德八剌在位不到四年，忙于内部政治斗争，在文化方面没有多少建树。英宗的书法在当时已得到较高评价："尝见宋宣和手敕，卷首御题四字，又别楮上'日月昭吾民，月色清我心'十字，一琴上'至治之音'四字，皆雄健纵逸，而刚毅英武之气发于笔端者，亦足以昭示于世也。"① 硕德八剌为皇太子时曾书《开经偈》②，即帝位后曾在丞相拜住所作《古钱图》上"取朱笔书皮日休诗'我爱房与杜，魁然真宰辅；黄阁三十年，清风一万古'于其侧"③。至治二年（1322）春，英宗猎于柳林（大都东南），画家朱德润奉旨作《雪猎图》，并作《雪猎赋》进献。④ 可见他对图画亦有兴趣。泰定帝也孙铁木儿长期生活在北方草原，对中原传统文化比较隔膜，是否认识汉字是个有待考证的问题。⑤ 从现存记载中没有看到他与中原传统的文学艺术形式有任何关系。

泰定帝死（1328）后，元朝统治集团为争夺皇位爆发了两都之战。大都一方拥戴武宗之子图帖睦尔为帝取得了胜利。图帖睦尔将帝位让给其兄、远在北方的和世㻋，但和世㻋在返回大都途中，竟被图帖睦尔毒死。图帖睦尔继续称帝，并上和世㻋庙号明宗。图帖睦尔死于至顺三年（1332），在位五年，顺帝元统二年（1334）上庙号文宗。

明宗和世㻋生于大德四年（1300）。延祐三年（1316），被仁宗封为周王，放逐到云南，中途逃往金山（今阿尔泰山），在漠北生活了十余年。他对中原传统文化有无了解，是不清楚的。有的记载说，宋好古工画竹石，"有进于明宗者，明宗语左右曰：此真士大夫笔。天历中为艺文监照磨，京师人名其竹为敕赐士大夫竹。"⑥ "天历"是文宗的年号，颇疑是将文宗误为明宗了。图帖睦尔生于大德八年（1304），至治元年（1321）被英宗放逐到海南。泰定帝即位后召回大都，封怀王。泰定二年（1325）出居建康（今江苏南京）。泰定帝去世前夕，被迁往江陵（今湖北江陵），随即在其父武宗

---

① 《书史会要》卷7《大元》。
② 袁桷：《英庙御书开经偈赞》，《清容居士集》卷17。
③ 《恭题至治御书》，《至正集》卷73。
④ 《雪猎赋》，《存复斋集》卷3。
⑤ "泰定间，陈楚舟使南番，番王遗以金珠，舟却之。使还，上廉其却赂状，御书'雪蓬'二字赐之，以为舟号。敕建御书阁以旌之。"（《佩文斋书画谱》卷20《历代帝王书下》引《湖广通志》）。陈楚舟事迹，仅见于《万历湖广总志》（王德毅等：《元人传记资料索引》第2册第1337页），是否可信，待进一步考订。
⑥ 《佩文斋书画谱》卷53引《应庵随录》。

旧部拥戴下夺得帝位。图帖睦尔与和世㻋不同，他一直生活在"汉地"和江南，受中原传统文化熏陶很深，能书画，兼通诗文。在建康时，曾作京都万岁山图，"意匠经营，格法遒整，虽积学专工，所莫能及"①。见于后代著录，有《雪景山水》立轴。② 他"喜作字，每进用儒臣，或亲御宸翰，作敕书以赐之。自写阁书，甚有晋人法度"③。文宗墨迹，见于记载的，有赐臣下的"雪月"二字、"保宝"二字、"梅边"二字、"永怀"二字，④ 以及亲笔诏书等。⑤ 设置奎章阁后，图帖睦尔命虞集撰《奎章阁记》一文，并亲笔书写刻石，以墨本分赐文学侍从近臣。⑥ 现存图帖睦尔书，除上述"永怀"二字摹本外，还有王振鹏画《龙舟》扇面（现藏美国波士顿博物馆）上的"妙品"二字，可能亦出于他之手。图帖睦尔能诗，现存有他的诗二首。天历二年（1329）端午节，他曾在"彩笺"上题诗，与礼物同送"皇姑公主家"⑦。当然，除书翰确实出于本人手笔外，诗、画都有可能是臣属代笔，有待进一步研究。⑧ 但他对中原传统的诗文书画都有浓厚的兴趣，则是没有疑问的。

图帖睦尔在集庆（今南京）居住时已开始招揽文学艺术人才。奔走于他门下的有赵淳、李孝光、柯九思等人。⑨ 李孝光是著名诗人，柯九思则长于墨竹和鉴定文物。上述名画家李士行任黄岩知州，因与监察部门官员有矛盾，"不乐，移疾去，闻文皇潜藩在建业，善接纳文士，将往见焉"，不幸中途去世。⑩ 由此可知当时图帖睦尔已以"接纳文士"出名。即位以后，在天历二年三月设奎章阁学士院，秩正三品，后升正二品。文宗宣布，设置这个

---

① 《南村辍耕录》卷26《文宗能画》。
② 参见姜一涵《元代奎章阁及奎章人物》，联经出版事业公司1981年版，第9页。
③ 《书史会要》卷7《大元》。
④ 《恭题御书"雪月"二字》《石田文集》卷8；《恭跋文宗皇帝御书"保宝"二字》，《安雅堂集》卷13；《御书赞》，《道园学古录》卷4，按，这二字是图帖睦尔在海南时写的；《恭跋御赐"永怀"二字》，《金华集》卷21，按，此二字摹本见鲍昌熙《金石屑》第4册。
⑤ 《题跋》《题朵来学士所藏御书后》，《道园学古录》卷10；《恭跋赐名哈剌拔都儿御书》，《金华集》卷21。
⑥ 《奎章阁记》《题御书〈奎章阁记〉石刻》，《金华集》卷21。《恭赞御书〈奎章阁记〉》，《石田文集》卷8。
⑦ 《宫词》，《草堂雅集》卷1。
⑧ 例如，见于《元诗选》卷首的诗二首，一首题为《自集庆入正大统偶吟》，实际上，文宗是由江陵"入正大统"的。
⑨ 《为智升题朴庵松石稿序》，《梧溪集》卷4。
⑩ 《李遵道墓志铭》，《滋溪文稿》卷19。

机构"置学士员，以祖宗明训、古昔治乱得失，陈说于前，使朕乐于所闻"①。也就是说，是辅助皇帝研习经史、探讨治国大计的机构。从奎章阁学士院成立以后的实际活动来看，主要有三个方面。一是负责经筵讲学，二是编纂出版书籍，三是讨论法书名画。经筵讲学前面说过，从泰定帝时起，已形成比较固定的制度，文宗时经筵讲学主要由奎章阁学士院负责安排。编纂出版的书籍，有规模很大的《经世大典》，收集整理元代的各种规章制度，此外"以国字译《贞观政要》"，并"镂板模印，以赐百官"，并续编《蒙古脱卜赤颜》等。② 奎章阁学士院下设艺文监，秩从三品，"专以国语敷译儒书，及儒书之合校雠者俾兼治之"③。即为翻译、出版书籍服务。奎章阁学士院下设另一机构群玉内司，秩正三品，"掌奎章图书宝玩，及凡常御之物"④。实际上是收贮书画及其他文物的机构。图帖睦尔常与学士院中任职的文学艺术人士一起鉴赏书画，从容讨论。为此还专门设有鉴书博士（一说鉴书博士司）阶正五品，"品定书画，择朝之博识者为之"⑤。奎章阁学士院阶正二品，地位略低于性质相近的翰林国史馆（阶从一品）和集贤院（阶从一品）。

  先后在奎章阁学士院任职的有虞集、许有壬、康里巎巎、宋本、李洞、柯九思、泰不华、雅琥、揭傒斯、苏天爵等，除了柯九思以外，其余都是朝廷中有声望的文学之士。可以说极一时之选。⑥ 其中图帖睦尔最亲近的是虞集和柯九思："文宗之御奎章日，学士虞集、柯九思常侍从，以讨论法书名画为事。"⑦ 虞集是当时最有声望的诗文作家，在书法上亦卓有成就。柯九思早已奔走于图帖睦尔门下，图帖睦尔即位后，授柯以典瑞院都事，秩从七品。设置奎章阁学士院后，先以柯九思为参书，秩从五品。至顺元年（1330）正月专门设置鉴书博士一职，秩正五品，以柯九思为之。⑧ 一批前

---

① 《元史》卷34《文宗纪三》。
② 《元史》卷35《文宗纪四》。
③ 《元史》卷88《百官志四》，艺文监下设艺林库，"掌藏贮书籍"；广成局，"掌传刻经籍，及印造之事"。
④ 《元史》卷88《百官志四》。
⑤ 同上。
⑥ 关于奎章阁人选，可参见姜一涵《元代奎章阁及奎章人物》。
⑦ 《南村辍耕录》卷7《奎章政要》。
⑧ 虞集：《四题曹娥碑》，载宗典编《柯九思史料》，上海人民艺术出版社1985年第2版，第23页。

代的法书名画在奎章阁得到鉴定，其中不少流传至今。① 图帖睦尔开设奎章阁，显示了他对诗文书画的浓厚兴趣，同时也必然激发社会上创作书画和收藏书画的热情。

至顺三年（1332）八月，文宗去世。为了弥补当年毒死兄长的内疚，遗命由明宗和世㻋之子即位。和世㻋有子二人，权臣燕铁木儿拥立其次子懿璘质班，时方七岁。但懿璘质班在这一年年底即病死。次年，明宗长子妥懽帖睦尔即位，是为顺帝。顺帝对中原传统文化有一定的修养，文宗在位时他一度被流放到静江（今广西桂林），曾学习过《孝经》《论语》。② 他对书画诗文亦有兴趣，有诗篇传世，但真伪有待考证。③ 他"留心翰墨，所书大字，严正结密，非浅学可到"④。这明显是阿谀之词，但喜欢书法则是事实。现存有不少关于他写字的记载，如：赐臣下"明良"二字、"庆寿"二字，⑤ 在广西时写过"九霄"二字⑥和"方谷"二字，⑦ 赐臣下的"和斋"二字，⑧ 赐玄教大宗师吴全节的"闲闲看云"四字，⑨ 等等。曲先（今新疆库车）人盛熙明进《法书考》，"上方留神法书，览之彻卷，亲问'八法'旨要，命藏之禁中，以备亲览"⑩。"游息之暇，尤好近文墨，日必命儒臣之善于书者，摘取秘府所藏古今图书及历代名人法书，时赐评题，自是宸章大进，虽晋、唐善者有所不逮。一日，取僧智永《千字文》墨迹一本，上自临摹。久之，遂命崇文太监至浙西，命太常臣周伯琦摹勒于石，置之阁内，谓之阁本千文。"⑪ 除智永《千字文》外，还曾命周伯琦摹王羲之所书《兰亭序》"刻石阁中"⑫。有的记

---

① 可参见傅申《元文宗与奎章阁——元代皇室书画收藏史略二》，（台北）《故宫季刊》第13卷第2期。
② 《庚中外史》卷上。
③ 明徐祯卿《翦胜野闻》载顺帝北逃后答朱元璋诗一首。此诗又见顾嗣立《元诗选》初集卷首，题为《赠吴王》，文句有出入。诗中口气谦恭，不符合顺帝身份，疑是伪作。
④ 《书史会要》卷7《大元》。
⑤ 《恭跋御书"明良"二大字》《恭跋御书"庆寿"二大字》，《金华集》卷21。
⑥ 《御书"九霄"赞》，《圭斋集》卷15；《恭题胡震宦所藏》，《至正集》卷71。
⑦ 《御书赞》，《青阳集》卷8。
⑧ 《御书"和斋"赞》，《燕石集》卷15。
⑨ 《御书赞》，《仲公李先生集》卷12。
⑩ 《法书考》卷首揭傒斯序。关于盛熙明的情况，见陈高华《曲先学者盛熙明》，《元史研究论稿》，第444—446页。《法书考》一书，主要论述汉字书法，并对梵文、蒙古新字作了介绍。
⑪ 《跋傅西轩托克托太师所赠宣文阁本智永〈千字文〉临本卷》，《经济文集》卷4。
⑫ 《元史》卷187《周伯琦传》。"阁"指宣文阁，见下。

载说顺帝"善书画"①，是否能画，尚有待研究，但对绘画确有兴趣。他曾"览宋徽宗画称善"，以致招来嶪嶪的批评。②蒙古族画家、道士张彦辅"善写山水"，"侍臣有进其画于延阁，上览而说之"③。因而"待诏尚方，名重一时"。曾"奉敕写钦天殿壁"④。至正二年（1342），"西域拂郎国（实为教皇使节）遣使进马一匹，神骏非常"，"仍敕翰林学士承旨臣嶪嶪命工画者图之，直学士揭傒斯赞之"⑤。作画的是"待诏尚方"的张彦辅和周冰壶。⑥又有冷起岩，"居京师，工传神，至正间尝写御容称旨"⑦。赵孟頫之子赵雍，曾被召入京，"采绘新作便殿台阁"⑧。至正十五年，"清宁殿成，敕画史图其壁"。此时全国战火纷飞，顺帝仍不忘宫殿壁画。赵雍为此推荐江南画师六人，只因道路不通，未能成行。⑨

奎章阁在文宗死后，实际上已处于停顿状态。顺帝后至元六年（1340）六月，顺帝正式清算文宗毒死明宗的罪行，"诏撤文宗庙主"。文宗创建的奎章阁，自然也逃脱不了被撤除的命运。十二月，"罢天历以后增设太禧宗禋等院及奎章阁"⑩。这时任奎章阁学士院大学士的嶪嶪，向顺帝进言："民有千金之产，犹设家塾，延馆客，岂有堂堂天朝，富有四海，一学房乃不能容耶？"这番话打动了顺帝："即日改奎章阁为宣文阁，艺文监为崇文监，存设如初，就命嶪嶪董治。"⑪ 如上所述，顺帝对文学艺术有浓厚的兴趣，他取消奎章阁是因为文宗的缘故，并不是反对鉴赏书画之类文化活动。经过嶪嶪的劝说，他立即成立了一个新的机构宣文阁，其职能与奎章阁基本相同。顺帝任命著名书法家周伯琦为宣文阁鉴书博士，"鉴品题识阁中书画"⑫。周伯琦实际上和奎章阁时代的柯九思扮演同样的角色。⑬ 现在传世的

---

① 《庚申外史》卷下。
② 《元史》卷143《嶪嶪传》。
③ 《山庵图序》，《危太朴集》卷6。
④ 《跋张彦辅画〈拂郎马图〉》，《夷白斋稿》外集。
⑤ 《天马行》，《近光集》卷2。
⑥ 《跋张彦辅画〈拂郎马图〉》，《夷白斋稿》外集。
⑦ 《图绘宝鉴》卷5。
⑧ 《赵仲穆丹青界画记》，《羽庭集》卷6。
⑨ 《朱征士墓志铭》，《强斋集》卷4。
⑩ 《元史》卷40《顺帝纪三》。
⑪ 《元史》卷143《嶪嶪传》。
⑫ 《同日承诏鉴品题识阁中书画作》，《近光集》卷2。
⑬ 柯九思因遭人攻击，文宗死前已离开奎章阁。

有些古代书画，钤有"宣文阁宝"或"宣文阁图书印"，都应是当时顺帝鉴赏过的珍品。① 但是，顺帝对于宣文阁，不如文宗对奎章阁那样重视。而且，元末社会矛盾尖锐，天灾人祸不断，很快又爆发全国规模的农民战争，宣文阁不久就无声无息了。

第三节 科举取士制的确立

科举考试是一种选拔人才的制度。但科举考试也是一种导向，对一个时代的思想文化造成重大的影响。

自隋唐确立以考试取士以后，宋朝沿袭这一制度而且有很大的发展。相继兴起于北方、长期与宋朝对峙的辽、金两朝，也采用这一制度。在蒙古国前四汗统治时期，原金朝统治的北方农业区即所谓"汉地"，军阀林立，政治混乱，经济凋敝，文化衰落。以弓马之利取天下的蒙古大汗，对中原传统文化缺乏了解，当然不会推行科举制度。忽必烈与前四汗不同，他在政治、经济、文化等各个领域中大量采用中原传统的各项制度即"汉法"，科举制的实行很自然也被提了出来。

忽必烈为藩王时，广泛延揽"汉地"人才，听取他们关于管理"汉地"的建议。官员的选拔和任用是其中的一项重要内容。忽必烈的亲信谋士刘秉忠就提出："开选择才，以经义为上，词赋、论策次之。兼科举之设，已奉合罕皇帝圣旨，易行也。"② "开选择才"就是通过考试选拔人才。前代一直存在科举考试以经义还是以文学为主的争论，刘秉忠表示应以"经义"为主。"合罕皇帝"即窝阔台汗。"科举之设，已奉合罕皇帝圣旨"，指的是窝阔台汗下令在戊戌年（1238）考试"汉地"儒生，但那一次是为了确定儒户户籍，所以中选者人数颇多。很可能，刘秉忠是为了引起忽必烈重视，故意将考试儒户与科举取士混为一谈。忽必烈即位后，在"至元初年，有旨命丞相史天泽条具当行大事，尝及科举，而未果行"③。大约与此同时，忽必烈"命尚书宋子贞陈时事"，宋子贞"上便宜十事"，其一是"凡三年一辟贡举，中第者入仕，则人材辈出矣"④。至元四年（1278）九月，"王鹗请立选

---

① 傅申：《宣文阁与端本堂》，《故宫季刊》第 13 卷第 3 期。
② 《元史》卷 157《刘秉忠传》。
③ 《元史》卷 81《选举志一·科目》。
④ 《元朝名臣事略》卷 10《平章宋公》引徐世隆《墓志》。

举法，有旨令会议举行"①。王鹗的建议中说："贡举法废，士无入仕之阶，或习刀笔以为吏胥，或执仆役以事官僚，或作技巧贩鬻以为工匠商贾。以今论之，惟科举取士，最为切务，矧先朝故典，尤宜追述。"②但是，"有司难之，事遂寝"③。次年，卫辉路（路治今河南汲县）总管陈祐向忽必烈献《三本书》，"事曰三本，皆国家大计"。"其三曰：人材治本，选举之方宜审。"他主张用三种选拔方法"以尽天下之材，以公天下之用。一是任用金朝进士，一是由内外官推荐，一是开设科举"④。可见，在忽必烈即位之初，已有不少人提出开设科举的建议。

至元八年到十二年间，关于科举的讨论更加热烈，参与其事的有监察御史魏初、王恽和翰林侍讲学士徒单公履等人。忽必烈下令，要姚枢、窦默、杨恭懿等人进行研究，他们主张以"实学"即经学取士。⑤ 在此基础上，拟订了科举考试的"程式"⑥。一说已"颁贡举条例"⑦。可能因为当时忙于对宋战争，此事搁置了下来。至元十六年（1279），南宋灭亡，全国统一。至元二十一年，丞相和礼霍孙"请设科举。诏中书省议。会和礼霍孙罢，事遂寝"⑧。至元二十八年，王恽上万言书，"条陈时政"，"七日设科举以收人才"⑨。稍后，"东平布衣"赵天麟上《太平金镜策》，也建议朝廷"令有司策问科举，限人数而权衡天下才德之人"⑩。但是他们的建议没有引起反响。

忽必烈是个杰出的政治家。采用"汉法"，建立有元一代的政治制度，主要是在他统治时期进行的。为什么对于科举制总是议而不决呢？忽必烈信用的南人程钜夫曾上奏说："盖尝有旨行贡举，求好秀才。上意非不谆切，而妄人辄阴沮之，应故事而集议，凡几作辍矣。"⑪他所说的"妄人"，主要是朝廷中守旧的蒙古、色目权贵，以及出身吏员的汉人官僚。推行科举必使大批有较高文化修养的汉人、南人儒士进入仕途，对他们的地位形成威胁，

---

① 《元史》卷6《世祖纪三》。
② 《元史》卷81《选举志一·科目》。
③ 《元史》卷6《世祖纪三》。
④ 《国朝文类》卷14。
⑤ 《杨公神道碑》，《牧庵集》卷18。
⑥ 《元史》卷81《选举志一·科目》。
⑦ 《题咸淳四年进士题名》，《滋溪文稿》卷29。
⑧ 《元史》卷13《世祖纪十》。
⑨ 《上世祖皇帝论政事书》，《秋涧集》卷35。
⑩ 《历代名臣奏议》卷274《治道》。
⑪ 《学校》，《雪楼集》卷1。

这是他们所不愿看到的。因而，就制造各种借口加以拖延，使之不了了之。当然，还有一个重要原因，那就是忽必烈本人对科举的态度是比较消极的。即位之初，忽必烈召见许衡，"问科举何如？曰：不能。上曰：卿言务实，科举荒诞，朕所不取"①。金朝以诗赋取士，忽必烈认为诗赋无益于治国，②进而断言"科举荒诞"。正因为他对前朝科举已有成见，所以只要有"妄人"从中作梗，便会发生动摇，予以搁置。

成宗、武宗两朝，王恽、高克恭、郑介夫等继续建议实行科举，仍遭冷遇。"凡言科举者，闻者莫不笑其迂阔，以为不急之务。"③ 到元仁宗即位后，情况有了改变。仁宗爱育黎拔力八达受到较多的中原传统文化的熏陶，"通达儒术，妙悟经典。尝曰：'明心见性，佛教为深；修身治国，儒道为切。'又曰：'儒者可尚，以能维持三纲五常之道也。'"④ 即位前他曾被贬逐居住于怀州（今河南沁阳），对民间疾苦特别是官僚机构的腐败有一定的认识，"深见吏弊，欲痛铲除之"。即位以后，为此采取了不少措施，主要是想以"进用儒者"来改革积弊。他的亲信李孟、陈颢、柏铁木儿等人都是科举制的支持者。李孟是仁宗的师傅，对他的影响最大："帝每与孟论用人之方，孟曰：'人材所出，固非一途，然汉、唐、宋、金，科举得人为盛。今欲兴天下之贤能，如以科举取之，犹胜于多门而进。然必先德行经术，而后文辞，乃可得真材也。'帝深然其言，决意行之。"⑤

皇庆二年（1313）十一月，仁宗颁布诏书，宣布实行科举取士之制。"诏天下以皇庆三年八月，天下郡县兴其贤者、能者，充贡有司。次年二月，会议京师。中选者亲试于廷，赐及第、出身有差。"⑥ 同时确定了考试的基本指导思想："举人宜以德行为首，试艺则以经术为先，词章次之。"⑦ 与诏书同时，还发布了中书省拟订的《奏准试科条目》（或称《科举程式条目》）。⑧ 这两件文书对科举考试的有关问题，作出了全面的具体规定。归纳起来，主要有以下几个方面。

---

① 《考岁略》，《鲁斋遗书》卷 13。
② 《元史》卷 148《董文忠传》。
③ 《科举议》，《西岩集》卷 13。
④ 《元史》卷 26《仁宗纪三》。
⑤ 《元史》卷 175《李孟传》。
⑥ 《元史》卷 24《仁宗纪一》。
⑦ 《元史》卷 81《选举志一》。
⑧ 《元典章》卷 31《礼部四·学校一·儒学》。

1. 分级考试。科举考试三年一次，分三级，即乡试、会试和御试。乡试是地方一级的考试，会试是中书省主持的考试，御试是由皇帝主持的考试（当然是名义上的）。头年举行乡试，第二年举行会试、御试。间隔一年，再举行乡试。全国乡试分 17 处进行，内行省 11 处，直属中书省的"腹里"（包括今河北、山东、山西和内蒙古部分地区）分设 6 处。全国乡试共取 300 人，内蒙古、色目、汉人、南人各 75 人，各考区名额多寡不同。乡试录取者称为乡贡进士，获得参加会试的资格。会试采用三中取一的办法，录取 100 人，御试则对会试录取者分三甲排列名次，不再黜落。御试中选者称为进士。分右左榜公布，右榜蒙古、色目，左榜汉人、南人。右、左榜第一人均称状元，即每科状元有两人。但右榜状元必须是蒙古人，左榜状元必须是汉人。①

2. 科举中选者的出路。御试录取的进士，分别授以官职。第一名从六品，第二名以下及第二甲，正七品，三甲正八品。首科（延祐二年，1315）考试结束后，对会试落第者，年七十以上与从七品流官致仕，六十以上与教授，其他与山长、学正，后不为例。教授、山长、学正，都是学官。到泰定元年（1324），又给予下第者以类似的待遇。"蒙古、色目人年三十以上并两举不第者与教授；以下与学正、山长。汉人、南人年五十以上并两举不第者与教授；以下与学正、山长。"也是下不为例。② 元代地方官学的教职大体是：路学设教授（从八品）、学正、学录，散府和上、中州学设教授（正九品），下州学设学正，学院设山长，县学设教谕。各级官学均设直学，管理金谷（财务）。地方官学学官升迁途径是：直学—教谕、学录—学正、山长—州、府学教授—路学教授。学正、山长均无品级。其他各科下第者虽然没有正式授予职务，但被聘为地方学官的是大有人在的。也就是说，即使下第，仍然可以获取一定的社会声望，通常会被认为是担任各级学官的合适人选。

3. 考试科目。乡试与会试考试科目相同。蒙古、色目试两场，第一场经问五条，第二场策一道；汉人、南人试三场，第一场经疑二问，经义一道，第二场古赋、诏诰、章表内科一道，第三场策一道。经问、经疑都在"四书"（即《大学》《中庸》《论语》《孟子》）内出题，但经问只要求能按朱

---

① 《元史》卷 81《选举志一·科目》。
② 同上。

熹所作《四书章句集注》回答问题，没有字数要求，经疑则要以《四书章句集注》为据，"并以己意结之，限三百字以上"。经义则是应试者在"五经"(《诗》《书》《礼》《易》《春秋》)中各选一经，根据考官所出题目，阐述其意义，"限五百字以上，不拘格律"。古赋、诏诰、章表各种文体中选择一种作文，"古赋、诏诰用古体，章表四六，参用古体"。策分两种，蒙古、色目人的策，"以时务以题，限五百字以上"；汉人、南人的策，"经史时务内出题……限一千字以上成"。御试只试策一道，"汉人、南人试策一道，限一千字以上成，蒙古、色目人时务策一道，限五百字以上成"。

4. 科场规则。元朝科场各项规则大体上沿袭前代的制度。对于试卷，有弥封、誊录、对读等办法。应试者进入考场，除《礼部韵略》外不许怀挟文字，设有搜检怀挟官负责搜检，每名举子都有一名军人看守。应试者与考官进入考场后，不许与外面来往。考试作弊者许人举告，等等。科场的管理是很严密的。

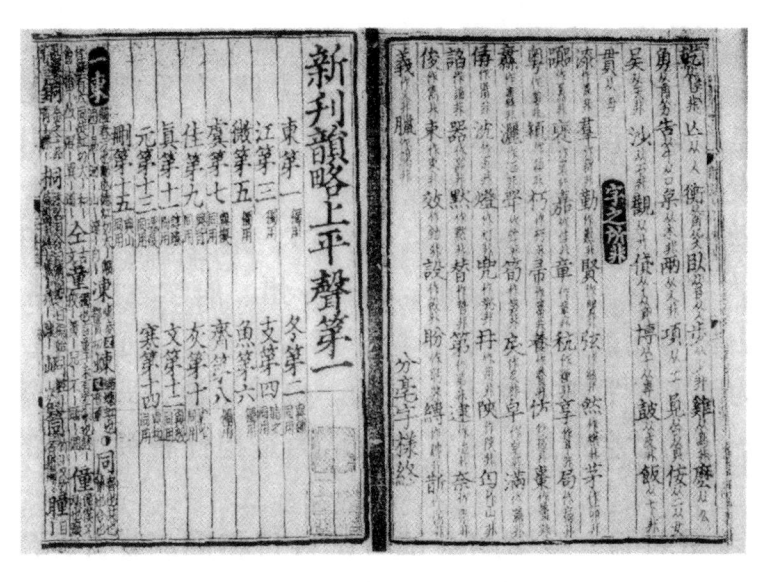

图 3-2-3 《礼部韵略》书影

总体来说，元代科举考试制度在很多方面都是前代的延续，如分级考试、科场管理等。也有不少与前代不同之处，有两个方面最为突出。一是"以经术为先"。考试的内容突出经学，而经学又以程、朱理学的各种注疏为准。"贡举法行,非程、朱学不试于有司,于是天下学术凛然一趋于正。"①这是中国科举考试发展过程中的一大变革,对当时和后世都有重大的影响。一是加深了民族歧视。元朝实行四等人制,即将全国居民按种族、地域分为蒙古、色目、汉人、南人四等,政治待遇各不相同。蒙古、色目处处受优待,汉人、南人则被歧视。科举考试的名额四等人平均分配,实际上应试者主要是汉人、南人,这样分配明显对蒙古、色目应试者有利。考试科目对四等人的难易有别,也是很明显的。右、左榜的第一人必须是蒙古、汉人,也表现出四等人制的作用。对会试落第者的安排,四等人亦有别。如此等等。

自元仁宗发布诏书实行科举以后,延祐元年(1314)举行首科乡试,次年(延祐二年)举行首科会试、殿试。到后至元元年(1335)八月,共举行乡试8科,会试、殿试7科,就在这一年十一月,顺帝下诏罢科举。这次事件实际上是由权臣伯颜发动的。伯颜是朝廷中守旧势力的代表,他敌视汉人、南人,在当政期间,采取多种压制汉人、南人的措施,如"禁汉人、南人、高丽人不得执持军器,凡有马者拘入官";"禁汉人、南人不得习学蒙古、色目文字";等等。甚至"请杀张、王、刘、李、赵五姓汉人"②。简直到了疯狂的程度,罢科举正是在这样的背景下提出的,其目的也是压制汉人、南人。但伯颜擅权,

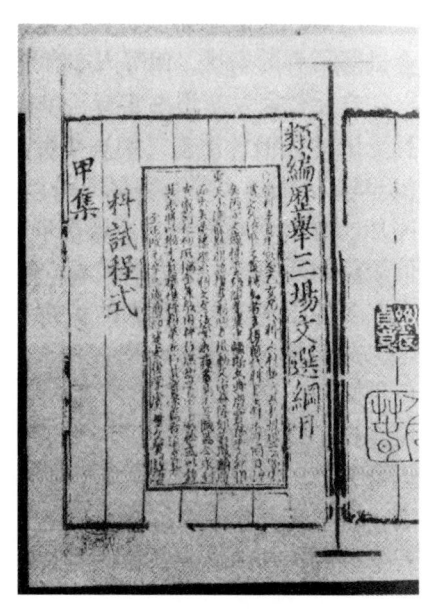

图3-2-4 《三场文选》书影

顺帝大权旁落,心中不满。后至元六年三月,顺帝贬逐伯颜,随即宣布改正伯颜推行的若干弊政,其中之一是要中书省重新研究科举问题。同年十二月,中书省将拟定的科举条画上奏,经顺帝同意,颁发全国。科举取士制自此恢复,并在次年举行新的乡试。恢复以后的科举考试办法基本上与原来相同,但几个方面有明显的变化。一是考试科目的调整。"又七年而复兴,遂

---

① 《赵忠简公祠堂记》,《圭斋集》卷5。
② 《元史》卷39《顺帝纪二》。

稍变程式，减蒙古、色目人明经二条，增本经义；易汉、南人第一场'四书'疑为本经疑，增第二场古赋外，于诏诰、章表内又科一道。"①"增本经义"就是蒙古、色目应试者也要和汉人、南人一样，于"五经"内各治一经，考试经义。汉人、南人原来首场经疑二问，都在"四书"内出题，现在改为一在"四书"内出题，一在"五经"内（各治一经）出题；原来在古赋、诏诰、章表科一道，现改为二道（篇）。总体来说，增加了考试的难度。二是将国学的"岁贡"纳入科举考试的范围。原来国学定期举行考试，每年出贡六人，授以各种官职。后至元六年（1340）重开科举的条画规定，国学生员合格者直接参加会试，在每科进士录取数中，为国学生员保留十八名，正好和原来岁贡数相等。② 三是下第者的出路问题。后至元六年重开科举条画中规定："今后会试下第人数，止听再试，不许于考官、书吏内委用。"但到至正三年（1343）有人建议"用终场下第举人充学正、山长，历两考升充教授"。中书省礼部与吏部官员一同研究，同意这一建议，并规定了于"每举乡试下第举人"中选学录、教谕。以前下第者授以学官只是特例，到此已成为通例。③

元朝政府规定，每科进士取100人，但实际上大多数情况下都是不满额的。罢科举前共举行御试七科，录取进士539人（一作537人）。重开科举后举行御试九科，共录了764人（一作763人），内各地保送的举子600人（一作599人），国学生员164人。两者合计，有元一代进士总数应在1300—1303人之间。这个数字，与前代进士相比，是比较少的。

科举取士制的推行，对当时政治生活有明显的影响。元朝立国的一项基本原则，便是奉行民族歧视的政策，而四等人制便是其集中表现。汉人、南人很难进入仕途，往往费尽心机，求一官而不可得。科举考试仍然处处体现四等人制，已见上述。尽管如此，它总算是为汉人、南人士子开辟了新的进入仕途的途径，因而也在一定程度上增加了汉人、南人士子对朝廷的向心力。"士出门持数幅纸始终缀文才十一首，即得美官，拔出民上矣。彼辇金舟米费以万计得一命，寻复夺之，而吾一毫无费也。胥吏辈自执役几转而得禄，少不下二十年始出官，而吾自乡试至竣事才十月尔。则吾之报称宜何如哉！"④

---

① 《元史》卷81《选举志一·科目》。
② 《都省奏准科举条画》，《类编历举三场文选》卷首《圣朝科举进士程式》。
③ 《终场举人充教官》，《类编历举三场文选》卷首《圣朝科举进士程式》。
④ 《送冯照磨·序》，《至正集》卷32。

"予尝闻先辈言，科举为老英雄之术，盖魁硕卓伟之彦，生长治平之世，无他途可自奋迅，俯首帖耳于场屋间，操数寸之管，书盈尺之纸，徼觊于一胜。得之则志愿甫毕，先之则抱恨没齿。"① 科举应试如能中选，便能进入官员行列，比起入粟补官或由吏入官都显得快速，因而能使众多士子俯首帖耳，为之奋斗，并对朝廷感恩戴德。元末农民战争中，许多进士、乡贡进士站在元朝一边，反对起义军。"兵兴以来，凡死节效命，举进士知经学者为多。"② 以致后代史家有"元末殉难者多进士"之说。③ 科举选拔的人才，对于维护风雨飘摇中的元朝统治，起了重要的作用。

科举制与有元一代的思想文化关系极大。自隋、唐实行科举以后，历代士人都把科举作为入仕的主要途径。元初不开科举，卑视儒生，上行下效，社会上普遍轻视儒生，读书无用论盛行，以致民间有"人分十等、九儒十丐"的民间说法。④ 不少儒生因此改行从事其他职业。"自科举废而天下学士大夫之子弟不为农则为工为商"，还有不少人则为吏以求入仕。⑤ 其中有些人便去从事历来被士人卑视的戏曲活动。我国著名学者王国维说："至蒙古灭金，而科目之废，垂八十年，为自有科目来未有之事……余则谓元初之废科目，却为杂剧发达之因。盖自唐宋以来，士之竞于科目者，已非一朝一夕之事，一旦废之，彼其才力无所用，而一于词曲发之。"⑥ 王国维的说法虽然不够全面，但他指出科举之废与戏曲繁荣有着某种内在的联系，即众多士人因失意而加入戏曲创作的行列，却是不容否认的事实。科举不行对诗歌创作亦有影响。金朝末年，"入仕者惟举选为贵科。荣路所在，人争走之。程文之外，翰墨杂体悉指为无用之技，尤讳作诗，谓其害赋律尤甚"⑦。南宋后期，"名卿大夫十有八九出于场屋科举，其得之道，非明经则词赋，固无有以诗进者。间有一、二以诗进；谓之杂流，人不齿录"。"久之科举场屋之弊俱革，诗始大出。"⑧ 科举考试有极大的导向作用，"科举学废，人人得纵意

---

① 《萧君墓志铭》，《吴文正公集》卷40。
② 包希鲁：《守城记》，《(同治)南昌府志》卷18。
③ 《廿二史札记》卷30。
④ 《送方伯载归三山序》，《叠山集》卷1。按，人分十等并非当时的实际情况，此文开头说："滑稽之雄以儒为戏者曰"，可知是开玩笑的话，反映了儒生对社会地位降低的不满情绪。
⑤ 《送也速答儿赤·序》，《揭傒斯全集》文集卷4。
⑥ 《宋元戏曲史》卷9《元剧之时地》。
⑦ 《杨公神道碑》，《遗山集》卷23。
⑧ 《陈晦父诗·序》，《剡源集》卷9。

无所累",没有了思想束缚,有利于诗歌创作的发展。①

元代中期实行科举取士之法,读书有了出路使社会风气为之一变。首先,社会上轻视读书的风气发生了变化。"自科举复而天下武臣氓隶之子弟皆为士为儒","天下孰不释耒耜而谈诗书,投干戈而从笔砚"。原来儒生的子弟更不用说。② 所以当时有"科举取士,士气复振"的说法。③ "士气复振"就是说读书的人数和积极性大为提高,一个重要标志便是科举应试的人数不断增多。以江浙行省为例,首科应试为一千二百余人,而后至元六年(1340)重开科举后,每科应试者不少于三四千人。④ 在科举考试推动下,学校教育乃至民间教育都有发展。其次,科举考试推动了蒙古、色目人攻读儒书、接受汉文化的积极性。"天子有意于礼乐之事,则人皆慕义向化矣。延祐初,诏举进士三百人,会试春官五十人,或朔方、于阗、大食、康居诸土之士,咸囊书橐笔联裳造庭而待问于有司,于时可谓盛矣。"⑤ "朔方、于阗、大食、康居诸土之士"指的就是蒙古、色目士子。蒙古、色目人入居中原之后,有些人接触到中原传统文化,逐渐对之发生兴趣。而科举考试中对于蒙古、色目的种种优惠规定,为他们入仕提供方便,也鼓励他们努力去攻读儒学。如果说元朝前期蒙古、色目人中大多以军功和"根脚"(门第)进入仕途的话,那么,在科举制推行以后,攻读儒书、学习中原传统文化,参加科举考试,成为他们中不少人选择的一条入仕途径。这对于提高蒙古、色目人的文化素质,起了有益的作用。再次,通过科举考试,确立了程朱理学在思想文化领域中的统治地位。关于程、朱理学在宋、金、元变迁之际的情况,前面已有所述及。在元代前期,程、朱理学受到尊崇,国子学中亦以此为主,但就全国范围来说,认识并不一致。元仁宗推行科举制,明确规定,"明经内'四书''五经'以程子、朱晦庵注解为主"。也就是说,科举考试所出题目,要求应试者按程、朱理学对"四书""五经"的解释来回答,即所谓"以'四书''五经'程朱训传为学问、躬行之要"⑥。不合乎程朱理学的思想言论,就会被认为离经叛道,不能入选。"迨仁庙临御,肇兴贡举,

---

① 杨镰:《元诗文献研究》,《文学遗产》2002 年第 1 期。
② 《送也速答儿赤·序》,《揭傒斯全集》文集卷 4。
③ 《彭进士琦初墓志铭》,《桂隐文集》卷 2。
④ 《送欣都、朱、卢、饶诸生会试京师诗序》,《水东日记》卷 12。《江浙进士乡会小录·序》,《畏斋集》卷 3。
⑤ 《题咸淳四年进士题名》,《滋溪文稿》卷 29。
⑥ 《醴泉县庙学记》,《勤斋集》卷 1。

网罗俊彦。其程试之法，表章《六经》，至于《论语》《大学》《中庸》《孟子》，专以周、程、朱子之说为主，定为国是，而曲学异说悉罢黜之。是则列圣所以明道术以正人心、育贤才以兴治化者，其功用顾不重且大欤！"① 科举考试中突出经术，经术"主程、朱说"，由此，"经术、理学、举业合一"，从而"一洗宋末反覆虚演文妖经贼之弊"，"岂汉、唐、宋科目所能睨万一"②。这是科举考试史上的一件大事，同时对学校教育也起了引导的作用。"延祐未设科之先，郡县学校袭前代故常，季考不废，但经义务穿凿，词赋拘新病，其途既歧，其习益陋。及大比宾兴，然后芟扫前弊，尊崇正学，由是圣经旨趣日月于人心矣。"③ "大比宾兴"即指科举而言。教育和科举考试都以程朱理学为中心，其他学说概在摒斥之列，程朱理学在文化领域的思想统治地位从此得以确立，这对当时思想文化各个部门都有重大影响，对后代思想文化亦有深远的作用。最后，科举考试的推行，对诗文创作亦有明显的影响。在实行科举以前，士人中的大多数主要只能在本乡本土活动，生活圈子很小，有很大的局限性。参加科举考试，必须走出本乡本土，前往较大的城市（乡试所在地）甚至到大都，长途跋涉，遍历山川，交往的范围随之扩大，既开阔了眼界，又增加了阅历。一旦考取，进入仕途，活动范围更大。这些都为他们的诗文提供了更多的素材，有更多更好的创作活力，也带来了诗坛、文坛的繁荣，元代后期有代表性的诗文作家，多数是进士或乡贡进士，如马祖常、萨都剌、黄溍、宋本、宋褧、欧阳玄、许有壬、杨载、杨维桢等。他们的经历是他们的创作取得成就的重要源泉。同样值得注意的是，正是由于与科举有关的作家成为诗坛、文坛的主流，元代中期以后的诗文创作中，已看不到在此以前颇为流行的遗民情操。此外，古赋创作在元代中期以后趋于兴盛，成为元代文学的一大特色。这和科举以古赋为考试科目有着密切的关系。

---

① 《〈伊洛渊源录〉序》，《滋溪文稿》卷5。
② 《弋阳县新修蓝山书院记》，《畏斋集》卷5。
③ 《送陶培之引》，《陶学士集》卷15。

第三章　多种宗教的发展

第一节　藏传佛教和佛教其他宗派的活动

自八思巴被奉为帝师后，藏传佛教作为国教，一直受到元朝历代皇帝的尊崇。仁宗即位后，延祐初，有僧人上言："帝师八思巴，制蒙古字以利国家，乞令天下立祠比孔子。"仁宗下诏召公卿耆老聚议。当时，朝中虽不乏反对意见，认为："师制字有功于国，祀之自应古典，何必比之孔氏？孔氏百王之师，其得通祀，以德不以功，后世恐有二论。"[1] 但这一提议最终还是被付诸实施了。于是，延祐五年（1318）十月，仁宗正式下令"建帝师巴思八殿于大兴教寺，给钞万锭"[2]。又"命天下各省各路起立帝师寺以示褒崇"。不久，仁宗去世，英宗即位。即位后的英宗，不仅将仁宗的诏令加以全面贯彻，而且所定规格甚至还超过了孔庙，"交比文庙盖的大，随处行文书，都教大如文庙，八思八帝师根底教盖寺者"。"再颁特旨，圣心眷注，俾加隆于文庙，不与其余不急造作同。"[3] 到泰定帝即位，又于泰定元年（1324）八月，命"绘帝师八思巴像十一颁各行省，俾塑祀之"[4]。对八思巴的尊崇，尤其是使帝师殿的建制规格超过孔庙，表明元朝皇帝已把藏传佛教的地位置于儒学之上，这在以尊奉儒学为正统的中国历代各朝可以说是空前绝后、绝无仅有的，自然招致不少儒臣的不满。像顺帝时，孛术鲁翀为国子

---

[1] 《忠宪王世家》，《益斋乱稿》卷9上。

[2] 《元史》卷26《仁宗纪三》。

[3] 《典章新集·工部·造作·工役·帝师殿如文庙大》；《抚州路帝师殿碑》，《吴文正公集》卷26。又见《元史》卷27《英宗纪一》，延祐六年十一月，"诏各郡建帝师八思巴殿，其制视孔子庙有加。"

[4] 《元史》卷29《泰定帝纪一》。

祭酒,"帝师至自西方,敕百官郊迎,公卿拜进觞,师坐受之"。孛术鲁翀欲与其分庭抗礼,"立以觞进曰:'师释迦徒,天下僧之师也。余孔子徒,天下士之师也。'师笑而起,举觞卒饮,观者凛然"①。当然,儒臣的反对态度根本无法动摇藏传佛教的既定地位,英宗时,监察御史观音保、锁咬儿哈的迷失、成珪、李谦亨等四人因谏造寿安山佛寺,甚至遭到两被处死、两被杖流的严厉惩罚。②

元朝皇帝佞佛政策带来的直接后果,是国库资财的大量耗费。像元朝历代皇帝例建有皇家寺院,供奉影堂,其中"世祖帝后大圣寿万安寺,裕宗帝后亦在焉;顺宗帝后大普庆寺,仁宗帝后亦在焉;成宗帝后大天寿万宁寺;武宗及二后大崇恩福元寺,为东西二殿;明宗帝后大天源延圣寺;英宗帝后大永福寺;也可皇后大护国仁王寺"③。每一次皇家寺院的建设,都要投入大量的人力、物力。"世祖建大宣文弘教等寺,赐永业,当时已号虚费,而成宗复构天寿万宁寺,较之世祖,用增倍半。若武宗之崇恩福元、仁宗之承华普庆,租榷所入,益又甚焉。英宗凿山开寺,损兵伤农,而卒无益。"④ 到文宗至顺二年(1330),"累朝所建大万安等十二寺,旧额僧三千一百五十人,岁例给粮"。以致中书不得不上言,以"其徒猥多,请汰去九百四十三人"⑤。以藏传佛教为中心的宫廷佛事活动,也花费浩大。"延祐四年,宣徽使会每岁内廷佛事所供,其费以斤数者,用面四十三万九千五百、油七万九千、酥二万一千八百七十、蜜二万七千三百。"针对佛事活动的泛滥,早在成宗时,即有人上书指出:"今国家财赋半入西番,红帽禅衣者便公然出入宫禁,举朝相尚,莫不倾赀以奉之。"⑥ 但这种局面在以后却有增无减,"较之大德,不知几倍"⑦。像在文宗时期,"佛事岁费,以今较旧,增多金千一百五十两、银六千二百两、钞五万六千二百锭、币帛三万四千余匹"⑧。此类活动,不仅要"陈玉帛,严香灯,晨夜诵经礼拜",而且常常"杀人至祭,

---

① 《孛术鲁翀神道碑》,《滋溪文稿》卷8。
② 《元史》卷27《英宗纪一》。
③ 《元史》卷75《祭祀志》。
④ 《元史》卷30《泰定帝纪二》。
⑤ 《元史》卷33《文宗纪二》。
⑥ 《历代名臣奏议》卷67《治道》。
⑦ 《元史》卷202《释老传》。
⑧ 《元史》卷33《文宗纪二》。

纵囚示恩"①，严重干扰了元朝正常的司法制度。

随着藏传佛教地位的扶摇直上，吐蕃僧人开始专横跋扈，陵轹官府，为所欲为。每年，都有为数不少的吐蕃僧人来往于吐蕃与京师之间，这些僧人所过之处，往往骚扰官民、祸害一方。泰定二年（1325），西台御史李昌上言："尝经平凉府、静、会、定西等州，见西番僧佩金字圆符，络绎道途，驰骑累百，传舍至不能容，则假馆民舍，因追逐男子，奸污女妇。奉元一路，自正月至七月，往返者百八十五次，用马至八百四十余匹，较之诸王、行省之使，十多六七。"② 高丽文人李齐贤路过新安站时，目睹过站吏被吐蕃僧人活活打死的惨剧，赋诗一首云：

> 西域桑门世所师，头戴烈火语嗢呀。
> 逢逢打鼓杂钵螺，说有秘术能降魔。
> 有徒实繁蚁慕膻，倭肉嗷醪称福田。
> 来承金帛去驰传，十十五五如奔电。
> 新安站吏亦何辜，毒手一饱僵路隅。
> 风吹日炙蝇蚋集，妻子相看空雪泣。③

其实，何止是驿站小吏，就连诸王合儿八剌妃忽秃亦的斤这样的统治集团显贵人物，在与吐蕃僧人的冲突中也不能幸免于殴辱。④

到顺帝时，元朝宫廷佞佛的势头依然不减。当时，哈麻与秃鲁帖木儿曾各进西僧于顺帝，习演揲儿法与秘密双修法，"曰演揲儿，曰秘密，皆房中术也。帝乃诏以西天僧为司徒，西蕃僧为大元国师。其徒皆取良家女，或四人、或三人奉之，谓之供养。于是帝日从事于其法，广取女妇，惟淫戏是乐。又选采女为十六天魔舞。八郎者，帝诸弟，与其所谓倚纳者，皆在帝前相与亵狎，甚至男女裸处，号所处室曰皆即兀该，华言事事无碍也。君臣宣淫，而群僧出入禁中，无所禁止，丑声秽行，著闻于外，虽市井之人，亦恶闻之"⑤。太子爱猷识理达腊虽自幼接受儒家传统教育，可对藏传佛教却更为

---

① 《历代名臣奏议》卷 67《治道》。
② 《元史》卷 202《释老传》。
③ 《新安站有番僧挝杀站吏》，《益斋乱稿》卷 2。
④ 《元史》卷 202《释老传》。
⑤ 《元史》卷 205《哈麻传》。

青睐，尝与人言："李先生（太子谕德李好文）教我儒书多年，我不省书中所言何事，西番僧教我佛法，我一夕便晓。"① 可以说，元朝对藏传佛教的尊崇是贯穿始终的。

元代中原与江南地区的佛教，主要分禅、教、律三派。元人总结说："今之言佛教有三：禅以喻空，教以显实，律则摄其威仪，禁妄绝非。""佛宗有三，曰禅、曰教、曰律。禅尚虚寂，律严戒行，而教则通经释典。""教以明理性之要，而简册之载为至详。律以示开遮之义，而科条之著为甚备。若夫不立文字，单提直指，而使人明心见性以成佛，则唯禅学为然，所谓教外别传者也。"② 这种划分自宋已然，入元后变化不大。蒙古入主中原初期，由于海云、万松等人受到蒙古统治者的信任，禅宗势力在北方一度非常强大，许多原来属于教、律系统的寺院都纷纷改奉禅宗。鉴于这种情况，忽必烈一度想抑制禅宗的发展，"尊教抑禅"③。并在至元二十五年（1288）正月，"集江南教、禅、律三宗诸山至燕京问法"。在会上，"禅宗举云门公案，上不悦。云梦泽法师说法称旨，命讲僧披红袈裟右边立者，于是赐斋香殿，授红金襕法衣，锡以佛慧玄辩大师之号，使教冠于禅之上者自此"④。不过，从以后的发展来看，禅宗的影响依然最为强大，教其次，而律的影响最小，因而有人评论说："若三宗鼎列，而律最微者，在僧为难能故也。"⑤ 当时，禅、教、律三派都各有本门派的内部规则。其中，禅有德辉于1265年重编之《百丈清规》（最早由唐后期僧人百丈怀海制定），律有省悟等于1325年所编《律苑事规》，教则有自庆于1347年所编《增修教苑清规》，三派寺院进一步制度化、规范化，"固各守其业"⑥。

中原地区的禅宗，前面已经作过介绍。江南地区的禅宗，主要是临济宗的天下。在元代，有影响的禅师大多出自大慧宗杲与虎丘绍隆两支。这些禅师不仅禅学思想理论深邃，且大都以诗文见长，与世俗文人保持着良好的交往。在他们的推动下，临济宗在元代江南获得了新的生机，得以继续向前发展。

---

① 《庚申外史》卷下。
② 《兴福头陀院碑》，《清容居士集》卷25；《送大璞玘上人·序》，《羽庭集》卷2；《木岩禅师语录·序》，《王忠文公集》卷6。
③ 《元普应国师道行碑》（实为宋本撰），见《侨吴集》卷11。
④ 《佛祖统纪》卷48。
⑤ 《定海县真修寺迹记》，《羽庭集》卷3。
⑥ 《元史》卷202《释老传》。

元代出自大慧宗杲一支的著名禅师主要有元叟行端与笑隐大䜣二人。

元叟行端（1255—1341），俗姓何，台州临海（今属浙江）人。11岁出家，累师高僧名宿。大德四年（1300）出主湖州资福寺。至大、延祐间，受行宣政院札，先后住杭州中天竺、灵隐，赐号"慧文正辩"，入觐仁宗后，又加号"佛日普照"。泰定元年（1324），受命住持径山。"至是凡三被金襴袈裟之赐。二十年间足不越阃，而慕其道者鳞萃蚁集，至无所容。岁饥，皆裹粮而来，以得见为幸。径山自大慧中兴，后代有名德，得师而其道愈光。"在文学方面，行端也颇有建树，"暇日以余力施于篇，翰尤精绝古雅。石田林先生隐居吴山，不与世接，独遗师以诗曰'能吟天宝句，不废岭南禅。'其取重前辈如此"①。

笑隐大䜣（1284—1344），俗姓陈，龙兴南昌（今属江西）人。自幼喜佛，九岁出家，礼百丈山晦机元熙为师后，"乃益研教典，旁及儒家道流百氏之说"。出世住湖州乌回寺，"居岁余，去游江浙间，复归净慈，一时大尊宿在父师行者咸与为忘年友"。后受行宣政院札，历住杭州报国寺、中天竺寺。天历元年（1328），文宗即位，以潜邸为大龙翔集庆寺，选为开山住持，拜大中大夫、广智全悟大禅师。明年入阙，应对称旨，赏赉优渥。顺帝即位，参与校正《百丈清规》，"书成，四方咸辄法焉"。（后）至元元年（1335），又加号释教宗主、兼领五山寺，荣宠无比。有《蒲室集》《笑隐大䜣禅师语录》等传世。大䜣凭借其文学素养与特殊身份，与在朝文臣多有往来。"初，魏国赵公孟頫未识公，得其文，叹赏不已，即命驾访之，一时贤士大夫咸慕而交焉。"黄溍赞誉其"质貌魁特，襟度豁如，其所为文无山林枯井之态，变化开阖，奇彩烂然，而论议磊落一出于正，未尝有所偏蔽"。虞集与之交往二十多年，"称其如洞庭之野，众乐并作，铿铉轩昂，蛟龙起跃，物怪屏走，沉冥发兴。至于名教节义，则感厉奋激，老于文学者不能过也"②。

元叟行端与笑隐大䜣虽出自大慧宗杲法脉，以"机锋峻峭"见长，但对宗杲的"看话禅"理论创新不大，真正将宗杲思想发扬光大的，是出自虎丘绍隆法脉的高峰原妙、中峰明本等人。

高峰原妙（1238—1295），俗姓徐，吴郡吴江（今属江苏）人。十五岁

---

① 《径山元叟禅师塔铭》，《金华集》卷41。
② 《龙翔集庆寺笑隐禅师塔铭》，《金华集》卷42。

出家，初习天台教义，后弃教从禅，从雪岩祖钦（？—1287）等名僧参学。元平江南后，隐居杭州天目山中，于狮子岩凿石室修行，号为"死关"。原妙超世绝俗的高藐道风，吸引了全国各地的众多参学者，"远方学徒如西域、南诏，不远数万里，云臻水赴，师悉拒不纳，至栖岩席草以依师"。至元二十八年（1291），两浙运使瞿霆发为其修建大觉正等寺，该寺成为原妙主要的传道场所。① 先后参学者虽众多，但得其法者主要有两人，即断崖了义（原名从一）与中峰明本，其中"义嚚其用以推排于本，故本公独以其道为东南末法倡"②，为元代江南临济宗影响最大的一位禅师。

中峰明本（1263—1323），俗姓孙，杭州新城（今浙江富阳县西南新登镇）人。少喜佛，"为童儿嬉戏，必为佛事……稍长，阅经教，然指臂求佛甚切，昼夜弥厉，困则首触柱以自儆，期必得乃已"。拜原妙为师后，诵《金刚经》至"荷担如来阿耨多罗三藐三菩提"处，恍然开悟。"自是说法示人，纵横该贯，如千江开源，奔注放溢，莫之能御，从容自在，若不经思，累千百言，应问无碍。"仁宗闻其名，遣使征之，不至，以金襕袈裟赐之，封佛慈圆照广慧禅师，狮子院名曰正觉禅寺。英宗即位，封香制衣于所居，时加礼敬。高丽逊王王璋使人于其处求法，后又亲往拜见。翰林学士承旨赵孟頫"每受师书，必焚香望拜；与师书，必称弟子"。屡辞地方官员名山师席之邀，巡游四方，"逾浙绝江，渡淮溯汴，至浮舟以居"。圆寂后七年，当天历二年（1329），元朝赠师号曰智觉禅师，塔曰法云。③ 元统二年（1335），又加封号曰普应国师。④ 需要说明的是，有元

图 3-3-1 《中峰明本像》
（现藏日本兵库高源寺）

---

① 《天目山大觉正等禅寺记》，《松雪斋集》外集。
② 《元普应国师道行碑》，《侨吴集》卷 11。
③ 《智觉禅师塔铭》，《道园学古录》卷 48。
④ 《元普应国师道行碑》，《侨吴集》卷 11。

一代封国师号者，多为藏传佛教僧人，明本以南人身份获此殊荣，虽属身后封赠，在当时也是非常罕见的，这充分显示出明本在当时佛教界的影响与地位。

明本在继承原妙师传的基础上，以其深厚的禅学理论与实践，丰富了南宋宗杲以来的"看话禅"理论，对当时及后世的禅宗思想影响极大。元人虞集称："国家崇尚佛乘至矣，而禅宗惟东南为盛，然专席称师者，岂无其人哉？至于四十余年之间，浩然说法，其言语文字，汪洋广博，为远近信向，未有君师之盛者也。"① 传世著作主要有《天目中峰和尚广录》30卷，弟子知名者有天如惟则与千岩元长等。天如惟则，永新（今属江西）人。有《楞严经会解》10卷。元长（1284—1357），萧山人（今属浙江）。泰定四年（1327）住义乌伏龙山圣寿禅寺，广为授徒，声誉卓著，时人将其与中峰明本及天台山的无见先睹（1265—1334）并称，后受元封为"佛慧圆明广照无边普利大禅师"②。

第二节　佛教与中外文化交流

元代佛教对外交流最为密切的国家首推高丽与日本，此外，与佛教发祥地印度的往来也较频繁。

一　高丽

高丽为元朝附属国，历任国王多为蒙古驸马、世尚公主，两国间异常亲密的宗藩关系，使国家间的边界形同虚设，而两国统治者对佛教的尊崇政策，更使两国间的佛教交流达到历史上的高峰。

两国佛教文化交流的突出表现，首先是双方僧侣往来较之以前更为频繁，其中以高丽方面来华人数最为繁伙，他们在中国各地游方求学后，将中国佛教各派的精髓带回国内，使之发扬光大，对高丽佛教的繁荣贡献不小。③

在入元游方求学的高丽僧人中，以冲鉴（1275—1339）来华时间较早。冲鉴于大德年间到江南后，礼南岳铁山绍琼为师，后又力邀其到高丽弘法3

---

① 《智觉禅师塔铭》，《道园学古录》卷48。
② 《元长塔铭》，《宋文宪公全集》卷42。
③ 有关元代高丽僧人来华研究，可参见张言梦《元代来华高丽僧人考述》，《内蒙古社会科学》1999年第4期；桂栖鹏《入元高丽僧人考略》，《西北师大学报》2001年第2期。

年。在此期间，冲鉴侍奉左右，恭勤问学，多得其心诀。铁山回国后，冲鉴在国内广收门徒，积极弘扬铁山禅旨。在住持龙泉寺时，他又借鉴元朝经验，以《百丈清规》约束僧众，摸索出一套适合高丽国情的禅宗规约制度，受到高丽禅宗丛林的极力推崇。① 除冲鉴外，元顺帝时期来华的太古普愚（1301—1382）和懒翁惠勤（1320—1376），对高丽末期及朝鲜初期的禅宗影响也很大。普愚于至正六年（1346）来到大都，次年南下巢县（今属安徽）往谒竺源水盛禅师，因竺源已逝，又转投湖州（今属浙江）霞雾山天湖庵，谒见临济宗禅师石屋清珙，献《太古庵歌》，蒙其印可。回到大都后，普愚声望大增，顺帝特邀其于永宁寺开堂说法，赐金襕袈裟、沉香拂子，皇后、皇太子降香币，王公士庶奔走礼拜，趋之若鹜。回国后，普愚更受到高丽恭愍王的推崇，先后多次从其受戒问学，受封王师，又进为国师。② 普愚所传禅法，受南宋临济宗大慧宗杲看话禅的影响很大，此外，他还结合净土信仰，提倡念自性弥陀，这种念佛禅成为后来朝鲜曹溪宗的特色之一。惠勤于至正八年（1348）来大都，"参指空，会问契合"。十年春，南下江浙，参平山处林禅师，处林将师祖雪岩祖钦所传法衣、拂子赠给惠勤，以为表信。十一年春，"抵宝陀洛迦山，拜观音"。十二年，"至伏龙山，参千岩（元长）。"当年北还大都后，继续随指空参学，"空授以法衣、拂子、梵书"。十五年秋，顺帝邀其驻广济寺，次年开堂说法，顺帝、皇太子皆有赏赐。回国后，惠勤在国内传法十余年，声誉日隆。洪武三年（1370）秋，高丽于其所居广明寺，"大会两宗（禅、教）五教诸山衲子，试其所自得，号曰功夫选"。次年，受封"王师、大曹溪宗师、禅教都总摄、勤修本智重兴祖风福国祐世普济尊者"③。惠勤的禅学，既继承了中国临济宗禅风，又包含了印度指空禅师的思想精华，在当时影响颇为深远。

　　游方求学的高丽僧人，除参禅外，也不乏文学修养较高的文化僧。在华期间，他们多与元朝文人交往密切。像天历初来华的玉田达缊（印度高僧指空弟子），"平生喜从当世名公雅士游，尽得其礼貌，而于艺又能精鉴书画，博极古今"。在华期间，欧阳玄曾为其松月轩亲笔题额，"翰林承旨欧阳原功（欧阳玄）、集贤学士揭曼硕（揭傒斯）、国子祭酒王师鲁（王沂）、中书参

---

① 《高丽林州大普光禅寺重创碑》，《危太仆集》续集卷3。
② 《明高丽太古寺圆证国师碑》，《海东金石苑》卷8。
③ 《普济尊者谥禅觉塔铭》，《牧隐稿》文稿卷14。

政危太仆（危素）、集贤待制赵仲穆（赵雍），道家如吴宗师（吴全节），皆为之题赞叙引。集贤待制赵仲穆、真人张彦辅、吴兴唐子华（唐棣），又为松月轩传神"①。其后来华的无外式，"嗜诗者也，曾走京师求诗诸公间，今中书许公（许有壬）、翰林谢公（谢端），缙绅知名者，皆有赠焉"②。至正元年，为式南下江浙，与元著名文人张雨、黄溍会于杭州，以诗酬答唱和，时人绘为《文会图》，宋褧、吴师道皆有诗咏其事。③ 回国时，又有张翥、傅若金、宋褧等赠诗送别。④

除游方求学者外，高丽写经僧、驻寺僧与化缘僧入元者也有不少。

在元朝统治者崇佛政策的笼罩下，抄写佛经在当时已成为一种风气，上自皇帝、后妃、诸王贵族，下到平民百姓，莫不效尤。高丽作为元朝的附属国，经常应元朝之征，派写经僧来华。如至元二十七年（1290），高丽应元诏命，派出由惠永（1228—1294）率领的100名写经僧来到大都，在庆寿寺用了一年时间，抄成一部金字《藏经》，后受元世祖忽必烈赏赐，礼遣归国。⑤ 大德元年（1297）、六年、九年，元朝又数次遣使到高丽征求写经僧。⑥ 武宗在位期间，元朝又在至大三年（1310）五月派宦官方臣祐（高丽人）到高丽召集僧俗300余人，于高丽王京旻天寺抄成一部金字《藏经》，光是耗费的黄金箔就多达六十余锭。⑦ 所谓驻寺僧，就是由元朝政府邀请高丽僧人来华管理寺院，像仁宗召海圆（1262—1340）住大崇恩福元寺，顺帝召义旋住大天源延圣寺等。⑧ 随着寓居中国的高丽僧众日渐增多，不少高丽人在大都等地也相继建立起一些佛寺，如兴福寺、天台法王寺等，这些佛寺也多由高丽僧人担任住持。⑨ 此外，高丽僧人入元化缘募资、兴建佛寺在当

---

① 《松月轩记》，《牧隐稿》文稿卷4。
② 《跋福山诗卷》，《稼亭集》卷7。
③ 《高丽僧式上人游两浙会提学黄晋卿句曲外史茅山张伯雨好事绘为文会图》，《燕石集》卷7；《重赋一章》，《礼部集》卷8。黄溍《过伯雨会无外式公刘君衍卿》、张雨《和黄晋卿提举忆旧诗》均为当时与其唱和之作，《句曲外史集》卷中。
④ 《送无外式归高丽》，《元诗选》三集庚集；《送无外式上人还高丽》，《傅与砺诗集》卷7；《送高丽式上人东归二首》，《燕石集》卷5。
⑤ 《弘真国尊碑》，《海东金石苑》卷8。
⑥ 《高丽史》卷31、卷32《忠烈王世家》。
⑦ 《高丽史》卷33《忠宣王世家》、卷122《方臣祐传》；《方公祠堂碑》，《益斋乱稿》卷7。
⑧ 前者见《大崇恩福元寺高丽第一代师圆公碑》，《稼亭集》卷6；《崇恩福元寺碑》，《牧庵集》卷8。后者见《高丽国天台佛恩寺重兴记》《赵贞肃公祠堂记》，《稼亭集》卷3。
⑨ 《大都南城兴福寺碣》，《益斋乱稿》卷7；《大都天台法王寺记》，《稼亭集》卷4。

时也颇为流行。如顺帝在位期间，高丽金刚山长安寺僧宏卞入元大都，托人游说顺帝皇后奇氏出内帑3000锭，支持长安寺整修。宝盖山地藏寺僧慈惠入大都化缘，由中宫出内帑铸成梵呗之器，危素撰写记事碑等。[①]

除了各类僧人外，高丽忠宣王王璋（1275—1325）也是一位在两国佛教文化交流方面起过重要作用的人物。他一生好佛，"酷嗜浮图法，舍本国旧宫为昊天寺，极土木之工，范铜作佛三千余躯，泥金银写经二藏，墨本五十余藏，邀番僧译经受戒，岁无虚月，人或以为言，好之弥笃。"在多次入元朝觐后，他干脆辞去王位，寓居大都，"专心事佛"[②]，广泛参与了元朝境内各类佛教活动。有关他与临济宗高僧中峰明本的交往，以及对白莲教复兴的推动，请见本书相关章节，兹不赘述。

二　日本

日本与中国的佛教文化交流历史悠久。忽必烈东征日本失败后，两国邦交一度中断。成宗即位后，于大德三年（1299）派遣江浙释教总统、普陀高僧一山一宁（1247—1317）出使日本，随行者有其弟子石梁仁恭，及曾到过日本的平山万寿寺禅僧西涧士昙等。一山一行到达日本后，被镰仓幕府扣押于伊豆修善寺，后知其为高僧，乃改变态度，迎请到镰仓建长寺，尊礼有加。以后，一山又历住圆觉、净智、南禅等名刹，在镰仓、京都阐扬佛法近20年，受业弟子众多，受到日本朝野人士的普遍敬重，1317年圆寂后，被日本尊为国师。

有元一代，中日两国虽未正式建立外交关系，但民间商舶贸易的发达，为两国僧人间的往来创造了便利条件。继一山一宁后，相继东渡日本的元代僧人有东明惠日、清拙正澄、明极楚俊、竺仙楚仙、东里弘会、灵山道隐、东陵永玙等。他们在日期间，历主名山大刹，接引学人弟子，大都留居日本直到去世，为日本佛教尤其是禅宗的发展做出了巨大贡献。在此期间，日本僧人来华参学者也络绎不绝，大有超过前代之势。一山一宁的弟子如龙山德见、雪村友梅、无著良缘、嵩山居中、东林友丘等，都曾入元朝参究名刹。元僧清拙正澄在日圆寂后，他的徒众25人相约同时入元参学。大拙祖能于1343年入元游学时，他的同参一行数十人也相偕入元参习。据日本学者统

[①]《长安寺重兴碑》，《稼亭集》卷6；《宝盖山地藏寺重修记》，《牧隐稿》文稿卷2。
[②]《忠宪王世家》，《益斋乱稿》卷9上。

计，元代来华僧人名字可考者达两百多人。① 而据《元史》记载，光是泰定三年（1326），元朝一次就"遣日本僧瑞兴等四十人还国"②。这些来华僧人，主要为禅僧，他们在华活动主要是参礼禅宗名刹与高僧大德，其中，光是登天目山参叩中峰明本的日僧即有远溪祖雄、可翁宗然、嵩山居中、大朴玄素、复庵宗已、孤峰觉明、别源圆旨、明叟齐哲、平田慈均、无碍妙谦、古先印元、业海本净、祖继大智等。来华日僧文化素养普遍较高，他们与元代诗人学者、僧人交往密切，友谊深厚。像古源邵元，于泰定四年来华，在华20年，遍历天台、少林、灵岩、五台诸名山大刹，尤以在少林历时最久，曾预百名高僧之选，赴大都参加译写《大藏经》。他为少林寺住持息庵等所撰道行碑、塔铭至今仍存，成为中日佛教文化交流的历史见证。③ 雪村友梅住华20年，曾拜访元代书画大家赵孟頫，其书法笔势雄浑，连赵孟頫也为之惊叹。铦仲刚来华后，与元诗人学者虞集、柯九思、丁复、郑元祐等均有诗歌往来，虞集在诗中称他为"百炼利器""无双国士"④，对其倾倒程度，由此可见一斑。直到元朝灭亡，滞留在中国的日僧仍有不少。

元代中日僧人间的相互往来，除了推动日本禅宗的继续繁荣外，更为日本文化带来了深远影响。像日本的书籍雕版印刷，即在此期间得到飞快发展，当时的日本京都、镰仓以及其他地区的禅寺，刊印过不少佛教与中国文化典籍，来自中国闽浙等地的不少刻工，如陈孟荣、俞良甫等，被请到当地从事雕版、传授技艺，为日本雕版印刷业的繁荣做出了贡献。⑤ 其中，由俞良甫雕版的《新刊五百家注音辨唐柳先生文集》（现藏日本东京静嘉堂文库），在卷末还刻有一段题记，记载了自己的祖籍——莆田以及在日侨居与刻书的情况，成为这段历史的真实写照。此外，由中日两国僧人带到日本的佛教、经史、诗文等典籍以及禅宗士林风气，对宋学在日本的传播，书画、花道、茶道、俳句、雕刻、建筑艺术等的繁荣，也都有着广泛而深远的影响。

三　印度

印度来华僧人首推指空，他在中国与高丽弘法数十年，除将印度佛教经

---

① ［日］木宫泰彦：《日中文化交流史》，胡锡年译，商务印书馆1980年版。
② 《元史》卷30《泰定帝纪二》。
③ 可参见《息庵禅师道行之碑》《显教圆通大禅师照公和尚塔铭》，《洛阳名碑集释》，朝华出版社2003年版，第356—362页。
④ 《送海东铦上人十首》，《道园学古录》卷27。
⑤ 梁容若：《中日文化交流史论》，第179—186页。

典与思想东传外，对促进元丽两国佛教文化交流也贡献不小。是当时佛教界颇有影响的一位人物。

指空的身世，据其本人自述，曾祖、祖父均为迦毗罗王，父为摩竭提（当即摩揭陀）王。① 有的汉文记载则称其为"中印土王舍城刹帝里（当即古印度种姓刹帝利）孙"或"西天刹帝利王第三子"②。按，迦毗罗、摩竭陀均为印度古国，为佛教名僧辈出的地方，王舍城也是一个很古老的地名。③ 刹帝利则为古代印度仅次于婆罗门的种姓，在世俗种姓中地位最高。不过，指空这一看来与佛祖释迦牟尼非常相似的出身，在印度方面还没有相关资料可供印证，很有可能有夸大其词的地方。出家后，指空先是礼印度古老寺院——那烂陀寺的律贤为师，后又往楞伽国（今斯里兰卡），从普明学法。返回印度后，大概在至元末年，经吐蕃地区来到大都。不久，指空又往安西王府京兆（今陕西西安），受到安西王与王傅的礼遇。此后，他两度进入吐蕃地区，并由吐蕃进入四川、云南，在当地传教二十多年。据指空自述，在四川，他"礼普贤巨像，坐禅三年"；在云南，"中庆路诸山请演法，凡五会，太子（当为元朝镇戍当地的蒙古宗王）礼吾为师"④。延祐二年至七年（1315—1320）于武定（今属云南）扩建正续寺，"开辟正觉，诱掖缁俗，慕其化受信具者，比比有焉"⑤。至少到泰定年间，指空已经北上，"见天子于难水（斡难河）之上，论佛法称旨，命有司岁给衣粮"⑥。不久，又东游高丽，"礼金刚山法起菩萨道场，国王、众诸臣僚合辞劝请少留，乃出文殊师利菩萨《无生戒经》3卷"。在此期间，指空接引了不少门人弟子，赢得很高声誉。西返大都后，"天历皇帝（文宗）诏与诸僧讲法禁中，而有媢嫉之者，窘辱不遗余力，师能安常处顺，湛然自晦"⑦。有的记载则称："天历初，诏与所幸诸僧讲法内庭，天子亲临听焉。诸僧恃恩，颉颃作气势，

---

① 《西天提纳薄陀尊者浮屠铭》，《牧隐稿》文稿卷10。
② 《文殊师利菩萨无生戒经·序》，《危太朴集》卷10；《庚申外史》卷下。
③ 王舍城在今印度比哈尔邦西南的拉杰吉尔，据《大唐西域记》卷九摩揭陀国下，"曷罗阇姞利呬城（唐言王舍）……以王先舍于此，故称王舍城也"。可参见陈佳荣、谢方、陆峻岭：《古代西域南海地名汇释》，中华书局1986年版，第175页。
④ 《西天提纳薄陀尊者浮屠铭并序》，《牧隐稿》文稿卷14。
⑤ 《狮山修正续寺碑记》，《（康熙）武定府志》卷4上《艺文·记》，转引自祁庆富《指空游滇建正续寺考》，《云南社会科学》1995年第2期。
⑥ 《西天提纳薄陀尊者浮屠铭》，《牧隐稿》文稿卷10。
⑦ 《文殊师利菩萨无生戒经·序》，《危太朴集》卷10。

恶其轧己，沮不得行。"又称"师自天历褫僧衣"①，可见，在天历初回大都后，指空曾与文宗身边的僧众有过一番论战，受过迫害，甚至有可能被削去僧籍。此后，他居于太府太监察罕帖木儿妻金氏为其建造的法源寺中。至正年间，皇后奇氏、皇太子爱猷识理达腊曾请其入延华阁问法。至正二十三年（1363），于大都圆寂。

需要指出的是，元代印度僧人来华者绝非仅指空一人。如元朝后期被封为西天灌顶国师的阿麻剌室利板的达，即是印度僧人。他早年从阿麻剌室利板的达为师，因学富五明，号板的达。"学既精进，爱辞本国，往中印度礼金刚宝座及菩提树"，后来到雅积国，被国王尊为国师。元仁宗闻其名，遣使往召。"道出西番，过撒思加瓦地"，于"延祐庚申（1320）六月，始至上都"。时仁宗已死，阿麻剌室利板的达受到新皇帝英宗的召见，后于五台山与大都南城建寺院，被元朝"赐以王印，号为灌顶国师，佩以三珠虎符，总治西域诸国僧俗"②。再如元代后期杭州西天元兴寺，乃当地官府专门为"西天（即印度）高达摩实理板的达"所建。③元末张宪《赠西僧》诗："西离五印度，东渡独绳桥。"④也是这方面的例子。再如，元龙兴路（今江西南昌）印土寺，有学者认为，其中也多为印度僧人。⑤中国僧人也有赴印度求法的。像元初"蜀僧元一"即曾游西天，归国后朝世祖忽必烈，献西天琢成玉石佛像、贝多叶经、佛如来铁钵等。⑥

第三节 佛教异端：白莲教与白云宗

元代的"异端"宗教，主要有佛教的两个支派——白莲教与白云宗。《元史·释老传》在叙述元代佛教发展史时，曾特别提到二者，称"惟所谓白云宗、白莲宗者，亦颇通奸利云"。这两支教派的共同之处在于，在传播过程中，其教义均与民间信仰日趋融合，成为半世俗化的宗教，因而历来为

---

① 《西天提纳薄陀尊者浮屠铭》，《牧隐稿》文稿卷10。
② 欧阳玄：《大元敕赐西天灌顶国师阿麻剌室利板的达建寺功德之碑》，京都大学人文研究所藏拓片。
③ 《重建清平山西天元兴寺碑》，《玩斋集》卷9。
④ 《玉笥集》卷8。
⑤ 杨德华：《元代来华印度和尚与印土寺》，《云南师范大学学报》（哲学社会科学版）1996年第4期。
⑥ 《佛祖历代通载》卷22。

正统佛教所不容。不过，即便如此，在元朝统治的相当一段时期内，这两支教派还是受到了官方的承认与保护，而非一般意义上的民间秘密宗教。

一　白莲教

白莲教的得名，起源于东晋慧远在庐山东林寺所建之白莲社，作为教派，则开创于南宋初年的茅子元。① 其立教宗旨，主要借鉴了佛教净土宗崇奉阿弥陀佛，往生净土的修持形式，并大量融入天台宗的教义理论，加以改造，使之通俗易懂，更能为普通百姓所接受。在组织方面，茅子元也一改以往莲社成员间的松散关系，以淀山湖白莲堂为中心，"自称白莲导师，坐受众拜"②，将分散全国各地的信徒纳入其控制之下，力图使白莲教成为一支等级有序、组织严密的宗教团体。为了最大限度地吸纳信徒入教，茅子元并不严格要求信徒出家，而是允许他们娶妻生子，在家修行，"谨葱乳，不杀，不饮酒，号白莲菜"。因此，白莲教在创立后，虽屡遭佛教正统僧人反对，斥其"假名净业，而专为奸秽之行，猥亵不良"，却依然传播迅速，"愚夫愚妇，转相诳惑，聚落田里，皆乐其妄"。迨至13世纪二三十年代，已是"处处有习之者"了。③

入元后，白莲教受到了元朝政府的保护，得到进一步发展。慧远结社所在地、后被白莲教奉为"祖宗"的庐山东林寺，一再受到元朝政府的褒奖。元贞元年（1295）正月，述明居士燕觉道破衣和尚奉旨赐东林寺"白莲宗善法堂，护持教法"，同年，东林寺住持祖阇"奉旨赴阙，入对称旨"，受封"白莲宗主、通慧大师"，"并金襕法衣，以荣其归"④，成为元代白莲教的法定教主。此后，"白莲宗主"的封号一直由东林寺住持承袭。白莲教的真正发祥地——淀山湖白莲堂，则升格为普光王寺，香火也一直较为兴旺。对这两座寺院，当时的白莲教徒以"碧淀水通庐阜水"来形容两者关系的密切，⑤又以"淀山湖里白莲根，元是庐山正派分"来形容两者的一脉相承。⑥ 在全国各地，则广为分布着由在家修行的白莲教徒主持的庵堂，"庵

---

① 元代白莲教的研究，可参见杨讷《元代的白莲教》，载元史研究会编《元史论丛》第二辑，中华书局1983年版；《元代白莲教研究》，上海古籍出版社2004年版。
② 《佛祖统记》卷47。
③ 《佛祖统记》卷47、卷54。
④ 《庐山莲宗宝鉴叙》。
⑤ 《庐山复教集》卷下。
⑥ 《淀山白莲》，《庐山白莲正宗昙华集》卷上。

宇比比有之", "礼佛之屋遍天下"①, "历都过邑, 无不有所谓白莲堂者, 聚徒多至千百, 少不下百人, 更少犹数十, 栋宇宏丽, 像设严整, 乃至与梵宫道殿匹敌, 盖诚盛矣"②。在此期间, 第一部全面阐述白莲教教义的经典《庐山莲宗宝鉴》10卷, 也于大德八年 (1304) 由白莲教僧人普度撰成。书中详细叙述了慧远以来弥陀净土信仰的发展历史, 阐发了茅子元创建白莲教的要旨, 对白莲教传播过程中出现的种种背经离教的现象, 一一进行了辩驳。此书问世后, 大受当时教中人士欢迎, 被誉为 "立正论以破邪说, 发真智以祛妄情", "使正教大明于一统", "实为法门一大条贯"③。

与此同时, 白莲教在传播过程中, 其下层与民间信仰日益融合, 逐渐成为人民反抗官府所借助的一种手段。早在元朝灭亡南宋后不久的至元十七年 (1280), 江西即爆发过以杜万一 (一称杜可用) 为首的白莲教徒反抗官府的事件,④ 以致元朝不得不下令将 "江南见有白莲会等名目五公符、推背图、血盆" 等禁断拘收。⑤ 但此后, 彰德、广西又接连发生了朱帧宝、高仙道等白莲教徒的反抗事件。⑥ 在朝中大臣的强烈要求下, 元朝政府于至大元年 (1308) 五月终于下令 "禁止白莲社, 毁其人还隶名籍"⑦。诏书中宣布的禁罢理由则是白莲教徒: "多聚着男子妇女, 夜聚明散, 佯修佛事, 扇惑人众, 作闹行有, 因着这般别生事端去也。又他每都是有妻子的人有, 他每的身已不洁净, 与上位祝寿呵, 怎生中?"⑧ 不过, 这一禁令并没有维持多久。当年十月, 普度即率弟子10人北上大都, 通过国师毗奈耶室利, 向当时还是皇太子的仁宗爱猷识理达腊进呈《庐山莲宗宝鉴》, 得到了后者的称许。至大三年 (1310) 正月, 普度又上书武宗, 请求恢复白莲教的合法地位。在上书中, 他历述了白莲教的教义与历史发展, 把那些违法的白莲教徒归结为 "诈称白莲名色", 并以 "本宗东林寺虽有祖宗之名, 而实难检而束之", 作为

---

① 《东坡善应庵记》,《圭峰集》卷下;《永乐大典》卷7242引《抚州罗山志》。
② 《莲社万缘堂记》,《水云村泯稿》卷3。
③ 《名德题跋》,《庐山莲宗宝鉴》卷末。
④ 《元史》卷11《世祖纪八》、卷153《贾居贞传》、卷159《商挺传》;《参知政事贾公神道碑》,《牧庵集》卷19;《漳州新军万户府副万户赵公神道碑铭》,《滋溪文稿》卷15。
⑤ 《元典章》卷32《礼部五·学校二·阴阳学·禁断推背图等》;《通制条格》卷28《杂令·禁书》。
⑥ 《上白莲宗书》,《庐山复教集》卷上;《元史》卷137《察罕传》。
⑦ 《元史》卷22《武宗本纪》。
⑧ 《通制条格》卷29《僧道·俗人作道场》。

开脱自己的理由。最后，普度希望把自己的《庐山莲宗宝鉴》"颁行天下，以别真伪，劝导念佛之民，依教修行。宣谕天下州县，禁治前项所言邪宗异教，明立罪条，严加约束，革除猥弊，除受庐山三皈、依五戒念佛正宗外，其余邪伪之教并皆禁格"①。结果，到至大四年闰七月，由已即位的仁宗下诏，正式恢复了白莲教的合法地位。此次对白莲教的平反工作，做得比较认真彻底。像福建建宁路后山白莲都掌教报恩堂，即由仁宗下诏改为报恩万寿堂，而且，规定"属这报恩万寿堂的复一堂、清应堂，各处田地里但有的做好事莲堂，管民达鲁花赤官人每提调，休交沮坏者。合纳的税粮，依先体例里更当者。不拣甚么差发，休要者。不拣是谁，休占做下院者"②。其他地区的白莲教堂，想必也是如此。

恢复合法地位后，白莲教上层信徒一度欣喜若狂，非常活跃。就在禁令解除的当年十月，寓居大都的高丽王益智礼普花（即沈王王璋）开始带头诵佛，并下令于高丽国内建寿光寺白莲堂，普劝国人同修净业。普度等人也在大都建莲池会，邀请朝野名士作文赋诗，为其重振白莲教歌功颂德。③ 事后，侍者果满将普度的上书、仁宗圣旨、宣政院榜文、高丽国王发愿文以及"朝贤宿衲赞颂"等汇集为《庐山复教集》，以纪念此次白莲教的胜利。此外，他还编有《庐山白莲正宗昙华集》2 卷，收录七言诗数十首，以浅显易懂的文字，对白莲教的此次复兴大加颂扬。

不过，白莲教复兴的局面只持续了十年多的时间。到英宗至治二年（1322）闰五月，元朝又一次下令"禁白莲佛事"④。其原因，大概与白莲教的群众基础日益广泛，已经造成社会不稳有关。此时的白莲教义，已发生显著变化，以前曾被普度极力排斥的弥勒信仰，因在民间广为盛行，已经逐渐取代原来的弥陀信仰，成为白莲教徒的主流信仰。泰定二年（1325）发生的息州赵丑厮、郭菩萨事件，和后至元三年（1337）发生的棒胡事件，均以弥勒信仰为号召，⑤ 大概都与白莲教不无牵连。元末农民起义领袖之一韩山童的祖父因"以白莲会烧香惑众"，被元朝政府"谪徙广平永年县"⑥，表明当

---

① 《妙果寺记》，《清容居士集》卷 20；《上白莲宗书》，《庐山复教集》卷上。
② 《元典章》卷 33《礼部六·释道·白莲教》。
③ 《庐山复教集》卷下。
④ 《元史》卷 28《英宗纪二》。
⑤ 《元史》卷 29《泰定帝纪一》、卷 39《顺帝纪二》。
⑥ 《元史》卷 42《顺帝纪五》。

时的元朝已经把白莲教看作威胁其统治的一大隐患。但元朝对白莲教的打击，并不能挽救其岌岌可危的局面，至正十一年（1351）全面爆发的白莲教大起义，最终还是彻底摧毁了元朝的统治。

二 白云宗

白云宗的出现稍早于白莲教，由北宋末年西京宝应寺僧孔清觉（1043—1121）创立于杭州灵隐寺后之白云庵，故名。其说参《华严经》《大品经》等教义，"依仿佛经，立四果十地，分大小两乘，造论数篇，传于流俗。从之者称白云和上，名其徒曰白云菜"①。在自己的著述中，清觉则把成佛门径归结为"十地三乘"，指出"欲不得欺诳，莫离十地三乘"。众生在修行到第十妙觉地后，即功德圆满，达到最高境界，"第十妙觉地，到此十分报身，是名超三界"②。白云宗信徒平时"晨夕持诵，躬耕自活"，戒律"大抵不事荤酒，故易于裕足，而不杀物命，故近于为善"③。在时人眼中，白云宗与白莲教有许多相似之处，两者最大的区别在于，白莲教允许娶妻生子，白云宗则强调洁身修行。

在宋代，白云宗虽屡遭禁止，但在浙西地区仍拥有不少信徒。南宋灭亡后不久，元朝任命藏传佛教僧人杨琏真加为江淮释教都总摄，负责新征服地区的佛教事务，白云宗很快就与之搭上关系。在大正新修《大藏经》本《大方广佛华严经》卷末，附有白云宗总部杭州南山普宁寺住持道安所写题记，称白云宗在组织刊刻《大藏经》（即《普宁藏》）时，"蒙江淮诸路释教都总摄所护念，准给文凭，及转呈檐八上师（即胆巴），引觐皇帝，颁降圣旨，护持宗门"。为此，他发愿"祝延皇帝圣寿万安，皇后同年，太子、诸王千秋，文武官僚升迁禄位，仍赞大元帝师、大元国师、檐八上师、江淮诸路释教都总摄扶宗弘教大师（即行吉祥）、江淮诸路释教都总摄永福大师（即杨琏真加），大阐宗乘，同增福算"。文末落款为"宣授浙西道杭州等路白云宗僧录、南山普宁寺住持、传三乘教九世孙、慧照大师、沙门道安"，时间为"至元十六年己卯十二月吉日"。以上材料说明，白云宗与江淮释教都总摄所关系很密切，其合法地位的取得，即是总摄所通过国师胆巴上奏忽

---

① 《佛祖统记》卷46。
② 《初学记》。
③ 《佛祖统记》卷46、卷54。

必烈批准的。而且，至少在至元十六年（1279）以前，白云宗已设有"僧录司"之类的机构，这一机构，应归当时的江淮释教都总摄所管辖。

白云宗在元初的兴盛，与元朝对宗教各派兼容并蓄的既定政策，尤其是杨琏真加个人的极力扶植有很大关系。南宋灭亡后，杨琏真加曾在当地拉拢佛教各派，打击道教势力，白云宗很有可能就是受笼络的对象之一。此外，他还曾在亡宋宫殿故基建有报国、兴元、般若、仙林、尊胜五寺。元人黄溍说："（至元）二十有一年，有旨即其故所居杭州凤凰山之行宫，建大寺五，分宗以阐化。其传菩提达摩之学者，赐号禅宗大报国寺，乘法力以畅国威，宣天休以隆国势也。"[①] 既然是"分宗以阐化"，五大寺院自应分属佛教不同宗派。其中，报国寺属禅宗，尊胜寺属藏传佛教，而有的学者认为，"般若寺属白云宗无疑"[②]。此外，兴元寺属天台宗，仙林寺属慈恩宗。[③] 五大寺中，有不少住持与杨琏真加互相勾结，沆瀣一气，受杨琏真加一手扶植的白云宗，更是如此。元人称白云宗教主沈明仁"承杨总统（即杨琏真加）之遗风"，大概即有这方面的因素在内。[④]

元朝政府对白云宗，先后通过两个机构——"白云宗僧录司"与"白云宗摄所"进行管理。僧录司为元代佛教地方管理机构，一般设在路一级。如前所述，"白云宗僧录司"至少在至元十六年就已经建立了。前引《大方广佛华严经》卷末，有如志所作题记，落款为"宣授白云宗僧录、南山大普宁寺住持、传三乘教十一世孙、沙门如志"，时间为"至元二十七年庚寅十月圆日"。记中详细列举了参与重刻《大藏经》的人员名单，其中有"白云宗僧录司提控""白云宗僧录司知事""白云宗僧判"等职衔，这些官员全部由白云宗僧人担任。另据《元史》卷21《成宗纪四》，大德十年（1306）春正月，"罢江南白云宗都僧录司，汰其民归州县，僧归各寺，田悉输租"。则在此之前，僧录司已升为都僧录司。此后，即不见有僧录司或都僧录司的记载。"白云宗摄所"一名最早见于大德七年，是年七月，"罢江南白云宗摄所，其田令依例输租"[⑤]。元朝的佛教管理体制，在僧录司上设总摄所、总统所，应是白云宗僧录司一度升为总摄所。但随着白云宗盛衰不定，白云宗

---

① 《凤凰山禅宗大报国寺记》，《金华集》卷11。
② 丁国范：《元代的白云宗》，载元史研究会编《元史论丛》第四辑，中华书局1992年版。
③ 陈高华：《再论元代河西僧人杨琏真加》，《中华文史论丛》2006年第2期。
④ 《至正直记》卷3《豪僧诱众》。
⑤ 《元史》卷21《成宗纪四》。

总摄所曾屡设屡罢。白云宗总摄所的首领称总摄，为白云宗领袖。我们现在能找到的总摄主要有两个，一是成宗大德年间的钱如镜。① 一是仁宗、英宗年间的沈明仁。

经世祖、成宗初几十年的发展，到大德年间，白云宗的实力已经非常雄厚。"南方学浮图氏号白云宗者，发而妻子田宅，谏愚民，托祝厘，逭徭赋，幸习甘贿，奏为总摄，锡印章，郡县酋豪名署七千余所，众数十万。"② 这表明，此时的白云宗已经戒律松弛，出现了不少拥有妻室田产、带发修行的信徒。白云宗的这种世俗化倾向，虽然有利于在民间的广泛传播，可也使得许多地方豪霸借机厕身其中，"相率出厚货，要权贵，稍依傍释教，立官府，部署其人，煽诱劫持，合其徒数万，凌轹州县，为奸利不法者"③。"即所居为佛庐，举家度为僧尼……日诱恶肆为不法，夺民田宅，奴人子女，郡县不胜其扰。"④ 这种局面的出现，不仅严重影响到元朝政府的财政收入，而且造成地方许多不安定因素出现。因此，到大德七年，郑介夫在其所上《太平策》中，指出白云宗"皆不守戒律，狼藉荤酒，但假名以规避差役，动至万计，均为诵经礼拜也。既自别于俗人，又自异于僧道，朝廷不察其伪，特为另立衙门。今宗摄钱如镜恣行不法，甚于僧司道所，亦宜革去，以除国蠹，以宽民力可也"⑤。中书左丞尚文也上书，要求"斥罢南方白云宗，与民均事赋役"⑥。由此，元朝开始了对白云宗的首次整顿。此次整顿，前后花去了约两年时间，"凡得民田庐若干所，还为民者若干人，贿赂没官者若干万"⑦。"能为明其诖误者出之，田庐资贿当没入者巨万没入之，良家子女数百当还民间者还之。"⑧

从大德七年首次整顿起，到仁宗初年，白云宗的地位一直飘忽不定，这突出表现在其主管机构的屡设屡罢上。像至大元年（1308）三月，"复立白

---

① 《历代名臣奏议》卷67《治道》。按，据《大方广佛华严经》卷末如志所作后记，参与重刻《大藏经》的名单中有"白云宗僧判如镜"，则钱如镜在至元二十七年（1290）尚未做到白云宗总摄。
② 《平章政事致仕尚公神道碑》，《国朝文类》卷68。
③ 《苏公墓碑》，《道园学古录》卷15。
④ 《高公神道碑铭》，《滋溪文稿》卷11。
⑤ 《历代名臣奏议》卷67。
⑥ 《元史》卷170《尚文传》。
⑦ 《高公神道碑铭》，《滋溪文稿》卷11。
⑧ 《苏公墓碑》，《道园学古录》卷15。

云宗摄所，秩从一品，设官三员"①。至大二年三月，"罢杭州白云宗摄所"②。至大四年二月，"御史台臣言：'白云宗总摄所统江南为僧之有发者，不养父母，避役损民，乞追收所受玺书、银印，勒还民籍。'从之"③。当年四月，仁宗下旨，除保留宣政院、功德使司外，把包括白云宗在内的所有宗教衙门一律废罢。④

皇庆元年（1312），仁宗颁降圣旨，命白云宗主沈明仁负责刊刻清觉《初学记》等书，列入《大藏经》，⑤元朝又一次公开确认其学说的合法性。自此，白云宗势力又趋膨胀。"受其教者可免徭役，诸寺僧以续置田每亩妄献三升，号为赡众粮。其愚民亦有习其教者，皆冠乌角桶子巾，号曰道人。朔望群会，动以百五。"⑥为了谋取较高的政治地位，沈明仁不惜花费重金，"私赂近侍，妄受名爵"，于延祐二年（1315）受封为荣禄大夫、司空。⑦进入鼎盛期后，白云宗首领故态复萌，不法行为又开始猖獗起来，"冒名爵，凌官府"，"恣横不法，擅剃度游民四千八百余人"，"强夺民田二万顷，诳诱愚俗十万人"⑧，与朝廷利益发生严重冲突，以致元朝不得不下令，"禁总摄沈明仁所佩司空印，毋移文有司"⑨，并开始着手对白云宗进行再次整顿。结果，沈明仁于延祐七年二月以"不法坐罪"，先是被发付"杭州路羁管"，而后被流放海南。⑩白云宗的冒籍民户与田产，也在英宗即位后的几年内相继没官。⑪

经过仁宗、英宗两朝的整顿后，白云宗在文献中一度销声匿迹，直到文宗至顺元年（1330）九月，才又见到有关记载。"至治初，以白云宗田给寿安山寺为永业，至是其僧沈明琦以为言，有旨，令中书省改正之。"⑫这表

---

① 《元史》卷22《武宗纪一》。
② 《元史》卷23《武宗纪二》。
③ 《元史》卷24《仁宗纪一》。
④ 《元典章》卷33《礼部六·释道·革僧道衙门免差发》；《元史》卷24《仁宗纪一》。
⑤ 《正行集》卷末所附。
⑥ 《至正直记》卷3《豪僧诱众》。
⑦ 《元史》卷25《仁宗本纪二》。
⑧ 《青阳县尹徐君墓志铭》，《金华集》卷34；《湖南道宣慰使于公行状》，《金华集》卷23；《元史》卷26《仁宗纪三》。
⑨ 《元史》卷26《仁宗纪三》。
⑩ 《元史》卷27《英宗纪一》；沈仲纬《刑统赋疏》第3韵通例；《前江淮都转运盐使宋公政绩记》，《诚伯文集》卷6。
⑪ 《元史》卷186《曹鉴传》；《至正直记》卷3《豪僧诱众》。
⑫ 《元史》卷34《文宗纪三》。

明，白云宗在当地始终存在，虽然有时因与官府发生利益冲突而遭打击，但在有元一代它一直都是一个合法的宗教组织。直到元亡后，明太祖于洪武三年（1370）六月正式下诏禁白云宗等教，① 白云宗才逐渐退出历史舞台。

第四节　南北道教的演进

一　全真教"末流之贵盛"与南、北合宗

至大四年（1311）正月武宗去世后，即位的仁宗对朝中前武宗集团成员展开了清洗，全真教主苗道一受到牵连，被迫交出教主职位。继任者常志清生平不详，袁桷《清容居士集》卷三七有任命他为全真教主的制书，题为"长春宫提点常某授玄门演道大宗师、掌教真人、管领诸路道教所、商议集贤院事"，可知此前他担任的职务为长春宫提点。② 常志清担任教主三年后，于延祐元年（1314）被来自陕西祖庭的孙德彧取代。孙德彧（1243—1321）为马钰丹阳派传人，此前曾长期主持祖庭事务。大德末，大概作为教主人选，一度入京师堂下，任诸路道教都提点。③ 后因武宗指定苗道一为教主，遂于次年授领陕西道教事，被排挤离京。常志清卸任后，孙德彧重获起用，再度进京，接任教主职务，延祐七年英宗即位，上章乞归。④ 孙德彧之后的全真教主为蓝道元，生平不详，他在泰定元年（1324）卸任，三年八月，又因有罪被黜道籍。⑤ 蓝道元之后为孙履道，原为汴梁朝元宫提点，其师徐志根出自郝大通弟子王志谨门下。⑥ 这样一来，在继马钰后，郝大通的传人也卷入了全真教主的角逐。天顺元年（1328）文宗即位，皇位传承又回到武宗一系，赋闲多年的苗道一重获起用，再次出任全真教主。最后一位教主完颜德明，出苗道一门下，生平事迹已无考。我们现在仅能从一些碑拓看出，他任教主始于元统三年（1335），至迟到至正二十二年（1362）还在任上，而此时距元朝灭亡已经不远了。

---

① 《明太祖实录》卷53。
② 《丹阳真人归葬记》曾称其为"长春主席"，时为大德丙午（1306），《道家金石略》，第740页。
③ 此前，全真教一般以"诸路道教都提点"或"教门都提点"为教主候选人。
④ 《玄门掌教孙公道行碑》，《道家金石略》，第787—789页；《孙德彧墓志铭》，《道园学古录》卷50。
⑤ 《河图仙坛碑》，《道园学古录》卷25；《元史》卷30《泰定帝纪二》。
⑥ 《中条孙氏先茔碑》，《山右石刻丛编》卷30；《徐真人道行碑》，《雪楼集》卷18。

元朝后期的全真教主，已完全蜕变为身披道服的官员，成为皇权的附属品。由于成宗以后元朝政局混乱，皇帝更换频繁，全真教主也随之一波三折，几乎每一位皇帝即位，教主都要跟着换人，有时甚至出现了教主退而复出的反常现象。顺帝在位长达三十多年，与之相应，完颜德明也成为全真教任期最长的一位教主。在这种情形下，全真教主实际上完全是在靠皇权维系自己的地位，无论是在理论素质还是在个人威信上，都无法与创教初期的教主同日而语。有的教主像常志清，在卸任后甚至被教内人士指斥为"不揣分量，擅与变更"①，其在教徒心目中的形象可想而知。在物质生活方面，全真教上层也已完全腐化，不再保持出家人朴素清净的本色。对此，当时的许多士人颇为反感，像虞集即曾感慨道："今为道家之教者，为宫殿楼观门垣，各务极其宏丽，像设其所事神明而奉祠之，其言曰为天子致福延寿，故法制无所禁，惟其意所欲为，自京师至处郡邑，有为是者多以来告而求识焉，大抵侈国家宗尚赐予之盛，及其土木营缮之劳而已。"②

同全真教上层"末流之贵盛"相比，这一时期全真教与金丹派南宗的最终合流，则显得更具有现实意义。早在元朝统一以前，就有不少全真教徒在湖北武当山一带活动。忽必烈统一江南后，全真道的影响迅速扩张，大批全真教徒纷纷南下。不少金丹派南宗道士在与全真教的接触过程中，逐渐认同其教义，并尝试将此前互相隔绝的南北二宗在理论上加以融合。这方面比较有影响的代表人物有李道纯、陈致虚等，前者著有《道德会元》《中和集》《三天易髓》《全真集玄秘要》，以及《太上大通经注》《太上老君说常清静经注》《太上升玄消灾护命经注》《无上赤文洞真经注》等，门人又辑有其语录名为《清庵莹蟾子语录》；后者著有《金丹大要》《金丹大要图》《金丹大要列仙志》《金丹大要仙派》《元始无量度人上品妙经注解》《参同契分章注》等，又与他人合著有《悟真篇三注》。南北二宗的合流过程，主要体现在双方道士是如何确立各自的宗派渊源，并调整各自的祖师地位的。经过几代人的摸索，这一任务最后由陈致虚完成，他确立了南北二宗自王玄甫以下共同的五祖，并在其下设北七真与南七真，分别代表南北二宗的传承。北七真即王重阳的七大弟子，南七真则为张伯端、石泰、薛道光、陈楠、白玉蟾、刘永年与彭耜。南北二宗传法系统的确立，标志着南北二宗合流的最后

---

① 《纯阳万寿宫札付》，《道家金石略》，第791页。
② 《处州路少微山紫虚观记》，《道园学古录》卷46。

完成。从此以后，金丹派南北二宗都统一到了全真教的旗帜下。

二　江南道教的活动与符箓道派的合流

仁宗即位后，龙虎宗正一天师继续受到元朝皇帝的宠信。皇庆二年（1313），翰林侍讲学士元明善奉旨所撰《龙虎山志》最后完成，程钜夫为其书作序，称："山川之奇，人物之盛，前后宫宇之废兴，累朝恩数之隆尚，聚此书矣……今天子抚盈成之运，正清静无为之日，嗣师数陈老氏之本，上嘉纳之，此志之独先龙虎宜也。"①延祐三年（1316），第三十八代天师张与材去世，其子张嗣成受召入朝。当年十二月，元朝发布诏令，"授嗣汉三十九代天师张嗣成太玄辅化体仁应道大真人，主领三山符箓，掌江南道教事"②。在以后的二十多年时间里，张嗣成多次受召入觐，为元朝皇帝设醮祈禳，并累有封授。泰定二年（1325），加翊元崇德正一教主，知集贤院道教事③。至正四年（1344），张嗣成去世，其弟张嗣德继为第四十代天师。十二年，元末农民战争爆发，张嗣德曾命众弟子招募义勇，保卫乡里，当年十月病卒。去世时，适逢朝命其封"太乙明教广玄体道大真人，主领三山符箓，掌江南道教事"，而"制下已化矣"。到其子张正言嗣为第四十一代天师时，天下已大乱，"时京道不通且二年矣，江浙行省遣使间道传制，授天师明诚凝道弘文广教大真人，主领三山符箓，掌江南道教事"④。至正十九年，张正言卒，弟张正常嗣为第四十二代天师⑤。张正常嗣教，已到元末，元朝还没有来得及加以册封，即宣告灭亡。

茅山宗在元朝后期的传承法嗣主要有第四十五代宗师刘大彬与第四十六代宗师王天符。刘大彬在至大四年（1311）接掌茅山宗后，于皇庆元年（1312）受封洞观行妙玄应真人。延祐四年（1317），原北宋徽宗所赐、代表茅山宗师权力象征的"九老仙都君"玉印，在失踪多年后重见天日。有司闻于朝，仁宗下旨归还，并赐上清宗坛，以传道统⑥。泰定年间，刘大彬主

---

① 《龙虎山志序》，《雪楼集》卷15。
② 《元史》卷25《仁宗纪二》。
③ 《元史》卷27《英宗纪一》；《元史》卷29《泰定帝纪一》；《汉天师世家》卷3，《龙虎山志》卷1。累朝封授制书见《封天师制》，《吴文正公集》卷44；《申命三十九代天师张嗣成制》，《揭傒斯全集》文集卷1。
④ 《汉天师世家》卷3，见《龙虎山志》卷1。
⑤ 《张正常神道碑铭》，《宋文宪公全集》卷27。
⑥ 《茅山志》卷12《上清品篇》；卷33《金薤篇·特赐玉印剑还山省札》。

持编纂成《茅山志》15卷，由集贤大学士赵世延、玄教宗师吴全节为之作序。该书分诰副墨、三神纪、括神区、稽古迹、道山册、上清品、仙曹署、采真游、楼观部、灵植检、录金石、金薤编等12篇，详细记述了茅山宗的历史发展沿革，"自汉晋而下及齐梁唐宋之书，搜括无遗"①。我们现在所能见到的刘大彬最晚的活动年代为天历三年（1330），② 此后继其任者为王天符，至正十三年（1353）二月，他曾于茅山宗总部元符万宁宫立碑，碑后有题款为："宣授冲素明道贞一真人、嗣上清经箓四十六代宗师、主领三茅山道教、住持元符万宁宫事王天符。"③ 至正十三年距离元朝灭亡已不远。这个王天符，很有可能是元代茅山宗的最后一代宗师。

元朝末年，茅山宗还涌现出一位以文学知名的道士张雨。张雨（1283—1350），又名天雨、嗣真，字伯雨，号贞居子，因尝预修《茅山志》，又号句曲外史，钱塘（今浙江杭州）人。年二十，离家远游，先后从茅山宗师许道杞弟子周大静、杭州开元宫玄教真人王寿衍为师。皇庆元年（1312），从王寿衍进京，延祐七年（1320）居开元宫，历主茅山寿真观、元符宫。后至元二年（1336）归杭，至正二年（1342）仍提点开元宫。十年卒。张雨诗、文、书、画样样精通，尤以诗歌享誉元末文坛，所交皆当时文学名士。"京中一时贤士大夫，若浦城杨仲弘（杨载）、四明袁伯长（袁桷）、蜀郡虞伯生（虞集），争与为友。""一时浦城杨仲弘、清江范德机（范梈）、金华黄晋卿（黄溍）、吴兴赵仲穆（赵孟頫子赵雍）交甚善。"④ 时人对其诗歌成就评价很高，称其诗"格调清丽，句语新奇，可谓诗家之杰出者"，"词翰之妙如是，自当与赵、虞二公诗集并传也"⑤。有诗集《句曲外史集》，又有《玄品录》5卷传世。

净明道自刘玉恢复活动后，一直在江西一带传播。至大元年（1308）刘玉去世后，弟子黄元吉承其法嗣，始将影响带到京师。黄元吉（1270—1324），人称黄中先生。年十二，入玉隆万寿宫，先后师事朱、王二尊师。王尊师死后，拜西山刘玉门下。时刘玉"独重希文，以为可托。及去世，以

---

① 《茅山志》卷首。
② 《茅山志》卷4《诰副墨篇》。
③ 《三清阁石星门记》，《句容金石记》卷6；《茅山元符万宁宫碑》，《道家金石略》，第989页。
④ 《句曲外史张伯雨墓志铭》《句曲外史小传》，《句曲外史集》附录。
⑤ 《句曲外史集》卷首序；附录《句曲外史小传》。

其传嘱焉……乃即其山作玉真、隐真、洞真三坛，以授弟子"。至治三年（1323），黄元吉以其说游京师，"公卿大夫士多礼问之，莫不叹异"①。第二年，龙虎山正一天师张嗣成进京，在朝中大臣引荐下，张嗣成乃为上书，请黄元吉为法师、玉隆万寿宫焚修提点。未行，又从玄教大宗师吴全节之请，留居崇真万寿宫。次年，吴全节以其名上闻朝廷。待玺书颁降时，黄元吉已于当年十二月去世。生前编有其师刘玉《玉真先生语录》3卷，自己与弟子平时之问答，则由弟子陈天和编集，徐慧校正，名为《中黄先生问答》。

黄元吉之后的净明道法嗣为徐慧（1291—1350），其先丰城（今属江西）人，因仕宦庐陵（今江西吉安），遂居当地。幼时好学善诗，得到名诗人刘将孙的赏识，"因取少陵'徐卿二子生绝奇'之语，改字子奇，且为序其所作诗集，称其五言高处春容淡泊，颇近古意。至于近体，亦变化流丽。盖其天分之高，而学所致也"②。延祐五年游京师，多与名卿士大夫交往。至治三年，闻黄元吉于崇真万寿宫，遂往依之，自是尽得中黄八极之妙。又参全真领袖蓝道元于长春宫，得全真无为之旨。受赐号"净明配道格神昭效法师"。泰定元年（1324）春返乡，为乡人祷雨有验，自是弟子益众。至正十年（1350）卒。有诗集《盃水玉霄》及所传净明忠孝诸书若干。徐惠去世时，已值元末，继之而起者为赵宜真，《净明宗教录》称"时净明之道久湮不行，今复大显于世者，实真人（赵宜真）振起之力也。由是净明学者尊之为嗣师云"。赵宜真的传承驳杂，既有净明，又有全真、清微。在他身上，体现出当时道教诸派合流的趋势。

元朝平定江南以前，江南各符箓道派处于互相封闭、各自为政的状态，相互之间甚少沟通。龙虎山天师教受元朝皇帝宠遇，管理江南道教后，散处各地的新旧符箓道派开始加强联系，并逐渐会合到龙虎山天师教的旗帜之下。有的教派像东华派，在林灵真后，甚至由龙虎宗弟子董处谦与第三十九代天师张嗣成相继做了它的两代宗师，这表明符箓道派在组织上的合流已经日渐成熟。大约从元朝中后期起，一个以龙虎山天师教为首的符箓大道派——正一教开始逐渐形成。该教囊括了所有新旧符箓道派，奉龙虎山历代天师为领袖，以《正一经》为共同奉持的经典。正一教与全真教南北呼应，成为以后中国道教的两大主要派别。

---

① 《黄元吉墓志铭》，《道园学古录》卷50。
② 《净明忠孝全书》卷1《丹扃道人事实》。按，刘将孙所作序不见今本《养吾斋集》。

第五节　基督教的传播

据汉文史料记载,早在唐朝初年,基督教就已开始向中国内地传播。[①] 当时传入中国的基督教为其中的一支——聂思脱里教（Nestorios）,这一教派因反对天主教的三位一体说,在431年以弗所宗教会议上被宣布为异端,以后在波斯王朝的庇护下又盛行一时。传入中国后,中国曾称其教为"波斯经教",教堂为"波斯寺"[②],后又称为景教或大秦景教。会昌五年（845）唐武宗灭佛,"勒大秦、穆护、祆三千余人,并令还俗,不杂中华之风"[③]。所有外来宗教均遭到打击,景教在中国内地的传播遂渐趋消亡。

辽金时期,聂思脱里教在中国北方与西北民族中间颇为流行,当时漠北几支强大的游牧部落,像克烈、汪古、乃蛮等,都世代信仰该教,西北地区操突厥语的畏兀儿、哈剌鲁人中,也有不少聂思脱里教的信徒。在当时的欧洲基督教世界,长期盛传"约翰王"的传说,他们相信,东方某位部族首领就是所谓的"长老约翰"。这一传说本身虽十分荒谬,但无疑也透露出基督教在东方的影响已经很大。蒙古兴起后,北方诸部族相继被征服,不少聂思脱里教徒转而为蒙古统治者服务,遂使聂思脱里教在蒙古统治集团中传播开来,成为蒙古族跨入文明门槛时最先接触到的宗教之一。以后,随着蒙古征服地域的扩大,聂思脱里教又进一步向其他地区传播。

蒙古统治者起初沿用中亚一带流行的波斯语,称聂思脱里教徒为迭屑（tarsa）,像蒙哥汗在谈到聂思脱里教时,即云:"迭屑人言弥失诃,言得生天。"[④] 但以后更常使用的称呼则是也里可温（erke'ud,有时或作也里乔）。也里可温的语源目前尚不清楚,一般认为它来源于希腊文 äpxwv,可能是由聂思脱里教徒或东罗马皇帝支持下的东正教会阿儿马尼信徒辗转介绍到中国的。当时,在蒙古统治集团周围,有不少聂思脱里派教士频繁出没。蒙古统治者的亲属与显贵中,也有不少聂思脱里教信徒,这些人大都出生于以前世代信仰聂思脱里教的部落。像拖雷的正妻唆鲁禾帖尼,为克烈部王罕之弟扎

[①] 《金石萃编》卷102《大秦景教流行中国碑》。
[②] 《唐会要》卷49《大秦寺》。
[③] 《唐大诏令集》卷103《唐武宗拆寺制》。
[④] 《至元辨伪录》卷3。按,把聂思脱里教徒称为迭屑,从唐代就有了,《大秦景教流行中国碑》则译曰"达娑"。

合敢不之女，即是当时著名的聂思脱里教徒，她为拖雷生下了蒙哥、忽必烈、旭烈兀、阿里不哥四子，其中前二人以后成为蒙古大汗与元朝皇帝，旭烈兀则成为伊利汗国的开创者。直到元朝后期，元朝依然以基督教的仪式来祭祀她。① 其他有名的聂思脱里教徒还有蒙古大汗的重臣镇海、合答，旭烈兀的正妻脱古思哈敦及其西征主将怯的不花等。这些人的宗教信仰，无疑直接影响到蒙古统治者对基督教的态度。穆斯林史家志费尼提及贵由汗在这方面受到的影响时说："合答原来从他的幼年起就作为阿塔毕侍奉他；因他从信仰说是一个基督徒，贵由也受到该教的培育，而其印象绘于他的心胸，'犹如刻在石头上的图画'。此外尚有镇海（的影响）。他因此极力礼遇基督徒及其教士；当这件事到处盛传时，传教士就从大马士革、鲁木、八吉打、阿速和斡罗思奔赴他的宫廷；为他服务的也大部分是基督教医师……结果，基督教的教义在他统治期间兴盛起来，没有穆斯林敢于跟他们顶嘴。"② 出使过蒙古宫廷的西方传教士加宾尼也有类似报道："据经常同他（贵由）在一起的基督教徒们告诉我们……他们坚信，他即将成为一个基督徒，关于这一点，他们有明显的证据，因为他供养着基督教的教士们，并且以基督教方面的供应品供给他们；再者，在他的大帐幕前面经常附设一座礼拜堂，他们（这些基督教徒们）也像其他基督教徒们一样，在规定的时间里在那里公开地唱歌并敲击木板，按照希腊人的方式举行礼拜仪式，而不管在那里有多么大的一群鞑靼人或其他人（围拢观看）。"③ 蒙哥即位后，聂思脱里教徒的活动依然十分活跃，据出使蒙古的西方传教士鲁不鲁乞记载，在当时的蒙古都城哈剌和林远处有一所基督教堂，鲁不鲁乞曾亲自参加过那里的复活节仪式，详细描述了当时的活动情况。④ 蒙古西征后，大批战俘、军队、工匠被裹胁到蒙古本土，这些人当中，有不少聂思脱里教、天主教乃至东正教徒，在此期间，罗马教廷与欧洲各国（主要是法国）也派出了大量教士出使蒙古宫廷。以上因素，无疑使基督教在蒙古的传播更为广泛。

元朝建立后，鉴于基督教在全国的盛行，于至元二十六年（1289）二月成立了专门管理基督教的全国性机构——崇福司，以爱薛等为崇福使，秩从

---

① 《元史》卷38《顺帝纪一》。
② ［波斯］志费尼：《世界征服者史》，第301—302页。
③ 《蒙古史》，《出使蒙古记》，吕浦汉译本，第66页。
④ 《鲁不鲁乞东游记》，《出使蒙古记》，吕浦汉译本，第197—200页。

二品，"掌领马儿、哈昔、列班、也里可温、十字寺祭享等事"①。马儿（mar）为景教主教的尊称，哈昔（kasisa）意为长老，列班（rabban）意为大教师。②崇福司在当时是否也管理天主教徒，现在还不是很清楚。元代圣旨中，经常是也里可温与僧、道、答失蛮等并提，作为宗教团体，他们都享有蠲免差发等优惠待遇。至元十九年四月，元朝曾"敕也里可温依僧例给粮"③，这里所指，大概就是当时天主教士所报道的阿拉发（alafa），即"皇帝赐予大人物的使者、特使、战士、各行业的技工、周游四方的演唱者、穷人和各种各样的人的补助金"④。也即基督教传教士的俸给。延祐二年（1315）七月，崇福司升为院，品秩也从原来的从二品升为正二品。"置领院事一员，省并天下也里可温掌教司七十二所，悉以其事归之。"⑤当时掌握崇福司大权的，应为爱薛之子也里牙，他在接替其父为崇福使后，又于皇庆元年（1312）封秦国公，⑥继续受到元朝皇帝的宠信。直到英宗即位后，崇福院才又改为司，品秩也恢复为以前的从二品。⑦也里牙后官太医院使，因参与文宗谋害明宗的阴谋，于至顺元年（1330）被文宗灭口处死。其弟翰林学士承旨也在其后被罢免。⑧聂思脱里派世家爱薛家族自此退出元朝政治舞台。

除了在中央设崇福司外，元朝在全国各地还设有也里可温掌教司多处。从后来延祐二年（1315）省并天下也里可温掌教司72所来看，基督教徒在全国各地的分布应当十分广泛。其中镇江一地，据《至顺镇江志》统计，侨寓户3845户中，也里可温23户，占5.98%；人口10555人

图3-3-2　泉州基督教墓碑

---

① 《元史》卷15《世祖纪一二》卷89《百官志五》。
② 佐伯好郎：《在中国的景教文献与遗物》，第497页，转引自周良霄《元和元以前中国的基督教》，载元史研究会编《元史论丛》第一辑，中华书局1981年版。
③ 《元史》卷12《世祖纪九》。
④ 《佩鲁贾人安德鲁的信》，《出使蒙古记》吕浦汉译本，第273页。
⑤ 《元史》卷25《仁宗纪二》卷89《百官志五》。
⑥ 《元史》卷24《仁宗纪一》。
⑦ 《元史》卷27《英宗纪一》。
⑧ 《元史》卷34《文宗纪三》、卷40《顺帝纪三》。

中，也里可温 106 人，约占 1%；驱奴 2948 人中，也里可温 109 人，约占 3%。此外，至大四年（1311）十月，崇福司官员曾提到："如今四海之大，也里可温犯的勾当多有，便有一百个官人也管不得。"① 也有助于说明当时基督教徒人数之多。

从现有材料来看，元代基督教徒的主要活动区域有唐古特、汪古，以及内地的大都、东南沿海等地。

唐古特是聂思脱里教较早设立主教辖区的地区之一。其中 13 世纪 80 年代，这里的主教名沙卜赫兰（Isba'-Sahbram）。② 聂思脱里教士列班·扫马（Rabban Sauma）与磨古思（Markus）在经过唐古特到耶路撒冷朝圣时，曾受到当地居民的热烈欢迎。马可·波罗在他的游记里，也提到过甘州、肃州、凉州、阿拉善等地聂思脱里教徒的活动情况。

汪古部为北方世代信奉聂思脱里教的部落，克烈、乃蛮败亡后，汪古部成为聂思脱里教的重要传播地，以致鄂多立克（Odoric）、马可·波罗、约翰·孟帖·科儿维诺等人都把汪古部首领当成"长老约翰"的后裔。在 20 世纪，考古工作者在这里发现了大量有叙利亚文的景教残碑、景教墓顶石、与景教有关的汉文碑刻以及饰有铁十字架、木十字架的姑姑冠等，其中在内蒙古四子王旗发现的《耶律公神道碑》残碑，"寺主管领也里可温"等字清晰可辨。③ 天主教士孟帖·科儿维诺于 1293 年前后来华传教后，一度使汪古部首领阔里吉思改宗天主教。"他劝导他的大部分人民皈依了真正的罗马天主教，并捐建了一座壮丽的教堂，供奉上帝、三位一体和教皇陛下，且按照我的建议，赐名为罗马教堂。"④ 不过，好景不长，随着阔里吉思在大德二年（1298）从征都哇

图 3-3-3　内蒙古赤峰出土十字架墓碑

---

① 《通制条格》卷 29《僧道·词讼》。
② 《忽必烈汗的僧人》，第 138、159 页。
③ 可参见盖山林《阴山考古》，内蒙古人民出版社 1991 年版。
④ 《约翰·孟帖·科儿维诺的第二封信》，《出使蒙古记》，吕浦汉译本，第 263—264 页。

时被俘杀，这些改宗天主教的部众在阔里吉思之弟术忽难的坚持下，又重新改回到聂思脱里教信仰。

大都是元代的政治中心，也是基督教各派竞争最为激烈的地区。聂思脱里教在这里势力很大，建有不少教堂，其中房山三盆山十字寺遗址一直保存到现在。在朝中，聂思脱里教徒也不乏显贵。像出身聂思脱里教世家的爱薛，从贵由汗时起，就在蒙古宫廷服务。入元后，"中统间，掌西域星历医药二司事。至元戊辰（1268），兼广惠司。丁亥（1287），拜秘书监。己丑（1289），领崇福使。甲午（1294），加翰林学士承旨兼修国史。大德丁酉（1297），遥授平章政事。丁未（1307），封秦国公"①。一生可谓荣崇已极。爱薛死后，其家族后裔仍有不少成员在崇福司供职。天主教士孟帖·科儿维诺在信中曾提到大都聂思脱里教徒的跋扈："聂思脱里派教徒——他们自称为基督教徒，但是他们的行为根本不像是基督教徒的样子——在这些地区的势力发展得如此强大，因此他们不允许奉行另一种宗教仪式的任何基督教徒拥有任何举行礼拜的地方，即使是很小的礼拜堂；也不允许宣讲任何与他们不同的教义。"② 而这位天主教士在传教过程中，也曾受他们迫害达四五年之久。不过，此后孟帖·科儿维诺的传教活动则比较顺利，在当地建立起好几所教堂，受洗者不下 6000 人，并买下 40 名童男，组成唱诗班，举行礼拜仪式。除了使阔里吉思部成功改宗外，他还促使原来信奉希腊正教的三万阿兰人也皈依了天主教，这无疑使天主教的影响大为增强。在孟帖·科儿维诺的要求下，罗马教皇除任命他为大都大主教与全东方的总主教外，又派遣了七名传教士到中国传教，其中的热拉德（Gerard）、佩里格林（Peregrine）与安德鲁（Andrew）最终到达了中国。到至正二年（1342）七月，一个大概由教皇派遣的使团又抵达上都，向当时的元朝皇帝顺帝进呈了一匹骏马，"长一丈一尺三寸，高六尺四寸，身纯黑，后二蹄皆白"③。此事在当时颇为轰动，顺帝先是命周伯琦为之绘图，又是命翰林直学士揭傒斯为之赞。④ 但这次出使，对基督教在中国的传播到底有多大意义，还没有材料加以证实。

---

① 《拂林忠献王神道碑》，《雪楼集》卷 5。
② 《约翰·孟帖·科儿维诺的第二封信》，《出使蒙古记》，吕浦汉译本，第 262 页。
③ 《元史》卷 40《顺帝纪三》。
④ 《天马行应制作有序》，《近光集》卷 2；《天马赞并序》，《礼部集》卷 11；《应制天马歌》，《至正集》卷 10；《颂》，《圭斋集》卷 1；《天马赞》，《揭傒斯全集》文集卷 9。

江南地区的聂思脱里教徒，以马可·波罗提到的薛里吉思最为有名。他在至元十五年（1278）任镇江路副达鲁花赤后，先后于镇江、丹徒、杭州建立起七座也里可温寺院：八世忽木剌（忽木剌为叙利亚语 Umura 的音译，意为寺院）大兴国寺、答石忽木剌云山寺、都打吾儿忽木剌聚明山寺、打雷忽木剌四渎安寺、的廉海牙忽木剌高安寺、马里结瓦里吉思忽木剌甘泉寺、样宜忽木剌大晋兴寺。"奏闻玺书护持，乃拨江南官田三十顷，又益置浙西民田三十四顷，为七寺常住。"① 据鄂多立克报道，与镇江一江之隔的扬州也有三所聂思脱里教十字寺。以后，在扬州城东门发现有大量十字架基石残片，城西发现两块用拉丁文撰写的天主教圣方济各派墓碑，后来当地又发现了叙利亚文与汉文合璧的聂思脱里派教徒也里世八墓碑一通。② 泉州为元代海外贸易最为发达的城市，也是各种文化互为交萃的大都市。这里的聂思脱里教与天主教都很兴盛，曾出土大量与之有关的石刻墓志。像 1954 年发现一块两种文字（汉文、叙利亚文）合璧的墓碑，其中汉文二行，第一行题为"管领江南诸路明教秦教等也里可温马里失里门阿必思古巴马里哈昔牙"，第二行为"皇庆二年岁在癸丑八月十五日帖迷答扫马等泣血谨志"③。1984 年又出土一块有"也里可温"字样的墓碑，内容是："于我明门，公福荫里，匪佛后身，亦佛弟子，无憾死生，升天堂矣。岂大德十年岁次丙午三月朔日记。管领泉州路也里可温掌教官兼住持兴明寺吴按佟呢嗯书。"此外，温州地区也有聂思脱里教徒活动的记载，他们在"创立掌教司衙门，招收民户，充本教户计"的同时，还曾与道士发生冲突，"及行将法箓先生诱化侵夺管领，及于祝圣处、祈祷去处，必欲班立先生之上，动致争竞，将先生人等殴打"。结果，中书省不得不在大德八年下令对聂思脱里教徒的行为严加限制。④

除上述地区外，其他地区也时见有聂思脱里教徒的活动，像云南押赤城居民中，就有若干聂思脱里教徒活动。辽东地区的聂思脱里教徒也一度相当集中，据马可·波罗记载，成吉思汗幼弟铁木哥斡赤斤的后裔乃颜，即"为

---

① 《至顺镇江志》卷 9《僧寺·大兴国寺》。
② 耿鉴庭：《扬州城根里的元代拉丁文墓碑》，《考古》1963 年第 8 期；夏鼐：《扬州拉丁文墓碑和威尼斯银币》，《考古》1979 年第 6 期；朱江：《扬州发现元代基督教徒墓碑》，《文物》1986 年第 3 期；王勤金：《元延祐四年也里世八墓碑考释》，《考古》1989 年第 6 期。
③ 夏鼐：《两种文字合璧的泉州也里可温（景教）墓碑》，《考古》1981 年第 1 期。关于此碑，在本章第七节"摩尼教和印度教"中还要讨论。
④ 《元典章》卷 33《礼部六·释道·也里可温·禁也里可温搀先祝赞》。

一受洗之基督教徒，旗帜之上以十字架为徽志"①。乃颜叛乱失败后，当地的基督教徒备受凌辱，或被迁徙内地，但元代辽东古城遗址中聂思脱里教遗物的发现，似乎可以证明后来那里仍有基督教徒在活动。

图 3-3-4　内蒙古出土元代基督教铜牌②

元代基督教文献，据 13 世纪末叶阿儿马尼及（Nisibis）京城大德著录，共存三百余种。③ 但迄今为止，还找不到它们被翻译为汉文的证据。北京故宫午门城楼上发现的叙利亚文礼拜式前后唱咏赞词抄本残卷，被部分学者认定为 13 世纪的遗物，④ 而从其内容与用语来看，也几乎找不到任何汉文化的影响痕迹。元人梁相所撰《大兴国寺记》，是目前所知元代汉族人有关聂思脱里教义的唯一书面记载："愚问所谓教者，云：教以礼东方为主，与天竺寂灭之教不同。且大明出于东，四时始于东，万物生于东，东属主生。故混沌既分，乾坤之所以不息，日月之所以运行，人物之所以蕃盛，一生生之道也，故谓之长生灭……十字者，取像人身，揭于屋、绘于殿、冠于首、佩于胸，四方上下，以是为准。"⑤ 从中不难看出，当时的汉族人对聂思脱里教的认识是相当肤浅的。即便有少数汉族人加入了基督教，动机大概也只是为了趋炎附势、规避差役。因此，元代的基督教对汉族人而言，基本上是一种外来的封闭式宗教，真正信仰它的只是一些西来的部族如阿兰人、突厥人，以及少数的蒙古人而已。大概也正是由于这种原因，元朝灭亡后，基督教在中国又一次濒于绝迹。

---

　　① 《马可波罗游记》中册，第 299 页。
　　② 原载《中国少数民族文化史图典·北方卷》下·叁，广西教育出版社 1999 年版，第 83 页。
　　③ 佐伯好郎：《景教之研究》，东方文化学院东京研究所 1935 年版，第 422 页。
　　④ 同上书，第 414—416 页。
　　⑤ 《至顺镇江志》卷 9《僧寺·大兴国寺》。

第六节　伊斯兰教的活动

伊斯兰教在中国的传播，至少可以追溯到唐代，但直到两宋，传播规模还一直很有限，主要在沿海地区的阿拉伯、波斯商人中流行。蒙元时代，中亚各族居民开始大批徙居内地，其中有相当部分是穆斯林。穆斯林的大量涌入，使伊斯兰教在全国各地迅速传播开来。

伊斯兰一词最早见于汉籍，似为金代，当时译成"移习览"。① 但该词未见于元代任何汉文史籍。伊斯兰教徒，元代一般从波斯语音译为木速鲁蛮或木速蛮（Musulman），其教士则称为答失蛮（Dashmand）或答亦失蛮（Danishmand）。此外，元代汉文史籍还把从中亚等地来的人概称为回回〔在《蒙古秘史》中，蒙古语"回回"作撒儿塔兀勒 Sarta'ul。（按，回回一词最早见于北宋沈括《梦溪笔谈》卷5所载军队凯歌词："旗队浑如锦绣堆，银装背嵬打回回。先教净扫安西路，待向河源饮马来。"）〕在这里，回回与回鹘一词含义相同，当指西迁后居于高昌一带的回鹘汗国，与以后的中亚穆斯林并没有关系。元初，王恽把二者分开，称回回一词源于回纥，而非回鹘："回鹘，今外五（即畏兀儿）；回纥，今回回……今人以名不佳，改之。"② 其实，回纥与回鹘本来就是一回事，为同一个民族政权前后的不同称呼而已。元初，回鹘与回回仍可通用，只是范围又扩大到高昌回鹘汗国以西的地区，像宋子贞为耶律楚材所撰神道碑，即把中亚人也称为回鹘人。③ 这种情况的出现，大概是因为长期以来汉人对西域的民族情况不太了解，而中亚人从陆路来中国，又多取道高昌回鹘汗国的缘故。以后元代所称之回回，则专指高昌回鹘汗国以西地区，相反，回回一词的真正发祥地高昌回鹘，却为畏兀儿一词所取代。由于元代回回所指地域较广，种族庞杂，所以除穆斯林外，信仰其他宗教的民族被称为回回者也不少见，像犹太人在当时即被称为"术忽回回"，信奉东正教的阿速人被称为"绿睛回回"，吉普赛人被称为"罗里回回"，不过，在大多数时候，回回主要还是指来自中亚等地的穆斯林。这些徙居中国的穆斯林，与中国居民长期融合，以后逐渐发展成一个新

---

① 《金史》卷121《粘割韩奴传》。
② 《玉堂佳话三》，《秋涧集》卷95。
③ 《中书令耶律公神道碑》，《国朝文类》卷57。

的民族，即今天的回族。

信仰伊斯兰教的回回人，与蒙古统治者的渊源甚深。早在蒙古兴起初期，就有不少回回人追随成吉思汗左右，征战各地，像与成吉思汗同饮班朱尼水的札八儿火者、阿三等，即是回回人。札八儿火者后来还被成吉思汗封为"黄河以北铁门以南天下都达鲁花赤"①。成吉思汗西征后，不少回回人归顺蒙古，或被蒙古军队虏获东归，其中有的还被委以重任，进入蒙古上层社会。像先后受命统治河中与中原地区的牙老瓦赤父子，即是这方面的典型。到窝阔台统治时期，回回人的地位已经远远超过汉人，成为蒙古统治者治理中原的得力助手。元朝建立后，回回人作为仅次于蒙古人的第二等人——色目人的主要组成部分，继续受到蒙古统治者的倚重，在政府各级部门担任要职，有名者，像忽必烈在位时的赛典赤赡思丁、阿合马，泰定帝在位时的倒剌沙等，都是当时元朝政坛上有影响力的人物。当时的回回人，政治地位优越，又多善理财，其"大贾擅水陆利，天下名城巨邑，必居其津要，专其膏腴"②，因而在元朝的经济活动中也有着重要影响。至于来华的一般教士、工匠、军人、商人、学者，再加上前代即已寓居中土的波斯、大食人后裔，更是人数众多，遍布全国各地，以致明代有"元时回回遍天下"之语。③ 这些回回人在来到中国后，一方面安土重迁，"皆以中原为家，江南尤多，不复回首故国也"④。另一方面，又大都能固守原来的宗教教规与习俗，"然而求其善变者，则无几也。居中土也，服食中土也，而惟其国俗是泥也"。"虽适异域、传子孙，累世不敢易焉。"⑤ 像陶宗仪在《南村辍耕录》中就曾记载："杭州路荐桥侧首，有高楼八间，俗谓八间楼，皆富实回回所居。一曰娶妇，其婚礼绝与中国殊。"⑥ 由于宗教与习俗与汉人迥异，回回人在中国多聚族而居，大体形成了大分散、小集中的局面。早在蒙哥时期，蒙古政权就已把回回单独列为一个户计，对于特殊的伊斯兰教派，像苏菲派教徒，还单独列一户计，名迭里威失（darvish，指苏菲派托钵僧）户。⑦ 其中，

---

① 《元史》卷120《札八儿火者传》。
② 《西域使者哈只哈心碑》，《至正集》卷53。
③ 《明史》卷332《西域传》。
④ 《癸辛杂识续集》上《回回沙碛》。
⑤ 《西域使者哈只哈心碑》，《至正集》卷53；《重修清净寺碑记》，《泉州宗教石刻》，科学出版社1957年版，第22—23页。
⑥ 《南村辍耕录》卷28《嘲回回》。
⑦ 《通制条格》卷2《户令》。

中统四年（1263）中都（即以后的大都）城内的回回人户多达三千余户，且多为富商大贾、兼并之家。而江南的镇江地区，据《至顺镇江志》统计，侨寓户 3845 户中，回回有 59 户；人口 10555 人中，回回有 374 人；驱奴 2948 人中，回回有 310 人。这个数字比当地的基督教徒（也里可温）高出约 3 倍。至于回回户计之外的回回人，也有不少。像元朝的侍卫军中，回回炮手军匠上万户府、西域亲军都指挥使司、蒙古回回水军万户府、哈剌鲁万户府等，组成人员无疑多为回回人。马可·波罗提到天德州境内有一种阿儿浑人，也为伊斯兰教徒，隆镇卫亲军都指挥使所属的哈儿鲁千户即是由他们组成的。① 被括入元朝政府与诸王贵族的匠局，从事手工业劳动的回回匠户也很多，像专造纳失失的荨麻林匠局，就是窝阔台时期以回回人匠三千户建立起来的。②

为了加强对伊斯兰教的统一管理，元朝政府曾在中央设立回回哈的司，由哈的大师（阿拉伯语 Qadi 的音译，意为法官）领之，依据伊斯兰教规管理本教门的宗教活动，地方上亦设有相应的分支机构。不过，由于伊斯兰法对调整回回人的日常生活非常重要，这些机构不可避免地要卷入回回人的户婚、钱粮词讼等刑名公事。仁宗即位后，开始对这种局面加以限制，于至大四年（1311）"罢回回哈的司属"③。次年三月，又下旨："哈的大师、只管他每掌教念经者。回回人应有的刑名、户婚、钱粮词讼大小公事，哈的每休问者，交有司官依体例问者。外头设立来的衙门，并委付来的人每，革罢了者。"④ 这样一来，哈的大师的权力完全被限制在纯宗教活动的范围内。到文宗入主大都后，在对泰定朝以倒剌沙为首的回回集团进行清算的过程中，又于致和元年（1328）八月，"罢回回掌教哈的所"⑤。不过，大约同时在中国旅行的伊本·白图泰又记载元朝皇帝曾任命不儿罕丁（Burhān at-Dīn of Sāgharj）司教为全国穆斯林的首领，赐号为 Sadr al-Jahān，意为世界之大掌教。⑥ 因汉文资料没有相应记载，具体情况如何，已无从查考。

---

① 《元史三论》，第 231 页。
② 《元史》卷 89《百官志》、卷 122《哈散纳传》。
③ 《元史》卷 24《仁宗纪一》。
④ 《元典章》卷 53《刑部一五·诉讼·问事·哈的有司问》。相似内容又见《元史》卷 102《刑法志》。
⑤ 《元史》卷 32《文宗纪一》。
⑥ 《东域记程录丛》（英译本）第 4 册，第 138 页。

图 3-3-5　泉州清净寺

　　清真寺为穆斯林的宗教活动场所，也是最能体现伊斯兰教文化的地方。元以前，伊斯兰教主要从海路传入中国，所以清真寺也主要集中在沿海地区，目前所知历史最悠久的清真寺为广州的怀圣寺，始建于唐代。[①] 此外，有名者尚有宋代所建立的泉州"圣友之寺"、清净寺等。在元代，清真寺被称为密昔吉（波斯语 mesjid），汉人则多称之为回回寺、礼拜寺或清净寺。蒙古兴起后，由于回回人从陆路大量涌入，清真寺在中国内地的数量开始大幅增加，"今近而京城，远而诸路，其寺万余，俱西向以行拜天之礼"[②]。当时的大都、杭州、泉州、扬州、定州、开封，乃至大漠南北，都有回回人建立清真寺的记载，或有遗迹保留下来。而且，内地的清真寺同沿海相比，还存在着明显的差异，那就是，波斯文化的色彩要远比阿拉伯文化的色彩浓厚。这主要是因为元代从陆路来华的回回人，主要来自波斯语盛行的伊斯兰世界东部地区。相反，从海路来华的回回人，则保留了许多阿拉伯文化的特色，其中尤以泉州地区最为集中，这里曾发现大量伊斯兰教文物如回回人墓

[①] 《重建怀圣寺之记碑》，《广州伊斯兰教古迹研究》，宁夏人民出版社 1989 年版。
[②] 孙贯文：《重建礼拜寺记碑跋》，《文物》1961 年第 8 期。

碑、礼拜寺碑铭等，而其中有相当部分是用阿拉伯文撰写的。[1]

伊斯兰教在元代虽然已传播到全国各地，但它基本上还是在回回人中间流行，蒙古统治上层信奉者为数不多，其中尤以安西王阿难答最为有名，他从小由回回人抚养长大，袭封安西王后，曾使所部15万军队中的绝大多数皈依了伊斯兰教。至于汉族人，信奉伊斯兰教者恐怕也不会太多，《至元辨伪录》形容回回人礼拜为"叫空谢天赐予"，郑思肖《心史》则称："回回事佛，创叫佛楼甚峻，时有一人发重誓，登楼上大声叫佛不绝。"由此可见，当时的汉族人对伊斯兰教的认识还是相当肤浅的。与此相反，回回人中对中国文化理解深刻者却不乏其人，曾涌现出不少汉学素养颇深的学者、诗人。现存汉文伊斯兰教石刻，也有不少是从儒学的角度解释伊斯兰教的。

图3-3-6 阿拉伯文墓碑（泉州灵山圣墓）

像中山府的《重建礼拜寺记》即称："予惟天下之教，儒教尚矣。下此而曰释与老，虚无寂灭，不免于妄，且其去人伦，逃租赋，率天下之人，而入无父无君之域，则其教又何言哉？惟回回之为教也……其奉正朔，躬庸租，君臣之义无所异；上而慈，下而孝，父子之亲无所异；以至于夫妇之别，长幼之序，朋友之信，举无所异呼，夫不惟无形无像，与《周雅》无声无嗅之旨吻合；抑且五伦具备，与《周书》五典五悼之义符契，而无所殊焉，较之释老，不大有间乎？"[2] 类似以儒释伊的痕迹，我们在元代泉州的《重修清净寺记碑》、广州的《重建怀圣寺之记碑》也能够找到。

第七节　摩尼教和印度教

摩尼教是3世纪波斯人摩尼创建的一种宗教，信奉二宗三际论。所谓"二宗"指光明和黑暗，即善与恶。所谓"三际"是初际、中际和后际，即过去、现在和未来。这种宗教理论认为，在未有天地之前，存在着光明王

---

[1] 参见《泉州宗教石刻》，第1—26页。
[2] 孙贯文：《重建礼拜寺记碑跋》，《文物》1961年第8期。

国与黑暗王国,前者善美,后者丑恶,互不干扰。后来黑暗侵入光明,引起大战,遂进入中际阶段。在中际,光明与黑暗混合,天地和人类便是这种混合的产物。摩尼认为,世界末日终将到来,地球将毁灭,光明和黑暗又将分开,回到初际的情景,这亦是后际。摩尼教的创立,正是为了超度人类的灵魂,使之摆脱黑暗,早日回归光明王国。摩尼教的理论,源自波斯的祆教(拜火教),同时吸收了基督教、佛教的思想,但又有自己独特的体系。①

摩尼教创立后,迅速由波斯向周围地区传播。一般认为,唐朝初期已进入中国。安史之乱发生后,唐朝借用回鹘军队平乱。回鹘可汗信奉摩尼教,借助于北方回鹘的势力,摩尼教在唐朝境内得到很大的发展。9世纪40年代初,回鹘败于北方另一个游牧民族黠戛斯,向西迁徙。会昌三年(843),唐武宗下令取缔佛教,同时也禁止摩尼教活动,摩尼教受到沉重打击。到了宋朝,摩尼教常被称为明教,逐渐与中国传统的佛教、道教相结合,主要活动于东南沿海的地区。

福建泉州华表山有一座草庵,修建于元代(一说始建于宋代,元代重修)。庵中供奉摩尼光佛,长发披于两肩,须髯垂至胸际,背后有光轮。草庵前有一块岩石,上有明正统年间刻字五行,内容是:"劝念/清净光明/大力智慧/无上至真/摩尼光佛。""清净光明""大力智慧"都是摩尼教的经典语言。②可以断定,草庵的摩尼光佛是摩尼教崇拜的神像,草庵是一座摩尼教的寺院。

明人何乔远的著作《闽书》中已指出草庵建于元代,是摩尼教寺院:"泉州府晋江县华表山,与灵源相连,两峰角立如华表。山背之麓有草庵,元时物也,祀摩尼佛。摩尼佛名末摩尼光佛,苏邻国人,又一佛也,号具智大明使。"③ 20世纪20年代,陈垣先生首先发现《闽书》的上述记载。④ 法国学者伯希和对此作了考证⑤。20世纪50年代,吴文良对草庵进行实地考

---

① 林悟殊:《摩尼的二宗三际论及其起源初探》,《摩尼教及其东渐》,中华书局1987年版,第12—34页。
② 林悟殊:《宋代明教与唐代摩尼教》,《摩尼教及其东渐》,第130页。
③ 《闽书》卷7《方域志》。
④ 陈垣:《摩尼教入中国考》,《陈垣学术论文集》第一集,中华书局1980年版,第367—370页。
⑤ [法]伯希和:《福建摩尼教遗迹》,冯承钧译,《西域南海史地考证译丛》第九编,中华书局1958年版。

图 3-3-7 泉州草庵摩尼光佛

察,并在《泉州宗教石刻》① 一书中做了说明。由于中外学者的潜心研究,草庵作为中国仅存的摩尼教寺院遗迹已广为人知,而且成为学术界的共识。近年在晋江发现《青阳庄氏族谱》(抄本),其中载庄惠龙(1281—1349)是个儒生,"晚年厌观世谛,托以苏邻法,构萨坛以为娱宾优游之所"②。在中文文献中,"苏邻国"被认为是摩尼教发源之地,"苏邻法"即指摩尼教义。如此谱可信,则庄惠龙是元代摩尼教的信徒。

1988年、1992年,先后在福建莆田涵江和莆田北高乡后积村发现两块石碑,碑上文字都是:"清净光明/大力智慧/无上至真/摩尼光佛",与草庵石刻相类。前者应立于元代后期至明初。似可说明,莆田在元代亦有摩尼教活动。③ 南宋后期,有人说:"今摩尼向(尚)扇于三山。"④ "三山"是福

---

① 吴文良:《泉州宗教石刻》,科学出版社1957年版。
② 李玉昆:《20世纪福建摩尼教的新发现及其研究》,《泉州港与海上丝绸之路》,中国社会科学出版社2002年版,第476页。
③ 陈长城:《莆田涵江发现摩尼教碑刻》,《海交史研究》1988年第2期。程德鲁:《涵江又发现摩尼教残碑》,《海交史研究》1991年第1期。
④ 《佛祖统纪》卷55《事魔邪党》。

州的别称，可知摩尼教流行于福建由来已久。

宋代，摩尼教在浙东一带也颇为流行。四明（今浙江宁波）、台州、温州等地都有摩尼教活动的记载。北宋宣和二年（1120）十一月四日，"臣僚言：'温州等处狂悖之人，自称明教，号为行者。今来明教行者各于所居乡村，建立屋宇，号为斋堂，如温州共有四十余处，并是私建无名额佛堂。每年正月内，取历中密日，聚集侍者、听者、姑婆、斋姐等人，建设道场，鼓扇愚民，夜聚晓散。'"① 到了元代，陈高在至正十一年（1351）写的《竹西楼记》中说："温州之平阳，有地曰炎亭，在大海之滨……有潜光院在焉。潜光院者，明教浮图之宇也。明教之始，相传以为自苏邻国入流中土，瓯、闽人多奉之，其徒斋戒持律颇严谨，日一时食，昼夜七持诵膜拜。潜光院东偏，石心上人之所居也，有楼焉，曰竹西……石心素儒家子，幼诵六艺百氏之书，趣淡泊而习高尚，故能不汨于尘俗而逃夫虚空，其学明教之学者，盖亦托其迹而隐焉者也。"② 陈高所说源自苏邻国的明教，无疑就是摩尼教。潜光院就是宋人所说"斋堂"。"日一时食，昼夜七持诵膜拜"正是摩尼教徒的一种生活方式。③ 当地的摩尼教徒显然仍是严格遵守摩尼教的戒律。陈高所说平阳炎亭在今浙江苍南县金舟乡境内。在金舟乡，至今还有一块刻有《选真寺记》的石碑，其中说，选真寺"为苏邻国之教者宅焉，盖彭氏之先所建也"。"故制陋朴"，彭氏族人在原址扩大重建。选真寺是"为苏邻国之教者"居住的场所，可知选真寺无疑也是摩尼教寺。此碑记无写作年代，作者孔克表，至正八年（1348）进士，由元入明，洪武六年（1373）为翰林修撰兼国史编修，不久卒。由孔克表经历，可以推知选真寺存在于元代，其创始时代可能是南宋时期。《竹西楼记》和《妙真寺记》两篇文章，足以说明温州在元代仍是摩尼教比较流行的地方。从以上所列举的一些情况来看，陈高说"瓯、闽人多奉之"，是符合当时实际情况的。

南宋后期，有人说，摩尼、白莲、白云，"此三者皆假名佛教以诳愚俗，犹五行之有气也"④。可见当时摩尼教已经"假名"佛教，可以称为摩尼教的佛教化。与此同时，也存在摩尼教"依记于道"的现象。四明（今浙江

---

① 《宋会要辑稿》刑法二。
② 《不系舟渔集》卷12。
③ 《佛祖统纪》卷48云："其修持者，正午一食。"关于摩尼教徒每日祈祷七次，见［法］伯希和《福建摩尼教遗迹》，冯承钧译，《西域南海史地考证译丛九编》，中华书局1958年版。
④ 《佛祖统纪》卷55《事魔邪党》。

宁波）的崇寿宫，本是摩尼教寺，在南宋时逐渐道教化。摩尼教在南方流传过程中，逐渐与当地原有的佛教、道教相混合，不外是两个原因：一种是借此逃避官府的注意，一是为了便于自身的传播。泉州草庵结构貌似佛寺，尊奉的摩尼冠以佛号，摩尼的形貌亦与释迦牟尼类似。温州的潜光院，"显然属于道化的摩尼教寺院，其僧侣颇有神仙道教的味道"①。草庵和潜光院的存在，似可说明，摩尼教当时仍是合法存在的，并未被官府取缔。1941年，吴晗在《明教与大明帝国》中认为，在元代，明教是被禁止的，它和佛教白莲宗混合，成为一种民间的秘密宗教，元末农民起义即由明教发起。② 他的观点在学术界有很大的影响。20世纪80年代，杨讷对明教与佛教白莲宗之间的关系作了认真的梳理，他认为，两者并未混合，"在元代，明教仍然是一个独立的宗教，而且取得了合法的地位"。发动元末农民起义的是白莲宗（教）而非明教。③ 后来，他在《元代白莲教研究》中作了进一步论述。④ 杨氏的意见是有说服力的。

泉州曾发现一块两种文字合璧的墓碑，一种是汉字，一种是叙利亚文。汉字共两行。第一行是："管领江南诸路明教秦教等也里可温马里失里门阿必思古八马里哈昔牙。"第二行是："皇庆二年岁在癸丑八月十五日帖迷答扫马等泣血谨志。"叙利亚文译意是："这是僧侣先生、教区的教长（主教），失里门先生的坟墓，癸（十天支的末位）牛（即'丑'）年八月十五日扫马率领（一班人）来，并写下（这墓志）。"此碑是吴文良先生发现的，收在《泉州宗教石刻》中。⑤ 研究者都以为碑文中的"明教"指的是摩尼教。夏鼐先生说："明教即

图 3 - 3 - 8　泉州两种文字石碑

---

① 林悟殊：《宋元时代中国东南沿海的寺院式摩尼教》，《摩尼教及其东渐》，第145—158页。
② 吴晗：《明教与大明帝国》，《吴晗史学论著论集》第二卷，人民出版社1986年版，第382—418页。
③ 杨讷：《元代的白莲教》，《元史论丛》第二辑，中华书局1983年版。
④ 杨讷：《元代白莲教研究》，第八章《白莲教与明教》，上海古籍出版社2004年版。
⑤ 吴文良：《泉州宗教石刻》，科学出版社1957年版。此书增订本（吴幼雄增订）2005年出版。上述碑刻照片及有关讨论见增订本第395—403页。

摩尼教。秦教为大秦教的简称,也便是景教。""这位失里门,不仅是江南诸路'秦教'(聂斯托尔派基督教,即景教)的主教或教长(阿必思古八),同时也是江南诸路明教(即摩尼教)等的教长。"① 因而此碑历来被视为摩尼教流行于泉州以及江南的有力证据。但是,碑文还有不少需要进一步研究的地方。首先,元朝政府对于各种宗教都采取分别管理的办法,如以宣政院管理佛教、集贤院管理道教、崇福司管理基督教等。为何在江南却要将基督教与明教合在一起管理呢?其次,正如陈垣先生所说:"吾读基督教史,无不诋毁摩尼教。"② 元朝政府有什么必要硬将两者拉在一起呢?再次,碑文中称"管领江南诸路明教秦教等也里可温",众所周知,唐代曾称景教为大秦景教,宋、元二代文献中,并未见有"秦教"的记载。而且,按碑文所称,则明教徒亦应是也里可温。最后,在同碑叙利亚文字中,根本没有提到明教(摩尼教)。这些情况都令人难以理解。因此,此碑尚需深入探索,不能视为定论。③

图 3-3-9 原泉州印度教寺院石柱(现藏泉州天后宫)

中国与南亚印度地区很早就通过陆、海二道发生联系。中国的佛教是从印度传入的,产生了很大影响。印度地区的另一种宗教印度教也曾传入中国。在泉州,"近七十多年来陆续从地下出土和发现许多有关印度教的神话

---

① 夏鼐:《两种文字合璧的泉州也里可温(景教)墓碑》,《考古》1981 年第 1 期。
② 《摩尼教入中国考》,《陈垣学术论文集》第一集,中华书局 1980 年版,第 361 页。
③ 陈高华:《陈垣与元代基督教史研究》,《七十年来中西交通史研究的回顾与展望》,台湾辅仁大学历史系发行,2000 年。

故事石雕造像和寺庙、祭坛建筑构件，其数量多达数百方。这还不包括那些出土以后，又被居民当作墙基石材埋入地下的那些部分"[1]。这些遗物的发现完全可以说明印度教曾在泉州活动过，但何时传入目前尚难以断定。一般认为，在宋元时期，泉州是中国最重要的对外贸易港口，很多外国人长期在这里居住，其中包括为数相当可观的来自印度和东南亚的印度教信徒。这些人在泉州建造了印度教的寺院，作为宗教活动的场所，是很自然的。1956年，泉州发现一方泰米尔文字碑刻，泰米尔文是中世纪南印度流行的一种文字，碑文内容是向公元1281年建造的印度教寺院致敬。[2] 此外，泉州地方文献中有不少关于番佛寺的记载，此寺原在泉州城南，应是一座印度教寺院。[3] 碑刻和文献都可以说明元代泉州存在印度教寺院。但是，这一时期除了泉州以外，再没有其他地方发现过印度教的活动踪迹。而且，和摩尼教不同，在泉州没有本地原有居民信奉印度教的迹象。因此，它的影响是有限的。元末泉州发生动乱，印度教寺院被毁，自此结束了印度教在中国流传的历史。

---

[1] 吴文良：《泉州宗教石刻》（增订本），第516页。
[2] 同上书，第460—461页。
[3] 杨钦章：《泉州印度教雕刻源流考》，《世界宗教研究》1982年第2期。

第四章 教育的进步和理学的统治地位

第一节 国学和地方学校的发展

元朝后期，学校制度基本沿袭前期，并在一些具体环节上有新的发展。

一 国子学

国子学的办学规模，在元朝后期有明显的扩大。至大四年（1311）正月，仁宗即位，将国子学生员数额增为 300 人。延祐二年（1315），"增置生员一百人，伴读二十人"①。这样国子学生的正额生员增至 400 人。伴读人数，至元二十四年（1287）国学条例中定为 20 人，成宗大德七年（1303）已增至 40 人。②至此再增 20 人，则达到 60 人。除正额生员和伴读外，国子学中还有第三种类型的学生，称为陪堂生，这时也形成了制度。

陪堂生是国子学面向民间招收的自费学生。《安雅堂集》卷4《送完者都还河阳序》："国家初置成均，本教国人子弟，因浸及其余焉。"《元史》卷 87《百官志三》："选七品以上朝官子孙为国子生，随朝三品以上官得举凡民之俊秀者入学，为陪堂生、伴读。"陪堂生、伴读均来自民间，但身份有高低之别，学业优秀的陪堂生，经考试方可升为伴读。如吕思诚"入国子学为陪堂生，试国子伴读，中其选"③。两者待遇也不相同，陪堂生属于自费生，

---

① 《元史》卷 87《百官志三》。
② 《元史》卷 81《选举志一·学校》。
③ 《元史》卷 185《吕思诚传》。

而伴读是公费。① 伴读入学达到一定年限，成绩优秀者，可以"岁贡"为吏员或地方教官，陪堂生则无此机会。《金华集》卷17《送饶安道序》："天子之学，以教国之贵游子弟，而田里之秀民，亦得用举者受业其间。餐钱固不以烦县官，而满百人辄止。后至而久次者，必员有阙，乃得补其处。此今之定制也。"《苏平仲集》卷6《送楼生用章赴国学序》："胜国（按指元朝）设监学以教贵游之子弟，拔田里之秀民使受业其间，满百人即止。"这些"餐钱固不以烦县官"的100名"田里之秀民"，指的并非伴读，而是陪堂生。

陪堂生设置始于何时不详。成宗时，丞相哈剌哈孙奏请修建孔庙与新校舍，"四方来学者益众"，这里面或许就包括陪堂生。郑介夫奏议："所设伴读又不择人，重赂监官，剩出陪堂，便得入名"，似亦表明陪堂生在成宗朝已经出现。②《至正集》卷59《郭思恭墓志铭》："甫冠已为里社师，闻成均作人，负笈趣焉。故事：陪堂生输钱乃食。祭酒耶律公闵公贫苦，免其输。补伴读，及格，乃教徒于京。"这条材料年代不明，但提到的"祭酒耶律公"应为耶律有尚，有尚于武宗至大二年（1309）致仕，可知在此前已有陪堂生的设置。仁宗即位后，在定置正额国子生员300人的同时，又增置了20名陪堂生。《元史》卷24《仁宗纪一》：

> （至大四年闰七月）己未，诏谕省臣曰："……朕今亲定国子生额为三百人，仍增陪堂生二十人，通一经者，以次补伴读，著为定式。"

《雪楼集》卷6《大元国学先圣庙碑》："皇帝御极……广弟子员三百，进庶民子弟之俊秀，相观而善。"即指此事。陪堂生总名额定为100人，亦不知在何时，相隔当不会太远。

陪堂生的设置为普通汉族士人提供了进入国家最高学府读书的机会，有一定的积极意义。元朝士人仕途不畅，游士之风因而盛行，许多人挟资到京师活动，通过各种关系求人保荐，谋取出身，其中进入国学充陪堂生也是一条出路。特别是南方士人，因受"四等人制"的压制，很难成为国

---

① 至元二十四年（1287）国学条例规定，120名国学生员，包括100名正额生员和20名伴读，饮膳、纸札、笔墨等物，均由国家提供。见《庙学典礼》卷2《左丞叶李奏立太学设提举司及路教迁转格例儒户免差》，《元史》卷14《世祖纪十一》至元二十四年闰二月辛未。

② 刘敏中：《顺德忠献王碑铭》，《中庵集》卷4；《历代名臣奏议》卷67《治道》引郑介夫奏议。

学正额生员①，但充任陪堂生，并进而升为伴读的机会相对多一些。《道园学古录》卷5《送李亨赴广州教授诗序》：

> 番阳李生亨入学数年，会同舍生欵者为太常礼仪院判官，得幸今上于东宫，以生苦学，荐擢为伴读。

同书卷19《倪行简墓志铭》：

> 永丰人……延祐戊午游京师，又三年始得入国学，又数年补国子伴读。

《清容居士集》卷24《送刘生归乡试序》：

> 广信刘生任时来京师，试入国学，将叙次，佐胄子讲诵。

李、倪、刘三人均系南人，他们始入国学，显然都是充陪堂生。有的陪堂生入学时年纪已经不轻，如罗文节"年三十三，至京师为胄监陪堂生"②，后来终于获得云南昆明州学正一职。

国学生员出身授官之制，屡有变化。上一编提到，成宗大德末之制，国子学的蒙古、色目、汉人生员，每三年各岁贡2人。仁宗即位后，于至大四年（1311）十二月"复立国子学试贡法"，规定由岁贡出身者，"蒙古授官六品，色目正七品，汉人从七品"，岁贡考试"试蒙古生之法宜从宽，色目生宜稍加密，汉人则全科场之制"③。此时正额生员已增至300名，岁贡名额也有明显增加，原来是"三岁一贡，贡凡六人"，现改为"岁贡六人"，亦即每年贡举6人，名额多出两倍。岁贡授官品级，也比大德时有所提高。④

---

① 元朝国子学正额生员中，蒙古人、色目人、汉人各有定数，未给南人预留名额。估计即使有个别南人成为国学正额生员，也是占汉人的名额，这样的机会是很少的。

② 《罗泸州父子志节状》，《麟原集》后集卷10。

③ 《元史》卷81《选举志一·学校》。所谓"蒙古授官六品"，据《齐文懿公神道碑铭》（《滋溪文稿》卷9），系指从六品。

④ 《送廉充赴浙西宪司照磨序》，《道园学古录》卷5。按仁宗时岁贡名额由三年六人增至每年六人，《元史·选举志》失载。仁宗朝曾任国子博士的蒲道源说："今生徒增至数百员，糊名以考其业，岁许贡六人焉。"可为旁证。蒲道源：《国学策问》，《闲居丛稿》卷13。

但关于是否应通过考试选拔岁贡人选，却一度产生争议。在此以前，岁贡人选是通过入学先后决定的，"国子生以入学名次为先后，岁贡补官"，其法"殊无劝惩"①。国子博士虞集认为："惟学务修德，诱以利禄使之进，虽勉弗喜也。圣天子嘉惠监学，使得岁贡士，以次授官，盍求其足以为劝者而激励之？"宰相李孟时提调国子监，采纳虞集之议，从国子学中挑选了"端静有守、尝试以事者"二人，作为岁贡人选。这实际上是采取教官荐举的方式。适逢李孟罢相，事遂搁浅。② 有人主张"改课为试"，采用"大学积分法"考试选拔，这种意见占了上风。国子司业吴澄反对积分考试，认为"教之以争，非良法也"。他大约倾向于虞集的荐举法，因与同僚"论议不合"，辞官而去。③ 此后虽暂未实行积分法，但岁贡考试之制基本落实了，参加考试的人选，则仍按入学名次决定。"岁贡弟子员，稽其入学之次第而甲乙之，以登名于集贤及礼部，乃召而试其业。苟辞达者，为中选，而授爵自六品以下有差。"④ 由集贤院、礼部主持的岁贡考试，通常称为"公试"。

延祐二年（1315），在国学生员员额又一次增加的同时，大名人齐履谦出任国子司业。经他具体设计，集贤学士赵孟頫、礼部尚书元明善等共同商议，定出一套完整的"升斋积分"考试方法，与岁贡考试相结合，使国子学的教学管理和人才选拔制度更加规范化。据《元史·选举志一·学校》所载，具体包括以下内容。

1. 分斋教学。国子学内根据学习难度，分设上、中、下各两斋，共六斋。下两斋称游艺、依仁，"凡诵书讲说、小学属对者隶焉"；中两斋称据德、志道，"讲说'四书'、课肄诗律者隶焉"；上两斋称时习、日新，"讲说《易》《书》《诗》《春秋》科，习明经义等程文者隶焉"。每斋员数不等，每季考试其学业、逐次递升。

2. 考试积分。通过考试积分，选拔出优秀学生参加岁贡考试。这种岁贡考试前在国学内部进行的预备考试，称为"私试"。汉人升到上两斋、蒙古

---

① 《孛术鲁公神道碑铭》，《滋溪文稿》卷8。
② 《邵庵先生虞公行状》，《东山存稿》卷6；参见《虞雍公神道碑》，《圭斋集》卷9。
③ 《临川吴文正公年谱》，《吴文正公集》卷首。按岁贡考试之法，在元代长期存在争论，甚至有人主张干脆取消岁贡。大德末年隐士萧㪺被征至京师，就"成均教法"发表意见说："若欲作新胄子，当罢岁贡，一如许文正公时专于教养。彼既外无利禄之诱，内有问学之功，则人材庶有望矣。"结果"此语一传，物议鼎沸，执政者亦深不以为然"。后来萧㪺为此不肯就国子祭酒之职。《萧贞敏公墓志铭》，《滋溪文稿》卷8。
④ 《赠国子生太易术南归省亲叙》，《巴西集》。

色目人升到中两斋，并且坐斋满两周年未犯过错的，才有资格参加私试。私试每月都要举行。汉人每季度第一月考经疑一道，第二月考经义一道，第三月考策问或表章、诏诰一道。蒙古、色目人每季度前两月各考明经一道，第三月考策问一道。考试均于每月初二日举行，考场监督严格，国子学官阅卷前要进行弥封、誊录，阅卷后再由监官复审，有一套防止作弊的办法，基本模仿科举。每次考试评出分数，"辞理俱优者"为上等，算一分；"理优辞平者"为中等，算半分；下等不计分。到年底积分达到八分，就算是"高等生员"。"高等生员"名额限制在四十人，其中蒙古、色目各十人，汉人二十人，"员不必备，惟取贤才"。若名额有限，分数相同则先取坐斋时间长者。"高等生员"作为私试合格者，参加集贤院、礼部主持的公试。未通过公试，或虽通过公试、因无官阙未能补官者，当年私试积分亦告作废，下一年重新开始考试积分。不过，未能通过公试做官的高等生员有机会充任国子学中的学正、学录、司乐、典籍、管勾、侍仪司的侍仪舍人等低级官职。

3. 处罚规定。参加私试的生员，如有"不事课业及一切违戾规矩者"，要受到扣除积分的惩罚。初犯扣一分，再犯扣二分，三犯除名。已升为高等生员的，如有"违戾规矩"，初犯取消参加公试资格一年，再犯除名。所有在学生员，一年中实历坐斋不满半年者，除名。汉人生员三年不能通一经及不肯勤学者，勒令退学。

可以看到，这套积分考试制度是相当严格的，形式上也可称完善。实行之后，国学中"人人厉志读书，益多材学之士矣"①。著名学者苏天爵即在延祐四年（1317）通过国学积分选拔，参加公试，排名第一，被任命为从七品的大都路蓟州判官。② 这一年他只有 24 岁。③ 后来积分法一度取消。《元史·选举志一·学校》："泰定三年夏六月，更积分而为贡举，并依世祖旧制。其贡试之法，从监学所拟，大概与前法略同，而防闲稍加严密焉。"据此，取消的只是国学内部的积分私试，岁贡公试仍然举行。《元史》卷182《许有壬传》记载了其事始末：

---

① 《齐文懿公神道碑铭》，《滋溪文稿》卷9。
② 《滋溪文稿·跋》，《滋溪文稿》卷首；《滋溪书堂记》，《国朝文类》卷31。
③ 《元史》卷183《苏天爵传》载：天爵卒于顺帝至正十二年（1352），年五十九，可知他生于至元三十一年（1294），延祐四年（1317）24岁。但据宋褧记述："国子生以年及二十五，乃积分得贡试"（《杜俭墓志铭》，《燕石集》卷14），不知是苏天爵属于特例，还是制度发生过变化，待考。

> 泰定元年初立詹事院,选为中议,改中书左司员外郎……国学旧法,每以积分次第贡以出官,执政用监丞张起岩议,欲废之,而以推择德行为务。有壬折之曰:"积分虽未尽善,然可得博学能文之士,若曰惟德行之择,其名固佳,恐皆厚貌深情,专意外饰,或懵不能识丁矣。"议久不决。三年六月,升右司郎中,其事遂行,已而复寝。

这段文字可注意的有两点。一是有关荐举、考试优劣利弊的争论,可以帮助我们理解仁宗初年那一次围绕岁贡选拔方式争议的内容。二是废积分一事虽行,"已而复寝",说明积分法后来又恢复了。对此《元史·选举志》竟然失载。《滋溪文稿》卷8《字术鲁公神道碑》:

> 今上(顺帝)即位……初,国子生以入学名次为先后,岁贡补官,殊无劝惩,故太史齐公履谦为司业,请以学业为升斋等第,以积分公试,文词优者为中选,繇是诸生咸思奋励,而人才兴矣。后值天历多故,其法中辍,公为祭酒,始试诸生于崇文阁下,中选者凡若干人。

可知至晚到顺帝初年,积分法已经恢复。《金华集》卷17《送赵尧臣序》:"仍纪至元之二年,予方备员国学,上舍生真定赵凯尧臣私试合格,循旧比,待年以就公试。"《宋文宪公全集》卷14《送和赞善北归养母诗序》:"太原和君希文,吕忠肃公(顺帝朝国子祭酒吕思诚)之高第弟子也。在胜国(元朝)时肄业成均,通《诗》之传疏,积试八分,将与有禄食。"这都是顺帝时期国学积分私试的材料。

仁宗初年开设科举时规定:国子学生岁贡制度仍旧,但允许他们参加科举考试,"中选者于监学合得资品上从优铨注"①。延祐首科中选者,即包括国子生建昌人许晋孙、陵州人孟泌在国学"以积分中高等生",任国子学录,又举英宗至治元年进士。② 不过总的来说,国学岁贡与科举取士仍为两条仕途。顺帝时科举一度停罢,到后至元六年(1340)十二月宣布复科,始将二途合一,规定"国子监积分生员,三年一次,依科举例入会试,中者取一十

---

① 《元典章》卷31《礼部四·学校一·儒学·科举程式条目》。
② 《许君墓志铭》,《金华集》卷33;《孟君墓志铭》,《滋溪文稿》卷13。

八名"①。科举三年一开，而国子学每年通过积分私试产生"高等生员"40人，三年120人，这120人就直接去参加科举会试和殿试。按原来的"公试"制度，每年录取6人授官，三年录取18人，科举会试、殿试就直接为国学"高等生员"预留18个录取名额。其中蒙古6人，授从六品官；色目6人，授正七品官；汉人、南人共6人，授从七品官。至正二年（1342）、五年、八年的科举录取情况，全都如此。至正八年规定，对于参加会试的国学高等生员，"除例取十八人外，今后再取副榜二十人。于内蒙古、色目各四名，前二名充司钥，下二名充侍仪舍人。汉人取一十二人，前三名充学正、司乐，次四名充学录、典籍、官勾，以下五名充（侍仪）舍人。不愿者，听其还斋"②。这实际上是将以前国学高等生员充国子学正等职的制度纳入了科举取士体系。此后直至元末不变。

以上讨论的国子学岁贡制度，是针对正额生员而言的。国子伴读另有一套岁贡的办法。较之正额生员岁贡，伴读岁贡形成制度较早，并且没有太大的变化。《元典章》卷9《吏部三·官制三·教官·诸教官迁转例》："国子伴读，至元二十九年三月，定每年岁贡四人，二名充部令史，二人充府、州教授。"成宗时郑介夫上奏议，即批评当时的国子伴读"更不知所伴所读者何事，惟想望部领（令）史、儒学教授而已"③。又据《元史·选举志一·学校》：伴读岁贡名额屡有变动，最初是每年二人，后来变为六人、四人，至仁宗延祐二年（1315）定为岁贡八人，"充部令史者四人，路教授者四人"。与早期制度相比，充教授者由府、州教授升格为路教授。岁贡选拔标准不详，似乎并不像正额生员岁贡那样有复杂的考试，可能只是简单地按充任伴读时间排名。《道园学古录》卷5《送李亨赴广州教授诗序》："伴读之选拘于例，然既受教国学岁久，即以次出教外郡。"同书卷17《刘赓神道碑》："学法，凡民俊秀，以次升其名佐贵游治业，岁中以次出补吏。"有一位排名在前的伴读生，主动将岁贡机会让给一位"贫且亲老"的同学，受到奖励，"朝廷反先用之，自是六馆之士皆兴让矣"。伴读岁贡二途当中，教授的地位比不上部令史，因为部令史是中央核心部门的吏职，其任官前景要更加优越。当时歧视南人，因而特别规定，南人伴读生参加岁贡，"名虽在前，

---

① 《元史》卷40《顺帝纪三》。
② 《元史》卷92《百官志八·选举附录·科目》。参见《国子生试贡题名记》，《滋溪文稿》卷3。
③ 《历代名臣奏议》卷67《治道》。

不得补吏，惟得为教授"①。

文宗在位时，开设"宫学"，部分地分割了国子学的职能。当时在宫内设立奎章阁学士院，以儒臣任大学士、学士等官，进讲经史，并与皇帝讨论切磋诗文书画。天历二年（1329）三月，"设奎章阁授经郎二员，职正七品，以勋旧贵戚子孙及近侍年幼者肄业"②。授经地点就设在奎章阁，因位于宫内，故亦称宫学。本来教育贵族子弟的任务应由国子学承担，但长期以来，高级贵族子弟愿意入学学习的人并不多，国子学里中下级官僚子弟和平民占了大多数。此时文宗想教育勋戚子弟和年幼近侍，干脆另起炉灶。首任授经郎为揭傒斯、林希颜，二人每天"寅入而酉出"③，可见教学任务颇为繁重。顺帝即位后，改奎章阁为宣文阁，授经郎亦随之更名。顺帝"亲选宿卫官及勋戚子弟年二十以下者三十人为弟子员"，"建学舍内苑，以严中外之别。丰廪饩，给笔札，俾无外慕"④。其时周伯琦充授经郎，"中贵人传旨，命受经生北面行弟子礼。太官设馔、光禄进酒，朝廷公卿皆陪坐，时人荣之"。后来危素出任此职，"受业生皆贵戚大臣子，横肆不率度。创教条，置帐历，日书其勤惰，月会而赏罚之，皆畏服不敢犯"⑤。

宫学的开设可能多少使皇帝对国子学的重视程度有所下降。元朝后期，国子学的生员总数相对稳定，包括正额生员400人，伴读生60人，陪堂生100人，共560人。《道园学古录》卷6《国子监学题名序》云："弟子员今五百六十人。"同书卷19《倪行简墓志铭》亦云："成均弟子员常五百六十人。"《燕石集》卷15《张才子传》称"延祐末，京师太学生六馆生不下四五百"，则是约言其数。有的材料提到国学生员400人，系专指正额生员而言。无论400员还是560员，比元初固然有不小的增加，但与前代汉族王朝的中央官学仍相去甚远，故而不断有人提议增加生员名额。《元史》卷35《文宗纪四》：

（至顺二年）六月乙巳朔……监察御史韩元善言："历代国学皆盛，

---

① 《送朱仁卿赴安庆教授序》，《道园学古录》卷5。
② 《元史》卷33《文宗纪二》。
③ 《题邹福诗后》，《揭傒斯全集》文集卷9。揭傒斯后来又有诗回忆这一段教学经历："天历年中秘阁开，授经新拜育群材。宫门待漏常先到，讲席收书每后回。"见《忆昔四首》，《揭傒斯全集》诗集卷8。
④ 《近光集·自序》，《近光集》卷首，清抄本；《授经署板屋记》，《伊滨集》卷18。
⑤ 《周伯琦墓铭》《危素新墓碑铭》，《宋文宪公全集》卷31、卷27。

独本朝国学生仅四百员，又复分辨蒙古、色目、汉人之额。请凡蒙古、色目、汉人，不限员额，皆得入学。"……皆不报。

当时集贤大学士陈颢也曾上疏请求文宗"大兴文治，增国子学弟子员"①。又《滋溪文稿》卷26《乞增广国学生员》：

> 昔者世祖皇帝……命中书左丞许衡为国子祭酒，以教公卿大夫之子孙，是时学徒未有定额。其后政教既修，学者浸广。迨至仁宗皇帝，增多至四百员。然而近岁以来，员额已满，至使胄子无从进学，殊非祖宗开设学校广育群材之美意也……洪惟国家海宇之广，庠序之盛，又岂汉、唐所可比拟，独于学徒员额犹少。方今朝廷治化更新，嘉惠儒术，至于学校长育人材，尤为先务。宜从都省闻奏，量拟增添生员一百名，内蒙古、色目五十员，汉人五十员。应入学者并如旧制。钱谷所费，岁支几何，人材所关，实为至重。

此奏大约上于顺帝初年。② 上述建议都是要求增加正额生员，也有请求增加伴读生名额的。③ 但这些建议是否得到采纳值得怀疑，至少在史料中缺乏反映。权衡《庚申外史》至正元年（1341）条称当时"大兴国子监，蒙古、回回、汉儿人三监生员，凡三千余"，这个数字过大，恐得之传闻，未必可靠。不过同一条材料揭露元末国子学弊端，或可补官方文献之不足：

> 祭酒、司业、博士多非其人，惟粉饰章句、补苴时务，以应故事而已，凡在诸生，日啖笼炊粉羹，一人之食为钞五两。君子以监学乃作养人材之地，而千百为群，恣纵恬嬉，玩愒岁月，以嫚侮嘲谑为贤。行加屏风，以障市人，入茶酒肆不偿值，掉臂而出，无敢谁何。是坏天下人材，何作养之有焉？

---

① 《元史》卷177《陈颢传》。
② 《元史》卷183《苏天爵传》："元统元年（1333），复拜监察御史。在官四阅月，章疏凡四十五上。自人君至于朝廷政令、稽古礼文、闾闾幽隐，其关乎大体、系乎得失者，知无不言。"《滋溪文稿》卷26、27收章疏十九篇，其中可以考定年代的基本上都在顺帝初年。
③ 《国子监营缮官舍记》（《安雅堂集》卷7）记载：顺帝初年"学馆请增贡国子伴读生，以徕英髦，人闻有是请也，愿为弟子员益众"。

二　地方学校

相对而言，元朝后期地方学校制度的变化更少一些。就儒学而言，主要变化在于生员、教官出路和教官选用等方面。

仁宗即位，肇开科举，年满25岁的"经明行修之士"皆可应试，地方儒学生员由此多一仕途。科举考试的主要项目经疑、经义本来就属于地方儒学的教学内容，因此生员参加科举，应当比一般平民更具优势。不过元朝科举录取人数较少，50年间16次开科，总共仅录取约1200人，对渴求入仕的士子来说，不啻杯水车薪，聊胜于无而已。为此，元廷对已通过乡试而会试落榜的举子有一些照顾措施，照顾办法之一就是授教官。延祐初科规定：会试落榜举子年60以上者，可授教授、山长、学正等教官。泰定元年（1324）科举，会试落榜举子中，"蒙古、色目人年三十以上并两举不第者，与教授；以下，与学正、山长。汉人、南人，年五十以上并两举不第者，与教授；以下，与学正、山长"。这两次都是临时措施。顺帝重开科举后，会试落榜举子授教官成为常制，"下第者悉授以路府学正及书院山长"。同时还增取"乡试备榜"，将一些成绩较好的乡试落第考生录取为路学录或县教谕。① 原来的低级教官升转，往往以直学升学录、教谕，再升学正、山长。故而李存说，"国朝之取教官也，往往以直学为之基"②。这些直学出身的教官，"职掌金谷，而辄登师儒之席"，对教学内容不一定熟悉，"恶睹五经之阃奥，六艺之英华也哉？无惑乎师道之不立也。"现在以科举落第考生充任谕、录、正、长，被认为"贤于直学升者远矣"③。而直学任满者，只能"补小吏州县间"，不能再担任教职了。④

生员充吏制度也有变动。仁宗开设科举时宣布："若有随路岁贡及保举儒人等文字到部，并还赴本乡应试。"等于将原来的生员"岁贡"并入科举。但由于科举录取名额有限，后来生员岁贡还是恢复了。英宗即位后规定："岁贡儒人，先尽会试终场下第举子内选用。"这又是将生员岁贡作为安抚会试落榜者的一个办法。⑤ 另外仁宗在开科举前后，另有一系列配套的

---

① 《元史》卷81《选举志一·科目》。
② 《赠李叔阳之延平儒学学录·序》，《李仲公集》卷19。
③ 《送延平学录·序》，《存复斋集》卷4；《送武夷山长张道生秩满归浙东·序》，《鹤田集》卷上。
④ 《送苏生·序》，《庸庵集》卷11。
⑤ 《元典章》卷31《礼部四·学校一·儒学·科举程式条目》，新集《吏部·吏制·书吏·选补书吏》。

"文治"措施,其中包括广开儒士充吏之门,"百司胥吏听儒生为","诏天下郡县选用诸生为吏"①。这一做法与原来通过岁贡"参用"儒士为吏不同,是"强制性地将儒作为首要和主要的任用对象,并不把有无吏术作为条件"②。虽然地方执行时会打一些折扣,而且此举带有仁宗个人行为的色彩,未必能长期推行,但在一定时间里,还是使地方儒学生员的入仕条件有所改善。

教官入仕之途,壅塞已久。国子学伴读充教授、会试落榜举子充教官等做法,更使教官队伍拥挤不堪。元朝后期,针对这种情况采取了一些分流措施。分流措施之一,是让教官以职官身份充任重要机构的吏员。此法始于成宗大德九年(1305),"凡选府、州教授,年四十已下,愿试吏员程式,许补各部令史"③。仁宗即位后,规定职官充廉访司书吏者,可于"教授、学正内选用"。后来以教官充廉访司书吏,形成了连贯性的制度。④ 一度还有"诏学官未调者悉补百司吏"⑤ 的做法。分流措施之二,是让教官充任巡检。巡检,正九品,职掌捕盗,置于各县荒徼险要之地。教官升迁序列中,由学正或书院山长升任府、州教授是一个重要步骤,要到吏部去听候铨选(任教授以下教官,仅在行省待铨即可)。府、州教授升路教授亦然。教授名额有限,待铨者多,于是吏部想出了让这些人改充巡检的变通办法。此法似始于英宗朝。《至正集》卷31《送陈季和序》:"教授员浮于缺数倍,在昔有皓首不调之叹。至治辛酉(1321),选部以巡检则缺浮于员,始议借注。"具体的任命原则,是"南士调广海(指两广地区),中州士调江南"⑥。巡检的工作十分辛苦,工作环境恶劣,且时有危险,本不适合儒生。但在升教授"皓首不调"的情况下,许多教官迫不得已,也只好硬着头皮弃文从武。《吴文正公集》卷17《送廖信中序》:

近年选部患儒选之壅,凡应得儒学教授者,许注各处巡检,而其地皆岭海之乡、边鄙之境。夫以章甫缝掖之皋缓,一旦使之驱驰弓马,以

---

① 《跋高本斋诗稿》,《至正集》卷72;《送胡正辞叙》,《胡仲子集》卷4。
② 许凡:《元代吏制研究》,劳动人事出版社1987年版,第95页。
③ 《元史》卷83《选举志三·铨法下》。
④ 《元典章》卷12《吏部六·吏制·职官吏员·保举官员书吏》。参见许凡《元代吏制研究》,第115—117页。
⑤ 《郝君墓志铭》,《滋溪文稿》卷19。
⑥ 《送韩伯敬赴杜浦巡检·序》,《滋溪文稿》卷6。

戢奸捕盗为事，疑若失所宜。然此例一启，趋之者纷纷，曾不以为怨苦，何也？夫既不甘于淹滞，而幸其变通，则又岂敢辞劳避远哉！

总的来说，"夫儒者平日雅雅驯驯，心神智术不越乎笔研文字之间。一旦拥裘函，持弓矛，逐捕奸诈冠攘于山区海聚之出没，亦难矣。故前后之瘝厥官者常相踵"①。但也有一些人对新的岗位颇能适应。岳飞的后裔岳自修在松阳县惠洽巡检任上，"枹鼓不惊，而田里之人甘食以安寝，又能致其余力以树立官府"，翻修了巡检司房舍。唐子华由郴州教授改调处州路青田县柔远乡巡检，"既至，撤枹鼓，散兵卒，独引僮奴一人径造大姓家，与之揖逊为礼，或持酒脯以往，谈笑为乐，因得推心致腹。久之，人知无他意，多乐便之。故终岁不闻有寇盗之患"②。

地方儒学制度的变化，还包括孔庙配享、从祀方面的内容，对此将在后文结合理学影响一事述及。

地方蒙古字学在元朝后期有一个新的举措，即为蒙古字的创制者八思巴立庙。此前各地儒学有孔庙，医学有三皇庙，蒙古字学未有庙宇。仁宗初年，有僧人上言："帝师八思巴制蒙古字以利国家，乞令天下立祠，比孔子。"群臣会议其事，寓居大都的高丽王王璋认为："师制字有功于国，祀之自应古典，何必比之孔氏？孔氏百王之师，其得通祀，以德不以功。后世恐有二论。"③ 尽管有这样的反对意见，但八思巴还是获得了"通祀"地位，仁宗"命天下各省各路起立帝师寺，以示褒崇"④。英宗即位后，专门就为八思巴立庙一事降旨："交比文庙盖的大，随处行文书，都教大如文庙。"这道圣旨颁发后，各地广泛修建或扩建帝师殿，"务极崇侈，以称国家褒扬振厉之意"⑤。以理度之，京师的蒙古国子学应当也建有帝师殿，如同国子监建孔庙一样，但史料中未见具体记载。地方上的蒙古字学，则因修帝师殿之举，办学条件颇有改善。文宗至顺二年（1331）有旨："（蒙古字学）学校房舍在前尝令有司拨付，如今依各处已行起盖八思麻帝师殿宇，就令于内训

---

① 《送俞伯康巡检·序》，《安雅堂集》卷2。
② 《松阳县惠洽巡检司记》，《金华集》卷9；《送唐子华·序》，《瓢泉吟稿》卷4。
③ 《忠宪王世家》，《益斋乱稿》卷9上。
④ 《抚州路帝师殿碑》，《吴文正公集》卷26。
⑤ 《元典章》新集《工部·造作·工役·帝师殿如文庙大》；《温州新建帝师殿碑铭》，《待制集》卷9。

教。"镇江路蒙古字学的校舍原来"规庑狭隘，不足以容弟子员"，遂根据圣旨搬入帝师殿内。①

地方的蒙古字学的教官，原有教授、学正。元朝后期，在一些地方增设了学录、教谕等新职。王礼《麟原集》前集卷5《送汤辅德广州路蒙古字学录序》："比者江西提举官推广上意，辟习于兹事者，增置谕、录以羽翼之，由是外弟汤辅德沿檄录广州蒙古字学。"《宋文宪公全集》卷31《象山王君墓铭》："元季，尝以通蒙古书荐为庆元路蒙古字学录。"当时的地方儒学制度，学录是路学的辅助教官，教谕则是县学的教官。蒙古字学无县学一级设置，其教谕应当与学录性质接近，也是路（或府、州）学中的辅助教官。另外蒙古字学教官因教授员额有限，同样也有改充巡检的变通办法。如吴澄的同乡李见翁，即由象州蒙古字学正改授柳州柳城东泉镇巡检。②

第二节　书院的繁荣

书院是唐末出现的学者讲习场所，进而演变为民办学校。马端临将其概括为"贤士大夫留意斯文者"所建的"乡党之学"，与"有司奉诏旨"建立的"州县之学"对举。③书院在南宋十分兴盛，但在金朝却寥寥无几，以致有人说它是"北方金氏百年所无"④。大蒙古国时期，北方的书院建设有所发展。忽必烈即位之初，即降旨要求各地"管内凡有书院，亦不得令诸人搔扰、使臣安下"⑤。平宋以后，南方的书院大部分被保存下来，许多不愿出仕的遗民避居书院讲席，甚或新建书院，讲授其中。至元二十八年（1291），元廷颁布文件，在江南官办儒学中普遍设立小学，同时"其他先儒过化之地，名贤经行之所，与好事之家出钱粟赡学者，并立为书院"⑥。由于有政府鼓励，兴办书院之风大盛。到元朝后期，"为书院者，遂与州县学委立而布满于四方"，"比比皆是"，"视前代倍百矣"⑦。后人也称"书院之设，莫盛

---

① 《至顺镇江志》卷11《学校》。
② 《送李见翁巡检·序》，《吴文正公集》卷18。
③ 《文献通考》卷46《学校考七·郡国乡党之学》。
④ 《学古书院记》，《勤斋集》卷1。
⑤ 《元典章》卷31《礼部四·学校一·儒学·禁治骚扰文庙》。
⑥ 《元史》卷81《选举志一·学校》。
⑦ 《文学书院田记》，《金华集》卷10；《明善书院记》，《王忠文公集》卷10；《緱山书院记》，《至正集》卷43。

于元"①。王颋曾检索史料，列举出408所元代书院的名称，元代书院的实际数量肯定远在此之上，②只不过有此兴彼废，最盛的时候同时存在书院多少，难以确知。大体江南的江浙、江西、湖广三行省文化发达，又有南宋时期的基础，故书院较多；北方的书院原来几乎是空白，在元代虽不断兴建，仍难与江南相比。岭北、辽阳、云南等边陲地区，尚未发现有书院的建置。

元代地方路、府、州、县的官办儒学，习惯上统称为庙学。在个别场合下，庙学一词也可涵盖书院，③不过绝大多数时候这两个概念并不混淆。若庙学书院并举，即可泛指地方儒学，这种用法在元代公文中尤为常见。而且庙学、书院，已并非简单的官私之分。书院本来属于私学范围，但在元代，已出现明显的官学化倾向。民间私学要想采用"书院"一称，必须上报政府批准。书院的负责人山长，已被元廷列入国家教官编制，其品级与庙学中的学正相当，选任、迁转、职责、俸禄，俱有定式。元朝前期逐渐形成的一套庙学教学管理制度，也行用于书院。总之，元朝书院"实际上被纳入了地方官学的系统"④。与庙学的区别，主要有两点。第一，庙学作为传统意义上的官学，俱置于路府州县治所，且所谓某路、某府、某州、某县儒学，在该路府州县都是独一的。书院的设置则灵活得多，既可能在路府州县城中，更有可能在比较偏僻的"山林清旷之地""深山穷谷"⑤，而且一州一县的书院可以有多所。第二，庙学由国家统一设置，书院则大量由私人兴建。即使是官方设置的书院，也往往具有某种特殊的纪念意义或目的。

元代的书院根据其建立情况，可分为三种类型。

第一类是南宋遗留下来的书院。如道州路濂溪书院，是南宋时为纪念周敦颐而建。入元以后，廉访分司官员因该书院匾额为宋理宗御书，又藏有南宋省札，建议予以收缴，并行文当地官府，将学中周敦颐塑像改塑为孔子像。江南行御史台察院予以驳斥，以为周敦颐"学绩千载，道传二程，维持纲常，发明仁义，实大惠于学者，乃有功于圣门，学被斯民，礼宜通祀，岂

---

① 《春明梦余录》卷56《首善书院》。
② 王颋：《元代书院考略》，《中国史研究》1984年第1期。参见徐梓《元代书院研究》，社会科学文献出版社2000年版，第162—164页。
③ 如《南阳书院碑》（《雪楼集》卷7）即称武昌、南阳两处因纪念诸葛亮而建立的书院为"庙学"。
④ 陈高华：《元代的地方官学》，载中国元史研究会编《元史论丛》第五辑，中国社会科学出版社1993年版。
⑤ 《新乐县壁里书院记》，《滋溪文稿》卷3；《庆州书院记》，《至正集》卷36。

止乡土一祠而已",书院中的"亡宋御书牌匾,即系前代事理",不必追究。上报中央御史台,也认为廉访分司的建议属于"动众扰人事理,难议施行"。濂溪书院避过了这场危机,一直存在下来,到顺帝至正初年又予重修。① 又如南宋遗民方逢辰在宋末建立的石峡书院,经过战乱,当地"民居尽毁,而书院岿然。劫火之余,葺治既完,而诸生稍稍来集"。元廷"因其故额而设山长员,始领于有司"②。"始领于有司"是南宋旧有书院入元以后的共同趋向,元廷通过委任山长,将其纳入国家教育系统进行管理。有的书院在此过程中被换了新的名称。如纪念朱熹讲学而建的奉化龙津书院,至元十八年(1281)更名文公书院;建于辛弃疾故居的广信书院,大德二年(1298)更名稼轩书院。③ 南宋著名的白鹿洞书院,则在泰定元年(1324)由当地行政长官、南康路总管汪从善进行了大规模重修。④

第二类是元朝地方官府主持兴建的书院。当然这些书院一定"领于有司",是典型的官学化书院。按照元朝诸帝诏旨,地方行政、监察机构皆有兴学之责。除路府州县额设一所的庙学外,书院也是重要的兴学对象。地方官府所建书院,大都以纪念某位"先贤"为事由。《滋溪文稿》卷2《浯溪书院记》云:"今国家承平既久……部使者按临所经,又即山林胜地访求先贤遗迹,以广为学之所。"武宗时,河南行省平章政事何玮兴建了纪念诸葛亮的南阳书院,至仁宗初年落成,诏命翰林学士承旨程钜夫为制碑文,另一位承旨刘赓书写并篆额。汪古人赵世延任安西路(治今陕西西安)总管时,筹划建立鲁斋书院纪念曾在这里教学的许衡,未遂。后以行御史台侍御史重来陕西,终于完成了这项工程。他在四川廉访使任上,还曾筹划修建纪念南宋理学名儒张栻的紫岩书院,离任之后,亦由当地官员毕其役。⑤《金华集》卷19收有黄溍所作《代浙东宪使请立耶律文正公书院公牒》,提出为许衡的弟子、曾经三任国子祭酒的耶律有尚建立纪念书院。文中称颂耶律有尚是"前代贤王之贵胄,本朝上相之诸孙,负深沉不器之资,怀耿介拔俗之志,爱亲师而取友,用修己而治人"。然后论述耶律有尚在教育文化领域的地位

---

① 《庙学典礼》卷4《还复濂溪书院神像》;《道州路重修濂溪书院记》,《圭斋集》卷5。
② 《蛟峰先生阡表》《石峡书院诗序》,《金华集》卷30、卷16。
③ 《重建文公书院记》,《松乡集》卷1,清光绪刊本;《稼轩书院兴造记》,《剡源集》卷1。
④ 《汪公行状》,《野处集》卷3。
⑤ 《南阳书院碑》《鲁斋书院记》,《雪楼集》卷7、卷13;《敕赐成都紫岩书院记》,《归田类稿》卷4。

和功绩说：

> 粤若世祖之时，咸宗许氏（衡）之学。克嗣其业，允属于公。卓居辈行之先，式膺付托之重。一贯忠恕之妙，独传于曾参；三千弟子之徒，同师于有若。凡升堂而入室，必蹈矩而循规。一从国学之建官，三为祭酒以设教。启前贤之蕴奥，示后学之楷模。青青子衿，睹时髦之杰出；戋戋束帛，承天宠之褒嘉。逮请老而悬车，复兴叹于当守。特驰乘传，加锡上尊。高朗令终，既疏封而告第；华皓一节，已定谥而易名。

再后就是兴建书院的必要性：

> 孰知乡邦之旧居，尚缺礼祠之精舍。当职久司风纪，博采舆言，谓后人苟获瞻其仪型，虽异世亦将知所观感。立书院，而修其祀事；仍置山长，以领其生员。庶几人材之作兴，可备国家之任使。诚非小补，是用申明。

尽管不知道这份建议后来是否被采纳，但元代官府兴建书院的思路，可略见其一斑。

第三类是私人兴办的书院。其办学经费由私人筹措，朝廷予以承认，赐以书院匾额，并为设置教官。这类书院又有两种不同情况。一种同样是纪念"名贤"的书院，但并非官府倡修，而是由"名贤"的子孙向朝廷申请创办。如南宋后期名儒真德秀、魏了翁的后人，一再申请为真、魏二人建学立祠，终于获准建立了西山（真德秀别号）书院和鹤山（魏了翁别号）书院。南宋初年名相赵鼎，原籍闻喜（今属山西）董泽乡。在其六世孙、国子博士赵赟翁的活动下，为他建立了董泽书院。甚至孔子后裔、衍圣公孔思晦也提出申请，以"崇尚孔子"的名义，在曲阜创办了尼山书院。① 另一种情况与"名贤"无关，仅是"好事之家慕效而创为之"②，出于发展地方教育的目的而兴办。如新安人胡淀鉴于"科举未兴，学者但知临晋帖、诵晚唐诗，笔迹

---

① 《西山书院记》《鹤山书院记》《董泽书院记》《尼山书院记》，《道园学古录》卷7，卷8，卷36。

② 《重修月泉书院记》，《金华集》卷12。

声气稍似之，哆然以士自名，漫不知经学为何事"，在家乡创办了明经书院，"三年始底于成，告于有司，又三年始从所请，延明师，膳养讲肄，日以为常，远近来者如归"①。这类书院，大多数是由私学、义学升格而成的。翰林直学士薛友谅遵照父亲遗命，在家乡兴办义学，"得请于朝为书院，遂更其名曰'西洛'"②。新乐县永寿乡赵氏兄弟，"仅有中人之产……延师以教其子，久之乡邻从学者众，簧舍至不能容，始捐家赀修建书院"，是为新乐县壁里书院。海盐州人冯氏"病其乡间无有讲学之地，创为闾塾"，捐田一百亩，"择勤敏者长之，而以其所入延士之有学行者为塾师，且给午饷，使竟日不替于学"。知州赵孟贯"署为冯氏义塾，俟有成效，将请于朝如书院"③。值得注意的是，这类捐资办学的人不限于汉族。克烈人刟实带"世为炮手军千户"，在河南驻屯地创办书院，"请于有司，置山长一人……名曰伊川书院"。康里人脱脱用皇帝的赐地筑别墅，"延师教其二子，俾有成立……里人化之，无不悦学"，因而"以父老之请，为创精舍，聚其子弟而教育之"。地方官府上报中书省，"畀之额曰景贤书院，立山长为学者师"④。

书院的建筑形式，也是庙、学兼备，略如地方官办庙学之制。稍不同的，就是凡为纪念"名贤"建立的书院，除孔庙外，还必有这位名贤的专祠，建筑命名也往往与之有关。这些地方可能会体现出各书院自身的一些特色。南阳书院因纪念诸葛亮而建，故有"武侯之祠"。并借用诸葛亮名言"非淡泊无以明志，非学无以广材，非静无以成学"，命名讲堂为"静成之堂"，东面为"明志之斋"，西面为"广材之斋"。陕西的鲁斋书院，以"格物、致知、诚意、正心"命名讲堂两侧的四斋，立祠祭祀许衡，同时又加上了北宋"关学"代表人物张载，"合张、许二先生而祀之"⑤。由于程朱理学流行，纪念理学家的书院尤盛。"周、程、朱、张之所经历，与其门人弟子及为是学者，凡有遗迹，皆立学官。""立书院以居学者，因朱子而作者最多"，如福建"建宁一郡（指建宁路，治今建瓯），书院凡七，皆朱子之游息，或因其师友门人而立者也"⑥。经济来源方面，通常也都有学田。按制

---

① 《代族子淀上草庐吴先生求记明经书院书》，《云峰集》卷1。
② 《西洛书院记》，《清容居士集》卷18。参见《洛西书院碑》，《雪楼集》卷22。
③ 《新乐县壁里书院记》，《滋溪文稿》卷3；《冯氏义塾记》，《始丰稿》卷4。
④ 《故炮手军总管克烈君碑铭》，《雪楼集》卷22；《丞相冀宁文忠王祠堂记》，《金华集》卷8。
⑤ 《南阳书院碑》《鲁斋书院记》，《雪楼集》卷7、卷13。
⑥ 《魏氏请建鹤山书院·序》《考亭书院重建文公祠堂记》，《道园学古录》卷6、卷36。

度，书院既然由官府批准设立，列于"学官"，就与庙学一样，享有官拨学田的优待。《庸庵集》卷14《高节书院增地记》云："国朝于天下祠学所谓书院者，例设官，置师弟子员，与州学等。尝诏有司以闲田隙地系于官者归之学院，以赡廪稍之不足"；而实际上"仕于州县者往往局于米盐狱讼之烦，能致意学校以应明诏者盖少矣"。因此许多书院，特别是私人所办书院，学田基本上来自个人捐献。

书院的产生，本来有别于官方学校，应当是"治为己之学"①的场所。但在发展过程中，也不免渐染官学之弊。程端礼《畏斋集》卷5《弋阳县新修蓝山书院记》云：

> 州县学之设，虽或如前日之盛，有司所以劝勉督程者，不过趣其文词之工以要人爵。故所得之士，不惟德业无以追配古昔之万一，而离道失望者往往有之。故前代志道之士，宁弃举业，确守师说，与其同志讲学于宴闲之地，以自脱于有司程督之外，此书院之所由建也。其后书院益多，士之有志者少，其所习者，或无异乎州县之所工。此识者之所深叹也。

元代书院建设的繁荣，得力于元廷"书院官学化"政策甚多，而书院官学化的发展，反过来极大地削弱了书院应有的自由讲学精神。南宋书院受官方学制约束尚不明显，"其徒不事月书季考，所习皆穷理尽性之蕴"，元朝书院官学化后，在统一的管理制度下，"月有书，季有考"，教学变得更加死板。② 每月朔望，生徒齐集，教官照本宣科，应付过场而已。南宋遗民戴表元说：

> 余犹及见浙、闽诸老先生，开讲不用写本，直是据案口说。后进者质问于前，随机应答，粲然可述。讲退，各以所闻载之方策，而写本出焉。今之讲师，朔望抽方尺之纸，书陈说累百言，忽然临高朗诵，听者漫不知何语，以为故事不可废而已，固不敢望有所激发开悟。③

---

① 《送李守中下河巡检·序》，《安雅堂集》卷5。
② 《重建文公书院记》，《松乡集》卷1；《美化书院记》，《剡源集》卷1。
③ 《题徐山长讲义》，《剡源集》卷19。参见《题提学陈侯讲义后》，《剡源集》卷19；《题杨开先讲义后》，《吴文正公集》卷28。

王颋指出："元代书院的学术作用并不十分显著。"徐梓也说："元代书院……很少研讨学术，切磋学问。书院完全是教育机关，在这里很少能看到研究机关的性质。"① 即使仅就教学而言，官学化对书院教学质量的影响也很明显，"徒知假宠于有司，不知为教之大，徒徇其名，不求其实"。"教之之师，官实置之，而未尝甚精于选择，任满则去矣；养之之费，官虽总之，而不能尽塞其罅漏，用匮则止矣。是以学于其间者，往往有名无实，其成功之貌也固宜。"② 虞集总结说："今天下好事者筑室买田，以资讲习，然一列于学官，则行有司之事，而弦诵笾豆殆为文具者，多矣。"吴澄更尖锐地批评说："予观前代书院，皆非无故而虚设者。至若近年，诸处所增，不可胜数，袭取其名而已。有之靡所益，无之靡所损。"③ 当然具体也不能完全一概而论。一些不在城中、"不隶于有司"的书院，"教育之功乃得专焉"④。胡炳文主持明经书院，"山长任满，几十年不调。每岁正月之首人事往还数日，十二月之尾有事于先，大率三百六旬，暇不过十余日。孜孜矻矻，相与讲求经学，旦夕不辍，寒暑不渝"⑤。这样的情况在元代书院中，只是少数。

与书院绝大部分趋于官学化相比，元朝也还有许多真正的私学，或称义塾、义学。它们完全由个人自发创办，其中相当一部分通过向官府申请，最终变成书院，但未升格的仍不在少数，其数目难以估算。这些学校有很多处于"穷乡下里、僻左之民去学每辽远"的地方，有"不受官府之拘牵"的好处。⑥ 但对绝大部分私学来说，它们的教学活动很难越出官学模式之外。如霸州益津人宫琪所建乡学，"合诸庄子弟，俾肄业其中，且为庙像先圣先贤，以春秋旦望奠谒，如学官法"。安成人李辛翁作安贤义塾于州西郊，"一仿书院精舍之制"。皇庆二年（1313）建造的上海鹤砂义塾，"前为庙，后为塾，而庙有殿，殿有庑，庑有门，塾有讲堂，东西有斋舍、有庖、有库，而先圣先师之祭祀、师弟子之廪膳，则有田一十四顷以给之，视州县学盖无差等矣"⑦。元末乱起，"矛戟抢攘，列城兵燹，学者逃难解散，非

---

① 王颋：《元代书院考略》；徐梓：《元代书院研究》，第145页。
② 《东庵书院记》，《雪楼集》卷13；《儒林义塾记》，《吴文正公集》卷22。
③ 《重修张岩书院记》，《道园学古录》卷36；《武城书院记》，《吴文正公集》卷20。
④ 《代白云山人送李耀州归白兆山建长庚书院序》，《雪楼集》卷15。
⑤ 《与草庐吴先生书》，《云峰集》卷1。
⑥ 《上海横溪义塾记》，《九灵山房集》卷11；《儒林义塾记》，《吴文正公集》卷22。
⑦ 《乡学记》，《金华集》卷10；《安成李氏重修安贤义塾记》，《圭斋集》卷5；《上海鹤砂义塾田记》，《九灵山房集》卷11。

唯里间废学，而郡邑学宫悉为丘墟"，一些人只能在家中延师教导子弟，开办"家塾"①。这是民间私学教育在战乱环境下采取的特殊形式。

第三节　程朱理学统治地位的确立

元代是程朱理学在全国范围内确立统治地位的时期。13世纪前中期，理学已经获得南宋统治者的尊奉，在北方也缓慢地流传。直到忽必烈建立元朝后大约十年，理学传播的成绩不甚明显，还远未被北方士人普遍接受。时人王旭说："国家自有天下六十余年，文风不振，士气卑陋，学者不过躭雕虫之旧尔。间有一二留心于伊洛之学、立志于高远之地者，众且群咻而聚笑之，以为狂、为怪、为妄，而且以为背时枯槁无能之人也……正道不明，士习乖僻，以至于斯，可为叹已。"② 在金朝旧学风的影响下，社会上"说经止传疏义，为文尽习律赋"，"以缛章绘句相高"，对于理学人士"或以为迂"③。正是在这种背景下，许衡辞政从教，用《小学》《四书》教育贵族子弟，将朱熹所定一套教育理论率先在中央官学实施。元灭南宋，南北一统，大大加快了理学在北方传播的速度。此前像朱熹《四书集注》这样的重要理学著作虽已北传，但"版本至者尚寡，犹不能无事手录"，直到"混一东南，书颇易致"，才有刊本广泛流行。④ 南儒张须出自朱熹嫡传，"中州士大夫欲淑子弟以朱子'四书'者，皆遣从须游，或辟私塾迎之。"豫章（今江西南昌）人熊朋来隐居教授，"取朱子《小学》书，提其要领以示之，学者家传其书，几遍天下"⑤。这段时期，蒙古统治者采纳、利用儒学的注重点有所变化，更多地将其作为思想钳制工具来使用。理学在这方面较之传统儒学更有优势，因此日益受到统治者的重视。⑥ 至元二十四年（1287）立国子监，重开国学，教法一沿许衡之旧。地方儒学、书院教育，又皆以国学为取法。《小学》《四书集注》等理学著作，因而成为从中央到地方学校教育的基本内容。这对理学普及有着决定性的影响。《清容居士集》卷18《郧山书

---

① 《万川家塾记》，《环谷集》卷5。
② 《上许鲁斋先生书》，《国朝文类》卷37。根据信中内容来看，此信应写于至元八年（1271）。
③ 《静修先生刘公墓表》《耶律文正公神道碑铭》，《滋溪文稿》卷7、卷8。
④ 《跋济宁李璋所刻九经四书》，《道园学古录》卷39。
⑤ 《元史》卷189《张须传》；《元史》卷190《熊朋来传》。
⑥ 参见姚大力《金末元初理学在北方的传播》，载元史研究会编《元史论丛》第二辑，中华书局1983年版。

院记》云：

> 世祖皇帝一海寓，定胄子学取文公训注为学制，郡县益遵守。

《道园学古录》卷36《考亭书院重建文公祠堂记》：

> 国家提封之广，前代所无。而自京师通都大府，至于海表穷乡下邑，莫不建学立师，授圣贤之书以教乎其人。群经四书之说，自朱子折衷论定，学者传之。我国家尊信其学，而讲诵授受必以是为则，而天下之学皆朱子之书。

成宗大德五年（1301），王恽记述北方"四书"流行情况说："近年月，（上）而公卿大夫，下而一邑一乡之士，例皆讲读，佥谓精诣理极，不可加尚。"大德七年，姚燧则说："今也四海匪独士子，凡筐箧之吏，求售于时，其诵而习，亦先'四书'。"世代以吏为业、仕至宰执、成宗时退休家居的何荣祖，也写出了"名教无穷乐，真知在暮年，中庸万事毕，太极一心全"的诗句。① 可见到14世纪初，理学在社会上已经广泛为人接受。

理学流行的过程中，也遇到一些问题。首先是部分北方士大夫在一段时间内仍有抵触。早在金末，王若虚著《论语辨惑》《孟子辨惑》，对朱熹《四书集注》有所非难。数十年后，赵郡人陈天祥发挥其说，又增补若干辩难内容，展示于人。此举受到了安熙（北方理学名儒刘因的私淑弟子）激烈反击。安熙批评陈天祥"自以为真得圣贤之意，而轻视前贤，妄肆诋排，庸俗鄙陋，浅薄不经，而高谈大论，旁若无人，藉是以济其私，而为欺世取名之计……为害岂浅鲜哉！"并进一步分析说：

> 彼之为学，我知之矣。盖尝得其书而读之，见其于朱子之说，多有不得旨意而妄疑之者。甚或不能知其句读语脉之所在，而遂疑其平生为学始终之致。及其所论著，或未之见。故其所论掣肘矛盾，支离浅迫，殊不近圣贤气象。以此推之，则朱子之语脉旨意尚不能知，又安能指其

---

① 《义斋先生四书家训题辞》，《秋涧集》卷43；《领太史院事杨公神道碑》，《牧庵集》卷18；《斋居杂言》，《国朝文类》卷6。

罅隙而非议之也哉？原其本意，盖欲藉是以取名，而率然立论，曾不知其为害之甚也。使其年益高，而于天下之理玩之益熟，一旦幡然尽弃其学而学焉，则吾知其必当愤然悔其前日之为，而火之矣。①

据称，此后陈天祥"果深悔而焚其书"②。按《四库全书总目》卷36《经部四·书类二》著录《四书辨疑》15卷，原书无撰人名氏，总目提要撰者用朱彝尊说，认为即陈天祥所作，其说是。张养浩《归田类稿》卷7《陈天祥神道碑》云其"尝著《四书集注辨疑》15卷"，可为确证。如此则"焚书"之言不尽确，或所焚为初稿，而别有改定本，亦未可知。张养浩在碑中为陈天祥辩解说："或谓《四书辨疑》，公虽不作亦可。窃谓人非生知，孰能无疑？疑而辨焉，乃讲学之事。昔司马温公疑《孟子》，欧阳文忠公疑《系辞》，固不害其为大贤也。"可见陈天祥辩难朱熹，时人皆知其事。随着时间推移，这种辩难越来越没有市场，连《神道碑》作者也只能为他婉转解释，不敢正面肯定。

另一种批评的声音来自南方，不过攻击对象并非朱熹，而是理学末流。南宋末年由于朝廷尊奉，理学成为时尚，其间鱼龙混杂，不少人投机取巧，侈言性理，以理学之名掩其空疏浅陋之实，学风弊坏，一直影响到元初。比较集中地对这种风气进行批评的，是出身南宋官僚世家的四明（今浙江宁波）人袁桷。袁桷受家庭影响，熟悉礼乐制度之学，工于文辞创作，又曾拜南宋博学硕儒王应麟和著名诗人舒岳祥、戴表元为师，故而对社会上一些不学无术、粗鄙无文的"理学"人士颇为蔑视，进而也批评到元初的教育制度。《清容居士集》卷41《国学议》云：

> 自宋末年尊朱熹之学，唇腐舌弊，止于"四书"之注。故凡刑狱、簿书、金谷、户口，靡密出入，皆以为俗吏而争鄙弃。清谈危坐，卒至国亡而莫可救。近者江南学校教法，止于"四书"。髫龀诸生，相师成风，字义精熟，蔑有遗忘，一有诘难，则茫然不能以对，又近于宋世之

---

① 《斋居对问》，《默庵集》卷3。
② 《默庵先生安君行状》，《滋溪文稿》卷22。《行状》称陈天祥"及来为真定廉访使，出其书以示人"。据《元史》卷168《陈天祥传》，陈天祥于至元三十年（1293）授燕南河北道廉访使（亦即真定廉访使），成宗元贞元年（1295）改授山东西道廉访使。则其著书必在至元三十年以前。如果有焚书之事，则应在成宗时期。

末尚。甚者知其学之不能通也，于是大言以盖之。议礼止于诚敬，言乐止于中和。其不涉史者，谓自汉而下皆霸道。其不能词章也，谓之玩物丧志。又以昔之大臣见于行事者，皆本于节用而爱人之一语，功业之成，何所不可。殊不知通达之深者，必悉天下之利害，灌膏养根，非终于六经之格言不可也。又古者教法，春夏学干戈，秋冬学羽钥，若射御书数，皆得谓之学，非若今所谓"四书"而止。

在其他作品中，他一再发表类似意见：

> 世祖皇帝混同区夏，崇学校，定国子学成宪，皆东南儒先，而朱文公所说，咸取以为经史模楷。于是穷徼绝域，中州万里之内外，悉家有其书。然而急近功者剽取其近似，以为口耳之实，天人礼乐损益消长、切于施为、所宜精思而熟考者，一以为凡近迂缓而不讲。至于修身养心，或相背戾而不相似，则缘饰俨默，望之莫有以窥其涘际。夫明绝学以承先圣之统，可谓难矣！弊生于苟易，守其说而湮其本，将不胜其弊。

> 朱文公……书大行于天下，而后之师慕者，类天台释氏之教文，旁行侧注，挈纲立目，茫乎皓首不足以窥其藩篱。卒至于圣人之经旨莫之有解，日从事于口耳。孩提之童，齐襟拱手，相与言道德性命者，皆是也。

> 数十年来，朱文公之说行，祠宇遍东南，各以"四书"为标准，毫抄摘抉，于其所不必疑者而疑之。口诵心臆，孩提之童，皆大言以欺世。故其用功少而取效近，礼乐刑政之本，兴衰治乱之迹，茫不能以知。①

但在理学声势鼎盛、风行草偃的大背景下，袁桷的批评意见没有引起很明显的反响。到仁宗即位，肇开科举，学校教育之法又影响到科举考试程式，"非程朱之学，不试于有司"②，理学在意识形态领域的统治地位完全确

---

① 《庆元路鄞县学记》《辅汉卿先生语孟注序》《送陈山长序》，《清容居士集》卷18、卷21、卷23。
② 《赵忠简公祠堂记》，《圭斋集》卷5。

立。此时的理学更有沦为科举敲门砖的趋势，"昔之读者为己，今之治者为人"，"或假其言以侥幸一第，而遂视之不啻如筌蹄"①，比袁桷所批评，更有过之无不及了。

元朝科举取士，首重"四书"，诸《经》经义，亦以程朱理学有关著述为主，对此前文已述，兹不赘言。在开设科举前后，庙学从祀、配享制度也有一些变化，都反映出程朱理学的影响。

在开设科举前夕，先确定了以理学家从祀孔庙的制度。仁宗皇庆二年（1313）六月，"以宋儒周敦颐、程颢、颢弟颐、张载、邵雍、司马光、朱熹、张栻、吕祖谦及故中书左丞许衡从祀于孔子庙廷"②。九位"宋儒"，都是程朱理学嫡派，或与其有密切关系的人物。他们在南宋末年已经获得从祀地位，仁宗此次诏令是在全国范围统一加以确认。新增加的许衡，则是推动理学在元朝传播的大功臣。到元末，又在从祀名单中增加了杨时、李侗、胡安国、蔡沈、真德秀五名宋代理学名儒。③

配享制度的变化相对复杂一些。金朝孔庙承唐、北宋以来制度，以颜渊、孟子配享，置二人像于殿上孔子像侧。元朝建立，亦沿其制。而在南宋末年，受理学影响，在配享行列中增加了儒家"道统"传授的关键人物曾子和子思，颜、曾、思、孟，并居配享之位。统一后，北方有的庙学采用了南方的配享制度。如南儒张须出任曲阜孔、颜、孟三氏子孙教授，即申请"升曾子、子思配享"④。但在大多数地区，并未加以更改。甚至还有一些北方官僚不接受南方制度，"安颜、孟而异曾、思"，要求朝廷下令撤掉南方庙学中曾子、子思的配享地位。元廷虽未纳其议，个别地方长官却擅自执行，襄阳庙学的曾、思配享，即被撤销。⑤ 元朝中叶，随着理学广泛流传、深入人心，配享问题一再被人提出。仁宗时许约呈文称：

> 自唐祀夫子，配以颜子；至宋，升孟子与颜子并配。然当时未知道统之传也。自伊洛之学兴，性理之说明，始以颜、曾、思、孟并列于夫子之左。盖得夫子之传者，颜、曾、子思也；得曾、思之传者，孟子

---

① 《性理一贯集·序》，《至正集》卷33；《瑞昌蔡氏义学记》，《道园学古录》卷36。
② 《元史》卷24《仁宗纪一》。
③ 《元史》卷77《祭祀志六·宋五贤从祀》。
④ 《张君墓碣铭》，《吴文正公集》卷37。
⑤ 《襄阳庙学碑》，《国朝文类》卷19。

也。道统之传，于是得其序矣。故江南诸路庙学，皆以四子并配，以子张居七十二子之首，自两庑升于十哲，以补曾子之阙。虽云亡宋之制，然纲常名教所系，此当因而不当革者也。今京师庙学与河北诸路府学，并循亡金之旧，左颜右孟，与夫子并居南面，奚有是理哉？孟子学于子思，子思学于曾子，是知孟子乃曾子门人之弟子，曾子乃孟子师之师也。今屈曾子于从祀之中，降子思于廊庑之末，师之师不过一笾一豆，门人弟子牲牢币帛一与先圣等，又岂有是理哉？况今天下一家，同轨同文，岂容南北之理各异也！……使南北无二制，天下无异礼，亦可以见我朝明道统，得礼之中，足以垂世无穷矣。①

延祐三年（1316），御史中丞赵世延也奏言"南北祭祀不宜有异，当升思、孟如典故"。仁宗"制曰可"。七月，"诏春秋释奠于先圣，以颜子、曾子、子思、孟子配享"。到文宗时，追封颜渊为兖国复圣公，曾子为郕国宗圣公，子思为沂国述圣公，孟子为邹国亚圣公，是所谓配享四公，"一代之典，可谓备矣"②。

元中期人胡炳文说："方今程朱之学行天下，薄海内外，遐陬僻壤，犹有学其学者。"③ 但就较有成就和影响的学派、学者而言，南方明显多于北方。北方理学的两大宗师为许衡和刘因。许衡弟子众多，"在当时为名臣则有之，得其传者则未之闻也"④，学术上均无甚造诣。刘因的情况要好一些。他长期隐居讲学，"士之从者日众"，据称"弟子恒以百数"，其中最受赏识的是杜萧、乌冲、林起宗三人。林起宗（1262—1337），顺德内丘（今属河北）人，"尝作《志学指南图》以为学道之标准，《心学渊源图》以为入圣之极功。及作《中庸》《大学》《论语》《孟子》诸图，《孝经图解》，《小学题辞发明》，《鲁庵家说》共数十卷，大抵皆以程朱之言为主"⑤。真定藁城

---

① 《建言五事》，《国朝文类》卷15。这篇呈文中提到"今……独行科举之法"，可知上于皇庆二年（1313）定科举条制之后。
② 《尼山大成殿四公配享记》，《危太朴集》文集卷5；《元史》卷76《祭祀志五·宣圣》。虽有诏令，但有的地方学校直到元末才完成"四公配享"的改造工程。参见胡务《元代庙学的建筑结构》，载中国元史研究会编《元史论丛》第八辑，江西教育出版社2001年版。
③ 《乡贤祠记》，《云峰集》卷2。
④ 《薛文清公读书录》，《鲁斋遗书》卷14。
⑤ 《杜提学画像赞》，《滋溪文稿》卷1；《乌君墓碑铭》《内丘先生林先生墓碣铭》，《滋溪文稿》卷14。

（今属河北）人安熙（1270—1311），字敬仲，号默庵，是刘因的私淑弟子。他曾著论驳斥陈天祥对朱熹的非难，"于朱子之学为有功"。撰有《四书精要考异》（即刘因所撰四书集义精要），《丁亥诗注》（刘因诗集），对刘因的思想颇有发明，另外还有《诗传精要》《续皇极经世书》等著作。安熙并未见过刘因，从刘因弟子乌冲那里传得刘因之学。时人评价他"得于朱子之端绪，平实切密"，"诚使得见静修，廓之以高明，厉之以奋发，则刘氏之学不既昌大于时矣乎"①！

陕西地区的理学发展也较有成就。高陵人杨恭懿（1225—1294），字元甫，号潜斋。为许衡好友，在关中倡导理学，以"能究圣贤精微之蕴，笃志于学，真知实践，主乎敬义，表里一致"，"粹然一出乎正"与许衡齐名。②奉元（今西安）人萧𣂏（1241—1318），字惟斗，号勤斋。讲学关中，"教人极严，诸生惴惴畏服。其学皆自《小学》始，次及'四书'、诸经"。精通礼学，受到吴澄称誉。著有《三礼说》《小学标题驳论》。③其同乡同恕（1255—1332），字宽甫，号榘庵，主持奉元鲁斋书院教席，以理学教人，与萧𣂏并称"萧、同"。王得舆（1219—1292）、蒲道源（1260—1336）在汉中讲授理学，也有一定的影响。④

江南理学基础深厚，学派和知名学者众多。从地域来看，比较重要的有金华、四明、新安、江西等几支。

金华理学。金华（今属浙江），为元婺州路治所。南宋吕祖谦讲学于此，时称"婺学"，但这里后来成为朱熹理学的重镇。朱熹理学的主要传人为黄榦（号勉斋），金华人何基从黄榦传朱学，学者称北山先生。以下何基传王柏（号鲁斋），王柏传金履祥（号仁山），金履祥传许谦（号白云）。从何基至许谦，均金华人，世称其学为北山学派，亦称金华朱学，称四人为北山四先生。在元代的江南，金华朱学影响很大，被视为朱熹学术的正宗嫡传。《金华集》卷18《吴正传文集序》云：

> 初，紫阳朱子之门人高弟，曰勉斋黄氏。自黄氏四传，曰北山何氏、鲁斋王氏、仁山金氏、白云许氏，皆婺人……是以近世言理学者，

---

① 《默庵先生安君行状》，《滋溪文稿》卷22；《安敬仲文集·序》，《道园学古录》卷6。
② 《领太史院事杨公神道碑》，《牧庵集》卷18。
③ 《萧贞敏公墓志铭》，《滋溪文稿》卷8。
④ 《西轩王先生行实》，《闲居丛稿》卷26；《顺斋文集·序》，《金华集》卷18。

婺为最盛。

《渊颖集》卷7《白云先生许君哀颂辞》：

惟我许君（谦），昔从兰溪金君履祥学。金君本于王丈宪公柏、何文定公基，而王、何二公则又本于黄文肃公榦，盖此实朱学也。

《王忠文公集》卷11《拟元儒林传》：

论曰：……朱氏之徒亦众矣，得其宗者惟黄榦氏。榦传何基氏，基传王柏氏，柏之传为（金）履祥、为（许）谦。其授受之渊源，如御一车以行天逵，如执一钥以节众音，推原统绪，必以四氏为朱学之世嫡，亦何其一出于正、粹然如此也。

"北山四先生"中，何基、王柏为南宋后期人，到元统一时已经去世。前文提到南宋灭亡后被北方士大夫聘去教授"四书"的南儒张须，就是王柏的弟子，与金履祥为同门。金履祥（1232—1303），字吉父，入元后生活了近三十年。与张须不同，他没有出外活动，一直在家乡隐居授徒，"上下岩谷，追逐云月，寄情啸咏，视世故泊如也"①。许谦（1270—1337），字益之，是金履祥晚年的学生。他基本上完全生活在元朝，但也没有出仕。地方官多次辟荐，包括聘请他为科举乡试主考，均予推辞。金履祥曾教导许谦说："吾儒之学，理一而分殊。理不患其不一，所难者分殊耳。"许谦"由是致其辨于分之殊，而要其归于理之一"②。重视"分殊"、强调"即物穷理"的思想源自朱熹，金华朱学继承了这一传统，尚博览而致力撰述。金履祥"于书无所不读，而融会于'四书'，贯穿于《六经》，穷理尽性，诲人不倦"③，著有《大学章句疏义》《大学指义》《论语孟子集注考证》《尚书表注》《通鉴前编》。许谦主张"由传以求经，由经以求道"，认为"传注固不能尽圣经之意，而自得者亦在熟读精思之后耳"，反对"一切目训诂传注

---

① 《元史》卷189《金履祥传》。
② 元史载白云先生行实，《白云集》卷首。《元史》卷189《许谦传》与此"行实"内容互有出入。
③ 《上刘约斋书》，《白云集》卷3。

为腐谈"①。他著有《读四书章句集注丛说》(简称《读四书丛说》)、《读书集传丛说》(简称《读书丛说》)、《诗集传名物钞》《春秋温故管窥》《春秋三传疏义》《治忽几微》等书。金、许二人著述，虽能纂辑旧闻，综合诸家，然宗旨仍在阐发朱熹思想，以注疏方式羽翼朱学，所以王祎称"朱氏之道至金氏、许氏而益尊"②。这也是他们作为朱学"嫡传"的重要特征。但朱学末流支离烦琐之弊，也在他们身上比较明显地表现出来，尤以许谦为甚。全祖望评价说："婺中之学至白云，而所求于道者疑若稍浅，渐流于章句训诂，未有深造自得之语，视仁山远逊之，婺中学统之一变也。"③ 在许谦身后，金华学派中只出现了一些文章之士，作为一个理学派别已经走向衰落。

四明理学。四明，元称庆元路(治今浙江宁波)。这里本来是陆学的大本营，南宋末，始有黄震、史蒙卿习朱学。黄溍云："四明之学，祖陆氏而宗杨(简)、袁(燮)，其言朱子之学者，自黄氏震、史氏蒙卿始……黄氏主于躬行，而史氏务明体以达用。"④ 黄震入元后早卒。史蒙卿(1247—1306)，字景正，号果斋，一号静清，鄞县(今宁波)人。为宋末进士，入元不仕。"晚岁罹厄穷，讲道不辍，从者益众"，有《易究》10卷。其"著书立言，一以朱子为法"⑤。史氏的学生程端礼(1271—1345)，字敬叔，号畏斋，亦鄞县人。曾历任地方教职，根据其师所授"朱子读书法六条"，即居敬持志、循序渐进、熟读精思、虚心涵泳、切己体察、著紧用力，结合实际教学经验，编著《读书分年日程》3卷。书中主要论述"四书""五经"及周、程、张、朱等理学家著作的学习次序和方法，"以其先后本末节目，分之以年，程之以日，悉著于编"⑥。也论述了书法、作文训练，以及天文、地理、音韵、制度等"格物"内容。元朝后期，国子监将此书颁行各地学校，以供教学参考。

新安理学。新安，元为徽州路(治今安徽歙县)，是朱熹原籍婺源(今属江西)所属。元代的新安学者虽然师承不尽相同，但大都认为"我辈居文

---

① 《与赵伯器书》，《白云集》卷3。
② 《拟元儒林传》，《王忠文公集》卷14。
③ 《宋元学案》卷82《北山四先生学案》。
④ 《程先生墓志铭》，《金华集》卷33。
⑤ 《史君墓志铭》，《清容居士集》卷28；《宋元学案》卷87《静清学案》。
⑥ 《送冯彦思·序》，《畏斋集》卷4。

公乡，熟文公书，自是本分中事"，因此"其学所本，则一以郡先师朱子为归。凡六经传注、诸子百氏之书，非经朱子论定者，父兄不以为教，子弟不以为学也。是以朱子之学虽行天下，而讲之熟，说之详，守之固，则惟新安之士为然"①。婺源人胡一桂（1247—?），字庭芳，号双湖，南宋乡贡进士，入元后一直居家讲学，仁宗延祐初卒。著有《易本义附录纂疏》《易学启蒙易传》。同郡胡炳文（1250—1333），字仲虎，号云峰，著有《周易本义通释》。二胡治《周易》，皆以羽翼朱熹易学为主。胡炳文还著有《四书通》。休宁（今属安徽）人陈栎（1252—1334），字寿翁，号定宇，著有《四书发明》《书集传纂疏》《礼记集义》，"亡虑数十万言，凡诸儒之说有畔于朱氏者，刊而去之，其（指朱熹）微辞隐义，则引伸之，而其所未备者，复为说以补其阙"②。赵汸说："新安自朱子后，儒学之盛称天下，号东南邹鲁。宋亡，老儒犹数十人，其学一以朱子为宗。"③ 主要就是指上述几人。元朝后期，陈栎的学生、休宁人倪士毅将其师《四书发明》和胡炳文《四书通》二书合编为《四书辑释》，明初纂修《四书大全》时基本加以照抄，影响科举士子数百年之久。④ 元末，新安理学仍然比较活跃。歙县人郑玉（?—1357）著有《周易大传附注》《程朱易契》《春秋经传阙疑》。祁门（今属安徽）人汪克宽（1304—1372）著有《礼经补逸》和《春秋胡传附录纂疏》。

江西理学。江西理学，时亦称江右理学。其开创者余干人饶鲁（号双峰）亦尝从学于黄榦，故黄榦门下实际上衍生出金华、江右两个重要理学分支。但与金华理学固守朱学传统不同，饶鲁之学"不尽同于朱子"，与朱熹"共派而分流，异出而同归"⑤。所谓不同，主要是夹杂了一些陆学的成分。饶鲁再传至吴澄，调和朱陆的倾向更为明显，对此前文已述，后文还要述及。吴澄作为江西理学巨擘，门徒众多，其中以虞集最知名。不过虞集更多的是一位文士，理学成就不大，基本上为文名所掩。吴澄以外，元代江西理学的另一重要人物为黄泽。黄泽（1260—1346），字楚望，江州（今江西九江）人，原籍资州内江（今属四川）。幼以明经学道为志，其学无所师承，

---

① 《答定宇陈先生栎并辞求遗逸诏》，《云峰集》卷1；《商山书院学田记》，《东山存稿》卷4。
② 《元史》卷189《陈栎传》。
③ 《汪古逸先生行状》，《东山存稿》卷7。
④ 顾炎武：《日知录》卷18《四书五经大全》，《日知录集释》，上海古籍出版社影印本。不仅《四书大全》，明初所修《五经大全》也都是杂抄元儒著述而成。参见周良霄、顾菊英《元代史》，上海人民出版社1993年版，第707—710页。
⑤ 《宋元学案》卷83《双峰学案》引全祖望语；《双峰先生文集·序》，《雪楼集》卷14。

而经术湛深，深得吴澄推崇，至谓"以予所见明经之士，未有能及之者也"①。故《宋元学案》将他列入卷92《草庐学案》，算作"草庐同调"。黄泽晚年生活困窘，"然终不为一日降志以谋温饱，唯以圣人之心不明、经学失传若已有罪，用是为戚……欲以近代理明义精之学，用汉儒博物考古之功，加以精思，没身而止"②。著述繁富，主要有《易春秋二经解》《易学滥觞》《春秋指要》《二礼祭祀述略》《礼经复古正言》《六经补注》《翼经罪言》等，传世者仅十之二三。门徒赵汸记载他的事迹说：

  有黄楚望先生者，尝起家文学，俄弃去，侨居城中，杜门著书，余四十年矣。因即求之，得其纂释之目千余条，皆六经传注中疑义，先儒所未言、或言之而未究与夫聚讼不决者。谨请曰："人皆有言，理学至近代大明，明理以释经，而天下之能事毕矣，固无待于后人也。且以大儒先生劫其心思多极，而犹有弗得者焉，则亦未如之何矣。今先生尚发其所未发者乎？"先生曰："为斯言者众矣，岂非以先儒所未尽者，终非后人思虑可及，不如谨守其已言者之易为功乎？吾所见，正恐其所已言者或不容遽知，其所未言者，初未尝不可通耳……彼谓先儒之已言为易知，而辄诵焉以自文者，殆与富人子芜其田畴，惰其作业，徒抱其遗契之齿而日数之，以为能不坠其家耳。"时先生年近八十，贫无置锥之地，食指所需，朝不及夕，而严毅清苦，介然以居，听其言者莫不爽然自失也。③

赵汸（1319—1369），字子常，号东山，休宁（今属安徽）人。早年师事黄泽，后又入虞集门下，传吴澄之学。他承受黄泽教诲，重视经学研究，自云："汸昔年读书，最患多疑，每一开卷，则如猬毛而起，虽圣贤书亦然。尝谓程朱二先生发明斯道，庶无复余蕴，若于其原有一字不通，则是道体之全犹有所昧。"④治经尤擅《春秋》，著有《春秋师说》《春秋属辞》《春秋集传》《左氏补注》，另外还有《周易文铨》。

---

① 《六经补注序》，《吴文正公集》卷11。
② 《黄楚望先生行状》，《东山存稿》卷4。
③ 《留别范季贤序》，《东山存稿》卷2。
④ 《答倪仲弘先生书》，《东山存稿》卷3。

第四节　陆学和调和朱陆之风

　　南宋中叶，陆九渊创立陆学，与朱熹多次进行口头和文字辩论，在思想界活跃一时。到南宋末年，朱学被朝廷尊为"国是"，声势鼎盛，陆学却日渐衰微，"未百年，其说已泯然无闻"①。四明地区受陆氏弟子杨简、袁燮影响，本来是陆学重镇，"士生其乡，知有陆氏而已"，甚至有人总结"朱文公之学行于天下而不行于四明，陆象山之学行于四明而不行于天下"②。但由于王应麟、黄震、史蒙卿等人宣扬朱学，"倡学者以考亭朱子之说，一时从之而变"，"士方翕然向风，尽变其所学"，于是"朱氏之学始行于四明"③。宋元之际理学北传，所传尽是朱学，陆学渺焉无闻。后来北方士大夫个别人对陆学虽有所了解，但并未予以认同。胡祗遹《紫山集》卷24《语录》云：

　　　　欲尊德性，必先从事于问学。不问不学，则不知不能，虽曰尊德性，亦妄自尊大，妄自贵重，徒为一骄傲木偶人耳。二者修德凝道之大端，致广大而尽精微，广大配天地，然必自精微细密，积日累功，扩而充之，推而极之，而后能之。

　　胡祗遹卒于元贞元年（1295）。显然他在世时已接触到朱陆有关"道问学""尊德性"的争论，并且坚定地站在朱熹一方。在朱学正于北方蔓延流行的大背景下，胡祗遹的立场并不奇怪。更有甚者，自许衡大力鼓吹朱学，北方学者安常习故，墨守成规，尽管不少人"初亦莫知朱、陆之为何如也"，但也一律先入为主，对陆学采取排斥态度。④ 在陆九渊家乡金溪（今属江西），其故居祠堂入元后均已圮废，"子孙或徙或亡，其犹环居故址者，饥寒颠沛，不能皆贤，象山之基几易姓矣"⑤。科举开设后，功利所趋，愈使

---

　　① 《陆象山程文》，《黄氏日钞》卷46。
　　② 《送慈溪沈教谕诗序》，《金华集》卷17；《送家自昭晋孙自庵慈湖山长序》，《桐江续集》卷31。
　　③ 《王公墓志铭》，《清江集》卷30；《黄公墓志铭》，《密庵稿》壬卷；《送乐仲本序》，《王忠文公集》卷6。
　　④ 《吴澄行状》，《道园学古录》卷44。
　　⑤ 《送陆如山归青田创先祠序》，《雪楼集》卷14。

"朱学盛矣，而陆学殆绝"①。至顺二年（1331），正一教道士、玄教大宗师吴全节曾向文宗进呈陆九渊《语录》。当时"世罕知陆氏之学，是以进之"②。吴全节籍贯饶州安仁（今江西余江北），可以说与陆九渊有乡里之谊，这或许是他进呈陆氏《语录》的动机，但也没有看到文宗有什么反应。

不过尽管如此，陆学不绝如缕，仍有承传。在陆九渊的故乡江西，一些学者坚持宗尚陆学，较早的代表人物有刘壎和陈苑。

刘壎（1240—1319），字起潜，南丰人，元朝中期曾出任地方学官，有《隐居通议》和《水云村泯稿》传世。在上述著作中，他公开表达了对陆学的尊崇，称颂陆九渊"诚一世之天才"，认为"时好"虽尚朱学，"要之陆学终非朱所及也"③。在《水云村泯稿》卷7《象山语类题辞》中，刘壎感慨道：

> 先生（陆九渊）真天人也，单辞片语，洗凡破陋，其英悟超卓，足与孟（孟子）配。顾其学不如朱学之盛行者，盖先生不寿，文公（朱熹）则高年；先生简易不著书，文公则多述作；先生门人不大显，朱门则多达官羽翼，其教是以若不逮。而究其实践，则天高日精，千古独步。文公有言"江南未有人如陆子静"八字著脚，诚哉斯言！今世道更时好泯，公论且定矣，陆氏之学将大明于世。彼埋头书册，寻行数墨，尚袭故说已诋先哲，则蚍蜉撼树，井蛙观天者尔。呜呼，悲夫！

面对朱学门徒对陆学的攻击，刘壎摘录陆九渊文集的部分内容，与从朱熹著述中搜集到的一些"推尊文安（陆九渊）"言论抄在一起，编成《朱陆合辙》一书，认为朱、陆两家"本领实同，门户小异"，后人"踵袭成俗，趋附贬驳，或者高朱而抑陆，私心迷谬，浸失和平"④。朱熹曾批评陆学"近禅"，对此刘壎辩解说："大概性命之学，不能不与禅相近。"指出朱熹所谓格物致知"即释氏名相之说"，所谓求放心"亦释氏之说"，因此"恐不可专指陆学为禅也"⑤。尽管认为朱、陆"本领实同"，但在"门户"问题

---

① 《石塘先生胡氏文抄后序》，《渊颖集》卷11。
② 《河图仙坛之碑》，《道园学古录》卷25。
③ 《隐居通议》卷1《朱陆》。
④ 《朱陆合辙·序》，《水云村泯稿》卷5。
⑤ 《隐居通议》卷2《朱陆三》。

上,刘壎毕竟崇陆。他强调"穷理不在于外求,而在于存心"。又论心之"悟"说:"世之未悟者,正如身坐窗内,为纸所隔,故不睹窗外之境。及其点破一窍,眼力穿逗,便见得窗外山川之高远,风月之清明,天地之广大,人物之杂错,万象横陈,举无遁形。所争惟一膜之隔,是之谓悟。"[1] 这完全是陆九渊"发明本心"理论的翻版。

陈苑(1256—1330),字立大,号静明,上饶人。他成为陆学传人,完全出于自学。年轻时偶读陆九渊书,深为折服,说:"此岂不足以致吾知耶?又岂不足以勉吾之行耶?而他求也!"于是尽求陆学著述读之,奉行不渝。"或病其违世所尚,先生(陈苑)曰:'理则然尔。'甚者讥非之,毁短之,朋排之,又甚者求欲危中之。先生曰:'死不悔。'从之游者往往有省,由是人始知陆氏学。"陈苑一生饥寒穷困,"浮沉里巷之间,而毅然以倡明古道为己任,患难困苦终其身,而拳拳于学术异同之辨,无十金之产,一命之贵,而有忧天下后世之心"[2]。门徒知名者有祝蕃、李存、吴谦、舒衍四人,后人称为"江东四先生"。李存(1281—1354)曾详细记述自己投入陈苑门下的经过。他年轻时,"尝慕韩退之谓无所不通乃为大儒",于是除经史之外,"慨然于天文、地理、医药、卜筮、道家、法家、浮屠诸名家之书,皆将致心焉",期望"持而耀诸当世,而传诸无穷"。至大元年(1308),舒衍批评他说:"吾畴昔是子之学,近以祝蕃之言,得从上饶陈先生游,而后知子之学,所事举末屑也。子之蔽亦甚矣,徒焦心竭神何为哉?若不改图,则将误惑其身,不惟误惑其身,必将误惑于天下后世之人。"李存不以为然,而舒衍言之不已,至谓"相人者谓子不年,苟无闻焉以死,伤哉!至道所在,人固未易信也"。于是李存才"大疑,早夜以思,至感泣"。经过长期思想斗争,皇庆元年(1312),终于前往拜谒陈苑。陈苑态度谦逊,而其两位门徒祝蕃和舒衍对李存"反复而丁宁之,研磨之"。李存十分难堪,"甚不乐,以为往古圣贤答问告教之际,岂尝如此哉?……惭且忿焉,先生(陈苑)虽语之,弗领也"。秋天再次登门,"先生语之加详焉,始稍知所致力,而信且喜"。到第二年,终于"大喜以大信",决心皈依陆学。尽管"有笑其愚者,有讥其怪者,有虑其缪自贬损,将露弃于常所推从者,有疑其论为拘迂,而

---

[1] 《隐居通议》卷1《儒者职分》《论悟二》。
[2] 《上饶陈先生墓志铭》,《李仲公集》卷24。

不任兹世之务者",也坚决不为所动。① 他上书陈苑说:

> 存不才,获师事先生,稍闻绪论,庶以开平生之蔽者,真可谓不虚生矣。存之庆幸孰有过于此哉?……存之不逮于古人亦远矣,其始闻先生之言也,有疑心焉,有惭心焉。呜呼!吾心之灵,本无限碍,本无翳滓,本无拘系,本无浪流。其有不然者,已私贼之也,非天之所予者然也。夫何疑之有哉?……然存自研诸心,决择已明,信向已笃,而至教之重,何敢失坠?亦何敢道听而途说?戴天履地,有死无二心者。谨献书以闻,惟先生终惠之教之,下情无任感激之至!②

后来李存又一再对人说:"微陈子,某其终为小人之归。"既入陈门,"惟日孜孜,究明本心",将自己原来"所著书内外十一篇"焚毁,曰"无使误天下后世"③。今仅存文集30卷。他在给友人的信中宣传说:

> 使此心苟得其正,则所谓《书》者,此心之行事;《诗》者,此心之咏歌;《易》者,此心之变化;《春秋》者,此心之是非;《礼》者,此心之周旋中节。至若孝友睦姻任恤,皆此心之推也。是故古之学者先其本而后其末,既得其本,则于其末也,若目之有纲、衣之有领,振而齐之而已耳。④

李存文集中收有一些与吴全节往来应酬的作品,前面提到吴全节向文宗进呈陆九渊《语录》,或许就与李存影响有关。另外祝蕃和李存的学生、陈苑再传弟子危素,在元末地位显达,官至参知政事。不过他个人兴趣偏重文学,哲学造诣不深,未能对发扬陆学做出很大贡献。

浙东地区也有陆学人物活动。婺州永康人胡长孺(1249—1323)原宗朱学,后来"始信涵养用敬为最切,默存静观,超然自得……专务明本心之学,慨然以孟子自许",已经转向了陆学。他自比孟子,"商略人物,言论风采,颇若无人",自诩"为众所推,谬当斯文之托",也颇有陆九渊的

---

① 《上陈先生书一》,《李仲公集》卷28。
② 《上陈先生书二》,《李仲公集》卷28。
③ 《元故番阳李先生墓志铭》,《李仲公集》卷首。
④ 《与友人书》,《李仲公集》卷28。

气派。① 然其学似无传人。在淳安（元属建德路），自杨简弟子钱时讲学于此，陆学生根相传，"淳安之士皆明陆氏之学"②，不过没有产生很著名的学者。作为昔日的陆学重镇，四明在元代仍算得上是陆学相对比较活跃的地区，出现了与陈苑齐名的陆学干将赵偕。赵偕（？—1364），字子永，号宝峰，慈溪人。他通过阅读杨简著作产生了对陆学的信仰，讲学山中，门生颇众。从授徒传道、扩大影响这一点来说，陈苑、赵偕对陆学确有振起之功，故全祖望将二人并列为"中兴"陆学的功臣。③ 而赵偕承杨简之学，"近禅"的特色更加突出。他提倡"静坐以凝神"，称"凡得此道，融化之后，不可放逸，所宝者清泰之妙。犹恐散失，宜静坐以安之"。据载其门徒在他启发下"默坐反视，意志俱泯"，达到了"忽见天地万物有无一体，不知我之为我，惟见光明满室而已"的境界。④ 学者通过比较指出："在宣扬主观唯心的直觉方面，赵偕比起刘壎和陈苑来，要突出得多。"⑤

元代朱学盛而陆学衰，双方在思想界的势力和影响相去悬殊，因此"朱陆之争"并不明显，两家学者类似于南宋和明朝那样正式论辩的材料亦不多见。程端学《积斋集》卷2《与单良能论学书》是这方面较完整的一例。书云：

> 近世学者好简厌烦，喜上达而厌下学，乐升高而忘自卑……今足下曰："吾服孔子而已。曾子、子思、孟子、程、朱，皆秋杀之气，得其一体者也。礼废矣，乐坏矣，譬之十间之屋坏其九矣，得其一者谓十为一，可乎？"且云："朱子许曾子、子思、孟子传道，过也。"此仆所未喻也……史果斋有言："程朱之徒述孔孟之意，而不敢毫发损益于其间者，得其心矣。"且屋虽有坏，堂室苟存，可遂不理乎？遂不居乎？遂不遗子孙乎？夫自礼乐废于千载之上，程朱之徒尽力于沦没破碎之余，剖析于毫厘得失之际，求圣贤之心，而以身体之鞠躬至死，其亦勤矣。虽其立论辨析驰骋，不如孔子之浑然简易，其不得已而救弊之辞……足下又谓圣人复起，必不拘拘先《大学》、次《论》《孟》、次《中庸》、

---

① 《元史》卷190《胡长孺传》；《答胡汲仲书》，《揭傒斯全集》文集卷2。
② 《洪本一先生墓志铭》，《师山集》卷7。
③ 《宋元学案》卷93《静明宝峰学案》。
④ 《为伯奇学清虚而书》，《宝峰集》卷2；《周坚墓志铭》，《春草斋文集》卷10。
⑤ 陈高华：《元代陆学》，载氏著《元史研究论稿》，中华书局1991年版。

次"五经"之诵读而已。仆谓圣人复起,必用孔子教人之法,必不置《大学》于一隅而别为法也,必不先"五经"而后"四书"也,必不先《春秋》而后《诗》《书》也,必不先行而后知也。故曰:"述而不作,信而好古。"傅说亦曰:"事不师古,匪说攸闻。"且就致知论之,读书亦无序乎?……足下谓读书者,学者之一事。斯言是也。仆谓读书者,致知中之一事。致知已不止此,况致知为力行之地乎?程子论此备矣。然致知之始,舍读书又将焉务?今礼乐坏矣,射御书数又无其法,处今之世者,惟有循序读书以明其理,理明而后有以辨古人之得失,察事物之是非,而后可由敬恕以养本心也。况礼乐既坏,本心有不坏者乎?《大学》所以先致知而后诚意者,正以此也。未有所知而欲行,犹不知南而游越、不知北而游燕也。《大学》者,指燕、越之路者也。若必待圣人复起,制礼作乐而后学焉,吾恐死而有不及也。足下论朱、陆之争,往往多陆少朱。谓陆氏之徒躬行者众,朱子之徒辩论过多。仆谓人当观其理,不当观其迹。传曰:尊德性而道问学。夫尊德性,诚意正心也;道问学,致知格物也。就《大学》论之,致知格物,先也;诚意正心,后也。道问学,以为尊德性之地也。陆氏之学,舍问学而尊德性者也;朱子之学,尊德性而道问学者也。生之者谓之自诚明,学之者谓之自明诚。陆氏之学,欲自诚而明,以圣自居,而实不易至者也。朱子之学,自明而诚,由学而至,人所可及者也。佛氏之说,一悟即了;儒者之说,劳而后通也。朱、陆门人,大略如此。足下又谓周子太极、无极之说,端自佛老,《通书》之语,浅近甚多,朱子释太极,强为斡旋。仆谓此事可以心体,难以口辩。以心体,当自得之;以口辩,则朱、陆辩之详矣,不在画蛇添足也。足下谓程朱者时之所尚,故吾之教人不得不然。尤所未安也。王安石曰:"时然而然,众人也;已然而然,君子也。"足下苟知程朱之谬,当自为一法以教人可也。教人者,本诸心,见诸体貌,形诸议论,恳恳而导之,犹惧其不能谕。况非其本心,而姑从其说,仆恐受业者疑其所从也。仆与足下,同此心者也。足下好义乐善,非好胜已者。昔者之论,其有激乎世之人上孔孟,下程朱,给谈锋,衍辞藻,如陆氏之为者尚少故也。仆恐闻足下之言者,将谓曾子、子思、孟子、程、朱不足学,孔子生知又不易,进德者终不得其门也。鄙见如此,足下幸终教之。

程端学，鄞县人，《读书分年日程》作者程端礼之弟，亦出史蒙卿门下。单良能，事迹不详，"良能"应当是他的字或别号。从论辩内容来看，此人基本是陆学门徒，至少也是陆学的同情者。①信中引其自谓"程朱者时之所尚，故吾之教人不得不然"，知身份当为学校教官。颇疑其亦为四明人，因四明即是程端学乡里，且当地又有陆学基础。信中争辩内容，涉及儒家道统、读书次序、知行关系、朱学陆学评价、太极无极解释等问题，基本上是平心静气的讨论，尚未流于攻击诋毁。②由此信亦可知当时陆学尽管衰微，在社会上仍有一定影响。

与上述"朱陆之争"材料传世较少相比，元代"朱陆和会"材料留下来的更多。许多人认为两派应当求同存异，反对搞门户之争。持这种看法的人大致有三类。第一类是一部分陆学门徒，他们指出朱熹对陆九渊肯定言论甚多，说明两家"本领实同"，朱学后裔对陆学大肆攻击，是荒谬的。这种意见以上文提到编著《朱陆合辙》的刘壎为代表，其用意实在为陆学争地位，当然对陆学本身的门户，也稍有背离。第二类是一些局外人，他们本身不是理学家，对朱陆争论的理学命题没有多少研究，只是站在旁观者的立场上对气焰过盛的朱学有些反感，对陆学较为同情，因而持调和之说。这方面的代表人物是袁桷。他曾为龚霆松《四书朱陆异同》一书作序，认为朱、陆二人"生同时，仕同朝，其辩争者，朋友丽泽之益"。但后来"异党之说兴，深文巧辟，而为陆学者不胜其谤，屹然墨守，是犹以丸泥而障流，杯水以止燎"，这种状况令人惋惜。他还批评世俗崇朱抑陆者是"贵耳贱目"③。第三类最值得注意，是朱学门徒，希望借助陆学对朱学末流补偏纠弊。大抵朱学既盛，人人趋尚。迂儒学究为之，必沉溺"道问学"难以自拔，而流于琐细支离；干禄谒进者借以为途径，更有悖"尊德性"的目的。此时来看重视"尊德性"的陆学，实有可取之处。倡导"朱陆和会"最积极的朱学门徒，是江西理学中以吴澄为代表的草庐学派，以及元末新安理学中的郑玉等人。

关于吴澄的学术渊源，上章已经述及。他是饶鲁（双峰）的再传弟子，

---

① "良能"字号也可以反映这一点，它很可能出自陆学喜言的"良知良能"概念。陈苑字立大，显然就与信奉陆学有关，意为"先立乎其大者"。
② 揭傒斯有《答胡汲仲（长孺）书》（《揭傒斯全集》文集卷2），对由朱入陆的胡长孺进行批评，有人身攻击之嫌，并非学术争论。
③ 《龚氏四书朱陆异同·序》《跋象山先生经德堂记后》，《清容居士集》卷21、卷48。

而饶鲁思想本来已对陆学因素有所吸收。饶鲁另一位再传弟子、吴澄的同学、并不以理学著名的程钜夫，忽必烈时奉旨赴江南求贤，曾亲临陆九渊故居遗址拜谒，慨叹当时"知学之士知文公（朱熹）者甚众，而知公（陆九渊）者甚鲜"。又曾为陆九渊手迹作跋说："朱、陆二公来往翰墨，情与甚真，若此帖者甚多。余家亦宝数纸，恨不使妄有异同者一一见之。"① 双峰后学的亲陆及调和朱陆倾向，已可略见一斑。加上吴澄又曾师从程绍开，学统上与陆九渊有一定联系，其亲陆倾向就更显著了。他歌颂陆九渊："先生之道如青天白日，先生之语如震雷惊霆"；"先生平日教人，专于心身上切实用功，一时精神之感发，旨意之恳到，如良工斫轮，大冶铸金，巧妙莫可彷佛也"②。其朱陆调和言论，上章已述，此不赘言。值得注意的是他对陆学后学持蔑视态度，认为他们并未得到陆氏真传，暗示自己才真正理解陆九渊的"心法"：

  余每慨临川金溪之士，口有言辄尊陆子，及讯其底里，茫然不知陆子之学为何如。虽当时高弟门人往往多有实行，盖未有一人能得陆子心法者。以学之孤绝而无传，悁矣哉！余之接人非一，而鲜尝以是告之，何也？度其必不以余言为然也。苟不以余言为然而与之言，余失言矣。③

照其再传弟子赵汸的说法，吴澄著述虽多，影响虽大，"然其心学之渊微……世盖有未易知者矣"④。也是将吴澄看作"心学"传人的。要之吴澄所谓陆氏心法，实是朱陆调和，内外相兼，既道问学，又尊德性，"出乎二氏之后，约其同而归于一"⑤。如此来看株守陆学门墙的陆氏门徒，当然就不足与言"心法"了。

吴澄门徒大都承袭其调和朱陆的思想，尤以虞集为著。虞集（1272—1348），字伯生，号邵庵，原籍四川，幼随父侨居崇仁（今属江西）。集以文章知名，理学论述不多，而常于朱陆异同再三致意。据赵汸说：吴澄后

---

① 《青田书院记》《题象山先生遗墨后》，《雪楼集》卷12、卷24。
② 《象山先生语录·序》《金溪傅先生语录·序》，《吴文正公集》卷10、卷11。
③ 《故临川逸士于君玉汝甫妻张氏墓志铭》，《吴文正公集》卷42。在《象山先生语录序》里，吴澄也说："今之口谈先生、心慕先生者比比也，果有一人能知先生之学者乎？果有一人能为先生之学者乎？"
④ 《上虞学士书》，《东山存稿》卷3。
⑤ 《送吴草庐赴国子监丞·序》，《申斋集》卷1。

半生的"知类入德之方，上达日新之妙，盖有同游之士所不及知，而公（虞集）独得闻之者矣"①。赵汸初入虞集门下，虞集试以《江右六君子策》，"篇末拳拳朱陆之异同为问"。赵汸胸有成竹，答以"朱子之学实出周程，而周子则学乎颜子之学者也……陆先生以高明之资，当其妙年，则超然有得于孟氏立心之要"。并且进一步分析说：陆九渊"非不致知也，其所以致知者异乎人之致知；非不集义也，其所以集义者异乎人之集义"。虞集高兴地在策文上批注："得之矣，所谓毫厘千里者在此。"后来又为这篇文章作跋说："陆先生之兴，与朱子相望于一时，盖天运也。其于圣人之道互有发明，而吾党小子知者微矣。子常（赵汸字）生朱子之乡，而又有得于陆氏之说……一时友朋，若子常之通远而起予者鲜矣。"②赵汸早年师事黄泽，他的上述看法不知是黄泽所授，还是间接受到吴澄影响，总之既入虞门，就成了草庐学派中调和朱陆思想的第三代宣扬者。《东山存稿》卷3《上虞学士书》云：

汸闻之，航大海者，患其望洋而无际也。有智人焉，以毫芒之针定其所向，而后波涛风雨，顷刻万变，而吾之所趋者不迷，以其所守之得其要也……然则为学者独可以不知其要乎？

所谓"其要"，也就是陆学强调的"德性"或"本心"。赵汸籍贯休宁，与新安理学诸家为同乡，但论学颇有差异。《东山存稿》阳录詹烜《赵汸行状》：

新安自朱子后……其末流或以辨析之义，纂辑群言，即为朱子之学。先生独超然有见于圣贤之授受，不徒在于推究文义之间。故其读书，一切以实理求之，反而验之于己，非有以信其必然不已。当时乡先生皆留心著述，所以羽翼程朱之教者具有成书。先生受而读之，犹谓未知为学之要……烜窃观先生之学，以积思为本领，以自悟为归宿。勉夫切己向上之工夫，而至乎穷经复古之成效，岂偶然哉！

① 《邵庵先生虞公行状》，《东山存稿》卷6。
② 《对问江右六君子策》，《东山存稿》卷2。

在元代大部分时间里，或许大多数程朱派的理学家都有吸取陆学思想因素的倾向，① 但大张旗鼓地公开赞扬陆学、宣传朱陆调和的，主要还是草庐学派。这大概是草庐学派与其他较为正统的程朱理学派别的一个重要差异。以被视为朱学嫡传的金华理学来说，其代表人物金履祥、许谦与吴澄虽处同时，却罕见往来。许谦死后，其门人请求当时主盟文坛的虞集为撰墓志铭，却被虞集婉拒。虞集答书称"其（许谦）门人颇见一二，问其授受之要，多所未解"，"行状所述，多所未谕，数月之间，尝与友生门人细读而详阅，终莫得其统绪之会归，以观其成德之始终"，则两家有门户学风之别，判然可见。② 如不加分析，径以朱陆"合流""调和"简单概括元代理学全貌，似乎未尽妥帖。

元末，新安理学家郑玉对朱陆两家的求同存异问题进行了更深入的论述。郑玉（1298—1357），字子美，号师山，歙县人。他年轻时，随做官的父亲到建德路淳安县生活了一段时间，受当地学风影响，对陆学有较多接触。后来回到家乡，读朱熹书，成为朱学信徒。郑玉对朱、陆学说均有比较深入的了解，论两家异同和各自长短，颇中肯綮。上引赵汸认为新安理学家"未知为学之要"，郑玉是不应当包括在内的。《师山集》卷3《送葛子熙之武昌学录序》云：

> 予家新安，朱子之乡也，君家临川，陆子之乡也，请各诵其所闻可乎？方二先生相望而起也，以倡明道学为己任，陆氏之称朱氏为江东之学，朱氏之称陆氏曰江西之学，两家学者各尊所闻，各行所知，今二百余年，卒未有能同之者。以予观之，陆子之质高明，故好简易，朱子之质笃实，故好邃密，盖各因其质之所近而为学，故所入之途有不同尔。

---

① 侯外庐、邱汉生、张岂之主编的《宋明理学史》上册即持此观点。参见该书第706—709、759—762页，人民出版社1984年版。

② 《答张奉性书》，《道园学古录》卷39。侯外庐等主编：《宋明理学史》，认为许谦"也杂入陆学的本心论"，"同吴澄……的说法又几乎一致"（上册第760—761页）。看来这只是问题的一方面，恐怕许谦有关"本心论"问题与吴澄"一致"的地方，在其学说当中仅占次要地位，且未必为时人所注意。周良霄则认为金华理学是"对陆象山'发明本心'的心学一派坚持批判的"（《元代史》，上海人民出版社1993年版，第723页）。许谦的弟子吴师道入国学任教，"经义一本朱子，排斥异论，有诋朱者，恶然弗与言"（《吴先生碑》，《宋文宪公全集》卷30）。在时人眼里，金华理学墨守朱学的一面可能更加明显。后来许谦的墓志铭终由籍贯金华的文章大家黄溍完成。文载《金华集》卷32。

及其至也，三纲五常、仁义道德，岂有不同者哉？况同是尧舜，同非桀纣，同尊周孔，同排释老，同以天理为公，同以人欲为私，大本达道，无有不同者乎？后之学者，不求其所以同，惟求其所以异。江东之指江西则曰，此怪诞之行也，江西之指江东则曰，此支离之说也，而其异益甚矣。此岂善学圣贤者哉？朱子之说，教人为学之常也，陆子之说，高材独得之妙也。二家之学，亦各不能无弊焉。陆氏之学，其流弊也，如释子之谈空说妙，至于卤莽灭裂，而不能尽夫致知之功，朱氏之学，其流弊也，如俗儒之寻行数墨，至于颓惰委靡，而无以收其力行之效。然岂二先生立言垂教之罪哉？盖后之学者之流弊云尔。

就总的立场来看，郑玉当然仍属朱学。他承认与年轻时期的好友、淳安人洪颐"议论多不合"，但这并不妨碍他们"交情益笃"，并以"鹅湖之会卒不能合朱陆之异同"为喻，称"不以其学之不同，而废天下之公言"①。《师山集》遗文卷3《与汪真卿书》：

近时学者，未知本领所在，先立异同，学朱子则肆毁象山，党陆氏则非议朱子。此等皆是学术风气之坏，殊非好气象也。某尝谓陆子静高明不及明道（程颢别号），缜密不及晦庵（朱熹别号），然其简易光明之说，亦未始为无见之言也。故其徒传之久远，施于政事，卓然可观，而无颓靡不振之习。但其教尽是略下工夫，而无先后之序，而其所见又不免有知者过之之失。故以之自修虽有余，而学之者恐有画虎不成之弊。学者自当学朱子之学，然亦不必谤象山也。

从后一段文字也可看出，宣扬朱陆调和的朱学门徒，就大体而言其立足点仍在朱学，其崇陆要先以朱学"工夫"和"先后之序"为基础。前一章叙述吴澄思想，已经对此有所交代。再看虞集的论述。《道园学古录》卷40《跋朱先生答陆先生书》：

窃观其（朱熹）反身以求之说，克己求仁之功，令学者且看《孟子》道性善、求放心之说，直截如此用功。盖其平日问辨讲明之说极

---

① 《洪本一先生墓志铭》，《师山集》卷7。

详，至此而切己反求之功愈切，是以于此稍却其文字之支离，深忧夫词说之泛滥，一旦用力，而其效之至速如此，故乐为朋友言之也。病中绝学捐书，岂是槁木死灰、心如墙壁以为功者？朱子尝叹道学问之功多，尊德性之意少，正谓此也。噫！陆先生之问，传之未久，当时得力者已尽，而后来失其宗，而后知朱子之说先传后倦之有次第也。

其意完全与郑玉相同。面对坚持诋斥程朱的一部分陆学强硬分子，则锋芒毕露地进行了反击："近日晚学小子，不肯细心读书穷理，妄引陆子静之说以自欺自弃，至欲移易《论语》章句，直斥程朱之说为非。此亦非有见于陆氏者也，特以文其猖狂不学以欺人而已，此在王制之必不容者也。"又作诗略云："所怀延平翁（指朱熹的老师李侗），扬休似明道。授受有源委，精微足深讨。言立圣如在，表正愚可造。师匠久不兴，真妄如枘凿。云何消支离？肆诞长凶傲。异言古所诛，末学足深悼。"① 清四库馆臣评论虞集这段话"其言褊躁，与陆氏学派若不戴天"②。可见尽管元代调和朱陆之风甚盛，但朱学的主流地位仍然是不容怀疑的。

---

① 《送李彦方闽宪（并序）》，《道园学古录》卷1。
② 《四库全书总目》卷167《集部二十·别集类二十·俟庵集》。

第五章　文学艺术的演变

第一节　诗文风格的变化

元人王理说："国初学士大夫，祖述金人，江左余风，车书大同，风气为一。至元、大德之间，庠序兴，礼乐成。迄于延祐以来，极盛矣。"[①] 他以仁宗延祐时期作为元代诗文变化的一个重要标志，大体上是符合事实的。元朝统一以前，南北文坛风气不尽相同。随着全国的统一，文化教育事业逐渐恢复和发展，南北文坛经过相当长时间的交流和磨合，风气渐趋一致。仁宗即位以后提倡"文治"，重开科举。这些因素的相互作用，导致诗文创作日趋兴盛，作品数量增多，一批有影响的作者相继出现。

和前一阶段相比，这一阶段（1312—1328）诗文创作的主题亦有明显的变化。至元、大德年间，南宋灭亡不久，"遗民"情结在南方诗文作者的作品中处处可见。此外，退隐山林、不求闻达的思想是南、北作者经常吟咏的一个主题，这或是"遗民"情结的表现，或是对仕途闭塞（这种闭塞是元朝歧视汉、南人政策的结果）不满而又无奈心态的流露。进入仁宗皇庆、延祐年代以后，随着时间的流逝，元朝统治日益巩固，加上一些有代表性的"遗民"文人的相继谢世，"遗民"情结在诗文中日益淡出，只是在少数作品中偶尔有所流露。认同元朝的统治，为元朝歌功颂德、粉饰太平之作增多，成为诗文中的主流倾向。隐逸思想仍然相当普遍，但大多出于对仕途闭塞的不满。随着元朝社会矛盾逐渐尖锐化，社会危机四伏的征象不断显露，诗文中指斥政治黑暗、同情百姓困苦的作品有所增加。全国农民战争爆发后，"忠君爱国"是诗文中比较普遍的基调，但对民生凋敝，统治腐败也有

[①]　《国朝文类》卷首序。

越来越多的揭露。

这一阶段最著名的诗文作者当推虞集和揭傒斯。虞集（1272—1348），字伯生，号道园。崇仁（今江西崇仁）人，是理学家吴澄的学生。成宗大德六年（1302）为大都路儒学教授。至大四年（1311）转国子博士，正八品。仁宗延祐元年（1314）改太常博士，仍为正八品。四年迁集贤修撰，秩正七品。五年，改翰林待制兼国史院编修官，秩从六品。泰定元年（1324）升国子司业，正六品。三年，迁秘书少监，从五品。文宗开奎章阁，虞集深受宠任，已见前述。数年之内，官至翰林侍讲学士，从二品。顺帝即位，谢病归。至正八年辞世。年七十七岁。虞集著作宏富，是元代诗文作品最多的作者之一，传世有《道园学古录》《道园遗稿》等。

虞集的诗文，在当时已受推崇，后代亦有很高评价。元末王祎说"海内学者士大夫所取法"的"国朝之文"，只有"柳城姚公"（姚燧）、"清河元公"（元明善）、"蜀郡虞公"（虞集）、"金华黄公"（黄溍）和苏天爵五人。① 清代编《四库全书总目提要》，在评论《道园学古录》时说："有元一代，作者云兴，大德、延祐以还，尤为极盛，而词坛宿老，要必以集为大宗。"② 虞集可以说是赵孟頫以后的文坛领袖。在他生前，人们便认为他的文章可与唐代韩愈相提并论，"后韩子而继出者，士论有所归矣"③。明初有人说，他的诗作，在元朝堪称第一，"然光芒变化，诸体咸备，当推道园，如宋朝之有坡公也"④。将虞集诗文与韩愈、苏轼相比，可以说是过誉，但可看出他在当时文坛的崇高地位。

这一时期文坛另一位重要人物揭傒斯（1274—1344），字曼硕，富州（今江西丰城）人。父揭来成，南宋乡贡进士。家贫力学，受程钜夫赏识。仁宗时，到大都，因程钜夫等推荐，入翰林国史院为编修，正八品。文宗开奎章阁，为授经郎，正七品，地位比不上虞集，也不如柯九思。顺帝登基后，虞集失宠退休，揭傒斯地位逐步提高。⑤（后）至元元年（1335）任翰

---

① 《上苏大参书》，《王忠文公集》卷16。
② 《四库全书总目》卷167《集部二十·别集类二十·道园学古录》。
③ 至正五年（1345）宪司牒文，《道园类稿》卷首。
④ 《归田诗话》卷下《退朝口号》。
⑤ 虞集受文宗宠信，曾草诏说妥懽帖睦尔不是明宗和世㻋之子。妥懽帖睦尔即位后，追查文宗弑兄（明宗）一案，涉及虞集草诏之事，后得宽大。见《庚申外史》卷上，《归田诗话》卷中《虞伯生草诏》。揭傒斯与虞集年龄相仿，妥懽帖睦尔一再提拔揭傒斯，不许他退休，显然以他取代虞集，作为自己的文学侍从。

林待制,迁集贤直学士、奎章阁供奉学士。至正二年(1342)升侍讲学士。"以庶士起远方而翶翔于清途三十年",此时才于数年之内,由正五品升为从二品。"实异数也"①。有趣的是,虞集在文宗朝数年间由正五升至从二,而揭傒斯则在顺帝前期重复了这一过程,比虞集正好晚了十年。从至正三年起,参与辽、金、元史的修撰,因劳累得病于四年去世,年七十一岁。传世有《揭文安公集》。②

揭傒斯"为文叙事严整而精核,持论一主于理,语简而洁。诗长于古乐府选体,清婉丽密而不失乎情性之正,律诗伟然有盛唐风"。当时已有"儒宗文师"之称。③ 有人认为,"揭曼硕文章居虞之次,如欧之有苏、曾"。清人编纂的《四库全书总目提要》认为这个评价"其殆定论乎!"④ 也就是说揭傒斯诗文的成就仅次于虞集,两人都是元代后期文坛的领袖人物,可以相提并论。

元末欧阳玄说:"皇元混一之初,金宋旧儒布列馆阁……承平日久,四方俊彦萃于京师,笙镛相宣,风雅迭倡,治世之音,日益以盛矣。"他认为虞集的作品便是这种风气的代表。⑤ 至正五年(1345)江西宪司(肃政廉访司)为出版虞集文集发送的牒文中说,"我圣元区宇光大,治化休明,时运之盛,亘古所无。而任制作之重,亦必有其人焉。伏睹前翰林侍讲学士、资德大夫虞集,阀阅名家,久居禁近,以文章道德,黼黻皇猷",因而要出版其著作,"岂惟可以为法后学,实足以彰国家制作之盛"⑥。"黼黻"原指官服上的纹饰,"皇猷"指皇帝的谋略,"黼黻皇猷"就是用华丽的辞章美化皇帝的所作所为。"治化之音""黼黻皇猷"确实表明了虞集诗文的特色,用今天的话来说,也就是讴歌升平,对元朝统治起粉饰的作用。揭傒斯的"文章纯深尔雅,警发愦愦……掌斯文于玉堂,赞皇猷之光大"⑦。其基本倾向和虞集是相同的。两人的作品中,官场应用文字和应酬文字占有很大比重。以虞集来说,"至治、天历,公仕显融,文亦优裕。一时宗庙朝廷之典

---

① 《揭文安公神道碑》,《金华集》卷26。
② 李梦生点校,改题《揭傒斯全集》,上海古籍出版社1985年版。
③ 《揭文安公神道碑》,《金华集》卷26。
④ 《四库全书总目》卷167《集部二十·别集类二十·文安集》。
⑤ 《雍虞公文集·序》,《道园类稿》卷首。
⑥ 《道园类稿》卷首。
⑦ 《翰林国史院祭揭侍讲文》,《圭斋集》卷15。

册，公卿大夫之碑版，咸出公手，粹然自成一家之言"①。以揭傒斯来说，"国家大典册及元勋茂德当得铭者，必以命公。人子欲显其亲者，莫不假公文以为重"②。这些奉命谀墓之作，固然可以获得声名甚至丰厚的报酬，③ 但是很难在思想上、艺术上有大的成就。虞集、揭傒斯都崇尚理学。虞集是元代理学大师吴澄的弟子，对提倡理学可以说不遗余力。他与佛、道两教上层人物多有交往，不少诗文与此有关。相对来说，揭傒斯不大讲理学，与僧、道亦有交往，但不如虞集之多。文人与僧、道交往，这是当时的一种社会风气，虞、揭亦不例外。

虞集虽然受帝王眷遇，但因为是"南人"，常有被排挤、受攻击的痛苦，晚年被卷入元朝帝位争夺的旋涡中，几遭不测，因而诗文中常有退隐归田的想法。"忆江南"在他的诗词中反复出现："京国多年情态改，忽听春雨忆江南。""为报道人归去也，杏花春雨在江南。"④ 柯九思被贬逐回南后，虞集作《风入松》一阕寄赠，终句是："重重帘幙，寒犹在，凭谁寄金字泥缄。为报先生归也，杏花春雨江南。"⑤ 此词一时脍炙人口，既道出了对柯九思的同情，又婉转地表达了他在仕途与退隐之间的矛盾心情。虞集还有一些追念南宋的诗文，如《跋宋高宗亲札赐岳飞》《陈炤小传》《挽文山丞相》等。《跋宋高宗亲札赐岳飞》表彰岳飞的抗金事迹；⑥《陈炤小传》颂扬陈炤死守常州抗元的英雄行为；⑦《挽文山丞相》诗，对慷慨就义的文天祥表示了同情和景仰："徒把金戈挽落晖，南冠无奈北风吹。"⑧ 但是这与以前遗民们的诗文是不同的。那时南宋亡国不久，遗民怀念故国，旨在反对元朝；此时元朝统治已巩固，鼓吹前人的"忠烈"，是为元朝臣子树立榜样。虞集与元顺帝有过一段对话："又一日，受命记一古寺，稍陈前代遗迹。有构饰于上者，谓公前代相臣子孙，适美前事尔。他日入见，上以是语之。对曰：

---

① 《虞雍公文集·序》。
② 《揭文安公神道碑》，《金华集》卷26。
③ 揭傒斯受命撰《明宗皇帝神御殿碑》，"文成，赐楮币万缗，白金五十两，中宫所赐白金数亦如之。""客有为人谒文而私其金者，他客发其事，公曰：已受之矣。人尤服公雅量。"可知为人作文亦有报酬，见《揭文安公神道碑》，《金华集》卷26。
④ 《腊日偶题》《听雨》，《道园学古录》卷4。
⑤ 《道园学古录》卷4。
⑥ 《道园学古录》卷40。
⑦ 《道园学古录》卷44。
⑧ 《道园遗稿》卷3。

'前代已远，臣庶子孙思其父祖，固不忘其所事。此可为忠孝。臣愚不足以及此。但臣以疏庸，遭遇圣代，致位通显。他日臣之子孙以臣遭遇世世毋忘本朝厚恩，亦忠孝之劝也。故臣谓能为此言于上前者，亦必忠孝之人也。'上目近臣叹异之。"① 可见虞集的诗文涉及"前代遗迹"，曾被人告发。但他以"忠孝之劝"作解释，得到元朝皇帝的理解。这也应是他作此类诗文的主要动机，当然，作为"南人"和南宋丞相之后，同时又有保存文献以及表彰前人的复杂情绪，这也是很自然的。揭傒斯早年生活颇为坎坷，"奔走衣食于四方"，"触冒乎炎埃雨雪之间，或过午而未食，或既夕而犹迈"，因而对民间疾苦有所了解。② "寒就江南暖，饥就江南饱，莫道江南恶，须道江南好。"曲折地表现了对元朝歧视"南人"政策的不满。③ "去年旱毁才五六，今年家家食无粟。高囷大廪闭不开，朝为骨肉暮成哭。"④ 随着政治地位的改变，他的诗文便以颂圣、酬答为主，间亦有涉及民间疾苦之处，但已不多见了。

就文章而言，这一阶段著名作家还有柳贯、黄溍、马祖常、欧阳玄等。柳贯（1270—1342），字道传，浦江（今属浙江）人，起家县学教谕，官至翰林待制（从六品）。传世有《柳待制文集》。⑤ 黄溍（1277—1357），字晋卿，义乌（今浙江义乌）人。延祐二年（1315）首科进士，官至翰林直学士（从二品）。传世有《金华先生文集》。⑥ 马祖常（1279—1338），字伯庸，祖先是西域聂思脱里贵族，雍古部人。聂思脱里即景教（基督教的一支），雍古又称汪古，属于突厥语族，元朝将雍古（汪古）列于色目人。马祖常于延祐二年与黄溍同时进士及第，官至枢密副使（从二品）。传世有《石田文集》。⑦ 欧阳玄（1283—1352），字原功，号圭斋，浏阳（今属湖南）人。延祐二年与黄、马同榜进士及第，官至翰林学士承旨（从一品）。传世有《圭斋集》。⑧

---

① 《虞雍公神道碑》，《圭斋集》卷9。
② 《上李秦公书》，《揭傒斯全集》文集卷2。
③ 《题芦雁四首》，《揭傒斯全集》诗续集。按《至正直记》卷3《曼硕题雁》云："豫章揭翰林曼硕《题雁图》云：'寒向江南暖，饥向江南饱。物多是江南，不道江南好。'盖讥色目、北人来江南者，贫可富，无可有，而犹毁辱骂南人不绝，自以为右族身贵，视南方如奴隶。然南人亦视北人加轻一等，所以往往有此消。"所引诗文字有出入。
④ 《大饥行》，《揭傒斯全集》诗集卷1。
⑤ 常见有《四部丛刊》本。
⑥ 同上。
⑦ 常见元四家集本。
⑧ 常见有《四部丛刊》本。

柳贯、黄溍、马祖常、欧阳玄与虞集、揭傒斯年龄相近，除柳贯外其余五人入仕时间虽有迟早，但最终都得高官；而且都曾在中央文化教育部门任职。柳贯、黄溍和虞集、揭傒斯在当时就有"儒林四杰"之称。① 元末陈旅曾评论说："天历以来，海内之所宗者，唯雍虞公伯生、豫章揭公曼硕、乌伤黄公晋卿及公（柳贯）四人而已。"宋濂引用这段话，并说："识者以为名言。"② 可见他们在当时文坛的地位。柳、黄亦长于官场应用文字，黄溍尤为突出。③ 欧阳玄虽不在"四杰"之列，但在虞、揭、黄之后，他实际上成为朝廷中各种重要文字的主要作者，"凡宗庙朝廷雄文大册，播告万方制诰，多出玄手"④。马祖常"为制诰，富丽典雅"。"文宗最喜公文，尝拟稿进，上曰：'孰谓中原无硕儒乎'！"⑤ 这几位文章大家，都以擅长官场应用文字著称。当然，他们有些关于山水园林、兴学修桥以及书画题跋的短篇散文亦颇有可取之处。但总的说来，这一阶段甚至可以说整个元代，并没有真正出色的雄文名篇，比不上唐、宋两代的成就。

　　这一阶段诗词的成就，应该说在文之上。诗词的主要作者，有虞集、揭傒斯、范梈、杨载、萨都剌、迺贤、王冕、杨维桢等，虞、揭、范、杨在当时齐名，后来有"元诗四家"之称。范梈（1272—1330），字德机，清江（今属江西）人。"家贫早孤"，曾"假阴阳之技以给旅食"。后受荐为翰林编修，迁廉访司照磨（正九品）、知事（正八品）等。⑥ 杨载（1271—1323），字仲弘，祖籍浦城（今属福建），父杨起潜迁居杭州，故为杭州人。"以布衣召入"，擢翰林院编修。延祐二年（1315）首科进士，为浮梁州同知（从六品）。⑦ 范梈"浮沉下僚，又不获中寿"⑧，在仕途上是较坎坷的。杨载的境遇与范梈相似。他们的经历与虞、揭有很大的差别。"延祐、天历之间，风气日开，赫然鸣其治平者，有虞、杨、范、揭。"⑨ 范、杨与虞、揭

---

① 《元史》卷181《黄溍传》。
② 《柳待制集》后记。
③ 虞集、黄溍所作碑铭传记，有许多蒙古、色目达官显贵；揭傒斯、柳贯所作碑铭传记，大多为汉、南中层官员或士人。由此可以看出，"四杰"在当时地位实际上有很大的差别。
④ 《元史》卷182《欧阳玄传》。
⑤ 《魏郡马文贞公墓志铭》，《滋溪文稿》卷9。
⑥ 《范亨父墓志铭》，《吴文正公集》卷42。
⑦ 《杨仲弘墓志铭》，《金华集》卷33。
⑧ 《范亨父墓志铭》，《吴文正公集》卷42。
⑨ 顾嗣立：《寒厅诗话》，转引自《揭傒斯全集》附录四"评论轶事"。

的诗歌风格差别很大，① 但都以歌颂"治平"为主旨，却是相同的。范、杨诗作中也同样有颂扬圣君名相的作品，还有不少怀才不遇、期待进用的诗篇。范梈入仕后曾先后到海北海南廉访司任职，海北海南道廉访司在雷州路（路治海康，今广东雷州），海南在其监察范围之内。范梈曾出巡海南，写下不少有关海南景物的诗篇，如《西黎歌》《琼州出郭》等，在元诗中是不多见的。他的《闽州歌》叙述福建绣工受官府压迫的苦辛，则是在福建廉访司任职时所作。就反映社会生活的广阔程度来说，范梈在"元诗四家"中是比较突出的。

萨都剌（1282？—1348？），色目人。出身将门，幼年家境贫寒，曾游历四方，经商为生。泰定四年（1327）进士。历任镇江录事司达鲁花赤、翰林国史院应奉文字、江南行御史台掾史、燕南、福建等廉访司照磨（正九品）、知事（正八品）、经历（从七品）等。② 他的诗歌作品，编成《雁门集》。③ 明初有人说：萨都剌"以宫词得名，其诗清新绮丽，自成一家"④。清代顾嗣立说他的诗"清而不佻，丽而不缛，真能于袁、赵、虞、杨之外，别开生面者也"⑤。袁指袁桷，赵即赵孟頫，虞即虞集，杨即杨载。萨都剌诗歌题材广泛，风格多样，确实与其他作者有所区别，而且为世人和后代称道的佳作甚多，在元代诗人中是很突出的。杨维桢特别称道他的《宫词》和《芙蓉曲》，认为"虽王建、张籍无以过矣"⑥。这都是抒情的作品。他的怀古之作更脍炙人口，如《满江红·金陵怀古》：

> 六代繁华春去也，更无消息。空怅望，山川形胜，已非畴昔。王谢堂前双燕子，乌衣巷口曾相识，听夜深寂寞打空城，春潮急。思往事，愁如织。怀故国，空陈迹。但荒烟衰草，乱鸦斜日。玉树歌残秋露冷，

---

① "故国朝之诗，称虞、赵、杨、范、揭焉。……尝有问于虞先生曰：'仲弘诗如何？'先生曰：'仲弘诗如百战健儿。''德机诗如何？'先生曰：'德机诗如唐临晋帖。''曼硕诗如何？'曰：'曼硕诗如美女簪花。''先生诗如何？'笑曰：'虞集乃汉廷老吏。'盖先生未免自负。公论以为然。"（《南村辍耕录》卷4《论诗》）在有的记载中，"美女簪花"作"三日新妇"，"汉廷老吏"作"汉法令师"。

② 萨都剌的生平，包括生卒年，存在不少有争论的问题，有待进一步研究。

③ 《雁门集》有多种版本，其中清嘉庆萨龙光辑本所收最广，1982年上海古籍出版社出版了殷孟伦、朱广祁的标点本。

④ 《归田诗话》卷中《萨天锡纪事》。

⑤ 《元诗选》初集《雁门集》。

⑥ 杨维桢：《西湖竹枝词序》。

胭脂井坏寒蛩泣。到如今唯有蒋山青，秦淮碧。①

古往今来，世事沧桑，怀古伤今，令人感慨。

萨都剌当时还有一些作品，如《早发黄河即事》《鬻女谣》等对当时社会黑暗，多有揭露。他的《纪事》一诗，指斥文宗图帖睦尔和明宗和世㻋兄弟相残的悲剧，"直言时事不讳"②，在元代诗歌中更是罕见的。

另一位色目诗人迺贤（1309—1368），字易之，哈剌鲁人。哈剌鲁原是生活在中亚的说突厥语的一个民族。迺贤的祖先内迁，他生长在庆元（今浙江宁波），曾往大都求仕，失意南归。农民战争爆发后，应召北上为翰林国史院编修。后在军中病死。③ 诗作有《金台集》。迺贤有不少抒情写景之作，清新自然。还有一些与社会现实有关的诗篇，如《颍州老翁歌》《新乡媪》《新堤谣》等，感时述事，官府的欺压，百姓的困苦，贫富的悬殊，都有如实、形象的描写。后人常将迺贤与萨都剌相提并论，清人编《四库全书总目》，认为："其名少亚萨都拉（剌），核其所作，视萨都拉（剌）无不及也。"④

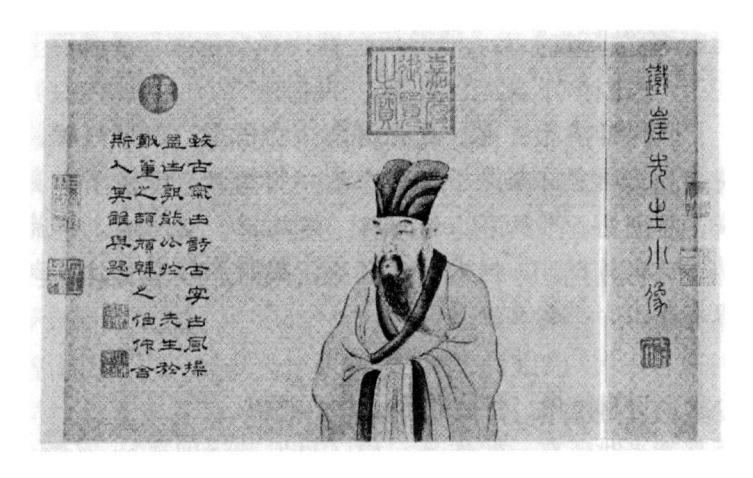

图 3-5-1 杨维桢像（台北故宫博物院藏）

杨维桢（1296—1370），字廉夫，号铁崖，绍兴诸暨（今属浙江）人。

---

① 《雁门集》附卷《诗余》，词牌原作《念奴娇》，误。
② 《归田诗话》卷中《萨天锡纪事》。
③ 关于迺贤生平，请参见陈高华《元代诗人迺贤生平事迹考》，载《文史》第32辑。
④ 《四库全书总目》卷167《集部二十·别集类二·金台集》。

他是元末东南名声最盛的诗人。泰定四年（1327）进士，历任天台县尹（正七品）、盐场司令、路推官（从六品）等职。农民战争爆发后，"浪迹浙西山水间"。明初，应召修礼乐书，不久因病辞归去世。① 传世诗文甚多，有《东维子集》《铁崖古乐府》《铁崖诗集》等。② 杨维桢在世时就有"文章巨公"之称，"其于诗尤号名家"③，尤以乐府诗和竹枝词为人称道。乐府诗有的沿用古题，有的题目新创；有的以历史故事为题材，有的则反映现实生活、民间疾苦。竹枝词（歌）倡自唐朝刘禹锡，表现手法模仿民间歌谣，多以风光、爱情为题材。杨维桢作有《西湖竹枝歌》《吴下竹枝歌》《海乡竹枝歌》等，其中《西湖竹枝歌》在当时有较大影响，"流布南北，名人韵士属和者无虑百家"，后辑成专书出版。④《海乡竹枝歌》应是他在盐场任职时的作品，写出了盐业劳动者的艰辛，可以说是竹枝词中别开生面之作。"潮来潮退白洋沙，白洋女儿把锄耙。苦海熬干是何日，免得侬来爬雪沙。"杨维桢还有一些香奁诗，描写妇女的体态、服饰和男女之事，以致被人称为"文妖"⑤。这实际上反映出他生活中追求享乐、"耽好声色"的一面，在当时浙西文人中，也是有一定代表性的。

王冕（？—1359），字元章，绍兴诸暨（今属浙江）人。曾应进士举，不中。北上大都，亦未能入仕，回乡隐居。农民战争爆发后，朱元璋部进入浙东，王冕投奔朱部，但不久即病死。王冕以画梅得名，但在诗歌创作方面，亦有很高的成就，传世有《竹斋诗集》。⑥ 他有不少伤时忧世的诗篇，如《伤亭户》《江南妇》《悲苦行》《望雨》等，劳动人民的悲惨境遇，官吏、地主的残酷压迫，都形象地得到表现。他还常常用贫富对比的手法，来加强艺术的感染力。《江南妇》可以说是有代表性的：

> 江南妇，何辛苦。田家淡泊时将暮，敝衣零落面如土。偕彼南亩随夫郎，夜间织麻不上床。织麻成布抵官税，力田得米归官仓。官输未了忧枵腹，门外又催私债促。大家揭贴出陈账，生谷十年还未足。长儿五

---

① 《杨君墓志铭》，《宋文宪公全集》卷10。
② 浙江古籍出版社1994年出版了邹志方校点的《杨维桢诗集》（《两浙作家文丛》之一种）。
③ 《杨君墓志铭》，《宋文宪公全集》卷10。
④ 常见有《武林掌故丛编》本。
⑤ 《文妖》，《王常宗集》卷3。
⑥ 《两浙作家文丛》收寿勤泽点校《王冕集》，浙江古籍出版社1999年版。

岁方离手，小女三周未能走。社长呼名散户由，下季官盐添两口。舅姑老病毛骨枯，忍饥忍寒蹲破庐。残年无物做慈孝，对面冷泪空流珠。燕赵女儿颜如玉，能拨琵琶调新曲。珠翠满头金满臂，日日春风嫌酒肉。五侯七贵争取怜，一笑可得十万钱。归来重藉锦绣眠，罗帷暖拥沈麝烟。①

从反映社会现实来说，王冕的诗是元代后期诗人中最值得重视的。他常在自己的画上题诗，这些题画的咏梅诗以其特有的风格受到人们的赞赏。"不要人夸好颜色，只留清气满乾坤。"清雅高洁，既是写梅，又是自况。

这一时期成名的诗文作者还有很多，以上所举只是其中有代表性的几个，难以一一列举。总的来说，这一时期诗文作者群有两个不同于过去的特点。一是从地域来看知名作者中南方占明显优势。从上面提到的人来看，江浙行省5人，内浙东有柳贯、黄溍、杨维桢、王冕，福建有杨载；江西行省3人，有虞集、揭傒斯、范梈；湖广行省1人，欧阳玄。北方2人，马祖常、萨都剌。这一时期比较有声望的诗人作者还有17人。江浙行省12人，内浙东6人，即吴莱、周权、李孝光、张宪、陈基、戴良；浙西5人，即朱德润、张雨、倪瓒、顾瑛、王逢。江东1人，贡性之。江西行省1人，即傅若金。湖广行省1人，丁鹤年。北方3人，即张翥、许有壬、余阙。② 合计共29人，内江浙行省17人，江西行省4人，湖

图3-5-2 王冕《墨梅图》
（上海博物馆藏）

---

① 此诗各本文字略有不同，此处据《四库全书》本。诗中"大家"指放债的富户。元朝实行盐的专卖制度，在某些地区推行"食盐法"，即按户口摊派盐，用以增加财政收入。"户由"即户口登记单。"社长呼名散户由，下季官盐添两口"即指此。

② 据邓绍基主编《元代文学史》第20—23章。同书尚开列睦州诗派和浙东诗派作者若干人，不录。

广行省2人,长江以北6人。江南出生的作者占绝大部分。而江南各省中,又以江浙居多。这份名单,从一个侧面反映出元代地域文化的差异。二是色目诗文作者群的兴起。全国统一前后,大批色目人内迁,在经济生活和文化生活上逐渐和原有居民融合,接受中原传统文化的人不断增多。到皇庆、延祐以后,色目诗文作者不断涌现。陈垣先生名作《西域人华北考》卷4《文学篇》,内有"西域之中国诗人""基督教世家之中国诗人""回回教世家之中国诗人""西域之中国文家"等节,列举色目诗文作者共37人,除上面提到的马祖常、萨都剌、余阙、丁鹤年、迺贤外,尚有赵世延、贯云石、雅琥、斡玉伦徒等多人。在该书其他篇中提到的还有高克恭、金哈剌、嶔嶔等,在诗文上亦有一定的成就。在这些作者中,除个别(如高克恭)主要活动在前一阶段外,绝大多数都活跃在仁宗皇庆、延祐以后。元末戴良为丁鹤年的诗集作序,其中说:

> 我元受命,亦由西北而兴。西北诸国若回回、吐蕃、康里、畏吾儿、也里可温、唐兀之属,往往率先臣顺,奉职称藩……积之既久,文轨日同,而子若孙遂皆舍弓马而事诗书。至其以诗名世,则贯公云石、马公伯庸、萨公天锡、余公廷心其人也……他如高公彦敬、嶔公子山、达公兼善、雅公正卿、聂公古柏、斡公克庄、鲁公至道、三公廷圭辈,亦皆清新俊拔,成一家言。此数公者皆居西北之远国,其去函秦盖不知其几千万里,而其为诗,乃有中国古作者之遗风,亦足以见我朝王化之大行,民俗之丕变虽成周之盛莫及也。①

戴良这段话概括说明了元朝后期色目诗文作家兴盛的状况。当然他归之于元朝"王化之大行"是不对的,这是多民族统一国家形成的结果。可以认为,这是中国文学史上一个相当奇特的现象,是"元代历史和文学史的一大特点"②。

总的来说,这一阶段诗文创作都呈现繁荣的景象。但文的成就远不如诗,也是比较公认的事实。就诗歌创作而言,这一阶段在形式和题材上有一些明显与以前不同的地方。一是竹枝词的写作流行一时,这在前面介绍杨维

---

① 《丁鹤年集·序》,《丁鹤年集》卷首。
② 见杨镰《元西域诗人群体研究》"引论",新疆人民出版社1998年版。

桢时已经说过了。二是宫词的写作。宫词顾名思义,描写的是宫廷生活。最初始于唐代。元朝前期,写宫词的很少。到这一阶段,逐渐流行起来,著名的宫词作者有马祖常、萨都剌、杨维桢、王逢、周伯琦、张昱等。有的宫词泛写宫廷生活的富丽华贵、宫女的寂寞;但更多的宫词则直接描写元朝的宫廷生活,如柯九思的《宫词一十五首》和张昱的《辇下曲》等。① 柯九思一度受元文宗宠遇,任奎章阁鉴书博士,出入宫廷,所写宫词多为亲身见闻。张昱曾在宣政院任职,"曩在京师时有所闻见辄赋诗,有宫中词、塞上谣共若干首,合而目之曰辇下曲。其据事直书,辞句鄙近,虽不足以上继风雅,然一代之典礼存焉"。《辇下曲》有102首。另外还有《宫中词》21首。涉及宫廷礼制和日常生活、大都城市面貌和各种宗教活动、两都巡幸等诸多方面,内容广泛,比《宫词一十五首》要丰富得多。这一时期的宫词一般都采取七绝形式,词句生动,对于元朝宫廷史和大都、上都历史的研究都有特殊的价值。其中有些诗篇,如杨维桢的"开国遗音乐府传,白翎飞上十三弦;大金优谏关卿在,伊尹扶汤进剧篇";张昱的"教坊女乐顺时秀,岂独歌传天下名;意态由来看不足,揭帘半面已倾城"。都受到元代艺术史研究者的重视。

从题材来说,上都诗的大量出现,是这一阶段的一大特点。13世纪50年代忽必烈命刘秉忠在漠南设计建造开平城,后来定名上都,皇帝每年到这里避暑。上都是一座草原城市,周围风光与农业区大不相同。皇帝巡幸时,许多官员随从而来,其中有些人便将自己的见闻和感受写成诗篇。仁宗朝以前,留下上都诗的作者有刘秉忠、郝经、王恽、马臻、陈孚等,数量不多。仁宗朝以后,与上都有关的诗作大大增加,内容广泛,而且出现了长篇组诗的形式。其中知名的有:袁桷、虞集、柳贯、黄溍、马祖常、萨都剌、廼贤、胡助、许有壬、周伯琦、杨允孚等。② 这些诗篇,涉及大都到上都的沿途风光,上都的地理环境、风土人情,元朝统治者在上都的各种活动(祭祀、宴饮等),等等。一望无边、牛羊遍野的草原风光,时时迁徙、毡房为

---

① 《宫词一十五首》,见顾瑛编《草堂雅集》卷1,陶氏涉园影元本。《辇下曲》,《张光弼诗集》卷3。
② 叶新民统计,忽必烈至泰定帝时期,上都诗作者有10人,文宗至元亡时期上都诗作者有24人,见《元人咏上都诗概述》(《元上都研究》,内蒙古大学出版社1998年版)。他的分期标准与本书不同,按本书标准,后期自仁宗朝始,有上都诗的作者更多。

家的游牧生涯、千骑来朝、大宴三日的诈马大宴,① 都在诗人的笔下有生动的表现。其中不乏脍炙人口的作品。特别是杨允孚的《滦京杂咏》,共108首,② 内容丰富多彩,词句活泼清新,既有较高的艺术成就,又对研究上都面貌有重要的价值。这样一批以草原风光和蒙古习俗为主题的诗歌作品,在中国文学史上是前所未有和后无来者的独特现象,值得我们特别重视。

第二节　杂剧南下和南戏兴起

杂剧产生于北方以大都为中心的地区。早期著名的杂剧作家都是北方人。优秀演员也是一样。从世祖到成宗、武宗时期,可以说是杂剧的鼎盛期,在此期间产生了一批有影响的作品,在城乡到处演出。杂剧是当时上自宫廷、下至民间受到广泛欢迎的一种艺术形式。

在全国统一以后,杂剧作者和演员逐渐向江南移动,如大剧作家关汉卿和著名演员珠帘秀便相继到了杭州,其中不少人就在杭州及其周围地区(当时的浙西③)定居。吸引他们南下和定居的原因,主要是江南物质生活优裕,文化底蕴深厚。仁宗朝以后,杂剧创作的中心明显已转移到以杭州为中心的浙西地区。"至中叶以后,则剧家悉为杭州人,中如宫天挺、郑光祖、曾瑞、乔吉、秦简夫、钟嗣成等,虽为北籍,亦均久居浙江。盖杂剧之根本地,已移而至南方,岂非以南宋旧都,文化颇盛之故欤!"④

杂剧创作中心南移后,从事创作的作者人数大不如前,作品的数量和质量都呈下降的趋势。反映社会现实生活、倾诉下层群众困苦和不平的作品已不多见,宣扬封建伦理道德成为流行的主题。从题材来说,后期的杂剧以历史剧、爱情剧为主,公案戏、水浒戏都明显减少。

后期杂剧比较著名的作家有郑光祖、乔吉、宫天挺、秦简夫、杨梓、王晔等。郑光祖,字德辉,平阳襄陵(今山西襄陵)人。生卒年不详,一般认为应死于文宗时。他是北方汉人,但"以儒补杭州路吏",长期在杭州生活,

---

① 《诈马行》,《近光集》卷1。

② 有《知不足斋丛书》本,杨允孚字和吉,江西吉水人。他是以"布衣"身份去上都的,其他事迹不详。

③ 元代的浙西,包括杭州、平江(苏州)、嘉兴、湖州、常州、建德、镇江七路和松江府,相当于今天浙江北部和江苏南部的大部分地区。

④ 王国维:《宋元戏曲史》九"元剧之时地"。

死于杭州。他长于音律，受演员推崇，在当时已被推为元曲四大家之一（其余三人是关汉卿、白朴、马致远，都是前期作家）。乔吉（1280—1345），字梦符，太原人。"江湖间四十年"，曾寓居杭州。① 从未出仕，一生飘零。宫天挺，字大用，大名开州（今河南濮阳）人。"历学官，除钓台书院山长。为权豪所中，事获辨明，亦不见用。卒于常州。"② 山长是书院负责人的称呼，钓台书院在建德桐庐（今浙江桐庐）。可知他是北方汉人，但在桐庐任职，罢职后寓居浙西，一直到死。秦简夫，大都人，生平不详。他在大都时在杂剧创作方面已有声名，后来到了杭州。③ 杨梓（？—1327），海盐（今属浙江）人。曾任海运万户、浙东道宣慰副使。在现在所知杂剧作家中，他是社会地位最高的一个。王晔，字日华，杭州人，生卒年不详。他是名画家王绎的父亲，被称为"处士"，显然是不曾进入仕途的文人。"能词章、乐府，临风对月之际，所制工巧。"④ 萧天瑞，字德祥，杭州人。生卒年不详，"以医为业"。除创作杂剧外，"凡古文俱隐括为南曲，街市盛行，又有南曲戏文等"⑤。

在上述作家创作的剧目中，历史剧占有很大比重。如郑光祖创作的杂剧共18种，历史剧占有11种；现有8种中，历史剧6种。宫天挺所作6种，现存2种，均为历史剧。秦简夫作品传世3种，内2种以历史为题材。杨梓传世作品3种，均为历史剧。这一时期的历史剧，大多借历史故事，宣扬封建伦理道德，有影响的作品很少。但个别剧目却有颇为出色的曲词，例如《死生交范张鸡黍》关于仕途黑暗、《宜秋山赵礼让肥》关于百姓困苦的描写。现将《宜秋山赵礼让肥》的一段曲词征引如下：

[哪吒令] 想他每富家，杀羊也那宰马，每日里笑恰，飞觥也那氽斝。俺百姓每痛杀，无根椽片瓦，那里有调和的五味全，但得个充饥罢。母子每苦痛，哎，天那！
……
[寄生草] 饿的这民饥色，看看的如蜡渣。他每都家家上树把这槐

---

① 钟嗣成：《录鬼簿》，《中国古典戏曲论著集成》，中国戏剧出版社1959年版。
② 同上。
③ 同上。
④ 同上。
⑤ 同上。

芽揩，他每都村村沿道将榆皮剐，他每都人人绕户将粮食化。现如今弟兄衣袂不遮身，可着俺贫寒子母无安下。①

《宜秋山赵礼让肥》写的故事是：西汉末年社会动乱，赵孝、赵礼兄弟奉母逃荒，被吃人肉的强盗俘获，兄弟争相就死，强盗为之感动，放了他们，并改悔从军报国。全剧突出封建道德的教化作用，人物形象苍白无力。但上引曲文却可以说是元代后期灾荒连年、社会矛盾加剧、百姓流离失所的真实反映。

以爱情为题材的作品也占相当的比重。郑光祖的《倩女离魂》历来被认为是后期爱情剧的代表作，故事曲折，曲文秀美。王国维曾以《倩女离魂》第三折曲文为例，说明元曲"文章之妙"。乔吉传世的作品有《扬州梦》《金钱记》《两世姻缘》三种，都以爱情为题材。其中《两世姻缘》比较出色。除了历史剧和爱情剧外，还有其他题材的作品。比较突出的如秦简夫的《东堂老》和萧天瑞（德祥）的《杀狗劝夫》，可以归入社会剧。王晔的《桃花女》可以归入神仙道化剧。《东堂老》一剧描写扬州富商之子扬州奴败尽家业，在其父生前好友李实（东堂老）帮助教育下浪子回头、重振家业的故事。全剧刻画细致，人物个性分明，在艺术上有相当的成就。但更值得注意的是此剧以商人为主人公，东堂老在商场奋力拼搏，终于发家致富。他回顾自己的人生历程道：

[正末云]孩儿，你说差了。那做买卖的有一等人肯向前，敢当赌，汤风冒雪，忍寒受冷。有一等人怕风怯雨，门也不出。所以孔子门下三千弟子，只子贡善能货殖，遂成大富，怎做得由命不由人也。

[正宫·端正好]我则理会有钱的是咱能，那无钱的非关命。咱人也须要个干运的这经营。虽然道贫穷富贵生前定，不俫咱可便稳坐的安然等。

[滚绣球]想着我幼年时血气猛，为蝇头努力去争。哎哟使的我到今来一身残病……我只去利名场往来奔竞，那里也有一日的安宁。投至得十年五载我这般松宽的有，也是我万苦千辛积攒成。往事堪惊。②

---

① 《元曲选》，中华书局1989年版，第988页。
② 同上书，第215页。

为了完成友人临死嘱托，东堂老经过多方努力，终于使扬州奴改悔。全剧树立了一个商人的正面现象。以商人为主角并对商业活动采取肯定的态度，透露出新鲜的气息，这在元代杂剧和同时代其他文学作品中是罕见的。

这一时期杂剧作家中的杨梓，是个颇为奇特的人物。杨梓之父杨发，原是南宋将领，降元后任福建安抚使，管理庆元（今浙江宁波）、上海、澉浦三处市舶司，"每岁招集舶商，于蕃邦博易珠翠、香货等物"①。杨发家于澉浦（属江浙行省海盐州，今浙江海盐），在管理市舶（海外贸易）的同时，自己有大量海船，发往海外经商。杨梓任浙东道宣慰副使、海道万户，政治上地位显赫。杨家继续从事海外贸易，杨梓之子杨枢曾驾船远航波斯湾，其家因此成为江南巨富。杨梓作有杂剧三种，即《敬德不伏老》《豫让吞炭》《霍光鬼谏》，都是历史剧，并不出色。但是杨梓"善音律"，与著名散曲作家贯云石（酸斋）有很深的友谊，"云石翩翩公子，无论所制乐府、散套，骏逸为当行之冠，即歌声高引，可彻云汉，而康惠（杨梓谥康惠）独得其传"。杨梓之子亦好音律，"以故杨氏家僮千指无有不善南北歌调者，由是州人往往得其家法，以能歌名于浙右云"②。后来南戏中有所谓"海盐腔"③，应与澉浦杨氏有密切的关系。"海盐腔"显然是南北歌调交融的结果。

杂剧产生于以大都为中心的北方，元朝统一以后，逐渐向江南发展，元代中期以后杭州成为杂剧的中心。在江浙一带，原来便存在一种称为戏文的戏曲形式，它最早可能发源于温州，采用南方语言和南方曲调，形式比较自由，长短不拘，能够表现比较复杂的情节。后来便称之为南戏。宋、元之际有人说："至咸淳，永嘉戏曲出，泼少年化之，而后淫哇盛，正音歇。"④"咸淳"是南宋度宗（1265—1274）的年号。"永嘉"是温州。"永嘉戏曲"就是南戏。南戏题材以爱情婚姻故事为主，曲调轻柔婉转，因而被保守的文人视为"淫哇"。"淫哇盛，正音歇"，可见在南宋末年风靡一时。元朝统一以后，南戏仍在江浙一带流行。至元年间温州乐清僧人祖杰勾结官府，无恶不作，民间"撰为戏文以广其事"。地方官员以"众言难掩，遂毙之于狱"。"戏文"在社会上影响之大由此可见。杂剧向南发展，杭州逐渐成为杂剧创

----

① 《元史》卷94《食货志·市舶》。
② 《乐郊私语》。关于澉浦杨氏家族的历史，可参见陈高华《元代的航海世家澉浦杨氏》，《海交史研究》1995年第1期。
③ 《南词叙录》。
④ 《词人吴用章传》，《水云村泯稿》卷4。

作的一个中心，于是便出现了杂剧和南戏相互影响的现象，而杂剧对南戏的影响更加突出。不少杂剧剧目变为南戏，戏文中出现南北曲联用、合套。"大抵北曲南传后的一个时期，主要还是由书会才人取材杂剧创为南戏，或在杂剧的思想影响下改编传统的南戏。其后，江南文士逐渐参与戏文的编写，由吸取杂剧的思想内容，进而学习北曲的文辞格律，使南戏的创作更完美。"① 南戏对杂剧亦有一定的影响，有些南戏传统剧目被改编为杂剧，杂剧中间用南曲。

现在可考的宋元南戏剧目有二百余种，大多是元代的作品，② 其中最负盛名的是"四大传奇"和《琵琶记》。"四大传奇"即所谓"荆、刘、拜、杀"（《荆钗记》《白兔记》《拜月亭》《杀狗记》）。③《荆钗记》叙述宋代王十朋、钱玉莲之间坚贞不渝的爱情故事，作者有明宁献王朱权、元柯丹邱两说。《白兔记》叙述五代刘知远和李三娘的爱情婚姻故事，现存最早刊本是明成化本署名"永嘉书会才人"编，应出自民间作者之手。④《拜月亭》叙述金朝末年王瑞兰和蒋世隆历经战乱终获团圆的故事，是由杂剧《闺怨佳人拜月亭》改编而成。作者施君美，或以为即《水浒传》作者施耐庵。以上三剧，都是爱情婚姻剧。《杀狗记》叙述孙华之妻杀狗劝夫的故事，应由杂剧《杨氏女杀狗劝夫》改编而成，作者徐田臣，但亦有争论。与以上三剧不同，《杀狗记》应属于社会剧。后代对"四大传奇"褒贬不一，一般认为，以《拜月亭》最为出色。

《琵琶记》作者高明，字则诚，温州瑞安（今浙江瑞安）人。约生于成宗大德间（13世纪初）。出身诗书世家。顺帝至正五年（1345）进士及第，历任处州路录事司录事、江浙行省掾、绍兴路推官、福建行省都事等职。元末，方国珍占有浙东，高明隐居四明（今浙江宁波）。约于至正二十年（1360）岁末去世。⑤ 一般认为《琵琶记》是他隐居四明时的作品。他的诗

---

① 蔡美彪：《南戏〈错立身〉之时代与北曲之南传》，载中国元史研究会编《元史论丛》第五辑，中国社会科学出版社1993年版。
② 宋元南戏存世全本仅十余种，大多曾被后人修改、加工。《永乐大典》所收戏文三种（《错立身》《张协状元》《小孙屠》）是现存完整的南戏剧本。此外，《新刊元本琵琶记》、明成化本《白兔记》亦保存了未经后人改作的南戏面貌。
③ 《白兔记》全称是《刘知远白兔记》，故简称为"刘"。
④ 刘知远、李三娘故事，在宋话本《五代史平话》、金《刘知远诸宫调》中均有叙述。南戏此剧应自杂剧改编而来。
⑤ 关于高明卒年，有不同说法。

文编成《柔克斋集》20卷，已佚，仅存各类作品六十余篇。①

图 3-5-3 《琵琶记》书影

宋元时期民间流传蔡伯喈、赵五娘故事。蔡伯喈考中状元，牛丞相强招为婿，其妻赵五娘在家侍奉公婆。遭遇饥荒，公婆饿死，赵五娘弹琵琶行乞，赴京寻夫。在民间传说中，蔡伯喈是负心男子，赵五娘被陷害遭马踹而死，蔡伯喈遭报应五雷轰顶。南宋戏文剧目中有《赵贞女蔡二郎》，便据民间故事衍演而成。高明的《琵琶记》是在民间故事和南戏《赵贞女蔡二郎》的基础上创作的，但是重新设计塑造了蔡伯喈的形象，由负心而变成被迫，而整个故事也由悲剧变成大团圆：皇恩浩荡，一夫二妻，父母旌表。作者用意是通过改动后的故事歌颂孝子贤妇，提倡封建伦理道德。但是，剧中为了表现赵五娘的苦难，着意描写了农村饥荒连年的悲惨景象。"野旷原空，人离业败"；"旷野消疏绝烟火，日日荒云黯村坞；死别空原妇泣夫，生离他处儿牵母"。官府下令设置供救荒用的义仓，被基层的里正、社长作弊中饱，有名无实。这些都是元末社会的真实写照。《琵琶记》在艺术上有很高的成就，有"神品""绝唱"之誉。全剧沿着两条线索（蔡伯喈求取功名，赵五娘的遭遇）交错发展，互相映照对比，最后合二为一，结构完整，情节动

---

① 张宪文、胡雪冈辑校的《高则诚集》，收录了现存的高氏诗文词曲和《琵琶记》，浙江古籍出版社1992年版。

人，描写细腻，语言清丽生动。明代王世贞说："则诚所以冠绝诸剧者，不唯其琢句之工、使事之美而已。其体贴人情，委曲必尽；描写物态，仿佛如生。问答之际，了不见扭造，所以佳耳。"① 这段话比较集中地说明了《琵琶记》的艺术成就。《琵琶记》的问世，是南戏发展史上划时代的作品，标志着南戏进入了艺术上趋于成熟、能为雅俗共赏的新阶段。自此以后，文人雅士撰写戏文成风。到明代，在南戏基础上发展起来的传奇戏曲逐渐取代杂剧，成为剧坛的主流。

第三节　散曲新声《录鬼簿》和《青楼集》

与杂剧同称为"元曲"的散曲，在元朝后期亦发生明显的变化。和杂剧一样，仁宗朝以后散曲的作家以南人和侨居江南的汉人、色目人为主，杭州逐渐取代大都，成为散曲作家的活动中心。此前的散曲作家，往往兼作诗文或杂剧，而这一时期则出现了一批专门或主要从事散曲创作的作家。就题材而言，以前的散曲主要集中于写景、怀古、艳情和吟咏性情，这一时期则有所扩大，出现了暴露社会黑暗的作品。在艺术表现方面，对形式有更多的追求，出现了诗词化、规范化的倾向，以清丽典雅为主要特色，逐渐改变了原来的自然本色的风貌。②

自仁宗朝讫止元亡，散曲作家人才辈出，代表人物有张可久、乔吉、徐再思、张养浩、刘时中、睢景臣、贯云石、薛昂夫等。

张可久，字小山，一说名久可，字可久，号小山。还有其他说法。生卒年不可考。主要活动于14世纪上半期。他早年在杭州生活，"以儒家读书万卷，四十犹未遇。"后来在桐庐、绍兴、衢州等地任吏员、首领官，并一度在徽州任税务官，去世时年七十以上。他一生沉沦下僚，"功名半纸，风雪千山"③，仕途坎坷。但在散曲创作方面，不但数量很多，而且质量亦居上乘。他的作品以写景、赠答、恋情居多，雅中有俗，清新含蓄，讲究曲律和音韵，注意炼字造句和对仗工整，在艺术上有较高的成就。上述元代曲风的

---

① 《曲藻》，《中国古典戏曲论著集成》第4册，中国戏剧出版社1959年版。
② 邓绍基主编：《元代文学史》，第313—316页。
③ 贯云石：《今乐府序》，原载天一阁本《小山乐府》，转引自《张可久集校注》（吕薇芬、杨镰），第644页；《〔双调·殿前欢〕客中》，《张可久集校注》，浙江古籍出版社1995年版，第528页。

改变，张可久可以说是承上启下的关键性人物。同时代的贯云石称他的作品"文丽而醇，音和而平，治世之音也"①。明初朱权说："其词清而且丽，华而不艳，有不食烟火气，真可谓不羁之材。"②"和平""清丽"正是张可久散曲的特色。但是，才高位卑，对现实社会不免有所不满，在作品中有时也表现出来："淡文章不到紫薇郎，小根脚难登白玉堂，远功名却怕黄茅瘴。"③"伤心秦汉，生民涂炭，读书人一声长叹。"④

乔吉生平，已见前述。他既写杂剧，又作散曲。散曲作品以写景和吟咏性情为主。明代有人将张可久和乔吉与唐诗中的李、杜相比，可见他在元代散曲创作中的地位。⑤ 一般认为他在散曲上的成就要超过杂剧。和张可久一样，乔吉的散曲也讲究文字的铸造，亦以清丽为特色。但他能吸收民间诗歌表现手法，做到雅俗交融，卓然自成一家。徐再思，字德可，号甜斋，嘉兴（今属浙江）人，生卒年不详。与张可久同时，曾为嘉兴路吏员，生平主要在江浙地区活动。他的散曲以写景和言情为主，言情之作尤为人称道。

张养浩（1270—1329），字希孟，号云庄。历城（今属山东）人。⑥ 张养浩的经历与上述几位作家有所不同，他起家学正，历任县尹、监察御史、礼部尚书等职，最后死于陕西行台御史中丞任上。地位之高，在北方汉族文人中是罕见的。但他为人正直，敢于直言时弊，因此遭到排挤，归家隐居。后因关中大旱应召复出，因劳致疾去世。所著诗文有《归田类稿》，散曲作品有《云庄休居自适小乐府》。张养浩的散曲，大多作于退隐和陕西救灾时。退隐时的作品，或吟诵田园生活，或感叹宦海风波。在陕西救灾时所写的散曲，有的是对灾情的忧思，有的则是怀古之作。他最著名的作品是《潼关怀古》：

峰峦如聚，波涛如怒。山河表里潼关路。望西都，意踌躇，伤心秦汉经行处，宫阙万间都做了土。兴，百姓苦！亡，百姓苦。⑦

---

① 《今乐府序》，《张可久集校注》，第644页。
② 《太和正音谱》，《中国古典戏曲论著集成》第3册，中国戏剧出版社1959年版，第16页。
③ 《［双调·水仙子］归兴》，《张可久集校注》，第497页。
④ 《［中吕·卖花声］怀古》，《张可久集校注》，第214页。
⑤ 李开先：《乔梦符小令序》，转引自《张可久集校注》，第624页。
⑥ 有的论著将张养浩与卢挚等并到为前期散曲作家，按，传世张氏散曲大多作于英宗朝退隐后，故以列入后期为宜。
⑦ 《全元散曲》，第437页。

前面说过，怀古是元代散曲的一个重要题材，有关作品甚多。但此类散曲，无一例外地都是感叹世事无常，富贵荣华转眼成空，而张养浩则在感叹秦汉宫阙都成土丘的同时，指出历代王朝无论兴亡都给百姓带来苦难，实际上也就批判了圣君贤相、太平盛世之类传统观念。这在当时来说是很深刻的历史观，也就使这首散曲成为咏古之作中的绝唱。

睢景臣，字景贤，扬州（今属江苏）人。生卒年不详。曾在杭州居留。他的传世作品很少，其中［般涉调·哨遍］《高祖还乡》套曲脍炙人口。汉高祖刘邦称帝后回乡是流传很广的历史故事，元代杂剧中即以此为题材的作品。扬州散曲作家群体曾以此为题进行创作。睢景臣与众不同，他不是正面描述高祖还乡的热闹场面，而是通过一个被迫迎驾的农民所见所闻，描绘了刘邦趾高气扬的得意情景，并通过农民的回忆，揭示了刘邦年轻时的卑劣行径。作者用生动的言语，无情地剥去了笼罩在封建统治者身上的神圣光环。无论就思想性或是艺术性而言，它都是一篇杰出的作品。在当时便有"制作新奇"，写作同一题材的其他作者"皆出其下"的美誉。[①]

后期散曲作家刘时中的生平，至今众说纷纭。可以肯定的是，他是"古洪"亦即江西南昌人。他的散曲传世颇多，大多是平庸之作。但其中［正宫·端正好］《上高监司》套曲，则是很有特色的。这部作品分前后两套，前套共 15 支曲，描写大旱之年的悲惨场面，百姓吃野菜麸糠，变卖田产儿女，挣扎在死亡线上，而富户、豪强却利用百姓的苦难乘机发财：

> 有钱的贩米谷置田庄添生放，无钱的少过活分骨肉无承望。有钱的纳宠妾买人口偏兴旺，无钱的受饥馁填沟壑遭灾障。小民好苦也么哥，小民好苦也么哥，便秋收鬻妻卖子家私丧。[②]

后套共 34 支曲，叙述元朝钞法实施过程中的种种弊端。并提出改革的建议。这篇套曲以现实生活为题材，揭示社会的矛盾、百姓的困苦，在元代散曲中是极其罕见的，在创作题材上有很大的突破。令人遗憾的是，这篇套曲是呈献给"高监司"[③]的，作者把改革的希望寄托在"相公"（高监司）

[①] 《录鬼簿》。
[②] 《全元散曲》，第 671 页。
[③] "监司"指监察系统官。

身上，其中有大量歌功颂德以至逢迎谄媚之词，令人生厌，也损害了它的价值。

和诗词领域一样，元朝后期散曲领域也出现了一批蒙古、色目作家，有阿里西瑛、贯云石、阿鲁威、薛昂夫、全普庵撒里、兰楚芳等，其中贯云石、薛昂夫最有名。贯云石是畏兀儿人，其经历前面已有介绍。他深通音律，所作散曲主要写恋情和隐居生活，"清新俊逸，为时所称"[1]。薛昂夫，名超吾，号九泉。汉姓马，故亦称马昂夫。回回人。[2] 他曾为江西行省令史，后历任太平、建德、衢州、池州等路总管，最后以秘书卿（正三品）致仕。他的散曲以吟咏世情和怀古为主，也有一些写景之作。他的怀古咏史之作颇有特色，不乏新见，流露出反传统的意识。有些作品嘲讽诙谐，别具一格。无论从题材、思想或表现手法来看，蒙古、色目作家和汉人、南人作家所写的散曲，都看不出有多大差别。

元朝末年，社会动荡，爆发了以红巾军为代表的全国农民战争。当时流传着一首《醉太平小令》："堂堂大元，奸佞专权，开河变钞祸根源，惹红巾万千。官法滥，刑法重，黎民怨。人吃人，钞买钞，何曾见。贼做官，官做贼，混贤愚，哀哉可怜。"这首散曲，文字质朴，反映了社会的真实，反映出人民群众对元朝统治的不满，无疑是真正的民间创作。它很快便流传开来，"自京师以至江南，人人能道之"[3]。元代散曲中直接反映社会现实的作品很少，这首《醉太平小令》是其中最尖锐的一首，也是最受人民群众欢迎的一首，是值得特别重视的。

据统计，传世的元人散曲小令3800多首，套数470多套，作者200余人。[4] 无论就作者或是作品来说，后期都占多数。散曲作者就身份而言，有高级官僚，中下级官员和吏员、布衣文士、演员等。就民族成分来说，以汉人、南人居多，亦有一定数量的蒙古、色目人，后者主要出现于后期。散曲作者的广泛性，说明这种文艺形式具有雅俗共赏的特点。

散曲和杂剧一样，既是文学作品，又可用来表演。元代后期在江南产生了两种与散曲、杂剧有密切关系的著作，一种是记录散曲、杂剧作者的《录

---

[1] 《至正直记》卷1《酸斋乐府》。
[2] 关于马昂夫的经历，历来讨论颇多，可参见《元西域诗人群体研究》（杨镰著）第3部第1章《薛昂夫家世、经历和感情生活》。
[3] 《南村辍耕录》卷23《醉太平小令》。
[4] 《元代文学史》，第308页。

鬼簿》，一种是记录散曲、杂剧演员的《青楼集》。这也正是散曲和杂剧创作重心南移的表现。

《录鬼簿》的作者钟嗣成，字继先，号丑斋，生卒年不可考。原籍大梁（今河南开封），后寄居杭州。曾应科举不中，便绝意进取，专门从事杂剧和散曲的写作。他和江浙一带的杂剧、散曲作家多有交游，对于杂剧、散曲的创作和流传情况有比较全面的了解。这些作家中有不少人"门第卑微，职位不振"，到元代后期，其中有些已"湮没无闻"。有感于此，钟嗣成撰写《录鬼簿》一书，记述散曲和杂剧作家的生平和作品。他称这些作家为"鬼"，自己亦以"鬼"自居："余亦鬼也。"以此表示他对正统文人排斥、轻视杂剧、散曲的不满。同时他还声明："若夫高尚之士，性理之学，以为得罪于圣门者，吾党却哙蛤蜊，别与知味者道。"这是公开表达对正统文化的蔑视。这在理学占统治的时代，是不多见的。

《录鬼簿》成书于文宗至顺元年（1330）。顺帝元统二年（1334）做过修订，至正五年（1345）以后，又做过一次修订。全书按年代前后记录了152位杂剧、散曲作家的简略情况，著录剧目400余种，为杂剧、散曲保存了丰富的资料，被公认为研究元代杂剧和散曲最重要的文献。明永乐二十年（1422）淄川（今属山东）人贾仲明为此书作修订补充，增加了不少有价值的内容。此外又有无名氏作《录鬼簿续编》，记录元、明之际杂剧、散曲作家71人，杂剧曲目78种，又有失载名氏的杂剧剧目78种，也是很有价值的，《录鬼簿》和《录鬼簿续编》有多种版本，常见为《中国古典戏曲论著集成》本（中国戏剧出版社1959年版）。

《青楼集》作者夏庭芝，字伯和，号雪蓑，华亭（今江苏松江）人。生卒年不详。主要活动于元朝末年，可能入明。"乔木故家，一生黄金买笑，风流蕴藉。"[①] 从现存有关记载来看，他是豪门的子弟，有很好的文艺修养，寄情声色，喜招徕宾客。"座客常满，尊酒不空，终日高会开宴，诸伶毕至。以故闻见博有，声誉益彰。"元末动乱，张士诚控制浙西十余年，"军需征赋百出，昔之吝财豪户，破家剥床，目不堪睹。"夏氏亦因此"资产荡然"，不得不"僻居深村"。繁华销尽，追忆过去的生活，写下了《青楼集》。

"青楼"原指娼妓，古代娼优往往不分。《青楼集》中记述有元一代"女伶"共170人，大半是杂剧和歌唱的演员，也有一些从事其他艺术品种

---

① 《录鬼簿续编》。

的艺人。此外提到"末尼"（男演员）35人、杂剧、散曲作家等40余人。戏曲演员和其他艺人在元代社会地位很低，不受重视，在各种文献中很少记载。《青楼集》能为艺人立传，是很难得的。虽然每个演员的介绍都很简短，但其中涉及演员身世、艺术特色和社会影响等众多方面，内容丰富，为元代戏曲史留下了珍贵的资料。《青楼集》有多种版本，1990年出版的《青楼集笺注》（孙崇涛、徐宏图作）是比较好的本子。

第四节　说话和话本

上面讲到杂剧、南戏和散曲，都是元代文学艺术的瑰宝。杂剧、南戏是表演艺术，但其文本又都是文学作品。散曲是文学作品，但在当时用来歌唱。文学和表演艺术之间有着很密切的关系。元代还有一种表演艺术，即说话，说话的文本称为"话本"，在文学史上亦有其独特的地位。

说话这种说唱艺术形式，最早出现于唐代。宋代说话分小说、讲史、说经、合生四家，而以前两家为主。说话不仅在民间流行，而且进入宫廷，受到社会各阶层的普遍欢迎。金朝统治地区亦有以"说传奇小说"为业者。[①]有元一代，说话伎艺风行南北。至元十一年（1274）十一月，河北河南道巡行劝农官报告："顺天路束鹿县镇头店聚约百人，搬唱词话。"元朝政府下令："除系籍正色乐人外，其余农民、市户良家子弟，若有不务本业，习学散乐，般唱词话，并行禁约。"[②]多数说话有词有话，故又有"词话"之称，词是用来唱的。[③]诗人王恽有词《鹧鸪引·赠驭说高秀英》："短短罗桂淡淡妆，拂开红袖便当场。掩翻歌扇珠成串，吹落谈霏玉有香。由汉魏，到隋唐，谁教若辈管兴亡。百年总是逢场戏，拍板门锤未易当。"[④]"驭说"显然与说话有关，或即说话的异名。从词中所述来看，高秀英"驭说"的内容应是讲史。王恽主要活动于世祖、成宗时期，长期在大都和山西、河南、山东任职。一度到福建（一年有余），因此高秀英是世祖或成宗朝的艺人，而且活动于北方的可能性较大。武宗至大三年（1310）回回农民木八剌诬告汉人

[①] 《金史》卷129《佞幸传·张仲轲》。

[②] 《通制条格》卷27《杂令》。参见《元典章》卷57《刑部十九·诸禁·杂禁·禁学散乐词传》。

[③] 孙楷第：《词话考》，《沧州集》上册，中华书局1965年版，第97—108页。

[④] 《秋涧集》卷76。

造反，经查明，木八剌捏造的造反内容是从词话中得来的。有关记载没有说明木八剌的居地，但从所述情节来看，应在大都附近。①

元代后期，另一位著名文士杨维桢在《送朱女士桂英演史序》中写道："朱氏名桂英，家在钱塘。世为衣冠旧族，善记稗官小说，演史于三国、五季。因延至舟中，为予说道君艮岳及秦太师事。座客倾耳，畣知其腹笥有文史，无烟花脂粉。予奇之曰：使英遇思陵太平之朝，如张、宋、陈、陆、史辈，谈通典故，入登禁壶，岂久居瓦市间耶！"②"思陵"指宋高宗，"张、宋、陈、陆、史"是以说话伎艺博得高宗赏识的艺人。元朝后期在杭州以说话为生者不乏其人。"胡仲彬乃杭城勾栏中演说野史者，其妹亦能之。"③前述《青楼集》中亦有一则关于说话的记载："时小童，善调话，即所谓小说者，如丸走板，如水建瓴。女童童，亦有舌辩，嫁末泥度丰年，不能尽母之伎云。"令人遗憾的是作者没有记下时小童、童童母女活动的时代和地区。

从以上记载可知，说话伎艺在有元一代一直存在。北方有，南方更盛。说话内容主要有讲史、小说两类。说话艺人似以女性为主，亦有男性。说话演出的场所比较灵活，可以在"构栏"（城市中固定的演出场所）之中，也可以应召到舟中或宴会上表演。

说话人表演一般都有文字底本，称为话本，又有词话、平（评）话等名称。词话有说有唱，平（评）话只说不唱。上面说过，元代说话要分小说、讲史二家，小说一般有说有唱，讲史一般只说不唱，当然也有例外。从上面列举的一些例子来看，当时说话似以讲史为主。这也许是元朝实行民族压迫和民族歧视政策导致的特殊心态。现存话本有的文字粗糙，类似提纲，有的则有比较细致的描写。前者只供艺人演出时参考，后者则可用于演出，又是可供欣赏的文学作品。话本有的是说话人自己的记录，有的则是书会才人的创作。书会是城市中通俗文艺作家的行业组织，见于记载的有武林书会、玉京书会等名目。书会的作者称为才人，他们写作的范围很广，有杂剧、话本等。④元代不少话本便应出自书会才人之手。书会才人一身二任，同时从事杂剧和话本的创作，因此杂剧和话本的题材和情节往往雷同，下面将会提到的《水浒传》和《三国演义》故事在元代的流行便是

---

① 《元典章》卷41《刑部三·诸恶·谋反·乱言平民作歹》。
② 《东维子文集》卷6。
③ 《南村辍耕录》卷27《胡仲彬聚众》。
④ 冯沅君：《古剧四考·才人考》《古剧四考跋》，《古剧说汇》，作家出版社1956年版。

很典型的例子。

小说类说话的题材广泛，有灵怪、烟粉、传奇、公案、朴刀、杆棒、神仙、妖术等名目，归纳起来，主要有婚姻恋情、词讼审判、江湖侠义、神仙鬼怪几大类。宋元时期的小说话本流传下来的为数不少，但现存的都是明代刻印的，这些作品在流传过程中都曾经过说话人和书会才人不断加工、修改，其创作的准确时代很难断定。哪些话本小说属于元代，迄今没有定论。[①]一般统称为宋元话本，以短篇为主，亦有长篇，如《西游记》（见下）。

讲史类说话以元以前各朝历史为题材，从上面的资料可知，"由汉魏，到隋唐"，"三国、五季……道君艮岳及秦太师事"，都是讲史的范围。"道君艮岳"指宋徽宗花石纲事，"秦太师"即秦桧。可见宋朝历史亦在讲史的范围。现存可以确定为元代讲史类话本共有8种，即《武王伐纣书》《乐毅图齐七国春秋后集》《秦并六国》《前汉书续集》《三国志》《薛仁贵征辽事略》《宣和遗事》《三分事略》。前5种合称《全相平话》，有元至治建安虞氏刻本。版式一致，上图下文，故有此称。这5种平话分别叙述商亡周兴，战国时乐毅伐齐和孙膑破燕，秦朝统一和灭亡，汉初吕后专权和文帝复兴汉室，以及魏、蜀、吴三国鼎立和晋朝统一的历史。《薛仁贵征辽事略》见于《永乐大典》卷5244"辽"字门。以唐初征辽东为背景，讲述薛仁贵屡立战功，反遭陷害，最后真相大白，受赏封官。《宣和遗事》有2卷本和4卷本两种，内容大体相同。2卷本有旌德郭卓然刻本和《士礼居丛书》本，4卷本有金陵王氏洛川校正重刊本、吴郡修绠山房刻本。"宣和"是宋徽宗的年号，这部平话叙述的主要是宋徽宗一朝的历史，其中有宋江等36人的事迹。《三分事略》有元刊本，可能刊刻于福建建安书坊，内容与《三国志平话》大体相同。《全相平话五种》之一是《乐毅图齐七国春秋后集》，可以推知必有前集。又一种是《前汉书续集》，亦必有正集。上引杨维桢记，钱塘女子朱桂英"演史于三国、五季"，又说"道君艮岳及秦太师事"，则可知讲史内容除"三国"（《三国志平话》《三分事略》）、"道君艮岳"（《宣和遗事》）之外，还有"五季"及"秦太师事"，亦应有话本流行。[②] 此外，成书于14世纪中叶的《朴通事》（当时高丽的汉语教科书）中说道，"买《赵太

---

① 《元代文学史》认为，现存元代话本小说有9种，见该书第597—598页。
② 现在传世的《五代史平话》，一般认为是宋或金刻本。

祖飞龙记》《唐三藏西游记》去"①。《赵太祖飞龙记》显然是讲述宋太祖赵匡胤发迹称帝的讲史平话。通过这些例子可以看出,当时讲史的范围非常广泛,起自商周(可能更早),下迄两宋。而且,同一主题(如三国历史)可以有不同的文本,因此,讲史的文本"平话"为数众多,现在流传下来的只是一部分。讲史"平话"大多以历朝兴亡为题材,谴责荒淫无道的封建君主,歌颂敢作敢为的英雄人物,社会各阶层都可以从不同角度引发共鸣,因而很自然地得到广泛流行。

元代话本在中国小说发展的历史进程中占有重要的地位。众所周知,《水浒传》《三国演义》《西游记》是中国古代小说的代表作。它们都是在元代话本基础上发展而成的。

北宋末年爆发的宋江起义,见于史籍记载。南宋文献中,话本小说有《青面兽》《花和尚》《武行者》《石头孙立》等名目,显然是水浒人物的单篇故事。② 上述讲史类平话《宣和遗事》中已有水浒故事的雏形。元代杂剧中也有许多以水浒故事为题材的作品,如《燕青博鱼》(李文蔚作)、《李逵负荆》(康进之作)、《黑旋风双献功》(高文秀作)等。由宋入元的画家龚开作《宋江三十六人赞》,在《序》中说:"宋江事见于街谈巷语",可见已流传很广。③ 一般认为,在元代,经过说话人和书会才人的共同努力,水浒故事的基本轮廓已经形成。《水浒传》正式成书的执笔人(施耐庵、罗贯中或其他人)实际上是以书会才人撰写的有关话本、杂剧为基础,加工、改写而成。早期版本的《水浒传》中不少地方提到"书会""说话",便是明证。

据记载,三国故事唐代已在民间流传,两宋时期传播更广。元代三国故事深入人心,不少作家的诗文中,涉及三国故事。关羽崇拜在元代盛行,很多地方都为之建立庙宇,宫廷中举行游皇城仪式,以关羽为镇坛神,这也从一个侧面反映出三国故事之深入人心。④ 元代杂剧中有不少以三国故事为题材,如《单刀会》(关汉卿作)、《三战吕布》(郑德辉作)、《隔江斗智》(作者佚名)等。在话本《三国志平话》和《三分事略》中,三国故事已有一定规模,但文字比较粗糙,情节亦不够完整。14 世纪中叶,高丽的汉语教

---

① 《朴通事谚解》卷下。
② 罗烨:《醉翁谈录·小说开辟》。
③ 《癸辛杂识》续集上《宋江三十六人赞》。
④ 《中国风俗通史·元代卷》,上海文艺出版社 2001 年版,第 361—363 页。

科书《老乞大》中记载,高丽商人从中国买回大批书籍,其中便有《三国志评话》。① 可见这一话本在当时已有很大影响。元末明初,罗贯中查考史籍,结合其他资料,对话本作了全面的加工,使之面目一新。这便是中国文学史上的杰作《三国志通俗演义》。"《演义》是第一部文人再创作的长篇通俗小说,也是中国最好的一部历史演义小说。"② 它与话本之间同样有着明显的血肉渊源关系。罗贯中的家世、经历,至今说法不一,很可能也是一位书会才人。

唐代前期,僧人玄奘赴天竺(印度)取经,是轰动一时的大事,在民间传说甚广。现在传世的宋代刊本《大唐三藏取经诗话》,内容简单,有诗有话,除三藏法师以外,已经出现猴行者这个人物,这是孙行者的前身。榆林窟西夏时期壁画《水月观音图》《普贤变图》中,都有唐僧和猴行者的形象。③ 高丽的汉语教科书《朴通事》中记,买《唐三藏西游记》,而且记有人问:"买时买四书六经也好……要怎么那一等平话?"回答说:"《西游记》热闹,闷时节好看有。"④ 同书还有一大段车迟国斗法的故事,情节与后来吴承恩的《西游记》已相当接近,但又有所不同。⑤ 元末明初人杨讷作《西游记》杂剧,有六本二十四折,洋洋大观,故事内容已很丰富。可知到了元代西游故事业已大体定型。明代吴承恩正是在话本和杂剧的基础之上进行再创作,使之在思想和艺术上都有很大的提高,于是有了脍炙人口的神魔小说《西游记》。也就是说,元代的话本《西游记》和以西游故事为题材的杂剧,为后来的小说《西游记》打下了很好的基础。

此外,宋元话本中的短篇小说,在后代流行很广。明代后期冯梦龙编订的短篇小说集《三言》(《喻世明言》《警世通言》《醒世恒言》)共 120 篇,其中有不少篇无疑应是宋元话本,明人创作的作品约占三分之二。后一类作

---

① 《元代汉语本·老乞大》,韩国庆北大学校出版部 2000 年版,第 77 页。按,《老乞大》与《朴通事》的写作时代相近,都应在 14 世纪中期。两书在朝鲜时代仍是通行的汉语教材,但经过修改。通行的"谚解"本便是经过修改的本子,但基本保持本来面貌。近年发现的旧本《老乞大》,应是原始的本子。
② 程毅中:《宋元小说研究》,江苏古籍出版社 1999 年版,第 394 页。
③ 史金波:《西夏佛教史略》,宁夏人民出版社 1988 年版,第 170—171 页。
④ 《朴通事谚解》卷下。
⑤ "谚解"本《朴通事》另有几条注文涉及西游故事,所述情节与吴承恩《西游记》相近,但又有一定区别,亦应根据平话本《唐三藏西游记》。明初《永乐大典》中有一段"梦斩泾河龙"的文字,见该书卷 13139,与吴本第九回情节相近,可能亦出自平话。

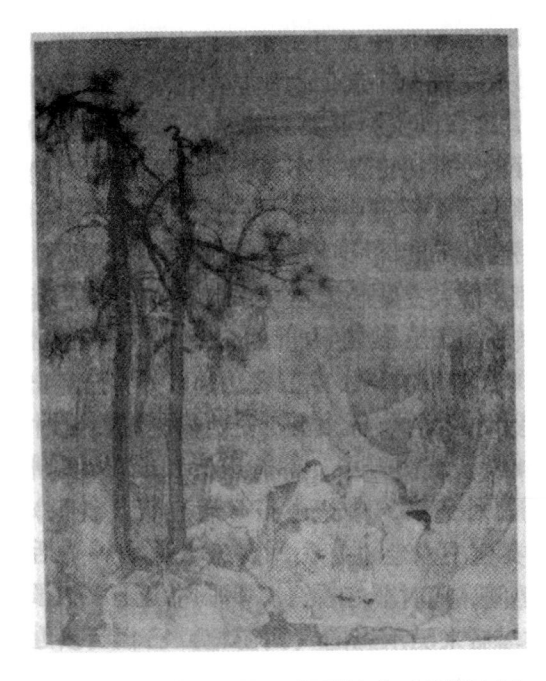

图 3-5-4　传王振朋画《西游记》（现藏日本）

品明显受到宋元话本的影响，因而被称为"拟话本"。"拟话本"是文人创作的专供阅读的话本小说。《三言》之后，还有不少"拟话本"的作品问世，成为明清之际文学创作的一大特色，宋元话本这一方面的影响也是不能低估的。

第五节　书画艺术的兴盛

元朝的书画艺术，在中国艺术发展史上占有重要的地位。但是，元朝书画艺术的真正繁荣，是仁宗时期开始的。前面我们介绍过前一阶段的一些著名画家和书法家。到了仁宗时期，高克恭、钱选、郑思肖、龚开等已经去世，赵孟頫、李衎、任仁发、何澄、李肖岩等人还继续从事创作。但到英宗、泰定帝时期，也就是14世纪20年代，他们都已离开了人世。一批新的画家、书法家，从仁宗时期起，不断涌现，使画坛、书坛的面貌为之一新。

在山水画方面，有商琦、唐棣、朱德润、方从义、曹知白、张彦辅、黄公望、王蒙、吴镇、倪瓒等。商琦出身官僚家庭，本人官至秘书卿。"商侯画山并画水，当今天下无双比。"① 有人称他的作品为"绝艺"②。唐棣（1296—1364），字子华，吴兴（今属浙江）人。"以茂才异等起家"③。元朝制度，"擢茂异以待非常之人"，这是一种由官员保荐的入仕途径，④ 为数很少，能被荐为"茂异"的大多是有声望的士人。唐棣由此入仕，历任教授、巡检、照磨、县尹、知州等职。所到之处，颇有作为。唐棣"诗文敏赡，笔墨精绝"，青年时代即以擅长诗、画闻名。⑤ 后来的成就更获得普遍的赞誉，被认为是高克恭和赵孟𫖯之后的画坛名家，"前朝画品谁第一，房山尚书赵公子……尚书、公子不复见，得见唐侯斯可矣"⑥。唐棣的传世作品有《林荫聚饮图》（台北故宫博物院藏）、《霜浦归渔图》（台北故宫博物院藏）等。朱德润（1294—1365），字泽民，吴郡（今江苏苏州）人，年轻时即以诗、书、画知名，25岁时到大都，赵孟𫖯将他引荐给长期居留在大都的高丽沈王王源，王源向元仁宗推荐，"命为应奉翰林文字、同知制诰，兼国史院编修官"，秩从七品。英宗即位，他因王源的特殊关系得授征东行省儒学提举。英宗死后回江南隐居。元末农民战争爆发后，重新出仕，为江浙行省照磨，参与镇压起义的军事活动。不久病归，在家闲住至死。"吴中胜士朱隐君，笔精墨妙天下闻。"⑦ 他在当时已有很高的声誉。传世作品有《秀野轩图》（北京故宫博物院藏）、《林下鸣琴图》（台北故宫博物院藏）等。

方从义，字无隅，号方壶，贵溪（今属江西）人，生卒年均不可考，可以知道他是道教正一派的道士。正一派是南方道教最大的宗派，以江西龙虎山为祖庭。14 世纪 40 年代，方从义从江西龙虎山出发，出游大江南北，至正三年（1343）到大都，后南返。明初尚在。方从义"工诗文，善古隶章草"⑧，"画山水极潇洒，无尘俗气"⑨。他的画作以山水为主，亦画墨

---

① 《商学士画山水歌》，《石田集》卷 5。
② 《题商学士〈寒林图〉》，《诚意伯文集》卷 13。
③ 《唐县尹生祠记》，《佩玉斋类稿》卷 2。
④ 《元史》卷 81《选举志一》。
⑤ 《送唐子华序》，《墙东类稿》卷 6。
⑥ 《唐子华云山歌》，《静庵集》卷 2。
⑦ 《奉题朱泽民先生画山水图》，《云阳集》卷 1。
⑧ 《书史会要》卷 7。
⑨ 《图绘宝鉴》卷 5。

竹，名重一时。"尔来得名三十春，眼高四海空无人；残缯断楮落人世，夜光明月作奇珍。"①传世作品有《山阴云雪图》（台北故宫博物院藏）、《武夷放棹图》（北京故宫博物院藏）等。曹知白（1272—1355），字贞素，号云西，浙西华亭（今上海市松江）人。是元代后期浙西豪门之一，富有资财，收藏大量书籍和法书名画，曹家园林闻名一时。曹知白喜欢招徕宾客，论文赋诗，评点书画。"风流文采，不减古人。"②曹知白本人"善书画"③，有"清气可爱"之誉。④传世作品有《松林平远图》（台北故宫博物院藏）、《疏松幽岫图》（北京故宫博物院藏）等。

黄公望、吴镇、倪瓒、王蒙在后代被尊称为"元季四大家"，在绘画史上占有突出的地位，对后人的创作有很大影响。

黄公望，字子久，号大痴，常熟（今属江苏）人。⑤生于南宋咸淳五年（1269），活了八十多岁，大概死于至正十五年（1355）前后。黄公望早年经历不详。元仁宗时，平章张闾建议"经理田粮"，实即重新核定田赋，得到批准。进行过程中，"富民黠吏，并缘为奸"，以致"民不聊生，盗贼亦起"。元仁宗不得不下令停止，并将张闾治罪。⑥黄公望当时是御史台的吏员，因张闾案受牵连入狱。出狱后为道士，居住在杭州，经常往来于浙西各地。与名流交接，"诸名公莫不友爱之"⑦。黄公望学问渊博，"通三教，旁晓诸艺"⑧。有"海内奇士"之称。⑨在绘画方面，长于山水。倪瓒说他的"画格超凡俗"⑩，认为他与高克恭、赵孟頫、王蒙是元朝最出色的山水画家。⑪他最得意也最著名的作品是《富春山居图》，描绘富春江两岸的初秋景色。此画的摹本甚多，真本分藏浙江博物馆和台北故宫博物院。还有《溪山雨意图》《九峰雪霁图》（均藏北京故宫博物院）等。吴镇（1280—1354），字仲圭，号梅花道人。嘉兴（今浙江嘉兴）魏塘镇人。吴镇长期过

---

① 《方壶道人山水歌》，《尚䌹斋集》卷1。
② 《题钱素庵所藏曹云翁手书〈龙眠述古图〉序文》，《野处集》卷2。
③ 《山居新语》。
④ 《图绘宝鉴》卷5。
⑤ 又有富春人、松江人、杭人等说。
⑥ 《元史》卷25《仁宗纪二》、卷93《食货志一》。
⑦ 《山居新语》。
⑧ 《图绘宝鉴》卷5。
⑨ 《鲁钝生传》，《东维子文集》卷28。
⑩ 《题大痴画》，《清閟阁集》卷8。
⑪ 《题黄子久画》，《清閟阁集》卷9。

着"隐居"的生活,与外界交往不多,因而他的经历也不为人所知。[1] 吴镇"善画山水竹木,臻极妙品"[2]。传世作品有《渔父图》(藏北京故宫博物院)、《秋江渔隐图》(藏台北故宫博物院)等。

倪瓒(1301—1374),字元镇,号云林,无锡(今属江苏)人。无锡倪氏是当地的大族。倪瓒家"资雄于乡",其兄倪昭奎曾受"特赐真人号",在道教中很有地位。倪瓒青年时代过着优裕的生活,家中收藏丰富,有园林之胜,和曹云西一样,"好客之名,闻于四方"。在元末农民战争爆发后,由于种种原因,家道中落,不得不流落他乡,寄食于人。生活发生巨大的变化。[3] 倪瓒"善写山水小景,自成家,名重海内"[4]。山水之外,也画竹石。也有人批评他"晚年率略酬应,似出二手"[5]。这可能与他晚年的生活遭遇有关。倪瓒的传世作品有《水竹居图》(中国历史博物馆藏)、《渔庄秋霁图》(上海博物馆藏)、《梧竹秀石图》(北京故宫博物院藏)等。王蒙(?—1385),字叔明,号黄鹤山樵,吴兴(今浙江吴兴)人。他是赵孟頫的外孙。其早期经历不详,元末曾远游京师。农民战争爆发后,起于淮东的盐贩张士诚占据浙西,表面上投降元朝,实际则割据一方,张氏广招宾客,浙西名士大多入其幕府,王蒙亦在罗致之列。明初出仕,洪武十八年(1385)因受牵连,死于狱中。[6] 王蒙确切年龄虽不可知,但可以肯定他比黄公望、吴镇、倪瓒要年轻,是他们的后辈。倪瓒将他与高克恭、赵孟頫、黄公望并列为元朝最出色的山水画家,力追前辈。[7] 这样的评价,说明他在这方面有着非同一般的成就。他的传世作品有《青卞隐居图》(上海博物馆藏)、《葛稚川移居图》(北京故宫博物院藏)等。

元朝中期以后,从事山水画创作的画家,除了上面提及者之外,还有刘融、马琬、陆广、盛懋、张中、赵元等人。

---

[1] 1981年,浙江平湖发现《义门吴氏谱》,其中说吴镇出身豪门大族,世代官宦,吴镇本人曾中进士(余辉:《吴镇世系与吴镇其人其画》,《故宫博物院院刊》1995年第4期;吴静康:《吴镇家世再探》,同刊2001年第5期)。这与以往关于吴镇的记载很不相符,而且此谱有明显的错误,需进一步考证。
[2] 孙作:《墨竹记》,《沧螺集》卷3。
[3] 《云林先生墓志铭》,《清闷阁集》卷11。参见陈高华《元代画家史料汇编》"倪瓒"篇。
[4] 《录鬼簿续编》。
[5] 《图绘宝鉴》卷5。
[6] 《哭王黄鹤》,《南村诗集》卷2。
[7] 《用王叔明韵题画》,《清闷阁集》卷5。

图 3-5-5　倪瓒像（台北故宫博物院藏）

刘融，字伯熙，蓟丘（今河北蓟县）人，生卒年不可考。后至元三年（1337）为秘书太监（从三品）。至正十七年（1357）为秘书卿（正三品）。① 由此可知他主要活动于元朝后期。"只今画者纷如丝，京城再数刘伯熙。"② "刘侯学李成，画手称独步。"③ 但是他的作品没有流传下来。马琬，字文璧，号鲁钝生，扶风（今属陕西）人，生卒年不详。马琬多才多艺，"诗工古诗行，尤工诸画"④，元末往来浙西各地，"落魄湖海间"⑤，很不得意。明洪武三年（1370）受朱元璋召到南京，被任命为抚州（今江西临川）知府。传世作品有《雪岗渡关图》（北京故宫博物院藏）等。陆广，字季弘，号天游生，吴（今江苏苏州）人，生卒年不详。陆广画山水、竹石，"落笔苍古，用墨不凡"⑥。传世作品有《丹台春晓图》（北京故宫博物院藏）等。盛懋，字子昭，嘉兴（今浙江嘉兴）魏塘镇人，生卒年不可考。生活在元朝后期，其生平经历亦缺乏记载，应是民间画师，世代以画为业。"善画山水人物花鸟"，特点是"精致有余，特过于巧"⑦。传世山水作品有《秋江待渡图》（北京故宫博物院藏）等。赵元（一作原），字善长，又字丹林，

---

① 《秘书监志》卷9《题名》。
② 《题许参政所藏刘伯熙〈青山白云图〉》，《揭文安公诗集》卷7。
③ 《奉题达兼善御史壁间刘伯希所画〈大木图〉》，《傅与砺诗集》卷3。
④ 《西湖竹枝词》。
⑤ 《鲁钝生传》，《东维子文集》卷28。
⑥ 《画史会要》卷3《元》。
⑦ 《图绘宝鉴》卷5。

东平（今山东东平）人，生卒年不可考。元朝末年，赵元长期生活在平江（今江苏苏州）乡间。"画师今赵原，东吴谅无双"①，可见他当时在平江一带是很有名的，传世作品有《溪亭秋色图》（北京故宫博物院藏）等。

花鸟画名家有边鲁、陈琳、王渊、张中等。边鲁，字至愚，号鲁生，"北庭人"②。"北庭"即别失八里，为元朝畏兀儿人聚居之地。畏兀儿人是现代维吾尔族的先人。边鲁应是畏兀儿人，在元朝属于"色目"人。元末曾为南台宣使，南台即江南行御史台，宣使是南台的一名吏员。"奉台命西谕时……以不屈辱死。"③"西谕"是"往金陵诏谕"④，即往朱元璋处被杀。边鲁"善画墨戏花鸟"⑤，传世唯一作品是《花竹锦雉图》（天津艺术博物馆藏）。王渊，字若水，号澹轩，杭（今浙江杭州）人，生卒年不可考，生活在元朝后期。"善山水人物，尤长于花竹翎毛。"⑥ 有"当代绝艺"之称。⑦ 现存作品十余件，有《山桃锦鸡图》（北京故宫博物院藏）等。张中，又名守中，字子正（一作子政），松江（今上海松江）人，生卒年不详。他是忽必烈时代大官僚张瑄的后人，元末动乱，隐居读书。他的花鸟作品，在后代有"神品"之誉。"一洗宋人勾勒之痕，为元世写生第一。"⑧ 传世作品有《芙蓉鸳鸯图》（上海博物馆藏）等。

从事竹石梅兰创作的画家，有吴镇、倪瓒、柯九思、张彦辅、顾安、张逊、明雪窗、王冕等。吴镇、倪瓒是山水画名家，同时也作墨竹，都有作品传世。柯九思的生平，前面已提及，他"善写竹石"，以书法画竹，自成一格。⑨ 张彦辅是正一派道士，蒙古族，活跃于元朝后期画坛，以"善画山水"出名，⑩ "白云青山张道士，晚出便欲夸精工"⑪。亦能画鞍马。但是他传世的唯一作品《棘竹幽禽图》却是竹石图画。顾安，字定之，平江（今

---

① 《赵善长〈山水〉》，《梧溪集》卷5。
② 《西湖竹枝词》。
③ 《边至愚〈竹雉图〉歌》，《梧溪集》卷6。
④ 《题边鲁生〈花木翎毛〉四首》，《涉斋集》卷10，按，文集作者许及之，南宋人。此诗系窜入，原作者待考。
⑤ 《图绘宝鉴》卷5。
⑥ 《南村辍耕录》卷7《画鬼》。
⑦ 《图绘宝鉴》卷5。
⑧ 《平生壮观》卷9《元·张中》。
⑨ 《稗史集传·柯九思》。
⑩ 《图绘宝鉴》卷5。
⑪ 《和郑愚谷题张彦辅〈云山图〉》，《益斋乱稿》卷4。

江苏苏州）人，生卒年不详。顺帝初年任龙岩（今属福建）巡检，这是负责地方治安的低级官员。至正五年（1345）任常州（今属江苏）录事司判官。录事司是管理城市居民的机构，判官处理日常事务。后调任泉州同安（今属福建）县尉。这是专门负责治安的低级官员。顾安"以写竹得名"①，能综合各家之长，"浓墨逼景献，健毫从澹游。清如李息斋，劲若柯丹邱"②。"景献"是宋朝画竹名家景献太子赵询，"澹游"是金画家王曼庆，"李息斋""柯丹邱"是元朝李衎和柯九思。传世作品有《幽篁秀石图》（北京故宫博物院藏）等。张逊，字仲敏，号溪云。平江人，生卒年不可考。生活于元代末期。他"博学善属文，书画俱绝"③。"善画竹，作钩勒法，妙绝当世。"④ 传世唯一作品《双勾竹》卷（北京故宫博物院藏）。僧普明，字雪窗，通常称为明雪窗，生卒年不可考，在平江出家，历任各寺院住持。当时平江"家家恕斋字，户户雪窗兰"⑤。可见他的兰画在平江是很流行的。他的作品国内无存，在日本保留了下来。王冕，字元章，会稽（今浙江绍兴）人。生年不可考，死于至正十九年（1359）。王冕年轻时屡试科举不中，曾到大都、上都寻求出路，终于碰壁而归，回乡隐居。元末战乱，朱元璋进军浙东，王冕投奔朱军，出谋划策，但不久就病死，王冕"能诗，善画墨梅，万蕊千花，自成一家"⑥。"以胭脂作没骨体，自元章始。"⑦ 传世作品有《墨梅图》（北京故宫博物院藏）等。

在人物肖像画方面，前一时期的名画家李肖岩、陈鉴如继续作画。李肖岩在泰定帝和文宗两朝奉命为皇帝、皇后、太后"绘画御容"⑧。陈鉴如在延祐四年（1317）曾为高丽名臣李齐贤画像。这是他传世的唯一作品。⑨ 陈鉴如之子陈芝田"能世其业"⑩，"京师三十年，画富贵人不知几辈"，而且曾侍奉宫廷。⑪ 后起的人物画家还有张渥、王绎等。张渥，字叔厚，号贞期

---

① 《送顾定之如京师序》，《存复斋集》卷5。
② 《顾定之墨竹》，《柘轩集》卷3。
③ 《草堂雅集》卷7。
④ 《图绘宝鉴》卷5。
⑤ 《元诗选三集·不系舟集》。
⑥ 《图绘宝鉴》卷5。
⑦ 《草堂雅集》卷14。
⑧ 《秘书监志》卷5《秘书库》；《大元画塑记》。
⑨ 此图见日本平凡社《世界美术全集》第14卷《中国中世Ⅰ·宋元》。
⑩ 《图绘宝鉴》卷5。
⑪ 许有壬：《赠写真陈芝田序》，《至正集》卷31。

图3-5-6 张彦辅《棘竹幽禽图》

生。祖籍淮南（今安徽北部），实为杭州人。生卒年不可考。张渥"博学明经，累举不得志于有司"，是个科举失意的士人。长于"用李龙眠法作白描，前无古人"[1]。他的传世作品有《九歌图》（存世三本，吉林省博物馆、上海博物馆、美国克利夫兰博物馆分藏）等。王绎，字思善，号痴绝生，杭州人，生卒年不可考。他"年十二三，已能丹青，亦解写真"[2]。"善写貌，尤长于小像，不徒得其形似，兼得其神气。"[3] 传世作品有《杨竹西像》（北京故宫博物院藏），是公认的古代肖像画的杰作。王绎还写有《写像秘诀》一文，总结了自己这方面的创作经验，亦有很高的价值。

元朝统一前后，在绘画领域，"文人画"发展的趋势已很明显。到了后

---

[1] 《草堂雅集》卷10。
[2] 《御定佩文斋书画谱》卷54《画家传十》。
[3] 《图绘宝鉴》卷5。

期,"文人画"可以说已成为画坛的主流,所谓"文人画",主要是因为创作者主体是中原传统文化熏陶成长的文人,其创作题材以山水画和竹石梅兰画为主,以及诗、书、画结合的普遍。在后期绘画创作中,籍贯江南的画家占绝对多数。上面提到的元朝后期画家近三十人,籍贯北方的只有刘融、李肖岩、商琦数人,此外张彦辅是蒙古人,边鲁是畏兀儿人,其余二十多人都是南人或长期生活在江南,其中尤以浙西最多。朱德润、陆广、张逊、明雪窗是吴人(平江路治所在地,今江苏苏州)。黄公望是常熟人(常熟元代属平江路,今江苏常熟),唐棣、王蒙、赵雍是湖州(今属浙江)人。曹知白、张中是松江人,陈鉴如、张渥、王绎、陈琳、王渊是杭州人。吴镇、盛懋是嘉兴人。倪瓒是无锡(属常州路)人。马琬籍贯南京,但长期居住在松江。赵元原籍山东,长期生活在平江。柯九思是天台(今属浙江)人,王冕是会稽(今浙江绍兴)人,这两人属于浙东。方从义籍贯不详,他长期在江西龙虎山学道,亦可归入南人之列。后期画家的这种情况,足以说明画坛实际上以江南特别是浙西为中心。特别值得注意的是赵孟𫖯在后期画坛的地位。赵孟𫖯的绘画创作从世祖时代一直延续到后期的仁宗、英宗两朝。他是湖州人,长期在湖州、杭州一带活动。元朝后期的许多画家(特别是浙西地区的画家)都直接或间接受到他的影响。在上面提到的众多画家中,有记载可考,直接受指点的便有唐棣、朱德润、陈鉴如、王渊、陈琳、赵雍、王蒙等人,刘融、黄公望、曹知白都曾与赵交游,至少间接受到他的影响。完全可以说,赵孟𫖯是元朝后期画坛的领袖。他的绘画创作理论"师古"和"不求形似"对画坛产生了重大的影响。

元朝后期书法方面名家迭出,主要有张雨、杨维桢、虞集、揭傒斯、周伯琦、倪瓒、吴镇、康里巎巎、泰不华等。

张雨(1283—1350)[1],字伯雨,号句曲外史,钱塘(今浙江杭州)人。20岁出家为道士,是元朝后期江南道教的上层人物,擅长诗文,与当时有声望的文人如赵孟𫖯、邓文原、虞集、萨天锡等多有交往。张雨"始学书于赵文敏,后得《茅山碑》,其体遂变,故字画清遒,有唐人风格"[2]。他的代表作是《题画二诗卷》(北京故宫博物院藏),书法行草相间,挥洒自如,风

---

[1] 张雨生卒年有不同说法,这里根据张光宾《元儒仙句曲外史张雨生平考述》的意见,见《元代书画史研究论集》,台北故宫博物院,1979年。

[2] 《跋张外史自书杂诗》,《鬼藻集》卷4。《茅山碑》即原藏江苏句容的唐颜真卿《玄静先生李含光碑》,原碑已毁,有拓本传世。

格峻逸。杨维桢的生平，在本章第一节中已有介绍。他在诗文方面卓有成就，书法亦能自成一家，传世作品有行书《鬻字窝铭》（北京故宫博物院藏）、草书《竹西草堂记》（辽宁省博物馆藏）等。

虞集、揭傒斯都是身居高位的文坛领袖人物，其生平在前面亦已述及。虞集在书法方面"真、行、草、篆，皆有法度，古隶为当代第一"①。传世法书以书画题跋为主，数量甚多。②《赵孟頫草书陶诗跋》（北京故宫博物院藏）是他的唯一传世隶书作品。揭傒斯"善楷书而尤工于行、草"③，"行书师晋人，苍古有力"④。传世作品有《临智永真草千字文》（上海博物馆藏）等。⑤ 还有一位身居高位的书法家周伯琦（1299—1369），字伯温，饶州（今江西波阳）人。国学生员出身，长期在翰林院、宣文阁（奎章阁改）、崇文监（艺文监改）等文化机构任职，元末农民战争爆发后，元朝起用南人，任监察御史、肃政廉访使、江浙行省参知政事、左丞（正二品）。周伯琦"博学工文章，而尤以篆、隶、真、草擅名当时"。曾受顺帝之命，"篆宣文阁宝，仍题扁宣文阁，及摹王羲之所书《兰亭序》、智永所书《千文》，刻石阁中"⑥。他对文字学很有研究，著有《六书正伪》《说文字原》二书。诗文有《近光集》3卷，《扈从集》1卷。代表作有篆书《宫学、国史二箴》（北京故宫博物院藏）。此外还有一些篆书和行、楷书作品传世。

倪瓒、吴镇是元朝后期画家，在书法上亦各有特色。倪瓒的代表作有行书《自书诗稿》（台北故宫博物院藏）、行书《谈室诗》（北京故宫博物院藏）等。吴镇的传世代表作是草书《心经》（藏北京故宫博物院）。和倪瓒、吴镇齐名在后代并列为"元四家"的黄公望和王蒙，在书法上亦各有成就。诗、书、画的结合，是元代文学艺术的一种趋势，在"元四家"身上有突出的表现。可以认为，四家书法影响后世的不是书法本身，而是书法与诗歌、绘画完美结合的形式。⑦

巙巙（1295—1345），字子山，康里人，故又称康里巙巙。康里是游牧

---

① 《书史会要》卷7《大元》。
② 姜一涵列举虞集存世书法作品六十余件，《元代奎章阁及奎章人物》，联经出版社公司1981年版，第21—25页。
③ 《揭文安公神道碑》，《金华集》卷26。
④ 《书史会要》卷7《大元》。
⑤ 姜一涵列举揭氏存世书法作品十三件，《元代奎章阁与奎章人物》，第126—128页。
⑥ 《元史》卷187《周伯琦传》。
⑦ 赵志成：《"元四家"的书法及作品》，《书法丛刊》1995年第3期。

在咸海以北的一个民族，蒙古西征后，一部分康里人东迁汉地。崾崾的祖父燕真，"事世祖从征有功"，父不忽木受儒学教育，是世祖、成宗时代的名臣。[1] 崾崾"幼肄业国学，博通群书"，官至翰林学士承旨（从一品）。他长于书法，"善真行草书，识者谓得晋人笔意，单牍片纸人争宝之，不翅金玉"[2]。"崾崾……刻意翰墨，正书师虞永兴，行、草师钟太傅、王右军，笔画遒媚，转折圆劲，名重一时。评者谓国朝以书名世者，自赵魏公后便及公也。"[3] 他在书法上的成就可与赵孟頫相提并论。传世作品不下20种，其代表作有草书《颜鲁公述张旭笔法记》（北京故宫博物院藏）等。泰不华（1304—1352），字兼善，蒙古人。[4] 进士及第，先后任监察御史、行省郎中、路总管、礼部尚书、翰林侍读学士等职。后任台州路达鲁花赤（正三品），为方国珍所杀。泰不华"善篆隶，温润遒劲"[5]。亦能楷书。与他同时代的著名学者苏天爵称赞他的书法"清标雅韵，蔚有晋、唐风度"[6]。传世作品有篆书《陋室铭》卷（北京故宫博物院藏）、楷书《跋鲜于枢御史箴》（美国普林斯顿大学博物馆藏）等。元朝后期，涌现了不少蒙古、色目画家和书法家，张彦辅、边鲁、崾崾、泰不华便是其中杰出的代表。[7]

元朝后期，产生了两种画史著作。一种是《画鉴》（一作《古今画鉴》），作者汤垕，字君载，丹阳（今江苏丹阳）人，生卒年不可考。曾任绍兴路兰亭书院山长。[8] 文宗至顺年间，他在大都"与今鉴书博士柯君敬仲论画，遂著此书"。后来张雨曾加删补。[9] 柯敬仲即柯九思。此书论历代之画，始于吴、晋、六朝，次唐、五代，次宋、金、元诸家，"然元惟龚开、陈琳二人，盖赵孟頫诸人，并出同时，故不录也"。此书以唐、宋画为重点，

---

[1] 《元史》卷130《不忽木传》。
[2] 《元史》卷143《崾崾传》。
[3] 《书史会要》卷7《大元》。
[4] 钱大昕、陈垣均以泰不华为钦察伯牙吾台氏。韩儒林指出，蒙古、康里、钦察均有伯牙吾台氏。萧启庆考定，泰不华为蒙古人，见《元代蒙古人的汉学》，《蒙古史新研》，允晨文化实业公司1994年版，第133页注。
[5] 《元史》卷143《泰不华传》。
[6] 《题兼善尚书自书所作诗后》，《滋溪文稿》卷30。
[7] 关于崾崾和泰不华的书法艺术，可参见王连起《元代少数民族书法家及其书法艺术》，《故宫博物院院刊》1989年第2期。
[8] 《至顺镇江志》卷19《人才》。
[9] 《〈画鉴〉序》，《画鉴》卷首。

论画"以鉴别真伪为主,所辩论皆在笔墨气韵间",不以考证见长。[1]"凡所辩论,皆甚精到。"[2] 对于了解古代特别是唐、宋绘画风格,有重要参考价值。[3] 另一种是《图绘宝鉴》,作者夏文彦,字士良,号兰渚生,华亭(今上海松江)人,生卒年不详。夏氏为当地的豪绅,是受元朝表彰的"义门"。夏文彦曾任同知余姚州事(正七品),家中"蓄书万卷","蓄画凡百十家"。他的收藏在当时"鲜有比者"。夏文彦有丰富的收藏,又能潜心探索,因而在图画鉴赏方面,有较高的水平,自己亦能作画。至正十六年(1356),松江城内因兵变遭到很大的破坏,夏文彦移居乡下,开始写作。至正二十五年(1365),完成《图绘宝鉴》五卷。明初,夏文彦被谪迁临淮(今安徽凤阳),大概就死在那里。[4]《图绘宝鉴》一书,卷一是图画鉴赏和形式的一些问题以及早期画家的名录,卷二至卷五是由吴、晋到元朝的画家小传,共一千五百余人。《图绘宝鉴》"搜罗广博,在画史之中最为详赡"[5]。在后代有很大影响。此书"自古传入日本,对日本影响甚大。关于中国绘画的信息很多都得自《图绘宝鉴》"[6]。关于《图绘宝鉴》的价值,存在不同的看法。此书所列北宋及其以前画家的资料,主要以《宣和画谱》《图画见闻志》为据,南宋、元的画家资料,则从各种文献中搜集而成,有很多是夏文彦亲身见闻所得,特别可贵。

关于书法,也有两种著作。一种是《法书考》,作者盛熙明,"其曲先鲜人。后居豫章"[7]。曲先即今新疆库车,古代称为龟兹。所以他自称"丘兹盛熙明"。豫章即今江西南昌,盛熙明的祖先应是从军或从征,在豫章落户。盛熙明曾"备宿卫"[8],即列名皇帝的怯薛。可知应是贵族官僚的子弟,也曾在文宗创建的奎章阁中任职。这都使他有机会与皇帝接触。他"工翰墨,亦能通六国书"[9]。编成《法书考》一书,在至正四年(1344)献给元

---

[1]《四库全书总目》卷112《子部·艺术类一·画鉴》。
[2] 余绍宋:《书画书录解题》卷6《著录·鉴赏》。
[3]《画鉴》传世版本甚多,常见有《学海类编》本。
[4] 关于夏文彦生平,见陈高华《夏文彦事迹小考》,《元史研究论稿》,第425—428页。
[5]《四库全书总目》卷112《子部·艺术类一·图绘宝鉴》。
[6] 近藤秀实:《图绘宝鉴校勘与研究》"自序一",江苏古籍出版社1997年版。
[7]《书史会要》卷7《大元》。
[8] 陈高华:《曲先学者盛熙明》,《元史研究论稿》,第444—446页。
[9]《书史会要》卷7《大元》。

顺帝。① 此书对书法源流，历代书家优劣、笔法、结构、风神以及印章，论述颇详，大多杂取前代著作而成，但选择颇精。一个色目人，能对中原传统书法艺术，如此倾心，令人惊异，"夫以西域人而工中国之书，已属难能，况又以其研究所及著为成书，以诏当世，岂非空前盛业乎"②。传世有《四部丛刊续编》本。另一种《书史会要》，作者陶宗仪，字九成，号南村，黄岩（今浙江黄岩）人。元末客居华亭（今上海松江），著书授徒，作品丰富，有《南村辍耕录》《书史会要》等。"是编载古来能书人，上起三皇，下至元代，凡八卷，末为书法一卷，又补遗一卷。"③ 此书"摭采至为繁富，文笔简当，间加评论，褒贬颇得其平"④。后人认为"可与夏文彦之《图绘宝鉴》相伯仲"⑤。传世有陶氏逸园影刊明洪武本。

以上四种书画史著作的出现，实际上正是有元一代绘画和书法创作兴旺发达的结果。四种书中，《图绘宝鉴》和《书史会要》在后代都有重大的影响。

---

① 《法书考》卷首《揭傒斯序》。
② 陈垣：《元西域人华化考》卷5《美术篇·西域之中国书家》。
③ 《四库全书总目》卷113《子部·艺类二·书史会要》。
④ 《书画书录解题》卷1《史传·书史会要》。
⑤ 杨守敬：《日本访书志》。

第六章　史学和地理学的进步

第一节　宋、辽、金三史的修纂

中统二年（1261）七月，忽必烈下令设置翰林国史院，其长官为翰林学士承旨，首位被任命为翰林学士承旨的是原金朝状元王鹗。① 翰林国史院的任务，主要是"纂修国史、典制诰、备顾问"三项。在修史方面，王鹗提出了自己的设想："自古国亡而史不亡，唐取隋，史焉。宋取五代亦然。金不为辽作史，至今天下有遗恨。"② "自古帝王得失兴废可考者，以有史在也。我国家以神武定四方，天戈所临，无不臣服者，皆出太祖皇帝庙谟雄断所致，若不乘时纪录，窃恐久而遗亡，宜置局纂就实录，附修辽、金二史。"③ 他还建议："以右丞相史天泽监修国史，左丞相耶律铸、平章政事王文统监修辽、金史，仍采访遗事。"④ 忽必烈同意他的设想，元朝官方修史工作自此开始。

王鹗关于修史的设想，分成两个方面，一是修本朝史，从太祖成吉思汗开始。一是修前朝史，按理元灭金而代之，前朝史是金史，但因金朝没有完成辽史的修纂，因而要修辽、金两朝史。后来，至元十三年（1276）元军下临安（今浙江杭州），将南宋的各项库藏都运往大都。负责此事的元军将领

---

① 关于成立翰林国史院的时间，《元史·世祖纪》中即有两说。中统二年七月，"初立翰林国史院"（卷4《世祖纪一》）。至元元年（1264）九月，"立翰林国史院"（卷4《世祖纪二》）。《元史》卷160《王鹗传》作至元元年，而王恽《中堂事记下》载中统二年七月立翰林国史院（《秋涧集》卷82），这是他亲身见闻之事，应不误。《元史》卷87《百官志三》云："中统初，以王鹗为翰林学士承旨，未立官署，至元元年始置，秩正三品。"可能是两说原因所在。

② 《中堂事记下》，《秋涧集》卷82。

③ 《元史》卷160《王鹗传》。

④ 《元史》卷4《世祖纪一》。

董文炳认为："国可灭，史不可没。宋十六主，有天下三百余年，其太史所记具在史馆，宜悉收以备典礼。"于是，便下令收集"宋史及诸注记五千余册，归之国史院"①。根据忽必烈的指示，前朝史的纂修由两朝（辽、金）史扩大为三朝（辽、金、宋）史。②

关于前朝史的修纂，成立翰林国史院之初，便收到了张柔移交的金历朝实录。王鹗认为"修史事宜急不宜缓"。他制订计划，要调集人才，加强采访，并提出金史体例的设计。③ 但是金史的纂修工作似乎不太顺利，特别是至元五年（1268）王鹗退休以后大概就完全停顿了下来，以后很长时间一直没有重新开展工作。辽史、宋史的纂修则迟迟未能提上日程。尽管如此，翰林国史院的设置，在收集和保存文献资料方面，仍起了有益的作用。例如，除了上述金历朝实录以外，还收藏有金国史中的太祖、太宗、熙宗、海陵本纪。其他一些文化机构亦收有前朝文献，如奎章阁藏有辽代耶律俨《实录》。④ 秘书监收藏经、史、子、集各类书籍多种，其中亦应不乏前代文献。⑤

仁宗对于中原传统文化采取积极的态度，修前代史又提了出来。虞集说："世祖皇帝时，既取江南，大臣有奏言，国可灭，其史不可灭。上甚善之，命史官修辽、宋、金史，时未遑也。至仁宗时，屡尝以为言。是时，予方在奉常，尝因会议廷中，而言诸朝曰：'三史文书阙略，辽、金为甚，故老且尽，后之贤者见闻亦且不及，不于今时为之，恐无以称上意。'典领大官是其言，而亦有所未建也。"⑥ 虞集认为，之所以没有进行修纂，有两个重要原因。一是资料不足。"延祐中，有旨修辽、金、宋史，至今十余年间，未遑有所笔录者，良以旧史多阙佚。"⑦ 一是正统问题不好解决，"间与同列议三史之不得成，盖互以分合论正统，莫克有定"⑧。也就是说，辽、宋、金

---

① 《元史》卷156《董文炳传》。
② 元末三史修成，《进辽史表》中说，世祖"尝敕词臣撰次三史，首及于辽"。（见《辽史》后附）在《进宋史表》中写道："拔宋臣而列政途，载宋史而归秘府……枢庭偃武，既编勘定之勋；翰苑摛文，寻奉纂修之旨。"（见《宋史》后附）"纂修之旨"即指下令纂修《宋史》而言。"既编勘定之勋"应指编《平宋录》而言。
③ 《玉堂嘉话八》，《秋涧集》卷100。
④ 《三史质疑》，《滋溪文稿》卷25。
⑤ 《秘书监志》卷6《秘书库》。
⑥ 《送墨庄刘叔熙远游·序》，《道园学古录》卷32。
⑦ 《孟同知墓志铭·跋》，《道园学古录》卷11。
⑧ 《送墨庄刘叔熙远游·序》，《道园学古录》卷32。

三朝谁为正统的问题，众议纷纭，意见不一，因而三史体例定不下来。

英宗至治年间（1321—1323），右丞相拜住"独秉国钧"，"欲撰述宋、辽、金史"，并将此事"责成于公（袁桷）"。拜住重视中原传统文化，礼遇儒士，有"贤相"之称。袁桷是庆元（今浙江宁波）人，出身于官僚世家。成宗大德（1297—1307）初年，为翰林国史院检阅官（正八品），以后长期在翰林国史院和集贤院任职。袁桷"生富贵，为学清苦……故其学问核实而精深"，"于近代礼乐之因革，官阀之迁次，朝士大夫之族系，九流诸子之略录，悉能推本源委而言其归趣"①。是有元一代最渊博的学者之一。他接到拜住的指示后，"奋然自任，条具凡例及所当用典册陈之"。这就是现存的《修辽金宋史搜访遗书条列事状》。其中说："伏睹先朝圣训，屡命史臣纂修辽、金、宋史，因循未就。"他强调自己"生长南方，辽、金旧事，鲜所知闻。中原诸老，家有其书，必能搜罗会粹，以成信史"。而自己上代祖先有多人参与宋朝修史之事，"谫薄弱息，获际圣朝，以继先躅"。也就是继承先人的事业，完成宋史的修撰，为此，他开列了详细的书目，并对宋朝历史上的一些重要问题，以及宋史纂修的原则，提出自己的看法。最后，袁桷表示，"自惟志学之岁，宋科举已废，遂得专意宋史"，在资料方面做过比较充分的准备，虽然年龄衰迈，仍愿为编纂宋史尽力。② 但是，"未几国有大故，事不果行"③。"大故"即"南坡之变"，英宗和拜住被杀，编纂三史的工作没有正式开始便已烟消云散。文宗"天历、至顺之间，屡诏史馆趣为之"，但也没有正式启动。④

元顺帝时期，完成了辽、金、宋史的修纂。元顺帝是元朝最后一位皇帝，他即位之初，燕铁木儿家族擅权。没有多久，伯颜铲除了燕铁木儿家族的势力，取而代之，威势更甚。顺帝又依靠脱脱，将伯颜贬逐。伯颜敌视中原传统文化，排斥儒生，脱脱任中书右丞相，"乃悉更伯颜旧政"，采取了一些改革的措施。⑤ 正是在这样的形势下，纂修三史之事正式提上了日程。至正二年（1342）七月，临川人（今江西抚州）危素上书中书右丞贺惟一（太平）论修史事，其中说："素以职事从讲官之后，闻于承旨康里公曰：

---

① 《袁文清公墓志铭》，《滋溪文稿》卷9。
② 《清容居士集》卷41。
③ 《袁文清公墓志铭》，《滋溪文稿》卷9。
④ 《送墨庄刘叔熙远游·序》，《道园学古录》卷32。
⑤ 《元史》卷138《脱脱传》。

'间同今御史中丞阿鲁公侍上前，论及三史事，上亦恻然久之。其后御史台、国史院交请于中书，未见报可。'"他希望贺惟一能促成此事，向宰相脱脱进言。① 危素"自至正二年用大臣交荐入经筵为检讨"②，"康里公"指康里人达识贴睦尔，时为翰林承旨。可见至迟在至正二年元朝高层中间已经在讨论修三史之事。据危素说，关于修三史，当时有四个问题存在争议。一是正统问题。"议者曰：传天下者必有正统，今主宋者曰宋正统也，主金者曰金正统也……纷然而不一。"讨论宋、金谁为正统，实质上涉及如何确定元朝的正统地位。他认为："本朝立国于宋、金未亡之先，非承宋、金而有国者也。"因此没有必要纠缠宋、金的正统问题。二是"议者又曰：本朝之取金、宋，其战争攻取之际，当有所讳而不敢书"。危素认为："据实而直书，史官之职，尚何讳之有！"三是人选问题。"议者又曰：耆硕之士尽矣，孰可以任其事哉！"危素认为："患国家不为，为之则不患无其人，设谓今无其人，则待何时然后有当史笔者出邪！诚能破其拘挛，公其举选，则作者云合矣。"四是经费问题。"议者又曰：今有司之于钱谷，细若蓬芒，必钩而取，其肯捐弃而为此邪！"危素反问道："我国家以四海为富，赐予近侍，崇奉异教，往往累千万而不爱，而岂靳于此哉！"这是反话，实际意思是赏赐近侍和宗教寺庙的钱成千上万毫不可惜，难道对于修史的费用都要斤斤计较吗？从危素这番话可以看出，当时元朝政府中围绕着是否修三史问题，争论是颇为激烈。过去虞集提到的两个难题，这时则是四个问题，正统依然是最困扰的问题，资料不足则不受重视了。

到了至正三年春天，元朝上层对修史一事的意见渐趋一致。这一年三月十四日，以脱脱为首的中书省官员上奏："辽、金、宋三国史书不曾纂修来，历代行来的事迹合纂修成书有。俺商量来，如今选人将这三国行来的事迹交纂修成史，不交迟滞，但凡合举行事理，俺定拟了呵，怎生？"顺帝表示同意。二十八日，脱脱等又上奏：

> 昨前辽、金、宋三国行来的事迹，选人交纂修成史书者，么道，奏了来。这三国为圣朝所取制度、典章、治乱、兴亡之由，恐因岁久散失，合遴选文臣，分史置局，纂修成书，以见祖宗盛德得天下辽、金、

---

① 《上贺相公论史书》，《危太朴集》续集卷8。
② 《危公新墓碑铭》，《宋文宪公全集》卷27。

宋三国之由，垂鉴后世，做一代盛典。交翰林国史院分局纂修，职专其事。集贤、秘书、崇文并内外诸衙门里，著文学博雅、才德修洁堪充的人每斟酌区用。纂修其间，予夺议论，不无公私偏正，必须交总裁官质正是非，裁决可否。遴选位望老成，长于史才，为众所推服的人交做总裁官。这三国实录、野史、传记、碑文、行实，多散在四方，交行省及各处正官提调，多方购求，许诸人呈献，量给价值，咨达省部，送付史馆，以备采择。合用纸札、笔墨，一切供需物色，于江西、湖广、江浙、河南省所辖各学院并贡士庄钱粮，除祭祀、廪膳、科举、修理存留外，都交起解将来，以备史馆用度。如今省里脱脱右丞相监修国史做都总裁。交铁睦尔达世平章、太平右丞、张中丞、欧阳学士、吕侍御、揭学士做总裁官……其余修史的凡例、合行事理，交总裁官、修史官集议举行呵，怎生？①

顺帝同意以上意见，于是便作为皇帝的圣旨下发。很快，修史的《凡例》也公之于世。②圣旨和《凡例》，对危素所说的几个争论问题，都表示了明确的意见。首先是正统问题。有元一代，对正统问题一直存在争论。就修史而言，正统问题与史书体例有密切关系。例如，有人强调宋为正统，就主张"挈大宋之编年，包辽、金之纪载"③。也就是将辽、金史作为宋史的一部分。另一种意见则反对宋为正统，主张辽、金、宋分别修史。④脱脱等上奏说"分史置局"，《凡例》中说："各国称号等事，准南、北史。"也就是辽、金、宋分别修史，否定了宋为正统的意见。其次，关于蒙古（元）与金、宋战争问题。《凡例》中确定的原则是："三国所书事有与本朝相关涉者，当禀。金、宋死节之臣，皆合立传，不须避忌。""当禀"即指由都总裁和总裁处理。再次，修史人选问题。圣旨中规定："集贤、秘书、崇文并内外诸衙门里，著文学博雅、才德修洁堪充的人每斟酌区用。""遴选位望老

---

① 《修三史诏》，《辽史》后附。
② 《三史凡例》，《辽史》后附。
③ 《南村辍耕录》卷3《正统辨》。按，元代南方士人中这一看法相当流行，如吉水周以立，"元至正中修三史，上书请以宋为正统，而附载辽、金"（《世有堂铭》，《杨文敏公集》卷16）。饶州（今江西波阳）周伯琦时"为太史"，因不同意三史各为正统，"遂移疾，力辞不就"（《通鉴续编》卷首周伯琦序）。
④ 《辩辽宋金正统》，《国朝文类》卷45。修三史时，"史臣王理因著《三史正统论》，推明修端之言"（《通鉴续编》卷首周伯琦序张绅序）。

成，长于史才，为众所推服的人交做总裁官。"最后，经费问题。不由国家财政中支出，而是"于江西、湖广、江浙、河南省所辖各学院并贡士庄钱粮，除祭祀、廪膳、科举、修理存留外，都交起解将来，以备史馆用度"。这里所说"各学院"，应指地方各级官学，"贡士庄"是南宋时设置的专供"津遣赴举秀才用度"的庄田。① 自圣旨颁布时开始，可以说三史纂修工作正式启动。

脱脱出任三史都总裁，主要是因为身为中书右丞相的缘故。当然也因为他对三史纂修比较热心，有的记载说"三国各与正统，各系其年号"这个重大决断便是由他做出的。② 脱脱是蒙古人，但他早年受教于浦江（今属浙江）儒生吴直方，进入仕途后仍以吴直方为顾问，对于中原传统文化有相当的了解。③ 在六位总裁中，铁睦尔达世（一译铁木儿塔识）是康里人，属于色目，时为中书平章政事，秩从一品，在中书省地位仅次于脱脱。他曾在国学读书，"伊洛诸儒之书，深所研究"。对于科举制的恢复和三史的修纂，都是比较积极的。④ 太平是汉人，原名贺惟一，他的祖、父二代都与蒙古宫廷有很深的渊源，是少数进入元朝统治核心的汉人家庭之一。他本人受皇帝"赐姓蒙古氏"，以太平为名。太平"尝受业于赵孟𫖯，又师事云中吕弼"，有较好的中原传统文化修养。至正二年（1342）为中书右丞，"辽、金、宋三史久未克修，至是太平力赞其事，为总裁官，修成之"⑤。修史期间升中书平章政事，秩从一品。圣旨中提到其余四位总裁即"张中丞""欧阳学士""吕侍御"和"揭学士"。"张中丞"是张起岩，字梦臣，济南（今属山东）人。延祐二年（1315）首科进士，此时任御史中丞。"诏修辽、金、宋三史，复命入翰林为承旨，充总裁官，积阶至荣禄大夫。"秩从一品。"起岩熟于金源典故，宋儒道学源委，尤多究心，史官有露才自是者，每立言未当，起岩据理窜定，深厚醇雅，理致自足。"⑥ "欧阳学士"即欧阳玄，关于他的情况，在本章第一节已有介绍。修史时为翰林学士承旨，秩从一品。"吕侍御"即吕思诚，字仲实，平定（今属山西）人。泰定元年（1324）进士。历任

---

① 《庙学典礼》卷2《取勘贡士庄田粮》。关于修史动用贡士庄田粮事，《庚申外史》卷上说出于揲史的建议。

② 《庚申外史》卷上。

③ 《吴公行状》，《宋文宪公全集》卷41。

④ 《元史》卷140《铁木儿塔识传》。

⑤ 《元史》卷140《太平传》。

⑥ 《元史》卷182《张起岩传》。

县尹、翰林国史院编修、国子司业、监察御史、廉访司佥事、中书左司郎中、礼部尚书、治书侍御史等职。① 修史时为集贤侍讲学士，秩从二品。"揭学士"即揭傒斯，在上章已有介绍。修史时为翰林侍讲学士，秩从二品。脱脱、铁睦尔达世、太平以最高行政长官出任都总裁、总裁，表明修三史是国家举办的一项重大文化工程。

事实上，如果没有这样几位身居高位的蒙古、色目官员提倡和负责，三史的修纂是很难顺利进行的。其余四位总裁中，张起岩、吕思诚是汉人，欧阳玄和揭傒斯是南人，都是当时文化界的代表人物，而且都在政府中担任地位比较高的职务，有相当的影响。总的来看，为三史修纂组成这样的一个领导班子，可以说是比较恰当的。②

在纂修过程中，这个领导班子成员有所变化，至正四年（1344）三月，《辽史》修成，都总裁脱脱领衔上表，署名的总裁官是上述6人。至正四年五月，脱脱右丞相辞职，顺帝以阿鲁图为中书右丞相，别儿怯不花为中书左丞相，于是在都总裁之上，又以阿鲁图、别儿怯不花"领三史事"。至正五年九月、十月，《金史》《宋史》修成，上表时由阿鲁图、别儿怯不花领衔，脱脱仍为都总裁列名其后。③ 实际上，阿鲁图对顺帝说过："今陛下以三国事迹命儒士纂修，而臣阿鲁图总裁。臣素不读汉人文书，未解其意。"④ 不过挂名而已。真正负责的仍是脱脱。总裁人选亦有变动。《上辽史表》在都总裁脱脱之下，由上述六位总裁共同署名。而在《上金史表》中，"领三史事"阿鲁图、别儿怯不花和都总裁脱脱之后，署名总裁共8人，即铁睦尔达世、贺惟一（太平）、张起岩、欧阳玄、揭傒斯、李好文、杨宗瑞、王沂。也就是说，原有6人中，吕思诚已不在其列，另增加了李好文、杨宗瑞、王沂3人。吕思诚不再任总裁是因为职务变动所致。新增补3人中，李好文，字惟中，大名东明（今属山东）人。至治元年（1321）进士。至正四年（1344），"除江南行台治书侍御史，未行，改礼部尚书，与修辽、金、宋史，除治书

---

① 《元史》卷185《吕思诚传》。
② 元代后期，最有成就的史学家当推苏天爵，他有《宋辽金三史目录》这样的专门著作，对三朝史事有深入的研究（《题三史目录纪年后》，《东山存稿》卷5）。遗憾的是，当时他任湖广行省参知政事，未能参与修三史之事。为此，他写下《三史质疑》一文（《滋溪文稿》卷25），对此提出自己的一些看法。关于苏天爵史学成就，见下一节。
③ 《上金史表》，《金史》后附；《上宋史表》，《宋史》后附。
④ 《元史》卷139《阿鲁图传》。

侍御史，仍与史事"①。修史时秩正三品。王沂，字师鲁，真定（今河北正定）人。延祐二年（1315）首科进士。时为礼部尚书，秩从三品。杨宗瑞，字廷镇，醴陵（今属湖南）人。延祐二年进士，曾任国子司业，虞集称他"素有历象地理记问度数之学"②，曾参与《经世大典》（见下一节）的修纂。时为艺文太监，秩正三品。到《上宋史表》时，以上8位总裁中，揭傒斯因积劳成疾去世，剩下7人。

都总裁、总裁之下，有纂修官（又称史官），分工负责纂述。《辽史》的纂修官有廉惠山海牙、王沂、徐昺、陈绎曾4人。③《金史》纂修官有沙剌班、王理、伯颜、赵时敏、费著、商企翁6人。《宋史》纂修官人数最多，共23人。他们是斡玉伦徒、泰不华、杜秉彝、宋褧、王思诚、干文传、汪泽民、张瑾、麦文贵、贡师道、李齐、余阙、刘闻、贾鲁、冯福可、赵中、陈祖仁、王仪、余贞、谭愖、张翥、吴当、危素。三史纂修官共33人，其中蒙古1人（泰不华），色目5人（廉惠山海牙、沙剌班、斡玉伦徒、伯颜、余阙），汉人15人（王沂、徐昺、王理、赵时敏、费著、杜秉彝、商企翁、宋褧、王思诚、张瑾、贾鲁、李齐、陈祖仁、张翥、王仪），南人10人（陈绎曾、干文传、汪泽民、麦文贵、贡师道、刘闻、冯福可、余贞、吴当、危素），另地域不明2人（赵中、谭愖）。其中绝大多数是现职官员，自正三品至正八品不等，可见并无品秩的限制。尽管圣旨中说的是从"内外诸衙门"选拔纂修官员，但元朝政府有意启用一些民间士人参与其事，如哈剌鲁人伯颜便"以隐士征至京师，授翰林待制，预修《金史》"④。同时还曾下诏"起大梁张瑾、京兆杜本等，爵某官职，专修宋、辽、金三史"⑤。杜本并未应征，张瑾待考。张翥在至正初年以隐逸应召为国子助教，"寻退居淮东。会朝廷修辽、金、宋三史，起为翰林国史院编修官"⑥。也可以列入应聘的民间士人之列。此外，吴当、危素也都是在至正初应召为国子助教、经筵检讨，随即便奉命参与三史修撰，其身份亦应与伯颜、张翥类似。三史修成后，伯颜辞归，吴当、危素由此步入仕途。⑦应该说，上述纂修官的大多数，都是

---

① 《元史》卷183《李好文传》。
② 《元史》卷181《虞集传》。
③ 《元史》卷145《廉惠山海牙传》。
④ 《元史》卷190《伯颜传》。
⑤ 《南村辍耕录》卷3《正统辨》。张瑾一名，见危素《杜公墓碑》，《危太朴文续集》卷2。
⑥ 《元史》卷186《张翥传》。
⑦ 《元史》卷187《吴当传》；《危公新墓碑铭》，《宋文宪公全集》卷27。

当时有一定声望的文学之士，但以史学见称者几乎没有。

在总裁和纂修官中，值得注意的是，进士出身者占有很大比例。总裁先后共9人，内进士6人（张起岩、欧阳玄、吕思诚、李好文、王沂、杨宗瑞）。纂修官33人，可以确定为进士出身的有18人（廉惠山海牙、王沂、徐昺、王理、赵时敏、费著、斡玉伦徒、泰不华、宋褧、王思诚、干文传、汪泽民、李齐、余阙、刘闻、冯福可、陈祖仁、余贞）。其余15人中，有的记载不详，可能还有出身进士者。可以认为，进士出身的作者，是辽、宋、金三史纂修的主力，由此亦可见科举与元朝后期文化的密切关系。①

三史纂修自至正三年（1343）三月启动。四年三月，《辽史》完成，为时一年。至正四年十一月，《金史》完成，为时一年零八个月。至正五年十月，《宋史》完成，为时两年零七个月。"以如许卷帙，成之不及三年，其时日较明初修《元史》更为迫促。"为什么能在如此短促时间内完成呢？清人赵翼说，这是因为"三史实皆有旧本，非至脱脱等始修也。各朝本有各朝旧史，元世祖时又已编纂成书，至脱脱等已属第二、第三次修辑，故易于告成耳"②。这段话是有道理的。三史各有所本，但情况不大一样。以《辽史》来说，辽代耶律俨纂修的《皇朝实录》、金代陈大任编纂的《辽史》，都保存下来，至正修史时便以两家著作为主要依据，再加以其他资料，编纂成书。以《金史》来说，金朝诸帝《实录》大多保存，金亡以后，遗民修史，保存了一些很有价值的资料（见本书第一编第四章）。忽必烈即位后，王鹗主持翰林国史院，为编纂《金史》做了不少准备工作。这些都打下了很好的基础，为此次修纂的顺利进行创造了条件。宋朝有比较完备的修史制度，元朝灭宋时，宋朝国史及有关资料都运到大都，此次修史便以宋朝国史及有关资料为基础，并参考其他文献而成。"元人修史时，大概只就宋旧本稍为排次。""盖其书以宋人国史为稿本，宋人好述东都之事，故史文较详，建炎以后稍略。理、度两朝，宋人罕所记载，故史传亦不具首尾。"③

对于三史，后代评价不一。一般来说，对《金史》评价较高，如赵翼认为："《金史》叙事最详核，文笔亦极老洁，迥出宋、元二史之上。"对于《辽史》，他认为"太简略"，"又有太疏漏者"。对于《宋史》，则认为

---

① 《宋史》纂修官之一贾鲁"两以明经领乡荐"，但未能中进士（《元史》卷187《贾鲁传》）。类似情况可能还有。

② 《廿二史札记》卷23《宋辽金三史》。

③ 《廿二史札记》卷23《宋史多国史原本》；《四库全书总目》卷46《史部·正史二》。

"繁芜"①。《四库全书总目》也认为：《金史》"在三史之中独为最善"②。赵翼和四库馆臣的这些评论应该说是比较公允的。他们以及其他史学家还指出包括《金史》在内的三史在体例和史实考订、人物评价等方面的许多问题。为此，明、清以及现代的学者对三史做了大量考订和校补的工作。

应该看到，元朝末年统治者下决心纂修三史，无疑是这个时代文化史的一大成就。三史纂修的完成，使得一大批长期保存下来的历史资料得到利用，而这些资料的很大甚至主要部分，我们今天已经看不到了。三史尽管存在这样那样的问题，但它们仍是研究这三个朝代的最重要的文献，这也正是它们被后代列入"二十四史"的原因。这是应该充分肯定的。三史采取三朝"各与正统"的原则，这是对以中原王朝为中心的传统正统论的否定，在政治思想史与史学史上亦是有积极意义的。

三史修纂完成后，关于正统的争论并未停止。出身进士的会稽（今浙江绍兴）人杨维桢作《三史正统辨》，主张宋为正统，上书朝廷，但"其言终不见用"③。至正十年（1350），四明（今浙江宁波）人陈桱作《通鉴续编》，以宋为正统，"而辽金之事附见之，一以《通鉴纲目》之法"④。正统之争，在元代一直存在，是元代思想文化领域一个很值得研究的问题，实际上曲折地反映出一部分汉人、南人士人对元朝统治的不满情绪。

第二节　本朝史的修纂和藏族史籍《红史》

上一节讲到，中统二年（1261）设翰林国史院，其任务之一是"纂修国史"。王鹗建议"置局纂就实录"。这一意见为忽必烈所采纳。为此，元朝以前代为模式逐步建立起一套修史制度，包括起居注、时政记等。

至元五年（1268）十月，"中书省臣言：'前代朝廷必有起居注，故善政嘉谟不致遗失。'即以和礼霍孙、独胡剌充翰林待制兼起居注"⑤。至元十五年（1278）六月，"敕省、院、台诸司应闻奏事，必由起居注"⑥。至元十

---

① 《廿二史札记》卷27《金史》《辽史》《辽史疏漏处》，卷23《宋辽金三史重修》。
② 《四库全书总目》卷46《史部·正史类二·金史》。
③ 《南村辍耕录》卷3。
④ 《通鉴续编》卷首《周伯琦序》。
⑤ 《元史》卷6《世祖纪三》。
⑥ 《元史》卷10《世祖纪七》。

六年四月，"以给事中兼起居注，掌随朝诸司奏闻事"①。同时还任命右、左侍仪奉御同修起居注。② 以给事中为首的起居注纂修机构，实际上成为一个独立的衙门，"书百司奏请及帝所可否，月达省、台，付史馆，以备纂修之实"③。这一机构直到元末仍存在，但已趋于废弛。④ 时政记记述皇帝与大臣商议军国大事的情况，前代已设。元朝在中书省左司吏礼房之下设九科，"六曰时政记"。显然就是负责记录和撰写时政记的机构。⑤ 世祖去世、成宗即位，王约请"传时政记于史馆以备纂录"⑥。王恽在《进实录表》中说："采摭于时政之编，参取于起居之注。"⑦ 可见在时政记和起居注基础上纂修《实录》，已成为制度。⑧

中国历代封建王朝都把修《实录》作为修本朝史的重要内容。元朝修《实录》是从世祖忽必烈时代开始的，当时由翰林国史院纂修的是前五朝《实录》，即太祖铁木真、太宗窝阔台、睿宗拖雷、定宗贵由、宪宗蒙哥。拖雷生前并未称大汗，但他是蒙哥和忽必烈的父亲，故亦得与其他诸汗并列。至元十年闰六月，"以翰林院纂修国史，敕采录累朝事实以备编集"⑨。二十三年十二月，"翰林承旨撒里蛮言：'国史院纂修太祖累朝实录，请以畏吾字翻译，俟奏读然后纂定。'从之"⑩。二十五年二月，"司徒撒里蛮等进读祖宗《实录》，帝曰：'太宗事则然，睿宗少有可易者，定宗固日不暇给，宪宗汝独不能忆之耶！犹当询诸知者。'"⑪ 可见撒里蛮是《实录》纂修的负责人，忽必烈对于《实录》纂修工作是很认真对待的。此时前五朝《实录》已基本成型，但忽必烈要求作补充修改。元贞二年（1296）十一月，"兀都带等进所译太宗、宪宗、世祖《实录》"。成宗对其中纪事表示不满，又退回修改。⑫ 大德七年（1303）十月，"翰林国史院进太祖、太宗、定宗、睿

---

① 《元史》卷10《世祖纪七》。
② 《元史》卷88《百官志四》。
③ 《元史》卷185《李稷传》。
④ 《庚申外史》卷上。《元史》卷41《顺帝纪四》"至正七年三月甲辰"条。
⑤ 《元史》卷85《百官志一》。
⑥ 《元史》卷178《王约传》。
⑦ 《国朝文类》卷16。
⑧ 关于起居注和时政记，见张帆《元代实录材料的来源》，《史学史研究》1988年第4期。
⑨ 《元史》卷8《世祖纪五》。
⑩ 《元史》卷14《世祖纪十一》。
⑪ 《元史》卷15《世祖纪十二》。
⑫ 《元史》卷19《成宗纪二》。

宗、宪宗五朝实录"①。前五朝《实录》至此宣告完成。

至元三十一年（1294）四月成宗即位。六月，"诏翰林国史院修《世祖实录》，以完泽监修国史"②。由于世祖一朝已经有较完备的起居注和时政记，又曾修《平宋录》等书，③ 这便为纂修《实录》奠定了基础。元朝政府还派人"采事四方"④，"访求事迹"⑤，"以备史臣之记述"⑥。参与《世祖实录》修撰的，有王恽、张九思、姚燧、张升、高道凝、李之绍等人。张九思以中书右丞"兼领史事"⑦，实际负责人则是被任命为翰林学士、知制诰、同修国史的王恽。纂修工作进行得很快，如上所述，元贞二年十一月已将《世祖实录》与《太宗实录》《宪宗实录》译本进献，则汉文本在此以前已完成。"承奉纶音、俾蠲繁而就简"，也就是说成宗认为内容过多，要求加以删节。⑧ 大德八年（1304）二月，"翰林学士承旨撒里蛮进金书《世祖实录》节文一册，汉字《实录》八十册"⑨。《世祖实录》至此完成。和《世祖实录》同时纂修的，还有《裕宗实录》。裕宗即忽必烈太子真金，成宗铁穆耳之父，早死。成宗即位后尊他为裕宗。既有皇帝的名分，因而也有修《实录》的待遇。《裕宗实录》应是与《世祖实录》一起完成的。

自此以后，新即位的皇帝，为已故皇帝修《实录》，成为固定的制度。至大元年（1308）三月，"命翰林国史院纂修顺宗、成宗《实录》"⑩。顺宗答剌麻八剌是裕宗真金第二子，成宗铁穆耳之兄，封晋王，镇守北方。铁穆耳死，无子，答剌麻八剌之子海山、爱育黎拔力八达相继为帝，庙号武宗、仁宗。武宗即位后，尊答剌麻八剌为顺宗，故同时修顺宗、成宗《实录》。但武宗在位期间，两种《实录》并未完成。至大四年正月，武宗去世。三月，仁宗即位。五月，"命翰林国史院纂修先帝实录及累朝皇后、功臣列传，

---

① 《元史》卷21《成宗纪四》。
② 《元史》卷18《成宗纪一》。"监修国史"应指前五朝《实录》而言。
③ 《元史》卷9《世祖纪六》"至元十三年六月戊寅"条。
④ 《同公神道碑》，《桀庵集》附录。
⑤ 《陈义高墓志铭》，《养蒙集》卷4。
⑥ 《李公行状》，《金华集》卷23。
⑦ 《元史》卷169《张九思传》。
⑧ 《进实录表》，《国朝文类》卷16。
⑨ 《元史》卷21《成宗纪四》。按，据王恽《进实录表》，共修成《世祖皇帝实录》210卷，事目54卷，圣训6卷，凡270卷。"缮写为二百七十帙"。
⑩ 《元史》卷22《武宗纪一》。

俾百司悉上事迹"①。皇庆元年（1312）十月，"翰林学士承旨玉连赤不花等进顺宗、成宗、武宗《实录》"②。包括《顺宗实录》1 卷；《成宗实录》56 卷，《事目》10 卷，《制诏录》7 卷；《武宗实录》50 卷，《事目》7 卷，《制诏录》3 卷。③ 纂修《成宗实录》的，有程钜夫、邓文原、元明善等。纂修《顺宗实录》的，有元明善等。纂修《武宗实录》的，有程钜夫、袁桷、元明善等。④

至治元年（1321）三月，英宗"敕纂修《仁宗实录》《后妃功臣传》"⑤。至治三年二月，"翰林国史院进《仁宗实录》"⑥。事先右丞相、监修国史拜住曾"诣翰林国史院听读"，并提出修改意见。⑦ 参与纂修《仁宗实录》的有元明善、袁桷等。"《仁宗皇帝实录》六十卷，《事目》一十七卷，《制诏录》一十三卷，总计九十卷。"⑧ 泰定元年（1324）十二月，"命翰林国史院修纂英宗、显宗《实录》"⑨。泰定帝也孙铁木儿是裕宗真金的长子甘麻剌之子，英宗硕德八剌在政变中被杀，镇守北边的也孙铁木儿被群臣拥立为帝，随即尊甘麻剌为显宗，同时修英宗、显宗《实录》。致和元年（1328），泰定帝病死，随即爆发两都之战。武宗之子图帖睦尔取得对泰定帝之子的胜利，并阴谋杀害兄长和世㻋，自立为帝，是为文宗。天历二年（1329）十一月，"翰林国史院臣言：'纂修《英宗实录》，请具倒剌沙款伏付史馆。'从之"⑩。倒剌沙是泰定帝的亲信大臣，曾拥立泰定帝之子为帝，与图帖睦尔对抗。显然，随着文宗图帖睦尔的胜利，《英宗实录》的有些内容需要改写，可以想见关键是泰定帝嗣位的合法性问题。至顺元年（1330）五月，"翰林国史院修《英宗实录》成"⑪。编成《英宗皇帝实录》40 卷，

---

① 《元史》卷 24《仁宗纪一》。
② 同上。
③ 《进三朝实录表》，《国朝文类》卷 16。
④ 《元史》卷 183《苏天爵传》说："至顺元年，预修《武宗实录》"。赵翼《廿二史札记》卷 29《元史》据此说："《武宗实录》，元明善、苏天爵所修"。以后论者多从之。实误。《武宗实录》修于仁宗时，至顺元年修的是《英宗实录》。赵书关于其他实录撰者亦多有不准确之处。
⑤ 《元史》卷 27《英宗纪一》。
⑥ 《元史》卷 28《英宗纪二》。
⑦ 《元史》卷 136《拜住传》。
⑧ 《进实录表》，《国朝文类》卷 16。
⑨ 《元史》卷 29《泰定帝纪一》。
⑩ 《元史》卷 33《文宗纪二》。
⑪ 《元史》卷 34《文宗纪三》。

《事目》8卷，《制诰录》2卷，总计50卷。① 参与纂修的有谢端、黄清老、马祖常、廉惠山海牙、苏天爵等。《显宗实录》则不见提及。显然，随着泰定帝被否定，《显宗实录》也就被搁置了。

元顺帝后至元元年（1335）四月，"诏翰林国史院纂修累朝实录及后妃功臣列传"②。《累朝实录》包括泰定帝、明宗、文宗、宁宗各朝《实录》。明宗和世㻋，是顺帝妥懽贴睦尔的父亲，由北边返回大都的途中被害。宁宗懿璘质班，是妥懽贴睦尔的弟弟，文宗死后，他年方七岁，被立为帝，即位才一月便病死。此后妥懽贴睦尔嗣位。参与四朝《实录》修撰的有同修国史王结，"元统元年……召拜翰林直学士、资善大夫、知制诰同修国史。敕史官修泰定、天历两朝实录，公与张公起岩、欧阳公玄共领其事"③。张起岩任翰林侍讲学士、知制诰兼修国史（秩从二品）"修三朝实录"。欧阳玄"元统二年拜翰林直学士、中宪大夫、知制诰同修国史奉敕编修四朝实录"④。王结、张起岩、欧阳玄是此次纂修工作的主持者。其他参与者有谢端，"预修文宗、明宗、宁宗三朝实录"⑤；成遵，"元统改元中进士第，授将仕郎、翰林国史院编修官。明年，预修泰定、明宗、文宗三朝实录"⑥。宋褧，"元统初，迁翰林修撰，与修《天历实录》"⑦。黄清老，"又迁应奉翰林文字，同知制诰兼国史院编修官……又奉旨分纂《明庙实录》，皆藏史馆"⑧。苏天爵，"元统元年，复拜监察御史……明年，预修《文宗实录》，迁翰林待制"⑨。周伯琦，"明年，重纪至元……其冬以翰林学士张文穆公起岩、欧阳文公元荐，迁征事郎、翰林国史院编修官，预修泰定帝、宁宗实录，后妃功臣列传。六年，上进"⑩。据此，则四朝《实录》的纂修到后至元六年（1340）已经完成，并上献顺帝。从上述人员的状况可以看出，纂修《实录》的工作，完全是由翰林国史院负责的，以前历次修撰，亦应如此。

---

① 《进实录表》，《国朝文类》卷16。
② 《元史》卷38《顺帝纪一》。按，其他记载大多以此次修实录始于元统年间（1333—1334），见下面所引纂修人员资料。
③ 《王公行状》，《滋溪文稿》卷23。
④ 《欧阳公行状》，《圭斋集》附。
⑤ 《元史》卷182《谢端传》。
⑥ 《元史》卷186《成遵传》。
⑦ 《宋公墓志铭》，《滋溪文稿》卷13。
⑧ 《黄公墓碑铭》，《滋溪文稿》卷13。
⑨ 《元史》卷183《苏天爵传》。
⑩ 《周府君墓铭》，《宋文宪公全集》卷31。

根据以上所述，元朝先后修成诸帝《实录》，共 16 种，即太祖、太宗、定宗、睿宗、宪宗、世祖、裕宗、顺宗、成宗、武宗、仁宗、英宗、泰定帝、明宗、文宗、宁宗。明朝初年，攻破大都，得元十三朝《实录》，与上述数字不符。应是生前未称帝的睿宗、裕宗、顺宗未算在内。①

仁宗皇庆元年（1312）下诏修《武宗实录》的同时，提出要修累朝皇后、功臣列传。这是国史修撰的又一重要举措。江西名士揭傒斯在"延祐元年由布衣入翰林为国史院编修官。李公（中书平章政事李孟）以政府兼史馆，观公所撰《功臣列传》，抚卷叹曰：'此方谓之史笔，他人真腾吏牍耳。'"②可知当时已曾开展工作。英宗在下令修《仁宗实录》时，又提到要修《后妃功臣传》。但是，这项工作进行得并不顺利。顺帝元统元年（1333）苏天爵为监察御史，上《修功臣列传疏》，其中说："夫祖宗大典既严金匮石室之藏，而功臣列传独无片简只字之纪，诚为阙典。"他建议要抓紧收集资料，同时提出修《功臣列传》的一些应注意问题。③可见，当时《功臣列传》仍是空白。④后至元元年（1264）下诏修累朝《实录》时提到要修《后妃功臣列传》，但当时似未进行。至正八年（1348）正月，"诏翰林国史院纂修后妃、功臣列传，学士承旨张起岩、学士杨宗瑞、侍讲学士黄溍为总裁官，左丞相太平、左丞吕思诚领其事"⑤。除黄溍外，其余四人都是修辽、宋、金三史的总裁。⑥参加纂修的有周伯琦、危素、贡师泰等人。"会修本朝后妃功臣传，先生（黄溍）为条陈义例，多所建明，士类服其精。"⑦"其复应奉翰林也，会修后妃功臣传，事多亡逸无据。公（危素）买汤饼馈宦寺戚里，历历叩之，复参覆得实，乃始笔之，卒为全史。"⑧至正八年，"以翰林待制兼国史院编修官召"周伯琦。"明年五月，进所修国史，擢崇文少监。阶亚中大夫，同检校书籍事兼经筵官，赐三品服。"⑨这

---

① 明初修《元史》，睿宗、裕宗、明宗立传，其余 13 人作本纪，与此有直接关系。
② 《揭公神道碑》，《金华集》卷 26。
③ 《滋溪文稿》卷 26。
④ 前面提到仁宗时揭傒斯曾修《功臣列传》，但从苏天爵此疏来看，这一项目后来并未继续，而且做过的一些工作也没有保存下来。
⑤ 《元史》卷 41《顺帝纪四》。
⑥ 黄溍亦曾受命"预修辽金宋三史"。但因"丁内忧，不赴"。见宋濂《金华黄先生行状》，《宋文宪公全集》卷 41。
⑦ 《金华黄先生行状》，《宋文宪公全集》卷 41。
⑧ 《危公新墓碑铭》，《宋文宪公全集》卷 27。
⑨ 《周府君墓铭》，《宋文宪公全集》卷 31。

里所说的"国史",无疑就是《后妃功臣传》。可知至正九年五月此书已完成。

除了《实录》《后妃功臣传》外,元代后期国史修纂还有一个重要工作,那便是《经世大典》的修纂。文宗天历二年(1329)九月,"敕翰林国史院官同奎章阁学士采辑本朝典故,准唐、宋《会要》,著为《经世大典》"①。至顺元年(1330)二月,"以修《经世大典》久无成功,专命奎章阁阿邻帖木儿、忽都鲁都儿迷失等译国言所记典章为汉语,纂修则赵世延、虞集等,而燕铁木儿如国史例监修"②。原来这一工作由翰林国史院和新成立的奎章阁学士院共同负责,这时则"以国史自有著述,命阁学士专率其属而为之"③。也就是完全由奎章阁负责。修纂工作自这一年四月十六日开始,到至顺二年五月一日结束。至顺三年三月上进。全书共880卷,目录12卷,公牍1卷,纂修通议1卷。④ 篇幅是巨大的。

《经世大典》以赵世延、虞集为总裁。赵世延是汪古部人,⑤ 时任中书平章政事,长期养病,纂修工作实际由虞集负责。"与学士院、艺文监官属,分局修撰。"⑥ 可考者有奎章阁授经郎揭傒斯、奎章阁承制学士李泂、艺文少监欧阳玄等人。⑦ 全书以太师、右丞相燕铁木儿监修。燕铁木儿出身钦察将领世家,钦察原为中亚地区游牧民族,其中一部被蒙古征服后迁来中原。燕铁木儿积极支持图帖睦尔夺得帝位,深得宠信,权倾一时。此人对中原传统文化似没有什么认识,以他监修,只是表示重视,实际上完全是挂名。不像后来的权臣脱脱,充当三史都总裁,确实是有所贡献的。

《经世大典》共分十篇。分"君事"四篇,"臣事"六篇。"君事"四篇是"帝号""帝训""帝制""帝系"及附录。"臣事"六篇是"治典""赋典""礼典""政典""宪典""工典"。"君事"记录的是诸帝的称号、谥号、训诫、圣旨、诏书、宗室世系、后妃公主等。"臣事"内容比"君事"

---

① 《元史》卷33《文宗纪二》。
② 《元史》卷34《文宗纪三》。
③ 《经世大典序录》,《国朝文类》卷40。
④ 《进经世大典表》,《国朝文类》卷16。
⑤ 汪古原为北方游牧部族,分散各处。为色目之一种。
⑥ 《经世大典序录》,《国朝文类》卷40。
⑦ 苏振申:《元政书〈经世大典〉之研究》(台北中华文化大学出版部1984年版)有"经世大典纂修人表"(第11—13页),错误较多。如虞集曾推荐马祖常等八人参与其事,但不等于说这八人事实上参与了,应以诸人的传记资料为准。

庞大。"治典"记录各种职官制度;"赋典"记录都邑、赋税制度、俸禄制度、蠲免赈贷等;"礼典"记录朝廷各种礼仪、学校、贡举、使节、朝贡、祀典、宗教管理等;"政典"记录征伐、招捕、军制等;"宪典"记录各种法律制度;"工典"记录宫苑和各种公共工程的造作、官府手工业的组织和生产等。可以看出,《经世大典》内容非常广泛,涉及元代政治、经济、文化生活的众多方面。①

为了编纂《经世大典》,元朝统治者"编敕官寺,发掌故之旧章"②。也就是说,对旧有的各种档案文书进行清理,以此为基础编成大典。《经世大典》的"君事""臣事"各典下分目,有的目下再分子目,每目或子目下一般按时间先后辑录有关资料,各目字数不等。可以看出,利用各政府机构档案文书编纂而成的《经世大典》,是一部当代历史资料的汇编,具有很高的史料价值。

值得注意的是《经世大典》中有当代人物传记。《经世大典》"治典"篇的"总叙"中说:"其目则有官制沿革,以见其名位、品秩、禄食之差。有补吏之法,以见用人之序。附之以'臣事'者,则居其官,行其事,其人其迹以可述者也。"而在"臣事"目的序文中亦云:"圣上诏修此书,实以显谟承烈为重,然求事迹于吏牍,则文繁者不足以得其旨意,事简者又不足以见其始末。于是神圣思虑之精微,诰训之详委,攻取之机略,法令之制作,几不得其什一焉。以为宗藩大臣、中外文武百僚,有近侍帷幄,远将使旨,内议典则,外授征讨,或各有所授而传焉,因得以考其绪余之所在,故从而求之。期月之间,其以书来告者,既取其大系诸圣典,而其事有不可弃遗者,著'臣事'之篇。"③据此二序可知,纂修《经世大典》时,除了动用各衙门的档案文书,还曾向"宗藩大臣""文武百僚"征求史料。征求所得,除了供"君事"诸篇之用外,还将"其人其迹之可述者"收入了"治典"的"臣事"篇。也就是说,《经世大典》除了典章制度的记载外,还有人物传记部分。④

---

① 《经世大典序录》,《国朝文类》卷40—卷42。"臣事"六典是与吏、户、礼、兵、刑、工六部相对应的。
② 《进经世大典表》,《国朝文类》卷16。
③ 《国朝文类》卷40。
④ 苏振申《元政书〈经世大典〉之研究》列举"治典"十二目,唯对"臣事"目略去不提(第23页),不知何故。

以上所说的列朝《实录》《后妃功臣传》和《经世大典》，都是用汉文编纂的当代史，前二者即所谓"国史"。元朝还有用蒙文修纂的本朝史，称为"脱卜赤颜"，也就是历史的意思。元仁宗时，曾命中书参知政事察罕"译《脱必赤颜》名曰《圣武开天记》，及《纪年纂要》《太宗平金始末》等书，俱付史馆"①。文宗至顺二年（1331）四月，"奎章阁以纂修《经世大典》，请从翰林国史院取《脱卜赤颜》一书以纪太祖以来事迹。诏以命翰林学士承旨押不花、塔失海牙。押不花言：'《脱卜赤颜》事关秘禁，非可令外人传写，臣等不敢奉诏。'从之"②。至顺三年五月，"撒迪请备录皇上登极以来固让大凡、往复奏答，其余训敕、辞命及燕铁木儿等宣力效忠之迹，命朵来续为《蒙古脱卜赤颜》一书，置之奎章阁，从之"③。由以上这些记载可以看出，《脱卜赤颜》记载太祖以来事迹，一直到文宗时仍在修撰。此书显然与《实录》有别，特别是其中关于宫廷活动的记载，其内容被视为国家机密，不许"外人"（应指汉人）了解。正因为如此，人们对《脱卜赤颜》的情况，很不清楚。④

明朝兴起，在至正二十八年（1368）攻克大都。原来翰林国史院保存的十三朝《实录》以及其他机构保存的《经世大典》等历史资料，都成了明军的战利品，运回南京。《后妃功臣传》似已散佚。⑤ 朱元璋很快下令修《元史》，主要便依靠元朝的国史。《元史》的本纪，主要依据历朝《实录》，诸志主要依据《经世大典》。人物列传的一部分，也应来自《经世大典》。元朝修纂的国史，这时发挥了重要的作用。

除了官修的史书外，还有私人修史，其中成就最大者是苏天爵。苏天爵（1294—1352），字伯修，真定（今河北正定）人。青年时代在国子学读书，因成绩优异释褐出仕，历任蓟州判官、翰林国史院典籍官、翰林修撰、监察御史、肃政廉访使、江浙行省参知政事、集贤侍讲学士、两浙都转运使等职。元末全国农民战争爆发后，他以江浙行省参知政事总兵，病死军中。苏

---

① 《元史》卷137《察罕传》。
② 《元史》卷35《文宗纪四》。
③ 《元史》卷36《文宗纪五》。
④ 《蒙古秘史》在蒙语中称为"忙豁仑纽察脱察安"（《元朝秘史》卷首）。"忙豁仑"即"蒙古的"，"纽察"为"秘密的"，"脱察安"即"脱卜赤颜"的异译。《蒙古秘史》或即《脱卜赤颜》的一种。
⑤ 《元史》卷106《后妃表》云："累朝尝诏有司修后妃传，而未见成书。"

天爵在国学时即以"力学善文"知名。① 入仕后仍然"嗜学不厌"②。"中原前辈凋谢殆尽，天爵独身任一代文献之寄，讨论讲辩，虽老不倦。"③ 他特别钟情于史学，曾受命参与《英宗实录》和《文宗实录》的修纂。早在就读国学时就"手抄近世诸名公及当代闻人逸士述作，日无倦容"④。经过近二十年的努力，先后编成《国朝名臣事略》与《国朝文类》二书。

《国朝名臣事略》以人物为中心，选辑各种资料，所录47人，除刘因外，都是元代前期（自成吉思汗至忽必烈）功绩卓著的名臣。刘因以一儒士而得以列名其间，则与苏天爵推崇理学有关。全书仿照南宋朱熹《名臣言行录》、杜大珪《名臣碑传琬琰集》的体例，但又有所创新。采用的文献达130余种，有不少原书已散佚，因此书得以保存片段，弥足珍贵。后来明人修《元史》，从体例到取材都受此书的很大影响。例如此书将蒙古、色目与汉人、南人分列，蒙古、色目在前4卷，后面都是汉人。《元史》列传前32卷都是蒙古、色目，以后才是汉人、南人，两者有明显的因袭关系。⑤《国朝文类》则按文体编录，"乃搜撦国初至今名人所作，若歌诗、赋颂、铭赞、序记、奏议、杂著、书说、议论、铭志、碑传，皆类而聚之"，"百年文物之英，尽在是矣"。苏天爵编此书的原则是："必其有系于政治，有补于世教，或取其雅制之足以范俗，或取其论述之足以辅翼史氏，凡非此者，虽好弗取也。"⑥ 显然，他选编的着眼点是经世致用，目的是为编纂当代史积累资料。事实上，许多重要的文献（如《经世大典序录》《耶律楚材神道碑》）都有赖此书得以保存。这两种书在刊行后即获得普遍的赞誉，有人说："山林晚进得窥国朝文献之盛者，赖此二书而已。"⑦ 在后代，两书更是研究有元一代历史者必读的基本书籍。

吐蕃地区在元代成为统一多民族国家的重要组成部分。元代后期，吐蕃地区产生了一部著名的历史著作《红史》。此书作者蔡巴·贡噶多杰（tshal-pa-kun-dgav-rdo-rje，1309—1364）出身贵族，年轻时即以通晓经典而知名。

---

① 《国朝文类》后附王守诚跋。
② 《滋溪书堂记》，《国朝文类》卷31。
③ 《元史》卷183《苏天爵传》。
④ 《国朝文类》后附王守诚跋。
⑤ 韩儒林：《影印元刊本元朝名臣事略序》，《穹庐集》。萧启庆：《苏天爵和他的〈元朝名臣事略〉》，《元代史新探》。
⑥ 《国朝文类》卷首陈旅序。
⑦ 《书苏参政所藏虞先生手帖后》，《东山存稿》卷5。

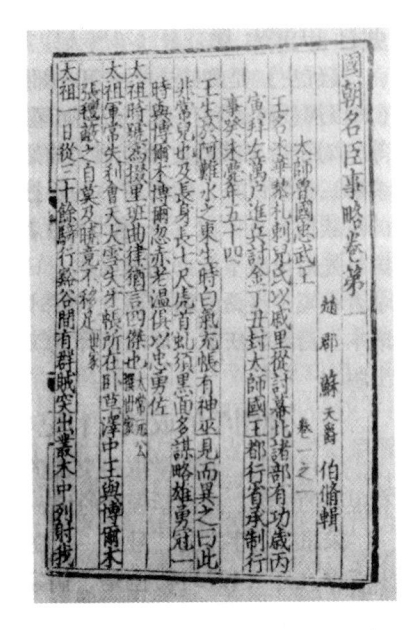

图3-6-1 《国朝名臣事略》书影

其父任蔡巴万户长。至治三年（1323）贡噶多杰继任蔡巴万户，时年15岁。次年，到大都朝见泰定帝，得到多种赏赐，以及受封为蔡巴万户的诏书。他任万户长达28年，在任期间曾修缮多处寺院、校对和用金银汁书写佛教经典，对藏传佛教颇多贡献。至正十二年（1352）因与其他万户斗争中失败，被迫将万户职位让给其弟，自己出家为僧。贡噶多杰的著作甚多，以《红史》最有名。《红史》成书于至正二十三年，全书分为四个部分。第一部分共3章，记述印度古代王统及释迦世系。第二部分共4章，记述汉地历代皇帝事迹。第三部分仅1章，记述蒙古王统。第四部分共18章，记述吐蕃王统以及藏传佛教各宗派（萨迦、噶当、噶举、帕竹、止贡、蔡巴）的源流和历史。作者写作时除了引证藏文史籍外，还参考了汉文史籍，如《新唐书吐蕃传》等，有关蒙古世系的叙述还参考了元朝宫廷中的《脱必赤颜》。《红史》中关于元代吐蕃地区政治、宗教教派状况的记载，具有很高的价值。书中还有南宋少帝在萨迦出家为僧后于英宗时被处死的记载，可以解决元代历史上一大疑案。①

《红史》是藏族史学中第一部综合性的通史著作，其编纂体例（如以佛教源流和传播来叙述吐蕃地区历史、专章记述蒙古历史等）对于后来藏族史学有很大的影响，使我国史学园地更加丰富多彩。长期以来，此书有多种手抄本流传，有些内容被收入后代的藏族历史著作如《青史》《贤者喜宴》之内。20世纪60年代，国外先后出版了此书的藏文本、日译本和英译本。1981年，我国学者东嘎·洛桑赤列的藏文校注本在民族出版社出版，远胜以往诸本。后经陈庆英、周润年译成汉文，1989年由西藏人民出版社出版。

---

① 王尧：《南宋少帝赵㬎遗事考辨》，《西藏文史考信集》，中国藏学出版社1994年版，第67—88页。

第三节　地图学的成就　行纪与方志

元代后期，地图学取得突出的成就，行纪写作和方志编纂亦有很好的成绩。地图学领域的代表人物是朱思本。

朱思本，字本初，号贞一，临川（今江西抚州）人。生于南宋咸淳九年（1273）。他是"儒家子"，年轻时入江西龙虎山学道。龙虎山是道教正一派祖庭所在，正一派领袖张宗演在南宋灭亡后便归附元朝，得到统治者的尊奉。正一派道士张留孙、吴全节先后受征召，被封为玄教大宗师，受到皇帝的信用。朱思本在大德三年（1299）也来到大都，协助张留孙、吴全节处理道教事务，并曾多次受朝廷派遣，祭祀五岳、四渎等名山大川。至治二年（1322）回到江西。后来又曾再上大都，数年后返回，大约于顺帝初年去世。①

朱思本长于"职方之纪"，即地理学。② 年青时有心以司马迁为榜样，读万卷书，行万里路。他广泛搜罗阅读各种地理书籍，从郦道元的《水经注》、杜佑的《通典》、李吉甫的《元和郡县志》、宋代的《元丰九域志》，直到元朝的《大一统志》。前面说过，元朝的《大一统志》是在成宗大德年间修订的，藏于秘书监，一般人根本看不到。朱思本是道教中的上层人物，地位特殊，有机会阅读这部重要著作。他经常奉命祭祀名山大川，因而能够游历全国许多地方，据他自述，他曾"登会稽，泛洞庭，纵游荆襄，浏览淮泗，历韩、魏、齐、鲁之郊，结辙燕赵，而京都实在焉……祠嵩高，南至于桐柏，又南至于祝融，至于海"。也就是说，曾遍历华东、华北、中南广大地区。所到之处，"往往讯遗黎，寻故迹，考郡邑之因革，核山河之名实"，以实地调查来与文献记载相印证。③ 他还从其他方面多渠道搜集资料。一种办法是搜求其他民族文字的资料。"遇车轩远至，辄抽简载管，累译而问焉。"④ "车轩"指使臣乘坐的车辆，这里用来指来自边疆和域外的使节，朱思本都要通过翻译向他们求教。他曾"从八里吉思家得帝师所藏梵字图书"，从中找到有关黄河河源的资料，便可看出他寻求其他文字资料的兴趣。另一

---

① 邱树森：《朱思本和他的〈舆地图〉》，《元史及北方民族史集刊》1982年第6期。
② 《贞一稿序》，《道园学古录》卷46。
③ 《舆地图自序》，《贞一斋稿》卷1。
④ 虞集：《贞一稿·序》。

种办法是委托朝廷派往各处的使者代为搜集有关的资料。"中朝人士使于四方，冠盖相望，则每嘱以质诸藩府，博采众言，随地为图。"① 这样一些举动，充分反映了他对"职方之纪"的孜孜不倦的追求，同时也说明，他在朝廷中的特殊地位为资料的搜集提供了许多便利，从而有可能取得远胜过前人的成就。

在上述多方面工作的基础之上，从至大四年（1311）起到延祐七年（1320）止，经过10年的努力，朱思本绘制成长广七尺的《舆地图》，并有若干文字说明。② 此图曾刊石于龙虎山上清宫之三华院。③ 在《舆地图自序》中说："至若涨海之东南，沙漠之西北，诸番异城，虽朝贡时至而辽绝罕稽，言之者既不能详，详者又未可信，故于斯类，姑用阙如。"④ 涨海是南海的别称。这段话的意思是，对于缺乏可靠资料的"诸番异城"，他在绘图时都采取宁缺毋滥的态度。因此，《舆地图》所表现的，应是元代中期元朝政府直接控制的地区，也就是腹里（今河北、山西、山东和内蒙古、河南的一部分）和10个行省（岭北、辽阳、陕西、甘肃、河南、四川、云南、江浙、江西、湖广）的地理形势。此图采用中国传统的"计里画方"的绘图方法，精确度较高，用朱思本自己的话来说："其间山河绣错，城连径属，旁通正出，布置曲折，靡不精到。"在中国古代地图绘制史上，是杰出的成就。

这一凝聚着朱思本毕生心血的图本在清初即已散佚，刊石亦不知下落，令人遗憾。所幸的是，明代中期，罗洪先以朱图为基础，增订而成《广舆图》。他在该图集的自序中说：

> 当遍观天下图籍，虽极详尽，其疏密失准，远近错误，百篇而一，莫之能易也。访求三年，偶得元人朱思本图，其图有计里画方之法，而形实自是可据，从而分合，东西相俟，不至背舛。于是悉所见闻，增其未备，因广其图，至于数十。

罗洪先对朱思本应用"计里画方"之法作了很高评价，认为只有这样才

---

① 朱思本：《舆地图·自序》。
② 在朱思本的文集《贞一斋稿》卷1中，除了《舆地图·自序》外，还有《北海释》《和宁释》《八番释》《两江释》等篇，都应是《舆地图》的文字说明。
③ 瞿镛：《铁琴铜剑楼藏书目录》卷22《贞一斋杂著》。
④ 《贞一斋稿》卷1。

能保证地图的准确。他将朱图改造成一幅《舆地总图》和若干幅行省分图，另外增加了一些专题地图。这些图都采用"计里画方"之法，如总图每方五百里，各省分图每方百里等。朱图已失传，但从罗洪先的《广舆图》仍可看到朱图的面貌。《广舆图》曾多次翻刻。明末及国外早期出版的中国地图，多以它为蓝本。朱思本地图虽然散佚，但通过罗氏地图的介绍，它在中国地图学发展史中的影响是深远的。

元文宗时，朝廷下令编纂政书《经世大典》，这是一部规模很大的著作，但大部分已散佚。现在传世有一幅《经世大典·地理图》，原载于《永乐大典》，清代中期，著名学者魏源作《海国图志》，介绍海外国家情况，将此图收入。[①] 这幅《地理图》所表现的是元代察合台、伊利、钦察三大汗国的地理分布，涉及地域很大，包括中亚、西南亚、东北非和今俄罗斯的广大地区。在此以前，中国古代地图表现的地域，历来以中原和江南为主，涉及域外的很少。这幅《地理图》以域外为主（有少数地名今属我国新疆），而且地域很广，这在中国地图学史上是前所未有的。

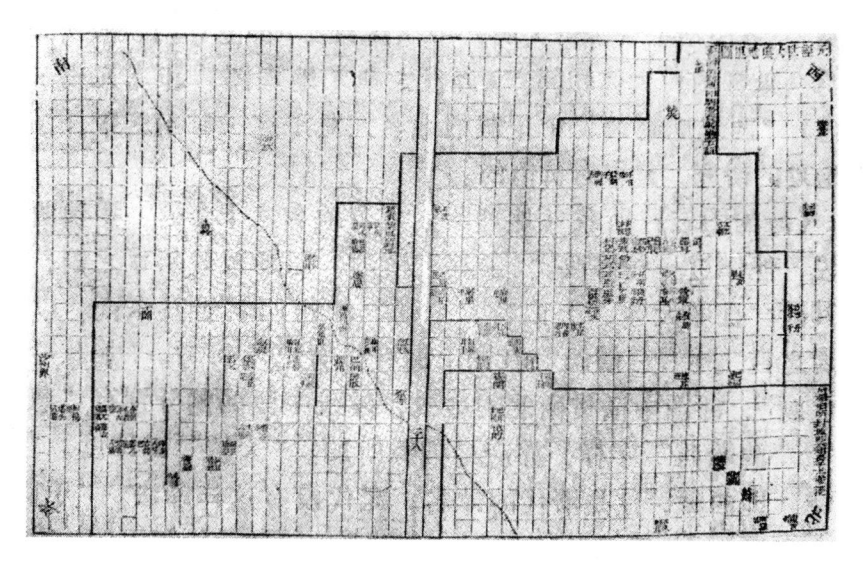

图3-6-2 《经世大典·西北地理图》

蒙古国向外扩展，先后建立四大汗国，窝阔台汗国很快消亡，其他三汗

---

① 此图是另一位学者张穆从《永乐大典》摹出，赠与魏源的。

国长期存在，独立发展，但与元朝仍有联系。至元、大德年间修《大元一统志》，其中也有这些汗国的资料，并有相关的地图。《经世大典》中的这一幅《地理图》，显然源自《大元一统志》，但又根据后来的资料作过一些调整。图中将三汗国分别题为"笃来帖木儿所封地""不赛因所封地""月祖伯所封地"，笃来帖木儿、不赛因和月祖伯，分别是 14 世纪 30 年代察合台汗国、伊利汗国、钦察汗国的汗。上述题名方式一则表明此图定稿的年代（即《经世大典》成书的年代），二则说明三汗国至少在表面上还与元朝保持着宗属的关系。这幅地图原应载在《经世大典》中的《赋典》"都邑"门。① "都邑"门的序中提到："至元间尝命秘书少监虞应龙等修《大一统志》，书在官府可考焉，若夫地名沿革之有异，城邑建置之不常，归附之期，设官之所，皆必有征，所以纪疆理之大，彰王化之远也。"② 由此可见《经世大典》纂修时确曾利用了《大元一统志》。明初修《元史》，诸志主要依据《经世大典》，这是公认的事实。其中《地理志》的"西北地附录"，亦应出于《经世大典》中《赋典》"都邑"门，故所载地名与《地理图》大体相同。《经世大典·地理图》和《元史·地理志》"西北地附录"中记载的地名，对于这一时期三个汗国历史地理的研究，是很有价值的。

《海国图志》所载《地理图》共有地名八十余处，据魏源自己说，他做过一些修改，"去其三横画，而加葱岭斜亘之画，绕络其间。且增天竺、土伯特、于阗、沙州四名于其东南，以醒阅者之目"③。"三横画"在图上原有位置已不可考。"加葱岭斜亘之画"，即图中横贯南北的虚线，虚线中段两侧分别有"葱岭东""葱岭西"字样，亦应是魏源所加。"天竺"即印度。"土伯特"即西藏，这是清代的译名，元代没有这样译法。"于阗"即今和田，《地理图》上原有"忽炭"，就是元代和田的一种译名，再加上"于阗"，是没有必要的重复。"沙州"即今甘肃敦煌。增加上述表示葱岭的虚线和四个地名，实无必要。但总的来说，魏源没有做过多的改动，大体上还保持原貌。《地理图》的方位与以往舆地图不同。中国古代的地图，一般是上北下南，亦有上南下北，但此图将四正方隅置于四角，图的西南角是东，西北角是南，东北角是西，东南角是北。这种方位的安排是很少见的。

---

① 参见苏振申《元政书〈经世大典〉之研究》，第 29—32 页。
② 《经世大典·序录·赋典·都邑》，《国朝文类》卷 40。
③ 《经世大典·地理图·跋》，《海国图志》卷 40。

此外，中国古代地图的绘制，有"计里画方"之法，已见上述。地名或在格内，或跨格，每图都要说明每方格折地里数。《地理图》全图由相同的方格组成，地名均置于方格之中，但并无每方格折地里数的说明。这也是与一般古代地图不同的地方。《地理图》绘制方法的这些特色，有人认为受伊斯兰地理学的影响，但目前尚无足以令人信服的结论，有待进一步研究。

朱思本的《舆地图》是以个人之力完成的地图，《经世大典·地理图》则是官方绘制的地图。元朝民间还有其他地图，如李泽民的《声教广被图》、僧清浚的《混一疆里图》（又称《广舆疆里图》）。李泽民生平不可考，吴门（应指今江苏苏州）人。《声教广被图》已失传。据15世纪前期朝鲜学者权近说："天下至广也，内自中邦，外薄四海，不知其几千万里也。约而图之于数尺之幅，其致详难矣。故为图者率皆疏略，唯吴门李泽民《声教广被图》颇为详备。"可知此图应包括"中邦"和"四海"，也就是当时的世界地图。僧清浚是台（今浙江台州）人，他的《混一疆里图》作于至正庚子（至正二十年，1360），据权近说，则"备载""历代帝王国都沿革"[1]。明代有人见过此图，"其方周尺仅二尺许，东自黑龙江西海祠，南自雷、廉、特磨道站至歹滩通西，皆界为方格，大约南北九十余格，东西差少"[2]。可知其所表现的，应是元朝实际控制疆域的面貌，而采用的应是"计里画方"之法。此图表现的范围和使用的方法都与朱思本地图相近，两者应有联系，可惜的是亦已失传。这两幅地图都传入邻邦朝鲜。据权近说，明建文四年，即朝鲜李朝太宗二年（1402），朝鲜左政丞金士衡、右政丞李茂命检详李荟将两者"更加详校，合为一图。其辽水以东及本国疆域，泽民之图亦多缺略。今特增广本国地图，而附以日本，勒成新图，井然可观，诚可以不出户而知天下也"。文中所说"本国"，指的是当时的朝鲜。这幅地图名为《混一疆里历代国都之图》，可以说是一幅世界地图，它以中国为中心，东有朝鲜半岛和日本列岛，南有东、西洋海外诸国，西有阿拉伯半岛、非洲大陆和欧洲。其中，东、西洋诸国和阿拉伯半岛、非洲、欧洲部分错误很多，但方位和大体轮廓还是看得出来的。从权近所说可知，这幅地图的中国部分兼用李泽民和僧清浚两图的资料，而其中有关东、西洋海外地区以及阿拉伯半岛、非洲、欧洲部分的知识，无疑源自李泽民的《声教广被图》。众所周知，一

---

[1]《历代帝王混一疆理图志》，《阳村集》卷22。
[2]《水东日记》卷17《释清浚广舆疆里图》。

直到元代，中国的传统文化，对于东、西洋诸国和阿拉伯半岛有一定的认识，而对非洲和欧洲是很不了解的。在此以前中国的地图中没有反映过这些地区的情况。李泽民地图中之所以能够绘画这些地区的情况，无疑得益于伊斯兰地理学。前已述及，元朝修《大元一统志》时，曾收集到"回回图子"。而主持《大元一统志》纂修的札马剌丁早在至元四年（1267）曾制"西域仪象"七件以进，其中之一是"苦来亦阿儿子，汉言地理志也。其制以木为圆毬，七分为水，其色绿，三分为土地，其色白。画江河湖海，脉络贯串于其中。画作小方井，以计幅员之广袤、道里之远近"①。"苦来亦阿儿子"是波斯语 Kura-i-arz 的音译，"苦来"意为"球、苍穹"，"亦"表示属格意义，"阿儿子"意为"陆地、土地、国家"，即地球仪。②"苦来亦阿儿子"即地球仪进入中国，必然带来回回人的地理观念。也就是说，回回学者对于当时世界的概念，在元代已经传入中国，李泽民在《声教广被图》中汲取了伊斯兰地理学的世界概念，后来朝鲜学者则利用李泽民的成果，绘制出一幅包含非洲、欧洲的世界地图。

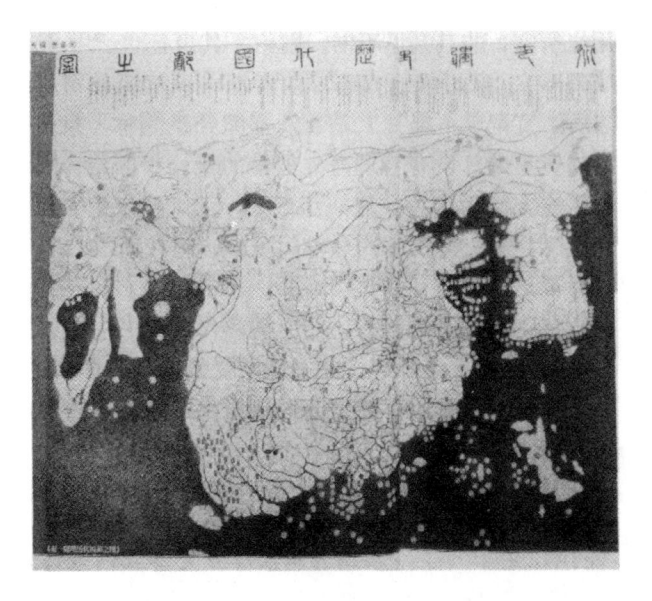

图3-6-3 混一疆里历代国都之图

---

① 《元史》卷48《天文志一》。
② 杨志玖：《元代东传的回回地理学》，《元代回族史稿》，南开大学出版社2003年版，第303—314页。

朝鲜的《混一疆里历代国都之图》现在保存在韩国首尔大学的奎章阁内。日本京都龙谷大学和九州的本光寺，都藏有此图的摹本。

中国第一历史档案馆藏有一幅《大明混一图》，据考证，其绘制时间应在洪武二年（1369）六月至洪武二十四年之间。此图与上述朝鲜地图轮廓大体相近，但具体内容有一定差别。比较突出的是，此图印度部分明显而朝鲜图则反之。可以认为，图内中国部分应根据朱思本《舆地图》绘成，非洲、欧洲和东南亚部分应依据李泽民《声教广被图》绘成，而印度等地则可能依据札马剌丁地球仪绘成，此外还可能利用了其他地图。[①]

综上所述，《混一疆里历代国都之图》和《大明混一图》都是在元代地图基础上绘制而成的。两图都有非洲、欧洲部分，都应根据李泽民的地图，李图则源自伊斯兰地理学。随着全国的统一，中外文化交流的加强，元代我国地理学者的视野比起前代来有明显的扩大，对于外部世界有了更多的认识，这在地理学发展史上是很有意义的大事。

行纪的写作亦有新的收获。海外行纪有《岛夷志略》，国内行纪有《河朔访古记》，都是有影响的作品。

《岛夷志略》作者汪大渊，字焕章，豫章（今江西南昌）人。他"尝两附舶东西洋"，显然是从事海外贸易的商人。"所过辄采录其山川、风土、物产之诡异，居室、饮食、衣服之好尚，与夫贸易费用之所宜，非其亲见不书，则信乎其可征也。"[②] 元顺帝至正九年（1349），泉州修地方志，主事者"以清源舶司所在，诸蕃辐辏之所，宜记录不鄙"。"清源"是泉州的别称。泉州是元代的重要海外贸易港，设有管理海外贸易的机构市舶司，因而修志时就设计了这方面的内容。这一年冬天，汪大渊来到泉州，因为熟知海外情况，便受托就此撰写专门著作，附在新编方志《清源续志》的后面。这就是《岛夷志略》一书的由来。次年，汪大渊回江西，又将此书在当地刊行。明、清两代，此书主要以抄本形式流传。从19世纪下半叶起，此书逐渐受到海内外学者的重视，研究者不乏其人。目前通行的是苏继庼先生的校释本，由中华书局于1981年出版。

《岛夷志略》共100条。除第1条"彭湖"（今我国台湾澎湖岛）、第2条"琉球"（今我国台湾）是我国领土外，自第3条至第99条所记均为东、

---

① 汪前进等：《绢本彩绘大明混一图研究》，《中国古代地图集·明代》，第51—55页。
② 《岛夷志略》卷首序。

西洋的国家或地区，全书共记录域外地名 220 个左右，涉及东南亚、印度洋地区、西南亚和东北非广大范围。在此书的后序中汪大渊强调所记"皆身所游览，耳目所亲见，传说之事则不载焉"，可知其中所记都应是汪氏亲身经历的，弥足珍贵。但第 100 条"异闻类聚"所记海外异事出自类书《事林广记》，《广记》则辑自前代各书，与前面记载有所不同。前 99 条所记主要是这些海外国家和地区的地理位置、气候、居民风俗、宗教信仰、物产与贸易需求。记载翔实可信，简明扼要，是该书的最大特色。明代前期郑和下西洋，是我国航海史上一大盛事。随行人员马欢著有《瀛涯胜览》一书，其自序中说："余昔观《岛夷志》，载天时气候之别，地理人物之异，慨然叹曰：昔天下何若是之不同耶！……余以通译番书，亦被使末，随其所至，鲸波浩渺，不知其几千万里，历涉诸邦，其天时、气候、地理、人物，目击而身履之，然后知《岛夷志》所著者不诬。"也就是说，郑和下西洋的实践，证明了《岛夷志略》记载的可靠。此书不仅使人们增加了对海外世界的了解，而且具有航海指南的作用。清代编《四库全书》，也对此书作了很高评价："然诸史外国列传，秉笔之人皆未尝身历其地，即赵汝适《诸蕃志》之类，亦多得于市舶之口传。大渊此书则皆亲历而手记之，究非空谈无征者比。故所记罗卫、罗斛、针路诸国，大半为史所不载，又于诸国山川险要方域疆里一一记述，即载于史者亦不及所言之详，录之亦足资考证也。"[1] 和《真腊风土记》一样，《岛夷志略》对于研究元代的中外关系具有重要的价值，对于研究 13—14 世纪海外广大地区的历史，亦是极其可贵的资料，这两种海外行记在中国古代同类著作中是很突出的。

　　迺贤是元代后期著名诗人，其生平前面已有介绍。顺帝至正五年（1345）迺贤由庆元出发，北上大都，他的旅程是："乃绝淮入颍，经陈、蔡，以抵南阳。由南阳浮临汝而西，至于洛阳。由洛阳过龙门还许昌，而至于大梁。历郑、卫、赵、魏、中山之郊，而北达于幽燕。"也就是说，他经历了今天的江苏、安徽、河南、河北等地。[2] 所到之处，"吊古山川城郭、丘陵宫室、王霸人物、衣冠文献、陈迹故事，暨近代金、宋战争疆场更变者。或得于图经地志，或闻诸故老旧家，流风遗俗，一皆考订。夜还旅邸，笔之于书。又以其感触兴怀，慷慨激烈，以诗歌者继之。总而名曰：河朔访古

---

[1] 《四库全书总目》卷71《史部二十七·地理类四·岛夷志略》。
[2] 《河朔访古记序》，《王忠文公集》卷5。

记，凡一十六卷"①。"河朔"主要指今河南、河北之地。此书以"访古"为主旨，记述作者在旅途的见闻，并附有作者有感而作的诗歌。可惜的是，原书已佚，现仅存清人编《四库全书》时从《永乐大典》辑出的本子，"残缺之余，十存一二"。仅从残存的部分来看，"其山川古迹，多向来地志所未详，而金石遗文言之尤悉，皆可以为考证之助……讲舆地之学者犹可多所取资焉"。② 例如其中关于河南登封测影台和真定玉华宫的记载，都是很有价值的。登封测影台古已有之，元初在大科学家郭守敬主持下重建，是我国古代科技史一大重要事件。但元代史籍记载简略，《河朔访古记》中则具体谈到了它的位置和形制。真定玉华宫是忽必烈之父拖雷的影堂所在，影堂是供奉皇帝"御容"的地方，又称神御殿，迺贤对玉华宫作了相当详细的叙述，有助于对影堂的认识，这是同时代其他文献中没有的。迺贤对金石碑刻特别重视，凡有所见，或记录碑名、作者、保存情况，专抄录文字，其中有些今日已不可得见，特别珍贵。例如阎复的《大白马寺赐田功德碑》，详细叙述洛阳这座佛教名刹的兴废及元初重建的经过，对于研究白马寺和元代佛教的活动，都是很有意义的。前面说过，此书有文有诗，但现存辑本只有记事之文，而《金台集》中有不少怀古之作，如《三峰山歌》《汝水》等，应该就是原来收在《访古记》中的诗篇。《三峰山歌》记蒙金河南三峰山之役，这是一场决定金朝命运的战争。《汝水》则记蔡州被蒙宋联军攻陷时金朝部分臣子殉国的壮烈行动。总之，《河朔访古记》是一部诗人、学者写作的游记，既有风土人情的描写，又有文物古迹的记录，书中的诗篇，更增添了这部作品的情趣。这是一部颇具特色的行记。

这一阶段地方志的编纂相当兴盛，流传至今的有《齐乘》《至顺镇江志》《延祐四明志》《至正四明续志》《至正金陵新志》《至正昆山郡志》《长安志图》等。《延祐四明志》作者袁桷，是元代有名的学者，此书"条例简明，最有体要……考核精审，不支不滥，颇有良史之风"③。《至顺镇江志》作者俞希鲁是镇江颇有声望的儒士，以茂才起家，历任路学教授、县丞、县尹、路同知等职。清代名学者阮元认为，此书"重于考献"，"多详兴废"，可以和袁桷的《延祐四明志》相提并论。④ 书中"田土""赋税"

---

① 《河朔访古记序》，《羽庭集》卷5。
② 《四库全书总目》卷71《史部二十七·地理类四·河朔访古记》。
③ 《四库全书总目》卷68《史部二十四·地理类一·延祐四明志》。
④ 《四库未收书提要》，《揅经室外集》。《四库全书总目》（中华书局1965年版）后书附。

"户口"等门，记载详细，对研究元代社会经济有很重要的价值，有关也里可温的资料，历来为宗教史和中外关系史研究者所珍视。《长安志图》作者李好文，元朝至治元年（1321）进士，官至行省平章政事。此书是李好文在顺帝至正二年（1342）在陕西任监察御史时，以前人的长安城图为基础，根据实地调查，加以补充、增订而成。全书3卷，为图二十有二，现存19幅。可分为行政区划、名胜古迹、城市、禁苑、宫殿、陵园、灌溉渠道几大类，每图均有图说。就地图绘制技术而言，此书在"现存宋、元地图中处于中上水平"[①]。其中"泾渠总图"表现了元代后期泾水和石川河之间的河渠状况，在古代灌溉系统地图中，它以时间早、内容丰富而受到重视。清人修《四库全书》，特别指出："其中'渠泾图说'，详备明析，尤有裨于民事，非但考古迹，资博闻也。"[②] 也就是说，这幅图不仅在学术上有价值，还有益于实用。其他几种方志也都是精心打造的作品，有一定的价值。

[①] 杨文衡：《长安志图的特点与水平》，《中国古代地图集·战国—元》，第91—95页。
[②] 《四库全书总目》卷70《史部二十六·地理类三·长安志图》。

第四编

文化载体：语言文字和书籍

第一章 语言文字的多样性

第一节 多种语言文字的使用和翻译

元朝是统一的多民族国家。元朝境内的民族有汉、蒙古、畏兀儿、回回、吐蕃、党项、契丹、女真、傜、苗、僮、白人、罗罗、金齿百夷等。各个民族都有自己的语言，有的民族还有自己的文字。

汉族人口最多，说汉语，使用汉字。汉语、汉字也是当时各民族之间交往的主要工具。蒙古族原来没有文字，采用刻木记事的办法："俗无文籍，或约之以言，或刻木为契。"①"鞑人本无字书……行于鞑人本国者，则只用小木，长三、四寸，刻之四角。且如差十马，则刻十刻，大率只刻其数也。其俗淳而心专，故言语不差。其法说谎者死，故莫敢作伪。虽无字书，自可立国。此小木即古木契也。"② 13世纪初，成吉思汗灭乃蛮部，俘获畏兀儿人塔塔统阿。塔塔统阿"深通本国文字"，即畏兀儿文。成吉思汗便命他"教太子、诸王以畏兀儿字书国言"③。"国言"就是蒙古事，"以畏兀儿字书国言"便是用畏兀儿文字来拼写蒙古语。蒙古语与畏兀儿语同属阿尔泰语系，彼此有大量共同的成分，因此借用起来很方便。在蒙古前四汗时期，这种畏兀儿体蒙古文便成为官方文字。13世纪40年代前往蒙古的教皇使节普兰诺·加宾尼写道，成吉思汗征服畏吾儿人，"采取了他们的字母，因为在此以前蒙古人是没有文字的。不过，现在他们称这种字母为蒙古字母"④。13世纪50年代前往蒙古的传教士鲁不鲁乞也报道说："蒙古人采用了他们（畏吾儿人）的字

---

① 《长春真人西游记》卷上。
② 彭大雅：《黑鞑事略》。
③ 《元史》卷124《塔塔统阿传》。
④ 《出使蒙古记》，吕浦译本，第21页。

母；他们是蒙古人的主要的书记，几乎所有的聂思脱里派教徒都能阅读他们的文字。"① 保存至今的实物资料，有碑刻（也孙哥碑）和符牌等。

忽必烈称帝后，以藏传佛教萨斯迦派领袖八思巴为帝师，命他"制蒙古新字"②。至元六年（1269）二月，"诏以新制蒙古字颁行天下"③。"新制蒙古字"就是用八思巴字来记录蒙古语。关于八思巴字的创立和行用情况，将在本章第二节中说明。这种"新制蒙古字"被元朝政府确定为官方文字，但是畏兀儿体蒙古字仍然相当流行。④ 元朝灭亡以后，八思巴字逐渐消亡，而畏兀儿体蒙古字则一直保留下来，逐渐演变为近代蒙古文。

畏兀儿人是今天维吾尔族的先民。主要居住在哈剌火州（今新疆吐鲁番）和别失八里（今新疆吉木萨尔）一带。畏兀儿在唐、宋时期称为回鹘。畏兀儿文就是回鹘文。这种文字是根据中亚粟特文创制的。在畏兀儿聚居地区和邻近地区使用广泛。13世纪下半期，由于战乱，一部分畏兀儿人移居河西走廊，畏兀儿语、文也在这一地区流行。现在流传下来的元代畏兀儿文实物有碑铭、佛经、契约文书等。

党项是古代我国西部的一个民族，曾建立西夏国，与辽、宋、金鼎立。西夏国创立者李元昊下令创立"蕃书"，通常称为西夏字，"尊为国字，凡国中艺文诰牒尽易蕃书"⑤。在西夏控制的范围内这种文字得到广泛的应用。蒙古灭西夏，但元代党项

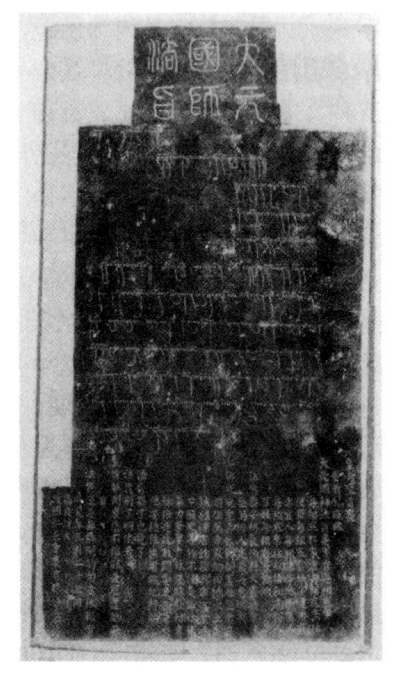

图 4-1-1　山东灵岩寺藏文汉文碑

---

① 《出使蒙古记》，第159页。
② 《元史》卷202《释老传》。
③ 《元史》卷6《世祖纪三》。
④ 至元二十三年（1286）十二月，"国史院纂修太祖累朝实录，请以畏吾字翻译，俟奏读然后纂定。从之"。（《元史》卷14《世祖纪十一》）可见朝廷上仍行用畏兀儿文。又如，河西蒙古宗王喃答失太子所立文殊寺碑（1326）便使用畏兀儿文，见耿世民、张宝玺《元回鹘文〈重修文殊寺碑〉初释》，《考古学报》1986年第2期。
⑤ 吴广成：《西夏书事》卷12。

人仍使用这种文字，刊刻大量佛经。元代曾在杭州刊印过三千余卷西夏文佛经，还曾印造活字板西夏文佛经，可见这种文字仍然流行。①

藏族古代称为吐蕃，吐蕃文字是仿照梵文的一些文字体系结合藏语实际创制的一种拼音文字。元代，统治者尊奉藏传佛教，给予种种优待。吐蕃语言文字不仅在吐蕃地区流通，在内地亦有相当的影响。现在流传下来的吐蕃文字实物为数甚多，有藏传佛教经典（如《甘珠尔》《丹珠尔》）、史书（《红史》）、碑刻等。

汉语言文字是元代流行最广泛的语言文字。其次是蒙古语言文字。此外，比较流行的是畏兀儿、党项、吐蕃等几种语言文字。元朝末年，统治者在居庸关过街塔门洞内用六种文字雕刻佛经，分别是汉字、吐蕃文字、西夏文字、八思巴字、梵文和畏兀儿文字。敦煌莫高窟现存至正八年（1348）西宁王速来蛮所立六字真言碑，也是用以上六种文字刻成。雕刻梵文是因为佛经原文皆用梵文书写之故，其余五种文字正好是元代比较流行的文字。居庸关石刻的八思巴字分大、小两种字体，大字是音译梵文《陀罗尼经》，小字是音写蒙语。莫高窟八思巴字是六字真言"唵嘛呢叭咪吽"的音译。②

图4-1-2　敦煌莫高窟元代六体文字石刻

历史上契丹族建立辽朝，辽朝创制契丹大、小字，作为表达契丹语的官方文字。辽亡金兴，契丹字仍在一定范围内使用。金章宗明昌二年（1191）十二月，"诏罢契丹字"③。自此逐渐衰落。耶律楚材的父亲耶律履懂契丹文，但以楚材的博学却不识契丹文。成吉思汗出征中亚，楚材随行，"遇西辽前郡王李世昌于西域，予学辽字于李公，

---

① 史金波：《西夏佛教史略》第9章《西夏灭亡后党项人的佛教活动》，宁夏人民出版社1988年版。

② 照那斯图：《八思巴字和蒙古语文献》Ⅱ《文献汇集》，东京外国语大学亚非语言文化研究所，1991年。

③ 《金史》卷9《章宗纪》。

期岁颇习"①。但自此以后再无人掌握这种文字。金朝创制女真大、小字，金朝灭亡以后，女真字很快消失，可能在东北女真人中仍有流通。②

元代有大量外来的回回人，他们是来自中亚和西南亚的伊斯兰教信徒。回回人说的语言各不相同，他们使用的主要是波斯文和阿拉伯文，两者之中，波斯文的应用可能更广泛一些，因为从10世纪起，波斯语逐渐成为伊斯兰世界东部的书面语。③元代还有一种"亦思替非文字"，元朝曾设立专门机构，教授这种文字。"亦思替非"文字是什么，长期以来，众说纷纭。现已清楚，这是古代波斯为税收、理财而创制的一种特有的文字符号。④元代还有来自中亚、西南亚及其以西地区的"也里可温"（信奉基督教者），他们中有不少人使用拉丁文、叙利亚文。保存在泉州、扬州以及其他地区的这一时期的大量各种文字墓碑，充分显示了多种外来语言文字并存的情况。

元代的南方分布着相当多的少数民族，他们的经济文化水平差别很大，一般都有自己的语言，除少数例外，多数没有自己的文字。金齿百夷是傣族的先民，使用老傣文。⑤罗罗是彝族的先民，使用彝文。其余民族有的采用汉文，有的还停留在刻木、结绳记事的阶段。如播州（今贵州遵义）居民以苗族为主，亦有仡佬、瑶等族，"凡交易刻木为书契，结绳以为数"⑥。

有的学者说："元代幅员之广阔，民族之复杂，语言之繁多，在中国史上前所未见。"⑦这个说法是符合实际的。多种语言文字的并存和使用，需要相互之间的沟通，翻译人员便应运而生。特别是处于统治地位的蒙古人大多不懂汉语及其他语言文字，不能不依赖翻译进行统治。由于使用汉语的人数最多，元朝加意培养的主要是沟通蒙汉的翻译人员。元代翻译人员数量之多，地位之高，都超越前代，以致有的学者说蒙古帝国是内陆亚洲史上翻译人员的"黄金时代"。

---

① 《醉义歌》，《湛然居士文集》卷8。
② 金光平、金启综：《女真语言文字研究》，文物出版社1980年版，第30—31页。
③ 韩儒林：《所谓"亦思替非文字"是什么文字》，《穹庐集》，上海人民出版社1981年版，第255—257页。
④ 穆扎法尔·巴赫蒂亚尔：《〈亦思替非〉考》，《伊朗学在中国》第一辑，北京大学出版社1993年版。
⑤ 元代的记载说金齿百夷"记识无文字，刻木为约"（李京：《云南志略》）。但现代的研究表明，老傣文在西双版纳使用已有千年左右的历史。
⑥ 《元一统志》卷10《湖广行省》。
⑦ 萧启庆：《元代的通事与译史》，载中国元史研究会编《元史论丛》第六辑，中国社会科学出版社1996年版。

蒙古族向外扩张之初，主要从邻近各族如唐兀、契丹人中选拔翻译。后来，逐渐从被俘虏的各族少年中培养翻译。这些少年与蒙古人朝夕相处，很自然地熟悉他们的语言，不少人便因此得到重用。蒙古占领燕京（今北京）以后，还设立专门学校，向蒙古学生教授汉语汉字，向汉人学生教授蒙古字，这便是史书中记载的大蒙古国时期的国子学，其性质与以前历朝的国子学以及后来元朝的国学大不相同。① 忽必烈建立元朝后，在中央建立蒙古国子学，地方设立蒙古字学，主要招收汉族学生，学习蒙古语言文字（八思巴蒙古字）。又在中央设回回国子学，培养学习回回文字（应为波斯文）的学生。蒙古、色目青年则可进入国学和地方官学学习汉文。此外，民间亦有教授蒙古语和回回字的学校。② 还有一些人在寺院或其他途径，学习掌握各民族的语言文字。经过长期的培养，逐渐形成一支相当庞大的翻译队伍。他们主要在各级政府机构中工作。从事文字翻译的，称为"译史"，蒙语称之为"必阇赤"；从事口头翻译的，称为"通事"，蒙语称之为"怯里马赤"。有的重要机构还分别设置"蒙古书写""回回书写"和"汉人书写"，分别处理各种文字材料。③

一般来说，凡是汉族建立的王朝，"译职人员大多永沉于官僚组织之边缘及下层，而元朝译职人员则有不恶的政治前途"。元朝的译职人员在仕途上"升迁未受歧视"，而且不少人因此得以进入上层。④ 比起由儒学、科举入仕来，这是一条较为便捷的途径。所以元末明初有人说："元制，蒙古字学视儒学出身为优。器局疏通之士，多由此进。"⑤ 翻译地位的提高，吸引了不少世家子弟来从事这项工作，对于平民子弟，当然更有吸引力。在当时这成为一种风气，这在其他朝代是难以看到的。

全国统一以后，从事翻译的，以汉人居多，但畏兀儿人仍占有相当的比例，蒙古人则少见。元代有名的翻译家迦鲁纳答思、必兰纳识理、阿邻帖木儿等，都是畏兀儿人。迦鲁纳答思"通天竺教及诸国语"，能"以畏吾字译西天、西番经论"，"西南小国星哈剌的威二十余种来朝，迦鲁纳答思

---

① 萧启庆：《大蒙古国的国子学》，《蒙元史新研》，允晨文化实业公司1994年版，第63—94页。
② 彭大雅：《黑鞑事略》。
③ 《国子助教李君墓志铭》，《始丰稿》卷12。
④ 萧启庆：《元朝的通事与译史：多民族国家中的沟通人物》，《元朝史新论》，允晨文化实业公司1999年版，第323—384页。
⑤ 《国子助教李君墓志铭》，《始丰稿》卷12。

于帝（忽必烈）前敷奏其表章，诸国惊服"。官至翰林学士承旨，大司徒（从一品）。①必兰纳识里"幼熟畏兀及西天书，长能贯通三藏暨诸国语"，曾"代帝（成宗）出家"，"其所译经，汉字则有《楞严经》；西天字则有《大乘庄严宝度经》《乾陀般若经》《大涅槃经》《称赞大乘功德经》；西番字则有《不思议禅观经》，通若干卷"②。"西天字"指梵文，"西番字"指藏文。他将汉文、梵文、藏文经典译成蒙文。阿邻帖木儿"善国书，多闻识，历事累朝，由翰林待制累迁荣禄大夫，翰林学士承旨……翻译诸经，纪录故实，总治诸王、驸马、番国朝会之事"③。其他知名的畏兀儿翻译家还有不少，有的世代从事这一职业。有元一代畏兀儿翻译人才辈出是很有意思的文化现象，究其原因，大概与畏兀儿地区位于中西交通要冲有关："高昌（今新疆吐鲁番，唐为高昌，元代畏兀儿地面）之俗……地与西域接，故其声音文字详于诸国。"④东西各族交往都经过畏兀儿地面，因而当地居民对各种语言文字有较多的了解。

这一时期翻译工作的发达，还表现为不少翻译作品的产生。主要可分两个方面。一是宗教经典的翻译，主要将藏文和梵文佛经译成汉文和蒙文。一是汉文经典和其他著作译成蒙文，见于记载的有《尚书节文》《孝经》《贞观政要》《帝范》《大学衍义》《通鉴节要》《皇图大训》等。后一类著作的翻译对于蒙古上层了解中原传统文化，起了有益的作用，也可以说是元代翻译工作的一大特色。适应民间学习蒙古语言文字的需要，这一时期还出现了不少蒙古字学书，流传至今的有《蒙古字百家姓》《蒙古字韵》《至元译语》等。前二者是学习八思巴字的参考用书，后者则是汉语词汇分类音译。

元朝后期，随着各族之间交往的增多，语言隔阂现象有所改变。14世纪20年代有人上奏说："通事之设，本为蒙古、色目官员语言不通，俾之传达，固亦切用之人。然而今日各道监司大率通汉人语言，其不通者虽时有之，而二十二道之中，盖可屈指而知也。则其所用之时常少，而无用之时多。"⑤监察部门如此，其他部门亦应如此。翻译人员的作用，逐渐降低

---

① 《元史》卷134《迦鲁纳答思传》。
② 《元史》卷202《释老传》。
③ 《元史》卷124《哈剌亦哈赤北鲁附阿邻帖木儿传》。
④ 《马公神道碑》，《清容居士集》卷27。
⑤ 《冗食妨政》，《至正集》卷74。

了。元朝末代皇帝（后）至元三年（1337）下诏："汉人、南人不得习蒙古、色目文字。"① 也就是说，禁止汉人、南人当翻译。这是元朝文化政策的一大改变。元朝末年各种社会矛盾日益尖锐化，统治者有意制造民族隔阂，作为防范汉人、南人的手段。从积极培养翻译人才，到禁止汉人、南人学习蒙古、色目文字，便是制造民族隔阂的一种手段。但是，这种手段只能进一步加深民族矛盾，促使社会危机深化。没有多久，全国规模的群众起义便爆发了。

第二节　八思巴字的创制和使用

自突厥以来，北方民族诸政权都十分注重本民族文化的发展，创制了自己的文字。有的创制文字还不止一套，如辽、金创制的契丹、女真文，都各分大、小字。成吉思汗建国前夕，命畏兀儿人塔塔统阿教授汗室子弟用畏兀儿字拼写蒙古语，从而创制出最早的蒙古文字，称蒙古畏兀字（今亦称畏兀儿体蒙古文或回鹘式蒙古文）。忽必烈即位后，复命吐蕃僧侣、国师八思巴利用藏文字母创制一套新的蒙古字，后世习称八思巴字。至元六年（1269），字成，颁行天下。《元史》卷202《释老·八思巴传》载颁行诏书曰：

> 朕惟字以书言，言以纪事，此古今之通制。我国家肇基朔方，俗尚简古，未遑制作。凡施用文字，因用汉楷及畏吾字以达本朝之言。考诸辽、金以及遐方诸国，例各有字。今文治浸兴，而字书有阙，于一代制度实为未备。故特命国师八思巴创为蒙古新字，译写一切文字，期于顺言达事而已。自今以往，凡有玺书颁降者，并用蒙古新字，仍各以其国字副之。

同传又记载这套文字的特点说："其字仅千余，其母凡四十有一。其相关纽而成字者，则有韵关之法；其以二合三合四合而成字者，则有语韵之法；而大要则以谐声为宗也。"八思巴字是一种拼音文字，其字母主要由藏文字母改制而成，但藏文字母横行拼写，八思巴字则自左向右直行书写，这应当是受到了蒙古畏兀字和汉字书写方式的影响。构字方面"或一母独立一字，或

---

① 《元史》卷39《顺帝纪二》。

二三母凑成一字",字形"方古严重"①。41个字母是最初制定、用于拼写蒙古语的,实际上在译写其他语言时又时而增补必要的新字母。今天见到的八思巴字字母,可能多达56个。每个字母都分别表示一个音素,其中又可分为辅音字母和元音字母。另外,还有单独的字头符、连接符和零声母符号。②

八思巴字与此前的北方民族文字、包括蒙古畏兀字在内,都有很大区别。它固然首先是为记录蒙古语而创制的,但又不仅仅是简单的一套蒙古字,而是可以用来记录多个民族语言的通用字母。这也就是颁行诏书所云"译写一切文字"的意义所在。就现存资料来看,它除记录蒙古语外,还曾用于记录汉语、藏语、梵语、维吾尔语。最初称八思巴字为"蒙古新字",是相对于蒙古畏兀字这种"旧字"而言的。但到至元八年(1271)正月,即有诏"今后不得将(八思巴)蒙古字道作新字"③。其主要意义,即在于强调八思巴字的崇高地位,它是独一无二的"蒙古字",不仅是蒙古本民族文字,也是蒙古国的国字(此时"大元"国号尚未正式确立)。后来元人官私记载,亦多以"国字""国书"称之。吴澄曾概括"国字"特点及其与汉字的差异说:

> 皇元兴自漠北,光宅中土……得异人制国字,假形体,别音声,俾四方万里之人,因目学以济耳学之所不及,而其制字之法则与古异。古之字主于形,今之字主于声。主于形,故字虽繁而声不备;主于声,故声悉备而字不繁……有其声而无其字甚伙,此古之主于形者然也。以今之字比之古,其多寡不逮十之一。七音分而为之经,四声合而为之纬,经母纬子,经先纬从。字不盈千,而唇、齿、舌、牙、喉所出之音无不该,于是乎无无字之音,无不可书之言。此今之主于声者然也。④

以新创的"国字""译写一切文字",做到"无无字之音,无不可书之言",反映出蒙古统治者力图实现"书同文"目标、自成"一代之制"的气魄。这是中国文字史上一次创造性的革新方案。元朝的汉族士大夫对此也有

---

① 《书史会要》卷7《大元》,"帝师巴思八"条。
② 参见照那斯图、杨耐思《八思巴字研究》,载中国民族古文字研究会编《中国民族古文字研究》,中国社会科学出版社1984年版。
③ 《元典章》卷31《礼部四·学校一·蒙古学·蒙古学校》。
④ 《送杜教授北归·序》,《吴文正公集》卷14。

颇高的评价。赵孟頫说："圣朝混一区宇，乃始造为一代之书，以文寄声，以声成字，于以道达译语，无所不通，盖前代之所未有也。"陈旅认为："皇元因造字以新天下之耳目，谐声以该六书之会，母字四十一，而变无穷焉。故非智融而器疏者，不足以诣其妙。"王祎则指出："盖其为母甚简，而曲畅旁通，则声比字属者，有生生不穷之义焉。……则知我元言语文字之传，百王不能易矣，岂特为一代之制作而已乎？"①

另一方面，八思巴字通过"译写一切文字"做到的"书同文"，其统一性仅仅表现在字母、体式、行款等文字形式上，至于书写内容亦即记录的语言，仍然是多种多样的。语文学家指出："在严格的意义上说，它（八思巴字）对蒙古语而言，才称得上是真正的文字，对其他语言而言，不过是与之相应的注音符号而已……或者说，这种文字只不过是各个民族语言或文字的一种转写文字。"② 以汉语为例，钱大昕很早就发现："元时凡制诰由词臣润色者，国书但对音书之。"③ 也就是说，用八思巴字"译写"汉文文章时，主要翻译方式为音译。罗常培、蔡美彪搜集了一批蒙汉合璧、刻碑立石的元朝制诰文字拓片，分析指出："这些制词原来都是先用汉文写成，文辞典雅，多出于当时汉族文人之手。八思巴字只是用来译写汉语的音，好让不识汉文的人也能够读；另一方面，也可表示它是出自蒙古统治者的。"④ 这种音译的八思巴字译稿，显然并不可能取代汉字，但它却是汉语拼音化的第一次尝试，有关资料对研究古代汉语音韵具有重要参考价值。

元朝统治者为推行八思巴字进行了不懈的努力。至元六年（1269）初颁八思巴字，规定"凡有玺书颁降者，并用蒙古新字，仍各以其国字副之。所有公式文书，咸遵其旧"⑤。也就是说，初步只在以皇帝名义颁发的诏旨文件中使用，并未涉及一般的官府文书。此后，行用范围逐渐推广。至元七年十月"癸酉，敕宗庙祭祀祝文以国字"⑥。八年正月规定，"省部台诸印信并所发铺马札子，并用蒙古字。省部台院……凡有行移文字，并用蒙古字标写

---

① 《皇朝字语观澜纲目序》，《松雪斋集》卷6；《送柿溪州蒙古学正序》，《陈众仲文集》卷4；《鲍信卿传》，《王忠文公集》卷21。
② 前揭照那斯图、杨耐思：《八思巴字研究》。
③ 《潜研堂金石文跋尾》卷19《皇太后懿旨碑（至顺二年六月）碑阴》。
④ 罗常培、蔡美彪：《八思巴字与元代汉语（资料汇编）》，科学出版社1959年版，第17页。
⑤ 《元典章》卷1《诏令·行蒙古字》。《圣元名贤播芳续集》卷5《立国字诏》所载同。但"所有公式文书，咸遵其旧"一句在《元史·八思巴传》所载诏书中则已被删去。
⑥ 《元史》卷7《世祖纪四》。

本宗事目"。"省部台院凡有奏目,用蒙古字写。"① 十年正月"戊午,敕自今并以国字书宣命"。十五年七月"丁亥,诏虎符旧用畏吾字,今易以国字"②。二十一年五月规定,"今后诸衙门依例贡进表章,并用蒙古字书写,务要真谨"③。与此同时,还采取了设学校、设管理机构乃至强迫命令等种种推行手段。至元六年七月,诏立诸路蒙古字学。八年正月,在京师设蒙古国子学,诸王投下和蒙古千户中亦设蒙古字教授,同时规定朝中当值的怯薛人员以及主管文书的必阇赤必须在一百天内学会八思巴蒙古字。④ 十二年三月,从翰林国史院中分立蒙古翰林院,专门负责用八思巴字撰写和翻译诏令文书。十四年,又设蒙古国子监,作为八思巴字教育管理机构,位于蒙古国子学之上,而受蒙古翰林院统辖。⑤ 关于诸路蒙古字学和蒙古国子学的教育情况,已见前述。

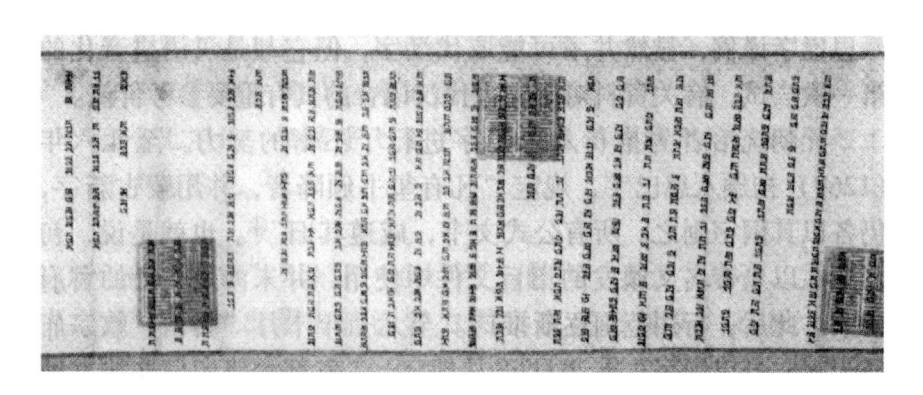

图 4-1-3　八思巴字圣旨

现存元代八思巴字资料比较零散,包括碑铭、图书、文件、官印、钱钞、牌符、花押等。⑥ 从这些零散资料、加上史籍当中的一些记载来看,作为北方民族政权的新制文字,八思巴字推行力度之大、范围之广,都是空

---

① 《元典章》卷 31《礼部四·学校一·蒙古学·蒙古学校》。
② 《元史》卷 8《世祖纪五》、卷 10《世祖纪七》。
③ 《元典章》卷 31《礼部四·学校一·蒙古学·用蒙古字》。
④ 《元史》卷 6《世祖纪三》;《元典章》卷 31《礼部四·学校一·蒙古学·蒙古学校》。
⑤ 《元史》卷 8《世祖纪五》、卷 87《百官志三》。
⑥ 参见张公瑾主编《民族古文献概览》第五章第三节"八思巴蒙古文文献",民族出版社 1997 年版;罗常培、蔡美彪《八思巴字与元代汉语(资料汇编)》第一章第三节"八思巴拼写汉语的文物"。

前的。如以皇帝名义下发的诏敕文书，普遍以至少两种文字颁行。或先有汉文底稿，再译为八思巴字；或先有八思巴蒙古文底稿，再译为汉字或其他文字。以八思巴字译汉文时，主要方式为对音的音译，但也有用八思巴字写出蒙古语译稿的意译方式。《元史》卷87《百官志三》："内八府宰相，掌诸王朝觐馈介之事。遇有诏令，则与蒙古翰林院官同译写而润色之。"内八府宰相是从必阇亦中分化出来的一批怯薛执事官，负责草原地区的诸王驸马朝觐贡献等事务。他们参与译写的"诏令"，应当是用汉文文言起草但同样需在蒙古草原颁发的诏书。既云"译写而润色之"，则是意译而绝非音译。袁桷《清容居士集》卷27《阎复神道碑》："一日草诏书，其语意难以入国语，大臣疑之……会食毕，公改为之，而前诏一字不复用。一座大惊。"这也是因为要用蒙古语意译，才会出现"语意难以入国语"的问题。由于诏敕颁发过程变得较为复杂，因而分立了两所以"翰林"命名的秘书机构——翰林国史院和蒙古翰林院。揆诸前代北族王朝，辽虽颁行契丹大、小字，然应用范围似乎有限。金亦曾颁行女真大、小字。熙宗天眷元年（1138）九月"诏百官诰命，女真、契丹、汉人各用本字，渤海同汉人"。章宗承安二年（1197）四月"亲王宣敕始用女真字"①。可见也只是在部分诏敕文书中使用女真字，而且未必要与汉字来回翻译。只有西夏出现过类似情况，②但它毕竟只是一个地方政权，其文字发挥的作用和历史影响仍然难与八思

图4-1-4 《事林广记·蒙古字体》

---

① 《金史》卷4《熙宗纪》、卷10《章宗纪二》。
② 《西夏书事》卷12载："（夏景宗）元昊既制蕃书，遵为国字，凡国中艺文诰牒尽易蕃书。于是立蕃字、汉字二院，汉习正、草，蕃兼篆、隶，其秩与唐宋翰林等。汉字掌中国往来表奏，中书汉字，旁以蕃书并列。蕃字掌西蕃、回鹘、张掖、交河一切文字，并用新制国字，仍以各国蕃字副之。以国字在诸子之右，故蕃字院特重。"见龚世俊等《西夏书事校证》，甘肃文化出版社1995年版，第146—147页。

巴字相比。

八思巴字对元代汉族社会也产生了不小的影响。对汉族百姓而言，学会八思巴字，就有可能进入官府从事文字翻译工作，甚至由吏入官，等于多了一条入仕的途径。忽必烈至元二十一年（1284）有官员上奏称："今者大元一统，蒙古字虽兴，而南北之民寡于攻习。"① 此言对当时汉族社会学习八思巴字的状况估计可能偏低。因为大约就在此前后，南方已经出现了由汉族士人编纂的八思巴字韵书。② 到14年后的成宗大德元年（1297），中书省公文已经说"如今蒙古文字学的宽广也，学的人海多是汉儿、回回、畏吾儿人有"③。元顺帝（后）至元六年（1340）郑氏积诚堂刊本《纂图增新群书类要事林广记》庚集卷下《文艺类·蒙古字体》收录了八思巴字与汉字对照的《百家姓》，其小序称："今王化近古，风俗还淳，蒙古之学设为专门。初学能复熟此编，亦可以为入仕之捷径云。"萧启庆先生指出：根据现有史料来看，元朝"担任译职者以汉人、南人为最多"④。这些人显然都必须以学会八思巴字作为担任译职的前提。事实上，一些汉族士人对八思巴字的掌握达到了很高的水平。如陇西人李师尹"精于国语，习于国字，口宣耳受，指个画目别，如水之注下，如火之照近，沛然瞭然，略无停滞。虽处之阴山，入大漠之北，与其种人未易优劣也"⑤。

但八思巴字作为一套蒙古文字，也有比较明显的缺点。主要是采用类似汉字的方体字形拼写蒙古语，一个方体字拼写一个音缀，致使语词割裂，不易识读，不像蒙古畏

图4-1-5 八思巴字圆牌

---

① 《元典章》卷31《礼部四·学校一·蒙古学·用蒙古字》。
② 南宋遗民王义山《稼村类稿》卷5收有《李宏道编〈蒙古韵类〉序》。王义山卒于至元二十四年（1287），李宏道《蒙古韵类》的成书必在此以前。
③ 《元典章》卷8《吏部二·官制二·月日·官员升转月日》。
④ 萧启庆：《元代的通事与译史——多元民族国家中的沟通人物》，载中国元史研究会编《元史论丛》第六辑，中国社会科学出版社1996年版。
⑤ 《送四川行省译史李岩夫序》，《吴文正公集》卷16。

兀字那样以词为单位构字，因而便于读写。另外为了兼顾多民族的语言，其拼写法是以平衡、折中多种语言对象为原则而制订的，与每一个具体语言并不能完全适合，蒙古语亦然。忽必烈虽然大力推广这套文字，但他自己平时仍然习惯于读、写蒙古畏兀字。① 以后的皇帝，似乎也还是对蒙古畏兀字更熟悉一些。② 元朝灭亡、蒙古退回漠北以后，已无"译写一切文字"的需要，八思巴字因而逐渐废弃。相反蒙古畏兀字经过一些改革，依然在蒙古社会长期使用。

第三节　汉语中的蒙语词汇和蒙语硬译文体

元朝是一个统一的多民族国家，境内行用多种语言文字，已见上述。多种语言文字并存和使用，必然互相影响，突出表现为：（1）汉语中出现相当数量的蒙语词汇；（2）出现了一种奇特的翻译文体，即蒙语硬译公牍文体。

元代，蒙古族进入中原、江南，和汉族杂居。交往甚广，语言必然互相渗透。元朝人分四等，蒙古族处于优越地位，蒙古语言文字得到官方的提倡，掌握蒙古语言文字是"入仕之捷径"③，因而不少汉人以会说会写蒙古语言文字为荣。人们交谈中夹杂蒙古词汇，成为一种相当流行的风气。在元代的杂剧和散曲中，常有蒙语词汇出现，正是这种风气的反映。例如，关汉卿的《邓夫人苦痛哭存孝》，开头是李存信上场念道："米罕整斤吞，抹邻不会骑。弩门并速门，弓箭怎的射。撒因答剌孙，见了抢着吃。喝的莎塔八，跌倒就是睡。若说我姓名，家将不能记。一对忽剌孩，都是狗养的。"④ 佚名《阀阅舞射柳捶丸》中有一段两个将领的对话，与此类似："不会骑撒因抹邻，也不会弩门速门。好米哈吃上几块，打剌孙喝上五壶。莎塔八了不去交战，杀将来牙不牙不。"⑤ "米罕""米哈"是蒙语 migan（肉）的音译，"抹邻"是 morin（马）的音译，"弩门"是弓（numun），"撒因"是好

---

① 至元十二年（1275）大将阿里海牙攻占江陵，忽必烈大喜，"御笔为北庭书"褒美，见姚燧《阿里海牙神道碑》，《国朝文类》卷59。又《元史》卷14《世祖纪十一》载：至元二十三年十二月戊午，翰林学士承旨撒里蛮上言"国史院纂修太祖累朝实录，请以畏兀字翻译，俟奏读然后纂定"。
② 例如《农桑图叙》（《松雪斋集》外集）："（仁宗）俾翰林承旨阿怜帖木儿用畏兀儿文字译于左方，以便御览。"
③ 《事林广记》（至顺本）续集卷5"文艺类·蒙古字体"。
④ 《元曲选外编》，第42页。
⑤ 同上书，第1021页。

(sain)，"答剌孙""打剌孙"是酒（darasun），"忽剌孩"是贼（hulagai），"莎塔八"（soqtaba）是喝醉了的意思。"牙八"（yabu）是蒙语"走"的音译。前面一段上场诗是说，我只会喝酒吃肉，不会骑马射箭，喝醉了就躺下，我们哥俩是一对贼。后一段对话的意思是：不会骑好马，也不会射箭，好肉吃上几块，酒喝上五壶，醉倒了不去作战，敌人杀来我就跑。这些蒙语词汇，增加了戏剧道白的诙谐成分。戏剧道白是说给观众（主要是汉人、南人）听的，说明不少蒙语词汇已为当时的汉人、南人观众所熟知。

根据学者们的研究，元代杂剧、散曲中经常出现的蒙语词汇有二三十个，上面所说不过是其中一部分。元代其他汉文文献（碑刻、法律文书、诗歌等）中亦有不少蒙语词汇。元代各种汉文文献中出现的蒙语词汇应在一百个以上，这在汉语发展的历史上是罕见的。① 有些蒙语词汇一直流传下来，实际上已成为汉语的一部分，如"站""胡同""把势"。"站"是蒙语 jam 的音译，其意义与中国古代的"驿"相同，有人认为 jam 来自突厥语 yam，而 yam 则源自汉语"驿"。"把势"是蒙语 baqshi 的音译，又作"八哈失""巴合失"，而 baqshi 来源于汉语"博士"。以上两例是两种语言之间往复借用之词。"胡同"是蒙语 quduq 的音译，原义为井，蒙古人进入大都后用 quduq 称呼大都城中的街巷，后代继续沿用。② 汉语对蒙语亦有影响，上引"站""把势"可以追溯到"驿"和"博士"，便是很典型的例子。又如，早期蒙语中的"兀真"（wosin）就是汉语"夫人"的音译。③

适应学习蒙语的需要，这一时期还出现了汉蒙对照的字书，名为《至元译语》（又称《蒙古译语》）。它将常见的蒙语词汇分门别类，共 22 门（如"天文门""地理门""人事门"等），涉及社会生活的许多方面。每门下罗列若干基本词汇，每个词汇都用汉字标音，如："河：木连"，"城：八剌合孙"，"官人：那延"等。共收词汇 541 个。这本《至元译语》收在《事林广记》之内。《事林广记》是一种日用百科全书型的类书，南宋人陈元靓编，在元代不断修订再版，流传很广。

除了蒙古语以外，其他民族语言亦有进入汉语的。元贞二年（1296）七月的一件官方文书中说，大都（今北京）的"八匝儿等人烟辏集处"有人

---

① 参见方龄贵《古典戏曲外来语考释词典》，汉语大词典出版社、云南大学出版社 2001 年版。
② 同上书，第 20—26、349—361、335—339 页。
③ 乌兰：《元朝秘史"兀真"考释》，载中国蒙古史学会编《蒙古史研究》第七辑，内蒙古大学出版社 2003 年版。

卖假药。①"八匝儿"是突厥语 bazar 的音译，原意为市集，现代突厥语民族中仍然使用此词。它见于文书，可见当时大都民间已很流行。"八匝儿"应是入居大都的使用突厥语的民族带进来的，当然也有可能是通过蒙古人传入的。

元代语言文字中有一种奇特的现象，那便是出现了蒙语硬译文体。"元代文献中，有一大批词语奇特、句法乖戾的公牍，既不能用古汉语书面语常规训释，又与纯粹的元代汉语口语不同。这是一批不顾汉语固有的语法规律和用语习惯径从蒙古语原文机械地翻译过来的公文。"这种文体原来专门用于翻译官府公牍，故被称为硬译公牍文体。"硬译文体的语汇采自元代汉语口语，而语法却是蒙古式的。一篇典型的硬译公牍，等于一份死死遵循蒙古语词法和句法，用汉语作的记录文字。"②泰定帝即位诏书，便是这样的一篇文字：

> 薛禅皇帝可怜见嫡孙、裕宗皇帝长子、我仁慈甘麻剌爷爷根底，封授晋王，统领成吉思皇帝四个大斡耳朵，及军马、达达国土都付来。依着薛禅皇帝圣旨，小心谨慎，但凡军马人民的不拣什么勾当里，遵守正道行来的上头，数年之间，百姓得安业。在后，完泽笃皇帝教我继承位次，大斡耳朵里委付了来。已委付了的大营盘看守着，扶立了两个哥哥曲律皇帝、普颜笃皇帝，侄硕德八剌皇帝。我累朝皇帝根底，不谋异心，不图位次，依本分与国家出气力行来。诸王哥哥兄弟每、众百姓每，也都理会的也者。今我的侄皇帝生天了也，么道，迤南诸王大臣、军上的诸王驸马臣僚、达达百姓每，众人商量着，大位次不宜久虚，惟我是薛禅皇帝嫡派，裕宗皇帝长孙，大位次里合坐地的体例有，其余争立的哥哥兄弟也无有。这般，晏驾其间，比及整治以来，人心难测，宜安抚百姓，使天下人心得宁，早就这里即位提说上头，从着众人的心，九月初四日，于成吉思皇帝的大斡耳朵里，大位次里坐了也。交众百姓每心安的上头，赦书行有。③

---

① 《通制条格》卷 21《医药》。
② 亦邻真：《元代硬译公牍文体》，载中国元史研究会编《元史论丛》第一辑，中华书局 1982 年版。
③ 《元史》卷 29《泰定帝纪一》。

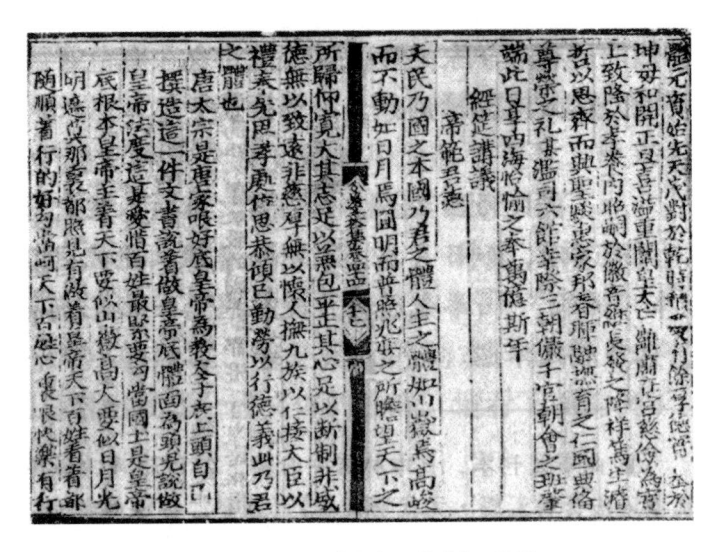

图 4-1-6 《吴文正公集》书影

元朝历代皇帝即位时都要颁发诏书。即位诏书都有蒙、汉两种文字，现存诸帝汉文即位诏书都是用典雅的文言，只有这一篇例外，它显然是从蒙文诏书直接翻译过来的。清代史学家赵翼说，这篇诏书"所译全是俗语，无异村妇里老之言"[1]。其实，这样说法是不全面的，泰定帝即位诏书不能简单用"俗语"来解释，它实际上是一篇典型的蒙语硬译公牍，是有严格的规范。也就是说，它是从蒙文诏书机械地翻译过来的。文中的"……根底"是蒙语一种后置词的对译，有"在""向""从""同""把"等多种含义，诏书首句的意思就是说，薛禅皇帝（忽必烈）的嫡孙、裕宗皇帝（忽必烈之子真金）的长子、我的父亲甘麻剌受封为晋王。"我累朝皇帝根底，不谋异心，不图位次"是说：我在列朝皇帝时都没有非分之想，不追求地位。文中屡次出现的"……上头"，也是蒙语一种后置词的对译，意思是"因为""由于"。"……有"，有时表示实义动词，有"有""存在""是"等含义，有时则用于其他动词后面，充当助动词。上述诏书结尾说："交众百姓每心安的上头，诏书行有。"意思是为了让百姓们安心，颁布诏书。"……么道"则是一种蒙语特殊动词即引语动词的对译，放在引语或某种内容的表述之后。"今我的侄皇帝生天了也么道"，就是说现在我的侄皇帝（指英宗）去

---

[1] 《廿二史札记》卷29《元人译诏旨雅俗不同》。

世了。除了以上这些常见的蒙语后置词、动词的对译外,其他如"勾当""气力""位次"等,也都是蒙语硬译公牍文体中的常见词汇。

这种硬译公牍文体原来只限于政府文书、皇帝诏令,使用多了,其影响逐渐扩大,元代许多其他类型的书面文体,也采用这种文体。例如畏兀人贯云石的《孝经直解》,便用硬译公牍文体翻译儒家经典,使之通俗化:

(一)

在上不骄,高而不危,制节谨度,满而不溢。高而不危,所以长守贵也。满而不溢,所以长守富也。

在人头上行呵,常常的把心行着么道。这般呵,自家的大名分也不落后了有。大使钱的勾当休做着,小心依着法度行者。这般呵,便似一碗满的水,手里在意拿着呵,也不瀽了。这两件儿勾当的呵,富贵常常的有着。

(二)

子曰:夫孝,德之本也,教之所由生也。复坐,吾语汝。身体发肤,受之父母,不敢毁伤,孝之始也。

孔子说:孝道的勾当,是德行的根本有。教人的勾当先从这孝道里生出来。你再坐地,我说与你。身体头发皮肤从父母生的,好生爱惜者,休教伤损者么道,阿的是孝道的为头儿合行的勾当有。[①]

类似的还有理学家吴澄的《经筵讲义·帝范君德》,也可明显看出硬译公牍文体的影响:

夫民乃国之本,国乃君之体,人主之体如山岳焉,高峻而不动,如日月焉,圆明而普照。兆庶之所瞻望,天下之所归仰……奉先思孝,处位思恭,倾己勤劳,以行德义,此乃君之体也。

唐太宗是唐家哏好底皇帝,为教太子底上头,自己撰造这一件文

[①] 此书元刊本,日本林秀一旧藏,有1938年来薰阁书店影印本。《近代汉语语法资料汇编·元代明代卷》(刘坚、蒋绍愚主编,商务印书馆1995年版)已收入。日本东京汲古书院于1996年出版的《元版孝经直解》([日]太田辰夫、佐藤晴彦主编),除影印全文外,附有"校订""解说""释词"和"语汇索引"。此处引文据《元版孝经直解》,与《近代汉语语法资料汇编·元代明代卷》略有不同。

书，说着做皇帝底体面。为头儿说做皇帝法度，这是爱惜百姓最紧要勾当。国土是皇帝底根本，皇帝主着天下，要似山岳高大，要似日月光明，遮莫那里都照见有。做着皇帝，天下百姓看着，都随顺着。行的好勾当呵，天下百姓心里哏快乐有。行的勾当不停当呵，天下百姓失望一般……奉祀祖宗的上头，好生尽孝心者。坐着大位次里，好生谦虚近理，休息慢者。拣好底勾当尽力行者，这是做皇帝的体面么道。①

"……呵"是语助词，用来翻译蒙语假定式助动词附加成分，相当于"如果""的话"。"……者"亦是语气助词，用来翻译蒙语祈使式附加成分，用来表示顾望、建议、命令、要求等。至于"么道""有"，上面已经说过。②贯云石用硬译公牍文体来解读汉文经典《孝经》，吴澄则用来解读唐太宗的《帝范》。贯云石的"直解"是逐字逐句翻译，吴澄的"讲义"则类似讲解，两者有所区别，但所用文体是相同的。贯云石是有名的文人，吴澄是当时享有大名的学者，可见当时思想文化界对这种文体并不排斥。贯云石说，"直解"是"取世俗之言"来解说经典，"匹夫匹妇皆可晓达……初非敢为学子设也"③。说明硬译公牍文体已经流行很广，为一般平民所接受。这意味着这种文体的用途起了变化，原来专用来翻译蒙文诏令文书，后来已经在多种场合广泛使用了。

14世纪中期高丽出现两种汉语教科书，一种是《朴通事》，一种是《老乞大》。过去只有两书的后代修订本，即"谚解"本。近年发现了《老乞大》的旧本，应是元代的刻本。旧本《老乞大》中的语言，明显看出硬译公牍文体的影响，请看下面的例子：

旧本："田禾不收的上头，俺也旋籴旋吃里。"
"谚解"本："田禾不收的，因此上，我也旋籴旋吃里。"
旧本："怎道？恁这等惯做买卖的人，俺一等不惯的人根低多有过瞒有。"

---

① 《吴文正公集》卷44。
② 本节有关硬译公牍文体的一些论述，见亦邻真《元代硬译公牍文体》，祖生利《元典章刑部直译体文字中的特殊语法现象》，载中国蒙古史学会编《蒙古史研究》第七辑，内蒙古大学出版社2003年版。
③ 《孝经直解》序。

"谚解"本:"怎么说?你这们惯做买卖的人,我一等不惯的,人根前多有欺瞒。"①

"上头""根低(底)""有"都是蒙语硬译公牍文体中常见的词汇,已见上述。可以看出,旧本《老乞大》的两个句子都具有明显的硬译公牍文体特征,而在后代经修改的"谚解"本中这些特征便基本上没有了。应该指出的是,具有硬译公牍文体特征的句子和词汇在旧本《老乞大》中并非个别的例子,而是随处可见。《老乞大》是一种汉语会话教材,可以想见蒙语公牍文体不仅对当时的汉语书面语有影响,而且对当时汉族的口语亦有很大的影响。

图4-1-7 《乞老大》书影

蒙语硬译公牍文体在元代盛行。元亡明兴,朱元璋向北方民族颁发的诏书,有时仍用这种文体写作,如洪武十一年(1378)六月颁发的《喻西番罕东毕里等诏》。②自此以后,这种文体便完全消失了。

第四节　白话文和简体字

元代汉语言文字还有一种值得注意的现象,那便是书面语的口语化。这种现象主要表现在两个方面。一是对经典和历史用口语加以讲解,一是戏曲和话本中文字的口语化。

对于古代经典和历史用口语加以讲解,使读者明白易懂,当时称为"直说"或"直解",也就是后来所说的白话文。"鲁斋许先生为《朱文公大学直说》《唐太宗贞观政要直说》,皆以时语解其旧文,使人易于观览。"③"鲁斋先生"就是元代前期的理学大师许衡。他曾为儒家经典《大学》和历史著作《贞观政要》作"直说"。《大学直说》至今尚存,但名为《大学直

---

① 李泰洙:《〈老乞大〉四种版本语言研究》,语文出版社2003年版,第147、198页。
② 《明太祖文集》卷1,胡士尊点校,黄山书社1991年版;《全明文》卷1,上海古籍出版社1992年版。应该指出的是,两书整理者都不熟悉蒙语硬译公牍文体,因而在标点时有些不妥之处。
③ 郑镇孙:《直说通略》序。

解》。此外还有《中庸直解》《大学要略》，都是同一类型的作品。但《贞观政要直说》已佚。"直说"或"直解"都是"以时语解其旧文"，"时语"就是元代的口语，"旧文"就是经典或史书。将"旧文"口语化，便可在实际上起到普及的作用。例如，对《大学》的第一句话"《大学》之道，在明明德"，许衡讲解道："'《大学》之道'，是大学教人为学的方法。'明'是用工夫明之。'明德'是人心本来元有的光明之德。夫子说，古时大学教人的方法，当先用工夫明那自己光明之德，不可使昏昧了。"① 又如，对"在止于至善"，他解释道："'在止于至善'，是那事最上等好处。且说朝廷跟前行呵，把心敬谨便是为官的道理最上等好处；爷娘跟前孝顺，便是为子的道理最上等好处；以至孩儿每跟前慈爱，便是爷娘的道理最上等好处。这几件都依着行呵，便是'止于至善'。"②

"直说"历史，可用郑镇孙的《直说通略》为代表。郑镇孙是括苍（今浙江丽水）人，此书作于英宗至治元年（1321）。③ 他以《资治通鉴》为本，再以其他史书记载"推衍上古之事，加诸前，而以宋朝及辽、金之录，附于后"，可以说是一部用白话写成的简明通史。全书分13卷。该书关于淝水之战的叙述：

> 谢玄使人去对苻融说：你每远远田地来这里，如今逼水摆陈，这是要厮持长久，不是要战。若移阵略靠后，待我晋兵过了决胜负不好那什么。秦王与诸将商量……遂麾军少退。（卷5）

又如，关于蒙古灭金的叙述：

> 戊子年即绍定元年，元太祖皇帝晏驾，睿宗脱累皇帝受太祖皇帝命说道："金人精兵在潼关，南壁厢有山，北壁厢有河，不容易攻他。不如问南宋借路，从唐、邓地面出来，都是平地，可以直到汴梁。"辛卯即宋绍定四年，元军自河州入兴元，至金、房，过襄阳，到唐、邓，在阳翟与金人力战。金国潼关军马都失败了，元军围汴。（卷13）

---

① 《大学直解》，《鲁斋遗书》卷4。
② 《大学要略》，《鲁斋遗书》卷3。
③ 台北"中央图书馆"藏有此书的影钞明成化刊本。

这样的文字是比较通俗的，文化程度较低的人也可以看懂。

书面语的口语化，在文学作品中也有明显的表现，特别是在部分杂剧、散曲和话本中，最为明显。杂剧的对白大多是口语化的，可以大剧作家关汉卿的代表作《感天动地窦娥冤》为例，剧中赛卢医的一段道白：

自家姓卢，人道我一手好医，都叫做赛卢医，在这山阳县南门开着生药局。在城有个蔡婆婆，我问他借了十两银子，本利该还他二十两。数次来讨这银子，我又无的还他，若不来便罢，若来呵我自有个主意。我且在这药铺中坐下，看有什么人来。①

元代的杂剧作家，从艺术风格来说，可以分为本色、文采两派。本色派的作品，文字朴素，多用口语，不仅道白（宾白）如此，曲文（唱词）中也常常有所表现。仍可以《窦娥冤》为例，窦娥有一段感叹自己身世的曲文：

莫不是八字儿该载着一世忧，谁似我无尽头。须知道人心不似水长流。我从三岁母亲身亡后，到七岁与父分离久。嫁的个同住人，他可又拔着短筹。撇的俺婆妇每都把空房守，端的个有谁问有谁瞅。

窦娥的婆婆出门索债，被张老、张驴儿父子勒迫成亲。婆婆回家，窦娥见她神色有异，唱道：

为什么泪漫漫不住点儿流，莫不是为索债与人家惹争斗？我这里连忙迎接慌问候，他那里要说缘由，则见他一半儿徘徊一半儿丑。

这些唱词，不用典故，没有华丽的辞藻，真可以说明白如话，演出时能收到雅俗共赏的效果。与杂剧同时流行于东南沿海地区的南戏，来自民间，曲文宾白"句句是本色语"②，和杂剧的本色派相近。

元代盛行散曲。这是一种可以演唱的韵文，与唐诗、宋词一脉相承，同

---

① 《元曲选》，中华书局1959年版，第1501页。
② 《南词叙录》。

时又吸收了民间歌谣以及说唱艺术的丰富营养而形成的诗歌形式。比起诗、词来，散曲平易、通俗，大量吸收民间的语言，"方言常语，沓而成章"①；"口之欲宣，纵横出入，无之而无不可也"②。著名的散曲作品，如杜仁杰的《庄家不识构栏》、睢景臣的《高祖还乡》、马致远的《借马》、关汉卿的《不伏老》等，都大量使用方言常语，明白如话。试以《庄家不识构栏》为例：

风调雨顺民安乐，都不似俺庄家快活。桑蚕五谷十分收，官司无甚差科。当村许下还心愿，来到城中买些纸火。正打街头过，见吊个花碌碌纸榜，不似那答儿闹穰穰人多。

[六煞] 见一个人手撑着椽做的门，高声的叫请请，道迟来的满了无处停坐。说道前截儿院本《调风月》，背后么末敷演刘耍和。高声叫：赶散易得，难得的妆哈。

[五] 要了二百钱放过咱，入得门上个木坡，见层层叠叠团团坐。抬头觑是个钟楼模样，往下觑却是人旋窝。见几个妇女向台儿上坐，又不是迎神赛社，不住的擂鼓筛锣。

……

[二] 一个妆做张太公，他改做小二哥。行行行说向城中过，见个年少的妇女向帘儿下立，那老子用意铺谋待取做老婆。教小二哥相说合。但要的豆谷米麦，问甚布绢纱罗。

[一] 教太公往前那不敢往后那，抬左脚不敢抬右脚，翻来覆去由他一个。太公心下实焦燥，把一个皮棒槌则一下打做两半个。我则道脑袋天灵破，则道兴词告状，划地大笑呵呵。

[尾] 则被一胞尿，爆的我没奈何。刚挨刚忍更待看些儿个，枉被这驴颓笑杀我。③

说话是民间说唱伎艺的一种。说话表演者即说话人，话本是说话人的底本。元代话本可以分为小说和讲史两类。说话人为了表演时吸引观众，所用

---

① 《谭曲杂札》。
② 《曲律》卷4《杂论》。
③ 《全元散曲》，中华书局2000年版，第31—32页。

语言必须通俗易懂，与之相应，底本的文字也要求口语化。元代小说类话本，现在传世的不多，可以确定为元代作品的有《宋四公大闹禁魂张》《任孝子烈性为神》《汪信之一死救全家》《简帖和尚》等，语言生动活泼，明白易懂。① 讲史类话本，传世的有《三国志平话》《三分事略》《宣和遗事》等，大多以浅近的文言写成，但其中有的部分亦用口语体文字。"讲史"可能更多需要临场发挥，所有底本比较简洁，因而与"小说"相比，在口语化的程度上有所区别。

书面语的口语化，就是与文言文相对的白话文。从上面所说的一些情况来看，元代白话文已比较成熟，而且应用得相当普遍，成为一种颇有影响的社会风气。亦可视为元代文化特色之一。

上面提到，14世纪中期，中国的邻邦高丽出现了两种汉语教科书，一种叫作《朴通事》，另一种叫作《老乞大》。"通事"是翻译的一种称呼，"乞大"则可能是"契丹"的音译。这两种书是供高丽人学习汉语用的，因而文字都是口语化的。请看《老乞大》中一段对话：

  "你是高丽人，学他汉儿文书怎么？"
  "你说的也是，各自人都有主见。"
  "你有什么主见，你说我试听。"
  "如今朝廷一统天下，世间用着的是汉儿言语，咱这高丽言语，只是高丽田地里行的，过的义州，汉儿田地里来，都是汉儿言语。有人问着一句话也说不得时，教别人将咱每做什么人看？"
  "你这般学汉儿文书呵，是你自意里学来那，你的爷娘教你学来？"
  "是俺爷娘教我学来。"
  "你学了多少时？"
  "我学半年有余也。"
  "省的那省不的？"
  "每日和汉儿学生们一处学文书来的上头，些小理会的有。"②

---

① 这几种话本，都收在明人编纂的《古今小说》中，但据考证，应是元代的作品。见邓绍基主编《元代文学史》，人民文学出版社1991年版，第595—608页。
② 《元代汉语本〈老乞大〉》，韩国：庆北大学出版部2000年版。

这是高丽人和汉人的一段对话，明白易懂。《老乞大》旧本近年在韩国发现，上面一段对话便见于旧本。《朴通事》只有后代的修订本，即"谚解"本，但仍可看出原来的面貌。将两书的文字和元人"直解"以及戏曲、话本的语言相比较，在词法和句法上都是一致的。这两种书对于了解元代的白话言语有重要的价值。前面已说过，由于硬译公牍文体的流行，元代白话文也受到影响，常常出现一些硬译公牍文体中特有的句法和词法，这在《朴通事》和《老乞大》中也有所表现。这是研究元代白话时必须注意的。

汉字笔画复杂，对于文化水平较低的人来说，书写不便。民间很早就将某些复杂的汉字加以简化，或者用同音字来代替。元代简化字相当流行。现存元代刻本《元典章》《全相三国志平话》等书中，都可以看到这种现象。据统计，元刻本《元典章》中出现的简化字不下四五十个，其中多数与现在的简化字相同，如："粮""断""听""体""旧""变""炉""元""伞""巢""与""议""尽""蛮""宝""园""碍"等，还有一些则与现在的简化字有些差别，如："㒷"（兴），"塩"（盐）、"龙"（龙）等。《全相三国志平话》中简化字的使用更加普遍，不下四五十个，大多数与《元典章》中相同，亦有未见于《元典章》者，如"灯""独""刘""泪""乱"等。此外如元刻《事林广记》中也可以看到一些简化字。《元典章》是民间书商编纂的一部法律文书汇编，主要供普通百姓查阅之用。《全相三国志平话》原应是说话人的底本，刊印是为了在文化程度较低的下层群众中流传。作为家庭日用百科类书的《事林广记》，读者对象也是一般民众。这些作品中出现简化字，正是为了适应文化程度较低的群众的需要。

可以认为，元代简化字数量可观，使用相当普遍，而且多数简化字已相当规范。但简化字的使用，主要是在文化水平较低的下层民众之中。社会上层和文人中间，则不多见。尽管如此，简化字的使用，仍可视为元代语言文字的一种特色。

第二章　书籍出版与收藏

第一节　元人著作概况

　　号称"正史"的《二十四史》中，有若干种《艺文志》或《经籍志》，著录该时代各种著作的名称和作者，这对于了解各个时代的文化，具有极其重要的价值。但明初修《元史》，由于时间匆促，资料不足，再加上纂修者缺乏足够的学术素养，以致《元史》没有《艺文志》，留下了很大的遗憾。清人有补《元史·艺文志》之作，先后问世的有卢文弨的《补辽金元艺文志》、钱大昕的《元史艺文志》和金门诏的《补三史艺文志》等。钱大昕精于元代史事，所见元代文献最多，不少元人著作便由于他的发现和宣传，才为学术界所知，如《长春真人西游记》《历举三场文选》等。《元史艺文志》（以下简称《艺文志》）一书充分反映了他在元代文献学方面的成就，历来为人们所称道。清代魏源作《元史新编》，即将钱氏《艺文志》全文收入。

　　钱氏《艺文志》共4卷，沿袭以往正史《艺文志》的体例，按传统的经、史、子、集四部区分，部下分类。经部有12类，史部14类，子部14类，集部8类，每类下开列各种著作，有的还对作者作简要介绍。钱氏《艺文志》有多种版本，但内容并无差异。近年出版的《嘉定钱大昕全集》（江苏古籍出版社1997年版）亦已全文收入。[1]

　　钱大昕说："予补撰《元艺文志》，所见元明诸家文集志乘小说，无虑数百种，而于焦氏《经籍志》、黄氏《千顷堂书目》、倪氏《补金元艺文》、陆氏《续经籍考》、朱氏《经义考》，采获颇多。"[2] 可知此书收录的，是见

---

[1] 这是一个"点校"本，但实际上只有简单的标点（还有一些错误），没有校。
[2] 《十驾斋养新录》卷14《元艺文志》。

于以前各种书目中的元人著作，加上自己的见闻。黄虞稷的《千顷堂书目》搜罗很广，是钱大昕编撰《元史艺文志》的主要依据之一。[①] 钱氏《艺文志》沿袭前代同类作品的体例，一般只记录人名和书名，只有少数对作者或著作情况有简略的说明，因此有不少著作是否完成或刊行都缺乏交代。从编纂工作来看，亦存在一些问题。比较突出的是，首先，书中著录不少单篇的文章，这些文章有些又收入文集之内，例如史部"职官"类有"王恽《玉堂嘉话》8 卷"，"《中堂事纪》3 卷，《乌台笔补》10 卷"；而集部"别集"类收"王恽《秋涧大全集》100 卷"，其实以上三者都收在《大全集》内，实际上是重复了。其次，书中不收戏曲、白话小说，难以反映元代文化全貌。再次，有一些明显的错误和遗漏。例如，近代名学者沈曾植指出："钱氏艺文志《春秋》类，不录赵汸诸书。"赵汸是元代有代表性的《春秋》学者，他的著作不应忽视。[②] 此外，在具体分类、著录上亦有可议之处。尽管如此，钱氏《艺文志》仍是我们了解元人著作状况的最基本的文献。

近人雒竹筠汇集传世各种书目及有关文献，对钱氏《艺文志》加以整理，成《元史艺文志辑本》一书（雒氏遗稿，李新乾编补，北京燕山出版社1999年版）。此书辑录的元人著作比钱氏原书有所增加，特别是在集部添加了戏曲、小说两类。辑录的每种著作均标明存佚，存者尽可能注明各种版本。这些都有利于研究者使用。雒氏是北京琉璃厂的书商，见闻颇广，业余致力于此，是很不易的。《元史艺文志辑本》对于研究元代文献，有一定的参考价值。但此书是未完稿，也存在不少问题，对钱氏《艺文志》的上述缺点未能纠正，反而增加了一些新的错误，如将一些存世的书定为已佚，有的书重复著录等。整理者似注重版本目录的汇集，但对著作本身缺乏足够的研究，因而不免产生差错。

为了对有元一代的著述有一个基本的概念，下面以钱氏《艺文志》为据，作简略的统计（《艺文志》中收入辽、金二代作品，均略去不计）。

经部12类，分别是"易""书""诗""礼""乐""春秋""孝经""论语""孟子""经解""小学""译语"，共有772种。"易"类最多，199种，其次为"经解"类122种。以下是"春秋"类120种，"礼"类103种，"书"类55种，"小学"类51种，"诗"类47种，"孝经"类20种，

---

① 王重民：《千顷堂书目考》，《中国目录学史论丛》，中华书局1984年版，第185—212页。
② 《海日楼札丛》，第138页。

"论语"类 18 种,"孟子"类 13 种,"译语"类 13 种,"乐"类 11 种。

史部 14 类分别是"正史""实录""编年""杂史""古史""史钞""故事""职官""仪注""刑法""传记""谱牒""簿录""地理"。共有 423 种。"地理"类最多,有 119 种,顺次是"传记"类 37 种,"史钞"类和"故事"类均为 35 种,"谱牒"类 34 种,"杂史"类 32 种,"仪注"类 28 种,"实录"类 25 种,"编年"类 21 种,"职官"类 20 种,"古史"类 16 种,"刑法"类 14 种,"簿录"类(即书目)4 种,"正史"类最少,3 种。

子部 14 类,分别是"儒家""道家""经济""农家""杂家""小说家""类事""天文""算术""五行""兵家""医方(书)""杂艺""释道"。共 671 种。"医方(书)"类最多,140 种,"释道"类次之,121 种。其次是"儒家"类 101 种,"杂家"类 91 种。以下是"杂艺"类 47 种,"经济"类 37 种,"五行"类 30 种,"道家"类 27 种,"历算"类 24 种,"类事"类 21 种,"小说家"类 15 种,"农家"类 9 种,"兵家"类 5 种;"天文"类为数最少,3 种。

集部 8 类,分别是"别集""总集""骚赋""制诰""科举""文史""评注""词曲"。集部共 1054 种。其中"别集"类最多,有 834 种,"总集"类次之,83 种。以下是"词曲"类 55 种,"文史"类 26 种,"评注"类 24 种,"科举"类 21 种,"骚赋"类 7 种,"制诰"类 4 种。

以上《艺文志》所载有元一代经、史、子、集(不包括戏曲、白话小说)作品加在一起,为 2920 种。这里所说的"种",包括专著和单篇文章。钱氏见闻极广,但以个人之力完成这一工作,仍不免有重复和遗漏之处。而且在他身后,元人著作还有一些新的发现。因此《艺文志》所载也不可能是十分精确的。我们可以经部"易"类为例。钱氏《艺文志》所载为 199 种,雒氏《辑本》所载为 216 种,另有学者经过认真研究,确定元代易学著述共 240 种。[①] 三者出入颇大。元代易学兴盛,居经学之首,数量较多。其他各类相差不会如此之多。但由此推论,有元一代的各种著述总数超过 2920 种,应是没有问题的。有的研究者说:"根据钱大昕《补元史艺文志》统计,元代刻印、流通的图书,经部为八百零四种,史部为四百七十七种,子部为七百六十三种,集部为一千零九十八种,共三千一百四十二种。对于前后历史

---

① 黄沛荣:《元代易学平议》,《元代经学国际研讨会论文集》,中研院中国文哲研究所筹备处印行,2002 年,第 162 页。

不到一百年的元朝，有如此多的书传播在社会上，可谓盛况可观了。"① 这里所说的3142种和上面我们所说的2920种有相当的距离，相差二百多种。其主要原因可能是作者将《艺文志》著录的辽、金作品也统计在内。还可能因为统计方法有一些不同。例如"别集"类作品，常有"补遗""附录"，是否作为单独作品加以统计，就是值得讨论的问题。但以钱氏《艺文志》所载，加上后人发现的遗漏，似可认为，有元一代各种著述约有3000种（不包括戏曲和白话小说）。元朝前后共162年，能有这么多的著述，应该说是很可观的。

至于将《艺文志》所载书目，都看成"刻印、流通的图书"，则是不妥的，事实上，其中有相当多是手稿，并未刻印，更谈不上流通。例如史部"实录"类所收元历朝皇帝的实录，修成以后，没有刻印也不曾流通，又如史部"杂史"类载"危素《宋史稿》50卷"。据宋濂说，此书"藏于家"，并没有刊行。② 这类事例还有不少。

下面就钱氏《艺文志》所载四部著述的情况分别做一些说明。

钱氏《艺文志》所载经部772种，数量相当可观，值得注意的是，在经部中"易"类著述最多，说明当时诸经之中易学最为兴盛。但总的说来元代经学有价值的作品并不很多。前人称元代是"经学积衰时代"，认为"宋、元、明三朝之经学，元不及宋，明又不及元"③。这一说法有一定道理。有元一代，程朱理学被确立为思想的正统，这对于学术特别是经学起到了禁锢的作用。可以说，元代的经学著述大都以发明、补充程朱经说为主，不敢突破程、朱的藩篱。其中影响较大的有吴澄的《五经纂言》，金履祥的《论语孟子集注考证》《大学章句疏义》，刘因的《四书集义精要》，许谦的《读书丛说》《诗集传名物钞》，刘瑾的《诗传通释》，李廉的《春秋诸传会通》等。"直解"体经学著述的出现，可以说是元代经学著述的一个特色。所谓"直解"体，就是将儒家经典翻译成浅近的白话文或半文半白的语体文，最有名的是畏兀儿人贯云石的《孝经直解》，至今尚存。④ 此外还有许衡的《大学要略直说》，钱天佑的《大学经传直解》《孝经直解》等。这几种经书"直解"都是进献朝廷的，钱天佑说："臣于延祐元年作《大学经传直解》，进

---

① 陈红彦：《中国版本文化丛书·元本》，江苏古籍出版社2002年版，第8页。
② 《危公新墓碑铭》，《宋文宪公全集》卷27。
③ 皮锡瑞：《经学历史》，中华书局1959年版，第283页。
④ 此书是用蒙语硬译文体在至大元年（1308）写成的，上图下文。

献皇太子,明年复作《孝经直解》进献,承令命翰林官以畏吾儿字语译讫,奏上皇帝陛下、太后殿下,奉旨将《孝经》镂版,命臣陪侍皇太子备员说书,给赐廪饩。"① "直解"这种通俗化形式实际上为了使汉文化修养不高的皇室成员和上层贵族官僚便于接受,有时则作为经典翻译(向皇帝进讲)的底本。它对于儒家经典在蒙古、色目人中的传播起了积极的作用,当然也有利于在民间的传播。

《宋史·艺文志》的"经部"下分10类。钱氏《艺文志》分12类,多出"孟子""译语"两类。在《宋史·艺文志》中,有关《孟子》的著述都收入"子部"的"儒家"类,钱氏则在经部下面为之专列一类。实际上元代与《孟子》有关的著述不过十余种,数量上还不及宋代,但黄虞稷《千顷堂书目》已在"经部"下列"孟子"类,钱氏此举显然沿袭黄氏的体例。"译语"类收录的是译成蒙文的经史类作品和学习蒙语的入门书,这类著述是前代没有的,应视为元代著述的一个特色。晚清学者文廷式说:"钱氏《补元史艺文志》,特立'译语'类,列'小学'之末,体例最善,深得《隋志》之意。"但他指出钱氏于此仍有遗漏。②

钱氏《艺文志》史部著述共14类,423种。"地理"类占首位,有119种。其中又以地方志、名山志居多。"地理"类著述中最有时代特色的是官修的《大一统志》和朱思本的《舆地图》,以及各种域外行记,如周达观的《真腊风土记》、汪焕章(即汪大渊)《岛夷志略》和《长春真人西游记》等。潘昂霄的《河源志》,记录了忽必烈时代考察黄河源的经过,这是一次很有意义的事件。就史学著作而言,元代前朝史的修撰有相当可观的成果,集中表现为《宋史》《辽史》《金史》三部正史的纂修。本朝史的修撰则相对薄弱,这和宋朝形成强烈的对比。但值得称道的是出现了蒙古族自己撰写的史书《元秘史》(即《蒙古秘史》)。钱氏《艺文志》史部"故事"类和"职官"类著录了元朝官修的各种政书,如《经世大典》《大元通制》《宪台通纪》《秘书监志》等,有十余种。③ 这些政书保存了元朝政治生活的珍贵

---

① 《四库全书总目》卷89《史部·史评类·存目一·叙古颂》。
② 《纯常子枝语》卷4。
③ 钱氏《艺文志》史部"职官"类著录:"赵承禧《宪台通纪》1卷。潘迪《宪台通纪》23卷。……索元岱《南台备纪》29卷。刘孟琛《南台备要》2卷。"按,两种《宪台通纪》实为一书,潘迪命赵承禧编,潘作后序。《南台备纪》与《南台备要》亦是一书,刘孟琛编,索元岱序。不知钱氏为何有误。两书刊本未见传世,但已收入《永乐大典》,现在能见到的是《大典》中保存的本子。雒氏《辑本》不仅未能改正,还以为两书已佚。

资料，具有很高价值。其中《经世大典》规模最大，正文即有880卷之多，可惜全书已佚，只有一部分保存下来。"故事"类收有《大元圣政国朝典章》一书，与上述官修政书不同，这是一部民间书坊编纂的法律文书汇编，内容虽然芜杂，但大多堪称第一手的原始资料，对研究元代社会具有很高价值。"故事"类还收录了陈椿的《熬波图》，此书详细记述了江浙一带盐业生产和运销的过程，为此前所未有。海运是元代交通一大特色，"故事"类收徐泰亨《海运纪原》一书，可惜已失传。

史部"传记"类收录各类传记37种，但有价值的不多。苏天爵的《国朝名臣事略》是一部名著，明初修《元史》的重要依据。辛文房的《唐才子传》保存了唐代诗人的许多重要资料，历来为研究者所珍视。辛文房是西域人，能撰写这样题材的作品，难能可贵。史部"史钞"类收有郑滁孙《直说通略》10卷，"直说"和"直解"意义相似，用半文半白的语言叙述自上古至金、宋的历史，使之易于传播。这是史学通俗化的一种有意义的尝试。[①] 宋代目录学有很高成就。元代目录学方面没有可以称道的著述。钱氏《艺文志》史部"簿录"类有目录书4种，规模很小，而且都没有流传下来。

钱氏《艺文志》子部分14类，收了671种。其中"医方（书）"类最多，有140种。"医方（书）"著述丰富，反映出元代医学的发达。中国医学史上有"金元四大家"的美誉，"四大家"中元代有李杲、朱震亨，都留下大量著作。此外如窦默、罗天益、滑寿等医学名家，亦都有自己的著作。忽思慧的《饮膳正要》是一部宫廷饮食的记录，在食疗方面有独特的贡献。"释道"类收121种，仅次于"医方（书）"类。其中有佛道二教的经典、史籍、高僧语录等。这一类书籍众多，是元代佛道二教兴盛的表现。祥迈的《至元辨伪录》详细记录了元代前期的佛道之争。普度的《莲宗宝鉴》则是佛教异端白莲宗的珍贵文献。"释道"类所收书目先释后道，两部分又分别各按辽、金、元前后排列，与其他各类体例有所不同。其中《净发须知》列在王嚞（王重阳）《全真集》之前，显然以为是金人著作。从内容分析，此书应是元人作品，可能是现存的最早的下层行业秘本，弥足珍贵，但与释道无关。[②] 在钱氏以前，《千顷堂书目》已将此书列入"释家"类，钱氏大概

---

① 此书作者是郑镇孙，不是郑滁孙，钱氏误。
② 《净发须知》实为专供理发行业成员阅读的秘本，现存《永乐大典》残本中有此书。

是沿袭黄氏的做法，很可能他并没有看到原书。"农家"类和"历算"类所收著述虽然不多，但很有特色。"农家"类9种，王祯《农书》、大司农司辑《农桑辑要》和鲁明善的《农桑衣食撮要》，在中国农学史上均有重要的地位。"历算"类所收郭守敬《授时历经》及有关著述，李冶的《测圆海镜》，对天文历法和数学都有很大的贡献。

钱氏《艺文志》"杂家"类收各类著述91种，以笔记为主，较重要的有周密的《癸辛杂识》《齐东野语》，刘壎的《隐居通议》，杨瑀的《山居新语》，陶宗仪的《辍耕录》等。这些对研究元代文化具有重要的价值。"小说家"类收书仅十余种，各种话本小说均未列入。其中有钟嗣成《录鬼簿》，是关于元代杂剧、散曲作家的珍贵资料。北宋时期朝廷组织过《太平御览》《册府元龟》等大型类书的编纂，南宋时民间实用型的类书流行，其代表作品是《事林广记》。钱氏《艺文志》子部有"类事"类，收各种备查考的类书21种。可以看出，元朝没有朝廷组织编纂的大型类书，但是民间实用型的类书仍是流行的，如刘应李的《事文类聚翰墨全书》、富大用的《古今事文类聚》和《居家必用事类》等。《事林广记》在元朝曾不止一次修订刊行，但可能因成书于宋朝，钱氏《艺文志》没有收入。[①] "类事"类还收马端临《文献通考》，这是一部论述历代典章制度的重要著作，在元代以及中国史学史上都有重要地位，应收入史部"故事"类，放在"子部"是不合适的。

钱氏《艺文志》集部分8类，1054种，内"别集"类为数最多，有834种。"别集"即文人的诗、文集，从这个数字可以想见元代的文坛是相当繁荣的。"别集"的内容很广泛，除了散文、诗歌之外，还有碑铭、记序、经论、题跋等。作为文学创作的散文、诗歌主要是在"别集"中保存下来的，许多与艺术有关的重要史实也只有在"别集"中才有记载。"别集"中还记录了大量政治、经济珍贵资料。在众多的"别集"中，内容丰富而受重视的有耶律楚材《湛然居士文集》、元好问《遗山集》、郝经《陵川文集》、王恽《秋涧大全集》、程钜夫《雪楼集》、胡祇遹《紫山大全集》、赵孟頫《松雪斋文集》、刘因《静修文集》、姚燧《牧庵集》、吴澄《吴文正公集》、袁桷

[①] 子部"类事"类有刘应李《事文类聚翰墨全书》145卷，钱缙《万宝事山》20卷，而集部"总集"类有刘应李《事文类聚翰墨大全》12卷，《万宝书山》38卷。《翰墨全书》与《翰墨大全》，《万宝事山》与《万宝书山》应是同一书。

《清容居士集》、许有壬《至正集》、虞集《道园学古录》、苏天爵《滋溪文稿》等。

钱氏《艺文志》集部有"科举"类，这是《宋史·艺文志》集部所没有的，《明史·艺文志》集部则在"总集"类中收录了十余种与科举有关的著作，如《国朝试录》《四书程文》等，但没有为之专列一类。① 钱氏《艺文志》立"科举"类，并非偶然。他注意元代科举资料的搜集，读过《历举三场文选》《大科三场文选》《青云梯》《元统元年进士录》等罕见文献，② 曾有意撰写《元进士考》一书，惜未完成。③ 他显然有志对元代科举状况作深入的研究，但未能如愿。《艺文志》中专设"科举"类，反映了他对科举制度的重视。

戏曲和话本的创作是元人著作的一大特色，但钱氏《艺文志》没有收入，这是很大的缺陷。

一个时代的著述是该时代文化的集中表现。通过钱氏《艺文志》的记载，我们可以对有元一代的著述有比较全面的了解，进而有助于对元代文化的认识。这个时期的著述，不仅数量可观，而且在不少方面很有特色，为中华文化宝库增添了光彩。钱大昕《元史艺文志》的价值也是应该充分肯定的。

第二节　书籍出版的多种渠道

1211 年，蒙古国发动了对金战争。1234 年，蒙古国灭金，统治北方广大农业区，即所谓"汉地"。原来金朝统治地区内，燕京、平阳二地是图书出版的中心。燕京原名中都，是金朝都城所在，1215 年，蒙古国占领中都，改称燕京。这个城市虽然遭受很大的破坏，但仍有一定规模的商业、手工业，刻版印书亦未中断。耶律楚材在戊子年（1228）于自己家中刊印他的《西游录》，④ 灭金的一年（1234），楚材的老师燕京名僧万松著《释氏新闻》，楚材"请刊是书行于世，因为之序"。同年，他为李纯甫的

---

① 《明史》卷99《艺文志四》。
② 见《竹汀先生日记钞》，《嘉定钱大昕全集》第8册。按，《历举三场文选》全本现藏日本，国内只存残本。《大科三场文选》亦藏日本。后二书近代已有印本。
③ 未完稿，见《嘉定钱大昕全集》第5册。
④ 《西游录》后记"燕京中书侍郎宅刊行"，时间是戊子（1228）。

遗著《楞严外解》作序，文中说："老师（指万松老人）助锓木之资，欲广其传。"① 两书是否刊印不可得知，但由这些动议可以想见燕京当时仍有刻版印书的能力。乙未、丙申年间（1235—1236），南宋使臣"在燕京、宣德州见有历书，亦印成册，问之，乃是移剌楚材自算自印造，自颁行，鞑主亦不知之也"②。可知耶律楚材曾自行刊印历书。类似的情况应该还有。此后不久，名士姚枢一度任燕京行省郎中，因对行台长官不满辞职，便到辉州（今河南辉县）苏门聚徒讲学。他"汲汲以化民成俗为心，自版《小学》书、《语孟或问》《家礼》，俾杨中书版'四书'，田和卿尚书版《声诗折衷》《易程传》《书蔡传》《春秋胡传》，皆于燕。又以《小学》书流布未广，教弟子杨古为沈氏活版，与《近思录》《东莱经史论说》诸书，散之四方"③。姚枢自己在燕京刻书，还鼓动杨中书（杨惟中）、田和卿尚书等在燕京印书。可见私人印书在这一时期的燕京是颇为流行的。当时印书一般用雕版印刷，姚枢教弟子杨古用活字印刷术印书，这是很有意义的事情。杨古活字印刷的地点，不外燕京、苏门二处，可惜已无法考查。这一时期燕京刊刻的书籍流传至今的，有赵衍在丙辰（1256）刊印的唐代李贺诗集《歌诗编》。④ 平阳在金代已是一个刻书中心，蒙古国时期仍在继续。全真道主持的规模很大的《玄都宝藏》便是甲辰年（1244）在平阳玄都观完成的，历时八年。平阳张氏晦明轩在金代便以刻书闻名，这一时期继续出版各类书籍，有《重修经史证类备用本草》《增节标目音注精义资治通鉴》等书问世，流传至今。燕京、平阳之外，还有一些地方也在刻书，例如，壬寅（1242）孔元措在曲阜刊印《孔氏祖庭广记》、丙午（1246）析城（属邓州，今河南邓州）郑氏家塾《重校三礼图集注》等。但总的来说，这一时期文化凋敝，印刷的书籍为数不多，而且都是私人经营的。

在蒙古前四汗时期，政府没有设立专门的书籍出版机构。蒙古灭金后，由于耶律楚材的建议，在1236年置编修所于燕京，经籍所于平阳，⑤ 这一举措常为研究者看成元代官方出版事业的肇始，其实这不过是耶律楚材在战乱之中为了保护部分"汉地"名流使他们免于刀兵之灾冻饿之苦的措施，用意主要不在

---

① 《释氏新闻序》《楞严外解序》，《湛然居士文集》卷13。
② 彭大雅：《黑鞑事略》。
③ 《姚文献公神道碑》，《国朝文类》卷60。
④ 王国维：《蒙古刊〈李贺歌诗编〉跋》，《观堂集林》卷3。
⑤ 《元史》卷146《耶律楚材传》。

编纂出版经籍。① 至于有的著作认为《元秘史》（即《蒙古秘史》）可能是编修所、经籍所的作品，则是没有根据的。《元秘史》原来是用蒙古文写成的，后来才译成汉文，由汉人组成的编修所、经籍所怎么可能编撰蒙古文史书呢！何况，此书所述，是蒙古大汗家族的早期历史。一直到元代中期，蒙文史书《脱必赤颜》对外还是保密的，金朝灭亡之初，汉人更不会接触到。

忽必烈即位后，推行"汉法"，社会经济逐渐复苏，文化事业也有些起色。忽必烈设置了一些与文化有关的官署，其中便有专门刻书的机构。随着社会经济、文化的恢复，各方面对书籍的需要增多，"汉地"民间印书业亦得到发展。原宋朝统治下的南方，图书出版事业兴盛，改朝换代，对此并无多大影响。在全国统一以后，无论南北，图书出版业都有相当的规模，但南方明显超过北方。元代中期，仁宗朝重开科举取士，带动了教育事业的发展，对书籍的出版更有很大的推动作用。

元朝的印刷出版事业，可以分为官府、学校、民间和寺院四个系统。

元朝中央政府内设兴文署，"掌雕印文书"，有署令、署丞，下设校理、楷书、掌记等工作人员，雕字匠40名，印匠16名。兴文署初设年代不详。至元四年（1267）改编修所为宏文院。六年，迁平阳经籍所于京师，并入宏文院。宏文院此后未见记载，可能与兴文署有一定关系。至元十年正月元朝设秘书监，同年十一月兴文署"交属秘书监"。十三年，兴文署并入翰林国史院。② 至元十五年四月，元朝政府"以许衡言，遣使至杭州等处取在官书籍版刻至京师"③。这些书版应该就归于兴文署。但此后兴文署一度撤销。至元二十七年正月，"复立兴文署，掌经籍板及江南学田钱谷"④。秩从六品，隶属于集贤院。兴文署可以说是中央政府内唯一的正式出版机构，据说曾刊印过《资治通鉴》和胡三省的《通鉴释文辨误》。⑤

---

① 据目录学家缪荃孙说，中统二年（1261）平阳段子诚刊行的《史记索隐》，"刊于平阳经籍所"。这是目前所知唯一与经籍所有关的书籍（见《嘉业堂藏书志》，复旦大学出版社1997年版，第122页）。如此说可信，距离经籍所始建亦有二十余年了。
② 《秘书监志》卷7《司属》。
③ 《元史》卷10《世祖纪七》。
④ 《元史》卷16《世祖纪十三》。
⑤ 叶德辉：《书林清话》卷4《元监署各路儒学书院医院刻书》。王国维：《元刊本〈资治通鉴音注〉跋》，《观堂集林》卷21。按，吴哲夫认为，兴文署出版雕印力量有限，胡注《通鉴》卷首王磐序系伪造，兴文署出版胡注《通鉴》之说实不可信，见氏《元兴文署资治通鉴版本问题疑辨》，台北《故宫学术季刊》第20卷第2期。

但是关于它的情况我们所知甚少。就它的人员配置来看，印刷的规模实际上是有限的。元朝后期，文宗图帖睦尔爱好中原传统文化，为此设置奎章阁学士院、艺文监等机构。艺文监下有广成局，"秩七品，掌传刻经籍，及印造之事"①。这也是一个官方的出版机构。但是广成局的情况同样也是不清楚的。从现有的记载来看，兴文署和广成局两个正式出版机构似乎没有刊印过多少书籍。元朝中央政府组织编纂的重要书籍，常常指令行省雕版印造。如辽、金二史修成后，便"将这史书令江浙、江西二省开版，就彼有的学校钱内就用"，各印造一百部上送。宋史修成后，亦由中书省指令江浙行省"精选高手人匠，就用赍去净稿依式镂板，不致差讹，所用工物，本省贡士庄钱内应付"②。御史台将有关文书先后编辑成《宪台通纪》和《宪台通纪续集》二书，前者"于南台官钱内应付开板纸札工本"，开造印书，后者"于南台赃罚钱内应付工本纸札，教浙西廉访司"印造。③ 这些书籍分别由江浙和江西行省、南台、浙西廉访司直接派遣官员，招募工匠，开工印造，不经过出版机构。中央一些机构也可以根据工作的需要，通过中书省，指令行省印造某种书籍。如大德四年（1300）太医院刊行的《圣济总录》（这是宋徽宗时纂修的一部医书），是由江浙行省派官监督印造的。司农司几次刊行《农桑辑要》都是通过中书省，奏奉圣旨，交给"江浙行省开工印造"的。④ 以上中央刻书大多指定江浙行省承担，一则因为江浙财力雄厚，二则江浙刻工、印刷水平较高。但总的来说，元朝中央政府刊印的书籍是有限的。至于地方各级行政机构（行省、路、府、州、县）下面都没有专门的出版机构，一般也不过问书籍出版事宜。至元二十六年（1289）福建行省参知政事魏天祐在福州"命工翻刊""蜀本《通鉴》"，于二十八年刻成，这应是他个人的兴趣。⑤

地方的学校（包括各级官学和书院）在书籍出版方面起着重要的作用。元朝的地方学校，一般都有学田和房产，可以收取地租和房租维持学校的各项开支。有的地方学校田产众多，除了日常开支外还有盈余，便可用来刻

---

① 《元史》卷88《百官志四》。
② 《金史》后附《金史公文》；《宋史》后附《中书省咨文》。
③ 《宪台通纪·序》《宪台通纪续集·序》，《永乐大典》卷2608、卷2609。
④ 《农桑辑要》卷首《咨文》，载缪启愉《元刻〈农桑辑要〉校释》，第1—2页。
⑤ 傅增湘：《藏园群书经眼录》卷3《史部一》，中华书局1983年版，第234页。按，此本栏外有"解物人沈盛、沈茂"字样，下有花押，说明刻成后曾解赴中央。此书或亦系中央下达的任务。

书。元朝地方政制，分行省、路、府、州、县，行省不设学校，路、府、州、县均有儒学。一般来说，路学规模较大，府、州、县学规模有限，有力量刻书的，主要是路学。近代著名藏书家叶德辉曾罗列见于明、清两代著录的元代学校刊本共五十种左右，绝大多数为路学刊本，个别为州学、府学刊本，亦有以路学为主、联合州学县学共同刊行者。从地区分布而言，刊行这五十种左右书籍的儒学主要分布在长江以南，有浙西（嘉兴路学、杭州路学、平江路学、无锡州学）、浙东（绍兴路学、庆元路学、婺州路学）、江东（宁国路学、饶州路学、集庆路学）、江西（赣州路学、瑞州路学、信州路学、临江路学、龙兴路学、抚州路学）、福建（漳州路学、福州路学）等地区，位于江北的只有扬州路学和中兴路学。[①] 扬州路治即今江苏扬州，中兴路治即今湖北江陵，两地都邻近长江，亦是富庶之地。这五十种左右书籍，从时间来区分，刊行于世祖到武宗时期的有十余种，刊行于仁宗至顺帝时期的有三十余种，特别是顺帝时期有近二十种。也就是说，元代地方儒学的书籍出版，就地区而言以江南路学为主，就时间而言以仁宗至顺帝时期为主。这五十种左右书籍的情况，应该说是有代表性的。地方儒学刻书可以成宗大德年间"九路刻十史"为代表。此事始于大德九年（1305），参与者为宁国路学、徽州路学、饶州路学、集庆路学、太平路学、池州路学、信州路学、广德路学和铅山州学，实为八路学、一州学共同参与，原计划刻十七史，但只完成十史。后来集庆路学藏有各种史书的版片，很可能便是此次"九路刻十史"的产物。[②]

　　书院是学者讲学之所，始创于唐朝，宋朝趋于兴盛，进入元朝以后得到进一步发展。和地方儒学一样，书院也有学田，用来维持日常的开支，富裕的书院有余力可以刻书。书院刻书的情况与地方儒学大体相同，亦以江南各地书院为主，以仁宗至顺帝时期居多。书院刻书以杭州西湖书院最有名。有时书院与地方儒学合作刻书，如《至正金陵新志》便是由集庆（元文宗时改金陵为集庆，即今江苏南京）路学与溧阳州学、溧水州学、明道书院共同刊行的。溧阳、溧水均属集庆路，明道书院在集庆。

　　地方儒学和书院刊刻的书籍，以经、史居多，前代或当代名人的诗文集亦占相当比重，此外有医书、字书、类书等。儒学和书院刊行的书籍，一般

---

① 《书林清话》卷4《元监署各路儒学书院医院刻书》。
② 《至正金陵新志》卷首《江南行台文移》。

来说，不以牟利为目的，质量较好。清初学者顾炎武说："闻之宋元刻书，皆在书院。山长主之，通儒订之，学者则互相易而传布之，故书院之刻书有三善焉：山长无事而勤于校雠，一也。不惜费而工精，二也。板不贮官而易印行，三也。"① 书院刻书的优点，儒学也是具备的。书院和儒学刊行的书籍，很多是中央机构或地方监察部门下达的任务。中央机构如，史学家苏天爵的名著《国朝文类》，经翰林国史院官员建议，由中书省"移知江浙行省，于钱粮众多学校内委官提调，刊勒流布"。后来由西湖书院刻版印行。② 地方监察机构即各道廉访司。上述"九路刻十史"便是江东建康道肃政廉访司副使伯都发起，廉访司"遍牒九路"，由九路（实为八路一州）儒学协力完成的，③ 九路（八路一州）都是江东建康道行使监察权力的地区。又如，至正五年（1345）江西湖东道肃政廉访司根据廉访使沙剌班的建议，行文抚州路儒学，刊印虞集的文集《道园类稿》。④ 后至元五年（1339）江北淮东道廉访司根据廉访使苏天爵的建议，上报御史台，要求刊印马祖常的文集。经御史台批复后，"发下本路（扬州路）儒学，依上刊板，传布施行"。此前扬州路儒学还曾根据监察部门的要求刊行王结的文集。⑤ 由廉访司发起印书的例子还有不少。前已有人指出，中央机构和地方监察机构下达印书任务，"事不一例，然多在江浙间"⑥。这是因为江浙一带儒学、书院经费比较充足的缘故。此外也有地方行政机构下令学校印书的情况，但为数不多。明代有人说："元人刻书，必经中书省看过，下所司，乃许刻印。"⑦ 博学如钱大昕亦说："诸路儒生著述，辄由本路官呈进，下翰林看详，可传者命各行省檄所在儒学及书院以系官钱刊行。"⑧ 这种说法流行颇广，迄今仍有人相信，甚至以此断言元朝各级政府对书籍出版实行严格的管理，进而推论在这方面元代比其他朝代表现更为突出。这显然是上面一些例子造成的以偏概全的误会。事实上由政府指令出版的书籍为数有限，书院、儒学刊行的书籍，还有很多是自己决定的，与中央机构或地方监察机构无关，并不存在普遍由

---

① 《日知录》卷18《监本二十一史》。
② 《两浙古刊本考》卷上，《王静安先生遗书》本。
③ 《天禄琳琅书目》卷5《元版史部》。
④ 《道园类稿》卷首《宪司牒文》。
⑤ 《石田集》卷首《宪司牒文》。
⑥ 《书林清话》卷7《元时官刻书由下陈请》。
⑦ 《菽园杂记》卷10。
⑧ 《元史艺文志》卷1。

各路呈报并经"翰林"审查批准的问题。而且，大量民间出版的书籍，都与政府机构没有关系。总的来说，有元一代，政府对书籍出版是很少过问的，并不存在严格的管理。

元代民间出版事业相当兴旺。当时的民间出版事业可分私宅印书和书肆印书两种，而以书肆为主。叶德辉曾将宋、元两代民间印书事业加以比较，他说："元时书坊所刻之书，较之宋刻尤多，盖世愈近则传本多，利愈厚则业者众，理固然也。"① 以地区而言，元代民间出版业最发达的地区是福建的建宁路（路治今福建建瓯市），特别是建宁路下辖的建阳县（今福建建阳市），在中国出版史上享有盛名的麻沙和书坊（即崇化）就在这里。② 建宁古称建安，早在南宋时期，建安就"号为图书之府"③，元代，建阳书坊名称可考者近四十家，其中著名的有余氏勤有堂、刘氏翠岩精舍、刘氏日新堂、虞氏务本堂、郑氏宗文堂等。"夫宋刻书之盛，首推闽中，而闽中尤以建安为最，建安尤以余氏为最。"④ 这种情况，继续到元代，余氏勤有堂仍是当地出版业的龙头。建阳之外，杭州、大都、平阳等地，都有相当规模的书坊。此外，其他地区亦有一些印书坊肆。

叶德辉说："大抵有元一代，坊行所刻，无经史大部及诸子善本，惟医书及帖括经义浅陋之书传刻最多。"⑤ 其实，坊肆所刻书籍中，经史子集亦占相当比重，因为在当时经史及诸子中亦有能盈利的畅销书。以余氏勤有堂而论，所出书现存而年代可考者有二十种左右，其中经、史即有12种，文集2种。上述建阳其他书坊亦都刊刻数量不等的经史类书籍和各种文集。⑥ 书坊刊刻的亦有善本，不能一概而论。例如，建阳余氏勤有堂刻印的《集千家注分类杜工部诗》《国朝名臣事略》（苏天爵著），郑氏宗文堂刻《静修先生文集》（刘因著），等等，都是印刷精良、很有价值的好书。当然，书坊刻书，以牟利为目的，必须迎合社会的需要。从现存的元版书籍来看，有四类书是书坊所出而书院、儒学很少过问的，一是医书，二是学校和科举应试用书，三是日用类书，四是通俗文艺作品。医书如余氏勤有堂的《增注太平惠民和

---

① 《书林清话》卷4《元私宅家塾刻书》《元时书坊刻书之盛》。
② 麻沙、书坊（崇化）两地相距十里，人们习惯将两地刻本统称为"麻沙"本。见谢水顺、李珽《福建古代刻书》，福建人民出版社1997年版，第118页。
③ 《福建版本志》引《方舆胜览》。
④ 《书林清话》卷2《宋建安余氏刻书》。
⑤ 《书林清话》卷4《元时书坊刻书之盛》。
⑥ 《福建古代刻书》，第185—211页。

剂局方》、建安叶氏广勤堂的《王氏脉经》，燕山（大都）窦氏活济堂的《针灸四书》等。学校和科举应试用书如平水王氏中和轩的《礼部韵略》（这是科举考试时唯一可以带入考场的书）①、建安虞氏务本堂和余氏勤德堂共同刊行的《类编历举三场文选》② 等。日用类书有建阳郑氏积诚堂刊印的《事林广记》（后至元刊本），③《事文类聚翰墨大全》。④ 通俗文艺作品主要是杂剧和小说等。存世的杂剧刻本或题"大都新刊""大都新编"，或题"古杭新刊"，无疑分别刊于大都、杭州两地，都应出于书坊之手，但均不见署名。小说有建安虞氏刊刻的《新刊全相平话》等。书坊出书，无论品种或数量都要多于官府和儒学、书院刊书。当然，书坊所出书籍之中，有相当部分是为抢占市场匆忙制作的，刻版（版面设计、刻工）、印刷、纸张、装帧的质量都比较差。

民间刻书之另一种，便是私宅刻书，或称家刻。这种刻书方式在中国由来已久。前面说过大蒙古国前四汗时期耶律楚材家中曾自行刻书，元朝统一以后，家刻仍然存在，一般采用"家塾"的名义。最有名的是相台岳氏荆溪家塾刻印的《九经三传》，相台是义兴（今江苏宜兴）古名。⑤ 此外有花溪沈伯玉刻《松雪斋文集》，花溪在浙江归安。从现存的文献来看，元代私宅刻书为数有限，比不上前代。叶德辉说："元时私宅刻书之风，亦不让于天水。"这个说法是可疑的。事实上，他所列举"元私宅家塾刻书"，有不少其实是书坊刻书，如刘君佐翠岩精舍。

元代宗教经典刻印颇为兴盛。道教有《玄都宝藏》，始于窝阔台汗九年（1237），成于乃马真后三年（1244）。历时八年，役工五百有奇，成书七千八百余卷。⑥ 佛教经典印造甚多，关于佛教《大藏经》的印造，见下一

---

① 此书当时畅销，还有多种刊本。

② 此书刻印于至正辛巳（1341），所收为元朝前八科科举考试的各类文章，供应试者揣摩之用。国内只有残本，元刻全本存日本嘉业堂文库。此类科举程文当时书坊印行甚多，但流传至今绝少。

③ 《事林广记》成书应在南宋末，存世元刻有3种，除了积诚堂刊本外，还有建阳椿庄书院刊本（北京故宫博物院藏至顺本）和西园精舍刊本（日本内阁文库藏至顺本）。此书原来应是坊刻本，后来建阳有的书院看到有利可图，亦加以翻印。

④ 此书一般认为是建阳书坊出品，但未署书坊名。

⑤ 此书过去一般认为是南宋岳珂家塾刊本。经张政烺先生考定为元刊本，见氏著《读〈相台书塾刊正九经三传沿革例〉》，《张政烺文史论集》，中华书局2004年版，第166—188页。

⑥ 《通真子墓碣铭》，《遗山集》卷31。此藏经典在至元十八年（1281）被忽必烈下令焚毁，只有零本保存下来。

节，此处从略。此外，还有一些寺院，刊印若干佛教经典，供僧尼和信徒使用。例如中兴路（路治今湖北荆州）资福寺刊印的朱墨两色套印《金刚般若波罗蜜经》。

以上讲的都是汉文书籍。元朝是一个多民族国家，政府提倡使用多种民族语言文字。印刷出版各种民族文字的书籍，是元代出版业的一大特色。元朝政府曾组织力量将一些儒家经典翻译成八思巴体蒙古文或畏兀式蒙古文，其中有的还印刷出版，见于记载的如，至元十九年（1282）四月，"刊行蒙古畏吾儿字所书《通鉴》"①。大德十一年（1307）武宗即位，弟爱育黎拔力八达为皇太子，就是后来的仁宗。"时有进《大学衍义》者，命詹事王约等节而译之，帝（仁宗）曰：治天下，此一书足矣。因命与图像《孝经》《列女传》并刊行赐臣下。"② 同年八月，"中书右丞孛罗铁木儿以国字译《孝经》进，诏曰：此乃孔子之微言，自王公达于庶民皆当由是而行，其命中书省刻板模印，诸王而下皆赐之"③。可知这一年曾同时刊行《大学衍义》《孝经》和《列女传》的蒙文译本。现在流传下来的蒙古文、汉文合璧《孝经》残本（北京故宫博物院藏），应即此时的作品。元文宗至顺三年（1332）四月，"命奎章阁学士院以国字译《贞观政要》，锓板模印以赐百官"④。理学家许衡、许师敬父子纂辑历代帝王嘉言善政为一书，名《皇图大训》，此书由人"润译以国语"，元文宗认为此书有功于世道，而且"文字尔雅，译说详明，便于国人，故首命刻之"⑤。所谓"国语"即蒙古语，"国人"即蒙古人。以上几种是有

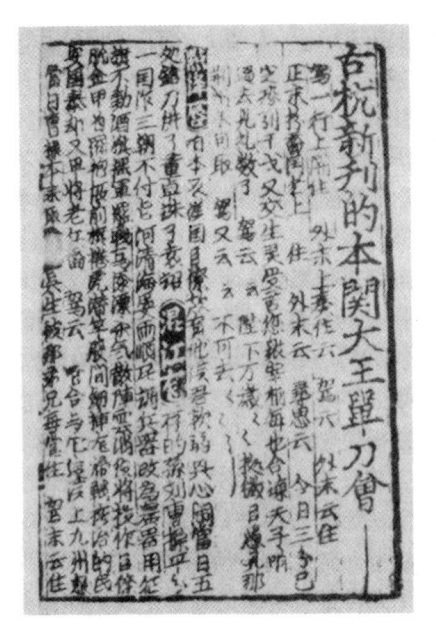

图 4-2-1 元刊《关大王单刀会》书影

---

① 《元史》卷 12《世祖纪九》。这次所刊《通鉴》应是部分节本。
② 《元史》卷 24《仁宗纪一》。
③ 《元史》卷 22《武宗纪一》。
④ 《元史》卷 36《文宗纪五》。
⑤ 《皇图大训序》，《道园学古录》卷 22。

明确记载的正式刻印的蒙文翻译作品，类似的情况应该还有。这些都是官方安排刻印的，元文宗时设立的艺文监，其职责之一是"以国语敷译儒书"，下设广成局掌"传刻经籍及印造之事"①。除了经史的翻译之外，还有其他民族文字出版佛教经典。早在 13 世纪中叶，西夏故地即有人刊印西夏文佛经。元世祖时代政府主持雕刻河西字（即西夏文）大藏经板，有关情况见下一节。此外还有活字刊印的西夏文佛经。② 元世祖忽必烈时代有位著名翻译家畏兀儿人迦鲁纳答思，他"以畏吾字译西天、西番诸经论，既成，进其书，帝命锓版，赐诸王大臣"③。自 19 世纪后期起，考古学家在新疆吐鲁番发现了大批回鹘（畏兀儿）文佛经，其中密藏经典《文殊所说最胜名义经》，就是迦鲁纳答思翻译的，现存此经残片大多为印本。还有一件畏兀儿字佛经残卷，有"至正二十一，牛年，三月一日于甘州印刷"字样。说明直到元朝末年仍在刊行畏兀字佛经。④

中国古代的印刷可以分为雕版印刷和活字印刷两大类。雕版印刷起源较早，可以追溯到公元 7 世纪甚至更早。活字印刷有明确记载则自公元 11 世纪毕昇创活字法始。毕昇使用的活字用胶泥制成。南宋丞相周必大曾试行活字法，但总的来说，在宋朝活字技术似乎并未受到足够的重视。活字技术传入西夏，目前已发现十余种西夏文活字印刷物。⑤ 似可认为，西夏的活字印刷已有相当规模，木活字或是泥活字，尚难断定。蒙古前四汗时期，姚枢曾命弟子杨古以活字印书，已见上述，杨古所为应和毕昇一样是泥活字。13 世纪末 14 世纪初，东平（今属山东）人王祯任旌德（今属安徽）县尹，制作木活字，用来刊印《旌德县志》，获得成功。他在自己的著作《农书》后面，附载《造活字印书法》一文，概括地叙述刻字、修字、贮字、排字和印刷的工艺流程，这是中国印刷史的一篇珍贵文献。但是，元代印书一般仍是采用刻版的办法，活字印刷是罕见的，元代后期，奉化（今属浙江）知州马称德曾用木活字印刷《大学衍义》。⑥ 但是以上所说两种木活字印本都没有保留下来。国家图书馆收藏的《御试策》，刊印于顺帝时，应是活字印本。

---

① 《元史》卷 88《百官志四》。
② 史金波：《西夏佛教史略》，第 198—211 页。
③ 《元史》卷 134《迦鲁纳答思传》。
④ 史金波、雅森·吾守尔：《中国活字印刷术的发明和早期传播》，社科文献出版社 2000 年版，第 83 页。
⑤ 同上书，第 38—54 页。
⑥ 《至正四明续志》卷 7《学校》。

但所用是何种活字，至今无定论。敦煌曾发现大量畏兀文木活字，已知存世有 1014 枚。① 这些畏兀文木活字的时代无确切资料可以断定，但元代畏兀人大批迁至河西走廊定居，因此这批木活字属于元代的可能性很大。

一般认为，元代刻书有几个特征。即所谓：黑口，赵体，无讳，多简。② 所谓"黑口"，就是每一片中的上下两端，有墨印的又宽又粗的黑条子。但亦有不少书籍是白口的例子。"赵体"即赵孟𫖯的字体。前面说过，赵孟𫖯是元朝中期的艺坛领袖，他的书法风行一时，在书籍刊印上也得到表现。但这主要是在仁宗以后，以前不多见。"无讳"即不重视避讳。避讳指言语或行文时避免君父尊亲的名字，行文时常用同义或同音字代替，也可用原字而省笔画。避讳起源很早，到唐、宋时期，政府和社会都很重视避讳。忽必烈推行汉法，至元三年（1266）四月对地方政府上进的表章格式作出规定，其中之一是"御名庙讳皆合回避"③。这一规定以后曾不止一次重申，仁宗时实行科举考试，规定"试卷不考格"，首先便是"犯御名庙讳"。也就是说，提到皇帝的名字和庙号就不录取。④ 但对书籍出版并没有类似的要求。因此在元代刊印的书籍中可以说看不到避讳的迹象。"多简"指元朝刻书多用俗字、简体字，这主要见于书坊印刷的供民间阅读的书籍如日用类书、法律文书、小说、剧本等。但一般经史子集都不用俗字或简体字。

第三节　佛教大藏经的刊造

佛教大藏经就是佛教经典的总集。佛教传入中国后，许多经典相继被译成汉文。中国历代高僧对佛学亦有论述。至迟在隋唐时期已有大藏经出现，但当时的大藏经是手写的。到了北宋时期，宋太祖于开宝四年（971）下令在益州（今四川）雕大藏经板，太宗太平兴国八年（983）经板成，运到京城开封印刷成书。这部藏经称为《开宝藏》，是中国第一部刻本大藏经。此后，福州东禅院印造了《崇宁藏》，福州开元寺印造了《毗卢

---

① 《中国活字印刷术的发明和早期传播》，第 91 页。
② 李致忠：《古代版印通论》，紫禁城出版社 2000 年版，第 212—215 页。
③ 《元典章》卷 28《礼部一·礼制一·进表·表章定制体式》。
④ 《元典章》卷 31《礼部四·学校一·儒学·科举程式条目》。元代科举考试时应试考的对策中常提到"太祖""世祖"等庙号，但均高一格书写（见《类编历举三场文选》壬集）。犯庙讳可能指没有抬高一格而言的。

藏》，主事者都是禅宗僧人。与北宋对峙的辽朝，也自行印造藏经，称为《辽藏》或《契丹藏》。南宋统治下的江南，有湖州（今属浙江）归安圆觉禅院（后升为资福禅寺）印造的《圆觉藏》和《资福藏》，主事者是禅宗僧人。《圆觉藏》和《资福藏》又称《思溪藏》（此寺所在地名思溪）。又有平江（今江苏苏州）长洲碛砂延圣院印造的《碛砂藏》。主事者也是禅宗僧人。金朝统治下的北方，潞州（今山西长治）妇女崔法珍"尝发誓愿，雕造藏经，垂三十年，方克有成"。她所主持雕刻的藏经经板后进献朝廷，贮放于燕京（今北京）弘法寺。这部藏经称为《金藏》。[1] 蒙古灭金、在北方建立统治后，佛教受到尊奉。据元代记载，"太宗则试经、造寺、雕补藏经"[2]。"太宗"即窝阔台汗。当时燕京弘法寺内，仍保存崔法珍雕造进献的经板，但已有损坏。太宗时曾加以雕补。"弘法寺藏经有板，经乱之后，师（善选）亦被命校勘，补其阙遗。"[3] 耶律楚材有《补大藏经版疏》，云："十年天下满兵埃，可惜经文半劫灰。欲析微尘出经卷，随缘须动世间财。"应为此而作。[4] 但需指出的是，窝阔台汗对佛教并无特殊的好感，雕补藏经很可能是佛教徒耶律楚材假借大汗名义的行为。后来，忽必烈因"弘法寺藏经板历年久远，命诸山师德校正讹谬，鼎新严饰，补足以传无穷"。忽必烈曾印藏经三十六部，分赐外邦他国。应即此藏，一般称为《弘法藏》。《弘法藏》是将《金藏》修补而成，还是一部独立的大藏经，学术界存在争论。但这是元代有明确记载在大都印造的一种大藏经，则是可以确定的。[5] 此后，在元武宗、仁宗、英宗以及顺帝初年，皇家都曾印造大藏经。武宗至大年间（1308—1311），"兴圣慈仁昭懿寿元皇太后命刻《大藏经》板于武昌"。雕板完成后运至大都，印刷流通。[6] 北京智化寺发现一种佛教经典《大金色孔雀王咒经》，经首竖刻书牌，上有"□□□育黎八力八达刊印三乘圣教经律论三十三大藏"等语。空阙三字应是"皇帝爱"，"爱育黎八力八达"是元仁宗的名字。可知仁宗时曾刊行大藏经。[7]

---

[1] 释善恢：《最初敕赐弘教大师雕藏经板院记》，转引自李富华、何梅《汉文大藏经研究》，宗教文化出版社2003年版，第98—101页。

[2] 《至元辨伪录》卷4。

[3] 《隆安选公传戒碑》，《危太朴集》续集卷3。按，善选卒于壬子（1252）。

[4] 《湛然居士文集》卷14。

[5] 《佛祖历代通载》卷22。

[6] 程钜夫：《大慈化禅寺大藏经碑》，《雪楼集》卷18。

[7] 许惠利：《北京智化寺发现元代藏经》，《文物》1987年第8期。

英宗曾选派名僧校雠藏经,① 元末熊梦祥《析津志》说:"金玉府内有琉璃碧瓦所盖八座藏,藏经板在内,甚为精制。文宗敕印造三十六部,散施诸禅刹,江南亦有赐者。"② 另据现存佛经零本考证,英宗到顺帝初期,元朝政府在大都可能还刻印过一部大藏经。③ 武宗及其以后皇家雕印的藏经与《弘法藏》的关系,有待进一步研究。④

元代南方至少有四部汉文大藏经版。

一种是《碛砂藏》,这部藏经的印造始于南宋,见上述。南宋理宗宝祐六年(1258)碛砂延圣院发生火灾,经板损失严重。入元以后,补雕经板,重新印行。南宋时《碛砂藏》的雕版印造的经费主要由民间(主要是寺院附近的百姓)捐助,寺院中成立大藏经局,僧人分工管理。入元以后,仍然采取大藏经局的组织形式。《碛砂藏》在元代的重新启动,得到官方的支持。忽必烈时期,元朝设立江淮诸路释教总摄所(后改总统所)管理江南佛教,以西夏人杨琏真加为总摄(后改总统)。有一种《碛砂藏》佛经的扉画上有一行文字:"都功德主江淮诸路释教都总统永福大师杨琏真加。"⑤ "功德主"是寺院在政治上、经济上的靠山,可知《碛砂藏》的雕印一定得到杨琏真加和江淮诸路释教都总统所的支持。忽必烈晚年,杨琏真加失势,元朝罢江淮释教总摄所,改立行宣政院作为宣政院(元朝中央管理佛教的机构)的派出机构,管理江南佛教事务。成宗大德十年(1306),行宣政院使张闾"捐舍净财一百定刊雕大藏经文"。他还享有"劝缘都功德主"的称号,可见他和杨琏真加一样是《碛砂藏》的积极支持者。河南行省左丞朱文清、江浙行省参政张文虎都为《碛砂藏》捐赀。⑥ 张文虎是张瑄之子。朱文清(朱清)与张瑄出身海盗,降元后经营海运,成为江南两大豪门,势倾一时。《碛砂藏》还有一个重要支持者是松江府僧录(地方僧官的名称)管主八,和杨琏真加一样也是西夏人。管主八先后捐资印造大量佛经,他见"平江路碛砂延圣寺大藏板未完,遂于大德十年闰正月为始,施财募缘,

---

① 黄溍:《上天竺湛堂法师塔铭》,《金华先生文集》卷41。
② 《析津志辑佚》,北京古籍出版社1983年版,第67页。
③ 童玮等:《元代官刻大藏经的发现》,《文物》1984年第12期;童玮等:《元代官刻大藏经考证》,《世界宗教研究》1986年第3期。
④ [日]竺沙雅章:《宋元佛教文化史研究》第二部第四章"元版大藏经概观",汲古书院2001年版。
⑤ 李际宁:《中国版本文化丛书·佛经版本》,江苏古籍出版社2002年版,第140页。
⑥ 《碛砂藏》佛经卷末题记,见《汉文佛教大藏经研究》,第269页。

节续雕刊，已及一千余卷"①。这是管主八在大德十年腊月（十二月）写下的文字，在此以后，他继续为之施财募缘。这些权势者的支持，为《碛砂藏》的印造提供了有力的保证。相形之下，民间的捐助已退居次要了。

另一种《普宁藏》是余杭（今浙江余杭）南山大普宁寺刊行的一种藏经，并因此得名。《普宁藏》是白云宗主持印造的。宋、元之际，"湖州路思溪法宝寺大藏经板，泯于兵火，只字不存"。入元以后，浙西部分僧人商议，请湖州妙严寺主持古山道安"与白云一宗协力开刊"新的藏经。道安向新成立的江淮释教总摄所报告此事，"准给文凭"，亦即同意印造。总摄所又"转呈檐八上师引觐，皇帝颁降圣旨护持宗门作成胜事"。檐八又作胆巴，西番（今藏族）人，深得忽必烈宠信，是当时地位仅次于帝师的佛教领袖。他带领道安觐见忽必烈，道安因此得到皇帝颁发的保护支持修造大藏经的诏书。道安是已知的江南僧侣觐见元朝皇帝的第一人，他还被授予浙西道杭州等路白云宗僧录的头衔，并成为余杭大普宁寺的住持，大普宁寺因此成为新版大藏经印造之地。② 可知《普宁藏》的印造从一开始便得到官方的大力支持。在普宁寺还成立了专门负责印造事宜的大藏经局，组织庞大，分工细致，有的负责印造的各项技术工作，有的负责收藏，有的负责化缘（平江、湖州、嘉兴、杭州四路分别有人负责），还有一批杭州各寺名僧分别校勘经、律、论藏，而江淮释教总统所的总统、总摄和其他官员都列名其中，分别是都劝缘、观缘、劝缘。③ 这部大藏经的印造过程中，上述浙西四路的僧俗有大量的捐献。这一印选工程"始自丁丑，讫于庚寅，凡一十四载"。丁丑是至元十四年（1277），庚寅是至元二十七年。④ 后来陆续有所补充。与其他几种藏经不同，《普宁藏》完全是元代新刻的。问世后，流通甚广，远在其他各种大藏经之上。

《崇宁藏》和《毗卢藏》，刊行于福建。《崇宁藏》原是宋代福州东禅寺印造的，在元代继续印行。福建泉州开元寺收藏有大德九年（1305）泉州人施资印造的该藏经本。英宗至治年间（1321—1323），僧人祖意因《崇宁

---

① 《碛砂藏》的《大宗地玄文本论》卷3后管主八题记，见王国维《两浙古刊本考》卷上《杭州府刊板》。
② 《普宁藏》臣字函《普贤行愿品》卷尾道安题记，转引自《汉文佛教大藏经研究》，第318页。
③ 同上书，第334页。
④ 同上书，第323页。

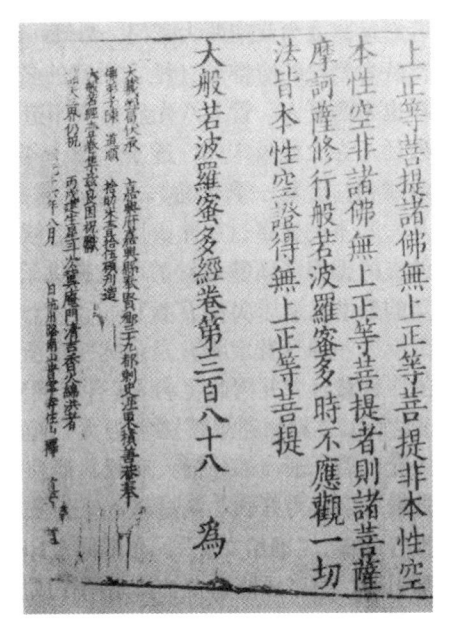

图4-2-2 《普宁藏》书影

《藏》经板"岁月浸久，蠹坏滋多"，便"募缘雕换万板，以寿其传"①。东禅寺元末毁于兵火，经板亦毁。②《毗卢藏》原由福州开元寺印造。元大德八年至十年间（1304—1306），开元寺曾进行修补经板的工作。元武宗至大元年（1308）泉州佛寺曾集资用开元寺版印行③。仁宗延祐二年（1315）建宁路建阳县（今属福建）报恩万寿堂"募众雕刻毗卢大藏经板"④，前面（第三篇第三章）已说过，报恩万寿堂是白莲宗的寺院，开元寺则是禅宗的寺院。为什么《毗卢藏》改由白莲宗的寺院另行刊刻印造，现在尚不清楚。现存《毗卢藏》佛经卷末有"都大劝缘荣禄大夫特加开府仪同三司吴国公也黑迷失"一行，也黑迷失是畏兀儿人，元朝上层官僚，曾多次奉命出使海外。⑤元代畏兀儿人大多信奉佛教，也黑迷失亦不例外。可知白莲宗雕印《毗卢藏》得到了也黑迷失的支持。许多僧俗民众为《毗卢藏》的印造捐资，其中有的远在河南行省的光州固始县。《毗卢藏》的重雕印造吸引远距离的信徒，这是其他几部藏经雕造中罕见的，大概应归功于白莲宗的号召能力。白莲宗刊印的《毗卢藏》残本在中国、日本都有发现。元朝末年，福建"宣政分院请师（释逆川）住东禅废刹，不一载间，殿堂蠹如，门庑森如，藏库煜如……补刊开元藏经板，仍施之"⑥。逆川住持东禅寺，应是因《崇宁藏》经板已毁，故将开元寺保存的《毗卢藏》经板补刊印造。也就是说，建阳白莲宗刊印《毗卢藏》后，开元寺的《毗卢藏》经板仍然存在。白莲

---

① 日本京都南禅寺藏《瑜伽师地论》卷49刊记，转引自《汉文佛教大藏经研究》第189页。
② 陈高：《重建东禅报恩光孝寺记》，《不系舟渔集》卷12。
③ 《汉文佛教大藏经研究》，第217、221页。
④ 《毗卢藏》大宝积经卷首题记，引自杨讷《元代白莲教研究》，上海古籍出版社2004年版，第105页。
⑤ 其生平见《元史》卷131《也黑迷失传》。
⑥ 宋濂：《净慈顺公逆川瘗塔碑铭》，《宋文宪公全集》卷11。

宗主持的《毗卢藏》与开元寺的《毗卢藏》是什么关系，尚需进一步研究。

上述都是汉字《大藏经》。元代还曾刊行河西字《大藏经》。河西字即西夏文字。至元三十一年（1294）四月，元成宗嗣位。十一月，"罢宣政院所刻河西《藏经》板"①。可知忽必烈时代主管佛教事务的宣政院曾有刊印河西字《藏经》之举，但具体情况不详。在《碛砂藏》所收《大宗地玄文本论》后有松江府僧录管主八的题记，叙述自己刻经的功劳，其中说："钦睹圣旨，于江南浙西道杭州路大万寿寺雕刊河西字《大藏经》三千六百二十余卷，《华严》诸经忏板，至大德六年完备。"曾多次印造，仅管主八便"印造三十余藏"，与其他佛散经典一起，"施于宁夏、永昌等路寺院，永远流通"②。杭州大万寿寺是西湖孤山上的一座佛寺，系杨琏真加强夺道观改造而成。杨琏真加是西夏后裔，大万寿寺刊印河西字《藏经》应与之有关。当时印造三十余藏，施于宁夏（路治今宁夏银川）、永昌（路治今甘肃永昌）等处寺院，这些都是西夏故地。后来又陆续加印，总数应在百部以上，有些残本流传至今。③

《大藏经》的刊造，与其他各种出版物有很大的不同。《大藏经》的刊造事宜，一般由寺院主持。《大藏经》的篇幅很大，有数千卷，印造的费用昂贵，主要依靠来自各方信徒的捐献，其中有权贵、僧官，更多的是一般的僧俗民众。在现存佛经题记中可以看到，有的民众甚至各刊一纸、半纸，数人共成一卷。其他出版物，大多通过销售流通。而《大藏经》的流通，则有两种途径。一种是免费赠送。其中有朝廷和权贵刊造，赠送各地寺院。例如，武昌《大藏经》经板运到大都后，"印本流传天下，名山巨刹则赐之"④。高丽忠宣王王璋将王位让给儿子，长期居住在大都。他笃信佛教，仁宗皇庆元年（1312）派人"届古杭印造大藏尊经五十藏，施诸名刹"⑤。也有僧官出资刊造，向寺院赠送，如上述管主八印造河西字佛经，此外他还印造"汉本《大藏经》五十余藏"散布各处。又如陇西（今甘肃陇西）人李慧月，曾在福建和嘉兴任僧官，曾"舍梯己财，铺陈惠施，印造十二之大

---

① 《元史》卷18《成宗纪一》。
② 转引自王国维《两浙古刊本考》卷上《杭州府刊板》，《海宁王静安先生遗书》本。
③ 史金波：《西夏佛教史略》第9章第二节，"河西字《大藏经》的刻印"，宁夏人民出版社1988年版。
④ 程钜夫：《大慈化禅寺大藏经碑》，《雪楼集》卷18。
⑤ 《高丽国相元公置田碑》，载李翥《慧因寺志》卷7《碑记》，《武林往哲遗著》本。

藏"。李慧月亦和管主八一样，是西夏人。"印造十二之大藏"应指印造十二部《大藏经》。他印造的是《碛砂藏》和《普宁藏》。[①] 另一种则是定价出售，订购者主要是各地寺院。至元二十六年（1289）山东灵岩寺曾派人到江南寻求《大藏经》，听说普宁寺"已具经律论完本，遂购而航致之"[②]。北方临济宗雪堂禅师名重一时，"若京师之开泰、大名之临济、汴梁之慧安、嵩阴之罗汉、丰州之法藏、洛阳之发祥、潞邑之胜觉、京兆之开元、西京之护国、郑州之洞林，皆礼请住持，书疏迭至，辄忻然受之……今上（成宗铁穆耳）在潜邸，师尝奉命持香礼江浙名蓝，法航所至，州府寮属作礼供养，日积弊（币）贽，购所谓五千余卷满二十藏，为函一万有奇，浮江逾淮，輂运毕至。凡所统十大寺，率以全藏授，仍请卫法玺书，寺给一通"[③]。北方有《弘法藏》，为什么北方寺院还要远涉江、淮，前往南方购买《大藏经》？原因是《弘法藏》价格过于昂贵。"京师弘法寺素有版本，惟其楮墨之工，为费不赀，故所在名刹倾竭资产有不能致者。"[④]《普宁藏》显然价格低廉，因而销路较好。日本寺院亦遣人来中国南方购买《大藏经》，有的购买《普宁藏》，有的则"携带黄金百镒从元朝买来了福州版《大藏经》"[⑤]。

多种《大藏经》的刊印，是元代出版事业兴旺的一个重要方面。对于佛教文化的传播，有很大的作用。

第四节　书籍收藏的四种类型

元朝的书籍收藏可以分为四类，一是官府，二是书院学校，三是私人，四是寺观。

官府藏书主要是中央的秘书监。至元九年（1272）元朝设置秘书监，其主要职能是"掌历代图籍并阴阳禁书"[⑥]。至元十一年正月，秘书监在一件

---

① 李际宁：《中国版本文化丛书·佛经版本》"西夏遗民李慧月的法宝因缘"，江苏古籍出版社2002年版。
② 张起岩：《灵岩寺创建龙藏殿记》，载大壑《净慈寺志》卷16《古迹一》。《武林掌故丛编》本。
③ 李谦：《大觉禅师藏经记》，《金石萃编补正》卷4。
④ 张起岩：《灵岩寺创建龙藏殿记》，载大壑《净慈寺志》卷16《古迹一》。《武林掌故丛编》本。
⑤ 木宫泰彦：《日中文化交流史》（中译本），商务印书馆1980年版，第406页。
⑥ 《元史》卷90《百官志六》。

文书中说："照得本监钦奉圣旨，见收阴阳禁书并一切回回文字"①。大概在成立之初，秘书监主要收藏的是阴阳禁书和"回回文字"书籍。平定江南以后秘书监的收藏有很大变化。至元十二年八月，忽必烈下令进攻南宋都城临安（今浙江杭州）。九月，秘书监长官等上奏，建议保护南宋秘书省收藏的书籍和各地的书板：秘书省"内有《乾坤宝典》并阴阳一切禁书及本监应收经籍图书书画等物，不教失落见数"，以及"江南诸郡多有经史书籍文板，都教收拾见数，不教失散"，忽必烈接受这一建议，为此下达了诏令。② 十三年南宋朝廷投降，元朝派遣专人将宋朝秘书省收藏的经籍等物，运回大都，由秘书监收藏。③ 由此汉文书籍成为秘书监收藏的主要部分。至元十四年，秘书监中仅因损坏加以裱褙的书籍文册即有6762册，④ 总数应该更多。以后又陆续有所增加，例如中书省曾将架阁库（即档案库）中的书籍及其他物件移交给秘书省。又如，元仁宗爱育黎拔力八达为皇太子时，"遣使四方旁求经籍，识以玉刻印章，命近侍掌之"⑤。因而藏书颇多。至大四年（1311）正月武宗海山去世，爱育黎拔力八达即位，三月正式登基。在登基前将"看的文书都教般将秘书监里去者"，共计书籍644部，6698册。⑥ 顺帝至正二年（1342）秘书监对收藏的书籍进行分类编号，并登记造册，这次统计的结果，秘书监收藏各类书籍共2229部，24027册。其中以集部最多，共计万册左右，其次是经部和史部，均为五千册左右，其余为子部的医书、农书、阴阳书、兵书、释道书以及类书等。书籍之外还有书画。⑦ 以上所说书籍收藏在秘书监的秘书库内。秘书库收藏的书籍和书画管理相当严格，定期检查，舒展曝晒，损坏的加以裱褙。但它的收藏主要供皇帝调阅，"非奉圣旨及上位不得出监"，并不对外开放。⑧ 前面说到秘书监成立之初收藏有"回回文

---

① 《秘书监志》卷5《秘书库》。
② 《秘书监志》卷5《秘书库》。按，《元史》卷8《世祖纪五》载，十二年九月丙申，"括江南诸郡书版及临安秘书省《乾坤宝典》等书"。不如《秘书监志》所载明确。
③ 《秘书监志》卷5《秘书库》。《元史》卷9《世祖纪六》至元十三年二月丁巳、三月丁卯、十月丁亥等条，均有括书和北运的记载。
④ 《秘书监志》卷6《秘书库》。
⑤ 《元史》卷24《仁宗纪一》。
⑥ 《秘书监志》卷5《秘书库》。
⑦ 《秘书监志》卷6《秘书库》。按，"在库书"分列"书""先次送库书""后次发下书""续发下书"几大类，分类原因不明。但"续发下书"为642部，与上述爱育黎拔力八达交给秘书监的书籍644部相近，或为一事。
⑧ 《秘书监志》卷6《秘书库》。

字"，但上述书籍分类显然不包括"回回文字"在内。秘书监下属有回回、汉儿两个司天台（后合并），至元十年（1273）北司天台（回回司天台）申，"本台合用文书"有经书242部，均系"回回文字"书籍，涉及天文、历法、仪器制作、医学、炼丹术等诸多方面。① 这部分书籍可视为秘书监藏书一大特色。上面说过，元代曾将若干种经、史译成蒙文（畏兀体蒙文、八思巴文），有的还已印行。这些书亦应收藏在秘书监内。

　　元朝中央机构内，秘书监收藏书籍最多。其他如翰林国史院、国子监等亦有一定数量的藏书。传世宋刊本唐人文集十余种，如《孟东野文集》《元微之文集》《权载之文集》《皇甫持正文集》等，都钤有"翰林国史院官书"朱文大印，无疑原是翰林国史院藏书。② 元顺帝时，为了纂修宋、辽、金三史，"遣使旁午，购求遗书而书之"。"宋东都盛时，所写之书，世无他本者，今亦有之。"这批书保藏在"史馆"也就是翰林国史院中，参与其事的危素，曾将征求所得编成《史馆购书目录》。③ 国子监有专门的藏书楼，位于监学之北，称为崇文阁。这是一座"雄伟壮丽"的建筑，"阁四阿，檐三重……其崇四常有一尺，南北之深六寻有奇，东西之广倍差其深"。经始于延祐四年（1317），完成于延祐六年。④ 传世宋刊本《唐六典》《说苑》《唐柳先生集》等都钤有元朝官印，文曰："国子监崇文阁官书"。下有小字："借读者必须爱护，损坏阙失典掌者不许收受。"此印高四寸九分，宽一寸九分，楷书朱文。⑤ 便是崇文阁藏书的实证，可见崇文阁的书籍是有专人管理可以借读的，并有严格的管理制度。崇文阁藏书应是面向国子学师生的。元文宗时设艺文监，下属有艺林库，"掌藏贮书籍"，应是一个宫廷中的专门藏书机构，但具体情况已不可考。⑥ 传世宋吉州本《居士集》，每卷后有朱文木记"太平路总管李亚中进到官书，至治元年儒学教授梅奕芳识"⑦，此书为历代内府递藏之物。"至治"是元英宗的年号，可知当时宫廷曾搜罗书籍，但收藏在何处，已不可知。

---

　　① 《秘书监志》卷7《司属·司天监》。
　　② 傅增湘：《藏园群书题记》，上海古籍出版社1989年版，第578、599、621页；《藏园群书经眼录》，中华书局1982年版，第1047、1080、1082页。
　　③ 《史馆购书目录》，《危太朴集》卷8。
　　④ 《崇文阁碑》，《吴文正公集》卷36。古代长度单位，八尺为寻，倍寻为常。
　　⑤ 《藏园群书题记》，第250、290页；《藏园群书经眼录》卷12，第1074页。
　　⑥ 《元史》卷88《百官志四》。
　　⑦ 《藏园群书题记》，第1041页。

元朝以大都、上都为两都，上都是夏都，每年春末，皇帝即去上都，至立秋方返。国子学部分师生亦要随行，在上都设立分学。至正十三年（1353）国子学助教毛文在"乃节缩餐钱之羡，购书一千二百六十三卷，为三百五十册，置于分学。盖上都书最难致，昔贺泾阳王为留守，尝遣教授董君买书吴中，藏于学官，刻书目于石。文臣之嗜学者往往假读之，比还，必归诸典守者。先是分学亦假其书，或他司已假，则不可得有"。对于分学新购的书籍，"祭酒鲁郡王公移牒开平府，俾以其书与儒学旧书并藏，置书目，一藏崇文阁，一藏开平儒学，一随分学"①。上都地处边远，书籍缺少。贺泾阳王即贺

图 4-2-3 翰林国史院藏书印

胜，大德九年（1305）到延祐七年（1320）任上都留守。他曾派人到江南采购书籍，收藏在上都儒学内。这一次国子分学购置的书籍，便和儒学原有的藏书收藏在一起，并编成目录。上面说过，崇文阁是国子监的图书馆，所以上都分学藏书目录要上交一份给崇文阁。

　　元朝各地的书院、儒学，就藏书而言情况很不一样。一部分书院、儒学有数量不等的藏书，以供师生学习、研究之用，但相当多的书院、儒学（特别是县学）没有或很少有藏书。蒙古灭金和元灭南宋的战争，对书院和学校的藏书，破坏很大。集庆（今江苏南京）路学，原来藏书"卷帙以数千计，归附兵火散失，荡无一存"②。镇江（今属江苏）路学的藏书，"归附后散轶甚多，所存者不及十二三耳"③。元贞元年（1295）江南行御史台批复的一件文书中说："各处学校……及置买'四书'《九经》《通鉴》各一部，装背完整，以备检阅，不许借借出学……其余路学一体施行，实为相应。"④ 置买

---

① 《上都分学书目序》，《危太朴集》卷 10。
② 《至正金陵新志》卷 9《学校志》。
③ 《至顺镇江志》卷 11《学校·儒学》。
④ 《庙学典礼》卷 5《行台坐下宪司讲究学校便宜》。

几种书籍是就福州路学说的，可知福州路学原来连这几种最基本的经、史都没有，而福建地区的其他路学也差不多，所以要"一体施行"。福建在元代文风颇盛，路学尚且如此，府、州、县学及书院可想而知。福建儒学藏书的状况应是有相当代表性的。又如庆元路（路治今浙江宁波）是经济和文化都比较发达的地区，但当地的儒学和书院藏书也是有限的。据元末庆元的方志记载，庆元路学藏书不过 70 种，奉化州儒学藏书 9 种 153 册，另有活字版印本 1 部 20 册，昌国州儒学藏书 31 种，象山、慈溪、鄞县三县儒学都无藏书。定海县儒学在泰定年间"出学粟"到杭州购入经史子集各类书籍 2246 卷，790 册，为全路之冠。庆元路有书院 6 所，仅杜洲书院藏书 8 种，180 册，其余均无。① 当然也有一些例外。书院如燕京太极书院有书八千余卷，② 儒学如彰德路学有书一万二千卷，③ 栾城（今河北栾城）县学有人捐献书籍万卷。④ 这些是藏书较多的例子。镇江路儒学藏书在散轶之余尚有 228 部，1392 册，也是比较丰富的。⑤ 少数规模较大的书院、儒学建有专门用来藏书的场所，称为尊经阁，亦有藏书阁等名称。袁州（今江西宜春）路学"作尊经之阁于讲堂之北若干步，崇基八尺，深四十尺，广五十尺，楹之崇如深之数……东南学校建立之盛莫或加矣"⑥。袁州南轩书院原有藏书阁，因水灾"圮焉"，顺帝至元四年（1338）重建，"复藏书之旧观，阁凡三层，皆出飞檐，以远风雨"⑦。建昌路新城（今江西黎川）县学"为书阁于讲堂之左，其崇二丈有八尺，纵三丈有九尺，横三丈"⑧。袁州路学尊经阁和新城县学书阁的规模（深广，亦即纵横）可能是不多见的。儒学的藏书，除供师生阅读外，有的还对外开放，"有欲假者，许就观焉"⑨。

书院、儒学的藏书，来自各方捐献者居多，如上述彰德路学和栾城县学都是如此。又如济南人张炤，曾任镇江路达鲁花赤，以万卷书赠济南路学。⑩

---

① 《至正四明续志》卷 7、卷 8《学校》；《定海县学藏书记》，《清容居士集》卷 18。
② 《元史》卷 189《儒学一·赵复传》。按，郝经在《太极书院记》（《陵川集》卷 26）称书院"贮江淮书"，应是蒙古军南侵时的战利品，但客观上有助于文化的传播。
③ 《府学储书记》，《紫山大全集》卷 11。
④ 《常山贞石志》卷 18《栾城县学田记》。
⑤ 《至顺镇江志》卷 11《学校·儒学》。
⑥ 《袁州路儒学新建尊经阁记》，《道园学古录》卷 36。
⑦ 《南轩书院新建藏书阁记》，《道园学古录》卷 36。
⑧ 《建昌路新城县重修宣圣庙学记》，《道园类稿》卷 23。
⑨ 《松江府儒学藏书记》，《清江集》卷 4。
⑩ 《元史》卷 170《张炤传》。

许昌（今属河南）人冯梦周建颍昌书院，将家中藏书"凡若干万卷亦悉归之书院"①。也有少数书院、学校，经济比较宽裕，能自行出资购置，如淮安路儒学"市书于杭得3000卷"②，上述定海县儒学亦同。现存有镇江路学和庆元路学的藏书目录，可以看出，收藏的书籍以经、史为主，其次是前代的文集，还有少量子部书和类书，但没有释道著作和戏曲、小说以及琴棋书画等与消遣娱乐有关的书籍。③ 书籍收藏亦可看出书院、儒学的教育导向。

据有的研究者统计，元代有明确记载可考、藏书数千卷以上的藏书家有127人。其中汉人、南人有113人，蒙古、色目14人。汉、南人藏书家中又以南人居多。④ 在汉、南人藏书家中有不少是世代相继的，如浙东袁桷，是有名的学者，从曾祖父起就收藏图书，他"承祖父之业，广蓄书卷，国朝以来，甲于浙东"⑤。真定（今河北正定）苏天爵，是著名史学家，"藏书万卷"⑥，也是积数世之力成就的。⑦ 蒙古、色目藏书家的出现，是这一时期藏书事业的一个特色。他们收藏的都是或主要是汉文书籍，反映了中原传统文化对蒙古、色目人的影响。私家藏书，一般来说种类广泛，医卜方技、稗官小说无所不包，这和书院、学校藏书大不相同。⑧ 值得注意的是，北方藏书家收藏的书籍，大多来自南方。上面提到的张炤，因任镇江路达鲁花赤，得以购书八万卷，而以其中万卷赠济南路学。而冯梦周"为平江路推官，得《庸》《学》《语》《孟》善本并小学书"⑨。苏天爵的曾祖父"作屋三楹，置书数十卷"。祖父"又手自钞校得数百贮之"。到他父亲时，"渐市书以益之，又尝因公事至江之南，获万余卷以归"⑩。这种现象说明当时南方印刷业远比北方发达，同时也从一个侧面显示出南北统一对文化的促进作用。

佛寺和道观的藏书以佛道经典为主，兼及其他。前面说过，元朝官方和民间都曾刊印各种《大藏经》，分布于南北各佛寺。元朝规模较大的佛寺，

---

① 《颍昌书院记》，《侨吴集》卷9。
② 《江苏金石志》卷19《孔庙经籍礼器记》。
③ 《至顺镇江志》卷11《学校·儒学》；《至正四明续志》卷7《学校》。
④ 傅璇琮等：《中国藏书通史》，宁波出版社2000年版，第470—478页。
⑤ 《至正直记》卷2《别业蓄书》。
⑥ 《书赵郡苏公所藏经史遗事后》，《东山存稿》卷5。
⑦ 《滋溪书堂记》，《国朝文类》卷31。
⑧ 《南村辍耕录》卷27《庄蓼塘藏书》；《颍昌书院记》，《侨吴集》卷9。
⑨ 《颍昌书院记》，《侨吴集》卷9。
⑩ 《滋溪书堂记》，《国朝文类》卷31。

都有藏经场所，如集庆（今南京）太平兴国禅寺有经楼，① 大都（今北京）大承天护圣寺是元文宗为自己祈福而建造的佛寺，"西殿庋金书大藏经，皇后之所施也。东殿庋墨书大藏经，岁庚午上所施也"②。道教宫观亦有藏书之所。南方正一道祖庭龙虎山上清正一宫有藏室，"以木为柜，置室中，高若干尺，内广围径若干尺，觚其隅为八面，面为方格，以次受盛经之函。刻木为天人神仙地灵水官飞龙翥凤之属，附丽其上，皆涂以金。中立巨木贯之，下施盘轮令可关以旋转，言象天运焉"。这种书柜的设计不仅称得上"缔构雄丽"，而且可以旋转，便于使用，可以说构思工巧，是以前没有过的。③ 抚州（今江西临川）玄都观亦有藏室，"崇深宏伟，耸动观赡，中藏圣贤经传，历代史记，与夫诸子百家之书，靡不存贮"④。除了道家经典外还收藏其他书籍，这是不多见的。但道教宫观的藏书不如佛教寺院。

宋朝目录学有很大发展，公私藏书都有专门的目录传世。元朝的公私藏书也编纂过一些书籍目录，如秘书监的书籍"编类成号"，分成 13 类。⑤ 上海庄氏积书数万卷，"经史子集、山经地志、医卜方技、稗官小说，靡所不具，书目以甲乙分十门"⑥。藏书目录都没有流传下来。

总的来说，元代公私书籍收藏，不如宋代，但仍有相当规模。而其他民族文字的图书，进入官府收藏之列，则应视为元代图书收藏一大特色。在中国古代图书收藏的发展史中，元代是不应忽视的。

---

① 《集庆路重建太平兴国禅寺碑》，《道园学古录》卷 24。
② 《大承天护圣寺碑》，《道园学古录》卷 25。
③ 《龙虎山道藏铭》，《道园学古录》卷 45。
④ 《抚州玄都观藏室记》，《吴文正公集》卷 25。
⑤ 《秘书监志》卷 6《秘书库》。
⑥ 《南村辍耕录》卷 27《庄蓼塘藏书》。

参考文献

钱大昕：《十驾斋养新录》，江苏古籍出版社《嘉定钱大昕全集》本。
郎瑛：《七修类稿》，中华书局点校本。
段成己、段克己：《二妙集》，《石莲盦汇刻九金人集》本。
戴良：《九灵山房集》，《四部丛刊初编》本。
佚名：《大元画塑记》，《广仓学窘丛书》本。
李侃：《〔成化〕山西通志》，成化十一年刊本。
程启朱等：《〔顺治〕卫辉府志》，顺治十六年刊本。
胡聘之：《山右石刻丛编》，乾隆二十七年刊本。
马可·波罗：《马可波罗行记》，冯承钧译，上海商务印书馆1936年版。
邓牧：《大涤洞天图记》，《正统道藏》本。
杨弘道：《小亨集》，《文渊阁四库全书》本。
胡炳文：《云峰集》，《文渊阁四库全书》本。
李祁：《云阳集》，《北京图书馆古籍珍本丛刊》本。
陈高：《不系舟渔集》，《敬乡楼丛书》本。
杨瑀：《山居新语》，《武林往哲遗著》本。
张炎：《山中白云词》，《文渊阁四库全书》本。
宋濂等：《元史》，中华书局点校本。
汪辉祖：《元史本证》，中华书局点校本。
钱大昕：《元史艺文志》，江苏古籍出版社点校《嘉定钱大昕全集》本。
陈邦瞻：《元史纪事本末》，中华书局点校本。
苏天爵：《元朝名臣事略》，中华书局点校本。
佚名：《元典章》，台北故宫博物院影印元刊本。
孛兰盼等：《元一统志》，中华书局赵万里辑佚本。

虞集：《元海运志》，《丛书集成初编》本。
李京：《云南志略》，《说郛》本。
孔元措：《孔氏祖庭广记》，《四部丛刊续编》本。
李志常：《长春真人西游记》，《正统道藏》本。
蔡美彪编：《元代白话碑集录》，科学出版社1955年版。
赵翼：《廿二史札记》，中华书局王树民校证本。
黄淮、杨士奇编：《历代名臣奏议》，上海古籍出版社影印明刊本。
叶盛：《水东日记》，中华书局点校本。
顾炎武：《日知录》，《四部备要》本。
朱彝尊、于敏中：《日下旧闻考》，北京古籍出版社点校本。
叶德辉：《书林清话》，北京燕山出版社1999年版。
白朴：《天籁集》，《石莲盦汇刻九金人集》本。
清敕撰：《天禄琳琅书目》，光绪十年长沙王氏刻本。
朱权：《太和正音谱》，《中国古典戏曲论著集成》本。
陶宗仪：《书史会要》，武进陶氏影刊明洪武本。
赵道一：《历世真仙体道通鉴续编》，《正统道藏》本。
顾嗣立编：《元诗选》，中华书局点校本。
朱有燉编：《元宫词一百首》，《借月山房汇钞》本。
臧晋叔编：《元曲选》，中华书局点校本。
隋树森编：《元曲选外编》，中华书局点校本。
刘壎：《水云村泯稿》，清道光刊本。
《方凤集》，浙江古籍出版社方勇辑校本。
邓文原：《巴西集》，《北京图书馆古籍珍本丛刊》本。
元好问编：《中州集》，中华书局标点本。
刘敏中：《中庵集》，《北京图书馆古籍珍本丛刊》本。
王祎：《王忠文公集》，《北京图书馆古籍珍本丛刊》本。
王彝：《王常宗集》，《文渊阁四库全书》本。
脱脱等：《辽史》，中华书局点校本。
佚名：《圣武亲征录》，王国维校注本。
吴宽：《平吴录》，《丛书集成初编》本。
张国祥：《汉天师世家》，《万历续道藏》本。
[波斯] 志费尼：《世界征服者史》，内蒙古人民出版社何高济译本。

道森编：《出使蒙古记》，中国社会科学出版社吕浦译本。

蔡八·贡嘎多吉：《红史》，西藏人民出版社陈庆英、周润年译本。

李道谦编：《甘水仙源录》，《正统道藏》本。

北京图书馆金石组编：《北京图书馆藏历代石刻拓本汇编》，中州古籍出版社1991年版。

王应麟：《玉海》，江苏古籍出版社、上海书店影印本。

姚广孝等：《永乐大典》，中华书局影印本。

永瑢、纪昀编：《四库全书总目》，中华书局影印本。

余嘉锡：《四库提要辨证》，中华书局1980年版。

刘祁：《归潜志》，中华书局点校本。

姚桐寿：《乐郊私语》，《学海类编》本。

瞿佑：《归田诗话》，《知不足斋丛书》本。

《圣元名贤播芳续集》元刻本。

马祖常：《石田集》，《元四家集》本。

刘岳申：《申斋集》，《文渊阁四库全书》本。

赵汸：《东山存稿》，《文渊阁四库全书》本。

杨维桢：《东维子文集》，《四部丛刊初编》本。

许谦：《白云集》，《四部丛刊续编》本。

张养浩：《归田类稿》，清乾隆万氏刊本。

顾瑛：《玉山璞稿》，《文渊阁四库全书》本。

张雨：《句曲外史集》，《元人十种诗》本。

吴师道：《礼部集》，《续金华丛书》本。

朱象先：《古楼观集》，《正统道藏》本。

吴广成：《西夏书事》，甘肃文化出版社龚世俊等校证本。

耶律楚材：《西游录》，中华书局校注本。

释祥迈：《至元辨伪录》，《北京图书馆古籍珍本丛刊》本。

第五世达赖喇嘛：《西藏王臣记》，民族出版社郭和卿译本。

袁桷：《延祐四明志》，《宋元方志丛刊》本。

俞希鲁：《至顺镇江志》，江苏古籍出版社点校本。

张铉：《至正金陵新志》，元至正四年刊本。

王元恭：《至正四明续志》，《宋元方志丛刊》本。

缪荃孙、冯煦：《江苏通志稿》，民国34年铅印本。

蓝炳奎等：《〔民国〕达县志》，民国22年刊本。
窦景燕、沈莲生：《〔嘉庆〕邢台县志》，道光七年续修刻本。
江苏通志馆辑：《江苏金石志》，《石刻史料新编》本。
武亿等：《安阳金石录》，《石刻史料新编》本。
沈仲纬：《刑统赋疏》，《枕碧楼丛书》本。
孔克齐：《至正直记》，上海古籍出版社点校本。
长谷真逸：《农田余话》，《宝颜堂秘笈》本。
《农桑辑要》，农业出版社缪启愉校释本。
郑光编：《〔原刊〕〈老乞大〉研究》，外语教学与研究出版社2000年版。
佚名：《朴通事谚解》，《奎章阁丛书》本。
李衎：《竹谱详录》，《知不足斋丛书》本。
王骥德：《曲律》，《中国古典戏曲论著集成》本。
隋树森编：《全元散曲》，中华书局标点本。
王国维：《观堂集林》，中华书局影印本。
李俊民：《庄靖集》，《文渊阁四库全书》本。
刘因：《刘文靖公集》，《北京图书馆古籍珍本丛刊》本。
张之翰：《西岩集》，《文渊阁四库全书》本。
郑玉：《师山集》，《文渊阁四库全书》本。
刘仁本：《羽庭集》，《文渊阁四库全书》本。
陈基：《夷白斋稿》，《四部丛刊三编》本。
朱思本：《贞一斋稿》，《适园丛书》本。
许有壬：《至正集》，河南教育总会石印本。
许有壬：《圭塘小稿》，《三怡堂丛书》本。
欧阳玄：《圭斋集》，《四部丛刊初编》本。
卢琦：《圭峰集》，《北京图书馆古籍珍本丛刊》本。
朱德润：《存复斋集》，《四部丛刊续编》本。
顾德辉：《玉山逸稿》，《读画斋丛书》本。
权近：《阳村集》，《韩国文集丛刊》本。
王沂：《伊滨集》，《文渊阁四库全书》本。
钱大昕：《竹汀先生日记钞》，江苏古籍出版社点校《嘉定钱大昕全集》本。
钱谦益：《列朝诗集小传》，上海古籍出版社标点本。
杨维桢编：《西湖竹枝词》，《武林往哲遗著》本。

阮元：《两浙金石志》，光绪十七年刊本。
贯云石：《孝经直解》，日本汲古书院平成十一年刊本。
林灵素编、宁全真校：《灵宝领教济度金书》，《正统道藏》本。
释果满：《庐山白莲正宗昙华集》，中华书局《元代白莲教资料汇编》本。
释果满：《庐山复教集》，中华书局《元代白莲教资料汇编》本。
释普度：《庐山莲宗宝鉴》，中华书局《元代白莲教资料汇编》本。
释志磐：《佛祖统记》，《大正新修大藏经》本。
释念常：《佛祖历代通载》，《大正新修大藏经》本。
邓牧：《伯牙琴》，中华书局标点本。
文廷式：《纯常子枝语》，广陵古籍出版社1990年版。
王国维：《两浙古刊本考》，《海宁王静安先生遗书》本。
杨奂：《还山遗稿》，《北京图书馆古籍珍本丛刊》本。
陈旅：《陈众仲文集》，台北《元代珍本文集汇刊》本。
吴澄：《吴文正公集》，台北《元人文集珍本丛刊》本。
蒲道源：《闲居丛稿》，台北《元代珍本文集汇刊》本。
胡助：《纯白斋类稿》，《金华丛书》本。
宋濂：《宋文宪公集》，《四部备要》本。
佚名：《宋会要辑稿》，中华书局影印本。
黄宗羲：《宋元学案》，中书书局点校本。
朱珪等奉敕撰：《词林典故》，清乾隆武英殿刊本。
汪大渊：《岛夷志略》，中华书局点校本。
张昱：《张光弼诗集》，《四部丛刊初编》本。
李存：《李仲公集》，《北京图书馆古籍珍本丛刊》本。
张可久：《张可久集校注》，浙江古籍出版社
苏伯衡：《苏平仲集》，《四部丛刊初编》本。
孙作：《沧螺集》，《文渊阁四库全书》本。
周伯琦：《近光集》，《文渊阁四库全书》本。
李渔：《闲情偶寄》，浙江古籍出版社点校本。
李心传：《建炎以来朝野杂记》，中华书局点校本。
脱脱等：《金史》，中华书局点校本。
权衡：《庚申外史》，中州古籍出版社任崇岳笺注本。
张廷玉等：《明史》，中华书局点校本。

熊梦得：《析津志》，北京古籍出版社辑佚本。
王昶：《金石萃编》，《石刻史料新编本》
王清贤：《〔康熙〕武定府志》，康熙二十八年刊本。
佚名：《庙学典礼》，浙江古籍出版社点校本。
刘辰：《国初事迹》，北京大学出版社点校《国朝典故》本。
钟嗣成：《录鬼簿》，《中国古典戏曲论著集成》本。
佚名：《录鬼簿续编》，《中国古典戏曲论著集成》本。
黄元吉：《净明忠孝全书》，《正统道藏》本。
刘大彬编：《茅山志》，《正统道藏》本。
大壑：《净慈寺志》，《武林掌故丛编》本。
刘应李编：《事文类聚翰墨全书》，《四库全书存目丛书》本。
陈元靓：《事林广记》，元至顺西园精舍本。
夏文彦：《图绘宝鉴》，《宸翰楼丛书》本。
汤垕：《画鉴》，《说郛》本。
盛熙明：《法书考》，《四部丛刊续编》本。
夏庭芝：《青楼集》，中国戏剧出版社笺注本。
赵翼：《瓯北诗话》，人民文学出版社点校本。
张金吾编：《金文最》，中华书局标点本。
苏天爵编：《国朝文类》，《四部丛刊初编》本。
《郑思肖集》，上海古籍出版社陈福康辑校本。
魏初：《青崖集》，《文渊阁四库全书》本。
姚燧：《牧庵集》，《四部丛刊初编》本。
陈栎：《定宇集》，台北《元人文集珍本丛刊》本。
赵孟頫：《松雪斋集》，《四部丛刊初编》本。
黄溍：《金华集》，《四部丛刊初编》本。
余阙：《青阳集》，《四部丛刊续编》本。
赵偕：《宝峰集》，《四明丛书》本。
李士瞻：《经济文集》，《湖北先正遗书》本。
汪克宽：《环谷集》，清康熙刊本。
任士林：《松乡集》，《文渊阁四库全书》本。
郑元祐：《侨吴集》，《北京图书馆古籍珍本丛刊》本。
贡师泰：《玩斋集》，《文渊阁四库全书》本。

李穑：《牧隐稿》，《韩国文集丛刊》本。
朱元璋：《明太祖文集》，黄山书社胡士萼点校本。
刘基：《诚意伯文集》，《四部丛刊初编》本。
杨荣：《杨文敏公集》，《文渊阁四库全书》本。
童冀：《尚䌷斋集》，《文渊阁四库全书》本。
徐一夔：《始丰稿》，《武林往哲遗著》本。
杨翮：《佩玉斋类稿》，《文渊阁四库全书》本。
陈泰：《所安遗集》，《涵芬楼秘笈》本。
钱谦益：《牧斋有学集》，上海古籍出版社点校《钱牧斋全集》本。
叶隆礼：《契丹国志》，上海古籍出版社点校本。
何乔远：《闽书》，福建人民出版社1994年版。
佚名：《宫观碑志》，《正统道藏》本。
缪荃孙辑：《顺天府志》，北京大学出版社影印本。
许应鑅、王之藩：《〔同治〕南昌府志》，同治十二年刊本。
萧应植：《〔乾隆〕济源县志》，乾隆二十六年刊本。
尚希宾：《〔民国〕威县志》，民国18年铅印本。
洛阳市地方史志编纂委员会编：《洛阳市志·文物志》，中州古籍出版社1996年版。
吴文良：《泉州宗教石刻》，科学出版社1957年版。
黄明兰、朱亮：《洛阳名碑集释》，朝华出版社2004年版。
佚名：《类编历举三场文选》，元刻本。
周密：《癸辛杂识》，中华书局点校本。
陶宗仪：《南村辍耕录》，中华书局标点本。
叶子奇：《草木子》，中华书局标点本。
孙承泽：《春明梦余录》，北京古籍出版社点校本。
程敏政编：《皇明文衡》，《四部丛刊初编》本。
孙旬：《皇明疏钞》，台北影印《中国史学丛书》本。
杜善夫：《重辑杜善夫集》，济南出版社1994年版。
王恽：《秋涧集》，《四部丛刊初编》本。
张伯淳：《养蒙集》，《文渊阁四库全书》本。
柳贯：《待制集》，《四部丛刊初编》本。
程端礼：《畏斋集》，《四明丛书》本。

乌斯道：《春草斋文集》，《四明丛书》本。
杨基：《眉庵集》，《文渊阁四库全书》本。
凌云翰：《柘轩集》，《文渊阁四库全书》本。
顾瑛：《草堂雅集》，《文渊阁四库全书》本。
胡翰：《胡仲子集》，《金华丛书》本。
陶宗仪：《南村诗集》，《元人十种诗》本。
方孝孺：《逊志斋集》，《四部丛刊初编》本。
徐渭：《南词叙录》，中国古典戏曲论著集成本。
郑麟趾：《高丽史》，日本国书刊行会铅印本。
王溥：《唐会要》，上海古籍出版社点校本。
宋敏求：《唐大诏令集》，中华书局点校本。
魏源：《海国图志》，岳麓书社点校本。
《通制条格》，中华书局方龄贵校注本。
大司徒·绛求坚赞：《朗氏家族史》，西藏人民出版社赞拉·阿旺、佘万治译本。
刘喜海：《海东金石苑》，《石刻史料新编本》
段松苓：《益都金石记》，《石刻史料新编本》
周达观：《真腊风土记》，中华书局点校本。
杨维桢：《铁崖古乐府》，《四部丛刊初编》本。
沈曾植：《海日楼札丛》，中华书局1962手版。
郝经：《陵川集》，《北京图书馆古籍珍本丛刊》本。
刘诜：《桂隐文集》，《文渊阁四库全书》本。
戴表元：《剡源集》，《四部丛刊初编》本。
许及之：《涉斋集》，《文渊阁四库全书》本。
方回：《桐江续集》，《文渊阁四库全书》本。
陶安：《陶学士集》，《北京图书馆古籍珍本丛刊》本。
高启：《高青丘集》，上海古籍出版社点校本。
李齐贤：《益斋乱稿》，《韩国文集丛刊》本。
阿旺贡噶索南：《萨迦世系史》，西藏人民出版社陈庆英等译本。
沈涛：《常山贞石志》，道光二十二年刊本。
孙永汉：《〔民国〕续修曲阜县志》，民国23年铅印本。
清敕撰：《续文献通考》，《万有文库》本。

刘壎：《隐居通议》，《丛书集成初编》本。
陆容：《菽园杂记》，中华书局点校本。
黄震：《黄氏日抄》，《文渊阁四库全书》本。
谢翱：《晞发集》，《文渊阁四库全书》本。
袁桷：《清容居士集》，《四部丛刊初编》本。
吴莱：《渊颖集》，《四部丛刊初编》本。
程钜夫：《雪楼集》，陶氏涉园刊本。
邵亨贞：《野处集》，《文渊阁四库全书》本。
刘鹗：《惟实集》，《文渊阁四库全书》本。
倪瓒：《清闷阁集》，《北京图书馆古籍珍本丛刊》本。
宋禧：《庸庵集》，《文渊阁四库全书》本。
王逢：《梧溪集》，《文渊阁四库全书》本。
贝琼：《清江集》，《四部丛刊初编》本。
谢肃：《密庵稿》，《四部丛刊三编》本。
彭大雅、徐霆：《黑鞑事略》，王国维笺证本。
陈垣编，陈智超、曾庆瑛校补：《道家金石略》，文物出版社1988年版。
张仲炘：《湖北金石志》，《石刻史料新编本》
郑元祐：《遂昌山樵杂录》，《学海类编》本。
清敕撰：《御定佩文斋书画谱》，《文渊阁四库全书》本。
杨朝英编：《朝野新声太平乐府》，中华书局隋树森校订本。
元好问：《遗山集》，《四部丛刊初编》本。
耶律楚材：《湛然居士文集》，中华书局点校本。
许衡：《鲁斋遗书》，《北京图书馆古籍珍本丛刊》本。
胡祗遹：《紫山大全集》，《三怡堂丛书》本。
萨都剌：《雁门集》，中华书局点校本。
虞集：《道园学古录》，《四部丛刊初编》本。
虞集：《道园类稿》，台北《元人文集珍本丛刊》本。
虞集：《道园遗稿》，《北京图书馆古籍珍本丛刊》本。
苏天爵：《滋溪文稿》，中华书局点校本。
殷奎：《强斋集》，《文渊阁四库全书》本。
揭傒斯：《揭傒斯全集》，上海古籍出版社点校本。
傅若金：《傅与砺集》，《嘉业堂丛书》本。

佚名：《蒙古秘史》，内蒙古人民出版社校勘本。
徐显：《稗史集传》，《历代小史》本。
罗福颐：《满洲金石志》，《罗雪堂先生全书》本。
杨允孚：《滦京杂咏》，《知不足斋丛书》本。
杨朝英编：《新校九卷本阳春白雪》，中华书局隋树森校订本。
谢枋得：《叠山集》，《文渊阁四库全书》本。
赵秉文：《滏水集》，《四部丛刊初编》本。
赵珙：《蒙鞑备录》，王国维笺证本。
释大䜣：《蒲室集》，《文渊阁四库全书》本。
萧𣂏：《勤斋集》，《文渊阁四库全书》本。
同恕：《榘庵集》，《文渊阁四库全书》本。
佚名：《福建版本志》，北京图书馆出版社2003年版《闽蜀浙粤刻书丛考》本。
凌濛初：《谭曲杂札》，《中国古典戏曲论著集成》本。
全祖望：《鲒埼亭集》，《国学基本丛书》本。
林景熙：《霁山集》，《文渊阁四库全书》本。
王若虚：《滹南遗老集》，《四部丛刊初编》本。
陆文圭：《墙东类稿》，《常州先哲遗书》本。
张羽：《静庵集》，《文渊阁四库全书》本。
张以宁：《翠屏集》，《文渊阁四库全书》本。
李鸿章等：《畿辅通志》，民国23年影印本。
钱大昕：《潜研堂金石文跋尾》，江苏古籍出版社点校《嘉定钱大昕全集》本。
李翥：《慧因寺志》，《武林往哲遗著》本。
汪元量：《增订湖山类稿》，中华书局孔凡礼辑校本。
王义山：《稼村类稿》，《文渊阁四库全书》本。
胡行简：《樗隐集》，《文渊阁四库全书》本。
蒋易：《鹤田集》，《文渊阁四库全书》本。
李穀：《稼亭集》，《韩国文集丛刊》本。
罗烨：《醉翁谈录》，古典文学出版社1957年版。
黄佐：《翰林记》，《岭南丛书》本。
宋褧：《燕石集》，《北京图书馆古籍珍本丛刊》本。

安熙：《默庵集》，《畿辅丛书》本。
朱晞颜：《瓢泉吟稿》，《文渊阁四库全书》本。
李正儒：《〔嘉靖〕藁城县志》，民国23年《藁城县志四种》本。
熊象阶：《浚县金石录》，《石刻史料新编本》
傅增湘：《藏园群书经眼录》，中华书局1982年版。
傅增湘：《藏园群书题记》，上海古籍出版社1989年版。
刘秉忠：《藏春集》，《北京图书馆古籍珍本丛刊》本。
朱同：《覆瓿集》，《文渊阁四库全书》本。
王礼：《麟原文集》，《文渊阁四库全书》本。

后　　记

《元代文化史》是中国社会科学院"九五"重点课题，1998年立项，2004年结项。负责人陈高华，课题成员张帆（北京大学）、刘晓（中国社会科学院）。具体分工是：

陈高华：绪论；第一编第四章第一、三、四节；第二编第四章第四、五节，第五章第二、三节；第三编第二章第二、三节，第三章第七节，第五章，第六章；第四编第一章第一、三、四节，第二章。

张帆：第一编第四章第二节；第二编第一章，第三章，第四章第一、二、三节，第五章第一节；第三编第一章，第二章第一节，第四章；第四编第一章第二节。

刘晓：第一编第一、二、三章；第二编第二章；第三编第三章第一、二、三、四、五、六节。

元代文化史的研究过去没有受到应有的重视，比较冷落，但近二十年来有了很大的变化，佳作迭出，新义纷陈。我们在这个领域中也做了一些探索。本书反映了我们的一些思考，更多则得益于中外学术界的研究成果。元代文化史还有很多问题还有待深入探讨，抛砖引玉，衷心希望得到指正。